《苏州全书》
编纂出版委员会 编

·社会学原理

苏州全书

乙编

苏州大学出版社
古吴轩出版社

图书在版编目（CIP）数据

社会学原理 / 孙本文著. -- 苏州：苏州大学出版社：古吴轩出版社，2023.6
（苏州全书）
ISBN 978-7-5672-4411-5

Ⅰ.①社… Ⅱ.①孙… Ⅲ.①社会学 Ⅳ.①C91

中国国家版本馆CIP数据核字（2023）第089218号

责任编辑　刘　冉
助理编辑　朱雪斐
装帧设计　周　晨　李　璇
责任校对　赵文昭

书　　名	社会学原理	
著　　者	孙本文	
出版发行	苏州大学出版社	
	地址：苏州市十梓街1号　电话：0512-67480030	
	古吴轩出版社	
	地址：苏州市八达街118号苏州新闻大厦30F　电话：0512-65233679	
印　　刷	常州市金坛古籍印刷厂有限公司	
开　　本	787×1092　1/16	
印　　张	41.5	
版　　次	2023年6月第1版	
印　　次	2023年6月第1次印刷	
书　　号	ISBN 978-7-5672-4411-5	
定　　价	360.00元	

《苏州全书》编纂工程

总主编

曹路宝　吴庆文

学术顾问

（按姓名笔画为序）

马亚中	王卫平	王为松	王　尧	王华宝	王红蕾
王　芳	王余光	王　宏	王　锷	王锺陵	韦　力
叶继元	朱诚如	朱栋霖	乔治忠	任　平	华人德
全　勤	邬书林	刘　石	刘跃进	江庆柏	江澄波
汝　信	阮仪三	严佐之	杜泽逊	李　捷	吴永发
吴　格	何建明	言恭达	沈坤荣	沈燮元	张乃格
张志清	张伯伟	张海鹏	陆俭明	陆振岳	陈广宏
陈子善	陈正宏	陈红彦	陈尚君	武秀成	范小青
范金民	茅家琦	周少川	周国林	周勋初	周　秦
周新国	单霁翔	赵生群	胡可先	胡晓明	姜小青
姜　涛	姚伯岳	贺云翱	袁行霈	莫砺锋	顾　芗
钱小萍	徐兴无	徐　俊	徐　海	徐惠泉	徐　雁
唐力行	黄显功	黄爱平	崔之清	阎晓宏	葛剑雄
韩天衡	程章灿	程毅中	詹福瑞	廖可斌	熊月之
樊和平	戴　逸				

《苏州全书》编纂出版委员会

主 任

金 洁　查颖冬

副主任

黄锡明　张建雄　王国平　罗时进

编 委

(按姓名笔画为序)

丁成明	王乐飞	王　宁	王伟林	王忠良	王　炜
王稼句	尤建丰	卞浩宇	田芝健	朱从兵	朱光磊
朱　江	齐向英	汤哲声	孙中旺	孙　宽	李　军
李志军	李　忠	李　峰	吴建华	吴恩培	余同元
沈　鸣	沈慧瑛	张蓓蓓	陈大亮	陈卫兵	陈兴昌
陈其弟	陈　洁	欧阳八四	周生杰	查　焱	洪　晔
袁小良	钱万里	铁爱花	徐红霞	卿朝晖	凌郁之
高　峰	接　晔	黄启兵	黄鸿山	曹　炜	曹培根
程水龙	谢晓婷	蔡晓荣	臧知非	管傲新	潘志嘉
戴　丹					

前　言

　　中华文明源远流长，文献典籍浩如烟海。这些世代累积传承的文献典籍，是中华民族生生不息的文脉和根基。苏州作为首批国家历史文化名城，素有"人间天堂"之美誉。自古以来，这里的人民凭借勤劳和才智，创造了极为丰厚的物质财富和精神文化财富，使苏州不仅成为令人向往的"鱼米之乡"，更是实至名归的"文献之邦"，为中华文明的传承和发展作出了重要贡献。

　　苏州被称为"文献之邦"由来已久，早在南宋时期，就有"吴门文献之邦"的记载。宋代朱熹云："文，典籍也；献，贤也。"苏州文献之邦的地位，是历代先贤积学修养、劬勤著述的结果。明人归有光《送王汝康会试序》云："吴为人材渊薮，文字之盛，甲于天下。"朱希周《长洲县重修儒学记》亦云："吴中素称文献之邦，盖子游之遗风在焉，士之向学，固其所也。"《江苏艺文志·苏州卷》收录自先秦至民国苏州作者一万余人，著述达三万二千余种，均占江苏全省三分之一强。古往今来，苏州曾引来无数文人墨客驻足流连，留下了大量与苏州相关的文献。时至今日，苏州仍有约百万册的古籍留存，入选"国家珍贵古籍名录"的善本已达三百一十九种，位居全国同类城市前列。其中的苏州乡邦文献，历宋元明清，涵经史子集，写本刻本，交相辉映。此外，散见于海内外公私藏家的苏州文献更是不可胜数。它们载录了数千年传统文化的精华，也见证了苏州曾经作为中国文化中心城市的辉煌。

苏州文献之盛得益于崇文重教的社会风尚。春秋时代，常熟人言偃就北上问学，成为孔子唯一的南方弟子。归来之后，言偃讲学授道，文开吴会，道启东南，被后人尊为"南方夫子"。西汉时期，苏州人朱买臣负薪读书，穹窿山中至今留有其"读书台"遗迹。两晋六朝，以"顾陆朱张"为代表的吴郡四姓涌现出大批文士，在不少学科领域都贡献卓著。及至隋唐，苏州大儒辈出，《隋书·儒林传》十四人入传，其中籍贯吴郡者二人；《旧唐书·儒学传》三十四人入正传，其中籍贯吴郡（苏州）者五人，文风之盛可见一斑。北宋时期，范仲淹在家乡苏州首创州学，并延名师胡瑗等人教授生徒，此后县学、书院、社学、义学等不断兴建，苏州文化教育日益发展。故明人徐有贞云："论者谓吾苏也，郡甲天下之郡，学甲天下之学，人才甲天下之人才，伟哉！"在科举考试方面，苏州以鼎甲萃集为世人瞩目，清初汪琬曾自豪地将状元称为苏州的土产之一，有清一代苏州状元多达二十六位，占全国的近四分之一，由此而被誉为"状元之乡"。近现代以来，苏州在全国较早开办新学，发展现代教育，涌现出顾颉刚、叶圣陶、费孝通等一批大师巨匠。中华人民共和国成立后，社会主义文化教育事业蓬勃发展，苏州英才辈出、人文昌盛，文献著述之富更胜于前。

苏州文献之盛受益于藏书文化的发达。苏州藏书之风举世闻名，千百年来盛行不衰，具有传承历史长、收藏品质高、学术贡献大的特点，无论是卷帙浩繁的图书还是各具特色的藏书楼，以及延绵不绝的藏书传统，都成为中国文化重要的组成部分。据统计，苏州历代藏书家的总数，高居全国城市之首。南朝时期，苏州就出现了藏书家陆澄，藏书多达万余卷。明清两代，苏州藏书鼎盛，绛云楼、汲古阁、传是楼、百宋一廛、艺芸书舍、铁琴铜剑楼、过云楼等藏书楼誉满海内外，汇聚了大量的珍贵文献，对古代典籍的收藏保护厥功至伟，亦于文献校勘、整理裨益甚巨。《旧唐书》自宋至明四百多年间已难以考觅，直至明嘉靖十七年（一五三八），闻人诠在苏州为官，搜讨旧籍，方从吴县王延喆家得《旧唐书》"纪"和"志"部分，从长洲张汴家得《旧唐书》"列传"部分，"遗籍俱出宋时模板，旬月之间，二美璧合"，于是在苏州府学中桼刊，《旧唐书》自此得以汇而成帙，复行于世。清代嘉道年间，苏州黄丕烈和顾广圻均为当时藏书名家，且善校书，"黄跋顾校"在中国文献史上影响深远。

苏州文献之盛也获益于刻书业的繁荣。苏州是我国刻书业的发祥地之一，早在宋代，苏州的刻书业已经发展到了相当高的水平，至今流传的杜甫、李白、韦应物等文学大家的诗文集均以宋代苏州官刻本为祖本。宋元之际，苏州碛砂延圣院还主持刊刻了中国佛教史上著名的《碛砂藏》。明清时期，苏州成为全国的刻书中心，所刻典籍以精善享誉四海，明人胡应麟有言："凡刻之地有三，吴也、越也、闽也。"他认为"其精，吴为最"，"其直重，吴为最"。又云："余所见当今刻本，苏常为上，金陵次之，杭又次之。"清人金埴论及刻书，仍以胡氏所言三地为主，则谓"吴门为上，西泠次之，白门为下"。明代私家刻书最多的汲古阁、清代坊间刻书最多的扫叶山房均为苏州人创办，晚清时期颇有影响的江苏官书局也设于苏州。据清人朱彝尊记述，汲古阁主人毛晋"力搜秘册，经史而外，百家九流，下至传奇小说，广为镂版，由是毛氏锓本走天下"。由于书坊众多，苏州还产生了书坊业的行会组织崇德公所。明清时期，苏州刻书数量庞大，品质最优，装帧最为精良，为世所公认，国内其他地区不少刊本也都冠以"姑苏原本"，其传播远及海外。

苏州传世文献既积淀着深厚的历史文化底蕴，又具有穿越时空的永恒魅力。从范仲淹的"先天下之忧而忧，后天下之乐而乐"，到顾炎武的"天下兴亡，匹夫有责"，这种胸怀天下的家国情怀，早已成为中华民族精神的重要组成部分，传世留芳，激励后人。南朝顾野王的《玉篇》、隋唐陆德明的《经典释文》、陆淳的《春秋集传纂例》等均以实证明辨著称，对后世影响深远。明清时期，冯梦龙的《喻世明言》《警世通言》《醒世恒言》，在中国文学史上掀起市民文学的热潮，具有开创之功。吴有性的《温疫论》、叶桂的《温热论》，开温病学研究之先河。苏州文献中蕴含的求真求实的严谨学风、勇开风气之先的创新精神，已经成为一种文化基因，融入了苏州城市的血脉。不少苏州文献仍具有鲜明的现实意义。明代费信的《星槎胜览》，是记载历史上中国和海上丝绸之路相关国家交往的重要文献。郑若曾的《筹海图编》和徐葆光的《中山传信录》，为钓鱼岛及其附属岛屿属于中国固有领土提供了有力证据。魏良辅的《南词引正》，严澂的《松弦馆琴谱》，计成的《园冶》，分别是昆曲、古琴及园林营造的标志性成果，这些艺术形式如今得以名列世界文化遗产，与上述名著的嘉惠滋养密不可分。

维桑与梓，必恭敬止；文献流传，后生之责。苏州先贤向有重视乡邦文献整理保护的传统。方志编修方面，范成大《吴郡志》为方志创体，其后名志迭出，苏州府县志、乡镇志、山水志、寺观志、人物志等数量庞大，构成相对完备的志书系统。地方总集方面，南宋郑虎臣辑《吴都文粹》、明钱谷辑《吴都文粹续集》、清顾沅辑《吴郡文编》先后相继，收罗宏富，皇皇可观。常熟、太仓、昆山、吴江诸邑，周庄、支塘、木渎、甪直、沙溪、平望、盛泽等镇，均有地方总集之编。及至近现代，丁祖荫汇辑《虞山丛刻》《虞阳说苑》，柳亚子等组织"吴江文献保存会"，为搜集乡邦文献不遗余力。江苏省立苏州图书馆于一九三七年二月举行的"吴中文献展览会"规模空前，展品达四千多件，并汇编出版吴中文献丛书。然而，由于时代沧桑，图书保藏不易，苏州乡邦文献中"有目无书"者不在少数。同时，囿于多重因素，苏州尚未开展过整体性、系统性的文献整理编纂工作，许多文献典籍仍处于尘封或散落状态，没有得到应有的保护与利用，不免令人引以为憾。

进入新时代，党和国家大力推动中华优秀传统文化的创造性转化和创新性发展。习近平总书记强调，要让收藏在博物馆里的文物、陈列在广阔大地上的遗产、书写在古籍里的文字都活起来。二〇二二年四月，中共中央办公厅、国务院办公厅印发《关于推进新时代古籍工作的意见》，确定了新时代古籍工作的目标方向和主要任务，其中明确要求"加强传世文献系统性整理出版"。盛世修典，赓续文脉，苏州文献典籍整理编纂正逢其时。二〇二二年七月，中共苏州市委、苏州市人民政府作出编纂《苏州全书》的重大决策，拟通过持续不断努力，全面系统整理苏州传世典籍，着力开拓研究江南历史文化，编纂出版大型文献丛书，同步建设全文数据库及共享平台，将其打造为彰显苏州优秀传统文化精神的新阵地，传承苏州文明的新标识，展示苏州形象的新窗口。

"睹乔木而思故家，考文献而爱旧邦"。编纂出版《苏州全书》，是苏州前所未有的大规模文献整理工程，是不负先贤、泽惠后世的文化盛事。希望藉此系统保存苏州历史记忆，让散落在海内外的苏州文献得到挖掘利用，让珍稀典籍化身千百，成为认识和了解苏州发展变迁的津梁，并使其中蕴含的积极精神得到传承弘扬。

观照历史，明鉴未来。我们沿着来自历史的川流，承荷各方的期待，自应负起使命，砥砺前行，至诚奉献，让文化薪火代代相传，并在守正创新中发扬光大，为推进文化自信自强、丰富中国式现代化文化内涵贡献苏州力量。

《苏州全书》编纂出版委员会
二〇二二年十二月

凡 例

一、《苏州全书》（以下简称"全书"）旨在全面系统收集整理和保护利用苏州地方文献典籍，传播弘扬苏州历史文化，推动中华优秀传统文化传承发展。

二、全书收录文献地域范围依据苏州市现有行政区划，包含苏州市各区及张家港市、常熟市、太仓市、昆山市。

三、全书着重收录历代苏州籍作者的代表性著述，同时适当收录流寓苏州的人物著述，以及其他以苏州为研究对象的专门著述。

四、全书按收录文献内容分甲、乙、丙三编。每编酌分细类，按类编排。

（一）甲编收录一九一一年及以前的著述。一九一二年至一九四九年间具有传统装帧形式的文献，亦收入此编。按经、史、子、集四部分类编排。

（二）乙编收录一九一二年至二〇二一年间的著述。按哲学社会科学、自然科学、综合三类编排。

（三）丙编收录就苏州特定选题而研究编著的原创书籍。按专题研究、文献辑编、书目整理三类编排。

五、全书出版形式分影印、排印两种。甲编书籍全部采用繁体竖排；乙编影印类书籍，字体版式与原书一致；乙编排印类书籍和丙编书籍,均采用简体横排。

六、全书影印文献每种均撰写提要或出版说明一篇,介绍作者生平、文献内容、版本源流、文献价值等情况。影印底本原有批校、题跋、印鉴等,均予保留。底本有漫漶不清或缺页者,酌情予以配补。

七、全书所收文献根据篇幅编排分册,篇幅适中者单独成册,篇幅较大者分为序号相连的若干册,篇幅较小者按类型相近原则数种合编一册。数种文献合编一册以及一种文献分成若干册的,页码均连排。各册按所在各编下属细类及全书编目顺序编排序号。

社会学原理

孙本文 著

出版说明

孙本文(1892—1979),字时哲,原名彬甫,后因仰慕孙文而自改其名。江苏吴江人。1918年毕业于北京大学文科哲学门。1925年获美国纽约大学社会学博士学位。1926年归国后,先后在多所大学任教,讲授社会学,为中央大学社会学系首任主任。1949年后,长期任教于南京大学。孙本文为中国社会学奠基人之一,也是系统介绍西方社会学到中国的主要学者。

《社会学原理》系孙本文在其多年讲授的"社会学原理"课程讲义基础上,经过七次修订而成的一本社会学教科书,1935年由商务印书馆首次出版。1940年,国民政府教育部将其定为大学用书后,经作者再次修订,分为上、下册再版。该书共分五编二十八章。第一编总论,讨论社会学的基本概念、性质、范围及其与社会科学的关系,以及社会学研究的单位及材料、方法,社会学的目标、分部与内容;第二编社会因素的分析,涉及人类生活及其与环境的关系,社会的地境因素、生物因素、心理因素、文化因素及其与社会生活的关系;第三编社会过程,包括接触与互动、暗示与模仿、竞争与冲突、顺应与同化、合作等;第四编社会组织与社会控制,包括社会组织的形成、社团组织、社区组织、阶级组织、社会解组与社会改组、社会控制等;第五编社会变迁与社会进步,研究社会变迁的性质及史迹、社会变迁及其原因、社会惰性与文化失调、社会进步,以"社会学原理的应用"作为全书总结。

《社会学原理》介绍了欧美社会学的最新思潮,并采各家之长,提出自己的观点,试图建立社会学知识的有机体系。书中多使用中国历史事实和统计材料,以体现社会学的中国化。本书将西方社会学理论与中国经验材料融合,深入浅出,通俗易懂,影响广泛,被视为1949年前中国社会学理论研究的代表作。

本次出版以商务印书馆民国三十六年(1947)版为底本,以简体字重新排印。

序

社会学何为而作乎？曰，为研究人类共同生活之原理原则，而求所以改良进步者也。人类共同生活之原理原则，可得而闻欤？曰，非一言所能尽也。然其中心要义，亦有可述者。今夫芸芸众生，莫不以求生为鹄的。内有基本需要之驱使，外有环境势力之侵迫；欲满足需要，解除侵迫，必须出于调适。调适者内以满足需要，外以解除侵迫，以自主之力，而求达于生存之鹄的者也。故人类生活，一调适之过程而已。但调适匪易，一人单独之调适，常不如众人联合调适之经济而有效。众人联合调适之难易，则又因满足需要与解除侵迫之智能之进步与否以为断。但满足需要与解除侵迫之智能之进步与否，须视各种环境要素之状况而定。有地境要素，有生物要素，有心理要素，有文化要素。凡此皆可以影响于满足需要与解除侵迫之智能，皆可以影响于调适之作用，皆可以影响于人类生存之道者也。而其中尤重要者，莫过于文化要素。文化者人类心力所造作以调适于环境之产物也。人类造文化，积文化，传文化，而即用文化，行文化；于是人类不能离文化，于是文化为人类社会之一种势力，一种支配之势力。举人类生活之全体各部，莫不有文化贯澈，莫不为文化支配。地境要素与生物要素，固皆有限制人生之力量，但仅为消极之限制，而非积极之宰制。即此消极之限制，亦因文化进步而日减。心理要素，似有左右人生之力，但人类心理特质，大率在文化环境中陶冶而成。故就大体言,心理特质,仅可谓为文化之反映而已。文化达何种程度,心理即生何种变化。由此言之,人类满足需要,解除侵迫,以调适环境而求生存者,其枢纽惟在文化。不宁惟是,人类不仅求调适而已,求更优之调适;不仅求生存而已,求更优之生存。此更优之调适,更优之生存,不能仅求之于地境,仅求之于生物,仅求之于心理,而惟求之于文化。是故欲求人生之充实,与社会之进步者,惟在发展文化。要而言之,人类共同生活之中心问题,为生存之调适;而共同生活之中心要素,为文化社会学,即研究此中心要素与其所生之种种关系与影响,及解决此中心问题之种种条件与方法之学问也。

我国自革命以来,社会组织,顿呈剧激之变迁,外有环境之侵迫,内有人民之需求,盖正当民族生存危疑震撼之秋。如何满足人民之需求,解除环境之侵迫,以谋妥善之调适,此则有俟乎文化之发展。谋中国文化之发展,以求中国民族更优胜之生存,此则社会学者与有责焉者矣。

凡上所述,皆社会学之要义也。著者于此区区小册中,求能阐释此义。第学殖浅薄,深恐力有未逮,大雅君子,幸垂教焉。

民国二十三年八月二十七日,吴江孙本文序于南京国立中央大学。

例　言

社会学发源于欧西,其输入中国,甫三十年。清光绪二十九年严复氏译斯宾塞《群学肄言》,吴建常氏译季亭史《社会学提纲》,为社会学入中国之始。自是厥后,译著渐多,学校亦列为教科。十数年来,各大学应世界潮流,设置社会学专系,而社会学始为国人所重视。从事研究者既众,著述亦日见发达。但以前偏于译述,其自著者较少。或篇幅甚短,或取材陈旧,其适合于学校研究与参考之用者,甚属寥寥。数年前,著者曾为世界书局编社会学丛书,集全国社会科学者十人之力,成书十五种,都八十万言,合订为《社会学大纲》一书行世。顾此书优点,在各就所长,自成一编,而其缺点,在于理论材料,稍欠一贯。似尚需要一有系统有组织之教本,以补其缺陷。

著者自民国十五年始任社会学教课,先后在大学中讲授普通社会学凡九次。其初采用西籍为教本,觉其教材,颇不合我国学生之用。因尝陆续搜罗教材,自编讲稿,当时仅印发学生参考,自觉缺点尚多,不敢问世。但逐年修改,至此亦已七次。适因商务印书馆王云五先生之敦促,乃暂作结束,使成教科形式,借以应学校之需要。兹当付梓之际,谨将本书编著要点,略陈如左①。

---

① 编者注:原书为竖排,故作"左"。

（一）本书为大学教本体裁，全书分五编二十六章，合一年两学期之用。书中每章之末，附有温习问题，论文题目，及主要参考书，以便应用。

（二）欧美社会学教本，其编制颇不一致。本书采各家之长，凡社会学上重要方面，无不论及。循序渐进，欲使社会学全部智识，成为一有机的体系。

（三）欧美社会学者，其见地颇有参差；故其著作，常有所偏倚，本书论断，乃取欧美社会学上最新思潮，并信其较为正确者。其有争论之点，亦常附以对方意见，或参考书籍，使学生因有所引导，而自为判断。

（四）著者个人见地，以受美国乌格朋、汤麦史两教授之影响为最大。故全书注重文化与态度之讨论。但对于其他名家论断，凡可以说明社会行为现象者，亦概予引述，以资比较研究。

（五）本书引证事实之处，凡可得本国材料者，即用本国材料。其来源约分二类：一为历史事实，二为统计资料。盖欲使此书成为我国人适用之书。但所憾者，材料收集甚难，尚不能尽量采用耳。

（六）本书就大体言，系一种普通社会学初步书，说理务求浅显，引证务求翔实，对于高深理论，尚不能畅所欲言，固不敢与于著作之林。但此区区小册，著述时参考书籍，无虑数百种。凡一章一节均系出于著者考虑之结果，其与直译西籍，或谬陈己见者，稍有不同，此则差堪自信。

（七）本书之末，附有中英文重要参考书籍提要三种，欲据此书以进研高深者，于此或可得其门径矣。又所附学名人名汉译表，凡关于社会学专名及世界社会学家年龄、国籍，暨主要著作，皆可一检而得，似颇有便于学者。

（八）本书第一编，除第一章外，皆为讨论社会学本身之文字，初学者得于读第一章后径读第二编，俟读完全书后，再补读第一编其余各章，较为适宜。教师之用此为教本者，得依此酌量处理之。

本书之成，有恃于友朋之协助为多。吴景超先生对于本书的设计及内容材料，多所建议。许仕廉先生对于本书全稿内容，审阅一过，并建议数点。陈达先生曾审阅本书一部分材料,并建议数点。朱亦松先生对于本书结构方面,多所建议,皆应特别感谢。应成一先生、吴泽霖先生、潘光旦先生、李震东先生、柯象峰先生、黄建中先生、潘菽先生,对于社会学材料之讨论,给予著者不少之鼓励,使本书克底于成。中央大学社会学系同事胡鉴民先生、黄文山先生、言心哲先生、邓深泽先生、王子政先生、何联奎先生,平时对于社会学切磋之机会较多,故给予之助力亦较大,皆应于书成之日,聊致谢意。最后,亡友游嘉德先生,昔年同学美洲,共事首都,析疑问难,获益最多。本书之发端,尤恃其激励之力。今书虽草草完成,而游先生已不及亲见,追怀往事,诚不胜感慨系之!

目 录

上 卷
第一编 总 论

第一章 社会学上的基本概念 ………………………………… 005
 第一节 社会生活 ………………………………… 005
 第二节 社会行为 ………………………………… 008
 第三节 社会 ………………………………… 010
 第四节 社会的特征 ………………………………… 014
 第五节 社会学 ………………………………… 018

第二章 社会学的性质 ………………………………… 026
 第一节 科学的性质 ………………………………… 026
 第二节 社会学的科学性质 ………………………………… 027

第三章 社会学的范围及其与社会科学的关系 ………………………………… 032
 第一节 科学的分类 ………………………………… 032
 第二节 社会科学的分类 ………………………………… 036
 第三节 社会学与其他社会科学的差异 ………………………………… 042
 第四节 社会学在社会科学中的地位 ………………………………… 044

第四章 社会学研究的单位及材料 ………………………………… 050
 第一节 社会学研究的单位 ………………………………… 050

第二节　社会学的研究材料 …………………………………… 053
　　第三节　材料的来源 …………………………………………… 055
第五章　社会学的研究方法 ………………………………………… **059**
　　第一节　科学研究法 …………………………………………… 059
　　第二节　科学研究的步骤 ……………………………………… 061
　　第三节　社会研究法 …………………………………………… 062
第六章　社会学的目标 ……………………………………………… **074**
　　第一节　一般科学的目标 ……………………………………… 074
　　第二节　社会学初成立时的用意 ……………………………… 075
　　第三节　现代社会学的目标 …………………………………… 076
第七章　社会学的分部及内容 ……………………………………… **081**
　　第一节　社会学的分部 ………………………………………… 081
　　第二节　社会学的内容 ………………………………………… 085

第二编　社会因素的分析

第八章　人类生活及其与环境的关系 ……………………………… **101**
　　第一节　人类的环境 …………………………………………… 101
　　第二节　人类对于环境的调适 ………………………………… 105
　　第三节　环境对于人类生活的影响 …………………………… 108
第九章　社会的地境因素 …………………………………………… **112**
　　第一节　社会成立的地理基础 ………………………………… 112
　　第二节　气候与社会生活 ……………………………………… 112
　　第三节　地形与社会生活 ……………………………………… 118
　　第四节　地位与社会生活 ……………………………………… 123
　　第五节　地理环境影响的限度 ………………………………… 137
　　第六节　地理环境的变态与社会问题 ………………………… 139
第十章　社会的生物因素 …………………………………………… **145**

第一节	社会成立的生物基础	145
第二节	生物的蕃殖力与人口增加的趋势	149
第三节	人口数量与社会生活的关系	155
第四节	人口品质与社会生活的关系	179

第十一章　社会的心理因素　212

第一节	社会成立的心理基础	212
第二节	人性与人格及其与社会生活的关系	213
第三节	人类态度与社会生活的关系	226

第十二章　社会的文化因素　247

第一节	社会成立的文化基础	247
第二节	文化的性质	248
第三节	文化内容与社会生活的关系	251
第四节	文化模式与社会生活的关系	259
第五节	文化区域与社会生活的关系	266
第六节	文化对于社会生活的影响	275

下　卷
第三编　社会过程

第十三章　接触与互动　289

第一节	社会接触	289
第二节	社会互动	290

第十四章　暗示与模仿　296

第一节	暗示	296
第二节	模仿	304
第三节	暗示与模仿与社会生活的关系	309

第十五章　竞争与冲突　315

第一节	竞争	315

第二节　冲突 …………………………………………… 320

　　第三节　竞争与冲突与社会生活的关系 ………………… 322

第十六章　顺应与同化 ……………………………………… 329

　　第一节　顺应 …………………………………………… 329

　　第二节　同化 …………………………………………… 333

　　第三节　顺应与同化与社会生活的关系 ………………… 335

第十七章　合作 ……………………………………………… 339

　　第一节　合作的性质 …………………………………… 339

　　第二节　合作与社会生活的关系 ………………………… 344

第四编　社会组织与社会控制

第十八章　社会组织的形成 ………………………………… 351

　　第一节　行为规则与社会标准 …………………………… 351

　　第二节　社会制度 ……………………………………… 353

　　第三节　礼与行为规则 ………………………………… 356

　　第四节　社会与社会组织 ……………………………… 360

　　第五节　社会组织的形式及性质 ………………………… 364

　　第六节　近代社会组织的趋势 …………………………… 366

第十九章　社团组织 ………………………………………… 371

第二十章　社区组织 ………………………………………… 389

　　第一节　农村社会 ……………………………………… 389

　　第二节　都市社会 ……………………………………… 396

　　第三节　国家 …………………………………………… 405

第二十一章　阶级组织 ……………………………………… 422

　　第一节　阶级的性质 …………………………………… 422

　　第二节　阶级的种类 …………………………………… 424

　　第三节　阶级的起源 …………………………………… 431

第四节	阶级的影响	434
第五节	近代阶级社会的趋势	436

第二十二章 社会解组与社会改组 439
　　第一节　社会组织与社会解组 439
　　第二节　社会解组与社会改组 442
　　第三节　社会改组推进的要素 444

第二十三章 社会控制 449
　　第一节　社会控制的性质 449
　　第二节　社会控制的方法 451
　　第三节　社会控制的工具 460
　　第四节　社会控制与社会改进 470

第五编　社会变迁与社会进步

第二十四章 社会变迁的性质及史迹 479
　　第一节　社会变迁的性质 479
　　第二节　社会变迁的方式 480
　　第三节　古代社会变迁的迹象 483
　　第四节　西洋近代社会变迁的趋势 490
　　第五节　中国近代社会变迁的原委 493

第二十五章 社会变迁及其原因 500
　　第一节　社会变迁的由来 500
　　第二节　文化累积 508
　　第三节　文化变迁的速度与文化累积的关系 511
　　第四节　文化变迁与生物变迁 513
　　第五节　发明原因的分析 514

第二十六章 社会惰性与文化失调 525
　　第一节　文化惰性 525

	第二节	文化失调与社会问题	530
	第三节	物质文化与社会变迁的关系	534
第二十七章	**社会进步**		**537**
	第一节	社会学与社会进步的研究	537
	第二节	社会进步的意义	539
	第三节	社会进步的标准	541
第二十八章	**总结：社会学原理的应用**		**552**
	第一节	社会学上几条基本原则及其对于人类的贡献	552
	第二节	人力控制社会的困难及其可能范围	558
	第三节	社会建设与社会指导	562
附录一	**社会学重要参考书籍提要**		**567**
	部甲	英文参考书目	567
	部乙	中文参考书目	592
	部丙	二十二种基本参考书	595
附录二	**社会学名词汉译表**		**599**
	部甲	学名之部	604
	部乙	人名之部	610

上　卷

第一编
总　论

第一篇
总 论

第一章　社会学上的基本概念

第一节　社会生活

《荀子》云："人生不能无群。"人类生活，自始是社会生活；人非在社会中，不能生存。《荀子》又云："人，力不若牛，走不若马，而牛马为用何也？曰，人能群，彼不能群也。"盖人类必在社会中，方能生存；又必有赖于社会生活，方能征服自然，使社会日趋发达。

人类的社会生活，发源于家庭。人之初生，惟赖父母。《诗经》云："无父何怙，无母何恃。"又云："父兮生我，母兮鞠我，拊我畜我，长我育我，顾我复我，出入腹我。"惟其如此，故人能长大成人；非如此，则人不能一日生存。家庭之中，不仅父母；即如兄弟姊妹，同居一处，同受抚育；饮食起居，习惯嗜好，无不共同，即无不互受影响。人因有父母，人因有兄弟姊妹，同居共处，教训启迪，潜移默化，而后成人。此种个人依赖家庭的共同生活，即人类最先的社会生活。

家庭虽是独立团体，却不能独立自存，盖家庭不过大社会中的一小单位，必须依赖大社会方能生存。任何家庭，必须与其亲戚朋友邻里乡党，以及都市国家，或其他各种团体，发生相当关系。所以个人除家庭以外，对于一般社会，亦发生极密切的关系。

就日常生活言，我人之衣食住行，无不赖一般社会之分工合作，以供给之。人人各尽其力，人人各得其需。《荀子》云："农分田而耕，贾分货而贩，工分事而劝，士大夫分职而听。"必如是，而后人人各得其生。《管子》云："农有常业，女有常事，一农不耕，民有为之饥者；一女不织，民有为之寒者。"盖一人之力，可以影响多人之生；反之，一人之需，有恃于多人之力。譬如我人每日所食，推其来源，是由农夫耕种，米商转运贩卖而来。自农夫耕种以至制成米饭，中间经过许多人的工作。所以我人所食之米饭，是依赖许多人的劳力，而后能享受。

其次，我人所服之衣，推其来源，是由织工、商贾、裁缝等等几经转展而来。若再推而至于纺织所用的棉花，是由农夫栽培而来；布厂所用的机器，是由机厂制造而成；机器所用的钢铁，是从矿山采取经过冶炼而得。若再推而至于布店所用的器具，与裁缝所用的工具等等，又是经过许多人的工作。由此以谈，我人身上所服之布衣，不知经过多少人的心力与工作，方始制成。所以个人是依赖社会上许多人的劳力，而后能穿衣御寒。

复次，除衣食以外，所有住屋用具，以及运输利器等等，无一事不须依赖许多人的劳力，而后可以现成享受。所以我人绝对不能与社会脱离关系。

复次，我人除物质生活外，尚有非物质生活，如言语、信仰、道德、风俗、制度等，亦无一事不与他人发生关系。原来言语、信仰、道德、风俗、制度等，是因人类共同生活而发生。亦可说，人类的共同生活，即由言语、信仰、道德、风俗、制度等，而表现，而维持。就言语说，假如个人可以孤独生活，即不必有言语，言语不过是传达人类思想感情的一种工具而已。此仅就言语的功用说。再就来源言，个人的言语，不是与生俱生，乃是生后在社会上由他人传授。所以生在何种社会，即用何种言语。生长中国社会的人，说中国语，生长美国社会的人，说美国语，生长法国德国的人，说法国德国语。如此看来，个人所用的言语，是与其所处社会的背景有密切关系。

再就风俗言，风俗是社会上人的共同习惯。我人有许多行为，就是此种共同习惯。此种共同习惯,是从社会习得,假如社会仅有个人,即无风俗可言。个人既生长于社会,自然不能离开风俗。风俗是与言语相似,亦因社会而有不同。《晏子》云:"百里异习,千里殊俗。"人在何种社会,就行何种风俗。《荀子》谓:"越人安越,楚人安楚。"即是此意。譬如东方之人会见,则拱手作揖;西方之人会见,则脱帽握手。所以个人所行的风俗,是以社会为背景。

再就道德言,道德是社会上公认为正轨。个人的道德行为,与社会上他人发生密切关系。假如个人单独生活,就无道德可言。道德的来源,与言语风俗,并无二致,亦是在社会上渐渐习得。所以道德亦是随社会而不同。相反之行为,而各以道德视之者,比比皆是。譬如中国以孝为至德。平时讲究如何孝养父母;父母有疾,如何尽心竭力,侍奉汤药。刲股医亲,惟冀速愈。但巴西土人,若父母老病,利其速死,斃而食之,不足为怪。盖彼等以为如此方为孝,如此方为道德。所以道德的精神虽同,而道德的内容,则由社会自为规定,似无永久不变的标准。个人之所谓道德,就是社会上共同承认的道德。

总之,无论言语、风俗、道德、信仰等等,都是社会上共同一致的行为,个人生长社会中,势不能不与社会上流行的言语、风俗、道德、信仰等发生关系,故个人的一举一动,处处与社会上他人发生共同关系。换言之,个人的一举一动,处处受社会上他人直接或间接的影响;而社会上他人的一举一动,亦多少受个人的影响。

由上以谈,我人的物质生活,如衣、食、住、行等,与非物质生活,如言语、风俗、道德、信仰等,处处与社会上他人发生交互与共同关系。此种人与人间交互与共同关系,错综复杂,不可名状,有如蛛网,此牵彼掣。俗语说,牵一发动全身,牵一丝动全网。个人行动,常可牵及社会全体。就表面言之,个人行动,在大社会的活动中,正如沧海一粟,何足重轻。但进一步分析之,方知个人行动与一般社会,关系非常密切。个人依赖社会,社会依赖个人,此种人与人间的交互依赖关系,就是社会生活的真象。因知，人应爱群，人应爱国，出于理所当然。

总之，我人一切活动，处处与他人发生关系。人类都是在共同关系之下生活，所以人类生活，彻始彻终，是社会生活。《荀子》云："人生不能无群。"信然。

第二节　社会行为

但社会生活，是一个概括的名词。详细分析起来，社会生活是由种种社会行为复合而成的现象。社会行为，是社会生活现象的单位。社会生活现象，是社会行为的综合。就社会行为的继续不断与互相关联的全体言，谓之社会生活；就社会生活中个别活动的方面言，谓之社会行为。所以要彻底了解社会生活，必先了解社会行为。要从错综复杂的社会生活现象中，抽寻一个条理出来，就不得不从社会行为方面，加以一种详密的分析。

现在且来讨论，何谓社会行为。

社会行为，简单说，就是人与人间所表现的种种行为，也就是二人以上的交互与共同行为。通常，社会行为包括三方面：第一，交互行为，是指人与人间的相互动作言。第二，共同行为，或集体行为，是指人与人结合后共同对外动作言。第三，团体行为，是就整个团体的动作言。今譬之赛球，每队中球员相互间的联络活动，是交互行为；全队球员整个对外的活动，是共同行为；赛球时两队球员，同时参加赛球的活动，是团体行为。故赛球是一种社会行为；又譬之罢工，劳方的互相联络，讨论对策等行动，是交互行为；推举代表，向资方提出要求，是共同行为；罢工时整个团体中的工人参加应付的活动，是团体行为。故罢工是一种社会行为。《诗经》云："兄弟阋于墙，外御其侮"，是一种社会行为的好例。兄弟阋墙是交互行为，外御其侮是共同行为，兄弟同时参加阋墙的动作，是团体行为。总之，社会行为，包括交互行为，共同行为，与团体行为的三方面。不过有时仅有交互行为或团体行为，而无共同行为的表现。例如,"村妪口角",是一种交互行为,"口角"时"口角"本身的现象,是团体行为。有时仅注重共同行为,而忽略交互行为。例如"对敌宣战",是一种共同行为,但忽略宣战时动员、调遣、整队等等的交互行为。

进一步言之。交互行为(或团体行为)与共同行为,仅属相对的区别。团体内部为交互行为,团体对外为共同行为。但团体与团体间,又成为交互行为;而此团体结合以后,共同对外,又成为共同行为;由此推论,社会行为中交互与共同两方面,仅系相对的不同而已。若以发生的顺序言,常是交互行为在先,共同行为在后。但此亦仅相对的关系而已。

以上系就社会行为的范围言,若就其起源言,则有两个基本要件:第一,是二人以上的联合。第二,是此二人以上的联合后的互通声气。

个人行为,就其来源说,固然没有不受社会影响的,没有可以与社会脱离关系的。但若只就个人方面言,则个人行为与社会行为,显然有别。个人行为如饮食、穿衣、行路、习字等等,在行为表现的时候,只限于个人而止。虽则其行为的前因及后果,是多少与他人发生关系的。社会行为不是指个人单独的行为,亦不是指个人与他人发生前因后果的关系的行为;是指二人以上结合的交互与共同行为。所以没有二人以上的联合,就没有社会行为。

至于此二人以上联合以后,所以能有交互与共同行为的原故,不仅仅在有二人以上的接触,是在由二人以上的接触而能互通声气。譬如有数人讨论学术,其所用的言语,所含的意义,所表现的形容姿态,必定都可以互相了解,而后可以交换意见。能互相了解,交换意见,而后有交互与共同行为。假使人与人间,无交通的可能,便没有社会行为的发生。譬如几个不谙华语华俗的英国人,与几个不谙英语英俗的中国人,聚集一处,除非有意的使之互相接触,从形容姿态上表示种种人类的意思出来,便不易发生社会行为。[1]所以社会行为的发生,由于二人以上联合以后的互相交通。没有交通,便没有社会行为。故交通为社会行为的枢纽。要之,凡是二人以上联合而互通声气时所表现的行为,就是社会行为。

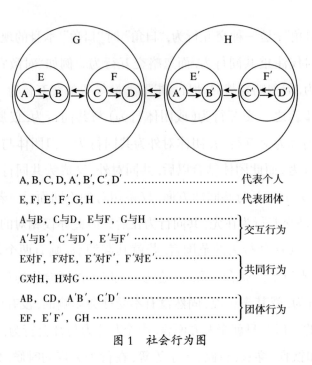

A, B, C, D, A′, B′, C′, D′ ……………………… 代表个人
E, F, E′, F′, G, H ……………………………… 代表团体
A与B, C与D, E与F, G与H
A′与B′, C′与D′, E′与F′ } 交互行为
E对F, F对E, E′对F′, F′对E′
G对H, H对G } 共同行为
AB, CD, A′B′, C′D′
EF, E′F′, GH } 团体行为

图1 社会行为图

第三节 社　会

我们既知，任何人是维持社会生活，表现社会行为；质言之，任何人是在社会中生活，在社会中活动，则社会究为何物？

按《说文》："社，地主也。从示土。"《孝经纬》曰："社，土地之主也。土地阔不可尽敬，故封土为社，以报功也。"可知，社在古时为祭地神之所。《说文》谓："周礼二十五家为社，各树其土所宜木。"又《祭法》："大夫以下成群立社，曰置社。"注云："大夫不得特立社，与民族居百家以上，则共立一社。今时里社是也。"观此，所谓"二十五家为社"，所谓"成群立社"，所谓"与民族居百家以上，则共立一社"，均为群居以合祭地神之意。因合祭而为人民会合之所。由此引伸而为一切群居会合之义。[2] 晋慧远法师结白莲社，明张溥建复社，皆今引伸义。我国文献中，以社会两字连用者，始见于《旧唐书·玄宗本纪》"村闾社会"句，再见于《二程全书》"乡民为社会"语。今通用社会两字，则译自西文"Society"一词，与社字引申之义,似亦相通。

通俗对于社会一词,有两种意义,或以为社会就是地方。譬如说:上海社会,就是指上海地方,南京社会,就是指南京地方。或以为社会就是一群人。譬如说:商业社会、工业社会、学生社会等,都是指一群人。此两种意义,都不甚完全。第一,因为地方与社会不是同意义。固然,有了社会,一定要有地方来容纳此社会。但反过来说,有了地方,不一定就有社会。譬如荒山之中,沙漠之地,向来无人居住,当然不能称为社会。第二,社会固然是由人结合的;但是有了人,不一定就有社会,因为社会不仅仅是多人的集合。譬如车站上候车的一群人,戏院里听戏的一群人,热闹街市往来的一群人,我们都不应当称为社会。那末,究竟如何始为社会?

社会学家对于社会的定义,殊不一致。约而言之,可有四种:第一,以社会为同心的人的集合。社会仅是代表许多个人的总名。达尔德(Tarde)、季亭史(Giddings)都主此说。俗称之为唯名派(Nominalist)。第二,以社会为社会互动的过程。社会并非代表众人的总名,乃是一种交互动作的实在。个人之在社会,是与他人结合而成交互影响的系统。主张此说者为齐穆尔(Simmel)、司马尔(Small),俗称之为唯实派(Realist)[3]。第三,以社会为一种社会遗产。此种遗产包括有关人类行为的习惯、情操、民俗、民型等等。从此种定义言,社会是超乎个人之外而别有存在者。[4]亦得称之为唯实派。派克(Park)即主此说。第四,以社会为一种关系体系,如麦其维(Macgver[①])是。

但社会不仅是多人的集合,亦不仅是交互动作,更不仅是社会遗产。社会之所以成为社会,在社会上各分子间表现交互与共同行为。此种交互与共同行为,便是社会成立的根本要素。例如:家庭是一个社会;因为家庭中的各分子——父母、兄弟、姊妹、夫妇、子女等——都具有交互与共同关系,而表现交互与共同行为。父母对于子女,子女对于父母,

---

① 编者注:附录二作"MacIver"。

均有极显明的尊卑关系。至于父慈子孝,兄爱弟敬,都是家庭中的交互与共同行为。又如学校,亦是一个社会;因为学校中的各分子——教职员、学生、校役等——具有师生和主仆的共同关系,而表现相当的交互与共同行为。他如政党是一个社会,工团是一个社会,学会是一个社会;乡村、都市、国家等等,亦都是社会;因为他们的分子,都具有交互与共同关系,表现交互与共同行为。要之,社会的范围,虽有大小,生存虽有久暂,但必同具交互与共同关系,与交互与共同行为的要素,则未有不同,其所异者,惟在程度之差别而已。

所以我们可说:凡是具有交互与共同关系,与表现交互与共同行为的一群人,都可称为社会。或简单的说,凡表现社会行为的一群人,就可称为社会。

但社会有种种不同,故得分广狭两义以阐明之。

一、广义的社会

上述社会生活,是兼指广义与狭义的社会而言。我们会说:一个人的生活,是处处与社会上他人发生交互与共同关系。此是就广义言之。就此意义讲,社会两字,应该与人类两字的范围一般大。换言之,全人类就是一个社会。所以讲到社会,纵的就要包括自有人类以来的人类;横的就要包括现在地球上所生存的人类。先就纵的说,我们现在的人,都受着以前人类社会的影响。现代的文化,无论是物质的或非物质的,大都是由前人累积遗留下来。我们现在的人,一面保守从前遗留下来的文化,一面创造现代的文化;使人类文化继续不绝,就是使社会生命继续不绝。假使世界上只有创造文化的人,而没有保守文化的人,那末,文化是绝对不能继续的。惟其有创造文化的人,而又有保守文化的人;有保守文化的人,而仍有创造文化的人;所以人类文化,扩张广大,绵延不绝。如此看来,过去的人与现在的人,及将来的人,有多少交互与共同关系。在此种交互与共同关系底下的活动,亦可称为一种社会行为。[5]所以我们可说:过去的人,现在的人,与将来的人,是属于同一社会,不过如此讲来,把社会看得非常广漠了。

至于现在地球上生存的人类,他们自然有许多交互与共同的关系,我们上面讲社会生活的时候,已经讲及。既有交互与共同关系,就有交互与共同行为。所以,他们自然是属于同一社会。[6]总之,就此意义讲,现在的人类,只有一个社会。人类就是社会,社会就是人类了。

二、狭义的社会

从上面讲来,社会的意义,或是从横的说,或是从纵的说,都是太广泛。我们可以把社会看得狭一些。我们把这广义的人类社会,分析出许许多多的社会或团体来。[7]我们知道,人类是具有交互与共同关系,与表现交互与共同行为的。所以现在分析的标准,就是此种"交互与共同"的程度。[8]

大概一个社会的"交互与共同"的程度,是与他的范围适成反比例。就是,一个社会的人数愈少,范围愈小时,他的交互与共同的程度愈深;反之,一个社会的人数愈多,范围愈大时,他的交互与共同的程度愈浅。此种关系,可从右面的图看出来(圆圈的大小,代表社会的范围;横线的密度,代表交互与共同的程度)。

譬如在同一家庭中的人,与在同一都市中的人,他们的交互与共同的程度,相去已是很远。假使再就在同一家庭中的人,与在同一省的人比较,交互与共同的程度,相去更远。再就在同一家庭中的人,与在同一国的人比较,其交

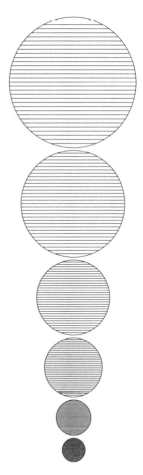

图 2 社会的范围及深度的关系图

互与共同程度,相去更远了。所以我们不妨说:一夫一妇的家庭是一个范围最小的社会,他的交互与共同的机会最多,故其程度最深。人类是一个范围最大的社会,他的交互与共同的机会最少,故其程度最浅。在此二者的中间,有许许多多的社会,都可根据他们的交互与共同程度而区分的。一方面就区域社会言,有家庭、邻里、乡村、都市、行省、国家、大洲、世界;又一方面就团体社会言,有朋友团体、同乐会、工会、学会、政党、种族、全人类。

第四节　社会的特征

从狭义的意义言,社会具有六种特征。

一、社会是互相重复

一个人同时可以属于几个社会:他是家庭的一分子,邻里的一分子,都市与国家的一分子;又同时是工会的会员,政党的党员,民族的一民,全人类的一人。一个社会同时亦可以属于几个别的社会:家庭属于邻里,邻里属于乡村,乡村属于行省,行省属于国家等等。又如一个同乐会是属于某工会,某工会属于某政党,某政党属于某民族等等。下图可以表明此种关系。

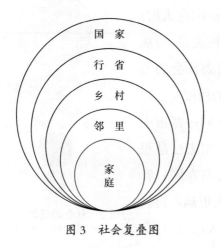

图 3　社会复叠图

图 4　个人与各种社会联结图

二、社会的分子是交互错综

社会的分子常常交互错综的。一个社会的一部分的分子,同时又是他社会的分子;又有一部分的分子,是又一社会的分子等等。交互错综,不可名状。譬如说：一个家庭的一部分是耶教徒;耶教徒的一部分是国民党党员;国民党党员的一部分是科学社社员。而同时家庭中,或有科学社社员,国民党党员。科学社社员中或有耶教徒等等。下图可以表明此种关系的一部分状况：

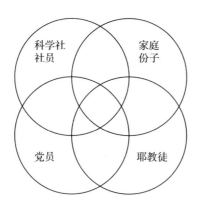

图 5　社会分子交互错综图

三、社会的分子是新陈代谢

一个社会的分子,不会常常是这些人,他们是新陈代谢的。新陈代谢有两个意思：(甲)指老年的分子,渐渐的死去,青年的新分子,渐渐的加入;此种新陈代谢是纯任自然,没有人力可以挽回的。例如：家庭的绵延,民族的继续是。(乙)指一方面旧分子脱离他去,一方面新分子陆续加入。此种新陈代谢有时可以用人力控制。我们可以设法使旧分子不脱离;亦可以设法使新分子不加入。或者只许加入,不许脱离;或者只许脱离,不许加入,都是可以的。不过实际上如此的制控是不甚多有。例如：党会、学校等等的继续是。

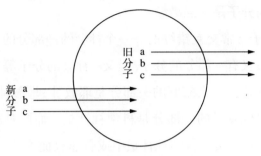

图 6　社会分子新陈代谢图

四、社会的形式与分子是可以消灭

固然,有几种社会似乎是可以永久存在的。譬如人类全体的大社会,大陆洲,大都市等等,假使没有自然环境的突变,不能设想他是会消灭的。但是还有许多社会,明明是可以消灭的,例如国家、政党、学社、工会等是。至于家庭,比较的似乎是永久的了,但亦可以灭亡的,所谓"人亡家破",是普通可以见到的事。种族似乎亦是很永久的团体了,但亦可以灭亡。从生物进化的原理讲来,优胜劣汰,世界上灭种事情,是可能的。例如,太平洋中的达斯美尼族(Tasmanians)至1876年,便完全灭亡。此种可消灭的社会,大概可分为两种:一种是形式消灭,而分子依旧存在,如国家、政党、学社、工会等属之。一种是分子灭亡,而形式与之俱亡,如家庭、种族等属之。

五、社会的分子必定与社会的全体发生比较永久的关系

我们上面已经说过,社会决不是多人机械的集合,所以车站上候车的一群人,戏院里听戏的一群人,热闹市上往来的一群人,都不应称为社会。[9]我们何以又说:全人类是一个社会?假使人类全体是社会,何以上面所说的三群人,不应称为社会?假使说:人类全体是有交互与共同关系,那末,人类全体中的一小部分——如上面的三群人——何以反没有交互与共同关系?

讲到这里，我们必须知道：任何社会必具有比较永久而特定的范围。每个社会特定范围内的各个分子，必定是与这社会的全范围——全分子——发生多少比较永久的交互与共同关系。譬如家庭是一个社会，因为家庭中的各个分子与全家庭分子（全家庭分子就是家庭的范围）发生比较永久的交互与共同关系。学校亦是如此，学校中的各个分子与全学校分子（全学校分子就是学校的范围）发生多少比较永久的交互与共同关系。他如邻里是如此；乡村、都市亦是如此；工会、政党亦是如此。更推而广之，由民族而至于人类全体，亦是如此。人类中的各个分子与全人类的全分子，发生永久的交互与共同关系（全人类就是人类的范围）。虽则他交互与共同的程度是最浅，但不能谓为无有。讲到上面所述的三群人，是没有特定的范围，更没有永久的结合，所以各个分子与其他各个分子是没有永久的交互与共同关系。

六、社会是具有结构

社会还有一种特点，就是任何社会必具有特性的结构或组织。此种结构或组织，一方面是代表此种社会的特性；一方面是供全社会各分子的表现与维系他们的交互与共同关系的机械。所以社会的分子，决不是"一盘散沙"似的。家庭的所以成为家庭，不但因为家庭由人结合而成的；更因为家庭的分子间，具有一种特性的结构。此种结构就是使家庭的分子，表现与维系他们的交互与共同关系的。他如邻村、都市、工会、政党，无不有他们各各的特性的结构或组织。此种结构或组织，就是一个社会的风俗制度的总和。因此，我们知道，上面所述的三群人不能成为社会，更因为他们是没有结构的。我人不能相信，候火车的人是有组织；亦不能相信，听戏的人与行路的人是有组织的。此是很显明的事实。

第五节　社会学

上面已经把人类的社会生活、社会行为与社会的意义说过了。我们知道，人类的社会生活，如何交互依赖；人类的社会行为，如何繁复错综。我们又知道，人类社会的关系与特征，如何复杂。我们现在要就此种繁复的社会生活与社会行为里面，抽寻出一种条理来，那就需要一种专门的学问去研究。此种学问，就是社会学。

一、社会学的语源

"社会学"（Sociology）一词，创始于法儒孔德（Auguste Comte），是合拉丁文"Socius"及希腊文"Logos"两词而成。"Socius"意即社会中的个人，"Logos"意即科学；合而言之，即包含社会的科学的意义。孔氏所著的《实证哲学大纲》（*Cours de Philosophie Positive*）于1830—1842年继续分六册出版。在第一册中，犹仅以社会物理学（Social Physics）表明社会学的意义，至第四册中始创用社会学（Sociologie）一词。自此而后，社会学即成为社会科学中独立科学之一种。

中文"社会学"一词，系采自日文。中国最初"群学"与"社会学"并称。光绪二十九年（1903）正月吴建常翻译季亭史（Giddings）的*"Theory of Socialization"*名《社会学提纲》。五月严复翻译斯宾塞（Spencer）的*"The Study of Sociology"*名《群学肄言》。同年七月上海作新社出版其编译之《社会学》，[10]此三书为中国出版最早的社会学著述。

二、社会学的定义

社会学的定义，自孔德以来，各家尚无一致的意见。今略举数种，以见大概。

（一）以社会学为研究社会现象的科学

此种见解，可以代表许多社会科学家的意见。自孔德以后，美国劳史(Ross)教授及英国韦思德麦克(Westermarck)教授,[11]都以为社会学是用科学方法去研究任何社会现象的学问;此种意见,固然并无错误,但觉得太广泛。因为除社会学外,其他社会科学,亦是研究社会现象的。例如:经济学、政治学、历史学等所研究的对象,亦是社会现象的一部分,不能说不是社会现象。所以此种定义,不甚圆满。

(二)以社会学为研究社会形式的科学

德国齐穆尔(Simmel)教授,以为社会学是研究社会形式的科学。[12]彼视社会学无异是一种社会几何学,盖只问抽象的形式,而不问实质的内容;仅研究社会结合的外形,而不及外形以外的种种社会状况。但是社会的生命,存于社会上人们的行为,而不存于社会的形式。我们只可说:社会形式是附属于社会行为;因为缺乏社会行为的人群,严格说来,就不是社会。所以只研究社会形式,不能概括社会学的全体。

(三)以社会学为研究社会组织的科学

美国梅尧斯密(Mayo-Smith)教授[13]及汤麦史(W. I. Thomas)教授[14]均以为社会学是研究社会组织的科学。汤麦史以为人类社会有许许多多行为规则,由此种行为规则而成的行为系统,就是社会制度。一个社会里面制度的总体,就是社会组织。社会学是研究此种社会制度总体的社会组织。固然,社会学必定要研究社会组织。但是社会学不仅研究社会组织,还要研究社会要素,社会变迁等等。所以此种定义,亦不圆满。

(四)以社会学为研究人类成绩的科学

美国华特(Ward)教授谓:社会学的材料,就是人类的成绩(Human Achievement);[15]人类成绩的总体,就是文化,所以社会学是研究人类成绩或文化的科学。据华氏的意思,人类成绩是含有永久的意义,所以成绩是有继续性的。因此,社会学是研究此类有继续性的人类成绩。我们知道,人类成绩固然是社会学研究的重要材料,但非社会学的全部领域。因为社会学亦研究社会心理状态。而有时社会心理状态的研究,是极重要的部分,所以仅仅研究人类成绩是不完满的。

(五)以社会学为研究社会进步的科学

美国葛佛(Carver)教授谓:社会学的根本任务,是在供给社会进步的学理。彼以为:社会学应研究社会现象发生的要素,及其原因结果的关系。从此种关系里面,可以发见社会进步的原理。蒲希(Bushee)教授,亦有相似之主张。[16]其实社会进步的本体,并非纯粹社会学研究的对象。因为进步的意义,是哲学上的问题,而非科学上的材料。不过普通社会学上亦讨论社会进步,但非社会学的主要部分。

(六)以社会学为研究社会关系的科学

美国雷德(Wright)教授及赫德(Hart)教授,均以社会学为研究社会关系的科学。[17]社会关系的意义,似太广泛。个人生活,固然处处不能与他人脱离关系。人是生活于社会关系里面的。但此种社会关系,并非社会学研究的主要目标。社会学所注重的,在社会的动的方面。社会关系,仅是社会的静的方面。

(七)以社会学为研究社会过程的科学

美国司马尔(Small)教授,以社会学为研究社会过程的科学。司马尔所谓社会过程,就是人与人间交互动作的过程。社会之所以成为社会,就在有交互动作(Interaction),所以交互动作是社会学上重要的概念。[18]此层,我们相信,是很正确的。但是社会学不仅研究社会过程,亦研究社会组织,社会变迁等等,所以此种定义亦不适用。

(八)以社会学为研究社会现象间的关系的科学

俄人沙罗坚(Sorokin)以社会学为研究各种社会现象的共同特点及其中间的各种关系的科学。他以为社会学的材料,不外三类。

(甲)各种社会现象间的关系与相互关系。(例如经济的现象与宗教的现象间的关系;家庭与道德间的关系;司法与经济间的关系等等。)

(乙)社会现象与非社会现象间的关系与相互关系。(例如地理现象与政治现象的关系;生物现象与家庭现象的关系等等。)

（丙）各种社会现象间的共同特点。

沙氏的定义，范围甚广，包罗一切社会学上应有的材料；自来社会学的定义，似乎没有如此概括的。[19]但尚觉稍有商榷者，即因其范围太广，往往易与其他社会科学相混，不能划清社会学的特殊领域。

（九）社会学是研究社会行为的科学

上述各家的定义，虽均无甚错误，但或失之抽象，或失之广泛，或失之含糊，或失之狭隘，似均不能认为适当的定义。比较的在目前可认为适当的定义，即是：以社会学为研究社会行为的科学。

派克（Park）教授谓：社会学是研究共同行为（Collective Behavior）的科学。[20]林德门（Lindeman）教授，亦如此说。[21]林氏的意思，所谓共同行为，即指社会上个人与个人间相关的活动及团体与团体间相关的活动而言。著者以为二氏之言，较为进步。但共同两字，不如社会两字之概括，故取社会行为为社会学研究的对象。换言之，社会学是研究社会行为的科学。社会行为的意义，上面已经说明。凡人与人间及团体与团体间所表现的交互与共同行为，均得谓之社会行为。此义与林德门之意见，似颇相合。最近德国冯维史（Von Wiese）教授谓：社会学为研究人类交互行为（Interhuman Behavior）的科学。氏所谓交互行为，与著者所谓社会行为，涵义实同。[22]

或谓行为是心理学研究的对象，社会行为是社会心理学研究的对象，社会学如研究社会行为，便与社会心理学混淆了。其实不然。人类社会现象，只是社会行为的现象。社会就是表现社会行为的一群人。社会的存在，不在此一群人的本身，而在于此一群人所表现的社会行为。故没有社会行为，就没有社会。固然，行为是心理学研究的对象，但心理学所研究的是个人的行为，而社会学所研究的是社会的行为。其范围及出发点均不相同。至于社会心理学是介乎二者之间，研究个人在社会中的行为，其出发点为个人，其所注重者为个人对于社会，及社会对于个人的关系及影响。社会学之出发点为社会，其所注重者为社会中个人与个人间及团体与团体间的交互与共同的行为及其关系。

要之,社会学是研究社会行为的科学;凡与社会行为有关系的各种现象、社会行为的共同特点,以及社会行为间的互相关系、社会行为的规则及变迁等,都在社会学研究范围之内。

本章温习问题

一、试述人类交互依赖的关系。

二、说明社会生活的真义。

三、何谓社会行为?

四、何谓社会?

五、试列举社会的各种特征。

六、试依狭义的意义,就下列各种人群,区别其是否社会:家庭,军队,电车中的旅客,市党部党员,饭店中的旅客,游艺场的游客,街头的群众,大公司中的职工,大商铺中的顾客。

七、何谓社会学?

八、除本书所采的社会学定义外,其他各家定义,究以何者为较妥?

本章论文题目

一、分析本人生长的社会。就人口、职业、家庭、宗教、风俗、政事、生计等项,分别说明之。并述本人行为习惯之养成,与该社会环境的关系。

二、衣食住与社会的关系。

三、社会行为的分析。

本章参考书

1. Bernard: *Fields and Methods of Sociology* (1934), Ch.2.

2. Blackmar and Gillin: *Outlines of Sociology* (Revised Edition,

1930), Ch.1.

3. Bogardus: *Contemporary Sociology* (1932), Ch.4.

4. Ellwood: *Psychology of Human Society* (1925), Ch.1.

5. Eubank: *Concepts of Sociology* (1932), pp.116–135.

6. Hiller: *Principles of Sociology* (1933), Chs.1, 2.

7. Lumley: *Principles of Sociology* (1928), Ch.4.

8. MacIver: *Society : Its Structure and Changes* (1931), Chs.1–3.

9. Reinhardt: *Principles and Methods of Sociology* (1932), Ch.2.

10. Sumner and Keller: *The Science of Society* (1927), Vol.1, Ch.1.

11. 陶孟和著《社会问题》(商务本)第一章。

12. 应成一著《社会学原理》(民智本)第一第二章。

13. 朱亦松著《社会学原理》(商务本)第一章。

14. 胡鉴民著《社会现象的研究》,《社会学刊》第一卷第四期。

15. 陶孟和著《社会研究之对象》,《社会科学杂志》第一卷第一期。

本章注释

1. 人类的机械集合,有时似亦可发生社会行为。例如:冲突。故不谙华语华俗的英国人,与不谙英语英俗的中国人,似亦有发生冲突的可能。但是此种冲突的起源,或由于当时的误解,或由于先入的偏见,故衔恨英人之类。无论误解或偏见,亦都是互相交通的表征,甚为明显。

2. 关于我国社之变迁,详见兑之《述社》,《东方杂志》第二十八卷第五号。

3. 见 Park and Burgess : *Introduction to the Science of Sociology*, p.36。

4. 见 Park and Burgess : *Introduction to the Science of Sociology*, p.161。

5. 在此种交互与共同关系底下的活动,称他是一种社会行为,并不是很勉强的。我们现在有许多风俗制度,是过去的人传下来的。譬如"父母之命,媒妁之言"的婚姻制度,从上古传至现世。在现代通行此制度的人,同时实行此制度的时候,我们称他是一种社会行为。现代的人与过去的人,一样是通行此制度的。他们同是实行此制度,似乎也可说是社会行为。就表面上说,不过时代不同罢了。其实讲到时代,那就很难说了。因为"现在"立刻就变成"过去"。既然同是"过去"的事情,何以只算近的"过去"而忽略远的"过去"呢?不过普通所说过去的人的事情,似乎只指已死的人而言。已死的人的行为,与现在生存的人的行为,似乎不能说是交互与共同。但就社会的全体说,社会总是新陈代谢的。假使只就已死未死的界限,去研究社会行为,很觉不圆满的。所以索性不管时代的前后,凡是实行共同的风俗制度的,就算是一种社会行为,亦是可以的。

6. 关于此点,可参考Sumner and Keller: *The Science of Society*, Vol.I, p.7。

7. 社会即英文"Society",团体即英文"Group"。此地所称狭义的社会,是指各种社会或团体(Societies or Groups)而言。以后所称团体是与狭义的社会同义,即表明具体的社会。

8. 共同两字与英文"Collectiveness"的意义相近。

9. 参考Sumner and Keller: *The Science of Society*, Vol.I, Ch.1, p.8。

10. 参考拙著《中国社会学之过去现在及将来》一文,见中国社会学社年刊第一集《中国人口问题》。(世界书局出版)

11. 见Ross: *Foundations of Sociology*(1912), p.6; Westermarck: *Journal of American Sociology*, Vol.X, p.84。

12. 参考Spykman: *The Social Theory of Georg Simmel*, 1925; Abel: *Systematic Sociology in Germany*, 1929。

13. 见Mayo-Smith: *Statistics Sociology*(1895), p.1。

14. 见Thomas and Znaniecki: *The Polish Peasant in Europe and America*,

(1920), Vol.I, p.33。

15. 见L. F. Ward：*Pure Sociology*（1903），p.15。

16. 见Carver: *Sociology and Social Progress*（1902），p.7; Bushee: *Principles of Sociology*（1923），Ch.1。

17. 见Wright: *Practical Sociology*（1899）; Hart: *The Science of Social Relations*, 1927。

18. 见Small: *General Sociology*（1905），Chs.1, 4–11。

19. 见Sorokin: *Contemporary Sociological Theories*（1928），p.760。

20. 见Park and Burgess: *Introduction to the Science of Sociology*（1921），Ch.I。

21. 见Lindeman: *Social Discovery*（1924），p.21。

22. 见Von Wiese and Becker: *Systematic Sociology*（1932），Part I。

第二章　社会学的性质

第一节　科学的性质

　　上面说过，社会学是研究人类社会行为的科学，是我们已承认社会学是科学了。但因尚有人对社会学的科学性质，抱怀疑态度，尤其是物质科学家，他们把科学的意义，看得太狭。他们以为科学的材料，必定可以用精密的数量分析。所以科学的标准，就是精密的数量分析；合于此标准者为科学；不合者即非科学。社会学所研究的材料，当然不能完全用精密的数量分析，所以他们看来，不能算是科学。但是他们这种精密的数量分析的标准，不但范围太狭，而且很不适当。第一，因为物质科学的量的精密一层，仅仅是程度上的差别。我们不能相信物理、化学、天文、生物诸科学，有同样量的精密的。第二，因为数量的精密分析，并不是唯一的精确思想的方法。没有人对于达尔文的生物进化论，疑他没有科学的价值的。如此看来，数量的精密分析，不能算是科学的唯一标准。

　　原来科学就是有系统组织而可证验的正确知识。[1]所以凡是可以观察、分类、比较、分析的现象，都可做科学研究的材料。凡是由此种观察、分类、比较、分析而得的可以证验的正确知识，就是科学的知识。

　　现代英国科学家皮尔逊（Karl Pearson）说："科学的范围是无限制

的;科学的材料是无止境的;凡自然现象,社会生活,一切发展的史迹与现状,无不可为科学的材料。"又说:"科学的本体,全在方法,而不在材料。"又说:"科学方法的应用,不限于一类的现象,与一种的学者,一切物质问题与社会问题,皆适用之。"所谓科学方法,据皮氏的意思,就是正确的分类、慎重的比较、仔细的辨认各种事实间相互关系与顺序的一种方法。[2]

英国汤末生(J. A. Thomson)教授说:"科学的目的,在用最精确,最简单,最完全而可证实的方法,来说明经验的客观事实。"[3]

由此看来,凡世间一切现象,没有不能做科学的材料的。换句话说:世间没有不能用科学方法去研究的现象。所以凡有系统组织而可证验的正确知识,没有不可称他为科学的。由此可知,有的物质科学家必以数量的精密的分析,为科学的标准,是不尽正确的。

第二节　社会学的科学性质

社会学的任务,是在研究人类的社会行为。人类的社会行为,自然可以分类、比较、分析、综合,以组织而成有系统可证验的知识。所以社会学亦是一种科学。他的科学性质,正与物理学、化学、生物学等没有区别。我们知道,物理学、化学是科学,因为他们研究物质现象,组织而成有系统的知识,而此种知识,是正确而随处可证验的。譬如重心吸力与杠杆的知识,我们知道是正确的,因为随时随处可以证验。又如氢二氧一化合成水的知识,我们知道是正确的,因为可在化学实验室里证明的。我们又知道,生物学亦是一种科学,因为他是研究有机体生活现象的。由此种研究结果,组织而成有系统可证验的正确知识。譬如遗传的知识,我们亦可以用植物或动物来实验证明的。

至于社会学的知识,自然亦是有系统组织而可证验的。社会学知识之有系统组织,甚为明显。我们知道,社会学的内容,分门别类,依次讨论,是有系统的。各项内容,主客前后,妥慎支配,是有组织的。不但如此,社会学的知识,亦是可以证验的。举一个浅近的例,"人是社会的产物",是一种社会学的知识。我们知道,一个人生长在何种社会里,常受何种社会环境的影响。交互反复的结果,便养成何种社会的一人。譬如说,一个中国的婴孩,生长在一个纯粹的美国家庭里,必定说美国话,服美国装,学了美国的风俗习惯,举止行动。思想是美国的思想,态度是美国的态度,道德观念,亦是美国的道德观念。除了他固有的蒙古人种的特质而外,他是一个百分之百的美国人了。又譬如说这个婴孩,生长在一个纯粹的德国家庭里,他必定成了一个百分之百的德国人了。照如此讲,假使同一夫妇所生的三个子女,在初生的时候,一个使在德国家庭里生长,一个使在美国家庭里生长,又一个使在中国家庭里生长,等到后来,便成了三国的人了。除了他们的面貌或互相类似外,可说一切举动习惯多不相同了。如此看来,"人是社会的产物"一个原则,是随时随地可以证明的。正如物理学上牛顿的重心原则,与生物学上孟德尔的遗传原则,同样的普遍而可以证验的。所以社会学的科学性质,正与物理学、化学,没有区别。不过社会学所研究的现象,不似物质科学单纯而有定。就此点而论,社会学与物质科学,似颇有不同的地方。今分述如下。

第一,社会学不能完全采用物质科学的实验法。物质科学欲观察某种状况或某种变迁时,可在实验室中,设法使某种状况或某种变迁发生,而使其他一种或数种状况,完全受人力控制。至于人类社会行为的现象,错综复杂,势不能完全受人力支配,故不适用物质科学的实验法。[4]

第二,社会学不能完全适用统计法。固然,有一部分的社会行为现象,可以适用统计的。但是此种统计,往往不能像物质科学那样精确。况且人类社会行为的现象,有时决不能用数字表明他的意味,因为数字仅能表示一种趋势与变迁的大概,而人类社会现象的真意义,常在数字之外。[5]所以不能适用统计的社会现象,确是甚多。大概,社会上一切现象,就其质的方面言之,均非统计方法所能得其真相的。

本章温习问题

一、科学的要点何在?

二、社会学是不是科学?试说明其理由。

三、社会学与物质科学的异点何在?

本章论文题目

一、何谓科学?

二、讨论社会学的科学性。

本章参考书

1. Bernard: *Fields and Methods of Sociology* (1934), Ch.1.

2. Blackmar and Gillin: *Outlines of Sociology* (1930), Ch.2.

3. Case: *Outlines of Introductory Sociology* (1924), Introduction.

4. Ellwood: *Psychology of Human Society* (1925), Ch.1.

5. Lumley: *Principles of Sociology* (1928), Ch.25.

6. MacIver: *Society: Its Structure and Changes* (1931), pp.3–4.

7. Pearson: *Grammar of Science* (1899, 1911), Ch.1.

8. Thomson: *Introduction to Science* (1911), Chs.1, 3.

9. Wiese and Becker: *Systematic Sociology* (1932), Ch.1.

10. 应成一著《社会学原理》(民智本)第一章第五节。

11. 任鸿隽著《科学概论》(商务本)全书。

12. 王星拱著《科学概论》(商务本)全书。

13. 李剑华著《社会学在科学上的地位》,《社会学刊》第一卷第一期。

本章注释

1. 此种科学的定义，大概是现代一般科学家所公认的了。恺史（Case）说："科学就是关于所观察事实的有系统组织的知识。"（见C. M. Case: *Outlines of Introductory Sociology*, p.XV）爱尔华（Ellwood）说："科学是正确，可证验，而有系统的知识。"（见C. A. Ellwood: *Psychology of Human Society*, 1）纳尔逊氏（Nelson）《百科全书》说："科学就是各种有系统的知识。"（见Nelson: *Perpetual Loose Leaf Encyclopedia*, 1920）白乃德（L. L. Bernard）说"科学是证实的与分类的知识。"（见Bernard: *Introduction Social Psychology*, Ch.II）

2. 研究科学与科学方法的著作，以皮氏的《科学规范》一书，为最善（Karl Pearson: *Grammar of Science*）。此处所引，都见该书Ch.I。

3. 见汤氏的《科学概论》（*Introduction to Science*）。该书用极简单的文字，说明科学的意义，目的，方法等，为研究任何科学的人，不可不读之书。又中国科学社出版之《科学通论》一书，亦应详读。

4. 美国芝加哥大学与南加州大学，于数年前均创设一种社会搜究实验室（Social Research Laboratory），以为社会研究的场所。但此种实验室仅是一种搜集与整理材料的办事室，与物理化学的实验室不同。至社会学上所用的实验法，详见下章。又最近密歇根大学葛尔（Carr）安琪尔（Angell）教授等所创设的社会学上各种实验，如验人与人间交互动作等，正在进行中，尚无何等优良结果可言。见Carr, L. J. "Experimental Sociology," *Social Forces*, Vol.8, pp.63–74（1929）。

5. 据最近社会学研究的结果，知社会生活是有机的（Organic意即各分子间有交互依赖的关系的）。社会并不是多人的集合。（以社会为多人的集合的，看个人仿佛是原子一般，此种学说，称为社会的原子说，Atomistic Conception of Society）。社会是有组织的多人结合，此种结合，完全是各分子间交互影响的结果。（看个人之在社会，仿佛是有机体的一部，与上面所说如原子一般的，很是不同。此种主张，称为社会的有机说,Organic Conception Society)。社会学上应用统计之时,不能不采用此种原子说;假使我们相信有机说是正确的,便不能完全信托统计了。(参观[①]E. W. Burgess:"Statistics and Case Studies", *Sociology and Social Research*, Vol.XII, No.2, Nov.Dec., 1923, p.103)

---

① 编者注:疑为"见"。

第三章　社会学的范围及其与社会科学的关系

第一节　科学的分类

我们要明了社会学的范围及其与其他社会科学的关系，须先明了一切科学的相互关系。要明了一切科学的相互关系，须先明了科学的分类，现在且先述主要诸科学家对于科学的分类，而后再述本书的意见。

一、孔德的分类

孔德的科学分类法，为历来科学家据为科学分类的标准。孔氏分科学为六类，就是数学、天文学、物理学、化学、生物学、社会学。此种分类，据孔氏之意，甚合于一种自然的顺序。而其分类及顺序排列的标准，就是各科学研究的实证性（Positivity），或精密程度（Degree of Exactness）。数学最精密故居首，其次为天文学，其次为物理学、化学、生物学；而社会学的精密程度最浅，故居最后。孔氏又以为此六种科学在发展上有先后的次序，每前一科学，为后一科学的基础。故社会学的发展最迟。孔氏的分类，似颇简单明了。但以天文学与物理学化学并列，颇不适当。因为天文学不过是物理科学的特殊科学。

二、斯宾塞的分类

斯宾塞分科学为三大类,即抽象的科学,研究现象中间的抽象关系,例如论理学与数学。抽象具体的科学,研究现象的元素,例如机械学、物理学、化学。具体的科学,研究实际现象,例如天文学、地质学、生物学、心理学、社会学。斯氏的分类,似较孔氏的分类为详细,但亦不甚圆满。(一)因普通科学与特殊科学没有加以区别。例如物理学化学为普通科学,而天文学地质学乃为特殊科学。(二)因斯氏第二类所谓抽象具体的科学,界限殊难辨别。何以把机械学与物理化学都入此类,而生物学、心理学又入第三类具体的科学,殊难明了其意义。

三、汤末生的分类

汤末生根据斯宾塞第一第三两类的名称,分科学为两大类:就是抽象的科学与具体的科学。抽象的科学,研究推论方法,证验科学上叙述的一致与完全与否,并以供给调查的工具。例如数学、统计学、论理学、形而上学是。具体的科学,研究经验的事实,及其推论,包括五种普通的或基本的科学,及许多特殊的与应用的科学。五种普通的具体科学,就是化学、物理学、生物学、心理学、社会学。前二者属于自然界;后三者属于生物界。由此五种基本科学,而有许多附带的科学。此种附带的科学,又分为三类:就是特殊的科学,联合的科学,及应用的科学。今分列如下。

(一)特殊的科学

研究基本科学现象中一部分的科学。例如:矿物学、天文学、气象学、测地学、动物学、植物学、美学、语言学、民族学、制度研究等。

(二)联合的科学

联合几种基本科学上的方法及概念,而做特殊的研究者。例如:太阳系通史、海洋学、地理学、地质学、地球史、生物史、人类学、人类通史等。

(三)应用的科学

研究各种科学知识的应用。例如:冶金学、农学、建筑学、工程学、航海学、森林学、医学、优生学、教育学、伦理学、政治学、经济学等。

汤氏的分类,就大体言,颇为适当;惟就细目言,殊多混杂的地方。例如以形而上学(Metaphysics)为抽象的科学;以政治学、经济学、伦理学等为应用的科学,似都无充分的理由。[1]

四、克鲁伯的分类

克氏分世间现象为四级,就是无机的物质现象,有机的生命现象,有机的精神现象或心理现象,及超机的现象或社会现象。[2]因为每种现象,均有特种的科学去研究,故分科学为四大类。又就每类科学中的性质或为分析的,或为叙述的,而各分为两类,故共得八大类。今列表如下。

现象区别	分析科学	叙述科学
物质现象	物理学　化学	天文学　地质学
生命现象	生物学	自然史
心理现象	心理学	传记史
社会现象	社会心理学	文化史

克氏的分类,简单明了,似较以上各种分类为妥善。但其分世间现象为四级,以为:每级现象各自独立,各不相侵。其实心理现象与生物现象及社会现象,极难分离。据最近心理学的趋势看来,以心理现象为一种独立现象,似不圆满。且克氏以天文学地质学,与自然史文化史并列,亦觉不妥。[3]故克氏的分类,就大体言,仍有缺点。

五、折中的分类

根据上列四种分类法,而采取其优点,乃依各种科学的性质,分一切科学为三大类,就是物质科学,生物科学,与社会科学。而每类科学,又各分具体、抽象两类。具体科学中又分为普通、特殊、叙述、应用四小类。现在列表于下,以见大概。

此种分类表,有两种特点,须加说明。

(一)以心理学归入生物科学

杜威曾说:"一切心理学,不是生理的,就是社会的。"最近心理学家,尤其是行为学家,已视心理学为分属于生物科学及社会科学的一种科学。[4]而同时亦有一派心理学家,承认研究人类心理,断断不能脱离社会关系。而以从前心理学不重社会影响为非。[5]要之,从前心理学以心理现象为一种独立现象,实是错误。心理学实在应该研究生理的与社会的两方面。生理的心理学便是生物科学;而社会的心理学便是社会科学。所以心理学并不是一种独立科学,可与物质的、生物的及社会的并列。故本表以心理学归入生物科学,而以社会心理学归入社会科学。

类别	具体的(所列各科仅系举例并不完善)				抽象的
	普通的	特殊的	叙述的	应用的	
物质科学(研究无机的物质现象)	物理学 化学	天文学 地质学 地文地理学	天体史 地球史	工程学 冶金学 建筑学	数学 论理学 统计学
生物科学(研究有机的生物现象)	生物学	动物学 植物学 体质人类学 生理学 心理学	生物史	医学 育种学 优生学	
社会科学(研究超机的社会现象)	社会学	政治学 经济学 文化人类学 社会心理学 人生地理学 伦理学 法理学	人类通史	行政法 商业 教育 社会工作 社会政策	

(二)抽象科学是各科学所共同的

抽象科学如数学、论理学、统计学,无论是物质科学,生物科学,或社会科学,都可适用。虽则社会科学似乎不是直接需要数学;但社会科学不能缺乏统计学；而统计学是根据数学的。故亦可说，数学对于社会科学的应用是间接的。因此，本表把抽象科学列为三科所共同的。其余各点，大致与汤末生及克鲁伯所举，无甚出入。[6]

第二节 社会科学的分类

上面所述科学的分类中，已将社会科学分列例入。但社会科学的分类，经过许多社会科学家的讨论，尚无一定，今再扼要叙述，以见一斑。

一、白克马(Blackmar)的分类

白克马从学术的立场，分社会科学为七类，即伦理学、经济学、政治学、历史学、社会学、人类学及比较宗教学。每类又分为数种，兹列表于下。

（一）伦理学——伦理学原理，伦理学史，社会伦理学。

（二）经济学——经济学说及经济制度，经济政策，实业史，劳动立法，银行及金融理论，赋税与财政。

（三）政治学——政治学说，外交及国际公法，国家政治，市政，宪法。

（四）历史学——政治史，制度史，社会史，历史的地理学。

（五）社会学——叙述的社会学，社会起源，社会进化，社会病理学，社会化及社会控制，社会心理学，社会学史。

（六）人类学——普通人类学，民族学，民族地理学，人类体质学，考古学。

（七）比较宗教学。[7]

二、爱尔华(Ellwood)的分类

爱尔华在他的《人类社会的心理学》(*Psychology of Human Society*)中，分社会科学为四大类：即叙述的，纯理的，范式的与应用的，

今分述于下。

(一) 叙述的社会科学

(1) 历史——普通的与特殊的。

(2) 民族地理学,人口学(包括统计学)。

(二) 纯理的社会科学

(1) 普通的——社会学。

(2) 特殊的——经济学,政治学,法律学,宗教学等。

(三) 范式的社会科学

(1) 伦理学——普通的与特殊的。

(四) 应用的社会科学

(1) 教育。

(2) 慈善事业。

(3) 社会经济。

(4) 社会政策等。[8]

三、劳史(Ross)的分类

劳史在他的《社会学的基础》(*Foundations of Sociology*, 1905)中,分社会科学为七种如下:

(一) 社会学,(二) 宗教学,(三) 伦理学,(四) 政治学,(五) 法理学,(六) 家庭学(Genetics as the Science of Family),(七) 经济学。

四、派克(Park)的分类

据派克的意见,社会科学得分为三类,即具体的、抽象的与应用的。历史是具体社会科学的基本科学;随历史而起者,有人类学、民族学、民俗学、考古学,皆属于具体科学之类。社会学是抽象的社会科学,其目标在解释人性及人类经验,与具体学科之纪载人性与人类经验的事实者不同。应用的社会科学如政治、教育、经济、社会服务,都是应用社会学的原理的;故社会学实为此类社会科学的基本科学。其关系,得以右图明之。[9]

五、彭恩史(Barnes)的分类

彭恩史在他的《社会科学的历史与展望》(*History and Prospects of the Social Sciences*, 1925)中,分社会科学为下列十种:

(一)历史学,(二)人生地理学,(三)生物学,(四)社会心理学,(五)文化人类学,(六)社会学,(七)经济学,(八)政治学,(九)法理学,(十)伦理学。

六、海逸史(Hayes)的分类

海逸史在他主编的《社会科学的最近发展》(*Recent Developments in Social Sciences*, 1927)中,分社会科学为下列七种:

(一)社会学,(二)人类学,(三)心理学,(四)人文地理学,(五)经济学,(六)政治学,(七)历史学。

七、乌格朋(Ogburn)与戈登卫然(Goldenweiser)的分类

乌格朋与戈登卫然在他们合编的《社会科学的交互关系》(*The Social Sciences and Their Interrelations*, 1927)中,共列社会科学十种如下:

(一)人类学,(二)经济学,(三)伦理学,(四)历史学,(五)法理学,(六)政治学,(七)心理学,(八)宗教学,(九)社会学,(十)统计学。

八、季惠生(Wilson Gee)的分类

季惠生在他编的《社会科学的研究》(*Research in the Social Sciences*, 1929)中,分社会科学为下列九种:

（一）社会学,（二）经济学,（三）人类学,（四）统计学,（五）心理学,（六）法理学,（七）历史学,（八）哲学,（九）政治学。

九、社会科学词典的分类

美国新出的《社会科学词典》(Encyclopedia of Social Sciences, Vol.Ⅰ, 1930)包括十一种科学如下：

（一）人类学,（二）经济学,（三）教育,（四）历史学,（五）法律,（六）哲学,（七）政治学,（八）心理学,（九）社会工作,（十）社会学,（十一）统计学。

十、崔宾(Chapin)等的分类

崔宾编辑《社会科学撮要杂志》(Social Science Abstracts)，集二十个专家的意见，而定一收集材料的分类大纲。此大纲分为两部：第一部关于方法的材料，第二部关于内容的材料。除统计学归入方法外，在内容方面，分为六种：

（一）人生地理学（包括普通地理学等）。

（二）文化人类学（包括语言学、考古学、民族学等）。

（三）历史学。

（四）经济学（包括经济学说、经济史、土地经济学、商业组织、会计学、国内外贸易、保险、货币、财政、人口、贫穷与救济、合作、劳工等等）。

（五）政治学（包括政治学说、法理学、国际公法、政府、政党等等）。

（六）社会学（包括社会学说、社会病理、社会问题、社会工作、人口等等）。

十一、薛格孟(Seligman)的分类

薛氏在他的《何谓社会科学》[10]一文中，分社会科学为三大类：即（一）纯粹社会科学。（二）半社会科学，又分为两种：(1)具有社会的起源与

社会的内容,(2)具有独立的起源与部分的社会内容。(三)具有社会意义的科学。

（一）纯粹社会科学（1）旧的——政治学、经济学、历史学、法理学。(2)新的——人类学、刑罚学、社会学、社会工作。

（二）半社会科学（1）具有社会的起源和内容的——伦理学、教育。(2)具有独立起源和部分的社会内容的——哲学、心理学。

（三）具有社会意义的科学（1）非以人为主的——生物学、地理学。(2)以人为主的——医学、语言学、艺术。

十二、彭安士(Burns)的分类

彭氏在他的《英国的社会科学》一文[11]中，分社会科学为四大类如下：

（一）经济学（包括货币、金融、财政、工商组织等）。

（二）历史学。

（三）法律。

（四）社会学（包括人类学、政治学等）。

十三、总结

综上所述十二种分类看来，我们知道，曾经列为社会科学的科目，计有下列各种：

（一）社会学,（二）经济学,（三）政治学,（四）历史学,（五）人类学,（六）法理学,（七）伦理学,（八）宗教学,（九）心理学,（十）社会心理学,（十一）统计学,（十二）文化人类学,（十三）人生地理学,（十四）哲学,（十五）教育,（十六）社会服务或工作,（十七）民族志,（十八）人口学,（十九）社会经济,（二十）社会政策,（二十一）考古学,（二十二）民俗学,（二十三）民族学,（二十四）慈善事业,（二十五）生物学,（二十六）美术,（二十七）家庭学,（二十八）刑罚学,（二十九）医学,（三十）语言学,

(三十一)艺术,(三十二)地理学。

就中为十二人所同举者,仅有下列三种:

(一)社会学,(二)经济学,(三)政治学。

其为五人以上所同举者,计有下列八种:

(一)社会学,(二)经济学,(三)政治学,(四)历史学,(五)人类学,(六)法理学,(七)伦理学,(八)心理学(包括社会心理学)。

其为三人以上所同举者,计尚有下列六种:

(一)宗教,(二)教育,(三)社会工作(或服务),(四)统计,(五)哲学,(六)人生地理。

由上看来,社会学、经济学、政治学之为社会科学,已人人承认。而历史学列举者有十一人,人类学有十人,法理学有八人,伦理学有六人,是承认者已在半数以上。可知此七种科学,已为多数人认为社会科学。

但社会科学,究竟是否限于此七种科学,尚应详细研究。著者以为我们欲定社会科学的范围,须先明了社会科学的对象。对象既明,那末,合于此对象者为社会科学,不合于此对象者非社会科学,其理至浅。

社会科学的对象,就是人类社会生活的一般现象。凡人类共同结合时所表现的种种活动,都属于社会生活现象的范围。凡社会生活的形式内容、组织、作用,以及过去现在的种种事实,与人类策划改进社会生活种种理想,计划与方法,都属于社会科学研究范围之内。

观此,可知社会生活现象的方面甚多,问题甚繁,故需要各种性质不同的社会科学去分别研究。社会生活现象,可大别为四方面。

(一)社会生活的全般共通现象。

(二)社会生活的部分特殊现象。

(三)社会生活的过去状况。

(四)社会生活的未来要求。

社会生活现象既有四种不同的方面,就发生四种不同的问题,因而就有四种不同的科学去研究。故社会科学,约分为四类:

（一）普通的社会科学——研究社会生活的全般共通现象。

（二）特殊的社会科学——研究社会生活的各部分特殊现象。

（三）叙述的社会科学——叙述社会生活的过去状况。

（四）应用的社会科学——应用社会科学的理论去研究实际社会生活的改进。

属于第一类者为社会学；属于第二类者为经济学、政治学、法理学、伦理学、文化人类学（或称民族学）、社会心理学；属于第三类者为历史学；属于第四类者为行政法、教育、社会工作、商业等。

至于统计学，是一种工具科学，适用于一切科学，故不列为社会科学。

今将社会科学的分类，列表如下。

普通的	特殊的	叙述的	应用的
社会学	经济学 政治学 法理学 伦理学 文化人类学 人生地理学 社会心理学	历史	行政法 教育 商业 社会工作 其他

第三节　社会学与其他社会科学的差异

社会学与其他社会科学的差异，从上面讲来，似乎已很明了了。但这是一个重要问题。我们必须分析清楚，方可确定社会学的范围。

大概各种科学的区分，全在各该科学所研究的问题的不同。同一现象，有各种性质不同的问题发生，可由各种性质不同的科学去研究。譬如物质科学，同是研究物质现象的。但是物质现象所发生的各种问题，性质不同；而性质不同的问题，需要不同的研究；所以发展了各种不同的物质科学。物理学与化学,虽同是研究物质现象的科学,但物理学所研究的是物质的特性及能量的变化的问题,化学所研究的是物体组合及其变化的问题。[12]物质的特性及能量的变化与物体组合及其变化是两种性质不同的问题,所以物理学与化学各成一种独立科学。社会科学的区分,亦是如此。

一切社会科学,虽同是研究社会生活现象的。但是社会生活现象所发生的问题,性质有种种不同,便需要种种不同的研究;所以产生各种不同的社会科学。社会学是研究社会生活现象中社会行为的问题。经济学是研究社会生活现象中经济行为的问题——就是关于谋生的问题。政治学是研究社会生活现象中政治行为的问题——就是关于管理众人的问题。说详细些,研究社会行为发生的各种相关的要素、社会行为的历程、组织、控制与变迁的问题,是社会学的任务。研究谋生的方法,财富的生产、分配、消费,与其他经济组织等问题,是经济学的任务。研究政府的职权、效能、组织与范围等问题,是政治学的任务。譬如有一工厂罢工的现象,可由各种社会科学去研究;但是各种社会科学对于此种现象所研究的问题,性质各不相同。社会学是研究这件罢工发生的各种相关的要素,罢工对于工厂、工人与社会公众的影响,罢工发生时的工人行为与群众态度,罢工时工人与厂家双方的组织,工人领袖对于工众控制状况与方法,罢工时期工人态度与对付方法的变迁等等问题。要之,凡是关于此罢工事件的社会行为——罢工工人全体的交互与共同行为——的种种方面,都在社会学研究范围之内。社会学只研究社会行为,及与社会行为有关的各种问题,而不研究此外其他一切种种行为。所以社会学所研究的问题,决不是其他社会科学如经济学、政治学、伦理学所能研究而所应研究的问题。

至于经济学是研究关于这件罢工的经济方面的行为的:就是研究罢工对于出品减少的损失,罢工对于市场的影响,罢工前后工资支配的状况,工人生活程度与工资的比较统计,物价与工资的关系,罢工与工业发展的关系等问题。此是经济学研究的问题。政治学是研究关于这件罢工的政治方面的行为的：就是研究罢工时政府对于维持工人秩序与社会安宁的责任与限制，劳动法的制定与应用，工资的规定与最低工资率的强制施行，政府调解工潮的可能与实行等问题，就是政治学研究的问题。

总之，任何社会生活现象，都可用各种科学去研究，不过问题各不相同，研究的途径，亦皆不同。

第四节　社会学在社会科学中的地位

社会学家对于社会学在社会科学中的地位，意见颇不一致。大概可分三派：第一派以为，社会学是各种社会科学的综合。各种社会科学研究所得的结果，从社会全体的立场，加以综合而组织之，便成社会学。换言之，社会学是不能离开各种社会科学的。社会学的原理定律，就是各种社会科学的原理定律的总和。其关系略如下图（图7）。

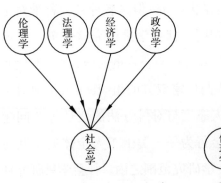

图7　社会学与其他社会科学关系图（一）

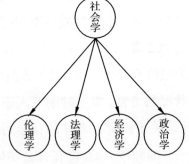

图8　社会学与其他社会科学关系图（二）

斯宾塞（Spencer）在他的《社会学原理》（*Principles of Sociology*, 1876—1896）中，包括各种社会科学如政治、经济、宗教等的研究，就可代表此派的意见。

第二派以为：社会学是各种社会科学中的根本科学。社会学所研究的,是社会生活普通的现象;各种社会科学所研究的,是社会生活一部分的特殊现象。社会学的原理定律,适用于一切社会生活;而各种社会科学的原理定律,仅能适用于各一部分的特殊社会现象。换言之,社会学得离开各种社会科学而研究他自己领域以内的问题;社会学所得的原理定律,可以应用于各种社会科学。其关系略如上图(图8)。

季亭史(Giddings)在《社会学原理》(*Principles of Sociology*, 1896)中说:"社会学不是社会科学的总和,他是一种普通社会科学——一种研究社会元素与第一原理的科学。"可以代表此派的主张。

第三派以为:社会学虽是研究社会生活的普通现象,但与其他社会科学立于平等地位,因为同是研究社会生活现象的一个方面。司马尔(Small)在他的《普通社会学》(*General Sociology*, 1905)及《美国百科全书》(*Encyclopedia Americana*)中说:"社会学不过是社会科学所有各种技术中的一种。"据氏的意见,"社会科学只有一种,没有多种;所以社会学、政治学、经济学、人类学、心理学,都不过此总式的社会科学的一部分。"汤麦史(Thomas)在他的《欧美波兰农民》(*Polish Peasant in Europe and America*, 1920)第一册中,以社会学与经济学、人种学、伦理学等同属于特殊科学,而以社会心理学为研究文化的主观方面的普通科学。沙罗坚(Sorokin)在他的《当代社会学学说》(*Contemporary Sociological Theories*, 1928)中,以社会学为特殊科学,以为社会学亦有他的特殊领域。就此点言,正与其他社会科学相同。三氏的说法虽各不同,而对于社会学与其他社会科学的关系,认识殊无大异。今将此派意见图表如下。

图9 社会学与其他社会科学关系图(三)

上面所述三派,除第一派的意见,不合乎目前社会学研究的对象外,二三两派意见,大致均无讹谬。我们不能不承认:社会学是研究社会现象的共同原理,此种"共同"原理,当然是可以适用于各种社会科学。我们知道,社会学是研究社会现象中的社会行为。我们又知道,任何人不能不有社会行为。所以无论经济行为、政治行为,与道德行为,不能脱离社会行为。如此看来,社会学上所研究的原理,就可说是一种普通的基本原理。此种普通的基本原理——社会行为的原理——就是社会学独占的领域。就此点而论,社会学亦不过是社会科学中的一种,与经济学以经济行为为领域,政治学以政治行为为领域,没有什么不同。不过因为社会学所研究的对象,比较其他社会科学所研究的对象,要广大而普通。所以我们可称社会学是一种普通的社会科学,经济学、政治学、伦理学、法理学等为特殊的社会科学。他们的关系,可用下图来说明。

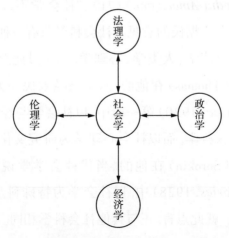

图10　社会学与其他社会科学关系图(四)

总之,社会学是研究社会生活现象的共通原理,此种社会生活现象的共通原理——社会行为的原理——为社会生活现象的一部分,而关系于各部分的社会生活现象,故社会学为一种普通的科学。

本章温习问题

一、何种科学分类为最适当?

二、社会科学的适当的分类为何?

三、社会学与其他社会科学,如经济学、政治学、伦理学,及史学等的区别何在?

四、社会学与政治学、经济学、伦理学等社会科学的关系若何?

五、社会学是普通科学,抑为特殊科学?

本章论文题目

一、科学分类法。

二、社会学与社会科学。

三、社会学应为特殊科学(或普通科学)。

本章参考书

1. Blackmar and Gillin : *Outlines of Sociology* (1930), Ch.2.

2. Ellwood : *Psychology of Human Society* (1925), Ch.1.

3. Giddings : *Scientific Study of Human Society* (1924), Ch.1.

4. Small : *General Sociology* (1905), Ch.1.

5. Sorokin & Zimmerman : *Principles of Rural-urban Sociology* (1929), Ch.1.

6. Thomson : *Introduction to Science* (1911), Ch.4.

7. Wiese and Becker : *Systematic Sociology* (1931), Ch.47.

8. 刘国钧著《社会科学的几条基本假定》,《社会学刊》第二卷第二期。

9. 唐庆增著《社会学与经济学》,《社会学刊》第一卷第二期。

10. 蔡子民著《社会学与民族学》,《社会学刊》第一卷第四期。

11. 杨堃著《民族学与社会学》,《社会学刊》第四卷第三期。

本章注释

1. 以上各家的分类,均见Thomson: *Introduction to Science*,Ch.4。

2. 见A. L. Kroeber: "The Possibility of a Social Psychology," *The American Journal of Sociology*,March,1918,p.635, 或拙著《社会学上之文化论》第一章第三节。

3. 关于科学的分类,可参考郑贞文之《科学之体系》一文,见《自然科学之革命思潮》第109页(中华学艺社编辑)。

4. 见郭任远著《社会科学概论》,第一编第七章,第88-90页。

5. 见Judd:*Psychology of Social Institutions*, 1926。

6. 通俗往往以自然科学与社会科学并列,仿佛社会科学非自然科学。此点,实是错误的。社会科学所研究的现象,亦是自然现象,不应把他划在自然现象之外。近人郭任远与潘菽均能见到此点。兹将二人的科学分类,引列于下,以见一斑。

（一）郭任远的自然科学分类(见《社会科学概论》第90页)

    （1）理化科学

        物理学　化学　天文学

        地质学　地文地理　矿学其他

    （2）生物科学

        动物学　植物学　生理学

        解剖学　组织学　细胞学

        遗传学　心理学或行为学　(专讲行为的心理方面)其他

    （3）社会科学

        政治学　经济学　法律学

        历史学　人文地理　教育学

        人类学　心理学　(专讲行为的社会方面)其他

（二）潘菽的自然科学分类(见《心理学概论》第11-14页)

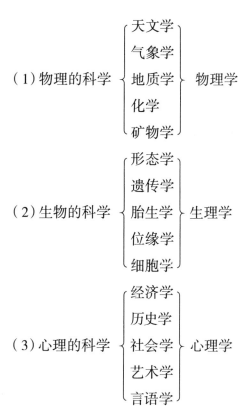

7. 见Blackmar, Gillin: *Outlines of Sociology*, Chap.Ⅱ, pp.26–28。

8. 见Ellwood: *Sociology in Its Psychological Aspects*, Ch.Ⅲ, pp.54-55, or *Psychology of Human Society*, Ch.Ⅰ, pp.27–29。

9. 见Park and Burgess: *Introduction to the Science of Sociology*, p.43。

10. 见*Encyclopedia of the Social Sciences*, Vol.Ⅰ, pp.3–7。

11. 见*Encyclopedia of the Social Sciences*, Vol.Ⅰ, pp.235–239。

12. 见萨本栋著《普通物理学》第一章。

第四章　社会学研究的单位及材料

第一节　社会学研究的单位

社会学是研究人类社会行为的科学。人类的社会行为,就是社会学研究的材料。但人类社会行为的范围,非常广漠,究竟从何处发端,殊难确定。通常在社会学上须有一种研究的单位,以为研究的起点。

社会学上研究的单位,各家意见,颇不一致。约而言之,不外四说。

一、以个人为研究的单位

主此说者以为社会人或个人(The Socius or The Individual)是社会组成的单位;个人人格,是在社会上逐渐养成的。我们知道,人自呱呱堕地而后,无时无处不受社会的影响。生长在何种社会,便成为何种社会的分子。所以个人无异社会的缩影;研究了个人,直接可以知道他与社会的关系;间接可以知道社会的情况。所以个人应为社会学上研究的单位。季亭史、白克马等即主此说。[1]

二、以团体为研究的单位

主此说者以为人类社会是由许多团体(Groups)集合而成。个人总是生长于团体中,无时无地,可与团体脱离关系的。人类生活,质言之,只是团体生活。所以人类的社会行为,就从此种团体生活中表现。因此,要研究社会行为,便须研究团体生活;故团体应为研究的单位。爱尔华、欧鹏克(Eubank)即主此说。[2]

三、以制度为研究的单位

主此说者以为制度(The Institution)是社会上公认的行为规则。一个社会,常有无数的制度。抽象的说,人类社会是由制度构成的;没有制度,便没有社会,更没有社会生活。所以人类社会生活,就是在制度中的生活。而社会行为,就在此种制度的生活中表现出来。因此,研究制度,就可以了解社会生活;故制度应为社会学上研究的单位。孙末楠(Sumner)、麦其维(MacIver)即主此说。[3]

四、以社会一致为研究的单位

主此说者以为人在同样环境之下,常表现同样的行为。此种同样的行为,称为社会一致(Social Uniformities)。团体现象,就是此类社会一致的现象。人类常常表现此种社会一致的行为,所以社会一致,应为社会学上研究的单位。劳史即主此说。[4]

凡上所述四种研究的单位,可以代表许多社会学家的意见。我们知道,季亭史(Giddings)教授,主张以社会人(The Socius)[5]为研究的单位。彭德(Binder)教授,是以个人(The Individual)为唯一的研究的单位。[6]白克马(Blackmar)教授,是以与社会相关的个人(Man in His Social Relations)为研究的单位。[7]此都可以代表第一种意见。但是以人为研究的单位,似觉不甚圆满。社会固然是由人结合而成;个人人格,固然是由社会养成;但社会生活的现象,不仅仅在人的本身,譬如文化现象,决不是研究个人可以完全了解的。所以社会人或个人不能视为社会学上唯一的研究单位。

我们从斯宾塞(Spencer)的著作中,[8]知道他以研究制度为社会学上重大的任务。我们再从孙末楠(Sumner)、麦其维(MacIver)、杰德(Judd)、海芝勒(Hertzler)诸教授的著作中,知道他们重视制度的意见。[9]我们知道,制度固然是人类社会生活的重要要素,但不是社会生活的全体。譬如群众现象,便非制度之所能包括。我们不能把群众现象,划出于社会学范围之外。所以仅视制度为社会学研究的单位,是不圆满的。

劳史(Ross)教授,在他的著作中,甚注重社会一致的研究。蒲希(Bushee)教授,以社会学为研究社会一致的科学。[10]我们相信,社会现象,固然处处表现种种的社会一致;但是以社会一致为研究的对象,一则太觉抽象,二则不足以概括社会现象的全体。所以社会学不应以社会一致为研究的单位。

至于以团体为研究的单位,有许多社会学家,是如此主张。我们从劳史(Ross)、爱尔华(Ellwood)、派克(Park)、蒲其斯(Burgess)、鲍格达(Bogardus)、欧鹏克(Eubank)、许勒(Hiller)、龙烈(Lumley)诸人的著作中,可以知道他们的意见。原来团体是社会生活的单位,亦是社会生活的中心。在团体中我们可以研究社会生活的各方面。所以把团体作为社会学上研究的单位,似较为适当。不过我们必须知道,以团体为研究的单位,并非以团体为止境。我们同时应该研究个人,研究制度,研究社会一致,以及其他关于社会行为的种种现象。

所以著者主张以具体社会为研究的单位。此种具体社会,或是团体社会(Social Groups),如学会、政党、同乐会、朋友团体等;或是区域社会(Communities or Territorial Groups),如家庭、村庄、都市、国家等。或者用柯莱(Cooley)教授的分类,或是直接社会(Primary Groups直译为初级或主要团体),如家庭、邻里、友谊结合等;或是间接社会(Secondary Groups直译为次级或次要团体),如都市、政党、工会等。从此种种的具体社会里,切实研究社会生活的各方面,以具体社会为研究的出发点,而不以具体社会为研究的止境。如此,才易于着手研究,而可以得社会行为的真相。

第二节　社会学的研究材料

由上以谈,社会学是以人类社会行为为研究的对象,而以具体社会为研究的单位。所以凡是具体社会所表现社会行为的各种现象,都是社会学研究的材料。关于人类社会行为的种种现象,可分为三类,就是人的方面的材料,物的方面的材料,及历史方面的材料。

一、人的方面的材料

社会行为,是二人以上交互与共同行为,所以社会行为不能脱离人的要素。人的要素可别为二类,即个人的与社会的。个人的又分为生物的与心理的。生物方面的材料,不外乎人口的现象,凡人口的生长、变迁与遗传等皆是。心理方面的材料,不外乎人性与态度的现象。凡是人性与态度的性质、起源,及其发生的原因、影响、变迁与交互关系等皆是。社会的要素,即人与人间的交互关系与行为是。

二、物的方面的材料

社会行为,是二人以上的交互与共同行为,似乎纯粹起于人的方面的现象。其实不然,凡社会行为的起因,或是由于人的要素,或是由于物的要素,或是由于人的与物的要素的联合。大概二人以上的结合,及其交互影响的发生,决不是完全出于偶然的现象;必有所以使此二人以上结合及发生交互影响的原因。而此种原因,常存于此二人以上的本身以外;或是人的现象,或是物的现象,或是人的与物的现象的联合。至于此种社会行为表现的形式,表现的状况,及其对于他种事物的影响与变迁等,亦不是偶然的,亦都是与人的或物的现象,或人与物联合的现象发生关系。所以研究社会行为的时候,必须研究物的方面的材料。物的方面的材料,可分为二类:就是文化的材料与自然环境的材料。

（一）文化的材料

与社会行为关系最密切的材料，莫过于文化。文化是人类的产物，而人类亦是文化的产物。人类之所以异于普通动物者，就在拥有文化。人类的社会生活，就是在文化中的生活。离开文化，就没有社会生活。凡是人类社会行为的表现、进行、变迁等等，没有不借文化之力的。社会行为最根本的要件——交互影响——必借文化之力以表现；因是没有言语，便缺乏交通的工具，就没有交互影响的可能。所以文化是研究社会行为最重要的材料。文化材料可分为二类，就是物质的与非物质的。物质的文化材料，如关于衣、食、住、行等有形的事物；非物质的文化材料，如智识、信仰、道德、风俗等无形的事物皆是。

（二）自然环境的材料

自然环境的现象，亦与社会行为发生关系，不过没有像文化那样的密切。我们知道，人类的集合，必须占据土地。土地是人类生活的物质基础，土地的性质、形态，以及气候状况，都可影响于人类行为，所以地性、地形、气候等，亦为社会学研究的材料。

三、历史方面的材料

凡社会上种种变迁的状况，无论是物的变迁与人的变迁，都是社会学的重要材料。[1]社会行为的发生及变迁，必有前因后果。此种前因后果，都存于历史的事实。所以研究一种现象的历史，可以彻底了解现象的真相。要之，凡是人的方面、物的方面，以及历史方面关于社会行为的种种事实，都是社会学研究的材料。现在再用简表说明如下。

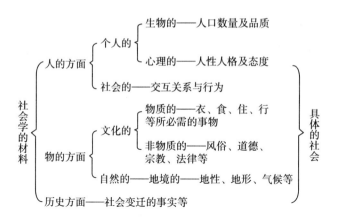

第三节　材料的来源

上面说过,我们以具体的社会为研究的单位。我们从此种具体的社会中,研究人的方面、物的方面,以及历史方面种种社会事实。但此类社会事实材料究竟如何取得,应加研究。今就下列五方面,分述其来源。

一、日常生活

无论何人,生长于具体的社会中。我们研究社会行为,只须审慎观察我们所参预的具体的社会生活。此类具体社会日常生活的事实,可以供给我们无限制的无代价的取用、分析与证验。所以日常生活的事实,是最可贵的研究材料。

二、社会状况

其次,可以供我们研究的材料,是社会上一般状况。我们日常生活材料,仅限于个人身历其境的研究。但我们亦可以调查一般社会的状况,分析社会上种种活动。一面了解社会上的优点劣点,以为社会改进的张本;一面可以取得相当的结论,以为社会学上研究印证之用。故社会一般状况,为社会学上重要的研究材料。

三、特殊问题

无论何种具体社会，常发生种种特殊问题。此类特殊问题，往往起于种种特殊环境的事实原因。我们从此类特殊问题现象中，可以分析出问题发生的因果，归纳而得社会行为的原理原则。所以具体社会的特殊问题，亦是社会学上研究的重要材料。

四、历史事迹

历史上所记载的事实，就是人类社会行为的陈迹。从理论上说，此种历史的事实，是社会学上研究的最好材料。因为历史的事实是静止的，不变迁的。所以从此种事实中，我们可以得到种种方面的观察。不过从实际上说，现在的历史记载，不尽合于我们的需要。因为历史上的记载，只能限于比较重要的事实，其势不能把社会生活的种种事实，罗列无遗。历史学家记载历史的时候，往往有特殊的偏重；或偏重政治，或偏重经济，或偏重文化等等。所以我们所见的历史记载，都是偏畸的，而不是完全的。但我们亦可把种种的历史记载，汇集而综察之，以得事实的真相。所以历史的事迹，常是社会学上研究的重要材料。

五、社会意见

社会学既然是科学；科学是注重事实，不重意见的，似乎不应该研究意见。但是有许多社会现象，平常人似乎都可得到一种正当的观察。假使我们承认人们的观察是正当的，那末，他们的意见，就是他们观察所得的报告。虽则不足尽信，但至少也可供参考印证之用。所以有许多时候，我们亦可从他人意见方面，得到研究的材料。不过征求意见的时候，必须体察所研究现象的性质。假使现象性质是不能从意见方面得到真相的，那末，不应从此方面去搜集材料了。

六、专家著述

有许多社会现象及问题,早经专家悉心体验过的。所以他们的著述,或是研究的报告,或是观察的意见,虽不能完全信为可靠,但却有比较与印证的价值,足为本人研究事实的参考。但是此种著述的研究价值,一面须视著述者的科学经验,一面须视其研究方法的是否适当而定。所以从专家著述方面去搜取材料,自须慎重。

本章温习问题

一、社会学应以何为研究的单位?

二、社会学研究的适当材料为何?

三、社会学的研究材料应以何为基础?

四、历史与考古学材料,是否适合于社会学研究?

本章论文题目

一、团体为社会学研究的单位。

二、态度与文化,为社会学上主要材料。

三、历史材料在社会学上之重要。

四、考古材料在社会学上之重要。

本章参考书

1. Bernard: *Fields and Methods of Sociology* (1934), Ch.1.

2. Blackmar and Gillin: *Outlines of Sociology* (1930), Ch.2.

3. Bushee: *Principles of Sociology* (1923), Ch.1.

4. Bogardus: *Contemporary Sociology* (1932), Ch.1.

5. Ellwood: *Sociology in Its Psychological Aspects* (1912), Ch.2.

6. Giddings: *Principles of Sociology* (1896), Chs.1–2.

7. Rice: *Methods in Social Science* (1931), Section 3.

8. Small: *General Sociology*（1905）, Ch.1.

本章注释

1. 见Giddings: *Principles of Sociology*,（The Socius is the Unit of Investigation）; Blackmar and Gillin: *Outlines of Sociology*, Ch.Ⅲ。（Sociology Studies the Socius, or the Man in His Social Relations）

2. 见Ellwood: *Sociology in Its Psychological Aspects*; Eubank: *Concepts of Sociology*, pp.132–134。

3. 见Sumner: *Folkways*; MacIver: *Community*。

4. 见Ross: *Foundations of Sociology*, Ch.Ⅳ; *Principles of Sociology*, Ch.Ⅰ。

5. "Socius"一词,虽指个人而言,但实际意义,是指在社会上生活的个人;是从社会关系方面称说个人。所以译为社会人或比个人为妥。

6. 见Binder: *Principles of Sociology*,（1928）, Chs.1, 6。

7. 见Blackmar and Gillin: *Outlines of Sociology*, Ch.Ⅲ。

8. 斯宾塞在他的《社会学原理》（*Principles of Sociology*）中,以三分之二的篇幅,研究各种社会制度,如礼节制度（Ceremonial Institutions）,政治制度（Political Institutions）,宗教制度（Ecclesiastical Institutions）,职业制度（Professional Institutions）,工业制度（Industrial Institutions）等是。又在他的《叙述社会学》（*Descriptive Sociology*）中历举各幼稚民族的种种社会制度。

9. 孙末楠及麦其维著作见上。杰德的意见,参看所著之*Psychology of Social Institutions*, 1926。海芝勒见*Social Institutions*, 1929。

10. 见Ross: *Social Psychology*, 1908; Bushee: *Principles of Sociology*, 1923。

11. 参看下第五章第三节之（四）历史法。

第五章 社会学的研究方法

社会学既是科学,当然适用一般的科学方法。但社会学所研究的对象,比较其他科学,要复杂些,特殊些,所以除适用一般的科学方法外,还采用几种特殊的研究方法。现在分别叙述于下。

第一节 科学研究法

普通科学上所用的推理方法,不外三种,就是推论法、归纳法与演绎法。

一、推论法(Analogy)

推论法,就是根据特殊事实,推论特殊事实的方法。其重要之点,是在两件事实相似。知道某种事实有何关系与性质,因而推及其他同类的事实,亦有此种关系与性质。例如地质学家告诉我们:地球如何形成,数千百万年前地球状况如何,陆地状况如何,海洋状况如何等等,他是用一种推论法得来的知识。又例如达尔文研究生物进化,根据他自己豢养的动物与栽培的植物所得来繁变的事实,推论数千百万年前生物的繁变。所以此种方法,是科学家常用的,特别是要论到太古未有文字以前的事物。人类学家,社会学家,依据现在研究初民社会的状况,推论到人类始祖的生活情形,亦是应用此种方法。不过采用此种方法的时候，必须非常慎重。因为古今时势环境不同，一切事物未必都可以推论而得确切的结果。

二、归纳法（Inductive Method）

归纳法，就是从种种特殊事实，推究而得普通原理的方法。[1]例如葛利略（Galileo）从研究圆球向板面下堕而得到物体下堕的公式；孟德尔（Mendel）从研究豌豆的繁殖，而得到生物遗传的原则；华震（Watson）从研究初生婴孩的行为，而得到人类三种根本情绪反应的学说；柯莱（Cooley）从研究家庭生活而得到主要团体的学说（Theory of Primary Groups）；孙末楠（Sumner）从研究民俗，而得到民俗势力的理论。此都是采用归纳方法的证例。归纳方法，自从培根（Bacon）提倡以来，一切科学研究，无不采用。[2]所以归纳法，实为科学上主要研究方法，为一切科学方法的根本。

三、演绎法（Deductive Method）

演绎法，就是根据普通原理，应用于特殊事实的方法。例如高尔（Galle）之发现海王星（Neptune）是根据黎佛里（Leverrier）的推算；哥伦布（Columbus）的发现新大陆，是根据地圆的学说，此都是采用演绎法的。又算术与几何学上的推理，常用演绎法。欧克立特（Euclid）的一部几何原本，建筑在几十个界说与定理上。只要承认此种界说与定理，那末，以下的各种问题即易解释。演绎法的流弊极多，学者往往根据一种不正确的学说，应用到事实上去，结果发生误谬。从前心理学与社会学上的学说，大都由演绎方法得来的，故常常陷于误谬。[3]因此，应用演绎法时，须出于慎重，尤应注意于论据的正确性，方不致有何错误。

要之，上述三种方法，在实际研究时，常常同时并用。科学的主要方法，虽是归纳法，但演绎法、推论法，亦须随时应用。所以普通科学方法，须包括此三种方法。

第二节　科学研究的步骤

任何科学的研究,必须经过相当的步骤。科学研究最基本的步骤有三,即搜罗、分析与综合。今将此项步骤略述于下。[4]

一、搜罗事实

科学研究的第一步,就是尽量搜罗关于所欲研究的一切事实。所谓事实,就是有客观存在的事物真相,而不加以任何人主观的意见的。所以此种事实,必定是任何人能搜集之,而没有差异的。

二、分析事实

科学研究的第二步,就是把已搜集的事实,而加以详细精密的分析。这种分析,又可分为二步。

第一,分类。就是把已经搜集的事实,依照他的性质或种类的不同,分别归类,使杂乱无章的事实,能有简单、明了与很合条理的表示。

第二,体察关系。就是把已经分类的事实,审察其各种事实间相互关系,或前后顺序。

三、综合论断

科学研究的第三步,就是把已经分析出来的关系与意味,而加以综合的推理,以取相当的结论。此种结论暂时不过一种假设(Hypothesis),必须经过种种实验或证明,知其毫无误谬,而后可算是一种原理或定律。所以归纳法所得的结论,必须经过演绎法的证验,然后可以决定他的价值。[5]于此亦可知归纳法与演绎法,是不可分离,而有互相补助的效用。

第三节　社会研究法

上面所讲，是普通科学方法及其步骤。此种科学方法与步骤，是一切科学所用的基本方法。社会学，亦采用此种基本方法。但社会学实际研究时，其搜罗事实、整理材料等，常用下列几种方法，通常称为社会研究法。今分述如下。

一、观察法

观察法就是观察社会事实的方法。观察者立于纯粹旁观的地位，去观察社会现象的形态、发生和变迁；根据观察所得的事实，再加以分析与综合。譬如研究一个团体，我们可随时观察这个团体的组织、他的种种活动与种种变迁，随时把观察的事实，纪载出来。积时既久，观察既多，我们便可把所得的事实，详细分析；结果，可知道这个团体的特点与他的价值和功用。不但一个团体，凡一切社会现象都可以应用观察法的。观察法是社会科学上极普通的方法。观察法的长处有三：（一）能纯任自然。社会现象，错综复杂，非任其自然，不能得现象的真相。观察法是观察社会现象的自然发生与变化，而绝不加以人力干涉；所以常常能得真相。（二）能永久研究。观察法既然纯任自然，所以观察者能永久观察同一的社会现象。我们知道，研究社会现象，有时决不能在短时期内得到结果，必须给予充分的时间，俾得反覆考察印证。观察法是没有时间限制，所以能得较可信赖的结果。（三）手续简易。观察法不须设备，所以观察者既不须预备工具，又不须耗费金钱，手续甚为简易。但观察法的短处亦有三点：（一）精密的观察不易。观察法虽甚简易，但决不是任何人都可使用的。社会现象，非常复杂，非有受过社会科学训练的人，即使轻易尝试，亦不能得可靠结果。所以欲得精密的结果，必须有受过特别训练的人，担任观察。（二）需时太久。有许多社会现象，但凭观察，不能在短时期内得到结果，所以需时甚久。有时即使观察者能耐久观察,而因种种关系亦不能得何等结果,故往往耗费时间。(三)限于片面的观察。社会现象,非常错综复杂,有时仅据表面观察,不能得圆满结果。且观察者若无客观标准,往往易为主观偏见所限,更不能得到真相。要之,观察法虽亦有很多短处,但在社会学上仍视为极重要的方法。不过使用观察法时,不能不兼用他种方法耳。

二、调查法(The Survey Method)

调查法就是依照预定计划,实地搜罗与考查社会事实的方法。调查法是由观察而进于实地查问,所以比观察法为进一步的方法。

调查法可分为两类:就是社会调查与个案研究。

(一)社会调查(Social Survey)

社会调查是社会学上常用的一种普通方法。[6]就调查的范围言,又可分为两类:(甲)普通的社会调查,就是调查一个社会的全般状况。无论政治、经济、教育、宗教、风俗、人口、职业等种种情形,都加以详细的调查。(乙)特殊的社会调查,就是调查一个社会的一部分的状况,或调查一个社会的某种问题。譬如调查某城的生活程度,或犯罪状况,或教育状况,或贫穷状况等等。再就调查的深度言,亦可以分为两类:(甲)初步调查,即仅就社会状况做一种概略的调查。(乙)详密调查,即从种种方面做一种详细的调查。还有一种所谓继续调查,意即每年或数年继续调查的方法。此数种调查,其范围及深度虽有不同,但方法上是没有区别的。

社会调查,除应用观察方法外,常用下列两种方法,以搜集材料。

(甲)访问法(Interview Method)。即就所欲调查的事项,照预定计划,亲自访问。访问时预备一种问题纸,罗列种种问题,就有关系人物,而一一询问之。[7]访问法的优点,是在当面问答,可得较详细的答案;但其缺点,在于需时太久,而当面询问,亦往往不能得正确结果。因为有许多事项,普通人都不愿告诉外人。

(乙)问卷法(Questionnaire Method)。即就所欲调查的事项,制成极普通的问题卷,分发或邮寄有关系人物,令照式填答。[8]此种方法的优点有二:(1)调查范围可以极广,同时可以调查许多人,若用访问法即不易做到。(2)调查问题,可以极细密。凡在访问时所不能直问,或问而不易得真确回答的事项,都可在问题卷上得到回答。但是他的缺点很多:(1)仅能适用于识字之人。(2)制作问题,极非易事;稍稍含糊,就不能得到正确回答。(3)作答的人,常常有捏造事实,故意说谎,故所得结果,不能信为可靠。(4)问题若太繁多,答者往往生厌,故答案不易搜集;若太简少,又不易得到真相。(5)社会现象,错综复杂,常不能用几句纸上问答,可得其真相。

要之,问卷法,决不是完善的调查法。用此种方法补助观察法与访问法犹可;假使用为调查社会现象的唯一方法,则甚为危险。

除访问法与问卷法外,还可从下列几种来源,搜集材料,就是:第一,史籍;第二,各机关印刷品;第三,报章纪述;第四,时人讲稿;第五,歌谣、俚谚、口号、标语等。

以上所述,是社会调查法的大概。总之,举行社会调查:第一,必须有曾受专门训练的人,出任指导;第二,调查员必须有实施调查的经验;第三,调查时必须各人分工负责;第四,调查后必须兼用他种方法,以补调查之不足。

(二) 个案研究(Case Study)

个案研究是单单调查一个团体或一个人的方法,[9]社会学上的人格分析,就是个案研究的一种。人格分析,是就一个人,把他从前个人的历史,所处的境遇,所受的教育,所交的朋友等等,一一加以详细的分析,然后综括起来,研究他的个人的特性及其行为的趋向。譬如有一个犯罪的人,要知道他犯罪的原因,不能仅就表面猜度,或谓其由于遗传,或谓其由于贫穷,或谓其由于缺乏教育。我们必须研究此人从前的历史、教育、境遇、交友、职业、习惯、家庭情形、经济状况等等,然后可以知道他犯罪的真正原因。我们亦可就一个家庭,做详细的调查。譬如有一个贫穷的家庭，我们要知道他贫穷的原因与救济的方法，必须就这个家庭，研究他的历史，环境，家中人的职业、习惯、品性、教育、朋友、经济状况、社会生活等等。把此种种方面得来的材料，分析贫穷的原因，然后可得正当的救济方法。此即个案研究的效用。

个案研究时材料的搜集，不外下列几种来源，即(1)口头访问，(2)通信，(3)传纪或自叙传，(4)信札、笔记、日记、演讲稿等，(5)出版品，如书籍、论文、笔记等，(6)家谱，(7)访问有关系的亲戚朋友，或有关系的团体。

个案研究，是社会学界认为最合于科学原理的一种社会研究法。[10] 他的理由是：(1)个人生活不能与社会生活脱离关系，个人是社会的产物。所以研究一个人的生平行为，便可知道他所处社会的状况，及他与社会的关系。(2)在此种范围狭小的个案研究，方可做极细密的分析工作。由此种极细密的分析工作所得的结果，才可以发见人类社会生活的正确事实。从此种个案研究得来的正确事实，积之既多，即可发见社会生活的原理原则。(3)此种分析研究，取纯粹客观的态度与归纳的方法，故可说是最合于科学原理。

三、统计法（The Statistical Method）

统计法就是用数量表明社会状况的方法。他不过是调查法中的一种整理与分析方法。调查所得的结果，常有质与量的两方面。仅就量的方面，用数字表明社会状况与趋势，作种种比较分析，就是统计法的任务。统计法的优点：(1)能以极简单的数字，表明极复杂的状况；能以极简要的数量，表明范围极广大的事状。例如：以5尺5寸表明全人类的平均身体高度；以11‰，表明中国人口增加率；以5.81表明中国平均家庭人口；以指数表明物价及生活程度的变迁等等。(2)能以极简明的图表，指示事实的趋势。例如：用图表比较历年人口的变迁，财富的增减，工商业的盛衰等等。统计法的缺点在：(1)不适用于质的研究。许多社会行为现象,仅系质的问题,决非就是量的分析所能得其真相。例如社会态度,在社会生活中为极重要的要素。社会态度的变迁有时虽亦可用统计推测,[11]但其真意义非数字所能表明。又例如同情、暗示、模仿,以及潜势力等作用,亦非数字所能表明其真相。他如父母子女间的爱情程度,个人对于团体的忠实性、服从性与领袖才等,各个人间的互助合作的程度等等,亦非统计比较所能得其实在的。(2)统计法仅视个人为社会中一单位,而实际个人是社会的产物。个人的行为,处处与社会发生交互错综的关系。个人之在社会,是全社会中有机的一部分,并非个人可以各自独立的。所以研究社会行为,统计法不尽适当。[12]但社会上却有许多机械事实,可以适用统计法分析他的数量。此种数量的事实,亦可表明社会生活一部分的状况。现在把可以适用统计法的社会事实,列举于下,以见一斑。

(一)人口方面的事实

(甲)生产数,死亡数,移民出入数,人口密度,人口迁徙,人口发展等。

(乙)贫穷人数,未受教育者人数,依赖者人数等。

(丙)年龄别,男女别,种族别,国籍,家族,结婚者人数,职业别等。

(二)社会伦理方面的事实

(甲)婚姻数,离婚数,弃家者人数,私生子数。

(乙)犯罪人数,自杀人数。

(丙)慈善团体数,经数费,类别等。

(丁)教育团体,宗教团体,政治团体等。

(三)社会经济方面的事实

工时,工资,男工,女工,童工,失业人数,罢工数,生活程度,住宅,财产分配等。

(四)社会政治方面的事实

选举,党籍等。

（五）社会心理方面的事实

群众集会，暴动，时装的变迁等。[13]

四、历史法（The Historical Method）

社会学上历史法有两种意义：（一）就一种社会现象而研究其历史的背景。（二）从人类历史上，搜求社会生活的事实，以归纳而得原理原则。[14]就第一种方法说，任何社会现象的发生，必有其历史的背景。一种特殊的社会行为，必是一种特殊的历史环境所造成。我们要了解种种社会行为现象，必须了解其种种历史环境。此种历史研究法，同时须采用调查法。因为历史事实，大都有赖于调查，故亦可说是调查法的一种。不过从历史的观点，以调查事实而已。历史法与分析事实之因果，极有关系。大概现象之因果关系，常与其过去事实，不可分离。历史法，即从过去事实中，了解现象状况的方法。

就第二种方法说，人类历史，就是过去人类社会生活的纪录。一种社会的发展必有其特殊的历史环境。在种种不同的历史环境之下，便有种种不同的社会发展。我们研究种种过去的社会发展状况，及其特殊的历史环境，便可推论到现在与将来社会发展的途径。所以一切社会变迁、社会进化、社会起源与社会进步等研究，都恃历史法搜集材料。至于材料的来源，不外数种，[15]即，（一）普通历史，（二）特殊历史，如文化史、政治史、宗教史、工业史等，（三）传纪，（四）稗官野史，（五）民族学、民族志，（六）考古学，（七）语言学、文字学，（八）甲骨学等。

五、实验法（The Experimental Method）

实验法，就是用人为方法，控制各种状况，以验一种社会现象的性质与变化的方法。此种社会学上的实验法，与物质科学实验室中所用的实验法，性质虽无不同，方法却是有异。社会学所研究的对象——人类的社会行为——错综复杂，不能完全受人力支配，所以极难在实验室中实验。不过有时,亦可用别种方法实验。假如欲考察某项社会现象或某种社会问题,可以指定某区域或某团体,为实验区域或实验团体。在指定时期之内,研究者得使用相当方法,去控制某种状况的发生或变化,而细心观察所欲研究问题中的某种现象的性质与变化,及其与环境所发生的关系。譬如研究自耕农与佃农对于生活程度的关系,我们可以选定环境相似的甲乙两区域为实验区。惟甲区域中居民,须全体为自耕农;乙区域中居民,须全体为佃农。在可能范围以内,务使各种生活条件,大致相类似。然后在五年或十年之后,比较甲乙两区的生活程度。经过长时期的实验,我们可以约略断定自耕或佃耕与农民的生活程度,确有或确无直接关系。但实际上生活程度的差异,原因极为复杂,即使由长期间的实验,亦仅能给我们约略的判断,尚不能得可靠的结论。此外如教育的效率问题,卫生的效率问题,劳工的工作效率问题,合作经济与农村生活问题等,亦可做同样的实验。

但此种实验法,从严格的科学眼光看来,很难得极正确的结果。(一)因除开相当的团体如学校与工厂外很难得可做实验的适当区域。(二)即使得到适当的实验区域或团体,极难达到完全用人力控制社会现象的目的。人事状态,瞬息变迁,在五年或十年的长时期内,安能控制一切社会现象。既不能控制一切社会现象,即使把一种现象,使受人力支配,仍然不能得正确结果。因为社会现象都有交互错综的关系。

最近,美国方面,沙罗坚(Sorokin)、安琪尔(Angell)、葛尔(Carr)诸教授,正从事于社会学上的实验方法的试行。[16]沙氏对于劳工个人奖励与团体奖励的效率的实验,安葛二氏对于团体的交互行动的实验,在方法上似已较前进步;但尚在研究改进中,不能即谓为极严密的实验法。他如亚尔保(Allport)、墨非(Murphy)等,关于社会心理之实验,似更一日千里,进步尤速。[17]

所以严格言之,实验法在社会学上虽尚不能切实应用,但不久的将来,当有成效可见。现在所用的实验法,似仍须与调查、观察、历史、统计诸法同时并用,方能得可靠的结果。[18]

与实验法相近似的一种方法,就是试验法或尝试法。此种尝试法仅是一种任何事物的尝试的方法,我们日常生活,处处须采用尝试法。人类文明,仅是尝试的成果。教育、学术,以及一切社会事业,常采用尝试法,以验其效果。例如我们试行一种新的教育方法——如道尔顿制——就要看此种教育方法,是不是适当,是不是比旧的方法优良,此就是尝试。又例如我们试行一种新的工作制度——如八小时工制——要看此种工制比较旧的工制,其对于工人身体与精神方面,究竟是否优良,此亦是尝试。要之,凡是试行一种任何新制度、新方法,都可称为尝试。通俗往往把尝试与实验,混为一谈,实属误谬。

上述各种方法,是社会学上习用的社会研究法。[19]我们从事实际研究时,宜诸法酌量采用,俾可互相补助,以期得正确的结果。神而明之,则存乎其人而已。

本章温习问题

一、何谓科学方法?

二、何谓归纳法?

三、推论法在科学上的地位。

四、问卷法的优点劣点何在?

五、统计法与社会研究有何关系?

六、社会学上实验法的性质与范围如何?

本章论文题目

一、科学方法论。

二、统计法与社会学。

三、讨论社会实验方法的价值。

四、统计法与个案法。

本章参考书

1. Bernard: *Fields and Methods of Sociology*, Part2, Chs.1, 8.
2. Bogardus: *The New Social Research*（1929）.
3. Bogardus: *Contemporary Sociology*（1932）, Ch.9.
4. Ellwood: *Psychology of Human Society*（1925）, Ch.1.
5. Giddings: *Scientific Study of Human Society*（1924）, Chs.36, 10–11.
6. Lindeman: *Social Discovery*, Chs,（1924）, 1–8.
7. Lundberg: *Social Research*（1929）.
8. Palmer: *Field Studies in Sociology*（1929）.
9. Pearson: *Grammar of Science*（1899, 1911）, Chs.1–4.
10. Reinhardt: *Principles and Methods of Sociology*（1932）, Ch.1.
11. Rice: *Methods in Social Science*（1931）, Sections 1, 2, 8, 9.
12. Thomson: *Introduction to Science*（1911）, Ch.3 或张达如译本《近代科学概论》（民智本）。
13. Wiese and Becker: *Systematic Sociology*（1932）, Ch.3.
14. 王星拱著《科学概论》（商务本）。
15. 任鸿隽著《科学概论》（商务本）。
16. 叶理蕴译《科学与假设》（商务本）。
17. 张宗文译《社会科学与历史方法》（大东本）。
18. 樊宏著《社会调查方法》（商务本）。
19. 许德珩译《社会学方法论》（商务本）
20. 刘国钧著《社会科学的方法》，《社会学刊》第一卷第一期。
21. 吴景超著《几个社会学者所用的方法》，《社会学界》第三卷。
22. 杨开道著《社会学研究法》（世界本）。

本章注释

1. 任鸿隽说明归纳法极透彻,他说:归纳法是由推度作用发现关系的通则,我们见了许多事例,在某种情形之下,是这样的,因以推之一切事例,在同样情形之下,也是这样的。或者说在某种情形之下,某时所见为如此的,在同样情形之下,无论何时,都应该见为如此的。一言以蔽之,凡不用推度,不能发现通则,由已知以推到未知的不算归纳法。见《科学概论》第75页。

2. 培根的研究热,是用归纳法的。参考前书第72页至74页。

3. 参考Thomson: *Introduction to Science*, Ch.3及任鸿隽《科学方法讲义》,见《科学通论》第二编第二章。

4. 任鸿隽分为八种步骤,即观察、试验、比较、分类、概推、假设、证验、成律;又归纳而为三种作用,即求事实的作用,分析作用和综合作用。见《科学概论》。汤末生(Thomson)分为七种,即搜罗、估量、分析、分类、假设、试验、成律。见 *Introduction to Science*, pp.63–73。

5. 柏尔美(Palmer)女士在他的《社会研究法》(*Field Studies in Sociology*)中,分科学研究的步骤为四,即(1)问题的选择与确定,(2)材料的搜集,(3)材料的分析与分类,(4)求得通则。

6. 近人将社会调查与社会学调查(Sociological Survey)加以区别。以为社会调查注重社会病态,而以改进社会为目的;社会学调查兼重社会常态与病态,而以求得社会现象的原理原则为目的。详见Palmer's *Field Studies in Sociology*, pp.48–50。

7. 关于访问法的详细情形,参看Richmond's *Social Diagnosis*, Ch.6。

8. 关于问卷法的详细情形,参看Richmond's *Social Diagnosis*, Ch.20。

9. 关于个案研究法的详情,参看Richmond's *Social Diagnosis*, Part 2。

10. 关于个案研究的价值,参看Palmer: *Field Studies in Sociology*,

pp.19–22 ; Burgess: "Statistics and Case Studies," *Sociology and Social Research*, Vol.12, No.2 ; Show: "The Case Study Method", *Publications of American Sociological Society*, Vol.21, pp.149–157。

11. 美国苏世顿(Thurstone)教授曾创立估量态度的方法。见 Thurstone and Chave: *The Measurement of Attitudes*, 1929 ; 又估量态度的技术,据龙得堡(Lundberg)分析,可有八种:(1)是否法,(2)真假法,(3)划定法,(4)推论法,(5)道德判断法,(6)辨定法,(7)概论法,(8)态度量表法。详见Lundberg : *Social Research*, pp.209–230。

12. 参考Thomas : "Statistics in Social Research," *The American Journal of Sociology*, Vol.35, ns.1, July, 1929, p.1。又可参考Duprat: "Structures Socialset and Demographies" , *Social Science Abstracts*, Vol.3, No.9, Sept.1931。(statistics are not adequate means of studying social structures.)

13. 比较Dittmer: *Introduction to Social Statistics*, 1926。

14. 从文化的观点,研究社会现象,历史法尤为重要。乌格朋(Ogburn)谓:不明历史的根据,不能明社会现象。参看拙著《社会学上之文化论》,第一章第二节第12–15页。

15. 梁启超《中国历史研究法》,关于搜集史料的途径,有详细的讨论。现在把他的分类大纲列下,以供参考:(见原著第四章第65–114页)。

(1)在文字纪录以外者:(甲)现存之实迹及口碑,(乙)实迹之部分的存留者,(丙)已湮之史迹,其全部意外发现者,(丁)原物之保存或再现者,(戊)实物之模型及图影。

(2)在文字纪录者:(甲)旧史,(乙)关于史迹之文件,(丙)史部以外之群籍,(丁)类书及古逸书辑本,(戊)古逸书及古文件之再现,(己)金石及其镂文,(庚)外国人著述。

16. 详见 Brearley: "Experimental Sociology in America," in *Social*

Forces, Vol.X, No.2(1931)。

17. 见Murphy: *Experimental Social Psychology*(1932)。

18. 季亭史(Giddings)在他的《人类社会的科学研究》(*Scientific Study of Human Society*)一书中,曾论及实验法的重要。参看该书Ch.9–12。

19. 爱尔华以为研究人类社会的科学方法,不外五种:即(一)人类学的或比较的方法(The Anthropological or Comparative Method),(二)历史法(The Historical Method),(三)社会调查法(The Social Survey Method),包括统计法在内,(四)从生物及心理方面归纳的方法(The Method of Deduction from Biology and Psychology),(五)哲学的假想与先决法(Philosophical Assumptions and Priori Methods)。见*The Psychology of Human Society*, pp.29–38。

柏尔美(Palmer)女士以为社会学研究所采用的主要方法,不外三种:即(一)个案研究法(The Case Study Method),(二)历史法(The Historical Method),(三)统计法(The Statistical Method)。见*Field Studies in Sociology*, pp.19–38.

林德门(Lindeman)以为社会研究的方法,不外四种:即(一)历史法,(二)逻辑法(The Logical Method),(三)推论法(The Analogical Method),(四)统计法(The Statistical Method)。见*Social Discovery*, Chs.1–4。

第六章　社会学的目标

第一节　一般科学的目标

一切科学的任务,在于用系统的方法,叙述人类过去经验的事实,发见事实前后的顺序关系。英国汤末生(Thomson)教授曾说:"科学的目标在叙述事物如何发生,我们从此种事物发生的经验中,归纳而得种种自然原则。再从自然原则中,推测未来事物的发生。"[1]皮尔逊(Pearson)教授说:"科学原则,仅仅很简单的说明变迁如何发生。我们所谓因果的概念,是根据过去的经验,一再发见某种事物发生的顺序。至于断定此种事物在将来继续发生,仅是我们一种'信仰'(Belief)。我们只能说是一种'或然'(Probability)的事情。"[2]所以科学是依据人类过去的经验,说明事物发生的"或然"顺序。再依据此种"或然的顺序",推测以后事物的发生。

固然,科学的价值,不仅在供给人类推测事物发生的知识,而尤在使人类依据这种推测的知识,去控制(Control)事物的发生。派克(Park)教授说:"人类富有支配自然界及人类本身的志愿,所以去分析现象,追寻原因,以取得控制之权。科学无非是搜寻事物的原因——就是说,搜寻事物发生的机械。应用此种机械到计划上去,及组织上去,人类就可以控制自然,控制自己。"[3]皮尔逊说:"原因结果,是人类经验的常规(Routine of Experience)。"经验告诉我们:"同样的原因,总是发生同样的结果。"所以我们可以"根据过去的经验,来预料未来事物的将发生,因以指导我们的行为。"[4]

由上以谈,可知科学的任务,在供给人类推测事物发生的知识,而使人类利用此种知识,以适应人生的需要。孔德(Comte)曾说:"智识就是先见;而先见就是权力。"汤末生说:"毕竟是科学为人生,而不是人生为科学。"[5]林德门(Lindeman)甚至谓:"科学与人生,必定共同进行。"[6]观诸家意见,可知科学与人生,关系非常密切。如科学非为人生,则科学为无用,而人类亦何必研究科学。

当代行为派领袖华震(J. B. Watson)教授,讨论心理学时,谓心理学的目标,一方面在推测人类活动,使有几分把握;一方面在使人类社会可以依据原理原则,控制人类行动。[7]

总之,从上面讲来,可知科学的目标,不外乎推测与控制(Prediction and Control)。推测未来现象的发生,以为控制现象的根据。而控制的目标,又无非为适应人类生活的需要而已。

第二节 社会学初成立时的用意

当孔德始创社会学的时候,其目标在应用实证的科学方法,研究社会现象,发见社会的自然原则,以预测现象的发生。据孔氏之意,必如此,方可使政治建设在一种精确科学的稳固基础之上。而政治方面的种种活动,都可以循一定的自然原则,而非政治家假借神权或威权所能支配得当。孔氏曾说:"科学的精神所以与神话的及哲学的精神大异的地方,就在其能以观察胜想像。"从此种事实的观察,而后可以发见不变的自然原则。又说:"社会现象"和物质现象一样,"亦受自然原则的束缚,而有合理的预测的可能"。又说:"我们研究社会学上的现象,取一种纯粹理论的态度,除发见社会现象的自然原则外,没有别种志愿。"孔氏相信,他的研究社会现象,始终抱一种"严格的科学态度"。[8]此可见孔氏以研究社会现象的自然原则,与预测社会现象的发生,为社会学的主要任务。由彼看来,如此研究,才合于实证的科学精神。可见孔氏注重科学上预测现象发生的功用。

孔氏欲以社会学上所得预测现象发生的原则,应用之于政治社会,所以他说:"政治家常以为社会现象可由意志改变的。人类总是受秉大权的立法者所支配。"因此,政治现象,常见紊乱。其实"悠久的政治动作,是受一定的自然原则所限制",故可以预测,"否则社会事实而常受立法者的干涉,而致扰乱,就没有科学的预测的可能了。"于此又可见孔氏之创社会学,不仅在发见社会现象的自然原则,以预测现象的发生,而同时即欲应用于政治社会。换言之,孔氏的实用目标,在使政治建筑于科学的基础之上;依据社会现象的自然原则,以指导政治应循的途径。推孔氏之意,物质科学逐渐发展给人类以控制自然的能力;社会学为最后发展的科学,给人类以控制社会行为的权力。孔氏以科学为人类控制一切现象必不可少的工具,故说:"人能了解现象的自然原则,而后有改变现象的能力。"[9]总之,孔氏始创社会学,似是一种政治的基本科学。其目标在使人能了解社会现象的自然原则,以指导社会政治的活动。故孔氏的社会学,是注重学理之应用,而非纯粹空想可比。

第三节　现代社会学的目标

依据孔德的见解,社会学实已包含预测与指导两种作用。此层与一般科学并无二致。依我们的定义言之,社会学是研究人类社会行为的科学。根据研究社会行为所得的结论,去推测与控制人类的社会行为,[10]此就是社会学的目标。

我们研究社会行为所得的结果,可以发见在某种状况之下,可以发生某种社会行为。同时又可以发见某种社会行为的发生,不外由于某种某种要素的作用。如此，我们可以从此种因果关系的顺序，去推断社会行为的发生或不发生。今设在发见有某种某种状况的时候，我们可以推测，将发生某种某种社会行为。在发见某种社会行为的时候，我们可以知道，不外由于某种某种要素的作用。

如此，就理论讲来，我们既能推测未来社会行为的发生或不发生，我们就能控制此种未来的社会行为。既知某种社会行为由于某种某种的原因，假使我们不愿此种行为的发生，我们就可设法阻止某种某种要素的作用。譬如，我们既知，"压迫是革命的种子"。我们如欲消弭革命，便须解除压迫。反之，如我们需要某种社会行为的发生，我们就可设法使某种某种要素的发生与作用。譬如，我们既知，"风俗之厚薄，自乎一二人之心之所向而已。一二人者之心向义，则众人与之赴义；一二人者之心向利，则众人与之赴利。"我们如欲众人"赴义"，只须一二之领袖，导引之"向义"可已。不过在实际上因社会状况复杂，推测与控制的功用，不如此显著耳。

推测与控制，在社会学上有两种任务：一为证验学理假设，二为改进社会状况。

第一，证验学理与假设。为研究学理与检验假设（Hypothesis）的正确与否，我们可以应用推测与控制的原理，去实验社会行为。我们可以实验，在某种社会状况之下，是不是可以产生某种社会结果；又某种社会现象，是不是由于某种要素作用的结果。我们同时并可以使某种社会状况受人力支配，使他发生或不发生，去观察他种状况的性质与变迁。此种用人力控制社会行为的实验，固然不能像物质科学上实验的精确；因为社会行为的复杂而无定，不似物质现象的易于支配。但是我们亦可用一种适当的方法，去施行此种实验，不过他的方法与物质科学必须不同罢了。此种推测与控制的实验，经过多少方面与长时期的工作，我们相信，其结果一方面可以证明某种假设的正确不正确，或校正某种学说的误谬；一方面可以建设一种新假设或新学说。此可说是一种纯粹科学的研究,而为社会学建设的基本。

第二,改进社会状况。为改进人类社会生活状况,我们可以应用社会学上所发见的原理原则,去推测与控制社会行为的发生。从社会学上所揭示关于社会行为发生的原因结果的知识,我们可以推测社会行为的发生与影响。我们就可以控制社会行为的发生或不发生。我们可以促进此种认为有益的社会行为;革除那种认为无益的社会行为。再从社会学上所揭示关于社会变迁的知识,我们可以推测社会行为变迁的途径及状况,就可以用人力去支配种种社会状况,使能适应于变迁无定的环境。此种推测与控制,是完全根据社会学上所揭示的原理原则,去改革实际的社会生活。此可说是社会学的实际应用,为社会学对于人生的贡献。

由此以谈,我们知道,社会学有两种不同的目标,就是纯理的目标与实用的目标。

第一,社会学的纯理目标。就此种目标说,社会学之所以研究社会行为,全在发见社会行为的原理原则;换言之,全在发见真理。社会学为欲研究社会行为而得彻底的了解。其目标只在研究与了解而止;并非在研究与了解社会行为之外,别有改进社会的意思。如此研究社会行为,完全与物质科学的研究物质现象,没有区别。社会学的研究社会行为,物理学的研究声音、光度,化学的研究轻气、养气[①],生物学的研究细胞、体素,在目标上态度上,没有丝毫歧异。社会学家把社会行为当作普通事物一般看待。所以一切社会行为,无论是善恶是非,都在研究范围之内。在研究善恶是非的行为时,只为他是社会行为而研究,并不因为他是善恶是非而研究。总之,此种纯理的社会研究,取纯粹客观的科学态度,用纯粹客观的科学方法,研究人类的社会行为。

第二,社会学的实用目标。就此种目标说,社会学的研究社会行为,

[①] 编者注:即"氢气""氧气"。

是要改进实际社会生活。就是应用社会学上的原理原则,去改进实际社会生活。社会学在纯理方面去研究社会行为的时候,固然不必抱改进社会的目标;但是从此种纯理研究所得来的原理原则,就都可应用到实际社会上去改进生活。假使此种纯理研究所得来的原理原则,都不能应用到实际社会生活上去,那末,人类社会,亦何贵乎此种知识。所以一切科学,在纯理方面说,固然可以不问应用;但终究言之,都在能应用到实际生活上去。有物理化学的知识,人类就可以征服自然;有生物学的知识,人类就可以减免疾病;有社会学的知识,人类就可革除社会痛苦,增进社会幸福。所以社会学的第二种目标,在研究与了解现实社会生活的利点弊点,而后应用社会学上的原理原则,设法兴利除弊。

所以社会学,就目标上言,可以分做两部分,就是纯理社会学(Pure Sociology)与应用社会学(Applied Sociology)。前者研究社会学理;后者研究社会学理的应用。

本章温习问题

一、科学的效用为何?

二、何谓推测与控制?

三、试述孔德初创社会学时的用意。

四、何谓社会学上的推测作用?

五、何谓社会学上的控制作用?

本章论文题目

一、社会学的效用。

二、社会学的理论与应用。

本章参考书

1. Blackmar and Gillin: *Outlines of Sociology* (1930), Ch.3.

2. Ellwood: *Psychology of Human Society*（1925）, Ch.1.

3. Park and Burgess: *Introduction to the Science of Sociology*, Ch.1.

4. Wiese and Becker: *Systematic Sociology*（1932）, Ch.46.

5. Thomson: *Introduction to Science*, Ch.2.

本章注释

1. 见J. A. Thomson: *Introduction to Science*, Ch.2, p.56。

2. 见K. Pearson: *Grammar of Science*, Ch.4, p.113。

3. 见Park and Burgess: *Introduction to the Science of Sociology*, Ch.6, p.339。

4. 见Pearson: *Grammar of Science*, p.136。

5. 见Thomson: *Introduction to Science*, p.248。

6. 见E. C. Lindeman: *Social Discovery*, Ch.1, p.10。按林氏否认科学仅仅是自然原则的总体。氏以为：科学是一种解决问题的方法。科学是不能离开问题。离开问题，就没有科学。所以把科学分为纯粹的与应用的两部分，据氏看来，是不适当的。此种见解，似乎是侧重于实际方面。所以氏以为科学与人生，必定共同进行。

7. 见Watson: *Psychology from the Standpoint of a Behaviorist*, Ch.1, pp.1–2。

8. 见Martineau: *The Positive Philosophy of Auguste Comte*, Vol.II, p.212, 218, 193。

9. 见Martineau: *The Positive Philosophy of Auguste Comte*, Vol.II, p.214, 215, 217。

10. 派克说："社会学，无异他种自然科学，其目标在根据人类社会的性质的研究，去推测与控制。"见Park and Burgess: *Introduction to the Science of Sociology*, p.339。

第七章　社会学的分部及内容

第一节　社会学的分部

从上面讲来,知道社会学可分为纯理的与应用的两部分。但此两部分中,尚有何种区分?除此两部分外,有无其他部分可划分?均有讨论的必要。

德国冯维史(Von Wiese)的意见,社会学可分为三部分如下。

(一)历史社会学:研究社会生活的历史程途。

(二)哲学社会学:研究由社会养成的内心势力的最后意义,及意识的力量。

(三)系统社会学:根据实际与经验,作社会现象的系统研究。

冯氏自谓:此种划分,为纯德国式的主张,而或非他国所赞同。[1]冯氏并谓:目前社会学应将历史的研究让之史学家,哲学的研究让之哲学家,而称为社会史与社会哲学。社会学家所应研究的,就是第三部分:系统社会学。

俄儒沙罗坚(Sorokin)分社会学为二大部分如下。

(一)普通社会学:研究社会现象的共同特质与共同关系。社会学与其他社会科学不同之处,即在此共同特质与共同关系。其他社会科学研究社会现象的一特殊部分,如经济学、政治学等是。

（二）特殊社会学：研究社会现象与社会现象间的特质与关系，或社会现象与非社会现象间特质与关系。故此种社会学的材料是"双关"的（Interstitial）。例如：研究社会现象与地理现象的关系的，谓之地理社会学；研究社会现象与生物要素的关系的，谓之生物社会学；研究其他社会现象与经济现象的关系的，谓之经济社会学等等。

沙氏并绘图以明其意义。其图如下。

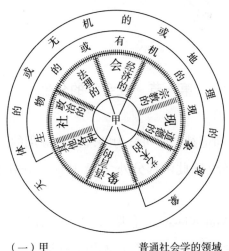

（一）甲　　　　　　　普通社会学的领域
（二）ⅲ ⅲ ⅲ ⅲ ⅲ　特殊社会学的双关领域

图 11　社会学领域区分图

据沙氏之意，此项分类，就性质言，为最合于逻辑。不但予社会学以一种系统，并使其内部巩固与统一。同时可使社会学截然与其他社会科学划分。[2]但沙氏此项分类，仅指纯理社会学言之，而未论及应用方面。

雷士（Rice）教授对于沙氏的分类，曾加批评，谓尚应加入二类社会学，[3]即胚胎的特殊社会科学（Embryonic Special Social Sciences），如家庭、娱乐及犯罪等研究属之；及伦理价值的社会学（Sociologies Consisting of Ethical Valuations），如社会伦理、宗教、社会改革、美术等研究属之。但此项价值的研究，仅以比较分析综合等科学的探讨为止，而非有其他动机存乎其间。故雷氏分社会学为四类，即（一）普通社会学,(二)特殊社会学,(三)胚胎的特殊社会学,(四)伦理价值的社会学。

美国社会学社所定社员研究的类别,计12种,似可代表该社对于社会学的区分,即(一)普通及历史社会学,(二)社会心理学,(三)社会研究,(四)教育社会学,(五)社会生物学,(六)统计社会学,(七)农村社会学,(八)区域社会问题,(九)社会学与社会工作,(十)社会科学教学法,(十一)家庭,(十二)宗教社会学,(十三)社会学与精神病学。

又该社1932年第27次年会中,其论文分类计有17种,即(一)人类地境学与人口学,(二)生物社会学,(三)社会心理学,(四)文化与民族社会学,(五)历史社会学,(六)农村社会学,(七)都市社会学,(八)家庭,(九)区域社会,(十)宗教社会学,(十一)教育社会学,(十二)犯罪学,(十三)社会学与社会工作,(十四)社会学与精神病学,(十五)社会研究,(十六)社会统计,(十七)社会学教学法。

麦可勃(McCobb)女士曾调查1931—1932美国四十个大学中社会学系所开的课目,总计803种,得分为下列五大类。

(一)关于理论与原理者:如社会学入门、社会理论、当代社会学说、社会学原理。

(二)关于常态的社会现象者:如社会控制、社会组织、家庭、农村社会学、都市社会学。

(三)关于病态的社会现象者:如社会病理学、儿童福利、犯罪学、移民、人口、贫穷。

(四)关于人类学及心理学者:如人类学、社会心理学。

(五)关于方法者:如社会研究法、统计学、社会工作、个案工作。[4]

综上所述,冯、沙二氏均未注意到应用方面,美国社会学社的分类,以及美国各大学所开的课目,似均包括纯理与应用二方面。兹根据上述各种分类,加以整理,而得下列的分类。

(一)纯理社会学:纯粹研究社会行为及与社会行为有关的现象。又分为二类如下。

（甲）普通社会学：研究社会行为现象，即研究社会现象中的共同部分。

（乙）特殊社会学：研究社会行为现象与非社会现象的关系，及社会行为现象与其他社会现象的关系。得再分为四类。

  （子）地理社会学 研究地理现象与社会现象的关系。

  （丑）生物社会学 研究生物现象与社会现象的关系。

  （寅）心理社会学 研究心理现象与社会现象的关系。

  （卯）文化社会学 研究各种文化或社会现象间的关系。

（1）政治社会学 研究政治现象与其他社会现象的关系。

（2）经济社会学 研究经济现象与其他社会现象的关系。

（3）宗教社会学 研究宗教现象与其他社会现象的关系。

（4）法理社会学 研究法理现象与其他社会现象的关系。

（5）艺术社会学 研究艺术现象与其他社会现象的关系。

（6）其他。

（二）应用社会学：根据纯理社会学上的原理原则，而应用之于社会上任何部分，以期改进者。

  （甲）农村社会学 应用社会学上原理原则，研究如何改进农村社会。

  （乙）都市社会学 应用社会学上原理原则，研究如何改进都市社会。

  （丙）教育社会学 应用社会学上原理原则，研究如何改进教育。

  （丁）犯罪社会学 应用社会学上原理原则，研究如何减免犯罪。

  （戊）社会工作 应用社会学上原理原则，研究如何蠲除社会痛苦增进社会幸福。

  （己）其他。

（三）历史社会学：研究过去社会生活的陈迹。

（四）社会学方法论：讨论如何研究社会行为现象的方法。

上述分类，是一种暂时而未确定的分类。社会学是否应该如此划分，尚待详细讨论后，方可确定。至上面所列特殊社会学中如（子），

（丑），（寅），（卯）各类，在欧美各国大学中，尚少开设此项课目者。即所出版的文籍中，亦殊少见以此项名义标题者。故此种分类，就名义言，仅属理论上的归类而已。但事实上此项研究，确亦甚多。如人类地理学或地境学，实即为地理社会学；人口问题，或人口论，或优生学，实即为生物社会学；劳动问题，实即为经济社会学等是。目前各国社会学最普通的分部，似为普通社会学、应用社会学、历史社会学及社会学方法论四类；特殊社会学，常包括普通社会学中讨论之。社会学以后发展的趋向，似应注重特殊社会学的研究，以期发见新的领域，与新的原理原则。

第二节 社会学的内容

既将社会学应有的分部加以简单讨论，现在应注意社会学内容的研究。普通社会学的内容，究应如何规定，向无一致意见。惟晚近以来，似已渐趋接近。兹将自孔德以后著名社会学家所定社会学内容的划分，介绍于下。

一、孔德

最初规定社会学内容者，当推孔德。孔氏在《实证哲学》中，分社会学研究为两大部分，即静的研究与动的研究（Statical Study and Dynamical Study）。静的研究的部分，谓之社会静学（Social Statics）；动的研究的部分，谓之社会动学（Social Dynamics）。社会静学，研究人类社会自然秩序的学理；社会动学，研究人类社会自然进步的学理。据孔氏之意，此种静的研究与动的研究，就是社会学上的主要问题。[5]社会学的内容，就包括此两部分的研究。今列表如下。

社会学的内容 ┭ 社会静学——研究社会自然秩序
　　　　　　 ┴ 社会动学——研究社会自然进步

二、华特

继孔氏后而为详细的分部者,厥惟华特。华氏分社会学为两大部,就是纯理社会学与应用社会学。纯理社会学,研究社会的原理原则;应用社会学,研究如何应用此种原理原则去改进社会。[6]在纯理社会学中,华氏依据孔德的意见,分社会学的问题为两大类:就是静的社会现象问题与动的社会现象问题。研究静的社会现象问题的部分,名曰社会静学;研究动的社会现象的部分,名曰社会动学。社会静学研究社会势力维持平衡时候的状态;社会动学研究社会势力作用时发生的变迁与运动。华氏相信社会上一切现象,都起于社会势力的作用。在社会势力平衡的时候,社会现象表现一种静的状态;在社会势力失却平衡的时候,社会上发生变迁,并表现一种动的现象。研学此种社会势力平衡时与不平衡时的种种社会现象,就是纯理社会学的任务。研究如何用人力去指导社会势力趋向社会理想方面进行,就是应用社会学的任务。所以在华氏看来,社会学的内容,应包括四种大问题:就是社会势力问题,静的社会现象问题,动的社会现象问题,与指导社会势力或改进社会现象问题。兹将华氏划分的内容,列表如下。

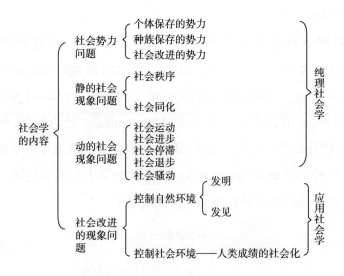

三、季亭史

据季亭史的意见,社会学上的问题,可别为两大类,就是主要问题与次要问题(Primary & Secondary Problems)。主要问题是研究社会结构与社会发展等的问题;次要问题是研究社会过程、社会原则与社会原因等的问题。在主要问题中又可分为两类:第一类是叙述的问题,叙述社会元素与社会组织的问题;第二类是历史的问题,说明社会起源、社会进化的问题。此类问题的研究,就是社会学的任务。[7]兹将季氏对于社会学内容的分类,表列如下。

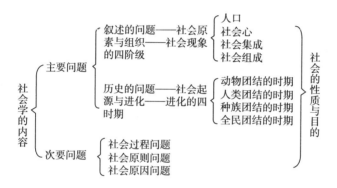

四、爱尔华

爱氏在他的《社会学的心理方面》(Sociology in Its Psychological Aspects)一书中,依据孔德与华特的意见,分纯理社会学上的问题为两大类,就是静的问题(Static Problems)或社会组织与社会功用的问题;动的问题(Dynamic Problems)或社会起源与社会发展的问题。[8]据爱氏之意,在社会组织方面,有下列各项问题:(一)人类结合的各种形式如何?(二)社会团体的种类如何?(三)影响于社会组织的种种势力的性质如何?(四)人性对于社会组织的影响如何?(五)物质要素对于社会组织的影响如何?(六)社会组织的性质如何?

在社会功用方面,则有下列各项问题:(一)各个人在社会中如何活动,与如何合作?(二)社会理想、社会标准与公众情操如何影响社会活动?(三)社会团体,如何改变或控制个人?(四)个人如何改变社会团体?(五)社会结合的形式如何可以影响于社会活动?

此都是社会学上静的问题。至于动的问题,简单说,就是社会组织及功用的变迁问题,不外乎研究社会起源及发展。在社会起源方面,须研究下列各项:(一)一切社会的起源——包括动物社会——如何?(二)人类社会的起源如何?(三)各种社会结合的特殊形式的起源如何?同时在社会发展或进化方面,须研究下列各项:(一)社会组织的变迁,是进步还是退步?(二)其进步或退步的原因何在?

此都是社会学上动的问题。但爱氏在他的《人类社会的心理》(*Psychology of Human Society*)一书中,又略变其说,分社会学上的问题为四类,就是(一)社会统一问题(Problems of Social Unity);(二)社会继续问题(Problems of Social Continuity);(三)常态的社会变迁问题(Problems of Normal Social Change);(四)变态的社会变迁问题(Problems of Abrupt Social Change)。

爱氏以为此种四分法,是根据人类社会的实际问题而分的。至于前面的分类,完全是纯理的问题。但二者并无冲突之点。社会统一与社会继续问题,就是社会组织及功用问题;社会的常态变迁与变态变迁,就是社会发展或进化的问题。[9]

五、劳史

据劳史之意,社会学的内容,可分为两大部分:就是社会过程与社会产物。社会过程,就是社会上人们交互动作的过程。社会产物,就是由此种社会过程所产生的事物。在社会过程中,劳氏又分为初步的过程、社会过程及改造的过程三种。在社会产物中,又分为主观的产物与客观的产物二种。[10]现在将劳氏所举社会学领域图,节译如下。

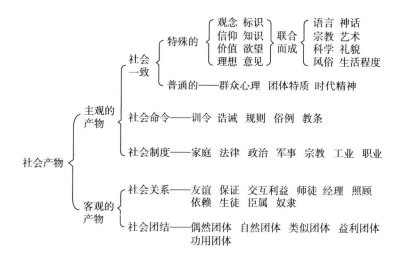

六、冯维史

据冯氏之意，社会学的内容，应集中于人类交互行为(Interhuman Behavior)，或社会过程(Social Process)。氏分内容为二部分：第一部分为社会过程的系统研究，即动作型(Action Patterns)的研究；第二部分为社会过程的结果的研究，即多数型(Plurality Patterns)的研究。氏以为第一部分乃第二部分的基础。故第一部分尤为重要。兹将冯氏所定社会学内容的区分，[11]列表如下。

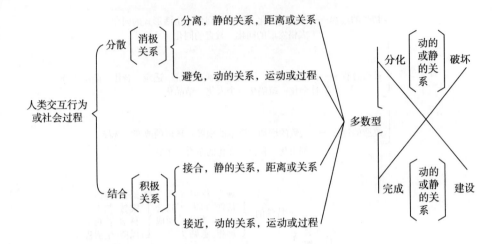

七、欧鹏克

欧氏最近出版的《社会学概念》(Concepts of Sociology)中,分社会学的内容为四大部分,即(一)社会组合,(二)社会因果,(三)社会变迁,(四)社会产品。兹列表如下。

(甲)社会组合——即社会形成的材料。

  (子)个人——个人及其有关的概念。

  (丑)众人——团体及其有关的概念。

(乙)社会因果——即社会组合变迁的要素及变迁模式形成的要素。

  (子)社会力及其有关的概念。

  (丑)社会控制及其有关的概念。

(丙)社会变迁——即社会组合内部所生的变动。

  (子)社会动作及其有关的概念。

  (丑)社会关系及其有关的概念。

(丁)社会产品。

  (子)文化及其有关的概念。

八、结论

据以上各家意见,归纳言之,似都承认:社会学上有两大问题,即静的问题与动的问题。在静的问题方面,有社会要素、社会组织等问题;在动的问题方面,有社会变迁、社会进化等问题。孔德、华特、爱尔华等都如此主张。季亭史等虽未用动静字样,但彼所谓叙述问题,即静的问题;历史问题、社会过程等问题,即动的问题。就劳史的分类言,社会过程,在彼看来,包括社会变迁在内,当为动的问题;社会产品,为静的问题。冯维史的分类中,在结合与分散之下,各有动静关系之分,其区分已甚明显。欧鹏克的分类中,其社会组合与社会产品,为静的问题;社会因果与社会变迁,为动的问题。

我们相信,社会现象只是动的现象,原无动静的分别;如将社会现象强分为动静两部分,易使学者误会。但为研究方便起见,我们亦得假定社会现象有动静的两方面,以观察现象的真相。[12] 我们研究静的现象,只是研究现象的横断面。社会现象即使"川流不息"的变动,但在任何一骤时间,社会现象即几等于静止。所以研究任何一骤时间的社会现象,就可得社会的静的状况。由此种静的现象的比较,我们才知道动的现象的真相。

但此种动静的区分,纯为研究方便而设的假定,断不可误会社会现象的真相,确系如此。本书在大体上亦采取此种动静二分法,而在细目上并不拘拘于此种划分耳。

九、本书的内容

据前章所述,我们知道,社会学是研究社会行为的科学;而以具体的社会为研究的单位。我们在具体的社会中,研究社会行为,可以发现五种重要问题,就是(一)社会行为的因素问题(或社会因素问题);(二)社会行为的过程问题(或社会过程问题);(三)社会行为的组织问题(或社会组织问题);(四)社会行为的控制问题(或社会控制问题);(五)社会行为的变迁问题(或社会变迁问题)。此五项问题,就是社会学上所应研究的重要问题。兹分别说明如后。

(一)社会行为的因素问题

我们知道,科学的一部分责任,在于分析现象的因果关系。凡现象的发生、存在或变迁,必有原因结果。大概任何现象的发生、存在或变迁,常有其他一种或数种现象,使之发生、存在或变迁。反之,凡是一种或数种现象的发生、存在或变迁,常产生一种或数种其他的现象。通常称此先存的现象为原因,后起的现象为结果。原因与结果,不过是同一继续过程中的先后二事。实际,一种原因,常为其他一种或数种原因的结果;而一种结果,又常为其他一种或数种结果的原因。所以任何现象,同时可以对一种现象是原因,对他种现象是结果。原因与结果,不过在现象上时间先后的对待名称。通常所谓原因,仅指直接产生某种现象的必要事件而言。但是一种现象的发生、存在或变迁,除必要事件而外,常有许多次要事件为其原因。由此种种必要与次要等事件合力作用,而后使此种现象的发生、存在或变迁,为不可免的事实。我们为研究便利起见,得总称此必要与次要等事件,为产生某种现象的原因;而分称此种种必要与次要等事件为产生某种现象的因素。譬如有一种社会现象——"工厂罢工"。此事发生的必要事件,是"全体工人对于厂方无故开除一部分工人的同情与义愤"。因为有此全体工人的同情与义愤,就使罢工的行为不得不发生。所以此是一种必要事件,通常即称为罢工的原因。但细究罢工原因,除"全体工人的同情与义愤"为直接必要的因素外,还有其他种种间接次要事件,如厂方平时待遇工人的苛刻(道德因素),工资的低薄(经济因素),工作时间的过长(卫生因素),工人与厂方情感的隔膜(社会因素)等等,都是罢工原因的部分。所以我们得分析此罢工原因为:(1)全体工人对于厂方无故开除一部分工人的同情与义愤(必要事件);(2)厂方平时待遇工人的苛刻;(3)工资的低薄;(4)工作时间的过长;(5)工人与厂方情感的隔膜。而称此原因的五部分为此罢工现象的因素。如此,原因与因素,不过为研究便利时所加之区别,事实上有时固可以互用。合而言之,谓之原因;分而言之,谓之因素,如此不同而已。今将此种关系,以图明之。

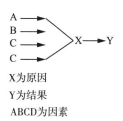

近时科学家对于因果律之价值,有致批评者。谓因果律视因果关系为不可免,且以原因为一方面之事,由因产果,因为主力,而果仅受力而已,故创为相关学说(The Theory of Correlation)。其意以为现象之发生,常与其他现象有相当关系。一现象发生或变迁,他现象随之发生或变迁,此种关系,谓之机能关系(Functional Relations)。[13] 在此种关系之下,每种现象与其他现象,有相互关系,而非如因果律仅有单方面关系。通常称各种现象为变体(Variables),而其相关时之作用,为机能(Function)。变体与变体间所生之机能作用,谓之相关(Correlation)。此种学说最重要的贡献,在于否认原因定命论。以为原因与结果,仅为相互之关系。甲可生乙,乙亦可生甲。甲与乙之间,并无必然关系。著者以为因果律与相关律有时似可相通。就现象发生时言,自有因果关系可分。但此可为因果的现象,无必然关系。例如,因殴人而启衅:殴人为因,启衅为果。但有时启衅亦可为殴人之因。故殴人与启衅二现象,有相互关系,而无任何一方面的必然定命关系。故相关律可以校正各种定命论之偏。如以唯物为一切现象之原,即与相关律相违。本书以因果律与相关律相通。就现象发生时言,亦信因果;就各种现象间之关系言,亦主相关。故所谓因素,或指因果律之因,或指相关律之变体,其义则一。要之,凡一切社会现象之发生、存在或变迁,常由于种种因素的互相结合与作用,可无疑义。而足以影响社会行为的因素,为数极多。非将此种种因素,详细分析,不能明白社会行为的真相。所以社会学上第一个问题,就是影响于社会行为的各种因素问题,或简称社会因素问题。所应研究的要点为:(1)有几种因素可以影响人类的社会行为?(2)各种因素的来源如何?性质如何?(3)究竟各种因素,如何影响人类的社会行为？——如何使社会行为发生、存在或变迁？(4)究竟各种因素,对于人类社会行为的影响,是不是有同样势力？(5)各种因素的交互关系如何？(6)各种因素所受人类社会的影响如何？

(二)社会行为的过程问题

社会行为是二人以上的交互与共同行为。此种交互与共同行为,在发表的时候,常有种种不同的形式。此种种形式,通常称为社会过程(Social Processes)。人类既不能脱离社会,处处须与社会上他人发生交互与共同行为,处处须表现种种过程。欲了解社会行为的真相,自须将社会过程,详加分析。故社会学上第二个问题,就是社会行为的过程问题,或简称社会过程问题。所应研究的要点为：(1)社会过程,如何形成？(2)社会过程的性质如何？(3)社会过程,有多少区别？(4)社会过程,有无系统可言？(5)社会过程,与个人行为的关系如何？(6)社会过程,与社会生活的关系如何？

(三)社会行为的组织问题

人类社会行为,不是散漫无拘束的,常常遵守社会上公认的行为规则。此种行为规则是社会行为的准绳。凡是衣、食、住、行等物质生活,以至待人接物等非物质生活,没有一处社会上没有公认的行为规则,作为人们行为的准绳。所以社会上的行为规则,可说是人们的行为机械。人们表现行为的时候,常是很自然的遵从此种行为规则。一个社会的各种行为规则,常有交互联带关系,并且具有一种共同的特征。通常所谓制度(Institutions),就是有系统而具有永久性质的行为规则。所谓社会组织(Social Organization),就是此种行为规则的总体。所谓社会统一(Social Unity),就是一切行为规则所具有共同一致的特征。一个社会的统一性,常表现于其行为规则、制度与社会组织。我们如要了解社会行为的真相,便须研究社会上的行为规则、制度与社会组织。所以社会学上第三个问题,就是社会行为的组织问题,或简称社会组织问题。所应研究的要点为：(1)社会行为表现时,有无一定的规则？(2)社会行为的表现,如有一定规则,此种行为规则如何发生?他的性质如何?(3)行为规则,有无相互关系,有无共同特征?(4)行为规则与社会制度或社会组织的关系如何?社会组织与人类团结的关系又如何?(5)社会行为何以具有共同一致的色彩?此种色彩的来源如何?(6)社会规则、社会制度、社会组织与社会统一,对于社会生活的关系如何?

(四)社会行为的控制问题

人类社会行为,常遵从社会上公认的行为规则;人类就在种种行为规则中维持生活。换言之,人类生活,是受社会上行为规则的控制。人类遵从行为规则,就受行为规则的控制。此种人类行为的控制,有的是出于自然的,人们往往不自觉得的。有的是出于自愿的,人们往往愿于就范。有的是出于强迫的,人们接受控制,是由于社会的压迫,不得已而就范的。我们要了解社会行为的真相,便须研究行为的种种控制。所以社会学上第四个问题,就是社会行为的控制问题,或简称社会控制问题。所研究的要点为:(1)社会上的行为规则,究竟如何控制人类行为?(2)社会上究竟有何种控制的工具?(3)社会控制究竟是有目标的,还是无目标的?(4)人们受社会控制是不自觉的,还是自愿的,还是强迫的?(5)社会上能不能预定完善的理想,用控制的方法,支配人们的行为,使共趋于此种理想?

(五)社会行为的变迁问题

人类社会不外乎两种单位,就是人口与文化。社会生活的内容,不外人口与文化的现象。人口是就生物有机体的人类说,文化是就人类心力所造成的事物说。人类的社会行为,无非是在文化中的活动。我们知道,人类的社会行为,无时无刻不在变动。此种变动,或起于人口的变迁,或起于文化的变迁。而此种行为变动的结果,或影响于人口的状况,或影响于文化的状况。至于社会行为变动的痕迹,或从人口的变迁中表现出来,或从文化的变迁中表现出来。人口的由少而多,或由多而少;文化的由简而繁,或由粗而精,或由同趋异,或由异趋同,都可表明人类社会行为变动的陈迹。所以要了解社会行为的真相,便须研究社会行为变迁的起源、状况及结果。因此社会学上第五个问题,就是社会行为的变迁问题,或简称社会变迁问题。所讨论的要点为:(1)社会行为何以会变迁?他的原因何在?(2)社会行为究竟如何变迁?(3)社会行为变迁的形式如何?状况如何?(4)社会行为变迁的速度如何?是平均的,还是有迟速的?(5)社会行为的变迁,是一致的,还是有参差的?(6)社会行为的变迁,有无一定的规律?(7)社会行为的变迁,有无一定的方向?停滞的,还是进步的?

以上我们已将社会学上的五种重要问题叙述了。凡社会学上所研究的种种现象,大致不出于此五种问题范围之外。如以前面所述静的社会研究与动的社会研究之区分言,此五种问题中之前四种问题为静的研究,后一种问题为动的研究。现在再将社会学上各种问题的内容,列表如左。

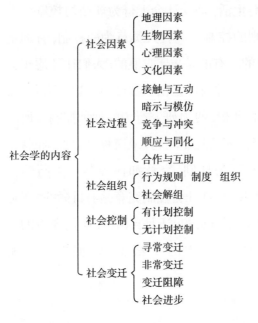

本章温习问题

一、试述沙罗坚对于社会学的分类。

二、试述冯维史对于社会学的分类。

三、试述马可勃的研究。

四、试述比较适当的分类。

五、试述冯维史的社会过程图。

六、试比较孔德、华特、爱尔华三家对于社会学内容的意见。

七、试述社会原因说与社会相关说的异同。

八、试述普通社会学内容的划分。

本章论文题目

一、社会学的类别。

二、理论社会学的内容。

三、应用社会学的内容。

本章参考书

1. Blackmar & Gillin: *Outlines of Sociology* (1930), Ch.2.

2. Dealey and Ward: *Textbook of Sociology* (1905), Chs.3, 5.

3. Ellwood: *Psychology of Human Society* (1925), Ch.1.

4. Eubank: *Concepts of Sociology* (1923), Ch.5.

5. Giddings: *Principles of Sociology* (1896), Ch.4.

6. Martineau: *The Positive Philosophy of Auguste Comte*, Vol.2.

7. Ross: *Foundations of Sociology* (1912), Ch.4.

8. Small: *General Sociology* (1905), 6.

9. Sumner & Keller: *The Science of Sociology* (1927), Vol.1, Ch.3.

10. Ward: *Pure Sociology* (1903), Part 1.

11. Von Wiese & Becker: *Systematic Sociology* (1931), Ch.2.

12. 应成一著《社会学原理》(民智本)。

13. 朱亦松著《社会学原理》(商务本)。

14. 高田保马著,伍绍垣译,《社会学概论》(华通本)。

本章注释

1. 见Von Wiese and Becker: *Systematic Sociology*, pp.673-684。

2. 见Sorokin: "Sociology as a Science", *Social Forces*, Vol.X, No.1,

Oct.1931, pp.21–27。

3. 见Rice: "What is Sociology?" *Social Forces*, Vol.Ⅹ, No.3, March, 1932, p.319。

4. 见McCobb: "A Definition of Sociology Derived from Courses," *Social Forces*, Vol.Ⅹ, No.3, pp.355–357。

5. 见Martineau: *The Positive Philosophy of Auguste Comte*, Vol.Ⅱ, pp.218–333。

6. L. F. Ward: *Dynamic Sociology*, Introduction to Volume 1; or *Pure Sociology*, Chs.Ⅰ and Ⅱ, or *Textbook of Sociology*, Chs. Ⅰ–Ⅴ.

7. 见Giddings: *Principles of Sociology*, Ch.Ⅳ。

8. Ellwood: *Sociology in Its Psychological Aspects*, pp.22–28.

9. 见Ellwood: *Sociology in Its Psychological Aspects*, pp.18–21。

10. 见Ross: *Foundations of Sociology*, pp.71–99。

11. 详见Von Wiese and Becker : *Systematic Sociology*, p.53。

12. 孔德曾说:社会学上静的研究与动的研究,并不是两种事实,不过是一种学理的两种方面。Martineau : *Positive Philosophy of Auguste Comte*, Vol.Ⅱ, p.218.

13. 机能关系,亦称为函数关系。代数式中之变数,有甲数因乙数之变而变者,则甲数为乙数之函数。例如 $x^2+2x+3=z$,其 z 为 x 之函数。此种函数关系,是算学上专门名词,意义不甚显明,故依字义,谓之机能关系。

第二编
社会因素的分析

第二篇

社会因素分析

第八章 人类生活及其与环境的关系

第一节 人类的环境

人类生长于环境之中,其种种活动,必须在环境中表现。环境影响于人类活动;人类活动亦影响于环境状况。故人类与其所处的环境,有极密切的关系。今欲了解人类的生活活动,不能不了解其所处的环境。人类所处的环境极复杂,社会学家尝为之分类,以明其内容。自斯宾塞以来,最普通的分类,为物质的环境,生物的环境,与超生物的环境三者。最近美国白乃德(Bernard)教授所发表的环境分类,比较最为妥善。

白氏的分类,计有两种:一种系就环境状况而分,一种系就环境发达的次序而分。兹分列如下。

第一种分类(根据环境状况):

其一,物质的或无机的环境(The Physical or Inorganic Environments)

(一)天体 如太阳热度等。

(二)地形 如山岭、河道等。

(三)土壤。

(四)气候 如温度、湿度、时季等。

(五)无机物 如矿产燃料等。

(六)自然力 如水力、风力、潮力等。

（七）自然作用　如引力、炸力、辐射等。

其二，生物的或有机的环境（The Biological or Organic Environments）

（一）微生物　如细菌等。

（二）虫豸　如寄生虫等。

（三）森林　可供给用具及建筑用材料者。

（四）大动物　可供给食料及衣料者。

（五）有害动物　如害兽毒虫等。

（六）动植物的地位关系。

（七）生物的自然过程，如生长、繁衍等。

其三，社会的环境（The Social Environments）

（一）物质的社会环境：

（1）各种简单的发明及器具，如火、弓、箭等；（2）各种较复杂的发明，如运输与交通利器、建筑、机械等。

（二）生物的社会环境：

（1）农艺的植物供食料及衣料者；（2）栽培的植物供家畜食住之用者；（3）栽培的植物供药料及香料用者；（4）家畜供食料衣料及装饰用者；（5）家畜供驱使及负重用者；（6）家畜供玩耍及畋猎用者。

（三）心理的社会环境：

（1）客观的标准化的行为过程，如风俗、俗例、时装、时尚、舆论、宣传；（2）不完全标准化的行为过程，如谣言、谈话、无线电；（3）标准化的藏纳的心理徽帜，如书籍、图画、雕刻、歌曲等心理的结晶品。

其四，综合的环境（Composite or Institutionalized Derivative Control Environments）

（一）普通的　如经济的、政治的、种族的、审美的、伦理的、教育的环境等。

（二）特殊的　如美国的、意国的、犹太的、南方的、共和党的、民主党的、佛教的、耶教的环境等。

第二种分类(根据环境发达的次序)：

其一，原始的环境(The Primary Environments)

（一）物质的。

（二）生物的或有机的。

其二，推演的环境(The Derivative Environments)

（一）次级的环境(The Secondary Environments)（1）物质的社会环境；（2）生物的社会环境。

（二）心理的社会环境(The Psycho-Social Environments)。

（三）综合的社会环境(The Composite Environments)（1）普通的；（2）特殊的。

上述白氏的分类，系于1925年11月在美国《社会学杂志》上发表，次年白氏出版其《社会心理学概论》时略有修改，除生物的社会环境分为非人类的及人类的两项，将劳工奴隶侍役队伍等加入。又心理的社会环境分为个人的内在的行为，一致的内在的行为，外表的语言徽帜，及物质的发明之影响心理者等数点外，无大更动。白氏的分类，似已完善，著者仅就最近社会学发展的趋势，对白氏第一种分类略加修改而成下列的分类。

其一，物质的环境

（一）天体　如日、月、星、辰，以及其对于地面的影响(如日之热度，月对潮汐之影响等)。

（二）地形　如山岭、平原、高原、河道、海洋、沙漠等。

（三）土壤　如土壤地性质，以及其对于植物食料的分布之关系。

（四）气候　如温度、湿度，及四季更迭等。

（五）无机的天产物　如矿产燃料等。

（六）自然力　如水力、风力、潮汐、阳光等。

（七）自然作用　如爆炸、辐射、引力等。

其二，生物的环境

（一）微生物　如细菌等。

（二）虫豸　如寄生虫等。

（三）植物之可供衣、食、住、药料及其他用具之材料者　如森林等。

（四）动物之可供衣、食、住材料者　如羊群、牛群等。

（五）对于人类有损害的动植物　如毒蛇、猛兽、害虫、有毒植物等。

（六）自然的生物作用　如繁殖、生长、腐败等。

其三，社会的环境

（一）生物的社会环境　如人口、群众、劳工、仆役、奴隶、队伍等。

（二）心理的社会环境：

（1）内在的　如态度、意思、愿望等。（2）外表的　如谣言、谈话、训诫、宣传等。

其四，文化的环境

（一）物质的文化环境　如用具、武器、饰物、机器、交通及运输机关、通信机关、家具、仪器、药料及香料等。

（二）生物的文化环境　如家畜、农艺植物、药料植物等。

（三）心理的(行为的)文化环境　如语言、风俗、信仰、道德、法律、宗教、科学、哲学、艺术等。

其五，组合的环境

（一）普通的　如经济的、政治的、种族的、审美的、伦理的、教育的环境等。

（二）特殊的　如中国的、美国的、儒教的、耶教的、商界的、学界的环境等。

上述的分类，有须稍加说明者数点。

（一）物质的环境与生物的环境，包括一切自然物及自然作用，完全未变其本来面目者。

（二）社会的环境，是指人类共同生活的环境而言；生物的社会环境，指人类的集合而非指行为言；心理的社会环境，指人在当时发表的或内在的行为言。

（三）文化的环境，是指人类活动的结果言；从历史方面说，即指人类累积而得的社会遗产言。

（四）如为简捷起见，得称物质的环境与生物的环境为自然环境；社会的环境与文化的环境为社会环境。

此种分类，虽不能谓为完全无缺，但对于人类所处环境的内容，似已大致包罗无遗。[1]

第二节　人类对于环境的调适

生物界有一种普通现象，就是任何动植物，都须适应于环境的状况。此种适应作用，实为生物界个体保存与种族绵延必不可少的一种过程。在植物界往往经过长期的演进，改变形态或构造，以适应环境的特殊状况。在动物界不仅改变形态或构造，并且在进化的过程中，发展种种本能的行为模式，以求适应。在人类社会此种适应的过程，亦是同样的显明。不过人类的适应，不似动植物那样的被动。人类的适应是主动的。华特（Ward）曾说："动物是受环境支配的；人是支配环境的。"此是很确切的话。人类的适应环境，并不是被动的去改变形态或构造，亦不是靠几种本能行为的发展；是靠他具有种种优越的生理机械，去宰制环境。

此种主动的适应，原来起于人类与环境双方的作用。环境供给人类以材料与刺激；人类利用环境所供给的材料与刺激，不但能适应环境的状况，并且能改造环境以适合人类自己的需要。在此种过程中，人类就能维持生存，增进幸福。

一、生活需要与环境的调适[2]

人类无时无地可以脱离环境，人类生活，不过是在环境中的生活。孙末楠（Sumner）曾说："人生第一任务，即在谋生活"（The First Task of

Life is to Live)。要谋生活,就有种种生活的需要。有种种生活的需要,就要想法满足此种需要。需要便是人生第一的经验;一有需要,就不期然而然的要满足他。所以孙末楠说:"人类最初只有动作,没有思想"(Men begin with acts, not with thoughts)。人类的行为,就是人类要满足生活的需要,对于环境调适的表现。人类时时刻刻要谋生活,时时刻刻有生活的需要;时时刻刻要想法满足生活的需要,便时时刻刻必须调适于环境的状况。[3]所以简直的说,人类生活只是对于环境的一种调适作用(Process of Adjustment)。

二、人类对于物质的与生物的环境的调适

人类要满足生活的需要,最初必须适应于物质的与生物的环境。气候有寒暑的变迁,人类要保护身体,维持生命,乃制衣服以调适之。外界风雨霜雪的侵凌,人类为维持其生活的安全,乃造房屋以调适之。内部胃肠饥饿的需要,人类即取环境供给的食料以满足之,人生不能无行动;谋食、制衣,必须奔走往来,是于乎斩荆棘,去障碍以平道路;遇沟渠,则筑桥梁;逢湖泊,则造舟楫。人生又不能无工具;捕兽、建屋、制衣、筑路,必须有相当的器械。人类自始就是一种造器械的动物(The Tool Making Animal)。他为满足种种生活的需要,就造出种种的器械,棒、棍、杯、盘、刀、铳、锥、凿,次第发明;或用石,或用骨,或用铜,或用陶,材料虽有不同,功用未尝有异。总而言之,人类对于物质的与生物的环境的种种活动,无非为满足自己生活需要所发生的现象;或者是消极的去抵御环境的压迫,如为寒暑霜雪的侵凌而求避免;或者是积极的去满足本身的需要,如为饥饿的催促而觅食物。要之,都是为谋生活而已。[4]

三、人类对于社会的与文化的环境的调适

人类不仅对于物质的与生物的环境必须调适;就是对于社会的与文化的环境,亦是必须调适的。人生自始就不能离群索居。抵御风雨寒暑

的压迫,满足个人生活的需要,都须与他人发生关系;且常常须与他人通力合作,以达到生存的目的。所以一个人对于他所生长的社会,常须设法调适的。

最近人类共同生活的时候,第一件感觉到必须调适的现象,就是如何传达各人的意思情感。因为有此种传达的需要,就发明了语言。所以语言是人类对于社会环境调适的产物。在共同生活的时候,又必须维持生活的秩序。因为有此种维持秩序的需要,于是有风俗道德法律等等的产生。风俗道德法律等,在社会上的功用,无非是规定人们共同相互的关系,以维持社会秩序。所以凡此种种都是人类调适于社会环境的产物。既经产生之后,便成为社会上的遗产;生长于社会的人,又须调适于此种社会遗产。此种调适过程,是人类维持共同生活必不可少的一种功用。

至于物质文化,如器具、机械、车马、桥梁等等的使用,人们亦须随时加以调适,使不致发生阻碍。

要之,人类生活无非是对于环境调适的过程。人在环境中生活,就终生在此种调适过程中表现活动。

在先前的人类,大概生活于规模狭小的社会里,所以他们对于物质的与生物的环境的调适,要比对于社会的文化的环境的调适,重要许多。到了近代的社会,范围渐渐扩大,组织渐渐复杂,人类相互间分工合作的关系,愈益交互错综。于是对于社会的与文化的环境的调适,便非常重要。

物质的与生物的环境的调适,及社会的与文化的环境的调适,并不是可以绝对分离的。实际上社会的与文化的环境的调适,与物质的与生物的环境的调适,往往同时发生。人类对于物质的与生物的环境调适的时候,同时便须调适于社会环境。例如个人之谋取衣食,制作器具,处处须与本社会中人与本社会中的文化发生共同与联带关系。人人必须对于此种人与文化的共同关系,加以一种相当的调适,方始可以达到调适于物质的与生物的环境,以满足生活需要的目的。所以社会的与文化的环境的调适,与物质的与生物的环境的调适,常同时进行,不相抵触。

第三节　环境对于人类生活的影响

上节所述人类对于环境的调适,是就人的立场言。现在我们从环境的立场,观察其对于人类的影响。

一、物质的与生物的环境的影响

此种物质的与生物的环境的影响,始于未出生以前,直至老死为止。其影响可就两方面言之。

（甲）直接的　影响于人类身体组织。例如温度的升降,季节的变更,湿度的高下,以及风、雨、水、旱等等的作用。又如人在母胎中可受的影响,以及微生物与其他下等动物,对于人类所发生的作用等。

（乙）间接的　影响于人类共同生活。例如气候、温度、土地高度,可供衣、食、住用的动植物的性质,地形、土壤、矿产等,都可以限制与规定人口的大小、年龄、男女、职业等项的内容。间接可以决定社会组织的形式、艺术、科学、宗教、娱乐等等发展的可能性,以及其他的社会活动。

二、社会的环境的影响

就生物的社会环境言,人口的多寡、分布、组合以及其品质的区别,都可以影响于人类的社会生活。就心理的社会环境言,直接的如谈话、训诫、宣传、命令,以及其他姿势、容貌等所表示的作用;间接的如暗示所给予的印象。或从言语表示出来,或从其他行为上发表,都可以影响于人类的社会生活。

三、文化的环境的影响

文化的环境对于人类社会的影响为最大。无论物质的生物的或心理的文化环境，都可直接或间接影响于人们的社会生活。就物质的文化言，无论衣、食、住、行、用、玩，以及其他物质生活的活动，无不视物质文化为转移。就非物质的文化言，举凡风俗、信仰、制度、道德、法律、科学、哲学等，莫不可以约束人类的行为。

准是以观，环境对于人类生活的影响，可谓深切著明。人类社会与其环境是不可分离的。环境既影响于人类社会，人类社会自不得不调适于环境，二者互为因果，互相影响。故环境因素的重要，诚为社会学者所不可忽视。

兹依据环境分类的内容，及其对于人类关系的轻重，归纳环境因素为四大类：[5]

（甲）地境因素（包括物质的与生物的因素）。

（乙）生物因素（即社会的生物因素）。

（丙）心理因素（即社会的心理因素）。

（丁）文化因素。

此四种环境因素，以其均足以影响于人类社会行为，故亦称为社会因素。以下四章，即分别讨论社会因素的内容，及其与社会生活的关系。

本章温习问题

一、试述环境的意义。

二、试述白乃德的环境分类法。

三、试述环境分类的标准及其界限。

四、试说明"适应"两字在生物学上的意义。

五、试说明"调适"两字在社会学上的意义。

六、试述人类对于社会环境的调适作用。

七、试述环境对于人类社会的各种影响。

八、试说明环境因素分类的意义。

本章论文题目

一、各家的环境分类法。

二、人类的调适作用。

三、评白乃德的环境论。

四、社会要因与社会势力的区别。

本章参考书

1. Bernard: *Introduction to Social Psychology*（1927），Ch.7.

2. Binder: *Principles of Sociology*（1928），Ch.7.

3. Bristol: *Social Adaptation*（1915）.

4. Child: *Physiological Foundations of Behavior*（1924）.

5. Herrick: *Neurological Foundations of Animal Behavior*（1924）.

6. Holler: *The Theory of Environment*（1928）.

7. Lumley: *Principles of Sociology*（1928），Ch.2.

8. MacIver: *Society: Its Structure and Changes*（1931），Ch.16.

9. Thomas: *Environmental Basis of Society*（1925）.

10. 许仕廉著《社会动作的两个分类》，《社会学刊》第一卷第二期。

11. 胡鉴民著《关于社会学上几个根本问题的讨论》，《社会学刊》第三卷第三期。

本章注释

1. 欧鹏克（Eubank）教授近在其所著《社会学概念》一书中，将环境分为三大类，即：(一) 人类本身，(二) 自然界，(三) 人类社会。环境的内容既不同，故其影响于社会的因素亦异。氏所分环境因素如下表。

一、人类因素

（一）天赋的。

（二）习得的。

二、地理因素

三、社会因素

（一）人类直接交互动作。

（二）人类产品。

（1）群道（如民俗民型）；（2）群情（如态度、情操及信仰）；（3）造作（如物质的及精神的）。

2. 参考Sumner: *Folkways*, Ch.1。

3. 白乃德说:"生活就是调适"(Life itself is adjustment), 见Bernard: *Introduction to Social Psychology*, Ch.16。

4. 参看Hankins: *Introduction to the Study of Society*, pp.452-453。

5. 注重环境因素的趋势, 至近时而益著, 兹将重视环境因素的书籍及论文, 略举如下, 以见一斑: (1) C. M. Child: *Physiological Foundations of Behavior*, (2) C. J. Herrick: *Neurological Foundations of Animal Behavior*, (3) L. L. Bernard: *Instinct: A Study in Social Psychology*, (4) L. L. Bernard: "The Influence of Environment as a Social Factor," in *Publications of American Sociological Society*, Vol.XVI, (1921), (5) F. Thomas: *The Environmental Basis of Society*, (6) L. L. Bernard: "A Classification of Environments," in *American Journal of Sociology*, Vol.XXXI, No.3 (1925), (7) G.Taylor: "Environment and Nation," in *American Journal of Sociology*, Vol.XL, No.1, July, (1934)。

第九章　社会的地境因素

第一节　社会成立的地理基础

集个人而成社会,个人是社会成立的基础。但社会的存在,必须在地面上占据相当的空间。无地面则社会无以成立;故地面亦为社会成立的基础。然人类社会不但须占据地面以供居住,还须有适当的气候,适度的雨量,以供人类生理上的需要。至于衣、食、住、行,以及其他人类日常需用的种种器具等材料的供给,无不惟地面是赖。他如货物的运输,行旅的往来,又须恃水陆道路的流通。观此种种,可知地理环境实为社会成立的一种重要基础,毫无疑义。兹就地理环境中的各种重要因素及其与社会生活的关系,分别叙述,以见人类与地境关系的重要。

第二节　气候与社会生活

一、气候对于社会各方面的关系

气候对于社会生活的各方面,均有相当关系。我们可以分几方面来说。

（一）对于食料的影响

在初民时代,人口的集合或分散,一视食料的供给为标准。食料丰富的地方，人口大率易于集合；反之，食料稀少的地方，人口往往不易集合，势必离而他去。而一地方食料的丰富与否，须视土壤的性质，雨量的供给，与气候寒暖的调匀与否以为标准。假使一地方，土质硗瘠，雨量不匀，寒暖不时，则植物类食料的供给，必不旺盛。而家畜与他类动物的可供食料者，亦因植物食料缺乏，便不能充分繁殖，结果，动物类食料的供给，亦不发达。在此种环境之下，人口自不易群集。例如低纬沙漠区北非洲与阿拉伯等地，全年气温甚高，空气干燥，雨量极少，湿度白昼甚低，故居民生活困难，食物及日常用物，均感缺乏，人口因而稀少。又如高纬气候区的下部亚洲北部与美洲北部等地，气候冬日严寒，适合于植物生长的时季甚短，全年降霜，雨量甚少，空气干燥，故居民生活艰难，五谷不易成熟，农业不易发达，人口因而不易聚集。反之，一地方，土质肥沃，雨量适匀，寒暖调和，则动植物类食料，供给丰盛，而人口自易聚集发达。例如干性亚热带气候区，澳大利亚南部非洲南端诸地，气候温暖适当，雨量冬多夏少，终年无雪；故农业极为发达，果类尤丰，人民因而众多。又如湿性亚热带气候区，中国中部等地，气候夏季炎热，冬季较寒，雨量夏多冬少，故农业极为发达，人口极为稠密。中国实业最发达的区域，即在湿性亚热带区。

　　人类文化，渐渐发展，人类控制自然界的力量，亦渐渐进步——如使用灌溉方法，以调节雨量等——食料的丰富与否，虽则未必完全恃气温雨量以为标准；但是气温的高下，与雨量的多寡，对于食料的供给，有很大的影响。我国近年因旱灾、水灾、虫灾等的影响，使农村衰落，民生凋敝，职是之故。

　　更有进者，一地方的气候，实可断定居民所需要食料的种类与数量。生活于寒带地方的人，因为谋生困难，必须劳苦经营，就需要多量的食物。我们知道，寒地的人，衣服须比热地的人多备些；而同时住屋一层，为了避免风寒之故，亦不能太简单；所以他们必须劳苦工作，始能谋一生活。因为劳苦的缘故，身体上有多量的消耗，便需要多量的食物。不但如此,就是食物的种类,亦需与热地的人不同。大概寒带地方的人需要脂肪较多的食料,而在热带地方则否。但看热带的人,多食果类植物如椰子、可可、香焦之类;而寒带的人,多食肉类如鱼、鸟、海獭、海豹等类,便可明白此意。

(二)对于衣住两端的影响

气候是决定衣量的多少的。生活于热地的人,气候炎热,不需要多量衣服,甚或不须穿着衣履。例如居于低纬多雨区的人民,往往仅用树叶蔽体。反之,生活于寒地的人,气候寒冷,便需要多量衣服。例如居于近极区域的人民,所穿衣服,多用皮毛制成,以便御寒。至于住屋一层,亦有同样情形。寒冷之地,风雪凛冽,必须有比较安全的住处,以御风寒。例如近极区域的人民,若爱斯基木族,往往居于石室或雪屋中。炎热之地,既无寒冷之苦,住处自然可以简单。故南洋群岛中土人,往往仅用树枝树叶等建造极简单的住宅。

此种情形,就是生活于温带地方的人,亦是感觉得到。在温带地方,气候是随四季而变迁。四季的更迭,我们就感觉到寒暑的不同。因为寒暑的不同,我们便不能不随气候调适我们的衣服与住屋,此都是日常浅近的事实。

总之,从上面讲来,我们知道,气候对于人类的衣住两端,亦有很大的影响。

(三)对于职业的影响

一地方居民的职业,常常为他们所处的地理环境所限制。地理环境中气候尤为重要。土地的硗瘠或肥沃,种植的能否发达,有时竟完全随气候与雨量而定的。寒带地方,终年冰雪,植物除藓苔及小灌木外,便不能生长。动物亦极稀少,仅海中富有鱼兽。热带地方,雨量极足,植物既繁盛,动物亦多。观此,可知两带居民的地理环境,极不相同。地理环境既然不同,职业亦自必相异。例如西伯利亚极北部,澳大利亚中部等地,土人辄以渔猎为生;而阿拉伯及非洲沙漠一带居民,辄从事于游牧。即使同在温带地方,亦因着气候寒暖,雨量多寡的不同,而有宜于种植与不宜于种植的区分。就是同是宜于种植的区域之内,有的宜于植林,有的宜于种麦,有的宜于种稻,有的宜于植棉等等。因为种植的不同,居民职业自然亦随着不同。

固然近代职业的发展与限制,决非全受气候的影响。例如都市中新职业的增加,那便完全由于文化发展的结果,但是像上面所讲几种气候的影响,亦是很关重要的。

(四)对于风俗制度的影响

风俗制度,有时亦受气候的影响。我们知道,风俗制度,是社会上人们共同的行为标准。此种行为标准,是不能与生活状况脱离关系的。所以要调适生活状况,风俗制度,亦是不能避免地理环境的影响。譬如热地的人,因成熟较早,生活较易,往往盛行早婚制度,奖励子女繁多,而轻视生命。寒地的人,因生活困难,不易维持家庭,往往实行迟婚制度。又如奴隶制度,常盛行于热地,而寒地则否。因为热地生活虽较易,而工作较苦,故用奴隶任苦工。他如娱乐制度,亦因寒热而有不同。寒地的人,为气候寒冷,必须保持体温,所以流行剧烈的运动与游戏,如滑冰、滑雪之类。他如足球、棒球等,虽系盛行于温带,而亦发源于较冷之地。就是温带地方,亦因气候关系,而划定赛球的时季。至于热地的人,因天气炎热,不适宜于种种游戏运动,故凡剧烈运动,都不发展。结果,就养成一种好静不好动的风俗。

二、气候与文明的关系

从上面讲来,我们知道,凡是衣、食、住与风俗、制度、职业等,与气候都发生相当关系。要之,寒地的人,与热地的人,在生活活动上有种种不同的地方;原因虽很复杂,但气候是有多少重要关系,可无疑义。在极寒极热的地方,人类生活,完全是对付地理环境的压迫,安有精力,发展文化。因此之故,世界文明,都发源于温带。此种事实,凡是研究世界文化史的人,都能明白。梁启超氏曾有一段文字,叙述此种关系。他说:"极寒极热之地,其人穷日之力,以应付天然界之洊迫,犹且不给;以故文明之历史,独起于温带。""夫酷热之时,使人精神昏沈,欲与天然力相争而不可得。严寒之时,使人精神憔悴,与天然力相抵太剧,而更无余力以及其他。热带之人,得衣食太易,而不思进取;寒带之人,得衣食太难,而不能进取;惟居温带者,有四时之变迁,有寒暑之代谢。苟非劳力,则不足以自给;苟能劳力,亦必得其报酬,此文明之国民,所以起于北半球之大原也。""盖文明之初发生,必在得天独厚之地。厚者何?即气候温暖,物产饶足,谋生便易是也。故历观古今中外,从无文明起于寒地者。埃及、印度、中国、巴比伦诸地,其所以能为文明祖国者,非徒地势使然,亦地气使然也。至如北美之墨西哥,南美之秘鲁,亦为文明先进之国。东半球文明祖国,皆居温带而沿河流;此两国则无有大河,而亦能早达者,则全以气候之故。墨西哥在北纬二十度,秘鲁在南纬二十一度半,皆热带与温带之交也。"[1]

固然,文明的发源,有种种要素。但是气候温暖,物产丰富,人民无谋衣谋食的困苦,那是一个先决的条件。

此种气候与文明相关的学说,经最近地理学家实际研究的结果,似可证明其有相当真理。

杭丁顿(Huntington)根据数种特殊研究的结果,断定:"气候可以决定文化的盛衰、分布及其趋向,"他说,"适宜的气候,是高上文明的重要要素。"又说:"凡具有特别适宜气候的地方,文明必高。"[2]此等话,初听未免过分,但他亦有相当的根据。兹将杭氏研究的结果,略述如下。

(一)气候与健康及工作的关系

据杭氏的研究,凡气候的变迁,对于健康与活动,均有显著关系。凡不适宜的气候,可以减少工作效率,增高死亡率;适宜的气候,则相反。杭氏以为就欧洲人言,最舒适最健康而且最适合于劳力工作的户外温度,以昼夜并计,约在华氏表六十二度至七十二度之间。在多风或干燥的天气,温度宜稍高;无风而潮湿的天气,温度宜稍低。大概就健康言,愈潮润愈凉快的空气,比愈干燥愈温暖的空气,较为适宜。杭氏又以为,温度每天总有小变异,比没有变异的,较适合于健康。而此种变异,大概由于风雨而来。因此,风雨(Storms)、温度(Temperature),与湿度(Humidity),成为人生健康与精力的三大要素。[3]据杭氏之意,劳力工作所需要的温度,比劳心工作稍高。就劳心工作言,最适宜的户外温度,平均在华氏表三十度左右。[4]

杭氏以为气候影响健康有几方面:一则,直接影响于生理作用;二则,凡有益于身体工作的气候,可以帮助人类发展关于卫生、清洁、饮食等类的优良制度;三则,适宜气候,自然产生优良食料,如麦、粟、蔬菜、果品,以及牛乳等;四则,适宜气候,可以引致或保留适当的居民。因此之故,凡富于精力的人民(Energetic Type),往往集中于气候适宜的区域。[5]

总之,据杭氏之研究,气候对于健康与工作,均有极大影响。我们知道,健康与工作,为造就文明最大要素;故杭氏此项研究,即可证明气候与文明有极密切的关系。

(二)气候与文明分布的关系

杭丁顿根据此种气候影响于健康与工作的思想,乃进而研究气候与文明分布的关系。

杭氏于1913年,向世界27国的著名学者200人,征求他们对于世界各国文明分布的意见。后来收到答案137件,乃根据此137人的意见,制成一种世界文明分布地图。同时又根据世界各地气候状况,制成一种气候分布地图。就此两种地图观察,可以发现气候的分布与文明的分布有密切关系。[6]

后来,杭氏又征求美国23个地理学家及其他学者关于美国文化进步的分布状况的意见,制成一种美国文化进步分布地图。同时又据美国各项统计,制成一种美国实际文化进步分布图。然后把此两图与美国全国气候分布地图相比较,又发现气候的分布,与文化进步有密切关系。[7]

根据上面的种种研究，杭丁顿以为："文明与气候的分布，有相同的趋势，气候是限制文明分布的。所以气候最适宜之地，文明最高。"

杭丁顿这种研究，在人生地理学上是极有价值的；即对于社会学，亦自有相当的贡献。但我们必须知道，他的结论仅是片面的。气候对于人类健康、工作，甚至文化全体的发展，自有多少影响，此是不能否认的。我们在前面说过，世界文明都发源于温带，此自是历史的事实，但不能说世界文明的起源，全由于气候的影响。气候仅仅是文明发生的种种要素中的一种而已。

第三节　地形与社会生活

地形对于人类生活的影响，不减于气候。本节所谓地形，分为五类：即山岳、平原、沙漠、河流、海洋。今分述如下。

一、山岳对于人生的影响

山岳之地，坡岭起伏，川谷杂错。其对于人类生活的影响，约有数端。

（甲）对于人类生理的影响

在南美秘鲁(Peru)，有一部分居民，常住于15 000尺高山之上。因此，他们的肺量，特别发达。但此种人若移住于平原上生活，不久即患肺病，以至于死。反之，生活于平原之人，一到山地，亦感觉不能适应。英人初次到西藏探险时，未达目的，多半人患胃肠不消化病，半途而返。因为西藏地高，气压低，水的热度，不到摄氏表百度即沸腾，所以有许多食物，如马铃薯之类，就不能煮熟。在此种状况之下，英人的胃肠，就觉不能适应，致失其常态。

（乙）对于交通的影响

凡山脉较多的地方，交通自必不便利，交通不便利，就不容易与外界接触；而社会状况，亦就不容易发生变迁；结果，往往养成一种闭关自守的态度,而缺少进步。例如我国在海通以前,成为一种闭关自守的国家,在地理上言,确也有很大的关系。我们知道,中国三面是山,一面是海。北部有外兴安岭、阿尔泰山、萨扬山,西部有天山、昆仑山、帕米尔高原,西南部有世界最高的山岭喜马拉亚山,东面则为东海、黄海与太平洋。在海洋交通未发达以前,海洋方面,仿佛山岭,同样阻隔。至于山岭方面,更为显明。我国与印度虽是邻国,但从前往来,概系间接绕道。汉明帝时佛教传入中土,是取道西域。晋代法显,从印度回国,附商船取道南洋,舍近就远就为喜马拉亚山岭的障碍。此可见山岳对于交通的影响。

(丙)对于人口的影响

山多的地方,土质总是硗瘠;食料既不丰富,人口自必不能发达。所以山中居民,常极稀少。意大利南方的西西里(Sicily)岛中之伊脱那(Etna)山,高逾10 000余尺。山麓能种檬柠、橘子等副热带植物;在2 500尺以上宜种葡萄、玉蜀黍、温带植物等等;在4 000尺以上,只能在夏季种植大小麦;在6 000尺以上,仅能生寒带植物;在9 000尺以上,终年积雪,不复有植物生长。可知山岭之上,不尽合于人民生活,人口自不能无限增加。因此,高山峻岭之地,人口密度甚小。反之,平原之上,密度加大。以中国言,人口密度最大之区,即在黄河与扬子江交流之三角洲上。因为在此区域以内,无甚高大山岭,人口自可加密。据民国十二年邮局调查,江苏人口密度最大,每方哩为875人;浙江次之,为601人;[8]山东又次之,为552人。但在山岭众多之省份,密度就小,甘肃只有47人,云南只有67人,西藏则仅有14人。此可见山地对于人口的影响。

(丁)对于职业的影响

山地居民的职业,常受地形的限制。欧洲的瑞士为著名的山岳国,其居民的职业,约可分为畜牧、伐木、制造、农业及招待旅客等数项。几无不受地形的影响。因山地不适于农,而草场茂盛,极适于畜牧,故畜牧业极为发达。牧场占全国面积35%以上。牧人除看守畜群之外,尚须从事于挤乳及制造乳酪与乳酪饼等。因之牛乳事业极为发达。据

1921年统计,全国共有牛1 425 000头。而牛乳酪牛乳饼等就成为该国的重要的输出品。因森林广阔,林地面积占全面积29%,故伐木业极盛。因山地硗瘠,可耕之地仅占全国面积15%,故农业不发达。惟山地多瀑布,有水力可以利用以兴工业。但矿产既少,原料缺乏,而运输又甚高昂,故瑞士的制造品,重在人工技艺,而不重原料。其主要制造品如木制的雕刻玩物、精刻木器、钟表等,均是轻便而价昂之物,为适应于其环境的工业品。又因山地湖水相映,气候温凉,风景绝佳,故夏季游人尤多,冬季溜冰赛雪,旅客亦众。全国现有旅舍9 000处,可容旅客18万人,侍役之执业于此等旅舍者,数逾6万。此等人的职业,不可谓非受地形影响的结果。

二、平原对于人生的影响

平原对于人生最大的影响,就在便利交通。凡交通便利之地,与外界接触的机会较多,故社会易于统一,而进步亦自较速。

就语言论,语言之能否统一,全视交通之是否便利。欧洲的瑞士,面积极小,不足我国江苏三分之一;但国内通行语言,主要者就有四种:西部邻法,则用法语;北部邻德,则用德语;南部近意,则用意语。此外尚有罗马语。且每种主要语言,又别为几种方言。据说,德语有35种,法语有16种,意语有8种,罗马语有5种。推究其所以如此分歧之故,重要原因,就为瑞士是山岳之国,交通不便的原故。至如俄国,在欧洲方面占全洲之大半,但通行语言,不过两种。此因俄是广漠的平原,交通比较便利的原故。以中国论,亦是如此。浙江省严州、台州等地,山岭崎岖,居民不相往来,故方言极不相同。至如杭、嘉、湖一带,地极平坦,不但三处方言相近,即与江苏之苏、松、常、太一带方言,亦殊相类。此莫非交通便利的原故。

此外如风俗制度,亦有同样状况。平原之地,常趋于一致;而山岭之地,则往往各有特殊的风俗制度。此层,我们亦可以浙江之金、衢、严、台一带与杭、嘉、湖一带比较,即可知之。

还有一层,平原之地,因交通便利之故,容易造成广大国家。俄国在西历1580年以前,还限制于乌拉山以西。其后不及90年,至西历1660年便扩张领域至太平洋岸白令海峡。至于山岭偏僻之区,往往可以保存弱小民族,又是与平原相反的证例。

至于平原之地,河流交贯,土壤肥沃,气候温和,种植最为相宜,故农业易于发达。且因交通便利,人民的往来,货物的运输,均通行无阻,故商业亦易发达。要之,平原之利益较多,故人口较为稠密;世界上人口有三分之二居于平原,而文明发达的国家,亦以在平原为多,就是这个原因。

三、沙漠对于人生的影响

沙漠对于人类最大的阻碍,就是不能生产。我们知道,人类要恃天产的食料,供其生存;故人类密集的地方,决不在沙漠。加以沙漠空气干燥,气候炎热,不适于居住,故在沙漠之区的人口,总是极少。

沙漠中生活既非常困苦,如非勇敢坚忍,不能图存。故阿拉伯人有勇敢民族之称。

沙漠对于人类,不但不能供给天然食料,而且因环境的势力太大,使人类心理发生一种消极的影响;就是觉得人类对之,无能为力,而趋于消极的玄想。同时又因环境单纯,绝无具体事物,可供刺激。所以沙漠之地,宗教观念极易发达。世界上三大一神教,如基督教(Christianity),回回教(Mohammedanism),与犹太教(Judaism),都起源于叙利亚(Syria)与阿剌伯(Arabia)的沙漠区,就是这个原故。

四、河流对于人生的影响

河流最大的功用,在便利运输。凡河流较多的区域,不但内地各处,往来方便;就是海洋交通,亦可使与大陆衔接。故商业的发展,有赖于河流者至大。虽则铁路运输发达的国家,河流的功用不如在铁路未发达以前,但因河道运费较廉的关系,水运仍占极重要之地位。我国之长江,为国内运输之主要水道,长江流域23 000万人民,每年之剩余出产以及他们所需外来之货物,几乎全恃此江的转运,其关系于人民生活者,至大且巨。

其次,河流又有助于农业的发展。凡河流经过的区域,土地必极肥沃,种植最为相宜。我国长江流域与埃及尼罗河流域,农业均极发达,即是其例。不仅如此,江河之水,农田灌溉,恒利用之。印度现有灌溉田地约计5 000万英亩;埃及约计600万英亩;俄国现用极大资本引用桑答里河及阿摩答里河之水,以灌溉中亚西亚。我国四川成都平原,河流如织,河上在在皆坝,横截江流,壅水如渠,以灌农田。可知河水灌溉,有关于农民者至深且切。

五、海洋对于人生的影响

海洋的主要影响,在便利交通与运输。河流是联络内地各处;海洋是联络海外各地,其功用实不甚相远。内地各处,有河流为之贯通,居民常易于互相接触。但海外居民,则全赖海洋为之联络,否则便无互相接触之机会。因此,凡沿海居民,与外界文化接触之机会较多,社会状况,较易进步。故海岸线的长短,常可影响于一国文化的状况。

其次,沿海居民,因常与海外接触之故,养成活泼、勇敢、冒险的精神,比之山居或平原居民,性质习惯不甚相类。

至于职业方面,沿海居民,因濒海之故,往往习于捕鱼、制盐、航海,及海外经商,与内地居民之习于农业或工业者自不相同。沿海居民业渔者人数甚多,专就英国论,约有10万人之众。海外动物如鱼蚝虾蟹之类,均为人类食品,每年全世界所采取之海产食料约计在5万万金元之上,而其他海产如海獭之皮毛,鲸鱼之骨与油,及珊瑚、珍珠等等,均是海中重要出产品,而为人类需要之物。至于取海水制盐,亦为人民重要职业。我国沿海一带,北自满洲南至广东为制盐区域。以浙江沿海各县而论,从事制盐者达30万人。此外从事于海上运输与海外贸易者人数亦极多,此可见海洋与职业的关系。

要之,无论山岳、平原、沙漠、河流、海洋等等,各予人类以一种特殊的限制,使人类活动,发生种种不同的约束,而不能充分自由的发展,此是人类社会与地形环境所发生的特殊关系。[9]

第四节 地位与社会生活

一、地位关系

地位一名词,是指地面位置而言。地位必有主体;无主体即无地位之可言。主体在地面上所占据的具体地点,谓之地位。任何事物,在宇宙间都占据一个地位。本节所讨论的地位,是人类社会所占踞的地位;本节所欲讨论的问题,是人类社会所占踞的地位与其社会本身的关系。此种地位关系,有两方面:一方面是地理环境的关系,就是说,地位的不同,由于地理环境性质的不同。例如山岳社会与平原社会,在地位上显有不同,此种不同之原,是在地理环境的性质。又一方面是社会环境的关系,就是说,地位的不同,由于社会环境性质的不同,而无关于地理环境的性质。例如同在平原,而有的是乡村社会,有的是都市社会;同在都市中,有的成为商业中心区,有的成为住宅区。此在地位上显有不同,而此种不同之原,不在地理环境的性质,而在社会环境的性质(有时二者兼而有之)。再简单言之,造成地位关系的要素有二:即地理的要素与社会的要素。地理的要素,有时或很显著;但社会的要素,常凌驾地理要素而上之,以变更其地位的价值。譬如濒河的村落,常因交通便利之故,发展而为小都市。但内地乡村,虽无河流的交通,一旦建立工厂,造筑铁路,人口突增,交通顿便,乡村便可渐渐发展而为都市。地形环境如故,而社会状况忽变,此由于社会环境变迁之故。又都市的地价,常远过于乡村的地价;同一都市中的地价,工商业繁盛的区域,远过于冷落的区域。又同一区域,常因时代不同而变其地价。此显然由于社会的要素,而非地理的要素。现在就地位关系之由于地理的要素者，或社会的要素者，或二者兼而有之者，分别讨论，以见大概。

二、地位与文化发源的关系

地位对于人类社会的发展，有极大关系。我们知道，古代文明国家，大都建立于地位适当，交通便利的地方。中国、埃及、印度、巴比伦，不是历史上称为文明发源地乎？中国之有黄河、扬子江；埃及之有尼罗河（Niles）；印度之有恒河（Ganges）；巴比伦之有阿付腊底斯（Euphrates）与底格里斯（Tigris）两河；就是交运便利的证据。并且中国、印度、埃及、巴比伦诸国，没有一国不在温带上。土地肥沃，物产丰饶，自然文化易于发展。此不独古代为然，即证之现代文化发达的国家，亦莫不如此。欧洲诸国，不是现代所谓文化发达的国家乎？欧洲海岸线之长，与其面积相比较，实为各洲之冠。[10]因此，欧洲诸国，交通便利，与外界文化接触的机会较多。并且位置亦在温带，虽北部较寒，而西南部气候温暖，物产丰饶，故文化易于发展。

三、地位与都市发达的关系

不但国家的发展如此，就是大都市的发展，亦是受地位与交通的影响。试看世界大都市，莫不在地位优越交通便利的地方，纽约（New York）濒哈得孙（Hudson）河，内通沃野，外联大洋。伦敦（London）临太晤士（Thames）河，港口深阔，为内地外洋交通的枢纽。巴黎（Paris）据塞纳（Seine）河上，与萨鄂内（Saone），罗尼（Rhone），罗亚尔（Loire），来因（Rhine）诸河互相联络，为陆海交通的枢要。罗马（Rome）临地伯尔（Tiber）河，踞意大利半岛的中心，扼地中海的门户。上海在扬子江口，广州在珠江口，天津在白河口，都是内地与外洋交通的要地。讲到气候与地势，上述诸都市，没有一个不在温带之内。因为濒河之故，大率平原沃野，出产丰饶。如此看来，可知地位与交通，对于都市的发展，亦有极大的关系。

交通原有自然与人为的区别。在文化尚未发展的时代,交通的影响,仅限于自然的交通。自从文化进步以来,人为的交通利器,如运河、铁道、桥梁、船舶、邮政、电报,日见发展;就使社会生活呈日新月异之象。凡上所述,世界大都市的发展,固不仅恃自然交通的利便,如河流、海洋之类,而尤赖铁路、运河、轮舶、邮电等人为交通的进步。

　　要之,无论何地,凡是平原沃野,气候温和,雨量调匀,而又河道海口,铁路辐凑,轮舶麇集,则未有不发达者。[11]此是过去历史所昭示,亦是将来社会发展自然的趋势。

四、地位对于都市生活的化分与发展的关系

　　不但都市的发展,须视地位与交通的状况而定;就是在同一都市之内,街市的繁盛不繁盛,商店公司的发达不发达,亦须视交通的便利不便利,与地位的适当不适当为转移。

　　大概一个都市中巨大的公司与重要的商业机关,必常位于交通便利,人烟稠密的街市。街市的繁盛与交通的便利,常成正比例,而且互为因果。电车路与公共汽车路的敷设与规定,常因商业发展,街市繁盛的结果,而有此需要。而同时因为建筑电车路与通行公共汽车之故,商业愈见发达,街市愈见繁盛。此种状况,在任何都市发展的过程中,都可见到。我们且看上海:在上海之南京路、福州路、爱多亚路一带,公认为繁盛的街道。而上海电车、汽车、人力车,往来最热闹的地方,岂非即在此区域以内?由此可见,交通便利,与商业的发展,有直接关系。

　　以上仅就交通言,至于其他方面与地位关系,对于都市内部的发展,更有极大影响。

　　大概在任何大都市中,常有两种自然团结(Natural Groupings):一种是人口的自然团结;一种是事业的自然团结。此两种自然团结的结果,在都市中产出许多自然区域(Natural Areas),各各表现一种文化或人口的特征。

（一）人口的自然团结

都市中人口，来自各方，常因语言、风俗、宗教、职业、教育、种族、贫富等等的不同，而不能互相结合，结果，往往各就其语言、风俗、宗教、职业、教育、种族、贫富等的相同或类似，而各自团结。此种"物与类聚"的现象，常为都市发展中自然的趋向，不是人力所能控制的。人口的自然团结，约可分为四类。

（甲）文化的团结

因为方言、风俗、宗教等文化背景的相同或类似，而互相团结。譬如在上海，我们可以发现许多此种因文化背景不同而产生的自然团结的区域，在北四川路一带为日本人居住区域，在武昌路一带为广东人居住区域。又譬如美国纽约城中，有所谓唐人街、意大利街、犹太街等，就是此类自然团结区域。

（乙）种族的团结

因为种族的关系，亦常产出许多自然团结。譬如在上海，公共租界西南，静安寺路、愚园路，以及法国公园以西一带，多白人居住区域，白人所以不愿与黄人杂居，种族关系是一种重要原因。但是种族偏见，大率起于文化背景的不同，此是不可不知的。

（丙）职业的团结

职业的相同或类似，亦可以使人口自为团结。譬如上海，在小沙渡、曹家渡、杨树浦以及闸北大统路一带，率多工人住宅。而在虹口近段，率多商人住宅。此类住宅区域的团结，完全起于就业作工的便利。工厂附近，最便于工人居住；商店附近，最便于商人居住。结果，产生许多自然的职业区域。

（丁）阶级的团结

社会上因为贫富的不同，亦产生一种自然团结。譬如在上海，愚园路、海格路、爱文义路、白克路、派克路一带，率多富人住宅，闸北大统路迤西一带，率多贫民住宅。

（二）事业的自然团结

若从事业的观点言，亦可以发见许多自然团结。大概事业机关的性质相同，则互为团结。凡大都市中，分工愈细，此种团结的现象，亦愈多而愈显。我们现在单就商店言，譬如在上海，可以发见许多商店的自然团结区域。现在就调查所知的各种区域，约述如下，以见一斑。

（1）书店区　河南路、福州路、山东路。

（2）报馆区　山东路。

（3）银行区　（a）中国银行北京路、仁记路、宁波路、汉口路、河南路。

　　　　　　（b）外国银行黄浦滩、九江路。

（4）银号与钱庄区　宁波路、天津路、河南路。

（5）百货店区　南京路。

（6）衣庄区　福建路、十六铺。

（7）化装店　山西路。

（8）旧货店区（木器等）　北京路、直隶路中段。

（9）鞋店区　湖北路、北浙江路。

（10）参药店　区南市、卤瓜街。

（11）水果行区　十六铺。

（12）鲜鱼行区　十六铺。

（13）鸡鸭行区　十六铺。

（14）旅馆区　（a）中国旅馆福州路、湖北路、福建路、天津路。

　　　　　　（b）外国旅馆黄浦滩附近一带。

上面不过就商店区域的大较言。此外如娱乐区域、工厂区域、学校区域等，亦表现一种自然集合的趋向。

就上海说，在西藏路之东，福建路之西，南京路之南，爱多亚路之北，可说是一个娱乐区域。凡戏院，游戏场，中西菜馆，以在此区域内者为多。杨树浦、小沙渡、曹家渡、浦东诸区，可说是工厂区域。大部分的工厂，就在此区域之内。江湾、吴淞以及梵王渡等处，可说是学校区域，因为有许多大学及中学,在此区域以内。[12]

　　大概事业的自然团结,原因虽很复杂,而地位上的竞争关系最为重要。在近代大都市中,几乎个个人抱一种竞争的态度,过一种竞争的生活。而其中最厉害的一种竞争,莫过于地位上的竞争;而地位上的竞争,又莫过于工商事业位置的竞争。

　　一所商店店址的地位,直接影响于其营业的衰盛。所以富有经验的工业家,或商业家,在创办工厂或商店的时候,莫不慎重选择地址。通常为选择地址的缘故,有许多工业家或商业家,对于他的同业发生剧烈的竞争。竞购地皮、竞租房屋的事情,在工商界中,是司空见惯的。因为此种原故,所以上海的百货商店先施公司之旁,又开了永安公司及新新公司。我们试想,永安公司、新新公司,何以不设在闸北或南市?何以不设在棋盘街或四马路?偏偏要设在先施公司的对面与近旁?此种理由,从上讲来,就不言而喻了。

　　但是竞争地位是有限制的。大概在等级相当,程度相近的团体中,竞争最剧烈。所以只有永安与新新两公司,才可以与先施公司竞争。在别处开设的一家小杂货店,便无资格与先施公司竞争;因此,他亦不必设在先施近旁。如此看来,商业上地位的竞争,只限于性质相同,规模相仿,等级相当的商店。此层可在前面所述的各种商店区域中分别出来。

　　要之,以上所述人口与事业的自然团结,完全是都市的发展中的自然产物;与政治上的划分受市政府的支配的,截然不同。

　　自然区域与居民的集合,常互为因果。大概方言、风俗、习惯、职业、国籍或种族的差异,常使同者相聚,异者相离;结果,就产生种种不同的自然区域。而此种自然区域又常因其特性的差异,各自收容与该区特性相同或类似的分子。而同时凡在一区域内生活的人,受此区域的特殊影响,而不知不觉与之同化。如此互为因果,就使自然区域的特质,愈益显著。

　　假使我们从纯粹空间的观点说,便知道,自然区域对于都市居民有极大的地位影响。例如在甲区域生活的人,就带有甲区域的特殊文化色彩;在乙区域生活的人,就带有乙区域的特殊文化色彩。因甲乙区域地位的不同,就产生不同的人格;此显然是受地位的影响。

凡自然区域的地位界限,非常严格。可从下列各方面讨论之:(一)地位有时不能改变。一个人如住在甲区域内生活,便不能加入乙区域内生活。例如,贫穷区域的居民,便不能迁入殷富区域居住,因为生活程度悬殊的缘故。(二)地位有时不愿改变。一个人在甲区域内生活,便不愿加入乙区域内生活。例如,教育区域或其他文化区域的居民,决不愿迁入不道德区域或罪恶区域居住。又如殷富区域之对于贫穷区域,亦是如此。(三)地位有时不应改变。一个人如在甲区域生活,便不应加入乙区域生活。例如,文化区域的居民,便不愿迁入不道德或罪恶区域内居住。(四)地位有时不敢改变。一个人如在甲区域内生活,便不敢加入乙区域内生活。例如,在殷富区域,或教育区域,或其他文化区域的居民,便不敢迁入盗匪区域内居住。(五)地位有时不许改变。一个人如在甲区域生活,便不容许加入乙区域内生活。例如,在盗匪区域或其他不道德区域的居民,便不容许自由加入平常文化区域内居住。(在互相不知的时候,自然没有此种界限。)(六)地位有时竞争改变。在都市中,众人竞争加入一个区域内生活,是常见的事。例如商业中心区域,交通发达,事业易于发展,企业家争趋之。又例如,性质相同的事业,竞争其营业地位等皆是。

固然,此种地位上的限制,并非一成不变的,因为自然区域的本身,常有都市的发展而发生变迁。有时区域变迁,有时只是区域内的居民分子变迁。但是变迁自变迁,而在变迁中各个人所受地位上的限制与影响,那是不因变迁而消灭的。

总而言之,地位的限制,与近代都市生活,有极大关系,是很显明的。欲改进都市生活,便不能不注意于此。[13]

五、地位关系与历史人物

历史上人物的产生,常与其所住省份的地位有多少关系。丁文江氏尝于民国十一年间,分析二十四史人物在地理上分布的状况。彼所分析者为前汉、后汉、唐、北宋、南宋、明六代。此六代有列传的人计6 000余人,有籍贯可考的只有5 700多人。丁氏就此5 700多人分析其在地理上分布的状况。现在将丁氏的历史人物分布表,引列如下。[14]

历代人物分布表

省别	前汉 人数	前汉 百分率	后汉 人数	后汉 百分率	唐 人数	唐 百分率	北宋 人数	北宋 百分率	南宋 人数	南宋 百分率	明 人数	明 百分率
陕西	22	10.58	73	15.97	261	20.4	63	4.31	6	0.99	80	4.51
直隶	21	10.10	28	6.12	223	17.6	212	14.51	7	1.16	128	7.22
山西	10	4.92	16	3.50	182	14.2	141	9.65	17	2.81	56	3.16
河南	39	18.75	170	37.20	219	17.1	324	22.18	37	6.12	123	6.94
山东	61	29.33	57	12.47	97	7.6	156	10.68	13	2.15	93	5.25
江苏	23	11.06	13	2.84	82	6.4	97	6.63	49	8.10	241	12.61
浙江	2	0.96	14	2.99	34	2.77	84	5.74	136	22.50	258	14.51
湖北	7	3.36	11	2.40	29	2.4	19	1.30	14	2.32	76	4.29
安徽	3	1.44	24	5.25	21	1.7	53	3.62	38	6.29	199	11.24
四川	4	1.92	26	5.68	12	0.9	93	6.36	71	11.70	57	3.21
江西	1	0.49	2	0.42	7	0.5	81	5.54	83	13.4	204	11.52
湖南	0	0	2	0.42	2	0.2	12	0.82	12	1.98	27	1.52
福建	0	0	1	0.21	2	0.2	95	6.50	88	14.50	92	5.19
广东	0	0	0	0	3	0.2	3	0.20	4	0.66	50	2.82
广西	0	0	1	0.21	0	0	2	0.13	6	0.99	13	0.73
贵州	0	0	0	0	1	0.1	0	0	0	0	10	0.56
云南	0	0	0	0	0	0	0	0	0	0	14	0.79
甘肃	10	4.92	17	3.72	53	4.1	19	1.36	23	3.89	23	1.29
奉天(汉人)	0	0	0	0	3	0.2	0	0	0	0	0	0
内蒙(汉人)	3	1.44	1	0.21	0	0	0	0	0	0	0	0
外族	2	0.99	1	0.21	50	3.9	7	0.61	0	0	14	0.79
总数①	208		457		1 282		1 461				1 771	

① 编者注:原书总数一栏,唐代总人数为1 282,南宋总人数缺。经计算唐代总人数应为1 281,南宋总人数应为604。

据丁氏的研究,上表的数目,第一件可以引起注意的,就是在一时代以内,各省人物的贡献,数目至不平均。如后汉一代,最多的是河南,百分率在37以上;其余广东、贵州、云南、奉天,都是0;江西、湖南、福建、广西四省,都在1以上;山西、江苏、浙江、湖北,都在5以下。然而同一省份,在六个时代之内,一时代的贡献,又与其他时代,相距甚远;如河南在后汉是37%,到明代不过7%;江西在前后汉都在5‰以下,到明代就有11%以上,此种人物分数的变迁,实足以代表文化中心的转移。

第一个最明显的原因,是建都的关系。如后汉、北宋都在河南建都,所以河南的人物最盛。南宋的都城在浙江,唐的都城在陕西,所以浙江在南宋,陕西在唐,人物最盛。二十四史上的人物,最大部分是官吏,官吏是从考试得来,重要的考试,都在都城,离都城近的省份,考试占了便宜,人物自然容易产生。但距都城远近,不是人物贡献的惟一原因,又有很明显的证据。如前汉的都城在陕西,所出的人物,尚不及江苏,更不必说山东、河南;明的都城在直隶,然而江苏、浙江、江西、安徽四省的人物,都比他多。无论哪一代,四川比湖北远,而四川六代的平均分数是4,湖北是2。云南、广西,都比贵州远,然而明一代,贵州的人物,不如云南、广西。足见都城的地位,虽是极有关系,然而决不是人物变迁的惟一原因。大概文化的中心,比都城的地位重要,若都城亦是那时的文化中心,建都的省份,人物自然比他省众多,不然,还是文化中心要紧。

皇室的籍贯,亦是很有关系。"从龙"的固然大半是丰沛子弟,而且他们的子孙,袭了祖宗的余荫,变成一种世家;故乡的亲戚朋友,又多攀龙附凤,皇帝的同乡,自然极占便宜。江苏在前汉时代,百分率是11,安徽在明亦是11,都是占了汉高帝、明太祖的光。

经济的发展,亦是一个重要的原因。无论何代,如没有几分的经济独立,就无教育可言。江苏、浙江两省在南宋以后,变成中国的文化中心,与两省的经济史,极有关系。在唐以前,钱塘江与扬子江之间,沿海都是盐塘。直到钱镠筑了海塘,沿海田地,渐渐成熟,南北运河一通,丝米都可出口,江浙两省始成全国最富庶的区域。同时此两省所出的人物,亦就驾于各省之上。影响于国民经济最大的是战争。元以后北方的退化,明以后四川、江西、福建的衰落,多少受兵灾的影响。北方不但遭兵灾的残破,而且因水利不兴,旱地收入,年少一年,就使经济能力,一蹶不振。

尚有一原因,是生存优点的变迁。生存竞争,优胜劣败,但是何者为优,何者为劣,在人类方面,全视社会习尚为准。假如社会崇尚忠实诚恳的人,此种人自然是优胜;若社会推重文学美术,有文学美术天才的人,就可以得势。中国北方人,比较的是忠实诚恳,扬子江下游的人,比较的长于文学美术。观上表,宋以前北方人占优势,宋以后扬子江下游的人占优势。或者是宋以后与宋以前社会崇尚不同,生存的优点变迁,所以如此。但细细研究:宋、明两代长江下游的人物,忠实诚恳的亦是很多,宋以前的北方人亦很多长于文学,似乎此尚非人物贡献南北变迁的重要原因。

最重要的原因,是殖民与避乱。秦以前中国的文化中心在山东、河南。就是两汉,除去四川、江、浙长江以南的省份,可说与中国历史无甚关系。湖南、广东、江西、福建,都是唐末宋初因为殖民的结果,方才归入中国文化范围之内。贵州、云南、陕西到了明,才可算是中国的领土。东三省一大部分,始终在东胡族手中,在中国历史上,当然不能有何重要的人物。避乱与殖民的性质,本是相同;但殖民的人,不必一定是中国社会的优秀分子,而东晋与南宋两次渡江,随从南行的,都是当日的士大夫,不肯受外国人统治的;声名文物,自然是在此等人手中。宋以后,江苏、浙江的勃兴,大概很受此种避乱人的影响。至于北方受了外族统治,文化一定不能如前,五胡的时代,倡乱的外族,都还是受中国文化的人居多,所以为害不大;金元两代,北方全是蛮人世界,经此蹂躏以后,一时不易复原,亦是意中之事。

总之,前汉时代,中国的文化,本在山东、河南,所以此两省出人最多。陕西是建都的关系,江苏是皇室籍贯的关系,所以亦比较发达。其余如湖南、福建、广东、广西、贵州、云南与东三省全未开化。浙江、安徽、四川所占的分数,亦是极微,惟有湖北因为是楚国的旧境,人才较多,可说是南方各省的例外。后汉情形,与前汉相差不远,不过河南是皇室籍贯与建都两种的关系,特别人多。南方几省,亦渐有进步。唐代文化的中心在陕西,北方各省的程度,比西汉较为平均;南省除江苏外,仍旧不大发展。四川、安徽反为退化。北宋时虽因建都关系,河南特别出人;然而苏、浙、四川、江西、福建,或因经济发展,或因殖民移民,文化进步,一日千里,渐渐与北省争衡。南宋时北方不在版图以内,自然没有人物;文化中心从此到长江下游,江西、福建都表现有史以来未有的盛况。明朝北方因受外族统治,农业又复退化,仍然一蹶不振;江苏、浙江、江西、安徽四省,退出其他各省之上(安徽因为皇室与从龙功臣的籍贯关系,与他省不同)。西南亦渐露头角,与宋以前的中国,迥然不同。

此外还有一个要点:在宋以前,不但文化重心,是在北方,而且文化的分布,很不平均。在两汉的时代,山东、河南两省所产生的人物,总在30%以上;后汉时河南一省有37%;汉以后各省的程度,渐渐平均,出人物的省份渐多,每省占的成分亦渐多,在后汉时最多的省份百分率是37,最少的省份是0;在明朝最高的是14%,最低的是15‰;可见从前中国人的文化,本来全在黄河下游,以后因为殖民避乱的关系,逐渐把此种文化,普及全国,此是我民族对于世界文明最大的贡献。使远东许多蛮人,变成受中国文化的国民。此种事业,比罗马人在西欧的功远大,但是普及与提高,往往不能同时并进;普及的成绩好,提高的程度就差。

各省文化逐渐平均,虽然是事实,然而表上所列的百分数,都不完全与事实相符。上面所说的历史人物,大部分与政治有关系的。自从科举取士以后，要出身于政治界，首先要列名于科举。明朝科举不但举人是各省有各省的定额，就是进士亦是南北分界，所以各省出人物的机会，受了科举定额的影响，不是自由竞争的结果。丁氏又将明代进士题名录做两个表：一个是有明一代各省所出的进士的数目；一个是同一时代各省所出的鼎甲的数目。进士是有额子限制，鼎甲是完全自由竞争的。所以前者是当日政府对于各省文化所定的一种标准；后者是各省自由竞争所得的成绩。其表如下。

明代科甲表

省别	进士		鼎甲	
	人数	百分率	人数	百分率
江西	2 724	11.9	55	21.0
浙江	3 267	14.0	54	20.5
江苏	2 627	11.4	48	18.0
福建	2 208	5.9	29	11.0
山东	1 678	7.2	7	2.7
广东	849	4.0	7	2.7
四川	1 334	5.8	6	2.3
河南	1 493	6.4	6	2.3
安徽	881	4.0	12	4.5
直隶	1 500	6.5	10	3.8
湖北	996	4.3	8	3.2
陕西	924	4.0	6	2.3
顺天	454	1.9	7	2.7
山西	1 099	4.7	3	1.1
广西	196	0.85	2	0.76
湖南	427	1.9	1	0.38
甘肃	76	0.33	1	0.38
贵州	72	0.32		
奉天	20	0.08		
高丽	1	0.00		

比较此两表，就知道官定的各省科举额，不足以代表各省的程度。浙江、江西、江苏、福建四省的进士，占46%；此四省的鼎甲，占70%，可见若当时进士没有限制，边远的省份，还要吃亏。又各省进士的数目，与各省人物的数目，竟大致相同。科举额子的影响，可以想见。

据丁氏之意，第二件可以注意的，是新殖民地的勃兴。四川是秦时才入中国版图，在前汉已占有将近2%，在浙江、安徽之上；而且其中有司马相如、扬雄一代的文学家；到后汉更是发达，竟占有5.68%，为扬子江流域各省之冠。江西、福建都是唐末才有中国人去殖民；北宋时代，江西的人物，如欧阳修、王安石都是当时的人杰，百分率在5%以上，较之唐代恰好增加10倍。福建在北宋的地位，与江西相仿，而且渐渐的变为文化中心，闽刻的宋版书，与浙刻一样的重要。政治理学，福建人都是重要分子。此几省勃兴的理由，当然是很复杂，然而最重要的原因，是一种旧民族忽然迁移到一个新世界，就能发展许多新事业起来。

要之，据丁氏分析的结果看来，历代人物在地理上分布不同的原因，不外建都、皇室籍贯、文化中心、地方经济的发展、殖民与避乱等关系。换言之，历史人物在地理上分布所以不同的原因，是地位关系的限制使然。

六、地位关系与人口分布

世界上人口的分布，与地位有密切关系。全地球面积2万万方英里，不尽是可以住人的；其可以住人的地面，不过全面积四分之一，即5 600万方英里。而此5 600万方英里的地面，不是可以听人自由分布居住的，人口的分布，还须受地位的限制。

人口必须住在陆地上；陆地的分布，以北半球为最多，故人口的分布大多数在北半球内。北半球的人口，大多数又分布于北极圈与北回归线之间。此带的陆地面积，约占2 600万方英里，不及全地球陆面二分之一。但是分布于此带的人口，约占全世界人口65%，平均每方英里约有47人。至于南半球内,在南回归线与南极圈之间的陆地面积,约500万方英里,平均每方英里不及8人。他如两极圈以内,人口特别稀少;在两回归线以内的低纬地带,人口稀少的地方亦很多,平均每方英里约计34人。观此,可知世界人口的分布,以北半球内的中纬地带为最多,低纬次之,高纬最少。何以世界人口的分布,有如此区别?曰,由于地位不同之故。

再就各大洲言之,最大者为欧罗细亚洲,全在北半球内,大部分的土地位于北回归线以北,总计面积2 100万方英里,约占全球陆面五分之二,容纳人口165 200万,[15]约占世界人口80%。可见全世界五分之四的人口,是住在五分之二的陆地上。其次为非洲,大部分的土地,在南北两回归线之间,总计面积1 150余万方英里,容纳人口仅仅15 600万。其次为北美洲,全在北半球内,面积为900万方英里,容纳人口16 600万,南美洲是在赤道与南回归线之间,面积700万方英里,容纳人口6 600万,不及北美洲之半。澳洲为最小,面积290万方英里,容纳人口不过1 000万,因其全部面积在南半球内,位置偏僻,故人口稀少。观此,可知各大洲人口的分布,以欧罗细亚洲为最多,其次为北美洲,再其次为非洲、南美洲,澳洲为最少。何以各大洲人口的分布,不依面积之大小,而有如此区别?曰,由于地位不同之故。

再就同一大洲内部言之,人口的分布,以在沿岸一带为最多;内地往往人口稀少。例如欧罗细亚洲的东南西三面沿海地方,人口密度平均每方英里达250人至500人;内地大部分地方,平均每方英里不及2人。又如南美洲的人口,96%是分布于离海滨一百英里之内。此均由于地位不同之故。

据上看来,可知世界上人口的分布,与地位有密切关系。而地位之所以不同,实为气候、地形、土壤、物产等条件所决定。凡气候适宜,地形优越,物产丰饶的区域,人口蕃殖较易,密度必高;反是,则人口蕃殖较难,密度必低。但以上所述,系指现状而言。若就同一区域内人口的发展状况言之，则因文化程度之高下而有不同。在文化幼稚时代，仅能容少数人口；一至文化进步，即能容多数人口。不过在同等文化程度之下，则人口分布，必以其所处地位为准。

第五节　地理环境影响的限度

我们已经在上面把气候、山、川、平原、沙漠与地位等等对于人类社会的关系，约略叙述过了。但是我们必须知道，地理环境的影响，不是无限制的；他不是决定人类社会生活的唯一根本条件；他不过对于人类社会生活发生相当的关系而已。[16]

地理环境对于人类社会的影响，有相当的限度。兹分别论述于下。

（一）地理环境对于人类社会活动，仅能加以消极的限制；而在此消极限制之内，方能规定其发生与性质。[17]我们知道，人类社会有许多活动，因受地理环境的影响，不能充分发展。譬如，山居之民，不能发展渔业航业；海滨之民，不能发展林业矿业；在雨量缺乏，气候干燥，土地硗瘠之地，不能种植水稻。又譬如极寒之地，终年冰雪，不能不加意御寒的器具；而极热之地，终年无冰雪，就不必从事于此。诸如此类的例子，可以举出许多。但在可能范围之内，地理环境，能给予充分发展机会，而规定其性质。譬如，在北方高亢之地，气候干燥，虽不宜于种稻，却适宜于种麦、豆、高粱等物。山地居民，虽不能发展渔业、航业，却适于发展林业矿业。此是很显明的事实。

要之，地理环境对于人类社会的影响，仅止于此：一方面，加人类活动以一种消极的限制；一方面，在可能范围以内，予人类活动以充分的自由与发展。可见人类社会活动，并不是完全受地理环境的支配的。所以在同一地理环境下的社会，他的气候没有变，他的地势与交通状况没有变；但是他的社会自身，却可以一变，再变，而经过无数的变迁。例如埃及、巴比伦的领土，到今日，河流交通便利如故，气候温暖宜人如故，地势平坦肥沃如故；然而古代的文明，不能再发展，国土且为他国统治了。又譬如北美合众国，非现世文明富国乎？但是三百年前还是蓁莽未辟，蛮人杂居的陆地。他的气候，他的地势与交通状况，从前与现在，并没有变迁；但是他的社会状况，已是大变了。如此看来，地理环境，除上述的消极限制外，决没有支配人类社会生活的力量。

（二）地理环境的影响，在人类文化幼稚的时代，力量最大；文化愈进步，人类控制自然的能力愈大，地理环境影响的力量愈小。人类与动物差异的地方，就在动物完全受地理环境的支配；而人类在可能范围以内，能征服地理环境。人因御寒冷，就制衣服；因避风、雨、霜、雪的侵扰，就建房屋；因川泽足以阻行旅往来，就架桥梁，造舟楫；因土地高低不平，不便行走，就治道路。但是，人类的能力，远不止此：大山当前，能凿隧道以通之；陆地相隔，能开运河以联之；瀑布冲荡，能利用其力，以运机械；洪水泛滥，能筑沟渠，以导其去路；天旱，能灌河水，以通田亩；气寒，能制热气，以御凛冽。不但如此，因远地相阻，不能对谈，能创电报、电话，以消灭其隔阂；因舟车往来，迟缓废时，能创轮船、火车、飞机，以缩短其程途；热带植物，不见于他处，人能转移而培植之；寒带动物，不产于热地，人能迁徙以繁殖之。诸如此类，不能尽述。总之，人类控制自然的能力，因文化发展而愈大；有许多自然现象，在从前文化幼稚之时，足以影响人类生活的，到了现在，便完全受人力控制了。所以地理环境的影响，随人类社会的进步，而渐渐减弱了。

（三）地理环境对于人类社会活动的影响，不是普遍的，而是部分的；有的社会活动，与地理环境有直接关系；有的社会活动，与地理环境无丝毫关系。据白龙纳（Brunhes）的意见，凡是满足人类基本需要的社会活动，如衣、食、住等，与地理环境发生直接关系。其他社会活动，或与地理环境发生间接关系；或与地理环境不发生任何关系。白氏举出六种社会事实，与地理环境有直接关系，即第一，居住的确定；第二，道路的建筑；第三，植物的栽培；第四，动物的畜养；第五，矿物的采取；第六,动物植物的宰杀与采伐。在此六种事实以外的社会活动,如关于家庭、政治、宗教、法律、文学、哲学、科学,以及其他社会上种种组织,与地理环境或发生极间接的关系,或竟不发生任何关系。[18]大概社会上纯粹心理的,或文化的现象,与地理环境的关系较少,或竟缺乏任何关系,此是可信的。

（四）地理环境问题,不是人类最重要的问题。我们知道,人类仅在可能范围以内,征服自然;而对于地理环境所加的消极限制,如气候、土性等,便无法消灭。人类对于此类无法消灭的地理环境,仅能消极抵制,或采取走避及迁徙的方策,此外别无他种实际问题。我们知道,人类生活,是彻始彻终一种社会生活。而社会生活的重要要素,莫过于文化与社会心理的作用。此类文化与社会心理的作用,却是人类社会生活的产物,而受人类社会的操纵与指导。所以人类社会生活最重要的问题,莫如文化与社会心理的问题,而非地理环境的问题。简单说,现在人类社会所遇到的实际重要问题,不是如何去对付地理环境的影响的问题,而是如何去调适文化与社会心理的问题。

第六节　地理环境的变态与社会问题

前面所讨论的地理环境对于人类生活的影响,是就寻常的状况而言。但有时地理环境的状况,发生急剧或异常的变化,使人类社会不能得相当的适应。彼时地理环境剧变的结果,成为人类社会的一种问题。换句话说,因为地理环境发生急剧或异常的变化,使社会秩序不能维持其原有之均衡,而产生一种杌陧不安,或民不聊生的现象。

地理环境的变化,通常谓之天灾,可分为水灾、旱灾、风灾、震灾、火山灾、冰雹灾等。无论哪一种灾害,一经发生,就影响及于全社会民众。小之足以扰乱社会固有秩序,大之可以伤害人民生命财产,使全社会顿陷于不能维持生活的景象。换言之,在地理环境突然发生变迁的时候,天灾流行,社会上就发生严重问题。

我国近年来旱灾水灾的厉害,实为国内重大的社会问题。试观近年灾区之广大,灾民之众多,就可知道我国荒灾问题的严重。据南京赈务处统计,民国十八年,全国被灾区域计有21省,1 130余县,被灾人民有5 730余万人。据国民政府主计处统计,民国二十年全国大水灾,以最重之山东、河南、安徽、江苏、湖北、湖南、江西、浙江等八省言,受灾面积达141 700万亩,受灾农户,达3 300万户,农产价值损失,达856 690万元。据全国赈务委员会调查,民国二十年黄河水灾,以河北省之长垣、东明、泑阳三县计,被灾田亩,达47 250顷,灾民619 000人,损失价值210 193 200元。山东省之荷泽等十县,灾民949 658人,被灾田亩达36 228顷,损失达38 030 671元。

观此,可知我国历年灾害频仍,灾区之广,灾民之众,损失之巨,诚为国内严重的社会问题,解决之途,不外治标治本二者。

就治本言,即在预防灾荒之发生。欲达预防的目的,是在提倡科学,发展农工业,从事于种种筑堤、浚河、开沟、凿井等的基本建设。

就治标言,即在补救既经发生的灾害。欲使受灾区域,能于最短期间,恢复固有的秩序。使饥者得食,寒者得衣,流离失所者得其栖止,而尤宜注意者,在恢复灾民生产能力。能如是,则虽暂时遭遇灾荒,而回复元气,亦甚易事。

本章温习问题

一、说明气候对于人类衣、食、住的关系。

二、何以人类社会的风俗制度亦受气候的影响?

三、试解释下面的成语:

"水性使人通,山性使人塞;水势使人合,山势使人离。"

四、说明地位与地形二者不同之点。

五、试比较平原与沙漠的社会生活。

六、何以古代文明发源于埃及、巴比伦、中国与印度？

七、说明都市发展与地理环境的关系。

八、说明都市中人口团结的原因。

九、说明都市中事业团结的现象与原因。

十、说明地理环境影响的效力及限度。

十一、地理学派社会思想家的误谬何在？

本章论文题目

一、文明不能发展于寒热两带的原因。

二、中国南北各省气候地势的异同,与职业分布的关系。

三、试就所在都市,研究其人口与事业上团结的状况。

本章参考书

1. Bernard：*Fields and Methods of Sociology*（1934）, Part1, Ch.4, Part 2, Ch.4.

2. Carver：*Sociology and Social Progress*（1902）, Ch.10.

3. Davis & Barnes：*Introduction to Sociology*（1927）, Book 2, Part 1.

4. Febver：*A Geographic Introduction to History*（1925）.

5. Hankins：*Introduction to the Study of Society*（1928）, Ch.5.

6. Hayes：*Introduction to the Study of Sociology*（1916）, Ch.3.

7. Hiller：*Principles of Sociology*（1933）, Ch.15, 16.

8. Lumley：*Principles of Sociology*（1928）, Ch.2.

9. MacIver：*Society：Its Structure and Changes*（1931）, Ch.17.

10. Reinhardt：*Principles and Methods of Sociology*（1933）, Ch.10.

11. Semple：*Influences of the Geographic Environment*, Chs.1–2.

12. Huntington：*Civilization and Climate*（1922）.

13. Huntington：*Pulse of Progress*（1926）.

14. Huntington: *The Character of Races* (1925).

15. 梁启超著《地理与文明之关系》,《饮冰室文集》下卷(广智本)。

16. 竺可桢著《地理对于人生的影响》,《科学》第七卷第八期。

17. 黄国璋著《社会的地理基础》(世界本)。

18. 陈兼善著《气候与文化》(商务本)。

本章注释

1. 见梁启超《饮冰室文集》下卷,《地理与文明之关系》。广智书局分类精校本。

2. 见Huntington: *Civilization and Climate*, p.9。

3. 参考Huntington: *The Pulse of Progress*, Ch.6, pp.82–100, Especially, p.100。

4. 参考Huntington: *Civilization and Climate*, pp.14, 15, and 142。

5. 见Davis and Barnes: *Introduction to Sociology*, p.262。

6. 参看Huntington: *Civilization and Climate*。

7. 参看Davis and Barnes: *Introduction to Sociology*, pp.279–281。

8. 按民国十七年内政部所编《各省市户口调查统计报告》所列江、浙、皖等十三省人口密度表,计江苏人口密度每方哩812人,湖南614人,河北586人,浙江554人。与此稍异。

9. 关于山岳平原河流海洋等的讨论,可参考竺可桢著《地理对于人生的影响》,《科学》第七卷第八期,第739页。

10. 各洲面积(以方哩计)为亚洲1 657万,欧洲386万,非洲1 150万,澳洲346万,北美洲792万,南美洲700万。各洲海岸线(以哩计)为亚洲35 000,欧洲19 500,非洲16 000,澳洲10 000,北美洲24 500,南美洲14 500。

11. 法国人类地理学家白龙纳(Jean Brunhes)谓:人类择定居住之地,有三要点:(一)日光,(二)水道,(三)地势。无论是建屋、筑村或发展都市,都不能离开此例。又谓:人类的集中,是依据交通径路的集中而定。凡一地的自然环境愈能使交通路线集中于一处,则其发展的可能愈大。居民最大的需要,就在求交通路径的便利。参看Brunhes: *Human Geography*, Ch.Ⅲ。

12. 关于上海各种区域状况,系根据民国十六年复旦大学社会学系学生调查报告。

13. 最近美国社会学家如派克(Park),麦根齐(Mckenzie),蒲其斯(Burgess)诸人,竭力提倡人类地境学(Human Ecology),专门研究地位对于人类社会生活的关系。参看Park and Burgess: "The City"; Burgess: "The Urban Community"; Mckenzie: "The Ecological Approach to the Study of the Human Community," *American Journal of Sociology*, Nov., 1925。

14. 全文见《科学》第八卷第一期丁文江著《历史人物与地理的关系》。

15. 人口数目,系根据民国十八年三月十八日《中央日报》所载国际联盟统计委员会之调查,彼时全世界人口总数为208 650万。

16. 地理学派的社会思想家如白克尔(Buckle, in his "History of Civilization in England"),赖哲尔(Ratzel, in his "History of Mankind",圣婆儿(Semple, in her "Influence of Geographic Environment"),与杭丁顿(Huntington, in his "Civilization Climate")等,都是过分重视地理环境的影响,而忽略其他各种影响。根据最近社会学的观点看来,似乎太偏。参看Bogardus: *A History of Social Thought*, Revised edition, Ch.15; Sorokin: *Contemporary Sociological Theories*, Ch.3; Thomas: *The Environmental Basis of Society*。

17. 法国范鲁(Vallaux),在他的《土地与国家》(*Le sol et L'etat*, 1911)中说:地理要素的影响是消极的,而非积极的;他往往可以阻碍一种社会现象的发生,而不能决定何种现象可以产生(见该书106页)。

又美国海逸史(Hayes),在他的《社会学研究概论》(*Introduction to the Study of Sociology*)中,表示相同的意见(见该书第39页)。

18. 参考Brunhes: *Human Geography*, Chs.3,4,5; Sorokin: *Contemporary Sociological Theories*, Ch.3,pp.103–105。

第十章　社会的生物因素

第一节　社会成立的生物基础

一、人类生活的基本需要为社会成立的基础

集个人而成社会,于是有共同的社会生活。但社会生活的发源,实归根于人类具有生存的基本需要。人类生存的基本需要有三:就是营生、保卫与蕃衍。有此三种基本需要的催迫,就表现种种活动,以满足需要。在满足需要,表现活动的时候,才与他人发生关系。有时感觉非有他人共同合作,不能达满足需要的目的;有时感觉只有与他人共同合作,才可使需要的满足,更有把握,更加经济。在此种生活活动的经验中,才获得共同生活的利益,才使人类基本需要,得到较圆满的满足。故个人活动,与社会生活,不能分离。

我们知道,人类生活的第一任务,就是谋生存;要谋生存,必须得身体的营养;要得身体的营养,必须取得食物。故食为人生之本。《洪范》八政,一曰食。《大传》谓:"食者万物之始,人之所本者也。"人类最初从团体的生活中,获得谋食较易的经验。凡能共同合作的人,容易得食;凡不能共同合作的人,不易得食,结果,使人类很自然的合作起来。故人类最初谋食的活动,与共同生活成为不可分离的现象。及至后世,渔猎、牧畜、耕稼、工艺,无不恃众人之力。故人类谋生之活动,始终为社会共同之事。至于人类初生,更必须有人扶助。母亲的哺育与养护,实为人类生存最初唯一的依托。《毛诗》谓:"无父何怙,无母何恃。"又谓:"父兮生我,母兮鞠我,拊我畜我,长我育我,顾我复我,出入腹我。欲报之德,昊天罔极。"所以父母子女的关系,是人类生命的原始,亦是社会生活的发端。

但人类不仅需要父母的哺育,不仅需要食物的取得,并且需要卫护身体的安全。要卫护身体的安全,亦须恃他人的合作。举凡对付毒蛇猛兽,严寒酷署,以及防御敌人的侵略等,在在感觉个人力量的单薄,在在须恃他人的共同努力。人类从最初团体生活中,获得卫护身体安全的经验,就是人类必须与他人共同合作,方可得到身体的安全。故人类身体的保护,与共同生活成为不可分离的现象。

人类不仅需要食物,需要护卫,还需要子孙蕃衍,以绵延种族。性欲的冲动,其力量之大,与食物的需要,不相上下。《孟子》云:"食色性也。"《礼记》云:"饮食男女,人之大欲存焉。"圣人制嫁娶之礼,使男女居室,可谓至当。故婚姻之制,实为社会合作的起源。

要之,人类为生存上种种营生、保卫、蕃衍等基本的需要,乃结合而成社会,表现种种共同的活动,以营共同的生活。故人类自始就是一种社会的动物。自出生以后,无时无刻,不与他人发生共同关系。所以质实言之,人类的社会生活,与人类相终始。推其原始,由于此三种基本需要催迫的结果。而此三种基本需要,系人类与生俱生,乃是生物的事实。

二、人类生理构造的特点为社会成立的基础

上面所述营生、保卫、蕃衍等基本需要,是人与动物同具。但动物之满足需要,出于本能的活动,而人类则不然。故动物虽有社会的集合,而无文化的生活。人类则迫于生理的需要,营谋共同的生活,由共同的生活,产生种种的文化。文化为人类社会的产物,亦为人类社会最重要的势力。但人类之所以能造文化,在生理方面,确具有相当的基础。盖人类具有优越的生理构造。此种优越的生理构造,能使人类实现共同生活、创造文化、满足基本需要。

人类生理构造的优点,约而言之,可有四端。

(一)人类具有优越的神经组织

人类因为具有优越的神经组织,故富有学习与推理等能力,以适应环境。人类之所以异于兽类者,惟以其具此优越的能力。人类之所以能营共同生活创造社会文化者,惟恃此优越的能力。假使人类缺乏此优越的能力,则其满足生活需要之道,与禽兽相等,安能创造文化,以宰制环境乎?

(二)人类具有语言的机官

人类共同生活所最感需要者,为交通各人意思的工具。语言就是此种交通的工具。人类一切社会生活与共同文化的产生,都恃语言为之媒介。故语言实为共同生活的起点,文化创造的发端。向使人类无语言,则亦与禽兽同耳。爱尔华谓:"语言与人类同时并存。有人类即有语言;有语言,乃有文化。优良的交通利器如语言者,为文化发展所必需。"[1]要之,人类具有语言的机官,与优越的神经组织,互相为用。优越的神经组织,赖语言以发达。举凡思想知能,都赖语言以传导。向使仅有优越的神经组织,而无语言的机官,亦将无所用之。

(三)人类具有极长的幼年期

人类不但具有优越的神经组织与语言的机官,举凡人身一切的构造,似都与此种优点相配合;其尤显明者,为极长的幼年时期。人类有此极长的幼年时期,即有极充足的机会,养成种种习惯,去适应社会。而在社会方面,即有极适当的时机,以其固有的社会模型,在习惯养成的历程中,范铸个人行为。换一句说,在此极长的幼年时期,一个人可以处处学习生活上必需的适应能力,而社会方面,可以用教育方法处处授以生活上必需的适应能力。凡人类共同生活所必要的种种知能,都得在此时期渐渐学习起来。向使人类没有此极长的幼年时期,社会上共同文化的传递与保存,就难以实现了。

更有进者,人类夫妇关系之所以能维持永久以造成家庭,以及人类同情与博爱心理的养成,都有赖于他们子女的幼稚时期的延长。故人类社会的起源,不仅在优越的能力与优越的语言机官,而幼年时期之延长,亦有极大关系。

(四)人类具有直立的姿势与自由的双手

人类生理构造上,还有两种特点,就是直立的姿势与自由的活动的双手。此两种特点,是人类创造文化,与使用器具所必不可少的基础。直立姿势为双手自由的始基。双手能自由活动,方可便于一切器具的创造与使用。故文化的产生,不但须有优越的能力,与语言的交通,同时亦须有自由双手,以实现其能力。

要之,人类之所以能营共同生活与创造文化者,不仅恃优越的神经组织、语言的机官、极长的幼年时期,而还恃此直立姿势与自由双手。人必同时具有此生理上的特殊优点,互相补助,互相为用,而后可以制胜自然,调适环境,以谋社会的进步。

三、总结

从上面讲来,知道人类具有三种生存的基本需要,与四种生理上的特点,故能结合团体,创造文化。不仅如此,因有蕃衍的需要,故人口日见增多;因有营生的需要,故食料日见重要;因有保卫的需要,故人口与食料的保障日亟。可见人口数量问题,实基于人类生存上基本需要的自然的结果。再从人类生理上特点言之,因有优越的神经组织与长久的幼年期,故人类能在社会中学习种种的文化,养成种种习惯,表现种种行为;因有言语的机官,故在社会上能交通意见,与他人共同生活;因有自由的双手,故能创造种种物质文化。可见人类的行为及其产物,在生理上是有特殊的构造为之基础。换言之,人口品质问题的来源,在生理构造上,似亦具有相当的基础。

但读者于此,必须注意,上面所述,仅说明人类的社会生活及其问题,在人类生理上具有相当的基础,并不是说,人类社会的现象,是生物的现象。社会现象与生物现象,性质绝不相同,决不可混为一谈。本章所讨论者,仅就人口数量及品质方面,观察其与社会生活的关系。[2]

第二节　生物的蕃殖力与人口增加的趋势

一、生物的蕃殖力

蕃殖是生物界必然的事实;生物的蕃殖力是与生物俱生的。但生物蕃殖力的大小,是随生物的种类及其所处的环境状况而有异。大概生物愈下等,其蕃殖力愈大。微生物及病菌等,往往每小时以几何级数增加。一个微生物,在一日之终,可产生至1 000万以上。据爱理士(Havelock Ellis)的估计,某种微生物,如予以适宜于蕃殖的环境,而令其自由蕃殖,一个微生物在一月之终,其子孙所集成之体积,可比日球大100万倍。[3]即以高等植物论,其蕃殖力之大,亦颇可惊。据梅德客(M. M. Metcalf)的估计,紫菀花一干,通常可生125枝花,每花约有花子500粒,每树约可产子6万粒。[4]就动物言,下等动物如蚝类,其蕃殖力至可惊异。据白鲁克(W. K. Brooks)的估计,美国种的雌蚝一枚,在一季中可生卵1 600万。若其中半数为雌蚝,则在第二季即可产卵800万的1 600万倍。据是以推,若以8立方英寸为一蚝所占的空间,则一雌蚝第五代子孙集成之体积,有8倍于地球之大。[5]高等动物如知更鸟(Robin),据路透(E. B. Reuter)的估计,每年每鸟生四子,其四子若以二雌二雄计,则第二季各生四子,共生八子;加入老鸟所生第二窠四子,则在第二年之末,应共有鸟十八头。据是以推,十年后,一对知更鸟,可产子孙10万;二十年后,其子孙之数,在200万万以上。[6]总之,任何植物或动物,如予以适当的环境,使得自由充分的蕃殖,则在相当的时间,即有可惊的结果。

二、人类的蕃殖力

至于人类的蕃殖力，虽远不如其他动物，但就其可能的蕃殖力，其增加之迅速，亦至可惊异。据苏格兰统计家邓铿（J. M. Duncan）的估计，一个寻常女子在18岁时结婚，约可生子女15人。[7]路透教授谓：人类的蕃殖力，可于17年中增加一倍。[8]路氏的估计，较之马尔萨斯所称25年加倍之说，似又加速。路氏又谓，即以每25年加倍之蕃殖力言，生于耶稣时之一对夫妇，其所生子女之数，至于今日，仅仅其总数十一分之一的人口，已可占据全地球而有余。即以50年加倍言，此一对夫妇所生子女的总数，至今日可千倍于现在全球人口之数。此种推算，与事实虽远不相符，但可见人类的自然蕃殖力，确可惊异。

一般生物实际蕃殖的数量，与其可能的蕃殖量，常相差甚远。所以然者，食料与地面的限制，以及一般自然环境与文化要素的影响，都可减少其数量。在人类社会，文化要素的影响，关系尤大。（详见下章）

世界人口实际增加的状况，在18世纪以前，缺乏详确记载，无从推论。至18世纪之末，各国大都有人口统计或估计。据范智儿（Fairchild）估计，在19世纪之初，全世界人口约在64 000万至7万万之间。[9]至1830年约有85 000万。又据国际联盟的报告，世界人口在1913年约有180 800万；至1926年有193 200万，至1939年增至212 600万。[10]据倪布士（G. H. Knibbs）的推算，自1804年至1914年之间，世界人口平均增加率，每年为0.864%。自1906年至1911年间，有确实统计的二十六国的平均增加率，每年为1.159%。[11]国际联盟的估计，在1913年至1926年间的平均增加率，每年高至5%。倪布士曾依据二十六国的统计，自1906年至1911年间的人口增加率，而推算二十六国人口加倍所需的年期。年期最长者为法国，需436年；最短者为加拿大，需23.6年；二十六国的加重平均年期，为60.1年。以此平均率为标准，推算世界人口的总数，50年后增至279 600万，100年后增至459 800万；150年后增至756 200万；200年后增至1 243 500万。[12]如按每年增加1%计算，一对夫妇的后裔,到一万年以后,其集成的总体积,相当于地球体积的1 340再加上18个圈的倍数($1\,340\times10^{18}$)[见注11],此种结果,确是到了不可思议的数量。[13]

三、人口增加的趋势

究竟世界将来的人口,是不是照此增加?确是一个应该慎重研究的问题。现在且先研究地球上究竟可以容纳多少人口。据倪布士所述,关于此问题,有各种不同的假定,至少谓可容纳30万万,至多谓可容纳130万万。倪氏本人颇怀疑世界人口究竟有无达到50万万的一天,但同时却以为科学进步的结果,可使世界人口最高量达于70万万之数。[14]伊世德(East)以为全地球至多只能供养52万万的人口,依目前增加率继续增加,一百年后即达此数。[15]彭克(Penck)以为世界上最高人口数可达80万万,依目前增加率继续增加,三百年后即达此数。[16]此种推算,完全系根据最近数十年来人口增加率,估计将来可能的增长,但实际上将来是不是照此增加,确是疑问。

经济学家甘楠(Edward Cannan),曾见到将来人口增加,未必依照增加率继续增加。彼谓,英国人口增加率,有将逐渐减低而至于零的可能。[17]柏雷图(Pareto)亦看出人口增加率有逐渐减低的趋势。[18]最近生物学家毕尔(R. Pearl)教授,依据生物个体发达的历程,推测人口增加的趋势,发明一种对数式的公式(Logistic Formula),画成一种人口增长曲线(The Curve of Population Growth)。此种人口增长曲线可以表明:人口增长率有盛衰的变迁,初时用递增的速率增加,后来渐渐的用递减的速率增加。绘为图形,成一开展式的S形。毕氏推算美国领土内可容纳的最大量人口,为19 700余万;而达到此最大量的人口数的时期,约在西历2100年顷。过此以往,便呈饱和的状态。[19]此种推算的精密性,虽尚待详细研究,但其承认人口增加率为变动的而非固定的一点,确为有价值的见解。

自18世纪中叶以来,世界人口增加的迅速,似乎是空前未有的现象。将来世界人口不一定依照此种速率增加。

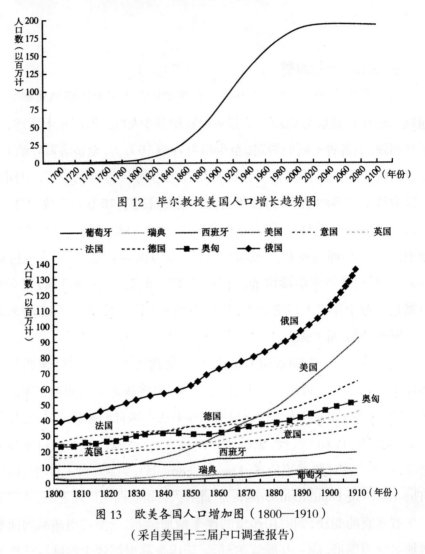

图 12 毕尔教授美国人口增长趋势图

图 13 欧美各国人口增加图（1800—1910）
（采自美国十三届户口调查报告）

上述诸氏似已见到此层。再以事实证之,更可知世界人口的一部分,确已呈增加迟缓的趋势。

自19世纪末叶以后,英、法、德、意、瑞典诸国出生率渐趋退减;欧战以来,退减益甚。虽在此时期,死亡率亦逐渐减小,但总不如出生率退减之速。因此，人口的自然增加，亦顿呈退减之象。英格兰与威尔斯在1927年的自然增加率为4.4，仅得1908年至1913年间自然增加率的40.7%（彼时增加率为10.8）。德意志在1927年的自然增加率为6.3，仅得1908至1913年间的自然增加48.7%（彼时为13.0）。瑞典在1926年为5.1，仅得49.0%（彼时为10.4）。澳大利亚在1927年为12.2，仅得73.9%（彼时为16.5）。新西兰在1927年为11.8，仅得69.1%（彼时为17.0）。[20]兹将欧洲主要五国出生率退减状况，列表如下。

国名	德意志	法兰西	英格兰与威尔斯	意大利	瑞典
1900年出生率（1896—1905年的平均）	35.2	21.8	28.6	33.2	26.4
1910年出生率（1908—1913年的平均）	29.5	19.5	24.9	32.4	24.4
1923—1927年出生率	19.9	18.7	18.3	27.3	17.8
1936年出生率	19.7	24.6	15.5	23.6	14.9

观上表，可知此五国出生率退减极速，而尤以欧战后为甚。若此种退减现象继续不止，将有死亡超过出生的趋势。汤卜逊（Thompson）根据苏佛（Alfred Sauvy）的分析，谓：以法国目前的出生率与死亡率推算，到1945年时，出生数将比死亡数少102 000人；而到1955年时，其出生率将为17.0，死亡率将为19.1，出生数比死亡数将少80 000人。此不独法国为然，即英、德、荷、丹、比诸国亦将有同样的趋势。[21]

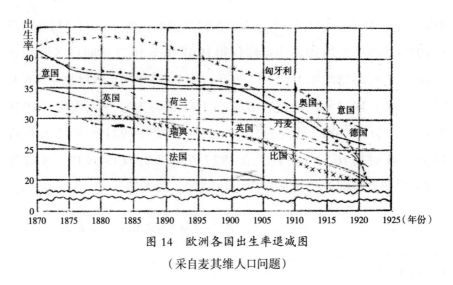

图 14　欧洲各国出生率退减图
（采自麦其维人口问题）

汤氏根据人口增长的现状，分世界国家为三大类：第一类国家，出生率退减极速。故其自然增加率正在退减，此类国家的人口将至于停滞，甚或至于减少，此由于人力制育的结果。欧洲西北部如意大利、西班牙以北，波兰、匈牙利以西诸国属之（美国亦属于此类）。第二类国家，出生率亦将受人力控制，但极迟缓。死亡率退减极速，速于出生率的退减，故自然增加率仍旧上升，或不致于退减。凡意大利、西班牙以及中欧斯拉夫民族诸国属之。第三类国家，出生率与死亡率纯任自然而不受人力控制，间有死亡率已受科学进步之赐而稍稍低减者，其人口增加的前途，全为天灾人祸所支配。苏俄、日本、印度、中国以及非洲、亚洲、南美洲诸国，凡不在第一二两类以内者属之。[22] 推汤氏之意，第一类国家人口增加率现在有减无增，将来必至于人口停滞或减少；第二类国家人口增加极速，现在亦未有低减的趋势，但不久或将步第一类国家的后尘，渐见减退；第三类国家除俄、日外，人口增加虽不甚速，而在不久之将来，或将步第二类国家的后尘，继续增长；但实际上或因食料、土地及文化进步等的关系，终久将步第一类国家的后尘而渐退减，亦未可知。据汤氏的计算，此三类国家在1920年顷，人口的分配及其百分数，约如下表。

类别	人口实数（以百万计）	百分数
全世界	1 730	100
第一类	320	18.5
第二类	157	9.0
第三类	1 253	72.5

观上表，知世界上人口增加极缓或竟至退减的民族，其人数仅占18.5%；而人口增加极速的民族，其人数占9.0%；人口正在增长而未见退减现象的民族，其人数竟占72.5%，可见就目前论，世界人口总数，尚将继续增加。但此种增加至何程度？有无衰退之日？至何时始见衰退？何种民族最先发见衰退之迹？是否依照汤氏所分三类国家的次序，分别递减或衰退？凡此种种，均为社会学者所应详加研究的问题。而此种问题的枢纽，论者尝谓须视土地与食料为转移。但著者意见，人类文化支配人口的前途，其力量之伟大，有非土地与食料所可比拟者。风俗、礼教、信仰、时尚，足以支配人口出生率的高下；科学、医术，足以减低死亡率，促进食料与土地的改良。食料与土地固可限制人口增加的速率；而文化要素不仅可以限制或促进人口的增加，兼且可以支配食料与土地的发展。故世界人口的将来，固须视土地与食料的状况为转移，而尤须视人类文化发展的趋向而定。[23]

第三节　人口数量与社会生活的关系

一、人口的压迫与食料的竞争

人类具有蕃衍与营生二需要：蕃衍既极迅速，食料的供给，自为急要。盖人口必须食料，以维持生存。人口稀少时，所需食料固属无多；但人口增多时，便需要相应的食料增加。假使需要食料增加的时候，而食料并不能得相应的增加，彼时人们生活，势必表现一种异常的状态。此种原理，自从英国学者马尔萨斯（Malthus）唱导以后，益引人注意。

马氏于1798年出版其名著《人口论》(*An Essay on the Principles of Population*),对于人口与食料的关系,有详细的讨论。至1803年又加以修正,而理论益臻完善。马氏人口原理的大意如下。

(一)人口的增加,常速于食料的增加。如无外力限制,人口得依几何的比例增加。而食料仅能使之依算术的比例增加,故人口必为食料所限制。

(二)凡在食料增加的时候,若非遇着极有力量的限制,人口总是向上增加。

(三)人口增加的限制,不外两类:第一,为预防的限制(Preventive Checks),就是用预防的方法,以限制人口的增加。例如迟婚与克制性欲等道德的限制,及娼妓与奸邪等罪恶的限制,皆是。第二,为积极的限制(Positive Checks),就是从积极方面,增加人口的死亡。例如水旱、疠疫等的天灾,及战争、堕胎、溺婴等的人祸,皆是。

马氏此种原理,完全就人口与食料的关系而言,可知人口与食料,有密切关系。人口的增加,就自然的趋势论,常常超过食料的增加,此似可信。但实际上一社会人口的增加,是不是一定超过食料的增加,此须视社会状况而定。人口的增加,在实际上,从不会依照自然的趋势。增加文化的势力,足以支配人口增加的状况。例如盛行奖励多子多孙的社会,人口当可充分增殖。但在重男轻女的社会,男子可以充分增加,而女子则因轻视之故,往往遭溺婴虐待而夭折,致不能充分增加。至于流行生育限制的社会,便以少子少孙为风气,人口的增加,自然受一相当的限制。至于食料的增加,亦受文化支配的影响。文化低的社会出产少;文化高的社会出产多。观此,可知人口与食料的增加,都受文化的影响。此种文化势力,是社会生活过程中自然产生的结果。就现代社会的实际状况言,文化势力影响的大小,因各国情形而有不同,而大致人口增加,尚有比食料增加迅速的趋势。故人类社会常感到人口增加的压迫。人口压迫的结果,发生食料的竞争,使社会生活受极大的影响,就社会内部言,工商业的竞争、社会地位的争夺、劳资双方的抗争等现象,直接间接受食料支配的影响。就社会外部言,国际间的冲突、文化与经济的侵略等,大都受人口压迫与食料竞争的结果。因之,社会上风俗制度的变迁;工商业的组织、国际间的关系、科学研究的进步等等,似都直接间接受人口增加的影响。故人口数量的增加,与社会生活发生密切的关系。

二、侵略与战争

世界各国人口增加的迟速,因土地、食料以及其他文化的影响等情形而有不同。据上第二节看来,知道世界上人口增加极缓的民族,仅占全数18.5%;人口增加极速的民族,占9.0%;人口正在增长而未见衰退现象的民族,占72.5%。可见世界人口总数,仍将继续增加,而人口增加的比率,各国未能一致。据1938年的调查,世界各国人口的自然增加率如下表。[24]

奥地利	1.9[25]	瑞 典	3.4	波 兰	8.4[25]
比利时	2.6	瑞 士	3.6	苏 联	23.9[25]
丹 麦	7.8	加拿大	13.2[25]	苏格兰	5.1[25]
英格兰	3.7	智 利	9.6	印 度	9.1[25]
法兰西	-0.8	爱尔兰	5.7	日 本	13.2[25]
德意志	8.0	意大利	9.7	澳大利亚	7.9
匈牙利	5.2	荷 兰	12.1	纽西兰	8.5
西班牙	11.3[25]	挪 威	5.8	美利坚	7.3[26]

观此,可知各国人口增加率,极参差不齐。至于土地面积及食料产量,各国亦极不一致。新兴国家如美利坚、澳大利亚、纽西兰、南非洲等地,立国时期甚短,土地利用的状况,尚未达于极度,故目前食料的产量,足以供本国所需而有余。东欧诸国,立国虽久,而农工业新知新术,至最近始见发达,故目前食料的供应,亦不虞不给。至于西欧诸国及日本,土地利用已达饱和状态,食粮缺乏已成普遍现象,在此等国家,其人口增

加,便成为严重问题。

大概人口过剩的国家,必思所以解除此过剩人口的压迫。解除人口压迫之道究竟如何,须视其国家的文化程度、国民性、历史背景、社会风气以及环境状况而定。

国际间的侵略与战争,常有起于人口过剩的压迫者。但人口过剩的压迫,并非国际侵略与战争的唯一原因。尽有人口过剩,生活困难的国家如爪哇,而在国际间并未发生任何侵略行为。但大都人口过剩的国家,往往出于侵略的一途。或利用其本国工商业发达的结果,在世界争夺市场;或利用其优越的武力,欺凌弱小国家,以遂其扩张势力之愿。无论争夺市场,或侵占土地,其势常致发生战争。柯克史(Cox)谓:"各国竞争地球上优越地位,便使民族自大,为战争的原因。"又谓:"经济上抗争,为战争的最重要原因。"[27]据柯氏之意,欧洲大战之发生,实原于德国欲谋经济的扩张。在欧战之前,许多德国学者,曾表示德国必须谋领土的扩张,以遂其容纳过剩人口,及经济发展的愿望。狄克史(Arthur Dix)在1901年即谓:"因为德国人口每年增加80万,必须有适当土地及食料,以维持此过剩的人口。"又谓:"既为世界强国,我们必须保障我们在世界的地位,俾我们少年国民可得居住与职业的机会。"[28]费尔德(Albrecht Wirth)于同年中曾说:"要谋生活,要谋一种健康快乐的生活,我们需要广大的、可耕种的新领土。此是帝国主义给予我们的。"傅来孟(Daniel Frymann)于1911年说:"我们不能再说,德国是满足的了。我们历史的发展及经济的需要,表明我们是仍旧急欲取得土地的。"彭汉第(Von Bernhardi)于1911年说:"壮健发达的国家,人口日见增加。他们必须继续扩张其领土,必须有新土地容纳其过剩的人口。世界上既无无人的土地,新领土的取得,必出于侵略征服,以牺牲其地主,此是必要的定律了。"次年彭氏又说:"我们必须出我们的全力,在世界上取得新土地;我们必须为将来未生的数千万德人预谋地步,我们必须为他们预备食料与职业。"[29]此是德国学者在欧战前所发表的言论。可以知道德国作战的人口与经济的根据。

但此种论调,似含有相当真理,不独表明德人侵略的态度,亦可以代表一般侵略国家常取的途径。盖人口膨胀的结果,不得不谋经济的扩张,而经济的扩张,即为战争的重要原因。柯克史谓:"人当饥饿困迫之时,道德的考虑,不复存在。群众心理,宁可牺牲邻里,不愿自己挨饿。就文化史看来,每至食料不足以满足人口需要时,随即发生斗争。"[30] 管子谓:"衣食足而知荣辱,仓廪实而知礼节。"盖人至不能维持生存之时,每每铤而走险,横行掠夺,无所不为。但被侵略者岂能束手坐视,而不加抵抗乎?于是战争以起。

据汤卜逊的推测,世界上有32 000万人口的国家,其人口增加似已入于停滞的状态,而有36 000万人口的国家,其人口正在膨胀极盛的时期。但人口不复膨胀的国家如英、法、荷、澳诸国,拥有极广大而可利用的土地;而在人口膨胀极盛的国家,除苏联外,不复有可以自由利用的土地。且在不久的将来,中国印度,皆将使人口向外膨胀,彼时将有十万万以上的人口,需要领土的扩张;而拥有巨大土地的国家,则人口不复能膨胀。彼饥饿困迫的民族,是否能坐视偌大土地不予利用乎?抑将起而拼死争夺乎?此诚目前世界各民族所应平心研究而急须解决的问题。[31]

综上以观,人类社会因人口的压迫,发生食料的竞争;因食料的竞争,发生经济的扩张与市场的争夺,于是国际间发生侵略与战争的行为。举凡此等食料的竞争、经济势力的扩张、市场的攘夺、武力的侵略与战争,都使人类社会生活,产生普遍而重大的影响。在政治及经济组织方面,家庭及团体关系方面,以及风俗、制度、宗教、艺术等种种方面,莫不因此等活动,而发生重大的变化。故人口增加的现象,与社会生活发生密切的关系。

三、人口与食料的调剂及其与社会生活的关系

（一）人口的三状态

人口必须食料维持其生存；而人口与食料的状况，常不能一致。有时人口多于食料，有时食料刚足以维持其人口，有时食料足以维持其人口而有余。大概在某种文化程度之下，凡一定领土以内所出产的食料，恰好足以供给所有人口的需要；而其人民的生活程度，在当时文化程度看来，却是高低适宜。彼时人口与食料恰得其平衡，通常谓之适度的人口（Optimum Population）。左图即表明此种状况。此圆圈中的四部分，表明关于人口问题的四大要素。

图15 适度的人口

在适度的人口时代，土地、人口、生活程度与文化程度，维持一种均衡的状态。而彼时的生活程度，常因文化程度的高下而定。在文化较低的社会，其生活程度亦较低；反之，在文化较高的社会，其生活程度亦较高。此种适度的人口，就自然趋势言，似乎很难维持；因人口增加常速于食料的增加，人口与食料往往不能维持均衡的状态。[32]但任何国家，应常常研究此种适度人口的可能及其限度，以求人口与食料的调剂。

其次，设使在某种文化程度之下，一定领土以内所出产的食料，极为丰富，足以供给人口所需而有余；而同时生活程度，已不能再提高，彼时食料有余，人口不足，通常谓之人口过稀（Under Population）。其状态如右图。

凡新兴的国家，常可以见到此种人口过稀的现象。大概在人口过稀的社会，可以从容发展文化，并可以提高生活程度。而人口的增加，亦必极速，故不久便可达于适度的人口。

图16 人口过稀图

复次，人口与食料处于均衡的状态后，人口

继续增加,而文化程度,不能得相应的进步,其势土地所出产的食料,不足以供给人口的需要。是人口超过于食料所能供给的数量,彼时便成为人口过剩(Over Population)的现象。其状态如右图。

图17 人口过剩图

图中人口与生活程度中间的直线,失其均衡;人口既增加甚速,土地的出产,不足以供人口的需要,生活程度就不得不降低。此图表明生活程度受人口压迫的状态。

(二)人口与文化程度

人口与食料调剂的状况,须视文化状况与人口及食料的关系而定。就食料言,食料的供给,全恃土地的出产;而土地出产分量的多寡,须视利用土地的技术程度而定。在文化进步的社会,科学工艺,均极发展,利用土地的技术既高,土地出产的分量自增。反之,在文化程度较低的社会,科学工艺,均不发达,利用土地的技术既不高明,土地出产的分量自小。所以同一土地,在文化较低的时代,不足以供给多量的人口;而在文化较高的时代,则不但能供给多量人口,且可提高生活程度。譬如,北美土人,从前拥有现在美国同一的领土;而彼等人口的稀少,与生活程度之低,较之目前的美国,相去诚不可以道里计,就是因为美国文化发达的原故。

大概科学工艺逐渐发展的国家,其土地出产,在饱和限度以内,常可渐渐增加。美国在1910年至1920年的10年间,所有一切谷类,每亩平均产量,比之1880年至1890年的10年间,增加16%。此显然是改良种植的效果。据伊世德(East)教授的意见,假使美国农民能利用科学上的知识与方法:一方面对于动植物,实行选种;一方面又加意改良种植之法,则将来美国农作物产量,可增至现在产量75%,或竟加倍,亦难断定。[33]

日本自维新以来,努力改良农作,结果,每亩计可增收米量五斗五升。³⁴欧洲方面,近年耕种技术,日有进步,故农田产量,亦见增收。就中以比利时的收获量为最丰,荷兰、英、德、丹麦等国次之。若以日本的产量衡之,当为世界第六位。³⁵

改良种植,以增加产量,其方面甚多:例如改良种子、土壤、肥料、栽培法,以及农业工程如农具灌溉之改进,与病害虫之预防与驱除等。此都须视科学工艺的进步状况而定。³⁶

至于人口增加的迟速,亦受文化势力的影响。非澳等洲土人社会,常发展各种风俗习尚,以限制人口的增殖。现时欧美人民盛行生育限制之俗,故出生率渐见减退,此文化影响于人口之证。

要之,文化状况,可以断定人口与食料的调剂程度,可无疑义。

(三)土地出产的饱和度与人口过剩

土地的产量,固可因文化进步而增收,但是土地的利用,是有限度。故土地出产亦有限量。就土地的平面说,在一定区域以内的土地,以区域的广袤为界限。而在此一定的区域以内,土地利用的程度,亦有区别。据伊世德教授说:适宜于农植的土地,必须合于四个条件:第一,必须山石勿太多,致碍种植;第二,必须有充足雨量,使谷类易于生长;第三,在谷类生长的时候,必须有相当限度的温度;第四,必须不是完全硗瘠之地。³⁷如此看来,无论文化如何进步,利用土地的技术如何改良,而土地利用的范围,是有一定的。有的是可以利用,有的是不可以利用的。再就土地的内涵说,在一定区域以内的土地,其利用程度,有深浅的不同。在某种程度之下,改良种植,增加人工与资本,都可以增加相当的出产;但一经达到利用的饱和限度以后,即使改良种植,增加人工与资本,亦不能增加相当的出产;甚至丝毫不能有所增加。此种土地酬报递减的原则(Law of Diminishing Returns),是很显明的。³⁸

如此看来,一社会人口的是否过剩,不但要看人口增加率的高低,还须看土地利用的程度是否已达饱和之点。在土地未达饱和程度之时,出产分量,既可增加,人口自然亦可加多。但一到饱和以后,若人口继续增加,势必不能维持原有的生活程度,而发生人口过剩的现象。

凡新兴国家,拥有新开的土地,丰富的财源,则土地的利用,正是方兴未艾,至少暂时决不会有人口过剩的恐慌;即使人口增加率极高,而食料丰足,生活程度亦可不致降低。例如美国,领土广大,物产丰饶,且有许多尚未发展的天然财源,所以人口增加极速;文化既渐渐发展,而生活程度亦渐渐提高,目前并不感觉到人口过剩的恐慌。

据美国人口报告,自1790年至1930年的140年中,人口由390余万,增加至12 277万。此140年中的人口增加,有11 880余万之多,可谓极速。而以美国领土的广大,与物产的丰饶而论,目前尚不感觉人口过剩的压迫。但依美国现在的人口增加率,及其有限的领土,迟早必须达到过剩的地步。据毕尔(Raymond Pearl)教授的推算,美国的领土内可容的最大量人口,不过19 700余万,尚不到现在人口的两倍。而达到此最大量人口的年限,并不甚远,约在西历2100年顷。过此以往,便达于人口过剩之境了。

(四)人口与生活程度

人口数量与生活程度,有极密切的关系。大概生活程度,常可因人口的多寡而伸缩之;反之,人口的多寡,常可因生活程度的高下,以调剂之。

在一定领土以内,若人口增加极速,而同时土地的出产,不能得相应的增加,结果,必致降低生活程度,以调剂食料与人口的均衡。但在人口过稀的社会,一旦文化进步,科学工艺均极发展;土地所出,足以维持人口而有余,彼时便可提高生活程度。

所谓生活程度,即指一个团体中平均的生活上享受的总量而言。故生活程度与平均生活费有别。生活程度指客观的享受;生活费指此种享受所付的代价。大概生活程度包括三要点,就是第一,以团体为标准而不以个人为标准;第二,以经济物品的消费为标准而不以其他事物为标准;第三,以平均的消费量为标准而不以个人或少数人的消费量为标准。所以生活程度,是因团体而不同,因地方而不同,因时代而不同的。就是说，各团体有各团体的生活程度，各地方有各地方的生活程度，各时代有各时代的生活程度。劳动团体的生活程度异于资本团体；小学教师的生活程度，异于大学教授。中国的生活程度异于美国、英国、法国；上海的生活程度异于天津、广州。前清时代的上海生活程度，异于民国时代；民国元年的生活程度，异于民国二十年。诸如此类，都极明显。

从上面看来，可知一个国家的生活程度可有许多种。但于此必须注意：普通所谓生活程度，决不可与标准生活程度误为一事。标准生活程度，是指人类身体上精神上所必需的适当生活消费量而言。必需云者，是说人生必不可缺的身体上精神上的需要。此种需要，是指除开动物性的需要而外，还包括人生的需要。例如相当的安适、娱乐、教育等的生活，就理论言，所谓高生活程度，应指比此种标准生活程度高，例如享受优美的娱乐、高深的教育、极安逸的生活等等。所谓低生活程度，应指比此种标准生活程度低，例如不但享受不到适当的娱乐与教育，有时且缺乏娱乐与教育的机会；不但缺乏娱乐与教育的机会，有时并且生活上最低限度的需要而亦不能供给。此种生活程度可谓极低。据柯密希(N. H. Comish)的意见，一个国家，至少有四种生活程度：第一种，穷困的生活程度——此种程度，代表一种极贫苦的生活。在此种程度下生活的人，仅能维持生命；而此种维持生命的费用，或且不能自己供给，还要负债。第二种，最低的生活程度——此种程度，代表一种最低的物质生活。在此种程度下生活的人，仅能维持他们的动物生活，而缺乏其他人生安适的生活。第三种，健康及安适的生活程度——此种程度，不但代表人生所必需的衣、食、住，而且还得到安适的衣、食、住；不但得到安适的衣、食、住，还能得到相当的娱乐与教育。第四种，奢侈的生活程度——此种程度，代表一切人类所需要的普通、安适及种种奢侈的物质上或精神上生活。[39]通常比较生活程度的高下，常用安格尔(Engels)氏定律。依此定律，凡进款愈多，则其出款用在食品上的百分数愈低。故从食品的百分数，即可比较生活程度的高下。

要之，一个国家，有种种不同的生活程度，从理论上讲，我们亦可以求得一个国家的平均生活程度。不过实际上，很觉困难。范智儿（Fairchild）教授以劳动阶级的生活程度为一个国家最重要的生活程度。他的理由是：第一，因为一国中劳动阶级的人数为最多，从人数方面说，劳动阶级的利害，就可以代表一国的国民。第二，因为劳动阶级的生活程度，是各阶级生活程度的基础。就是说，劳动阶级的生活程度，在各阶级中为最低。第三，劳动阶级为全民政治国家的根本；一国全民政治的安全与进步与否，须视劳动阶级生活程度的高下以为断；劳动阶级的生活程度若低，全民政治便受影响。[40]所以比较各国劳动阶级的生活程度，即可知各国生活程度的概况。

大概一个国家的生活程度，就可以代表其生存竞争的成绩。凡文化进步的国家，其利用土地的技术甚高，往往不但可以维持多量的人口，并且可以提高生活程度。反之，在文化幼稚的国家，科学工艺，极不发达，因而土地的产量甚小，结果，不能维持多量的人口，而且降低生活程度。

总之，生活程度常与人口的增加、土地的出产、文化的程度，发生重大的关系。平常一个国家生活程度的或高或低，全视此类要素的变迁作用而定。

四、移民的因果

移民为人类社会普遍的现象，自有人类，即有移民。最初人类的移动，视食料而定，食料丰足之区，人口麇集；食料告竭，即移而他往。故彼时人口的聚散，一视食料为转移。其后农业发达，人始定居一处，不复需迁移往来以求食。然尚因他种关系，而有移动现象。及都市发达后，农村社会的人口，纷纷向都市迁徙；同时都市社会的人口，又因他种关系，纷纷向其他都市迁徙。凡兹种种移民现象，都由人口增加后发生的结果。移民现象既经发生以后，不但原社会受其影响，而移入的社会，其所受影响尤为重大。兹分别叙述如下。

（一）移民的原因

移民的原因甚多，其基本的原因，则为经济关系。经济关系有两方面：一方面是迫人外移的原因，一方面是引人移入的原因。迫人外移的经济原因，甚为复杂，是因时代地域而有不同的。大概言之，不外乎避免人口过剩时经济压迫的痛苦，而欲求一较安全之地以提高其生活程度。一个国家到了人口过剩的时代，人民生计，渐形困苦，循至不能维持一种贫苦的生活。人生至此，必思所以解除痛苦之道；欲解除痛苦，向外迁移，另求生路，是亦一法。故人处此种困苦之境时，如有可以向外迁移的机会，必愿迁移。我国每年由山东、河北移往东三省的人口，不下数十万，[41]类皆由于经济的原因。

再就引人移入的社会言之，凡可引人移入的社会，其生活状况必较他社会为优；换言之，此种社会，使人移入后，可以提高生活程度，解除生活上种种痛苦。欧洲人每年移入美国者为数最多，皆因美国易觅职业，生活较为舒适之故。尤其是在欧洲经济衰落而美国经济发展之时期。观美国移民状况图，即可知之。

其次，移民亦有政治的原因。人为谋政治的自由起见，常愿离其祖国，而入他国。例如英国人民初时移入北美，避免英国的苛政，为其原因之一。此外关于避免宗教及社会压迫而愿移入他国者，为例亦甚多。[42]欧洲人民之移入美国者，大率为觅宗教及社会等等的自由，不尽为受经济

图 18　美国移民图（1830—1930）

的压迫使然。

复次,移民不尽由于经济的,政治的,或宗教的原因,而有纯粹出于社会的原因者。居民的迁移,往往因亲戚故旧等迁移后引导或暗示的结果。向使无亲戚故旧迁移在外,此等居民或仍安土重迁,不肯越雷池一步;即使经济如何困难,政治如何专制,宗教如何压迫,亦不能强之脱离其故乡。故亲友的引诱实为一重要原因。

(二)移民的影响

移民的影响,可分三方面来说,即(甲)对于个人及其家庭的影响,(乙)对于原社会的影响,(丙)对于移入社会的影响。

(甲)移民对于个人及其家庭的影响

移民自一社会移入他社会时,环境忽然变更,对于其个人及家庭的行为习惯,自必发生影响。但此种影响的程度,却因各社会的状况而有不同。如两社会距离不远,性质相近,文物制度风俗习惯,无大差异,则迁移后所受影响不大。例如由江苏的农村移入浙江的农村;由美国东部甲都市移入乙都市是。若两社会距离很远,性质又不相近,文物制度风俗习惯等,有极大的差别,则迁移后所受影响必大。例如由陕西农村移入上海市;由中国内地的乡村移入美国纽约市是。而其中影响最大者,莫过由内地的小农村社会,移入通商大埠或工业大都市。

大概移民初至一新社会的时候,对于新环境,必须有新的调适;此种新的调适,往往与其旧的行为习惯,不相符合,甚或绝然不同;彼时必须放弃其旧时习惯,采用新的行为模式。如是,久而久之,其个人的行为习惯,于不知不觉中即渐渐改变,循至与旧时习惯全不相同。盖人欲求生活于一社会,自必须适应于此社会的状况;而社会环境压迫力量的伟大,使人不得不符合于社会标准的趋势。个人如此,某家庭中各分子,自亦有同样状况,而尤以年幼子女为甚。故移民所受心理的与社会的影响,非常重大。但移民在迁移后,其最大利益,或在经济方面。在本地不能得健全与安适的生活者,移入新社会后,即可提高生活程度。

此点似为移民的最大引诱物,而其对于移民个人生活的影响,亦不可谓不大。

（乙）对于原社会的影响

移民最大的原因,为减少人口过剩的压迫;但人民移出后,果能使原社会人口压迫的现象消弭乎?关于此点,论者意见不一。今以意大利人口增加状况与其移民情形互相比较,即可知其实际有无关系。

年代	每年移民数目	每年人口增加率
1862—1871	15 000~20 000	7.1
1872—1881	33 000~25 000	6.2
1882—1900	123 000~125 000	7.4
1901—1910	270 000~280 000	6.5
1911—1920	210 000~220 000	6.8

观此表,即可知移民并不足以减少人口的增加率。盖国家社会的变迁,异常复杂,举凡政治、经济、社会的状况,都可影响人口的增减。故不能断定移民即可减小人口过剩的压迫。

再以德国证之,德国人口增加率,在欧战前达于极高点(1898年—1902年为14.9;1908年—1912年为13.1),但其向外移民之数,并不较多于1898年前的数十年。盖德国自1895年以后,工商业始渐发达,食料大增,可容纳多量人口,故移民之数渐少。是可知移民向外,并非为减少人口压迫的唯一途径。

据汤卜逊的意见,大概高出生率伴以高死亡率的国家,而感受人口对于食料的压迫,移民或不足以减小人口增加率;其影响仅及于某种家庭,使减轻其压迫,以减低其死亡率,使其人口增长加速。故若非移民数量极大时,对于全社会人口并无何种减小的影响。故就原社会言,移民并无何等重大的利益。但在某种社会方面,移出大量人口时,在本地确实觉有余地可耕,有职业可就,不能谓为无利益。但就一般社会言,利益甚少。[43]

汤氏又谓：自生育限制与公共卫生广播以来,出生与死亡,势将受人力支配。此种国家的人口增长,将用人力支配出生率,以适应于国内经济状况。在此种情形之下,移民确可减少人口数量,而减轻其压迫。例如英国在欧战后,失业大增,出生率退减;若于此时,移民外出,则国内经济状况,必大有进步,而失业者亦可减少矣。故在生育限制盛行以后,移民确可以减轻人口过剩国家的压迫。[44]

（丙）对于移入社会的影响

移民对于新入社会的影响,约有数端。

（1）文化方面

文化方面所受移民的影响颇重大,尤以性质及程度不同的社会为甚。大概移民迁入一个新社会后,其原有之风俗、习惯、语言、文物,往往于不知不觉中影响于新社会土著之民。虽其影响有大小之别,但多少有些影响,可无疑义。[45]

（2）经济方面

移民对于移入社会的经济状况,影响甚大。大概移民的生活程度,往往甚低。惟其生活程度甚低,故凡属工人均愿就工资极低的工作。因此,与本地工人的竞争,必甚剧烈,而使本地工人发生影响,即降低工资及生活程度,甚或发生失业的结果。故就劳工方面言,移民对于经济的影响甚大。

（3）人口方面

移民加入一社会后,就表面言,人数自必加多,但实际则未必如此。以人口原理言,人口增加后必致压迫食料,而使生活程度降低。但有时则未必如此。社会进步后,往往盛行生育限制。不知不觉而使人口增加率减小。结果,移民虽增,而自然增加率反较迟缓,故对于人口增加量,似无何等力。[46]

（4）种族方面

凡种族不同的移民，一经混合居住后，经过相当的时期，往往互通婚姻，而使种族血统渐生混杂的现象。故移民与种族混合，有密切关系。

（三）移民的限制

现代国家往往视移民为暂时解决人口过剩的方法。但是此种向外移民，常是双方的事情。在一国人口过剩而他国并不过剩的时候，移民向外，似乎无何等问题；但有时他国虽则人口过稀，而却不愿或拒绝移民的时候，移民的国家，便失去其容纳移民的场所。到彼时，移民的政策，完全不能进行。而暂时解决人口过剩的方法，亦无所用之。故移民向外有相当的限制。

且看英国提倡移民的趋势。在1922年英国国会通过一法令，每年约支出300万金镑的公款，作为帝国移民计划之用。英国人的意见，都以为英国本部人口过于稠密，而殖民地大都人口稀少。故各殖民地如加拿大、澳大利亚等，应该与母国合作，由大不列颠输送过剩人口于上述各殖民地去，以解除母国人口的压迫。据他们的意见，澳大利亚的人口密度，每方英里仅有1.8人；纽西兰的人口密度，每方英里亦不过11.8人；而英格兰与威尔斯每方英里竟有653人之多。假使英国能实行移民至澳大利亚及加拿大，那末，在本国的人民生活状况，可以改善，而移出的人民，亦有机会得较愉快的生活。

不过此种计划，在实行上有许多困难。

（甲）因为运送移民的困难

按照适足救济英国人口过剩的比率来运移民，则现有船只不够应用。因为移民政策，并非仅仅解除目前人口过剩的压迫；国内人口是依照比率，年年增加，所以过剩的人口，亦年年增加；而移民计划，亦须设法解除年年增加的过剩人口。据英国当局的计议，以为依实际运输状况，每年能移去6万至8万人。[47]但是英格兰、威尔斯，在1921年的自然增加，多至39万人。可见此种移民政策，不但运输上发生困难，即使此种困难,可以解决,而年年增加的过剩人口,实有应接不暇之势。

(乙)因为他国不需要都市人口

大概英国现在愿意输出的人口,是都市工人。而各殖民地所需要的不是工人,而是农人。此种都市工人,已惯于都市生活,而不宜于农作。假使任其流入殖民地的都市,便会与殖民地的工团发生竞争,引起纠纷。

(丙)因为他国不愿或拒绝外国人的移入

美国近来感觉外国人移入太多。不但国籍羼杂,要发生问题,就是此类移民的高生殖力,已足使本国发生过剩的危险。所以屡次制定限制移民的法令,不但对于中国人日本人;就是欧洲人,现在亦是加以相当的限制了。[48]

要之,各国之间,迟早要反对外国人无限制的移入。无论其本国已经达到人口过密的境地,即使本国土地空旷,人口稀少,亦是不愿意把本国作为他国过剩人口的尾闾,而愿留作本国人民扩张之用。

此外,还有两种重要原因,阻碍移民自由往来。

(甲)工商业

在澳大利亚有许多都市工人,根据商业上的理由,反对外人移入。缅甸人民常反对印度工人移入。他们恐怕加剧劳动市场的竞争,可使他们工资低落,并且降低他们生活的程度。

(乙)种族

澳大利亚人的反对"非欧洲人"的移入,显然是种族的原因。他们要保持澳洲永为白人的领土,所以无论如何,不许黄人移入。若以人口与面积而论,日本与澳大利亚相差极远。今将最近状况,比较如下。

国名	面积(方哩)	人口	年代
日本	263 359	91 792 639	1931
澳大利亚	2 974 581	6 623 754	1933

日本近年人口增加极速。以1926年度计算,是年人口增加达94万

以上。人口密度全国已达每方哩319人。而在澳大利亚方面,每方英里仅1.8人。在日本看来,澳洲是一极好殖民地。而无如澳洲方面,反对黄人移入的势力极大。柯克史(Cox)说:现在澳洲的欧人,宁战死而不愿以他们疆土的任何部分,为日本人所侵略。[49]澳洲人的强硬态度,固有赖于母国为后盾;而日本人亦就不敢实行其向澳殖民的计划。可见强力抵抗,自有效果。但日本人的野心,并未因此稍戢。澳洲不能去,便侵入他国。于是移向美国。而美国已拒绝日本移民。至此中国便首当其冲。所以割台湾,吞朝鲜,恃强占我东三省。要之,日本过剩的人口,移向澳洲而拒绝,移向美洲而拒绝,乃向我国乘虚而侵入耳。我国人民,应知日本之野心,毅然誓死抵抗其移民侵略的阴谋,彼亦何能为!所赖我国民之从早觉悟耳。

要之,任何民族,当其人数激增而需要新出路的时候,就想种种方法,或借口邻近,或借口富裕,或借口当地居民没有充分保护的能力,实行侵略足以动其心目的任何疆土。如此以得到他们所期望的出路。

但是此种移民政策的实行,常是双方面的事情。就是一方面,向外移民,一方面就要有愿意容纳此种移民的地方。假使对方坚决拒绝移民的时候,移民政策,亦就无法实现。近年由世界经济衰落的影响,各国移民政策,更大受挫折。据国际劳工局最近报告,各国移民,有纷纷遄返祖国之趋势。以澳洲言,1927年移入人数为49 100人,1929年降至9 800人,1932年乃复降至4 800人;以美国言,1920年移入人数为132 000人。但1932年,除来去相抵外,有47 000人返其祖国。纽西兰亦有移民减少之趋势。他如英、德、意、西诸国,向以移民海外著称,近亦回多去少。此又是世界移民的新倾向。

五、人口与工业制造

解除人口过剩,而不致牺牲生活程度,除移民外,还有一途:就是发展工业制造以交换取得食粮与原料。大概一个国家,当土地利用已达于饱和限制的时候，食料已不能再增加，而本国人口却增加极速。彼时得提倡工商业，制造货物，运销外国，以交换取得他国有余的食粮与原料，以供本国人口的需要，与工商业的发展。但是此种发展制造交换食料的现象，仅是19世纪以来之事情，在19世纪以前，工业尚未革命，制造犹未发达，交通既不便利，贸易自不扩张，便无从实现此种政策。

从工商业发达史上观察，自1838年世界上第一商轮，横渡大西洋以来，直至1870年顷，而后国际贸易始有渐渐普及之势。国际间凡地广人稀食料丰足的国家，得出其余粮以供给人口稠密的国家。而食料欠缺的国家，得利用其科学发明的成绩，努力发展制造。取得制成的货物，供给工业未发达国家的需要，以交换取得其食料。此种"以其所有，易其所无"的国际分工事业，确使世界各国获得巨大的利益。以英国而论，在1801年，人口仅有1 600万；至1901年，增至4 150万。在1791年，英国的国外贸易额仅有3 700万镑，至1901年，已增至87 000万镑，可见英国在18世纪所发生的人口过剩问题，在19世纪以来，全恃此种国际分工的利益，得暂时的解决。

英国制造发展的结果，一面因需要工人，可以容纳增加的人口，不但制造日用货物，并同时制造农业机械、轮船、火车等物，以增加食料，便利运输；一面又将国内过剩的人口，移向人烟稀少之地，使之发展农业，以增加本国食料的供给。此是19世纪以来英国解决其人口过剩问题的经过。[50]

日本自维新以来，步英国的后尘，亦努力发展工业，一以容纳过剩的人口，一以交换缺少的食料。据大正十二年的调查，日本全国耕地面积约560万町步，收获额每年约5 800万石乃至5 900万石，而全国米粮消费额，达67 436 000石。即以内地产额加以殖民地产额，每年仍须短少320余万石。此种缺少的米粮，全须仰给于外国。[51]日本近年工业制造之发展，已足夺取海外市场，以扩张其制造品的销路。由此种制造品的销路，以交换而取得相当的食粮与原料。

但是此种以制造品交换食料的办法,是否永久可以视为解决人口过剩的一种政策,还是一个问题。我们知道,此种政策,原是19世纪以来文化进步的结果。在工业革命较早的国家,可利用其发展的制造品,去畅销于工业幼稚的国家。同时此种工业幼稚的国家,因地广人稀的关系,可有余粮以供他国的消费。但是近年各国文化渐渐进步,工业渐渐发展。向来视为制造品畅销的市场者,或已不复需要他国的货物。例如英国从前视美国为制造品的市场,但近来美国制造之盛,驾乎英国之上;而美国方面自无取乎英国的物品。结果,英国便失一市场。将来各国工业均达于发展之日,各国都愿意消费本国的货物,而制造品的国外销路,自必日见减削。至此,凡恃国外贸易以立国者,更受大挫。

不但如此,各国内部的情形,亦当因工业发展而变迁,人口既年年增加,而食料方面,却因土地酬报递减的关系,其增加分量渐渐不能与人口相调和。至此,而向来确有余粮以供给他国者,亦将无从应付。即使尚有余粮或食料极丰的国家,亦因本国人口前途发展的关系,不愿或拒绝食料的输出。假使世界各国,都有此种趋势,那末,向来恃他国供给食料以维持人口过剩的国家,如英如日便到了极感困难的境界。观察现在世界各国的大势,距此种时代,或已不远。

六、人口的限制

从上面讲来,我们知道,文化程度的高下,可以决定土地出产的多寡。而土地的出产,是有限度。在土地出产未达饱和限度之时,土地出产是可以增加的;到了饱和以后,便不能再增加了。人口的多寡,又可以从生活程度的高下以调剂之。但生活程度的高下,亦有限度。人类生活,有必不可缺最低限度的生活需要。生活程度的降低,不能在此最低限度之下,否则必至饿毙。有时为逃避人口过剩的压迫,可向外移殖。但移民是双方的事情,假使对方拒绝移民,便有所穷。况移民亦未必能解决人口的压迫。发展制造交换食料,亦须视对方面的情况而定。要之,在一定领土以内,以有限的出产,势难供无限的人口增加。使人口而果依自然的趋势增加,而食料已无法可以应付过剩的人口,那末,只有从人口方面去求解决。在人口方面,只有两路可走:就是,如非增高死亡率以扫除过多的人口;只有减低出生率,以缓和人口的增加。但是增高死亡率,是人类最痛苦最不幸的事情。世界上仅有文化幼稚的国家,出生率很高,而死亡率亦是很高。我们知道,凡是高死亡率的国家,人民生活程度必低;而疾病、疠疫种种人生痛苦,必尽现于国中。如是,出生率虽高,而死亡率伴之偕高,那末,与其死亡率增高的痛苦,不如出生率减低的自然而安适。换言之,与其生而疾病痛苦以死,不如少生而得健康安乐的生活之为愈。所以缓和人口增加的最善途径,莫如从出生方面,加以制限。

从人类历史及现代世界民族看来,限制出生及生长,原是人类社会早已实行。例如溺婴、堕胎、迟婚及限制夫妇间同居关系等风俗,几遍行于世界各民族。

大概在初民社会,溺婴的风俗最盛。或施之于女婴,或施之于残弱的婴儿,须视各社会的习惯而定。纽西兰土人盛行此风,女婴溺毙尤多。澳洲富纳佛地(Funafuti)土人,甚至每两孩中,必溺其一。凡单数则存,双数则溺。如生子六人,则留其第一第三第五人,而溺毙其第二第四第六人。又替哥必(Tikopia)土人,每家只限育四孩。过此数者则活埋于其家宅之内外。间亦有可育五六孩者,但属绝无仅有。如其所生四孩,尽属女性,则溺毙其一、二,以期男孩产生而替代之。如是,则后生之男孩亦有可保全其生命者。[52] 观此,可知初民社会,常由溺婴以减少其人口。

堕胎之风,亦盛行于初民社会。美洲郎葛斯(Lenguas)土人,每家子女必相隔七八岁。在此七八年中,有胎则堕落之,既生则溺毙之。又芝阳(Cheyennes)土人,凡第一儿未满10岁,不许有第二儿。故在此中间,有胎者堕落之,既生则溺毙之。及至第一儿既满10岁时候,其男子即挈其妇人及儿子,出席于公众场所,以宣布其次儿之将生。非洲华希格(Wadschagga)土人,凡妇女哺育小儿,未满两岁而又怀孕者,视为深耻大辱，故必行堕胎。此外如非洲土人、澳洲土人及美洲土人，莫不采此风尚。即在古代希腊、罗马，亦盛行此风，而尤以罗马为甚。阿剌伯人虽反对溺婴，但赞成堕胎。在印度境内，堕胎是一件日常事情，而变成产婆的正当职务。在彭伽尔（Bengal），每月堕胎者逾万数。[53]据近人言，美国每年堕胎案件，综计在200万以外。在纽约一城中，几有8万件。听说，美国每年堕胎与出生之数，几成一与三的比例。法国巴黎每年有2万件堕胎案件，此还有文卷可查的；至于无文卷可查的，据说有此数二三倍之多。[54]总之，堕胎之风，几已普及世界，诚属可惊。

至于限制夫妇间同居的风俗，于初民社会，常常见之。非洲之彭都（Bantu）人，在生产以后，哺乳期内，不许夫妇同居，恒历二三年。在加其洽（Kagero）、蒿沙（Hausa）、平宁（Benin）等处，亦有相似之禁例。彭加勒（Bngala）人尤严行此禁。以为凡破此禁者，必使小儿瘦弱而至于死。孟伽（Mandja）与华来加（Warega）人，妇人自生产后，禁止夫妇同居，直至小孩步行为止。朴来尼西亚（Palynesia）人的禁例凡三年。执行禁例，非常严厉，凡违背风俗者，几为社会所不容。菲奇（Fiji）土人中，如有亲族发现一妇女在生产后三年以内又生子女，视为深耻奇辱。[55]

迟婚在初民社会虽不盛行，但亦不稀罕。在汤卜逊，印第安人（Thompson Indians）男子结婚年龄，常在23岁至25岁之间。里陆脱人（Lillooets）常在21岁至25岁之间。阿皮样人（Abipones）常是25岁。菲奇男子往往因婚礼礼金太重之故，不得不使婚姻延迟。

就欧洲言，在10世纪以来，迟婚渐成风俗。英国在13纪后尤极盛行。[56]总之，迟婚于生产，亦有多少影响。

要而言之，人类社会，早已盛行限制生育的风俗。不过此种种风俗，虽可减少生育，而实际上，则不但非常痛苦，而且亦很少把握。例如溺婴与堕胎，是残酷而不合人道；强迫迟婚或限制夫妇同居关系，亦是严酷而不合于人生的自然。凡此种种，固可减少生育于一时，亦终究非解决人口之正道。晚近以来，欧美各国盛行生育限制（Birth Control）。此风流行,而人类限制生育,似乎始稍稍合理。

生育限制,就广义言之,包括两种方法,就是节制与避孕。节制方法,在道德上讲,毫无问题。且以手续而言,亦极简便。但此事似颇不易实行。至于避孕方法,就是普通所谓生育限制,在欧美固已风行一时。[57]

迦立利(Carlile)在其《妇女须知》(Every Women's Book)一书中,说明生育限制,有四种理由:(一)在政治或民族方面,可以增进国力的富强;(二)在商业方面,可以调剂劳力的供求适应;(三)在家庭方面,为父母者可以量自己能力以养育子女;(四)在个人方面,凡为母而不宜于生育者,可以避免生育。[58]戴世德(Drysdale)谓:提倡生育限制,有极充分之理由,故竭力主张各国应尽量传布生育限制的知识。[59]

世界上盛行生育限制的国家,以荷兰为最著。荷兰政府认生育为一种公用(Public Utility)政策。所以能用最适宜的生育限制方法,指导民众,尤其是贫苦的民众。其结果,荷兰人民的健康、体质以及经济状况,都比各国进步。而其人口增加率不但不减低,反比前加高。据戴世德的意见,就是一种生育限制政策的成效。[60]

其余如英、法、美诸国,虽政府方面未尝提倡,甚或加以禁制;但实际则已流行一时,殊有不可抑制之概。据路透、劳史、伊世德、葛孙德、汤卜逊诸教授的意见,欧美各国近年出生率的继续减低,显与人民自由实行生育限制的风俗,有密切关系。出生率起始低减之年,适为各国公然流行生育限制之时。至欧战以后,此风更盛。推论此风所以盛行之故,有几种理由,最重要的是为经济关系。有许多有志向上的人,常常遇到两难的问题,多生子女,便须牺牲向上的志愿;实行进取,便须限制子女的加多。盖多生子女,即增加经济负担;而增加经济负担,即减少向上发展的机会。在从前缺乏生育限制知识的时代,除极残忍的溺婴堕胎外,没有方法可以自由减少子女。而有许多人不愿实行此种残酷的方法,结果,只有听其自然,以致牺牲向上的志愿。现在既有限制生育的知识,人自乐于采用,以成就其志愿。

还有许多人，原来是贫穷阶级。平常工资所入，仅仅足以维持口腹。及至子女加多，生活程度愈趋愈下。在从前只有听其自然。现在得到限制生育的知识，自然愿意减少子女，以减轻经济的负担。

还有一种原因，就是，妇女知识的增进及其地位的变迁。西洋自妇女解放以后，得到许多自由。而多生子女，殊为自由之累。故不愿意多生子女，以牺牲其个人自由。

凡上所述，是近来欧美各国生育限制所以盛行的原故。而此种盛行的结果，便是减低出生率。所以生育限制确是一种限制人口增加的有效方法。但此种限制方法，似是文化进步后，自然发生的结果。是否可以由社会操纵之，还是一个问题。盖在个人方面，通常是就自己利害着想，很少有顾及国家人口的政策的。至于国家方面，常从全国人口的立场，以决定其政策。故国家人口政策与个人志愿，如何可使趋于一致，是一重要问题。

世人对于生育限制，常有两种意见：一则以为假使听其自由限制，人口增加率势必愈减愈低，寻至死亡率高于出生率，则人类前途，殊有灭绝之忧。二则以为现在生育限制，最盛行于上等阶级及中等阶级；至于下等阶级，未尝限制。不必限制的上等阶级，盛行限制；而应该限制的下等阶级，反不加限制。假使听其自然，岂不使上等阶级人口日少，而下等阶级人口日多乎？[通常称为反优生现象(Dysgenic Phenomena)。]

其实，此两种意见，都有可商之处。从第一点说，原来人类是愿有子女的。不过因种种不得已原故，不愿多有而已。而此种不愿多有子女的趋势，原有限制。在可能范围以内，人类仍愿有子女。所以就一家言，在某种生活状况之下的家庭，仍愿有相当的子女。我们若以常理推想，不能相信，凡在可以生育子女的家庭——就是没有种种必须限制生育的原因——而竟不愿生育子女。同理，再就一国言，在人口与食料互相调剂的时候——就是缓慢的人口增加，可与食料互相适应的时候，生存竞争，并不剧烈；彼时，国内人口，既不感生活困难，亦断不致不愿国民多生子女。所以我们对于生育限制的将来，似不必过虑。

从第二点说，生育限制的自由流行，似乎极易得到此种结果。而以欧美的经验言，确是有此种趋势。但是，假使对于生育限制，能加以合理的指导，用公家的力量，一方面指导特别需要限制生育的阶级，仿行荷兰的办法，指导贫苦阶级的人民；一方面指导不必限制生育的阶级，奖励其生育。能如此，或者可以免去此种各阶级不平均的现象。所以此层似乎亦可不必忧虑。

还有一层，必须了解，生育限制，固然可以减少出生率；但是减少出生率，不就是减少人口。因为人口的增减，须从出生死亡两方面观察。出生率减少，而同时死亡率亦减少；当然远胜于高出生率而伴以高死亡率。所以说，与其死亡率增高而痛苦，不如出生率低减而安适。

至于中国目前，应否提倡生育限制，实是一个应该慎重研究的问题。中国当然需要一种适度的人口。要知道中国人口如何可达到适度的境界，必先知道中国的粮食与耕地的状况，以及人口增加的趋势。在今日统计尚未完备之时，固不能加以确切的讨论。惟有一事必须努力者，即是发展医学教育，提倡健康运动，以期减低死亡率。如死亡率能渐渐减低，那末，出生率亦须有相应的调适；否则人口增加，必极迅速，食粮的产量，不足以供人口的需要，社会上将发生杌陧不安的现象。但此仍须视国内食粮的状况，及民族的需要而定，如食粮不生问题，而民族需要人口的迅速增加，则不予限制，亦无不可。

第四节　人口品质与社会生活的关系

上节是讨论人口数量与社会生活的关系。讨论人口数量的时候，我们只注意数量方面，把人口都一律看待——都看作一个单位。其实单位与单位之间，却很有差异。例如从人口数量的眼光看来，一百个男子与一百个女子，或一百个年老人与一百个年幼人，或一百个强壮人与一百个羸弱人都一样看待。但从人口品质的眼光看来,男子与女子,老年与少年,强壮与羸弱,却不能等量齐观。人口品质既有差异,其对于社会的影响,自然不同。我们现在即讨论人口品质对于社会生活的关系。

讨论人口品质,可从两方面观察:一是人口分子的组合方面,一是人口分子的本质方面。

一、人口组合与社会现象

(一)人口组合的类别

一个社会与其组织成分的性质,很有密切关系。社会组成的分子不同,社会现象亦自不同。社会组成的分子,形形色色,颇呈纷杂之象;但就大较言,亦得分为数类,例如年龄别、两性别、职业别、财富别等等是。

(1)年龄别

一社会人口的年龄组合,初看似乎无甚关系,但实际各社会因年龄组合的不同,表现不同的社会状况。今将欧美各国年龄组合的百分数,列表如下,以资比较。

国名	年代	10岁以下	10岁至19岁	20岁至29岁	30岁至39岁	40岁至49岁	50岁以上
美国	1880	26.7	21.4	18.2	12.7	9.1	11.8
	1920	21.7	19.0	17.4	15.0	11.5	15.4
英格兰与威尔斯	1881	25.7	20.6	17.0	12.6	9.8	14.4
	1921	18.1	18.9	16.1	14.6	13.2	19.1
法国	1881	18.3	17.1	15.8	13.8	12.4	22.5
	1921	13.9	17.7	15.1	14.3	13.8	25.2
德国	1880	25.1	19.7	15.9	13.0	10.4	15.8
	1911	15.8	20.4	18.3	14.2	12.5	18.8
意国	1880	22.7	20.5	14.4	13.4	11.2	17.8
	1920	20.1	22.9	14.4	12.9	10.7	19.1
瑞典	1880	23.0	19.5	15.7	12.3	10.7	18.8
	1920	19.3	19.5	16.3	13.3	10.8	10.9

观上表,即知法国人口中年龄较大的人居多;其50岁以上的人,在1921年占25.2%,比之美国在1920年的15.4%,实高出65%;而比之其他各国,高出约25%。年老的人比之年轻的人,生产力较低,是当然的事。故年老人问题,在法国比任何国家为迫切。法国人民富保守性,在商业、家庭、生活程度等各方面,都可见到,此似乎与法国人口中年老的人较多一层有关。至于美国,则大不相同。全国人口,以在30岁以下者为多,年老的人较少,尤其是在1900年以前。观此,可知美国彼时经济发展之速,以及人民富有冒险进取精神,或与人口的年龄组合有关。

我国尚无全国人口年龄分配的统计,近年各地调查报告中,其年龄分配统计,不尽可与上表比较。兹举山西清源县143农家之年龄分配表于下,以见大概。[61]

年代	10岁以下	10岁至19岁	20岁至29岁	30岁至39岁	40岁至49岁	50岁以上
民十七(1928)	29.8	19.3	13.4	11.7	11.9	13.9

劳史(Ross)教授谓"年龄组合,可以看出一社会的共同精神。一社会中大部分人民是年轻的人,可表现此社会的流动、毅力、创造、适应等等的特质,反之,幼年及老年人过多的社会,缺少冒险性,而表现悲观、懦怯与迟疑等特质。"[62]

原来,人们往往因年龄关系,而所感受的人生经验不同,故其习惯、品性、态度、思想等等,自不得不异。因此,凡年龄不同的人所组成的社会,其表现的活动,自必有多少差异。15岁以下的儿童所组成的团体,与60岁以上的老年人所组成的团体,其性质活动,固不能相同;即以15岁至40与40岁至60岁的人所组成的社会,其性质活动,亦自不同。所以办一个幼稚园,与办一个养老院,其教育管理方法,固不能相同;即办一中学与办一大学,亦当然有异。此不独说在功课方面,必须不同;而在管理方面,亦有许多异点。由此可知,年龄对于人类行为,确有相当关系。

（2）两性别

人口中两性的组合，亦颇有关于社会生活状况。就全世界言，男女数目大致相等。但因各国情形不同，其比例亦自有异。欧洲各国，大都女多于男，而美国及我国均男多于女。兹将欧美各国男女的比例列表于下。

国名	1880年的男女百分数		1920年的男女百分数		100女子中的男子数	
	男	女	男	女	1880年	1920年
英格兰与威尔斯	48.7	51.3	47.7	52.3	94.8	191.0
美国	50.9	49.1	51.0	49.0	103.5	104.0
法国	49.9	50.1	47.5	52.5	99.5	90.7
德国	49.0	51.0	48.4	51.6	96.2	93.7
意国	50.1	49.9	49.3	50.7	100.5	97.3
瑞典	48.5	51.5	49.1	50.9	94.2	96.4

欧洲女多于男的现象，并非在各年龄中都如此。顾静斯基（Kuczynski）研究丹麦、挪威、瑞典、芬兰、英吉利、法兰西、德意志等国的人口年龄分配，发见此等国家，在20岁以下的人，男多于女；到20岁以上，才是女多于男。在25岁至45岁之间，女多于男的现象，尤为显著。此种现象，可用两种原因来说明：第一，男孩出生的数目，无论哪一国，总比女孩多。例如德国男婴孩比女婴孩100之数为107；英法两国为105，瑞典为106，挪威为105，希腊最高为116。男婴孩多，是使年龄中男多于女的主要原因。第二，男子抵抗力比女子为弱，故婴儿的死亡率，亦是男子比女子高。根据1911年至1915年英美两国统计，男婴死亡率与女婴死亡率之比，在英国为119比100，在美国为120比100。男子死亡率比女子死亡率为高，不但在婴孩时代为然，即在其他年龄中，亦是相同。此因男子抵抗力较弱，而男子所遇危险较多，亦是增加死亡率的一原因。惟其男子死亡率比女子死亡率高，所以欧洲各国，在20岁以上的人口，每是女多于男了。

中国社会中两性的配合，与欧洲相较，适得其反。中国男多于女，几已成普遍的事实。据民国二十年内政部发表各省市民国十七年《户口调查统计报告》,各省市每一百女子中之男子数如下。[63]

江 苏	113.7	山 西	137.0
湖 北	123.5	察哈尔	143.3
河 北	123.7	绥 远	155.8
新 疆	124.3	天津市	162.1
湖 南	125.8	辽宁市	236.1
辽 宁	126.3	北平市	169.8
陕 西	126.5	南京市	165.6
浙 江	128.3	上海市	134.7
安 徽	128.4	汉口市	167.4
黑龙江	132.8		

又据十八年《统计月报》第一卷第一期所载,各省市男女比例统计,有下列的状况。

地别	男百分数	女百分数
上海县所属八乡	50.19	49.80
昆山县所属十七乡	51.04	48.95
浙 江	56.22	43.77
江 苏	53.35	46.64
安 徽	56.34	43.65
十二大城	61.00	39.00

中国男多于女之事实,大致如此。[64]在自然社会如乡村,男女数目,相差不远。惟在都市社会往往相差甚大。观上列两表,上海、南京、天津、北平、辽宁各市及十二大城统计,与江苏、浙江等省,以及上海、昆山两县各乡的男女比例,即可推知。大概男女数目相差甚大的社会,其社会状况常因此男女比例不同而发生影响。在都市社会中发见的问题,如娼妓犯罪等,为乡村社会所不经见。男女分配不均,未始非原因之一。

故男女数目分配不均,似可影响于社会行为。

据汤卜逊言,男女比例为决定任何社会死亡率的重要要素。女子死亡率大概较男子为低;假使女多于男,其势必可减低死亡率。反之,男多于女,必致增高死亡率。[65]此种推论,似可凭信。

若就男女的习惯品性言之,亦自有多少差异,此种习性的差异,即所以使社会行为表示不同的原由。故凡女子所组织的团体,与男子所组织的团体,即使性质相同,而团体活动的表现,似有多少差异。总之,性别与社会现象,确有相当关系。

（3）职业别

职业的组合,对于社会的影响甚大。各种不同的职业,表现各种不同的社会行为。而各职业间的交互关系及共同行为,又各因其本职业的性质而表示差异。故从人口中职业的组合,可推知其社会状况及社会活动的趋向。职业组合的状况,大致因社会而有不同。兹将英法二国1920年职业与男女分配,列表如下,以见一斑。

职业	英吉利				法兰西			
	男女比例		百分数		男女比例		百分数	
	男	女	男	女	男	女	男	女
各种职业	70.5	29.5	100.0	100.0	59.6	40.4	100.0	100.0
农业及渔业等	92.5	7.5	8.9	1.7	51.0	49.0	39.9	46.0
矿业	99.3	0.7	10.1	0.2				
制造业	71.6	28.4	40.7	38.7	68.7	31.3	35.2	25.5
商业及运输业	77.6	22.4	22.3	15.4	56.4	43.5	17.5	14.8
公务及专门业	67.6	32.4	11.0	12.6	62.9	37.1	6.6	5.7
家庭服役	25.6	74.4	4.3	30.1	13.0	87.0	0.8	8.0
未详	82.7	17.3	2.7	1.3				

职业影响于个人及社会者甚大;个人的思想行为,常受职业的影响,而社会上种种行动,亦自因职业而表现特殊的状况。故职业组合的分

析,常可帮助了解社会问题的内容及其解决的途径。

(4) 财富别

社会中财富的支配,影响于社会者非常重大。举凡社会上一切事业,莫不赖财富以举办。实业、教育、科学、文艺以及卫生娱乐等等,无一不视财富状况而异其发展的途径。富裕的社会,事业易于发展;贫穷的社会,事业不易发展,其理至浅。至于个人及社会的行动,消费的奢侈或俭朴,亦须视财富以为衡。兹略举美国财富分配及收入状况,以见美国人民生活的概状。

美国1926年的全国收入为8 968 200万金元。平均有职业人民每人约得2 010金元。有职业人民共为4 460万;其中15 000人列为百万富翁,每年每人收入约7万金元;200人每年每人收入逾100万金元;7人每年每人收入逾500万金元。

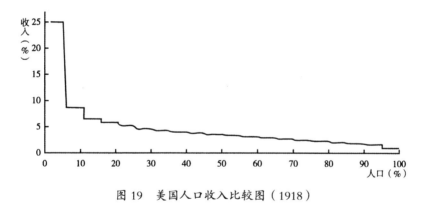

图19 美国人口收入比较图(1918)

又从遗产状况比较之,1923年美国全国留下遗产之人口中,其79.8%所留遗产不足500金元者,计占全国财富5.4%;其14.9%所留遗产,价值在500金元至1万金元之间者,计占全国财富12.7%;其4.2%,所留遗产价值在1万至5万金元之间者,计占全国财富23%;其1.1%所留遗产,价值在5万金元以上者,计占全国财富58.9%。

再从大都市中财富区域的状况言之,在纽约的派克路(Park Avenue)介于三十四街与九十六街之间的区域,约有人口16 000,以家庭计,约有

4 000。在1927年的一年内,该区域内人民估计耗费之数,约28 000万金元,每家平均约7万金元;其收入之数每家平均约10万金元。就中租金平均每年每房间约1 500金元,多或至3 000金元,每年房屋租金自2万至4万金元者,并非少见。室内器物平均每家约10万元。衣服一项,在母女方面以各有4 000人计,约费3 500万金元,每家平均为21 000金元;男子约费1 800万金元,每家父子平均约4 500金元。食物一项,约费3 200万金元,每家平均约8 000元。宝石2 000万元,或每家5 000金元。汽车约1 600万金元,每家约4 000金元。旅费约1 500万金元。化妆等800万金元。竞舟约700万金元。戏院等500万金元。鲜花、糖果、礼物等约1 000万金元。慈善500万金元。大概美国15 000的百万富翁,有3 000人住居于此区域之内,无怪其耗费如此之巨。[66]

据上述财富分配状况及耗费情形,即可知财富组合与社会生活有密切关系。

除此各种组合外,尚有宗教别、教育别、婚姻别、种族别等等,亦有显明的差异。要之,人口组合分子的不同,即可影响于社会现象。故欲了解社会现象,不可不了解人口组合的状况。

二、人口组合与人口"金字塔"的研究

近人因人口组合与社会现象有密切关系,欲从人口组合方面决定社会的性质,于是有所谓人口"金字塔"(Population Pyramids)的研究。我们知道,常态社会中年龄分配,以少壮之人为最多,其次为幼年人,而以老年人为最少。至于男女的分配,大致两相仿佛,故若以图示之,正似一方尖之金字塔形,例如20图之甲。凡乡村或无移民的社会属之。至于都市社会,人口中多外来移民,故幼年人口,成分较少,如20图之乙是。其甚者男女分配往往失其常态。故尖塔的形状,成为不整齐式,例如21图。因尖塔形状的整齐不整齐,可以知道一社会人口的组合状况,从而推知社会的性质。大概由移民而发展的社会,与由自然增加而发展的社

会,其尖塔的形状大异。移民的种类愈多而愈杂,则其尖塔愈不相同,而社会状况愈见其复杂。故就尖塔形状的变迁,而知社会状况的变迁。

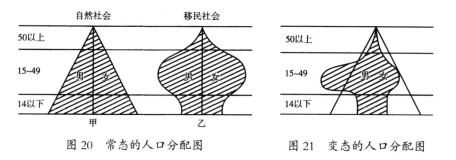

图 20　常态的人口分配图　　图 21　变态的人口分配图

要之,此种人口"金字塔"的研究,可以帮助了解社会现象与变迁。从前欧洲人口学者如黎佛秀(Levasseur)辈早已注意于人口"金字塔的意味"。晚近美国社会学者如劳史(Ross)、派克(Park),均极重视之。派克并扩充其义,以研究近代都市区域中人口的分配。[67]

三、人口品质与遗传

关于人口品质现象,有一个很重要的问题,不可不先加研究。就是,人口的品质,究竟是先天遗传的? 还是后天学得的? 或是一部分先天传遗、一部分后天学得的? 此问题,经过不少生物学家,心理学家,社会学家与人类学家的悉心研究,至今还可说是没有一个定论。所以此问题,虽则是研究人口品质的人必须研究,但却很不容易研究。我们现在根据最近生物学、心理学、人类学与社会学的知识,取其认为比较健全圆满的学说,而加以讨论,使读者能得一相当的认识。

(一) 何谓遗传?

要讨论人类品质,是不是遗传的,必先知道,遗传究竟是什么。据最近生物学家的定义,"遗传就是生物有酷肖其祖宗的形态,和与形态相伴的生理作用的倾向。"[68] 植物的生殖细胞,常变成植物,动物的生殖细胞,常变成动物,犬常变成犬,牛常变成牛,人常变成人。此种关于生物的形态与生理的酷肖的事实,生物学家,常以遗传的概念解释之。但此种形态的与生理酷肖的倾向,都有其实质的基础。此种基础,就在生殖细胞。

我们知道,有机体的构造,虽有种种不同的复杂程度,但自极简单的动植物,如阿米排(Amaeba)以至极复杂的动植物,如人与猿猴牛马等,无一不是由细胞组成的。不过有的是仅由一个或少数的细胞组成的,有的是由很复杂的无数细胞组成的。

生物有两种细胞:一种是身体构造的成分,称为躯体细胞(Somatic Cells);一种是专为生殖所用,称为生殖细胞(Germ Cells)。通常躯体细胞,不参加生殖作用,而生殖细胞,虽亦存于身体之内,并不参加各种器官的体素的构成。此两种细胞各有各的职司,毫不相混。有此两种细胞的分工合作,才造成生物的现象。

生殖细胞有两种:就是精细胞与卵。精细胞与卵经过受精作用(Fertilization)就互相结合而成新细胞。此新细胞就是个体的发源。所以生物的发源,由于生殖细胞的受精作用。

生物的发源,既起于生殖细胞,那末,生殖细胞与遗传有极大的关系。我们知道,生殖细胞与躯体细胞,有一种很不相同之点,就是生殖细胞,有继续性;躯体细胞,没有继续性。因为有继续性,就可以子子孙孙代代相承,永远继续不断。所以生物的个体可灭亡,而种族不会灭亡,就因为生殖细胞的绵延不绝。故生殖细胞的绵延不绝,就是生物遗传的基础。

生殖细胞,何以绵延不绝而成为遗传的基础呢?对于这个问题,有好几种解答,我们先述晚近最流行的学说,而后再述最近较圆满的学说。

(1)预造论(Preformation Theory)

此种学说,原是说明发育与遗传的关系;以为凡是生物发育的历程,不外是把生殖细胞里面所预造的遗传性发展而为长成的个体。此派人是相信,生殖细胞里面所具有的遗传性,就预先造成了生物的特性。发育的历程,不过是把他展布出来就是了。范思孟(Weismann)的意见,生物遗传的特性,存于生殖质(Germ Plasm)里面。[69]生殖质是属于生殖细胞的细胞核的一部分,尤其是里面的染色体(Chromosomes)。细胞核是含有无数的决定素(Determinants)。此种决定素,就是遗传的单位。每个单位,代表一定的长成的性质。发育的历程,就是生殖质里的各种遗传单位,逐渐分离,使每个细胞里仅有一种决定素,而决定此细胞的特性,发育成长而为各种特殊的器官。如此看来,生物的构造,早就为生殖质里面的决定素所预定。

孟德尔(Mendel)的意见,每个生物的形态可以分做许多的单位性,例如豌豆茎的高低等等。每个单位是一个整个的性质,不能再分。同时,孟氏相信,生殖细胞里的遗传质,亦可以分做各种单位,称为单位性(Unit Character)。每个单位性,与长成的形态的单位性相符合,所以长成个体的性质的单位,是生殖细胞里的遗传的单位性所决定的。

根据此前提,孟氏发见了三种有名的定律,就是显性律(Law of Dominance),分离律(Law of Segregation)与自由分配律(Law of Free Assortment)。[70]

孟德尔的遗传单位性的学说,到了近来细胞学发达以后,更加以种种有力的证明。现代生物学者几乎全体承认孟氏的所谓单位性,都存在于染色体(Chromosomes)之内。不过每类生物的染色体的数目有限,而个体所有的性质甚多,似乎不是一个染色体,只有一种性质。所以相信,染色体不是单纯的,他是包含许多各各不同的染色子(Chromomeres)。遗传的单位性或因素(Genes),即存于染色体中的染色子里面。

(2)新生论(Epigenesis)

上面所讲预造论最大的缺憾,是在只是一种静的或形态的观点,而不是一种动的或生理的观点。所以早就有人反对此种学说。吴尔峰(Wolff)发见,受精的卵中,并没有小动物的存在,胎儿的成形,是在发育的过程中渐渐新生出来的。长成的生物各部分的构造,都是新生产的,都不是为卵的构造所预定。此种学说,称为新生论。新生论承认生物发育过程中,化分与各器官部位的决定,都是环境的原因,而不是遗传的原因。

最近生物学家,对于生物发育的现象,更重视环境的势力;仅仅视遗传为一种可能性(Potentialities),而非实在的性质。此种新的新生论的观点,是动的(Dynamic)与生理的。根据此种学说,有机体不过是一种反应的系统(Reaction System),或行为模式(Behavior Pattern)。无论是一个单纯细胞,或是一个构造复杂的动物,都是继续不断对环境的刺激而生反应,生命就是反应的别名。通常所谓遗传,只是一种可能性,不是实在的性质。遗传要变成实在的性质,全恃环境的刺激。遗传亦是整个的遗传,不是可以分成许多性质不同的单位性的。生物并没有传授给子孙任何实在的或具体的性质,子孙之所得诸祖宗的只有整个的可能性。没有环境,可能性是不能实现的。在何种环境之下,就实现何种可能性,环境是遗传性的实现者或化成者。没有环境,遗传性不能实现。

有机体既是一个反应的系统,那末,有机体的发育过程,就是反应的过程部位、分化、整个性、秩序性。一言以蔽之,整个的有机体,都是反应的过程的产物,不是特殊的遗传单位性所使然。详言之,自生殖细胞起,一直到长成的个体止,其中种种形态上的变迁,都是刺激与反应的互相作用的结果,遗传只供给形态完成的可能性。[71]

崔尔德(Child)说:"遗传的基础,是一种反应的系统,并不是一种组织。""发育不是把性质不同的遗传性在不同的部分分配,而是实现反应系统的可能性。"又说:"生物的特殊构造,是为环境所决定,所以环境一变,构造亦随之变迁。各类生物构造的普遍性,就是环境的刺激的普遍性所使然。"[72]

要之,遗传与环境,不是两个相对峙的东西,而是两个互相依赖的条件。没有环境,遗传的可能性不能实现;没有可能性,环境的刺激,亦不能单独发生效果。一个是可能的,一个是变可能为实在的,二者不能缺一。

生物所有的可能性,常比已经变成的实在的性质多。一因环境的限制,二因发育的限制。某类动物虽有发生某种形态的可能,但是假使没有适当的环境,或是发育已达到某种限制,那末,此种形态,就始终不能实现了。各类或各个生物所有的实现的性质,是不及可能性之万一;反之,遗传在消极方面,常给生物以一定的限制,使某类生物的发育,无论在任何环境之中,不能越出一定的范围之外。玫瑰的生殖细胞,永远变成玫瑰,鸟类的生殖细胞,永远的变成鸟类,牛的永远变成牛,人的永远变成人,此不能不说是由于遗传的限制。此种限制,亦存于反应的系统中,即是反应上的限制,并不是生殖细胞里面的形态上或组织上有此种限制。[73]

从上讲来,我们知道,生殖细胞的所以能绵延不绝,就因为细胞中具有一种继续性。生殖细胞的继续性,似乎并不像预造论者所信,具有断定生物特性的遗传性,而仅仅是具有一种可能性。此种生殖细胞所包含的可能性的实现,须恃环境的刺激。惟有环境的刺激,能使此种可能性实现。没有环境的刺激,虽有可能性,亦无从实现。故生殖细胞的继续性,亦必须得环境刺激的合作,方可表现。换言之,生殖细胞虽具有遗传性,但此种遗传性,仅是一种可能性,必须恃环境的作用方可实现。故遗传之能否实现,全恃环境;没有环境,那即说,没有遗传,亦未尝不可。

(二)人类特质与遗传

以上我们已将生物学家对于遗传的意义,介绍一个大概。我们觉得预造论与新生论,都有理由。但比较言之,新生论视遗传为一种可能性,其说较为稳健,易于了解。且新生论重视环境势力,可以说明社会现象的性质。故本书采新生之说。但学者对于预造论之内容,亦不可不详加研究。

上面是讨论遗传的一般概念,现在我们讨论"人类特质与遗传有何关系"。

（1）人类特质

人类特质,通常分为身体特质与心理特质两大类。身体特质又可分为种族特质(Racial Traits)与祖先特质(Ancestral Traits)两种。种族特质,一方面所以使人类与其他动物区别;又一方面所以使一种族与其他种族表示不同。例如:人类具有优越的神经,言语的器官,直立的姿势,与自由的双手,此都是人类共同具有的特质,所以别于动物者。同时人类与人类中间,却又有许多各不相同的差别。通常所谓种族特质,即指此而言。体质人类学(Physical Anthropology)上有详细之研究。人类学家常以身材高低(Stature),头形指数(Cephalic Index),鼻形指数(Nassal Index),颚形(Prognathism),头盖容量(Capacity of the Skull),发形(Texture of the Hair),毛发(Hairiness of the Body),肤色(Skin Color),发色(Hair Color),眼色(Eye Color)等,为判别种族的标准特质,因为此种特质,在各种族间,颇有不同。

（2）人类种族

人类种族,既以种族特质为分类标准,然则究竟何谓种族? 霍腾(Haddon)谓种族即具有显明的共同特质的一群人。[74] 海芝(Hertz)谓:种族即具有遗传特质的物种的区分。[75] 克鲁伯(Kroeber)谓:种族即在血属上或遗传上联结的一群人。[76] 狄克松(Dixon)谓:种族即具有某种身体特征的一群人。[77] 据诸家意见而折衷之,可说:种族就是具有显著的共同体质的一群人。但此定义,仍觉广泛。盖所谓显著的共同体质,究以何为标准,殊难确定。标准既未确定,则分类自感困难。即使标准可定,而困难常不能免。一因种族特质,在各族间常有重叠。原来所谓种族,不过是一种许多人中间的平均状况,而各人与各人间,却大有径庭。大概同一族间个人与个人之差异,常大于各族间之平均差限。所以种族,只是平均状况,各种族间,有许多特质是重叠的。譬如以一种特质为例,日本兵士若干人,其身材最低56英最高69英寸,平均62.3英寸。挪威兵士若干人,其身材最低61英寸,最高75英寸,平均67.5英寸。可知日本兵与挪威兵中间,有许多重叠的现象。其次,因各种族互通婚姻的结果,世界上已无纯粹种族,故判别种族,似感困难。但虽有困难,无论如何,仍可定一分类标准。克鲁伯尝定一种人种分类,颇觉简单扼要,兹特列表介绍如下。

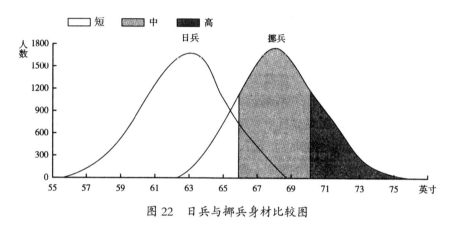

图 22　日兵与挪兵身材比较图

高加索种

种族	发形	毛发	头形	鼻形	颚形	肤色	身高	备注
诺迪克族[78]	波发	多	狭头	狭鼻	略突	甚白	甚高	黄发碧眼
亚尔朋族	波发	多	阔头	狭鼻	略突	白色	略高	棕发棕眼
梅迪透伦族	波发	多	狭头	狭鼻	略突	淡白	折中	黑发黑眼
印度族	波发	多	狭头	不定	较突	棕色	略高	黑发黑眼

蒙古种

种族	发形	毛发	头形	鼻形	颚形	肤色	身高	备注
蒙古族	直发	不多	阔头	中鼻	折中	黄色	略低	黑发黑眼阔面
马来族	直发	不多	阔头	中鼻	折中	棕色	略低	黑发黑眼
印第安族	直发	不多	不定	中鼻	折中	棕色	略高	阔面

尼革罗种

种族	发形	毛发	头形	鼻形	颚形	肤色	身高	备注
尼革罗族	卷发	不多	狭头	阔鼻	突出	黑色	高	黑发黑眼
梅兰尼西族	卷发	不多	狭头	阔鼻	突出	黑色	折中	黑发黑眼
矮黑族	卷发	不多	阔头	阔鼻	较突	黑色	极短	黑发黑眼

其他不属前三种者

种族	发形	毛发	头形	鼻形	颚形	肤色	身高	备注
澳大利亚族	波发	多	狭头	阔鼻	突出	黑色	略高	都尼革罗种略带高加索特质
维达族	波发	折中	狭头	阔鼻	折中	深棕	短	
朴来尼西族	波发	折中	不定	折中	折中	棕色	高	蒙古与高加索混合
安纽族	波发	多	狭头	折中	折中	浅棕	折中	近于高加索种

凡上所述关于判别种族的各种特质，虽间有易受环境之影响者，例如身材之高低与肤色之黑白等是，但其余特质，都系代代相传，未有变异。黄人之子孙，永为黄人；白人之子孙，永为白人；黑人之子孙，永为黑人。所以然者，即因其特质不变之故。故种族特质，似系遗传。

至于祖先特质，与种族无关。但必在种族特质范围以内繁变。盖祖先特质必不能出种族特质范围之外。此种祖先特质，所以保持家族之血统，而使子孙永远保留家族之特征。故祖先特质，似亦遗传。

（3）人类的心理特质

心理特质，即表现于种种行为之特质是。具体言之，如关于感觉、知觉、认识、情感以及其他适应环境的种种能力的特质皆是。

心理特质与身体特质，常有多少关系。因为心理特质，在身体方面常具有相当的构造基础。心理特质非凭空产生，他是发源于人类特殊的身体构造。此种构造，就是神经系统、肌肉、液腺、感官等等。因为具有此种种构造，故人类能表现种种行为。心理特质，就是此种种行为所表现的特质而已。

大概人类行为,常包括两种要素,即:(一)先天的生理基础,(二)后天的环境影响。就先天的生理基础说,身体所供给的只是那种构造机械;他的功用,只在能感受刺激,与应付刺激。通常所谓本性,其实就是此种感受刺激与应付刺激的生理机械而已。此种生理的反应机械,实际上感受刺激与应付刺激者,就是感官、神经系统以及肌肉、液腺等。行为的性质,常为环境刺激所决定,而非为此先天的生理基础所决定。先天基础仅仅供给一种活动(反应)的可能性,犹之火药有爆发的可能,轻气、养气有联结的可能。但所以使人能表现此种活动者,则全赖刺激。故行为为刺激所决定,而非为先天的反应机械所决定。[79] 故就行为的全体言,虽必包括先天的生理基础与后天的环境影响的两部分,但若就行为的现象言,似仅为后天获得的特质。

由上讲来,行为的特质,非先天的特性,而是后天获得的。换言之,人类的心理特质,似不是先天遗传的。通常以为人类的性情、能力、品格,都是先天遗传的,甚可怀疑。[80]

要之,人类特质即使我们承认孟德尔等的预造论,亦只有在身体方面,如发形、发色、头形、眼色以及生理构造与功用等等,似系先天遗传,但间亦有易受环境影响者。至于心理特质,则除生理的基础外,似都是后天获得,而不能断其为先天遗传。若以新生论衡之,则原有所谓遗传特质,亦仅系由环境实现的可能性的表现,更难断其为先天的了。[81]

四、优生学的目标范围及其错误

讲到人类特质的遗传问题,就不能不论及优生学。

自从1859年达尔文(Darwin)的《物种起源》(*Origin of Species*)出版后,生物进化与适者生存的公例,大明于世。高尔登(Galton)研究适者生存的特质,而欲用科学的方法,使人类保存此项特质,以产生优秀的人类。高氏经过长时期的研究,知道父母特质遗传子孙;于是于1869年出版其《遗传的天才》(*Hereditary Genius*)一书,予以详细的讨论。

高氏称此由遗传以改良人种的科学为优生学(Eugenics),以别于改良社会环境的优境学(Euthenics)。[82]

自高氏倡导以后,踵起研究者有法、比、意、德、美、瑞典、挪威、巴西等国,至今世界文明各国,大都设立机关,以资研究。

优生学通常分为积极的(Positive Eugenics)与消极的(Negative Eugenics)两种。积极的优生学主张奖励优秀分子,使能充分自由蕃殖;消极的优生学主张限制劣弱分子,使缺乏自由蕃殖的机会。就现状观之,积极的优生学,尚无法实行;消极的优生学,在美国已有相当的试验;绝育律的颁布,与犯罪疯狂等收容所的设置,即为消极的优生学的见端。[83]

优生学的运动,大致如此,但其成绩究竟如何?是否能达到优生学者所预期的目的?则殊难有肯定的答案。若就学理言之,则优生学似与现代心理学和社会学的理论,颇多抵触。[84]今举其重要数点,叙说于下,以见优生学在学理方面的错误。是非曲直,听读者平心静气研究而判别之。

(一)误认后天的行为特质为先天的遗传特性

优生学是以生物学上的遗传原则为根据,是根本承认遗传为事实的。凡认为具有先天优秀特质的人,优生学者主张,应使之充分自由婚配,俾优秀特质,得依遗传原则,传给子孙。反之,凡认为具有低劣特质的人,优生学者主张,应限制其自由婚配,断绝其蕃殖机会,俾低劣特质,不能遗留社会。如是,将来的社会上,仅有优秀分子的后裔,而无低劣分子的子孙;优秀分子的后裔,既从遗传方面获得父母的优秀特质,自成为优秀的人才。至彼时,社会上既尽是优秀人才,社会自然进步。

于此有一重要问题,就是优秀分子的优秀特质与低劣分子的低劣特质,究竟是不是先天的生物特性而可遗传子孙的?此问题,在优生学者,是毫无怀疑的,认此类特质都是先天的生物特性而可遗传子孙的。我们现在举出优生学者认为优秀的与低劣的两种家庭,看他们所认为优秀或低劣的特质如何。

（甲）裘克家庭（The Juke Family）

裘克是一个懒惰游荡子，生于1720年，有二子娶了五个下流的姊妹，如是递传六代，子孙总数约有1 200人。内中懒惰的、卑污的、淫荡的、贫困的、患病的、白痴的、疯癫的、犯罪的，无所不有。总共以七代计，其中300人死于襁褓之中，310人是始终贫困。生活于善堂之中者总计2 300人；440人身患恶病；过半数的女人流为娼妓；130人是犯罪的；60人是窃贼；7人是杀人凶手；10人是禁于监狱；只有20人是学一种商业，如是总共耗去公家金钱至125万之多云。

（乙）爱德华家庭（The Edwards Family）

自始祖琼纳生·爱德华以后，到1900年，已有子孙1 394人。就中295人是大学毕业生；13人是著名大学的校长；65人是大学教授；60人是医生，好多是有名的；100余人是教士、牧师、神学教授等；75人是海陆军官佐；60人是有名的著作家，并出版135册有价值的书籍，并编辑18种杂志；100余人是律师，就中1人是极有名的法学教授；30人是法官；80人服官，就中1人为美国副总统，3人是美国国会议员，好几人是州长，州议员，州宪法起草者，以及市长等；1人是太平洋邮船公司总理；此外有15条铁路，许多银行，保险公司，大工业会社等是由其子孙所经营。几乎社会上的各方面，没有一处，没有这个家庭的子孙的足迹。至其子孙中有无犯罪之人，则不得而知云。[85]

上面所述的裘克家庭，是优生学者认为著名的低劣家庭；爱德华家庭，是优生学者认为著名的优秀家庭。优生学者所据以判断裘克家庭的低劣的根据，就是他子孙所表现的那种懒惰、卑污、淫荡、贫困、患病、白痴、疯癫、犯罪等等的行为特质。至优生学者所据以判断爱德华家庭的优秀的根据，就是他子孙所表现的那种特殊的成绩：大学毕业生、大学校长、大学教授、医生、教士、牧师、神学教授、海陆军官佐、著作家、律师、官吏、副总统、国会议员、州长、州议员、州宪法起草者、市长、邮船公司总理等等。如是我们知道优生学者所据以判断一种家庭的优劣,是全视其子孙所表现的行为特质如何而定。如所表现的行为特质,优生学者认为优秀,那末,此种家庭就是优秀家庭;假如所表现的行为特质,优生学者认为低劣,那末,此种家庭就是低劣家庭。所以他们判断家庭的为优为劣,全视其行为特质而定。

但行为的特质,据我们上面第二节讲来,非先天的特性而可遗传给子孙的,此类特质,似全是在后天环境中习得的,即使我们承认孟德尔等的预造论,亦与生物的遗传原则无关。而优生学者强认此类后天的行为特质为先天的遗传特性,而欲应用生物的遗传原则,去保存或淘汰此类后天的行为特质,是诚绝大误谬。

(二)误以人与动植物同等看待

优生学是遗传学的一部分。遗传学原有两种应用:一种是应用于动植物的,称为育种学;一种是应用于人种的,称为优生学。育种学家对于动植物的选种蕃殖,已有相当成绩;优生学家是欲推广育种学家选择动植物的方法到人类社会上去,以期改良人种。彼等以为育种家既可应用遗传的原则,改良动植物的物种;优生学家亦可应用遗传的原则,改良人种。此种思想似乎是很合逻辑的。因为人亦是动物,当然亦可用遗传的原则去支配的。其实不然,人虽亦是动物,但人的行为特质,是在社会上养成的,而不是与生俱生的,故不能应用遗传的原则。优生学家强欲应用育种学家改良动植物的方法,去谋人种的改良,是直以人与动植物同等看待,其误谬殊甚。

(三)误以经济事业的成功者为社会上优秀分子

优生学家又常认社会上经济事业的成功者即为优秀分子。汤卜逊说:优生学家常常假定,人口中的优秀分子就是经济方面最成功的人。[86]又说:优生学家以为可注意人口中经济事业的成功者,以选出优秀分子。[87]此种假定,可说是完全错误的。我们知道,经济事业的成功,是有许多原因。而其中社会环境的状况与个人在社会上原处的地位,关系尤为重要。固然,经济事业的成功者,大都是具有相当能力的人;但经济事业的失败者,不能就断为社会上毫无能力的低劣分子;故以经济事业的是否成功,而判别其先天能力的优劣,是毫无科学的根据的。

(四)误以智力测验为足以辨别先天优劣

优生学家除了以经济事业的成功与否为判别先天优劣的标准,又采用近时教育心理学家所流行的智力测验为推断的工具。姑无论智力测验所用方法,不尽妥善;即使认为可以测验人类智力高下的一种准确方法,而此种测验所得的结果,亦决不就是先天的智力。我们知道,人是社会的产物,其所表现的种种行为特质,是在社会环境中渐渐养成的;此层我们已在上面第二节中叙述过了。故智力测验所验得的行为特质,不是先天的所谓智力,而是后天习得的能力。智力测验既然仅能测得后天习得的能力,就不能用为判别先天智力优劣的标准。

优生学不但在学理方面有上述的错误,而其提倡的结果,在社会方面即发生相当的不良影响。第一,当此社会发展极速的时代,文化势力足以支配社会的前途;兴利除弊以谋社会的改善,厥在文化方面着手进行,方可得有效的结果;乃优生学者不此之图,放弃重要的社会原因于不顾,而欲求之于无切实根据的生物原因,以谋社会的改善,影响所及,将使社会力量用之于无用之途。第二,优生学者认人类有先天的优劣,以为各人前途,概由遗传决定,无可挽回。于是彼等所认为优秀的分子,将自信为先天优秀之人。或至傲惰侈放,无所不为。反之,彼等所认为低劣的分子,将自信先天低劣,无可挽救,致阻其奋发上进之路。此于社会前途,影响甚大。所可幸者,优生学之在今日世界,研究者既少,宣传所及,不足以引起社会上一般人的注意。将来社会科学发展,或使优生学改变其在学术上的地位,亦未可知。[88]

本章温习问题

一、社会如何成立?有何种必要的基础?

二、试述人口多寡与社会行为的关系。

三、试述马尔萨斯《人口论》的大意，并加以评论。

四、文化对于人口数量的影响若何？试就人口与食料双方讨论之。

五、移民政策能不能解决人口问题？移民对于社会的影响若何？

六、试论生育限制的利弊。

七、何谓人口金字塔？其对于社会学研究法上有何贡献？

八、试评述孟德尔遗传学说。

九、人类心理特质,是否遗传？试详论之。

十、试详论优生学的效用及其限制。

本章论文题目

一、适度的人口论。

二、中国应否提倡生育限制。

三、战争与人口关系。

四、遗传与环境对于社会行为的关系。

五、种族特质讨论。

本章参考书

1. Bernard: *Fields and Methods of Sociology* (1934), Part 1, Chs.3–4; Part 2, Chs.3–4.

2. Baur and Lenz: *Human Heredity* (1930).

3. Carr-Saunders: *Population* (1922).

4. Carr-Saunders: *The Population Problem* (1922).

5. Davenport: *Heredity in Relation to Eugenics* (1911).

6. Davis and Barnes: *Introduction to Sociology* (1927), Book 2, Part 2.

7. East: *Heredity and Human Affairs* (1928).

8. East: *Mankind at the Crossroads*（1923）.

9. Hankins: *Introduction to the Study of Sociology*（1928），Ch.6.

10. Jennings: *Biological Basis of Human Nature*（1930）.

11. Pearl: *The Biology of Population Growth*（1925）.

12. Reuter: *Population Problems*（1923）.

13. Ross: *Standing Room Only*（1927）.

14. Sumner and Keller: *The Science of Society*（1927），Vol.1，Ch.2.

15. Thomas: *The Child in America*（1928）.

16. Thompson: *Danger Spots in World Population*（1929）.

17. Thompson: *Population Problems*（1929）.

18. 吴景超著《社会的生物基础》(世界本)。

19. 郭任远著《心理学与遗传》(商务本)。

20. 孙本文著《人口论ABC》(世界本)。

21. 孙本文著《文化与优生学》，《社会学科》第一卷第二期。

22. 陈达著《人口问题》(商务本)。

23. 许仕廉著《中国人口问题》(商务本)。

24. 柯象峰著《现代人口问题》(正中本)。

25. 潘光旦著《人文生物学论丛》(新月本)。

26. 董时进著《食料与人口》(商务本)。

27. 范予译《现代人种的几种特性》，《东方杂志》第二十八卷第二十号。

28. 范琦著《种族平等之科学的论证》，《东方杂志》第二十五卷第一号。

本章注释

1. 参看Ellwood：*Cultural Evolution*, pp.70-74。

2. 人口与社会,并非同物。人口是个人集合的总体,是指生物有机体的个人单位的集合而言，而不论及各个人间所发生的社会行为。社会不是人口机械的集合，是指表现社会行为的一群人而言。所以社会以人口为基础，而人口不就是社会。凡社会上一切语言、风俗、道德、信仰等等的活动，都是社会行为的表现——都是人与人相互间共同行为的表现。此是社会的要素，而非人口的特质。所以人口的研究，只就人口单位——即生物有机体的单位——而言。凡是人口的多寡、疏密、品质，与人口增加的迟速、控制以及由人口而发生的种种影响等问题，都在研究范围之内。

3. 见Havelock Ellis：*Essays in Wartime*, p.198。

4. 见M. M. Metcalf：*Organic Evolution*, pp.10ff。

5. 见W. K. Brooks：*The Oyster*, pp.29ff。

6. 见E. B. Reuter：*Population Problems*, pp.113–114。

7. 见J. M. Duncan：*Fecundity,Fertility,Sterility*, 1866。

8. 见E. B. Reuter：*Population Problems*, pp.115–116。

9. 见Fairchild：*Elements of Social Science*, p.352并参考East：*Mankind at Its Crossroads*, p.66。

10. 据League of Nations: Statistical Year Book, 1938—39, Table Ⅱ。

11. 见Knibbs："The Problems of Population, Food Supply and Migration," *Scientia*, Ⅰ-Ⅷ(1919), p.488。

12. 见Knibbs："The Mathematical Theory of Population," *Census of the Commonwealth of Australia*, Appendix A, Vol.Ⅰ,(1917)。

13. 关于世界人口将来的推算，尚有数家著作可资参考。葛逊德（Carr-Saunders），以每年平均增加率为1%推算，现在人口17万万，50年后279 600万；100年后459 800万；150年后756 200万；200年后1 243 700万；250年后2 045 500万；如是以推至500年后为24 611 400万。见所著《人口论》（*Population*, 1926）。顾静斯基（Kuczynski）以1900—1930年之增加率推算，谓250年后，世界人口将达100万万。

见 *Encyclopedia of Social Sciences*, Vol.XII, (1934), p.246。

又范智儿以欧战前世界人口增加率推算,谓在一万年后,全世界人口将达221 840再加上45个圈的数量。假使以每人在地面上占据一方英尺半计算,彼时人口所占的面积,将大于地球全面积60 570再加上30个圈的倍数。见Fairchild: *Elements of Social Science*, p.354。

14. 见Knibbs: "The World-Problems of Population," Part Ⅱ. "The Conditions for the Maximum Possible World's Population," *Scientia*, Ⅰ-Ⅺ(1925), pp.329-334。

15. 见East: *Mankind at the Crossroads*, pp.66-67。

16. 见Albrecht Penck: "Das Hauptproblem der Physischen Anthropogeographic", *Sitzungsberichte der Preusischen Academie der Wissenschaften*, XXⅢ(1924), pp.242-257。

17. 见Cannan: "The Probability of the Cessation of the Growth of Population in England and Wales during the Next Century," *Economic Journal*, Vol.5, pp.595-615。

18. 见Pareto: *Traiti de Sociologie Generale.* (1917), pp.11, 33-34。

19. Pearl: *Studies in Human Biology*, pp.558-636(1924); Pearl and Reed: "A Formula for Predicting the Population of the United States," *Quarterly Publications of the American Statistical Association*, Ⅱ., pp.278-286(1920); Pearl and Reed: "On the Rate of Growth of the Mathematical Representation," *Proceedings of National Academy of Science*, Ⅲ., pp.275-288(1920).

20. 参考Thompson: "Population," *American Journal of Sociology*, Vol. XXXIV, No.6, May, 1929, p.964。

21. 见前文967页。

22. 见汤氏前文第959页。

23. 参看拙著《人口问题中的文化要素》,《国立中央大学半月刊》第十四期社会学专号。最近美国人口学者亦渐注意文化要素的重要。见Wolfe:"Population Theory", *Encyclopedia of Social Sciences*, Vol.XII（1934）, p.252。

24. 1938年数字见League of Nations: Statistical Year Book, 1938—39, Table Ⅱ；余见Thompson:*Population Problems*, pp.216-217；自1920—1930之每年增加率，见Kuczynski:"Population", in *Encyclopedia of Social Sciences*, Vol.XII（1934）, p.244。

25. 据1929—1932统计。

26. 据1937统计。

27. 见Cox:*The Problem of Population*, pp.79-80。

28. 见Conquest and Kultur: *Aims of the Germans in Their Own Words*.By Committee on Public Information, 1918, p.47。

29. 见Cox：pp.80-81。

30. 见前书84页。

31. 见Thompson:"Population," *American Journal of Sociology*, Vol.XXXIV, No.6., pp.959-975及Thompson:*Population Problems*, pp.376-392,按汤氏在该书中并建议解决方法,谓目前最需要人口扩张者为日本及意大利两国。欲免除将来战争,其唯一办法为由拥有广大土地而未利用的国家,自动让与人口过剩的国家。似可将东印度群岛及新几内亚（East Indies and New Guinea）等巨大区域,让与日本。将北非洲及地中海附近的亚洲部分让与意大利。能如此,将来或可暂免冲突。但汤氏意见,似过于理想;以现时欧洲各国侵略的态度,其能一变而为推让乎? 以现时日本的贪婪蛮横,其能得此而满足乎? 殊难逆料已。

32. 近时英国学者如甘楠（E. Cannan）,葛逊德（Carr-Saunders）,美国学者如范智儿（Fairchild）,华尔夫（Wolfe）等,均主张适度的人口。见Cannan:*Wealth*, p.68；*A History of Theories of Production and Distribution*, p.181；Carr-Saunders:*The Population Problem*, pp.200-

207; *Population*, pp.33-45; Fairchild: *Elements of Social Sciences*, pp.303, 306, 343; Wolfe: "On the Criterion of Optimum Population", in *the American Journal of Sociology*, Vol.XXXIX, No.4 (1934), p.585.

33. 见East: *Mankind at the Crossroads*, p.77。

34. 见上海特别市社会局所发表的《整顿民食问题意见书》。载《建国月刊》第二卷第二期。

35. 参看拙著《人口论ABC》。第五章，第34至35页。

36. 参考沈宗瀚著《改良种子以增加我们粮食之计划》，及赵连芳著《稻作与民食问题》。载《建国月刊》第二卷第二期，民食问题专号。

37. 见East: *Mankind at the Crossroads*, p.154。

38. 雷德（H. Wright）在他的《人口论》（*Population, in Cambridge Economic Handbooks*）中说：如非改良种植，资本与人工的增加，不能得相当的收获增加。似乎承认改良种植以后，土地酬报递减的原则，便不适用。但是改良种植，毕竟亦有限制的。我们相信，种植技术的改良，似可以无限制；但不能相信，土地出产亦是可以无限制的。关于此层，在同书第36页，雷德似亦承认了。参看Cox: *The Problem of Population*, pp.42-44。

39. 参看Comish: *Standard of Living*, Ch.5. 又关于生活程度的讨论可参考Streightoff: *The Standard of Living*, (1911)。

40. 参看H. P. Fairchild: *Elements of Social Sciences*, Ch.19。

41. 由山东河北移往东三省的原因，一方面为本地天灾人祸，民不聊生。另一方面为东北地广人稀（每方英里平均70人），交通便利（现有铁路3 500英里）。据《难民的东北流亡》中所载移民的统计，可知民国以来，移往东北之人数，年有增加。兹转录如下：

年次	入境人数	出境人数	留住人数	留住人指数
民一二	341 368	240 565	100 803	100
民一三	384 730	200 046	184 684	183
民一四	472 978	237 746	235 232	233
民一五	566 725	323 694	243 031	241
民一六	1 050 828	341 599	709 229	704
民一七	938 492	394 247	544 245	540
民一八	625 384	189 106	436 278	—

42. 参看葛绥成译《最新世界殖民史》第七章,及 Encyclopedia of Social Sciences, Vol.Ⅵ(1931),"Migration"。

43. 见 Thompson: Population Problems, pp.386–387; 又路透亦谓移民不足以减少人口的压迫。见 Reuter: Population Problems, p.185。

44. 见同书第387页。

45. 详见拙著《社会变迁》第48页至59页。

46. 参考 Reuter: Population Problems, pp.189–193。

47. 英移民之受资助者计1920年共48 000人,1929年72 000人。见民国十九年十月二十五日《申报》。

48. 参考 Cox: The Problem of Population, Ch.2。

49. 参看 Cox: Ch.3, p.89并阅孙中山先生《民族主义》第一讲末二段。

50. 详见 Wright: Population, Ch.2。

51. 据董时进著《食料与人口》第三章中云:日本每年每人消费之米量,约日本一石四斗。以1920年人口总数55 961 000计算,全年需消费78 345 000日石。

52. 参考 Carr-Saunders: The Population Problem, pp.190, 217–220。

53. 参考 Carr-Saunders, Chs.7–10, on Abortion。

54. 见 Reuter: Population Problem, pp.129–130。

55. 参看 Carr-Saunders, Chs.8–9。

56. 参看Carr-Saunders, Chs.8–10。

57. 欧洲方面,生育限制说的发端,当推始于1818年。彼时弥尔(James Mill)在《大英百科全书》的论文中,已发表此种主张,不过尚是婉转言之。到1822年,柏雷士(Francis Place)与戈得文(Godwin)讨论人口问题,便公然主张采用生育限制的方法。柏氏曾竭力宣传,当时颇招一时之忌。但斯后,文字宣传,已渐流行,尤其是对于劳工阶级。此外如功利经济学家约翰弥尔(John S. Mill)等都赞成之。弥尔且曾亲自宣传,分发传单,卒为警察所拘。此后公开宣传虽渐冷淡,但文字上的讨论和宣传,却已渐渐增加势力。当时出版的书籍直接间接宣传避孕者有奥文的《道德哲学》(Owen's *Moral Philosophy*, 1830)、诺尔顿的《哲学之果》(Knowlton's *Fruits of Philosophy*, 1833)、戴世德的《社会科学要义》(Drysdale's *Elements of Social Science*, 1854)等。不过当时并不十分引人注意,故不为当局所干涉。及至1876年,白勒度和白姗夫人(Bradlough and Besant)因重印诺尔顿《哲学之果》一书,被人控告,始引起一般社会的注意。于是诺尔顿的《哲学之果》,戴世德的《社会科学要义》,以及白姗夫人的《人口原则》诸书,几遍传于世界。英国于1877年,组织马尔萨斯协会(The Malthusian League),荷兰于1881年组织新马尔萨斯协会(The New-Malthusian League)。于是避孕运动渐渐传及欧洲各国。德国始于1889年,法国1895年,奥国1901年,西班牙1904年,比利时1906年,瑞典1911年,意大利1913年,美国1913年,均先后传入,组织团体。国际生育限制局则创立于1910年。参考C. V. Drysdale:*The Small Family System*, Ch.10。

58. Wolfe:*Readings in Social Problems*, Ch.6, pp.232–233.

59. 戴氏主张,见所著*Small or Large Families*, Ch.1, pp.1–54。

60. 见Drysdale:pp.51–53。

61. 见乔启明《山西清源县一百四十三农家人口调查之研究》,《中国人口问题》第281页。

62. 见Ross：*Principles of Sociology*, p.11。

63. 乔启明于民国十四年调查中国8处2 927农家之结果，得一男与女之比例为113与100。见《中国乡村人口问题之研究》，《东方杂志》二十五卷二十一号。李景汉于民国十五年调查北平郊外之挂甲屯村100农家，得一男女比例为114.8与100。见《北平郊外之乡村家庭》，第17页。又卜凯于民国十一年调查燕湖附近102农家，得一男女比例为123.3与100，见金陵大学《农林丛刊》第四十二号。

64. 中国何以男多于女一问题，吴景超教授曾加以研究。据吴氏意见，有四个原因，大概与中国男多于女一现象有关：（一）乡居，（二）早婚，（三）溺女，（四）重男轻女。见《解释中国男多于女的几种假设》，《社会学刊》第一卷第四期。

65. 见Thompson：*Population Problems*, p.52。

66. 上面所引诸项统计，均见Binder：*Principles of Sociology*, pp.40–43。

67. 见Gee：*Research in Social Sciences*, Ch.1 *Sociology* by R.Park, pp.9–16。

68. 见郭任远著《心理学与遗传》第4页。

69. 详见Weismann：*The Germ Plasm*, 1892。

70. 关于孟德尔定律，可参考任何生物学书籍，或Woodruff：*Foundations of Biology*, Ch.17，或郭任远著《心理学与遗传》第一章第26页至40页。

71. 见郭任远著《心理学与遗传》，第52页至54页。

72. 见Child：*Individuality in Organism*, pp.188–202；Child：*Physiological Foundations of Behavior*, p.211。

73. 参阅郭任远著《心理学与遗传》，第55页至57页。

74. Haddon：*The Races of Moan*（1925），p.1.

75. Hertz：*Race and Civilization*（1928）.

76. Kroeber: *Anthropology* (1924), p.53.

77. Dixon: *Racial History of Man* (1923), p.3.

78. 各族英文原名列下：高加索种（Caucasian），诺迪克族（Nordic），亚尔朋族（Alpine），梅迪透伦族（Mediterranean），印度族（Hindu），蒙古种（Mongoloid），蒙古族（Mongolian），马来族（Malaysian），印第安族（American Indian），尼革罗种（Negroid），尼革罗族（Negro），梅兰尼西族（Melanesian），矮黑族（Dwarf Black），澳大利亚族（Australian），维达族（Vedda），朴来尼西族（Polynesian），安纽族（Ainu）。详见Kroeber: *Anthropology*, p.41.又关于种族分类，文籍甚多，其可参考者有：Hertz: *Race and Civilization* (1928)；Dixon: *Racial History of Man* (1923)；Haddon: *Races of Man* (1925)；Hankins: *Racial Basis of Civilization* (1926)。

79. 郭任远在《心理学与遗传》中说："行为是刺激唤起的反应，有刺激才有行为。所以要说行为是刺激所产生也好，要说行为为刺激所决定也好。所谓刺激，包括过去的和现在的及身内和身外的刺激，不仅指现在的刺激而言。分开来讲，行为为过去的经验、现在的构造和现在的刺激三者决定。所以丢开了刺激，就没有行为之可言。"见第292至293页。该书对于心理学特质是否遗传一问题，加以否认，有相当理由，应详读。关于心理遗传问题，一般心理学家社会学家都主折中论，即信环境影响于行为力量至大，不过同时亦信遗传亦有相当关系。读者试比较之，并可参考普通社会学及心理学书籍。

80. 法人达珊格（Draghicesco），力言社会环境对于个人智力影响之重大。彼谓：社会的交互刺激与反应，为人类智力发展的唯一条件。个人人格，必在环境中养成，故个人心理特质，即为社会的反映。循是以观，即使天才，亦不过是社会结合的产物。他们仅是适当此社会精神会合之焦点而已。见所著 *Du Rôle de L'individu dans le Déterminisme Social*, 1906。

81. 关于心理特质是否遗传的问题,向成为遗传学者与环境论者争论之点。最近美国学者对于智力和遗传与环境的关系,有相当的实验。此种实验现虽尚在进行,但据其报告而言,已可得其梗概。芝加哥大教授傅里门(Frank N. Freeman)等数人,曾研究遗传和环境对于智力的影响。其方法分为两种:第一种是变环境不变遗传。第二种是变遗传不变环境,以资比较。据其第一种实验的报告,选取159个小孩,内系130对同胞弟兄姊妹。每对兄弟姊妹使分置于不同的家庭,四年以后,再验其结果。发现62对弟兄姊妹置于比较相同的家庭,其相关系数为0.39 ± 0.07;63对弟兄姊妹置于极不同的家庭,其相关系数为0.28 ± 0.08;此足证弟兄姊妹置于极不同的家庭中,其智力不可置于相同的家庭中者的类似。此可见环境影响之大。第二种实验的报告,选取40对一个教养的一个自生的小孩,每对各置于同一家庭中;72对二个不相关的教养的小孩,每对各置于同一家庭中。数年以后,观其智力的变化。结果,教养的和自生的小孩的相关系数为0.34 ± 0.09,而不相关的教养的小孩的关系数为0.37 ± 0.07;此亦可证同一家庭中相同环境对于智力影响之大。总之,据傅里门的研究,同样遗传者之智力商数,须视其所在的社会环境和在此环境中的时期而有不同;遗传不同者的智力商数,如在同一环境之中,而历相当时期,有趋于一致之势。全文见"The Influence of Environment on the Intelligence, School Achievement and Conduct of Foster Children", *Year Book of the National Society for the Study of Education*, 27∶03-217(1928)。又关于心理特质是否遗传之讨论,可参考Child: *Physiological Foundations of Behavior*(1924); Child: "The Organism as a Behavior Pattern", *Bulletin of Society for Social Research*, No.2, 1926;Herrick: *The Thinking Machine*,(1929); Herrick: *Neurological Foundations of Animal Behavior*,(1924)。

82. 高氏于《遗传的天才》中,已发表改良种族的意见,但优生学(Eugenics)的名词,始见于1883年出版的《人类才能及其发展的研究》

(*Inquiries into Human Faculty and Its Development*)。

83. 关于优生学的历史及世界各国优生运动概况,可参看潘光旦著《人文生物学论丛》(民国十七年新月书店版)。

84. 参考Hiller: *Principles of Sociology*, p.629。

85. 见Davenport: *Heredity in Relation to Eugenics*,及Popenoe and Johnson: *Applied Eugenics*。

86. Thompson: "Eugenics and the Social Good," *The Journal of Social Forces*, Vol.Ⅲ, No.3, 1925, p.414.

87. Thompson: "Eugenics Viewed by a Sociologist," *Publications of the American Sociological Society*, Vol.18, 1923, p.62.

88. 关于优生学的学理上的错误,可参看著者与潘光旦讨论文化与优生的论文,见《社会学刊》第一卷第二期。

第十一章　社会的心理因素

第一节　社会成立的心理基础

社会的成立，不仅恃地理环境与人口结合以为之基，而尤赖有个人与个人间心理上的交互作用。我们知道，社会是表现社会行为的一群人。社会行为的发生，是由个人与个人间行为的交互刺激与反应，故社会成立的重要条件，是个人与个人间的行为。而个人与个人间行为的情状，须视各个人的心理特质及当时环境的状况而定。因此，个人的心理特质，为决定个人与个人间行为的条件，故亦为社会成立的一种重要基础。

人类的心理特质，可分动静两方面观察。就静的方面言，心理特质，常从人格上表现出来。人格的特质，可分二部分，即人性与个性。人性是指与其他个人相同的性质言，个性是指每个人所独具的性质言。合人性与个性，乃有个人的人格。此种划分，原为学理上便利研究的假定。就人格的养成言，无人性与个性的差别，整个人格，逐渐陶冶而成。总之，人格是个人心理特质的整个单位；在未活动的时候，人格仅是一种活动的机械，具有活动的可能性。此种活动可能性的范围与性质因人而异，所谓人格的特质，即在于此。通常所谓社会行为，就是各个人人格的交互活动的表现。人格在未活动的时候，仅有一种可能性，在活动的时候（即因刺激而生反应的时候），就是使可能性实现而成活动。故社会行为是以个人人格为基础的。此就静的方面言之。

人类的心理特质,就动的方面言,只有应付刺激的活动而已。此种活动,就是对刺激的反应——就是行为。行为的发动,在人格方面观察,有一种行为的趋势。此种行为的趋势,是人格特质可能性实现的动机,可以断定个人的行为。个人行为的性质、范围、迟速等等,都为行为的趋势所决定。行为的趋势,在社会学上称为态度。一切社会行为,其始都发源于态度;态度的交互刺激与反应,产生社会上种种行为。故态度为社会行为的基础。

第二节 人性与人格及其与社会生活的关系

一、何谓人性

人性两字,在文学家、史学家、科学家以及一般人,已成为通常的口头禅。说到人性两字,似乎大家都有一种了解,以为是人类共同的性质。但是,人性的性质究竟如何?界限究竟如何?至今心理学家与社会学家尚无定论。现在仅举重要之点,略加论述。

(一)人性与本性

中国古代,讨论人性,极为详尽,大率以人性为人之本性。性字从心从生即含有生而有性的意义。《论语》云:"性相近也。"《孟子》云:"人性之善也,犹水之就下也。"《白虎通》云:"性之言生也。"《荀子》云:"性之和所生,精合感应,不事而自然之谓性。"又云:"凡性者天之就也。不可学不可事。"《庄子》云:"性者生之质也。"王充《论衡》云:"性,人之所受以生者也。"韩愈《原性》云:"性也者,与生俱生者也。"凡此诸说,即可征中国古代以人性为本性。近今欧美学者亦多有以人性为本性者。爱尔华(Ellwood)说:"所谓人性者,即人生而具有的性质,而非生后经环境影响而获得的性质。"[1]但爱氏在其近著中,恐学者误解其意义,乃径用"人之本性"(Original Human Nature)一词,以明其意。[2]据近时社会学家的意见,大致都认人性与本性有别。[3]人性是指人类共同具有的行为特质而言;本性是仅指人类初生时所具有的共同特质言。派克(Park)引桑戴克(Thorndike)说:"所谓本性,即在人类通有的性质中,减去对于用具、房屋、衣服、家具、文字、信仰、宗教、法律、科学、艺术以及他人行为等的适应的性质,所得的结果。我们可在人性中,先减去一切凡欧人所具有,而非中国人所具有的特质;一切非基岛人(Fiji Islander)所具有,而非爱斯基木人所具有的特质;即凡一切当地的或暂时的(Local or Temporary)特质,然后再减去一切人力产物的影响,所余存下来的人的智力与特性,大概就是本性。但此尚不能说全部是本性,因为一切知识的要素如观念、判断等必须从人的反应中减去的。人类原来所具有的只是各种可能性(Capacities),要经过相当教育之后,才生观念与判断。"[4]邓铿(Duncan)说:"人之本性,就是一切人所共同具有的性质中,减去一切文化的获得性。"[5]龙烈(Lumley)说:"本性是动物的性一种(A species of animal nature),在适当的环境之下,能成为人性。"龙烈以为:"我们都从细胞发源,而细胞不就是'人'(Cells are not 'human')。假如鼠、猴、牛与人的细胞,都往街上走,我们不能辨其谁是谁。'人'的一词,应在获得人性以后,方可适用。所谓'人',不是在细胞中可以找出来的。人之初生,仅是动物;获得'人'的特质,才成为'人'。"[6]总之,本性仅是人类初生时所具有特质,而非所谓人性。人性是生后在社会上养成的。那末,人类初生时所具有的共同的特质,是些什么?关于这个问题,心理学者有许多的讨论。有的以为人类生来就有种种本能(Instincts)。杜劳德(Trotter)以为人类有三种本能。[7]麦独孤(McDougall)列举十三种主要本能,七种次要本能。[8]柯尔文(Colvin)列举三十种。[9]华伦(Warren)列举二十六种。[10]吴伟士(Woodworth)列举一百一十种。[11]但最近心理学者大都对于此种本能的分类,颇抱怀疑。白乃德(Bernard)以为:许多心理学家所谓本能,其实只是习惯而已,只是一种类名,包括许多简单的行为模式。此是概念,而非本能;本能是实在的,遗传的;概念是抽象的,不遗传的。[12]大概最近心理学家，似已不承认人类有种种本能。所谓人类的本性，似乎是指神经系统的一种特殊构造；就是，刺激与反应的机械。此种构造有两类：（1）为刺激与反应间有固定的关系的。就是对于某种特殊刺激，即有某种特殊反应。此种作用，仅见于生理方面，如饮食、呼吸、消化、血循环、蕃殖、排泄等生活作用是。（2）为刺激与反应间无固定的关系的。就是，仅有感受刺激与反应刺激的可能性，而无二者间的固定的关系的。凡一切适应的行为，均有此种神经的基础的。通常所谓本性，似不是指第一类的生活作用，而是指第二类适应行为的神经构造的基础。此确是人性养成的生物的基础；没有此种基础，人性是不能养成的。

（二）人性的养成

从上讲来，我们知道，人性非本性；本性是与生俱生的，人性是生后在社会上养成的。派克（Park）说："人类不是生下就成'人'的（Man is not born human）。人惟有与其同侪发生很缓慢的很继续有效的接触、合作与冲突，才养成人性的特质。"[13]霍京（Hocking）说："人性是人为的产物。"柯莱说："人性是在那种简单而面面相觑的团体中发展的发表的；此种团体如家庭，游戏团体，与邻里，在一切社会中根本上是多少相同的。因为此种团体的根本相同，我们在经验中找出人心中相同的观念，与相同的情操的基础。无论何处，只是在此种团体中，人性方始养成。人性不是在出生时就有的；人在共同生活时，才获得的。人若孤立，人性势必衰退了。"[14]由此等学说看来，是可信人性是在社会中养成的；离开社会生活，就没有人性。故柯氏谓："人性不是在个人以外，别有存在；此是团体性，社会的基本方面，一种社会心理的比较简单而普通的状况。"[15]人性之所以相同，不是人类具有此种先天的相同特质，而是人类初生时所处的团体，在根本条件上很少差异。在相同的或相似的社会环境中，养成相同的或相似的行为特质，是极自然的结果。

（三）人性的界限

人性既然是社会中养成，究竟人性的界限如何？中国儒家之论性，虽以性为本性，但已论及其界限。孟子谓："恻隐之心，人皆有之；羞恶之心，人皆有之；恭敬之心，人皆有之；是非之心，人皆有之。"又谓："口之于味也有同嗜焉，耳之于声也有同听焉，目之于色也有同美焉，心之所同然者理也义也。"是知恻隐、羞恶、恭敬、是非，即孟子所谓人性，而口同嗜，耳同听，目同美，心同理义，亦孟子之所谓人性。告子谓："食色性也。"即告子之所谓人性。但孟子、告子仅论及人性之几方面，似未谓人性即尽于此。据柯莱的意见，"人性是人类的特殊情操与冲动，一方面表明人类高出于动物，一方面表明人类所同具，而不限于一时代或一种族的。尤其是同情，及与同情相关的种种情操，如爱、怨、好高、好虚荣、英雄崇拜以及是非的情感等是。"又说："从此种意义说，人性是社会上比较永久的原素。无论何处，人类总是求荣誉、怕讥笑、重舆论、喜财货、爱儿女、赞慕勇敢、大度与成功。"[16]柯氏仅列举几种人性的特点；或说，他仅列举人性的几方面，亦未将人性的界限划清。范黎庶（Faris）说："要了解人性，必须想像一切想像（To imagine imaginations）。了解人性的能力，常包括想像他人活动的能力，与发见我们自己具有此种活动特质的能力。我们常视一切非常奇特稀有的行为为不人道（Inhuman）或非人道（Nonhuman），因为我们自己不能想像我们会参加此种行为。我们对于极端残忍凶暴的事情，常谓为无人道的苛虐，因为我们不能想像我们自己会做此种事情。""所以人性就是我们反省得来而归之于他人的行为特质"。[17]范氏注重在想像，推其意，凡我们所想像，他人所能表现，而同时为我们所能表现的一切行为特质，就是人性。但此种想像，非常含糊；不但想像的范围是无界限，而且各人的想像，亦可不尽相同。故范氏的说明，亦不能说明人性的界限。龙烈说："人性除用同情、想像去说明外，还可用智力去说明。同情、想像固可以表明人性，而智力更是一个好的标准。"龙氏更进一层说，"真可表明人的，是他思维的分量与种类

（The amount and kind of his thinking）。思维是对于外来刺激的侵略态度；此是一种为'未来'所支配的试验的望前的态度。"[18]龙氏是承认同情想像是人性，而同时注重智力与思维，以为此才是真真表明人的特性。但人性是不是只限于同情想像与智力思维乎？此点龙氏似未曾指明。邓铿说："人性是包括属于人类全体的特质，而非属于一种族的；属于全团体的特质，而非属于一个人的；他是由结合（Association）而发达的。"又说："人性是心理的社会的（而非生物的），包括各个人生而具有的种种可发展的可能性，以及人在社会上获得的种种特质。"[19]此亦是一个笼统的界说，而不给我们一种具体的说明。

要之，无论柯莱所谓同情，范黎庶所谓想像，龙烈所谓智力与思维，邓铿所谓心理的社会的特质，以及孟子所谓恻隐、羞恶、恭敬、是非，告子所谓食色等等，都只是表明人性的几个方面，而不能说就是人性的全体。原来，人性只是一个类名，一个概念，代表人类行为的共同特点而已。此共同特点究竟为何？无人能有肯定圆满的答案。有时为同情，有时为想像，有时为智力与思维，有时为其他心理的社会的特质，初无一定范围。因时代的变迁而稍有变迁，故人性似有界限，而无界限；似是具体，而非具体。盖人性只是抽象的概念而已。人性的内容的表现，只是人类社会基本共同生活的现象的反映。有此种人类社会，才有此种人性的表现。人性不能出乎社会现象之外；人性只是社会性；除了社会性，即无所谓人性。人类有无数的社会刺激，即有无数的社会反应；有无数的社会反应，即可养成无数的社会的行为模式。此无数的社会的行为模式中，有的是与一团体中其他个人的行为模式相同或相似，有的是与全人类的行为模式相同或相似。此全人类相同或相似的行为模式，具有较永久而不易变动的性质者，通常谓之人性。此种行为模式的内容，至为复杂，故其表现之时，殊不一致。欲就其内容详为列举，以明其限界，殊不可能。盖人性非具体的事实，而是抽象的概念。明乎此，始可与言人性。

二、何谓人格

人格一词的意义,学者所见不同,解释各异。现就比较重要的意义,略述如下。

(一)心理学者的解释

亚尔保(Allport)对于人格有极详细的研究。他以为每个人有许多特性的反应(Characteristic Responses),此许多特性的反应,都是在社会环境中养成的。例如:自己表显、服从、怀疑、骄傲、低劣等等特质,都须有他人存在时方能表现。因此,他以为"人格是个人对于社会刺激的特性反应,及他对于社会环境适应的性质。"[20]是亚氏注重个人对于社会环境中的特性反应及其性质。华震(Watson)以为我们的个人,仿佛一种随时可以活动的有机的机器(Organic Machine)。他说:"人格是由许多显著的习惯系统所造成。"[21]我们要知道一个人的人格,可取其横断面研究之。横断面研究所发见的,就是这个人的许多习惯系统。所以要了解一个人的人格,只须了解这个人的习惯系统。华氏以为习惯系统因年龄而异,故人格亦因年龄而不同。华氏用下图表明一个人人格发展的横断面研究的概况。

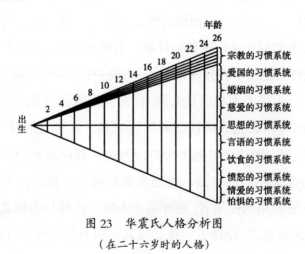

图23 华震氏人格分析图

(在二十六岁时的人格)

观此,可知华氏是注重习惯系统的。据华氏之意,一个人在某年龄时,各种习惯系统的表现,即代表其个人一切活动流(Activity Stream)的横断面。此种习惯系统的活动,具有其个人的特殊个性。关于此点,华氏所谓习惯系统,似与亚氏所谓特性反应,有相符合者。要之,心理学家所注重者,在个人的特性反应及其反应的性质。合个人的种种特性反应的习惯系统,乃有所谓人格。[22]

(二)社会学者的解释

社会学者的解释人格,注重个人在社会上所任的职务与其所占的地位。派克(Park)以为:"人格就是决定个人在社会上所任职务的各种特质的总和及其组织。"[23]蒲其斯(Burgess)说:"有许多个人特质如身材、能力与气质,确可以影响其社会地位。""原来,一个人在社会上的地位,是为其许多社会关系如团体参加、品性、个人行为模式、社会性等所决定。"[24]杨京伯(Kimball Young)说:"我们可以视人格为个人所有关于社会环境的各种态度、思想与习惯的统一的性质。"这种统一的性质,在杨氏看来,就可以决定个人在社会上所能担任的各种职务或所占的地位。[25]邓铿(Duncan)谓:"凡个人在社会上获得的特质,得谓之人格的特质。此种特质的个独的组织,使其别于其他个人,且使其在朋侪中占特殊的地位。"[26]总之,社会学家所注重者,为决定个人的社会地位的特质。人格就是个人所有可以决定其社会地位的特质的总和及组织。

(三)人格的真义

依我们看来,心理学者的解释,与社会学者的解释,可以互相补助,而使人格的真义大明。原来,人格就是人之所以为人的性格。人格与人性异者,人性是人类共同具有的性质,而人格乃各个人所具有个别的整个的性质。故人格应包括人类通有的人性与各人独有的个性。[27]此种人性与个性的区分,原为学理上比较人类普遍的与特殊的性质而加的分别;在人格方面言,本无明晰的界限。人格是整个的单位,包括无数的互相关联的特质。此类特质,一方所以别于动物,一方所以别于其他个人,通常称为人格的特质。人格的特质,常由各人特殊的习惯系统表现之。故从行为的立场言,人格就是各人所有各种多少互相关联的习惯系统总合的单位。我人所见各人特殊的人格,只有在各人特殊的习惯行为表现时见之。我们知道,闵子骞是孝子,具有孝子的人格,仅从闵子骞所表现各种孝事父母的习惯行为见之。我们知道岳飞是忠臣,具有忠臣的人格,仅从岳飞所表现各种忠于国家的习惯行为见之。我们知道,秦桧是奸臣,具有奸臣的人格,仅从秦桧所表现各种奸恶的习惯行为见之。人格仅是一个抽象名词,只有在习惯行为表现的时候,才使人格具体化,才使人们知道人格的特质。故离开习惯系统,人格即不易了解;欲了解人格,须自了解习惯系统始。

但从社会的立场看来,各人的习惯系统,必在社会环境中表现。而各人所发表的习惯行为对于社会的意义,及其在社会上的地位及价值,实与各人人格有密切的关系。故就个人方面言,各人的活动,仅为其习惯系统的表现;而就社会方面言,此种习惯系统的表现,即所以尽社会上各种的职务,具有社会的价值。个人生活的所以继续,即因各种习惯系统的继续表现,社会生活的所以继续,即因各种职务有各种人分别继续担任。社会生活的现象,实不过社会上各种人各各表现其各种职务行为的现象而已。

人类社会是一个天然舞台,社会上种种活动是一种社会剧,社会上的个人是舞台上的角色。每个人在此社会剧中担任一种或数种的职务。我们知道,在戏剧中,有的任生,有的任旦,有的任丑;同是一人,有时任丑,有时任旦,有时任生。各以其地位,各尽其职务,如是,而戏剧以成。在社会的"舞台"上,有的任教师,有的任官吏,有的任医生,有的任律师,有的任教士,有的任商人,有的任农夫,有的任劳工,各以其所处的地位,任其一部分的职务。有时同是一人,同时任学校教师、任政党党员、任学社社员、任教会信徒、任慈善家、任科学家、任慈父、任孝子、任益友等等,以其各方面的关系,尽各种的职务。如是,人人以其所处的地位,尽其相当的职务,而"社会剧"以成。要之,任何个人,在社会上必有其所尽的职务。各人在社会上的地位,及其与他人的关系,即视其所任的职务的性质,范围与价值而定。我们所见各人的人格,即于其所任的社会的职务见之。教师的人格,于其所任教务见之;医生的人格,于其所任医务见之;商人的人格,于其所任商务见之;官吏的人格,于其所任公务见之。他如尽其慈父的职务,于以见为父者的人格;尽其贤妻的职务,于以见为妇者的人格;尽其孝子的职务,于以见其为子者的人格。如是以推,随时随地,人人有其所任的职务;随时随地,可见各人的人格。故从此处看来,人格就是各人所任社会上各种职务具有社会价值的特质的总和与配合。盖人格必在社会上表见之,假如个人离群索居,便无人格的意味。

原来,人格两字,在英文为"Personality"。而"Personality"一词,出于拉丁文"Persona",意即古时伶人所戴的面具(Mask),用以演剧者。[28]面具的效用,是对观众表明其在剧中的地位,与其所任的职务。如无观众,则剧情失其意味,而面具失其效用。故各人的人格,必对他人而始有意义。各人人格如何,一面固须视其本人所尽的职务如何,而一面尤须视社会上他人对于其所任职务的了解如何;必须其本人有其所尽的职务,他人了解其所尽的职务,及其职务的意义;如是,而人格显焉。换言之,各人所表现的职务,及其与他人的关系,即可决定各人的人格。但人格的内容,尚不止此。我们知道,同是一面具,而有的演时,博群众之欢;有的演时,扫群众之兴。此由于使用面具者活动的性质不同。人格亦然。同是一职务,而各人所表现的行为不同。盖人格必有其特殊之点。此特殊之点,即由各人的行为特质表现的特殊价值。故人格非他,即各人所有能任社会上各种职务并决定其社会关系与价值的各种行为特质的总和及配合。譬如某甲为大学教授、为国民党党员、为科学社社员、为有名著作家、为孝子、为慈父,为益友等等;某甲的人格,一方面由其教授优良、对党忠实、著作丰富而有价值、对父母孝、对子女慈、对朋友信实等等的行为特质表现之;一方面由于其优良教授、忠实党员、丰富著作、孝子慈父等等特质的配合表现之;而此种表现,即可决定其人在社会上的地位。如是,而某甲的人格显焉。

由上面讲来,可知人格可从两方面观察;从个人行为方面言,人格仅是各人习惯系统的综合的组织;从社会方面言,人格是决定各人社会地位的各种特质的总和及其配合。前者系就人格的本质言,后者系就人格的效用言。二者互相发明,而人格的真义乃显。

三、人格的养成

人格的养成,与人性的养成,循同一途径。人惟有在社会环境中,与社会环境不断的发生交互刺激与反应的作用,方养成人格的特质。我们既知人格是各种习惯系统的综合的组织;要了解人格的养成,就得了解习惯系统的来源。我们知道,个人自出生以后,便继续不断的与社会环境相接触。社会环境的刺激,继续不断的刺激个人;个人即继续不断的应付刺激。在此刺激与反应的交互作用中,个人神经系统上即发生一种制约作用(The Function of Conditioning)。大概环境中常有二种以上之刺激,同时刺激个人,使个人所生的反应,与其中一种刺激,在神经系统上,发生相当的联络关系。以后如同样刺激,刺激同一个人时,此个人对此刺激,依过去规定作用的联络关系,常发生同样的反应。如此所生的反应,心理学上称为制约反应(Conditioned Response)。[29]从此种规定反应的过程中,各人养成习惯的行为;从习惯的行为,渐渐养成各种习惯的行为系统;从各种习惯的行为系统,造成完全的人格。如是,就关系言,习惯的行为系统为造成人格的基础;就过程言,习惯的行为系统渐渐养成之时,人格即同时渐渐造就。观此,可知各人的人格,无一定的界限;人格是时时变迁的,时时自成单位的。年龄不同,人格亦可以不同。严格的说,各人自出生以后,即有人格的表现。我们不能说,成人有人格,而儿童无人格。不过在儿童

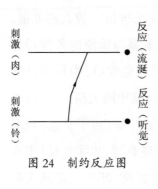

图 24 制约反应图

时代，习惯的变迁甚剧，人格的组织，尚未有相当的巩固。故通常以成人的人格，为人格研究的对象。

上面，我们是就个人方面观察人格的养成。但是，人格是社会环境中养成的。我们知道，社会上有无数的文物制度，与无数的人所发表的态度、思想、情感，随时随地可以影响于个人的行为。简言之，社会上有无数的刺激，约束个人的反应，使之渐渐成为规定的行为。此种作用，通常谓之个人的社会化（Socialization）。人自出生之时，即受社会刺激的影响，即为社会化的开始，亦就是人格养成的发端，自此而后，无时不受社会刺激的影响，即无时不为社会所化。在此种社会化的过程中，人格就渐渐地养成。

要之，人格的养成，可从两方面观察。就社会方面言，时时供给个人以文化与社会的刺激，影响于个人的行为，使个人于不知不觉中，受社会的控制。就个人方面言，时时应付刺激，时时受刺激的影响，使个人于不知不觉中，造成种种习惯系统。一方面是社会约束个人，一方面是个人获得习惯；在此种过程中，人格就因以养成。

更有进者，人格的养成，与社会环境有密切的关系。社会环境所供给的刺激的性质，可以决定人格的特质。所谓染于苍则苍，染于黄则黄。在相当的时期以内，一个人在何种社会环境中生活，似乎即可养成何种的人格。此种环境造成人格力量，以在幼年时为尤大。故《易经》谓：蒙以养正。各个人大部分的习惯，是在幼年时养成；而幼年时所养成的习惯，最不易改变。所谓：少成若天性，习惯成自然。盖个人人格的基础，即建筑于幼年之时。故幼年时代所处的环境，对于个人人格的发展，尤关重要。孟母三迁，甚合于此种原则。

四、人格的类别

近代心理分析家与精神病学家，从事于人类变态心理的研究，研究结果，发见变态心理现象，与常态心理现象，有多少差异；因此，心理学家常分人格为常态的与变态的两大类。但据精神病学专家罗桑诺甫（Rosanoff）的意见，常态的人格与变态的人格，并无明晰的界限。平常以常态与变态相比较，仅系程度上的区别，而非性质上的分界。[30]故此种分类，似不适当。至其他人格的分类，尚有多种。兹举其重要者，分述如下。

（一）汤麦史（Thomas）的分类

汤氏分人格为三类，[31]即保守的（The Philistine），进取的（The Bohemian）与创造的（The Creative）。保守式的人格，其态度非常固定，少受外界的影响。进取式的人格，其态度非常松懈，故极易接受外界任何影响。创造式的人格，与上二者均不相类，其态度似固定而非固定，似松懈而非松懈，其接受外界影响与否，一以个人发展的需要为断。

（二）康克林（Conklin）的分类

康氏分人格为三类，即外向的人格（Extroverts）、内向的人格（Introverts）与折衷的人格（Ambiverts）。外向的人格，一切思想行动有向外发表的趋势，最易接受觉官的刺激；偏于活动，而短于思维。据康氏之意，此种人格，其注意力常为客观的条件所控制。内向的人格，适得其反。一切思想行动均有内向的趋势，颇能集中注意，而不为外界刺激所引动。长于想像，而拙于行动。此种人格，据康氏之意，其注意力为主观的条件所控制。折衷的人格，即界乎上述二者之间的人格。有时为内向的，颇耐思维想像；有时为外向的，常喜发表行动。据康氏之意，此种人格，其注意力或为客观的条件或为主观的条件所控制，而其主观的条件常能容许外向或内向的人格的表现。[32]

（三）奥佛斯溪（Overstreet）的分类

奥氏分人格为二类，即拘束的人格（Contractives）与扩张的人格（Expansives）。拘束的人格与康克林氏的内向的人格颇相近。大概此种人格，务避外界的接触，及新事物的影响，而具有自我集中的趋向。扩张的人格与康氏的外向的人格颇相近。大概此种人格，喜与外人接触，并接受新事物的影响，具有向外扩张的趋向，而无自我集中的表现。[33]

上述三家的分类,均系就人格特质的偏向,而加以区别的。实际,人格是一种复杂体,很难加以一种严格的区分。即使习惯系统有相当的组合,如汤麦史所谓保守的进取的创造的,康克林所谓向内的向外的折衷的,奥佛斯溪所谓拘束的扩张的等等,但实际亦无纯粹的方式,要必有多少的混杂。为便利观察计,则此项分类均可依需要而分别采用。

五、人格与社会的关系

由上讲来,我们知道,个人的人格,是在社会上渐渐养成的。个人初生,与动物无异;因与社会上他人的交互刺激与反应,乃渐渐的习得社会上种种特质,而成为社会上的一员;同时即因个人所处环境的差异,而养成其特殊的个性。故人格的养成,与社会环境有密切关系。个人人格的特质,既经养成,便随时参加社会上各种职务。此种职务的性质及范围与价值如何,即可决定个人在社会的地位。换言之,个人人格与社会上他人的关系,全视人格特质的性质及范围与价值而定。故人格的巩固或变迁与否,亦与社会环境的状况,有密切关系。

复次,人格养成之后,各人人格的活动,直接影响于社会。从人的方面言,各人的活动,常影响于他人的态度、思想与情感,而使他人的活动,发生变迁。从文化方面言,各人的创造或传播文化,常可使全社会的文化状况,发生变迁。其最显明者,为领袖人格的关系。智识界领袖如大科学家、大哲学家、大发明家,事业界领袖如大政治家、大实业家、大教育家等等,其对于社会国家影响之大,有非笔墨之所能形容者。人类社会各种重要事业,与重要变迁,何莫非大思想家与大事业家所造成。故葛勒尔(Carlyle)谓,人类的历史,无非大人物的历史。此虽言之过甚,但大人物与人类社会关系的重大,亦可想见。至于寻常个人,其对于社会的影响,虽不如领袖人物之大,但亦各有相当的影响。我人就日常生活的经验言之,遂可知此言之不谬。要之,个人人格对于社会所生的影响,亦不减于个人人格所受社会的影响。个人与社会,交互影响,以造成社会上种种现象。

第三节　人类态度与社会生活的关系

上节讨论人性与人格,是就人类行为的比较永久的性质言,是就静的方面言。现在所欲讨论的,是就人类对付环境刺激当时的心理状态言,是就动的方面言。我们知道,行为的发生,以习惯系统为基础,人格是习惯系统的复杂体,凡遇刺激的时候,自然会依照习惯系统去反应。但反应的发动,在人格方面,有一种反应(即行为)的趋势;此种趋势,可以断定个人的行为。个人行为的性质,范围与迟速,均为行为的趋势所决定。此种趋势,在社会学上称为态度。本节即讨论态度的性质及其功用。

一、态度的性质

（一）行为的分解

心理学告诉我们,行为是有机体与环境相互间所发生的调适作用。行为有简单与复杂之别。简单的行为,如用饭、饮茶、穿衣、行路;复杂的行为,如求学问、营商业。无论简单或复杂,凡是一种行为的完成,常须经过相当的时间。不过简单的行为,其完成的时间较短,复杂的行为,其完成的时间较久而已。所以一切行为都可就时间方面分为两部分,就是预备的行为(Preparatory Behavior)与完成的行为(Consummatory Behavior)。[34]譬如因渴的刺激,而要饮茶,是"饮茶"的一个行为的前部分:即预备的行为。因要饮茶,而去饮茶,是"饮茶"的行为的后部分:即完成的行为。大概预备的行为,常常可以断定行为的趋向。譬如"要饮茶"的预备行为,常常可以断定"饮茶"的行为。但实际上,预备的行为与完成的行为中间的经过,有迟有速。迅速的行为,预备与完成,常常继续不断,预备后,即完成。譬如,想饮茶时,见茶就饮,极简捷。迟缓的行为,在预备与完成的中间,常常有相隔极久的。譬如,"要求学问"是

"求学问"的一个行为的预备。由"要求学问",而至做到"求学问",中间自然要经过相当的时间。即就"饮茶"的行为讲,见茶就饮,固然是极简捷的,但是有时"要饮茶"而无茶可饮;或者是要向外购取,或者是竟然一时无茶可得。彼时此种预备的行为,就不能不迁延到相当时期,始能完成。要之,行为都有两部分:就是预备的与完成的行为。从预备到完成,常因外界的情形与行为性质的繁简而定。此问题的详细,要让心理学去研究,我们现在所要说明的,就是行为是有预备与完成的两个阶段。

(二)态度与行为的关系

汤麦史(Thomas)于1918年顷,始用态度(Attitude)一词,说明心理的状态。[35]他以为:态度就是动作(或行为)的趋势(Tendencies to act)。范黎庶(Faris)以为:态度是一种姿势,一种未完全的动作,或动作的趋势。[36]白乃德(Bernard)以为,态度是一种未完成的或可能的适应的行为过程(Incompleted or potential adjustment behavior process)。[37]据我们上面的分析,汤氏的所谓动作的趋势,范氏的所谓未完成的动作,白氏的所谓未完成的行为过程,就是我们所谓预备的行为。[38]态度既是预备的或未完成的行为,就可以断定行为。我们知道,为善的态度,可以决定其为善的行为;作恶的态度,可以决定其作恶的行为;救人的态度,可以决定其救人的行为;自杀的态度,可以决定其自杀的行为。要之,态度与行为的实现,有极密切的关系。

二、态度的起源

态度既是预备的行为,此种预备的行为,竟究如何发源?换言之,态度是发生于环境刺激的当时,抑在过去的经验中已有相当的根基,一遇刺激,即可发生欤?此是应该研究的问题。

我们在第十章讨论人口品质的时候,知道,人类的心理特质,除先天的生理构造基础外,似是后天习得的。故一切行为,似都是后天环境的产物。态度既是预备的行为,自然受环境的影响。

我们知道，一个人自从呱呱堕地而后，处处须应付环境的刺激；在应付环境刺激的过程中，就学得无数的习惯的行为或规定的反应（Habitual Behavior, or Conditioned Response）。此种习惯的行为，渐渐累积起来，并组织而成行为的系统。此种行为的系统或习惯系统，遇到事物刺激的时候，就会自动反应。态度就是此种自动反应的习惯系统的表现。环境刺激有种种的不同，由此而引起的习惯系统，亦自有种种的不同；故态度即有种种的不同。是知态度的发生，在各人过去的经验中已有相当的基础。有适当的刺激，引起适当的习惯系统，乃有适当的态度的表现。如此看来，态度不是在刺激的当时偶然发生的，而是在过去的许多习惯系统中选择出来去反应当时的刺激的。故态度不过是个人一部分习惯系统的活动的发端。

态度既然是习惯系统的活动的发端，而习惯系统是在社会上共同生活时造成的。相同的文化环境，可以造成相同的习惯系统。一个人常与社会上其他个人发生相同或相似的态度，故个人的态度，常可以代表一个社会的文化状态。我们常从一个社会的文化状态中，看出社会中各人的态度。在诚实的社会中，我们知道他们同具诚实的态度。在欺诈的社会中，我们知道他们同具欺诈的态度。此不过是极端显明的例子罢了。实际，一个社会中各人的态度，没有如此显明。由我们平常的观察，各人的态度，不是完全一致的。一部分人是一致的，一部分人是不一致的。或者对于一事物是一致的，对于其他是不一致的，此因为社会上各人所处的环境，不尽相同，所以养成的态度，亦不能不稍有歧异。假如在同一的环境刺激下，常可以养成相同或相似的态度。故在比较简单而安定的社会如乡村之类，其民众的态度，易于统一。在比较复杂而变动的社会如大都市之类，其民众的态度，不易统一。要之，态度的起源，与社会环境有密切关系。

三、态度与人格

范黎庶（Faris）说："态度可以说是人格的原素。人格是由许多比较完全而有系统组织的态度所组成。[39]鲍格达(Bogardus)亦说:"合个人所有一切的态度,而成人格。"[40]原来,人格不可见,见之于行为;行为的发端,见之于态度。故态度为人格的发动。一种态度,即代表个人人格一部分的表见。合个人所有种种一切的态度,即可代表此人人格全部的表现。但人格是就静态言,态度是就动态言,故个人所有一切态度的总和,不能说就是人格;只能说,就是人格的表现。范黎庶与鲍格达所指的人格,似亦就人格的表现而言。

四、态度的表现

上面已经将态度的性质及起源说明了。态度既然是预备的行为,或习惯系统的发动,自然可以用客观方法观察。客观方法观察的结果,知道态度表现的途径,不外下列几方面。

（一）从姿势上表现

我们的态度,常常可以从姿势上表现出来。一个人在欢喜的时候,往往手舞足蹈。表示赞成,即拍手点头；表示不满,则顿足摇首。外物来侵,则或用手抵抗,或随身躲避。呼唤他人,则以手相招。表示别离,则以手相挥。此类态度的表现,非常明了。此外如赛跑时蹲地待发的姿势,拍球时守候皮球的姿势,都是极显明的态度表现。

（二）从容貌上表现

平常又可以从容貌上表现态度。喜则笑,悲则哭,心忧则愁容满面,心怒则张目怵视。凡是人们的感情及情绪,大都可从容貌上表现出来。亚尔保(Allport)称之为容貌的语言(The language of the face)。此种容貌的语言,大致可别为两种:就是快乐与不快乐的表现。

卜图可以表明此两种态度。

据亚尔保之意,我们若再分之,可别为六类如下:

图 25　从容貌上表现的态度图

（1）痛苦（Pain Grief）　　　　　┐
（2）惊惧（Surprise Fear）　　　　│
（3）愤怒（Anger）　　　　　　　├ 不快乐的态度
（4）憎恶（Disgust）　　　　　　┘
（5）快乐（Pleasure）——快乐的态度
（6）其他（Various Attitudes）——中性的态度

（三）从语言上表现

我们从容貌上已经可以表现许多态度。还有许多态度，却不能从容貌上表现。至于语言，是表现态度最好的工具。凡是情感的态度，思想的态度，行动的态度，都可从语言表现出来。不但从唯诺阿谀，讥诮诟谇，我们可了解人们的态度；就是日常谈论之间，处处可以体察态度的趋向。

（四）从动作上表现

一个人的动作，常常可以表现他的态度。在心事重重的时候，往往手忙脚乱。在集中注意的时候，往往不顾他事。虽则一个人的动作，常常受着习惯及环境的影响；各人的动作，未必表现同样的态度；但若从语言、容貌、姿势各方面观察，而再证之以动作，常常可以了解一个人态度的真相。

大概人类的态度，可从上列几方面表现出来。[41]要了解人类态度，必须从此几方面观察。平常人除极显明的态度外，往往不甚注意，以致误解态度者,比比皆是。

五、态度的类别

（一）态度与对象

社会学上所谓态度,非独立自存的现象,而是与他物对待的现象。盖态度必定是对人或事物而表现的。例如,我对于西洋文明的态度,我对于印度哲学的态度,我对于俄国人的态度,我对于日本人的态度,我对于无线电的态度,我对于电影的态度等等。每种态度必有其对象。此种对象,汤麦史(W. I. Thomas)称为社会价值(Social Value),以其具有可以为社会上人们活动的对象价值。[42]路透(Reuter)说:"凡可以为人类反应动作的对象的,就成为一种价值。"一切社会上所有的种种制度,种种信仰,种种实施等等,其总和及配合成为一社会客观的文化的,都是价值。[43]故态度与社会价值是相对待的;态度是人观的,是社会价值的主观方面;社会价值是物观的,是态度的客观方面。所以范黎庶(Faris)称态度为文化的主观方面(The Subjective Aspects of Culture),对象为态度的客观化(The Externalization of the Attitude)。[44]总之,态度与社会价值(即文化)是相对待的,社会上一切价值(一切文化要素)都可为态度的对象。个人对于一切社会价值,都可表示态度。故态度与社会价值有密切关系。

（二）态度的分类

自来学者对于态度的分类,实际上为数甚多。举凡所谓本能、欲望、愿望、兴趣等等的分类,实际即指态度而言。盖欲探索人类行为的基本形式而求其类别。其中以司马尔(Small)的六种兴趣说[45]及汤麦史(Thomas)的四种愿望说为最著。[46]"司氏以为人类有六种兴趣(Interests):即健康(Health)、财富(Wealth)、合群(Sociability)、知识(Knowledge)、审美(Beauty)与正义(Rightness)。此六种兴趣,为人类一切活动的原动力。盖司氏视此六种行为趋势为人类的基本态度。汤氏以为人类有无数的愿望(Wishes)，但此种无数愿望中，可以归纳而得四种基本型式：即求新(Desire for new experience)、求安(Desire for security)、求同情(Desire for response)、求称扬(Desire for recognition)。此四种愿望，在汤氏看来，是最基本的愿望，可以作为各种愿望的标准趋向。盖汤氏未尝否认他种愿望，不过他种愿望均不出此四种最大趋向而已。汤氏以为此类愿望，即是普通态度，随时对任何社会对象可以表现之于行为。故此种分类，似可视为一种态度的分类。

白乃德(Bernard)分态度为基本的与推演的(Primary and Derivative Attitudes)二类。基本态度，起于基本团体生活中；推演态度，起于后起推演团体中。基本态度如爱、信、慈、忠、虔诚、公道、爱真，以及恨、憎、不信、不忠、欺诈、哄骗等等，皆起于避苦就乐的感情。推演态度如爱国、忠于团体、家族主义、国际主义、人道主义、信仰真理，以及卖国、敌忾之心、反人道、反国际主义等等，皆起于智力思考与抽象的结果。白氏承认此种分类，均有正反两面(Positive and negative aspects)。故此二种分法，实际即有四种分别。[47]

范黎庶(Faris)分态度为下列四类：

（甲）遗传的态度与习得的态度。

（乙）有意的态度与无意的态度。

（丙）团体的态度与个人的态度。

（丁）潜伏的态度与活动的态度。

范氏的分类，视态度的范围为极广，凡一切可能的行为，似都入于态度范围之内。故氏以婴儿吸乳的反射动作为遗传的态度；以法院中判决方法的习惯为无意的态度；以团体中共同的精神表现为团体的态度；以未活动的习惯为潜伏的态度。[48]要之，以上所举各家对于态度的分类，似各有其相当的价值，惟觉均有一种可议之点，即不注意于态度的特性。从前面讲来，我们知道，态度是指应付刺激时的心理状态言，而不以其内容言。故各家分类，似均不甚适用。我们既以态度为应付刺激时的心理状态,则每种态度必有其当时刺激的对象。要了解态度,必须了解态度与其所遇对象的关系。故我人对于态度的分类,亦应以态度与其对象的关系为根据。派克(Park)教授谓:人类最基本的行为形式有二:即接近的趋势(The tendency to approach),与远离的趋势(The tendency to withdraw)。从个人方面言,即扩张的趋势与收缩的趋势(Tendencies to expand and to contract)。派氏以此意思,应用之于态度,谓之态度的两极性(The polar conception of attitudes)。以为态度对于事物均有此相反的两极。从此观念引伸,乃有所谓社会距离(Social Distance)的概念。[49] 盖谓人与人间常可从接近与远离的趋势及其程度,而推测其距离。例如我人对于亲戚朋友的态度,与路人自有区别。平常所谓亲疏两字,极可表明社会距离的意义。

要之,派氏接近与远离的概念,极可应用于态度的分类。我们知道,人类对于人或事物,不外此两种相反的表示。态度既然与其对象有密切的关系,故态度的分类,便应视其与对象的关系而定。而态度与其对象的基本关系,不外接近与远离二者。故我人即应以此两种趋势,而分态度为赞成的与不赞成的两种。赞成的态度,对人或事物是接近的;不赞成的态度,对人或事物是远离的。故就理论言,人类态度,不外此二类。但实际,却有第三类态度,此类态度,我人谓之中性的态度。故完全的态度分类,应包括三类:

(甲)积极的态度,或赞成的态度,或接近的态度。

(乙)消极的态度,或不赞成的态度,或远离的态度。

(丙)中性的态度,又可分为二种:

  (子)中立的态度,即不表示赞成或不赞成的态度。

  (丑)骑墙的态度,即两可的态度,或无可无不可的态度。

兹再分别加以说明如下。

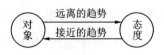

图 26　两种态度对比图

（甲）积极的态度

人类态度，严格说来，只有二种：即赞成的与不赞成的。因为我们对于人与事物的真确态度，不外赞成或不赞成，决无中性之理。不过实际上，人类对于人与事物的态度，因种种关系，却有中性态度的表现。至于赞成与不赞成的两种态度，为我们日常最显著的态度，大概积极的或赞成的态度，使人与对象接近（Approaching）。消极的或不赞成的态度，使人与对象远离（Withdrawing）。故亦可称为接近的态度与远离的态度。积极的态度，包括亲爱、友谊、同情、钦佩、崇拜、服从、喜欢、热诚、兴趣等等的表现，大概一个团体中，对于一种人，或一件事物的积极态度，不一定占大多数或多数；最普通的状况，似乎是占少数或极少数的。

（乙）消极的态度

此种态度与积极的态度，恰恰相反。具有此种态度的人，往往对于唤起态度的人与事物，表示远离的行动。消极的态度，包括嫌怨、憎恶、仇恨、鄙弃、藐视等等的表示。一个团体中，具有此种态度的人，亦不一定是占多数，最普通的，是少数甚至是极少数。

（丙）中性的态度

人们对于"人与事物"的真确态度，决不会有中性的，上面已说过。不过实际上却有中性态度的存在。他的来源，或由于人们对于对象还没有真确了解，所以不能表示态度。或由于对于对象，虽已有真确了解，但不愿表示态度。或由于对于对象，觉其无关重要，不必坚持的。中性的态度，又分为两种：第一，中立的态度，指对于人与事物不表示究竟赞成或不赞成的一种态度。大概中立的态度，往往由于不愿参加赞成或不赞成的一种表示，所以与模棱两可的态度不同。第二，骑墙的态度，指对于人与事物表示一种"无可无不可"的态度。就是说：赞成也好，不赞成也好的态度。大概一个范围较大团体中，具有此种态度的人，平常总是多数，甚或是大多数。此种人态度的最后决定，还须视赞成的或不赞成的人的势力，或自己的利益为转移。但在小团体中，则未必尽然。往往有并无中性态度的表现者。中性的态度，包括冷淡、漠视、疏忽、任便等等的表示。

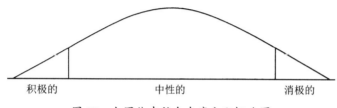

图 27　大团体中社会态度分配概略图

六、态度的养成与转变

大概一个人的态度，是生后在社会上渐渐养成。既应养成的态度，亦可以常常转变。现在要讨论究竟此种态度如何养成，与如何转变。

态度的养成与转变，有下列几种过程。

（一）接触

态度的养成与转变，常起于与外界接触。所以接触为态度发生或转变的起点，亦即为其最重要的关键。

（二）暗示与提示

凡一人或数人的行为，于无意中足以影响于他人的行为，此种作用，谓之暗示。譬如因他人信仰宗教，而我亦信仰；见他人欢欣鼓舞，而我亦欢欣，此种他人对我影响的作用，就是暗示作用。在他人方面，并没有命我信仰，要我欢欣，我因与他人接触，不知不觉间受其影响，而我亦信仰宗教，我亦欢欣鼓舞。换言之，我的态度，因与他人接触，不知不觉间受其影响，而发生变迁，此是暗示作用。昔三国时魏人毛玠，务以俭率人，居显位，常布衣蔬食。由是影响所及，天下之士，莫不以廉节自励，虽贵宠舆服不敢过度，长吏垢面羸衣，军吏朝服徒行。[50]又唐时杨绾以俭约著闻。及入相,御史中丞崔宽,即潜毁池馆台榭,京兆尹黎干,骤损驺御,止留十余骑。其他闻风靡然自化者,不可胜纪。[51]此皆以节俭暗示,而转变时人之态度者。暗示对于态度的影响,常出于无意之间。凡有意的将意见、情感、动作表示于人,而欲使人受其影响的作用,谓之提示。譬如父母教训女子,教师训练生徒,以及商业广告等所发生的影响等等,均是提示。昔隋时王颊少好游侠,年二十尚不知书,为其兄颙所责怒,于是感激读书,昼夜不倦,当世称为博物。[52]又皇甫绩三岁而孤,为外祖韦孝宽所鞠养,尝与诸外兄博奕,孝宽以其惰业,督以严训,愍绩孤幼,特舍之。绩深自感激,自杖三十。孝宽闻而流涕,于是精心好学,卒为闻人。[53]此皆以教训提示,而转移他人之态度者。但平常社会上暗示方面,比提示为多,而暗示的力量,似亦比提示为大。因此之故,态度的养成与转变,受暗示的影响为最大。

（三）模仿

仿效他人的思想、情感或动作的作用,谓之模仿。暗示与模仿原有密切关系。暗示是指发动的人说,模仿是指被动的人说。二者原系一种作用的两方面。一个人模仿他人的思想、情感、动作,必起于他人的暗示。所以模仿,是暗示或提示的对称方面。态度的养成或转变,常由于暗示或提示与模仿的双方作用。仅有暗示或提示而无模仿或其他作用,便不会发生影响。譬如上述之例,人的信仰宗教,与欢欣鼓舞,对我则为暗示;而我因而信仰宗教,因而欢欣鼓舞,就是模仿。又毛玠、杨绾能以俭约影响他人是暗示,而他人因而转变态度是模仿(通常往往只称仿效动作为模仿,在思想方面称为暗示,情感方面称为同情)。假使无人模仿,此等暗示,便失其效力。

（四）创造

暗示或提示对于我人,未必唤起模仿作用。有时人们因为所暗示或所提示的思想、情感、动作,而创造出自己的思想、情感、动作,暗示方面仅给予一种刺激罢了。所以此类创造出来的思想、情感、动作,不但与所暗示或提示的思想、情感、动作，大不相同，甚或绝端相反。此都是创造作用。创造虽则不是模仿他人的思想、情感、动作，但并不是完全自己凭空创造出来，还是靠暗示或提示的刺激，因而联络固有的思想、情感、动作，以成新的思想、情感、动作。大概一个人的态度的养成或转变，由于因暗示而创造出来的，却是很多。譬如因人信仰宗教而怀疑宗教，见人欢欣而毫无感觉，甚或讥诮等等，须视一个人先前的经验如何而定。

总之，凡是态度的养成与转变，必定经过此几种过程，而就中接触与暗示的作用，尤为基本的过程。所以我们可说，一切态度的养成与转变，都起于接触与暗示。如此看来，环境对于人类态度的影响，非常重大。

七、态度与社会生活的关系

人类态度与社会行为，有极密切的关系。我们可以从几方面说。

（一）态度与习惯

个人习惯，常受他人对于此种习惯的态度的影响。譬如在不嗜赌不饮酒的社会，不易养成赌博饮酒的习惯，因为社会上对于赌博是持反对的态度。昔南朝周山图好酒多失，宋明帝数加怒诮，后遂自改。[54]晋陶侃每饮必留余量，曰少有酒失，亡亲见约，故不敢过。[55]梁朱异，十余岁，好群聚蒲博，颇为乡党所患，既长乃折节从师，遍治五经。[56]凡此皆因他人态度，而改其习惯者。反之，在赌博饮酒的社会，极易养成赌博饮酒的习惯，因为社会上对于赌酒是持赞成的态度。可知，个人习惯的养成，与社会态度有密切关系。

（二）态度与制度

制度是社会上人们所公认的行事规则。人们行为常遵从社会上流行的制度以为标准。制度的标准价值不变，制度亦不变。所以制度是有继续性的。但是此种有标准价值而又有继续性的制度，决不会自身维持他的标准价值与继续性的。所以能有标准价值而继续存在的原故，就恃社会上人们对于此种制度的态度。社会态度是赞成的，即可维持其标准价值,而继续存在;社会态度是反对的,即可失其标准价值而消失。譬如我国旧时"父母之命,媒妁之言"的婚姻制度,在从前时候,无论何人,都视为一种社会上规定的婚姻规则,人们的婚姻,都须视此为标准,所以此种制度,能继续存在,换句话说,当时社会上人们对于此种婚姻制度,多抱赞成的或服从的态度,所以此种制度,可以继续存在。现在此种制度,有许多人已不赞成了,不服从了,所以此种制度,对于此类不赞成不服从的人们,已经失去了标准的价值,失却了社会规则的束缚力。所以此种制度对于此等人已经不复存在了。假使全国之人,对于此种制度,都表示一种不赞成不服从的态度,那末,此种制度,立刻就可消失。

（三）态度与物质状况

社会上有形的物质文化,所以能保存而继续使用的原故,亦因为我人表示赞成的态度。我人喜用汽车,就因为我人赞成汽车的原故。人力车依旧保存而不废,就因为还有许多人赞成人力车的原故。假使全国社会个个人反对人力车,那末,人力车就不会在此社会继续保存使用。所以物质文化,亦是直接受社会态度的影响。

（四）态度与社会变迁

社会变迁,简单说,就是社会状况或制度的变迁。社会状况或制度,不会自身变迁;所以变迁的原故,就因为社会上人们对于此种状况与制度的态度发生变迁。在人们对于社会状况或制度的态度表示绝对赞成与服从的时候,此种状况或制度,决不变迁。假使人们的态度,发生变迁,社会状况或制度,亦必因之变迁,故社会态度与社会变迁有密切关系。

（五）态度与社会问题

社会上有许多问题,常起于人们对于某种社会状况或制度感觉到不满意而要求改革的时候,所以有许多社会问题,其发生的枢纽,即在态度。无论社会状况如何坏,社会制度如何不适用,假使社会上人们对他不觉得不满意,那便不会有问题。假使人们发见了他的缺点,感觉到他的不适用,那么,对于此种社会状况或制度,就发生问题。

要之，社会态度对于社会生活，有极大影响。原来社会是由人组成的，社会现象，是由人造成的；而整个的人，是可以态度代表的。社会上种种现象，可说都与态度发生密切关系。

　　但是，我们必须注意，态度不能单独产生社会现象的。态度必须在社会环境中表现而活动的。社会环境中不外人与文化是可以态度表明的。故质言之，社会环境中不外文化与态度。文化是客观的，属于物的；态度是主观的，属于人的。文化与态度的交互作用，乃产生种种社会现象。文化固然常受态度的影响，而态度亦常受文化的影响，二者互为因果，不能分离。本节是从态度的立场，讨论其与社会生活的关系，故偏重态度的影响。其实态度是在文化环境中陶冶而成。态度的本身，即是文化的反映，原无独立势力之存在。要之，就态度之活动言，固可影响于社会现象，但就其起源言，则态度亦出于文化环境之陶冶，固不能与文化脱离关系。

本章温习问题

一、何谓人性？其与本性有无区别？

二、人格与人性的关系若何？

三、人格如何养成？

四、人格与环境的关系若何？

五、何谓态度？其与行为的关系若何？

六、试讨论态度与习惯的关系。

七、试述态度对于社会变迁的影响。

八、试述社会态度与社会问题的关系。

九、态度变迁的过程若何？

十、试论人格与态度的关系。

本章论文题目

一、人性的养成。

二、人格特质的分析。

三、述各家对于态度的意见,并加以评论。

四、社会问题,起于社会态度的变迁,试详论之。

本章参考书

1. Allport: *Social Psychology*(1924), Ch.1.

2. Bernard: *Introduction to Social Psychology*(1927), Part 1.

3. Bogardus: *Contemporary Sociology*(1931), Ch.4.

4. Cantril: *General and Specific Attitudes*(1932).

5. Davis and Barnes: *Introduction to Sociology*, Book Ⅱ, Part 3.

6. Folsom: *Social Psychology*(1930), Chs.2-6.

7. Hiller: *Principles of Sociology*(1934), Ch.5.

8. Lumley: *Principles of Sociology*(1928), Ch.3.

9. MacIver: *Society: Its Structure and Changes*(1931), Ch.3.

10. Park and Burgess: *Introduction to the Science of Sociology*(1921), Ch.2.

11. Reinhardt: *Principles and Methods of Sociology*, Ch.3.

12. Thomas: *The Unadjusted Girl*(1923), Chs.1, 2, 3, 6.

13. Thomas and Znaniecki: *Polish Peasant in Europe and America*(1920), Vol.Ⅰ, pp.20-24.

14. Watson: *Behaviorism*(1925), pp.216-223.

15. Young: *Social Psychology*(1930), Parts 2-4.

16. 潘菽:《社会的心理基础》(世界本)。

本章注释

1. 见Ellwood: *Introduction to Social Psychology*, p.57。

2. 见*Psychology of Human Society*, p.74.ff。

3. 凡最近所出各种著作，大概都受柯莱教授的影响，以为人性不是本性，人性是在基本团体中渐渐发展而表现的性质。见Hankins: *Introduction to the Study of Society*（1927）; Duncan: *Backgrounds for Sociology*（1931）; Lumley: *Principles of Sociology*（1928）; Binder: *Principles of Sociology*（1928）。

4. 见Park and Burgess: *Introduction to the Science of Sociology*, p.80（Revised Edition）。

5. 见Duncan: *Backgrounds for Sociology*, p.626。

6. 见Lumley: *Principles of Sociology*, p.59。

7. *Instincts of The Herd in Peace and War*, 1924.

8. *Outlines of Psychology*, 1923.

9. *The Learning Process*, 1912.

10. *Human Psychology*, 1919.

11. 见Bernard: *Social Psychology*, p.131。

12. *Introduction to Social Psychology*, 1926.

13. Park and Burgess: *Introduction to the Science of Sociology*, p.79（2nd Edition）.

14. Hocking: *Human Nature and Its Remaking*, p.2.

15. Cooley: *Social Organization*, pp.28–30.

16. Cooley: *Social Organization*, pp.28–30.

17. Faris: "The Nature of Human Nature", *Proceedings of the American Sociological Society*, Vol.XX, pp.18–29.

18. Lumley: *Principles of Sociology*, pp.61–62.

19. Duncan: *Backgrounds for Sociology*, pp.629–630.

20. 见Allport: *Social Psychology*, p.101。

21. 见Watson: *Behaviorism*, pp.210–223。

22. 心理学家对于人格的意见,至为纷杂。兹所举者,取其足以代表最近心理学者的趋势耳。其他意见,可参考Bagby: *The Psychology of Personality*,(1928);Benet: *Alterations of Personality*(1896);Gordon: *Personality*(1926);Myerson: *The Fundations of Personality*(1921);Valentine: *The Psychology of Personality*(1929)。

23. Park and Burgess: *Introduction to the Science of Sociology*, p.70.

24. Burgess: "The Delinquent as a Person", *American Journal of Sociology*, Vol.28. pp.665-68, 671-73,(1922—23).

25. Kimball Young: *Source Book for Social Psychology*, p.449.

26. Duncan: *Backgrounds for Sociology*, pp.647-3.

27. 比较Bogardus: *Contemporary Sociology*, p.200,(1931)。

28. 面具的意义,用以说明人格,有二种不同的见解。其一,用面具的譬喻,说明人格的掩饰性。我们多有各种自然的冲动与欲望,但因社会习俗所不容许,故不得不抑制之以从习俗。我人所表现的行动,是虚饰以示社会,而非其真相。且我人所参加的职务,常因团体不同而异其性质,甚至有相反或互相冲突者。我人尽力一事,常掩蔽他事,一若仅有此事而无他事者;此又是虚饰而非真相。派克教授是如此说:"我们的礼貌,我们的谦恭的言语及态度,我们的合于习俗的正当行为,似都表示'面具'的性质。我们的面貌,是我们的活'面具'(Living masks)。"见Park: "Human Nature and Collective Behavior", *American Journal of Sociology*, Vol.32, pp.738-39。龙烈教授如此说:"人格不是我们各人的实际如何,而是我们各人在社会上所任各种职务如何,他人看我们如何,又如何接受我们。伶人以面具掩饰,我们以所任职务掩饰。"见Lumley: *Principles of Sociology*, p.521。但此种解释,欧鹏克教授不以为尽然。彼意:真正的人格,决不是"面具";各人所表现的活动,即使有时互相冲突,亦是代表纯正的自我。各种活动表现之时,虽则是偏颇的,不完全的,或不能表现何种重要的自我,但实际则均有前后及情境关系。不但在每种情境之下,每种自我的表现是实在的,并且比较的亦是不变的。在每种自我中,富有各种不同的心境与态度。但此都是同一人的心境与态度。见Eubank:"Concept of the Person", *Sociology and Social Research*, Vol.12, pp.360–364或Bogardus: *Contemporary Sociology*, pp.203–206(1931)。其二,用面具的譬喻,说明人格的社会性。伶人戴一种面具,任剧中一种职务,而观众了解其职务的意义。注重在伶人所任的职务(The actor's role in the play),而非面具的虚饰性。蒲其斯(Burgess),邓铿(Duncan),杨京伯(Kimball Young)均主此说。本书亦采此义。详见Burgess:"The Delinquent as a Person," *American Journal of Sociology*, Vol.28, pp.665–668, 671–673(1922—23); Kimball Young: *Source Book for Social Psychology*, Chs.13–14(1927); Duncan: *Backgrounds for Sociology*, Ch.27, pp.647–652(1931)。

29. 制约反应(Conditioned Response),寻常心理学上,讨论甚详,大意凡二种或二种以上的刺激,同时刺激个人;而其中一种或二种刺激,在个人神经上已有相当的联络。即在个人方面,已有过相当的反应关系,则其中一种刺激与此反应向无关系者,今亦发生联络。俄儒柏微露(Pavlov)尝实验狗的反应。因狗见肉即流涎,肉其刺激,流涎其反应。其刺激与反应之间,已发生相当关系。狗听铃声,仅用听觉,并不引起味感。因铃声与味感中间,并无何等先前关系。但若在示肉之时,即同时振铃,数次以后,即不示以肉,狗闻铃声,亦即流涎。此种对于铃声所生的流涎反应,谓之制约反应,盖已使铃声与流涎制约一种新的关系。二十四图即表明此种关系。按制约反应,心理学上译为交替反应,是指其来源讲;此译为制约反应,是指其功用讲。

30. 原文见A. J. Rosanoff: "A Theory of Personality Based Mainly on

Psychiatric Experience," *Psychological Bulletin*, Vol. XVII, pp.281–289。引见K. Young: *Source Book for Social Psychology*, pp.406–408。

31. 见Thomas and Znaniecki: *The Polish Peasant in Europe and America*, Vol.III, "Introduction," 汤氏虽指"品性"（Character）言，但实际即指人格。

32. E. S. Conklin: "The Definition of Introduction, Extroversion and Allied Concepts," *Journal of Abnormal and Social Psychology*, Vol.VIIX, pp.367–382（1922—3）。

33. 见Overstreet: *About Ourselves*, Ch.10。关于外向的人格与内向的人格的区别，据傅尔森（Folsom）意见，可有三种：第一，注意力向外与注意力向内，第二，易于适应环境与不易适应环境，第三，多外表行为与多潜伏行为。其义亦甚显明。大概一般学者研究人格的方法虽不同，而其分类的结果，几得到相同的区别，即内向与外向是。除上所列三种外，兹再据季尔福（Guilford）与白辣勒（Braley）之分析，将各家分类之与内向外向相似者，表列如下。

Jung	外向的（Extrovert）	内向的（Introvert）
James	严厉的（Tough-minded）	仁慈的（Tender-minded）
Webo Lankes Muller	乏毅力的（Non-Perseverating）	毅力的（Perseverating）
Cullen	适应的（Adaptable）	冲突的（Interfering）

详见Folsom：*Social Psychology*, pp.252–264。

34. 详见Woodworth: *Dynamic Psychology*, pp.40–43。

35. 在Thomas and Znaniecki: *Polish Peasant in Europe and America*, 第一册第二十二页，汤氏视态度为决定个人实际的或可能的活动的意识过程。他以为：迫我们饮食的饥渴，工人使用器具的决定，浪费者使用金钱的趋势，诗人在诗中所表示的情感意思，及读者对此诗的同情与赞赏等等，都是态度。

36. 见Faris: "The Concepts of Social Attitudes," *Journal of Applied Sociology*, Vol.9, pp.404–408,（1925）。

37. 见Bernard: *An Introduction to Social Psychology*, p.246。

38. 关于态度的意义，至为纷杂，详见Bain: "An Attitude on Attitude Research," *American Journal of Sociology*, Vol.33, pp.954–957及Young: *Social Attitudes*, Ch.1,（1931）。又甘德利（Contril）在所著《普通与特殊态度》一书中，历叙各家对于态度之见解，并曾实验人类有无此种普通态度。其结论谓：人类具有普通决定之行为趋势（General determining tendencies），此种普通决定趋势，当比特殊的态度为永久。又谓：普通态度似可指导特殊态度，或予以决定的势力。见Cantril: *General and Specific Attitude*,（1932）。

39. Faris: "The Concept of Social Attitudes," *Journal of Applied Sociology*（1925）, Vol.9, pp.404–408.

40. Bogardus: *Contemporary Sociology*, Ch.5, p.163.

41. 此几种表现态度的途径，就其本身言，亦是行为。不过此种行为，在性质上尚未完全，而为他种行为的预备，故视为态度耳。

42. Thomas and Znaniecki: *The Polish Peasant in Europe and America*, Vol.1, pp.20–23（1920）.

43. Reuter: "The Social Attitude", *Journal of Applied Sociology*, Vol.8, pp.97–101（1924）.

44. Faris: "The Concept of Social Attitudes", *Journal of Applied Sociology*, Vol.9, pp.404–408（1925）.

45. Small: *General Sociology*, pp.189；425–436.

46. Thomas: *The Unadjusted Girl*, Ch.1.或Park and Burgess: *Introduction to the Science of Sociology*, p.448。

47. 白氏在其《社会心理学》中，详列各种基本的，与推演的态度在正反两方面的分布。见Bernard: *Introduction to Social Psychology*,

pp.428-430。

48. 详见K. Young: *Social Attitudes*, Ch.Ⅰ。

49. Park and Burgess: *Introduction to the Science of Sociology*, pp.439-442.

50.《三国志》,《魏志》卷十二《毛玠传》。

51.《唐书》卷一百四十二《杨绾传》。

52.《隋书》卷七十六《王颁传》。

53.《隋书》卷三十八《皇甫绩传》。

54.《南齐书》卷二十九《周山图传》。

55.《晋书》卷六十六《陶侃传》。

56.《梁书》卷二十八《朱异传》。

第十二章　社会的文化因素

第一节　社会成立的文化基础

人类社会的成立,除地理环境外,尚有三种基本因素,即(一)人,(二)人与人间的心理作用,(三)文化。我们在第十章中,已将社会的生物因素说明了。我们又在第十一章中,已将社会的心理因素说明了。现在所应讨论者,即社会的文化因素。我们知道,文化为人类社会普遍的因素,无文化即无社会。人类之所以异于禽兽者以其有文化故,文化为人类的特产,亦即为人类所不可或离的因素。自衣、食、住、行、用、玩,以及待人接物、婚嫁、丧葬等等的活动,莫不受文化的支配。换言之,此等活动,即文化的活动;除去文化,即无活动。我们在社会上所遇的事物,除个人及人与人间的交互活动外,莫非文化,即以个人的单独活动以及人与人间的交互活动言,亦无非受文化陶冶以后,在文化范围以内所表现的文化活动而已。例如个人的讽诵,虽系个人活动,但此种讽诵的习惯,即系文化的特质。个人受此"讽诵"文化陶冶后,学得"讽诵"的习惯,乃表现之于行为。若无此"讽诵"文化,个人决无此"讽诵"的习惯,即无此"讽诵"的活动。又如二人谈话,虽系二人间表现的交互行为,但此谈话的形式,与所用的语言,即系文化的特质。各人在社会上受此种文化陶冶后,即获得此种习惯,故随时能表现此种活动。由此以观,即个人及人与人间的交互活动,亦何莫非文化的活动。故文化实为社会成立的基本因素。

第二节 文化的性质

一、何谓文化

人类学家对于文化一词的涵义,意见颇不一致,大率各因其所见不同,而异其界说。有从文化的作用言者,谓:文化是一种学习的过程,或造器具造制度的过程,如爱尔华(Ellwood)是。[1]有从文化的形式言者,谓:文化是一民族生活的形式,如卫史莱(Wissler)是。[2]有从文化的内容言者,谓:文化是一种复杂体,包括知识、信仰、艺术、道德、法律、风俗,以及其余从社会上学得的能力与习惯,如戴鲁(Tylor)是。[3]有从文化的性质言者,谓:文化即社会遗业(Social Heritage)。因为文化不是个人独承的产业,而是社会中人人所共有的遗产,且是过去人类许多成就累积的结果。主此义者如乌格朋(Ogburn)与华勒史(Wallas)是。[4]但我们亦得就其来源言,谓:文化是人类调适于环境的产物。[5]要之,上列各种文化的界说,各从其特殊方面以说明文化,均能表明文化的一方面。统各方面的界说会通以观之,乃能得文化的真义。

我们知道,人类自始就生长于环境中,不能一刻脱离环境的关系。为维持生活的原故,人类必须调适于环境的状况。在此调适于环境的过程中,就不知不觉创造许多事物。例如,为御寒而制衣服;为充饥而制食物;为觅食御敌而制武器;为抵避风雨而造房屋;为便利往来而辟道路、筑桥梁、造舟楫;为交通意思情感而创言语;为维持生活秩序,解决生活疑难,而有道德、法律、政府、宗教等等的发明。凡此种种由人类调适于环境而产生的事物,我们称为文化。所以简单说,文化就是人类调适于环境的产物,极为明了。

文化的产生,其始不过一二人创造之,其后模仿传递者渐多,循至由多数而及于全社会。凡一经社会采用的文化,便成为社会的产业,人人得而利用之，以调适于环境。不但是当时人的产业，并可遗传后代，以供后代人的利用。故人类不但能创造文化，并能传布文化。我人在社会中成长，就不知不觉接受社会中的文化。人人接受社会中的文化，使文化趋于安定，而成为社会上行为的准绳。

我人接受一种文化，就从行为上表现出来。所以个人行为，可代表一种特殊的文化。我人观察一种社会的文化，只须观察社会中人们的种种行为。从衣、食、住、行、用、玩，以及待人、接物、婚嫁、丧葬等等的特殊方面，即可见到他的文化特点。所以有人说：[6]文化就是一个社会所表现一切生活活动的总名（The entire round of life activities exhibited by a group）。亦可说，是生活所表现的形式。

由此以观，文化实在是一种复杂体（A Complex Whole），包括一切有形的实物，如衣服、用具、机器、宫室等，与无形的事项，如知识、信仰、艺术、道德、法律、风俗，以及其余从社会上所学得的种种做事的能力与习惯，[7]故文化是一种极繁复的现象。

近人有从文化与非文化对比，以见文化的意义者。据施德克（Storck），世间只有两种活动不属于文化的范围。第一是纯粹物质的过程（Physical Processes），例如暴风暴雨，重物下堕等等的现象，决不受任何社会的影响。但亦有许多物质的现象，是不免直接与社会活动有关，所以成为文化复杂体的一部分。例如，因放巨炮而致暴风，因取木材而折树木皆是。第二是纯粹个人起源的过程（Processes of purely individual origin）。例如，个人因震动，而维持身体的安定；因悲伤而下泪；因饥饿而需要食物等等的现象，都不受社会的影响。即使曾受社会影响，亦必间接又间接，微细又微细，故可不视为文化。

要之，从上面讲来，我们可分宇宙间现象为两大类：就是文化现象，与非文化现象。我们以人力造作与利用，为此两类现象区分的标准。凡经人力造作或利用的种种现象，都是文化现象；否则都是非文化或自然现象。非文化现象，得再别为二类：（甲）纯粹物质的现象——凡天体的、地质的、气候的、无机的种种自然界现象属之。(乙)纯粹生物的现象——凡生物的机构、功用、繁变、遗传等的有机现象属之。物质的现象,一经人类利用,便非纯粹的自然现象。例如利用蒸汽以运机,利用风力以驶船,此等汽力,风力,均非纯粹物质的现象。生物的现象亦然,凡生物现象,一经加以人力,即使生物的过程,未尝紊乱,但已非纯粹的自然的现象。例如,豢养的家畜,其生息活动,悉受人力的支配,已非纯粹生物的现象。

总之,凡世间未受人力所加的一切现象,皆属于纯粹自然的或非文化的现象。除开此种纯粹非文化现象以外,都是文化现象。

二、文化是人类的特产

动物之适应于环境是被动的,是受环境支配的;人类之适应于环境是主动的,是因环境的刺激而能控制环境,利用环境,使环境与人生调和适应。惟其如此,所以人类能创造文化,而动物则否。文化是人类所独具;凡是人类,必有文化。人类生活状况,无论若何简单,必有他们应付环境的产物,所以必有文化。从历史方面言,地球上有人类以后,必定就有文化产生。考古学上的证据,虽尚不能确切证明,但一般人类学家,似已不复怀疑。[8]所谓曙石器时代(Eolithic Age)的文化,自从比国罗托(Rutot)等发见太古遗石出世后,人类学家已有一致承认的趋势。[9]要之,人类自始就须调适于环境,自始就应有调适环境的产物,此似乎可信。不过彼时的产物,自必非常粗陋简单。若再从现代世界民族言,没有一种民族,没有文化。生活简单,世人称为野蛮民族,如南非洲的勃希门族(Bushmen)与霍敦笃族(Hottentots),锡兰岛的维达族(Veddahs)等,亦有他们简单的文化。[10]此亦是人类学家所公认的事实,故文化为人类的特产,似可无疑。

或谓:文化似非人类的特产,高等动物,亦有类似文化的产物。譬如类人猿(Anthropoid apes),似有简单的言语。但据袁基教授(Prof.

Yerkes)的研究,知道猿类仅有发表情绪的呼喊,而无表示意思的语言。[11] 赫德(Hart)与潘受(Pantizer)两教授,亦信动物有文化。彼等以为鸟类的飞鸣与营巢,是从老鸟学得,而又能传授于小鸟者。若以文化为社会上学得与社会上传授的行为模式(Behavior pattern)言,则鸟类即有文化。[12] 但恺史(Case)反对此说,以为文化不仅是社会上学得与社会上传授的行为模式,文化最重要的性质,是在累积。我们不能证实鸟类有文化累积的现象。鸟类的行为模式,既然不能累积,便不能视为文化。[13] 况鸟类的飞鸣与营巢,是否可视为与人类相同的由学习得来的能力,尚属疑问。据日常经验,一切家畜,似都可受人类训练,而改变其行为模式。换言之,即家畜似都有习学的能力。例如:猴、狗、熊、象等类动物,能教之舞蹈、演剧,以及做其他各种动作。又如马类可以教之计数,鸟类可以教之辨物,都可证明他们亦能学习种种的动作,但此类学习,必须经人类的教导,方能有效,动物自己却不能有此类学习的表现。世间从无一种动物不经人类的教导,而能自己学习如上所述的各种活动的。还有一层,此类经人训练而学得的种种活动的动物,决不能自己将此类已学得的活动,传授其他动物。[14] 因之,既不能传授,更不能累积,故其不能视为文化甚明。

一般生物学家,大抵认动物的行为,为天赋本能所限制,是固定的,刻板的,是不能自由变化的。人类的行为则不然,是无所谓本能的限制,是富有弹性的,是能尝试学习,利用经验的,是变化无穷的。惟其如此,故不但能创造文化,传授文化,更能累积文化,而使文化日进无疆。

第三节 文化内容与社会生活的关系

一、文化的分类

我们从上面讲来,知道文化的内容,非常繁复错综。此繁复错综的文化内容,亦自有系统可寻。故研究文化者,必须加以类别,以明了其内容。自来对于文化内容的分类,有几种不同的意见。傅尔森(Folsom)以为文化应包括六项原素如下。[15]

(一)物质的原素:如器械、用具、建筑等等,用以控制环境者。

(二)社会结构的原素:如财产法、政府组织、家庭关系、游戏运动等等。

(三)情感的原素或社会价值:如赞成清洁、反对污浊、崇拜英雄、鄙恶盗贼、喜爱珍宝、嗜好运动等等。此种情感原素,就是情绪的态度,人在社会上所养成以应付环境者。而其最重要者,为民型(Mores)。

(四)活动的原素或技巧:如舞蹈、投枪、踢球等等关于身体运动的特别形式是。此类原素,大率与物质的或结构的原素有密切关系,而在其本身,则不甚重要。

(五)象征的原素:如语言、姿势、图画、文字、数学、字母、电报号码等等,用以代表或指示环境的内容。此是非物质的工具。

(六)信仰、智识,或智力的原素,如病菌论、水利学、迷信灵鬼等等。

欧鹏克(Eubank)以为从前各家对于文化分类,都未注意区别人类动作、人类情感与人类成绩,三者各不相同,而为三种不同的文化。虽则三者互相间有极密切的关系,但性质上却自有别。故氏分文化为四大类如下。[16]

(一)团体动作:如民俗、民型、惯例及团体中习惯动作。

(二)团体情感:如情操、情绪、信仰、态度、趋势、性情等为团体中习惯动作的精神状况,而可以影响于生活与活动者。

(三)团体创造:如(甲)物质的实物,为人类所创造者,或利用者。(乙)非物质的精神产品,如语言、道德、思想等,凡可以独立自存,而与创造之人无关者。

(四)上面三项的联合。

白乃德(Bernard)以为文化分类,不但应从考古学的观点,包括一切社会遗产,并应包括调适过程中之机能部分。故氏分文化为二大类四小类如下。[17]

(一) 文化事物：

　　(甲) 物质的事物,包括一切由动物力量造成的种种器械机械等。

　　(乙) 象征的事物,包括一切用实物代表一种记号或意义。

(二) 文化行为：

　　(丙) 外表的行为,包括一切学得的或训练的行为用以调适于环境者。

　　(丁) 象征的行为,或语言的反应,包括一切迟缓的或替代的象征反应。主观的如思想之类,为行为之预备,或客观的如语言为交通的利器。

就上三家的意见言之,似均承认：文化有动态静态之别；而静态文化又有物质的与非物质的之分。但文化与行为,是否可以混而观之,尚是问题。我人虽承认,人类行为,是受文化陶冶而成的；但行为只是表现文化,或执行文化,而非即文化的本身。故所谓文化的行为,只是行为,而非文化。兹取一般人类学家的意见,分文化为物质的与非物质的二大类,盖纯从静态方面言之。

(一) 物质文化

凡人力所创造有形具体的实物,概称为物质文化。

　　(甲) 调适于自然环境而产生的：如衣服、房屋、桥梁、道路、器具等是。

　　(乙) 调适于社会环境而产生的：如国旗、党旗、徽章、印信、记念碑、报章等是。

　　(丙) 调适于物质文化而产生的：如打字机、印刷机、升降机、起重机,以及碗、箸、刀、叉等是。

(二) 非物质文化

凡人力所创造的抽象事项,概称为非物质文化。

（甲）调适于自然环境而产生的：如科学，是人类对于自然环境的一种系统的说明。自然哲学，是人类对于自然环境的一种系统的解释。宗教，是人类对于自然环境的一种信仰的表现。艺术，是人类对于自然环境的一种欣赏与描写。

（乙）调适于社会环境而产生的：如语言，是人类共同生活时交换意思的工具。风俗，是人类共同生活时所采用的共同行事规则。道德，是人类共同生活所公认的行事正规。法律，是人类共同生活时为维持社会秩序所制定的行事规则。

（丙）调适于物质文化而产生的：如使用器械器具等的方法等。一辆汽车，是一种物质文化，驾驶此汽车的方法，是一种非物质文化。此类非物质文化，必附属于物质文化，二者不能分离。

此种以静态为主的文化分类，虽不能谓为完美无缺，但以此概括文化内容，或亦足以暂供应用。于此并可见文化内容包括范围之广。人类社会，除自然环境，所谓纯粹物质的现象，与纯粹生物的现象外，全属于文化范围之内。于此更可见人类生活与文化关系的密切。

二、文化内容的单位：文化特质

从文化分类方面，已约略可知文化内容的系统。文化内容的系统，得再分析而为种种最小的单位。此最小单位，称为文化特质（Culture Trait）。大概文化内容，不过是种种文化特质组合的总体。所以要明白文化内容，必须先明了文化特质。

（一）文化特质的意义

文化特质应包含下列各点。

（甲）每种特质必可自成一单位，不致与他种特质混淆。譬如中国的服装，是一种文化特质，因为他是自成一种单位的。我们决不致把中国的服装与中国的房屋、桥梁、饮食等等事物相混。因为他们中间有很明了的界限。

（乙）每种特质，必有其特殊的历史，与他种特质的历史迥异。即如以中国的服装而论，他的历史来源，与房屋、桥梁等的历史来源，迥乎不同，可以断言。任何特质，都是如此。

（丙）每种特质必有他特殊的形式，与他种特质的形式迥别。譬如中国服装的形式，与欧美服装的形式或日本服装的形式，都不相同。

（丁）每种特质必有他的特点，以别于他种特质。例如中国的服装，不但他的形式是与日本服装或欧洲服装不同，即是他的材料，他的颜色，他的制作方法与使用方法，都有他个别特殊之点。

（戊）每种特质，必定包含许多分子，使他成为一种复杂的个体。就中国的服装言，他是包含许多分子。他的特殊材料，特殊形式，特殊制作方法与使用方法，必定使此种种的分子联合起来，方成为一种个别的特质。

由此以观，文化特质必须具有此五种特性。但必须知道，此种文化特质的界限，是假定的，相对的，而非固定的，绝对的。譬如服装，固然可以视为一种特质；但即以中国的马褂一项而论，亦未尝不可成为一种特质，因为他亦自成一单位，亦有他特殊的历史，特殊的形式，特殊的内容等等。再进而言之，即中国的纽扣，亦未尝不可成为一种特质，因其亦有种种的特性。要之，文化特质，仅仅是学术研究上的一种假定的单位，其界限范围，须视研究者的目标而定。

（二）文化分析与社会调查

文化学者，常认定几种文化特质，作为研究分析的单位。分析了一种特质，再分析他种特质。将一个社会里的种种文化特质，都做一种分析工夫。分析的特质愈多愈精细，对于此种文化的了解愈深切。人类学家之研究初民文化，常用此种方法。美国鲍亚士（Boas）教授，尝研究中央爱斯基木（The Central Eskimo），将他们的文化特质，一一加以分析；举凡衣、食、住、行、用、玩，以及待人接物等种种风俗制度，都有详细记录。所以现在对于爱斯基木的文化，有较明确的了解，都归功于鲍氏及其门徒辈的研究。至于美洲印第安人的文化，克鲁伯、卫史莱等，亦有同样详细的分析。[18]

对于近代社会的文化特质,尚无人做详细精密的研究。近时所谓社会调查(Social Survey),实际就是调查一社会的文化特质。不过其调查方法稍为粗率,似尚不能比拟人类学家之研究初民社会。例如英国蒲斯(Charles Booth)之调查伦敦贫穷;郎曲里(Rowntree)之调查约克贫穷;美国凯洛格(Kellogg)之调查必芝堡社会;哈利逊(Harrison)之调查春田社会,[19]就调查的本身而论,已极详备,但是一则因为近代文化特质非常繁复,断不能于极短时期以内,可以分析完全;二则因为调查者对于文化特质没有深刻的了解,单位未清,范围太广,致不能得一种精确的分析。所以他们的调查,远不能与鲍亚士、戈登卫然之研究爱斯基木;路卫(Lowie)、克鲁伯(Kroeber)、卫史莱(Wissler)辈之研究美洲印第安人,相提并论。近时美国林德(Lynd)之调查中镇(Middletown),其方法系用人类学家的技术,研究近代社会状况,已较前此诸家为完善。

(三)文化分析的纲领

分析一个社会的文化特质,不是一件容易的事。不但近代社会现象,错综复杂,难以研究,即是初民社会的文化,亦不是简单的。人类学家研究初民文化的时候,必须有预定的计划与纲领;依据预定的计划与纲领,方可以简驭繁,得详密的纪载。卫史莱研究北美土人的物质文化,尝订定一种纲领,以为搜罗材料的准绳。今译录如下。[20]

1. 食物——(1)植物类食料之栽培及搜集方法,(2)猎的状况,(3)渔的状况,(4)农业及家畜状况,(5)烹饪方法,(6)制成的食物(每类须详细记录其方法及用具)。

2. 住宅——(1)应时季的房屋,(2)永久的房屋,(3)暂时的房屋,均详细纪载其构造。

3. 运输——水陆运输的方法及用具。

4. 服装——材料与式样,男女的分别——(1)头饰与发饰,(2)足饰,(3)手饰,(4)内着服装,(5)外套服装。

5. 磁器——制造的方法、形式、用途、颜色、装饰的技术。

6. 蓝①具——席、袋——材料,织制的方法、形式、用途、着色及装璜的技术。

7. 编织——材料,搓线及制绳之方法、编织的架子或械、上色及编织样式的技术、编织物的种类及用途。

8. 皮件工作——(1)制服的方法与用具,(2)缝纫方法,(3)制袋及他物之技术,(4)生牛皮之用途。

9. 武器——弓、枪、棍、刀、盾、盔甲、炮台等。

10. 木工——(1)伐木及制板的方法等,(2)制木及接荀②等方法,(3)钻洞、锯开、刨平的方法,(4)着色及磨光的方法,(5)取火法,(6)器具,(7)木制的种种宝物,(8)雕刻的技术。

11. 石工——制石器的方法,形式及用途。

12. 骨工、牙工及甲壳工。

13. 金工。

14. 羽毛工、编羽毛术、穿珠术,以及其他种种事物。

此种纲领,是卫史莱研究北美初民社会的物质文化时所用的。他仅仅研究一种初民社会,又仅仅研究物质文化,其所用纲领,已如此繁复;假使再加上非物质文化,那必定非常复杂。因为非物质文化的性质、种类、情状,较之物质文化繁复许多。又假使将此种纲领扩充,去研究现代社会的文化,那更是繁复到不可名状。但是虽则繁复,决不是不可研究的。近时人类学家尝欲扩充其研究初民文化的范围,去研究现代文化。法人马郎(Louis Marin),尝定一种文化特质的纲领,欲用以研究现代文化;虽其内容,尚觉简略未备,但已有一百三十页之长,亦可见其复杂之概。"21 总之,欲分析现代文化特质,必须有适当完善的纲领,以为依据。此比之社会调查时所用各种表格,应该还要详密,方始可以将文化

---

① 编者注:疑为"篮"。
② 编者注:疑为"筍",同"榫"。

特质,搜罗完备。

三、文化丛或文化特质丛

文化特质是一种文化单位,我们已经明白了。但此种单位,并不是一种不可分割的单位,他是一种复杂的丛体。譬如中国的长袍马褂是一种文化特质,因为他可以自成一单位,而有文化特质的各种特性。但我们详细分析起来,长袍马褂的特质,却是一种复杂的丛体。因为长袍马褂的形式、材料、颜色、缝纫的方法、穿着的方法等等,都是包括在此种特质之内。而其中每一部分与其他各部分及特质全体之本身,发生密切的关系。又譬如中国以米为食料,米食为一种文化特质,因其自成一单位,而具有其余各种的文化特性。但米食却亦不是一种简单而不可分割的单位,他是一种复杂的丛体。种米的方法,春耕夏耘,秋收冬藏等的手续,种米的区域与其土质、气候等的关系,运米的手续,煮米的方法、器具以及食米的风俗等等,都包括在此种特质之内。其中每一部分与其他各部分及特质的全体,发生极密切的关系。诸如此类的例子,可以列举无穷。总之,文化特质必定是一种复杂的丛体,此是他极重要的一种特性。通常称为文化丛(Culture Complex)或特质丛(Trait Complex)。例如长袍马褂的特质,可以谓之袍褂丛,米食的特质,可以谓之米食丛。此类文化丛体,随处可以举出。例如在物质文化方面,有麦食丛、牛肉丛、猪肉丛、酒丛、茅屋丛、瓦屋丛、马车丛、汽车丛、电灯丛、机器丛等等。在非物质文化方面,有家族丛、礼教丛、祖先崇拜丛、学校丛、科学丛等等。一个社会的文化全体,不过是此类文化丛的总合而已。

文化丛有复丛与简丛之别,[22]凡就一种文化单位而论其所含各部之要素者,谓之简文化丛,例如上面所引袍褂丛是。凡许多文化特质集中于一种特殊之单位者,谓之复文化丛,例如学校丛是。就学校而言,是一种文化特质;但若就学校而分析之,则又可发见许多特质附属于学校特质之下。例如学校种类、校中科目、演讲、考试、毕业等等各自成一种特质。由此种种特质联络组合而成此学校的特质丛。

实际上复丛常常包含许多简丛。由许多复丛而成为一个社会的文化全体。简丛所以常常合为复丛的原故，由于文化特质富有结合的趋势(The tendency of traits to cluster)。[23]一切文化特质，不能独立自存，必与其他特质，相互联结。一种文化之所以错综复杂者，就由于各种文化特质互相联结。社会愈发展，文化愈复杂，那末，文化特质联结的关系，亦愈繁复。一小人生活于一种文化中，便须适应于此类文化丛。所以要了解社会现象与人类行为的关系，必须了解文化丛的性质及其相互关系。

第四节　文化模式与社会生活的关系

一、文化模式的性质

我们知道，文化特质，常有互相结合的趋势。此种互相结合的现象，成为一种文化丛。简文化丛，又互相结合而为复文化丛。复文化丛，又复互相结合而为一种整个的特殊文化。但此仅就文化特质的互相结合言，若就一种特殊文化的全体而论，此种文化特质的互相结合，不是散漫毫无归宿的，他是有一种特殊的联结。此种联结，能使一切文化特质丛，互相结合而成比较有系统的全体。每一部分的文化特质，与其他各部分的文化特质，发生一种相当的关系。此种有系统的文化联结，通常称为文化模式(Culture Pattern)，例如中国家族制度，是一种文化模式，而家族中所谓大家庭同居、家长权位、媒妁婚姻，以及其他父慈子孝、兄爱弟敬等家族伦理，均为文化特质。由各种文化特质的配合而表现文化的模式。

文化特质，是指文化的内容言；文化模式，是指文化特质丛互相结合的形式言。我们如要了解一种文化的真相，必须了解其内容的文化特质,及其各种特质互相结合的模式。

一个社会的文化模式,常表现一种特殊的方式。此特殊的方式,再合以种种特殊的文化特质,即所以使此社会的文化,别于其他社会的文化。比较各社会文化的异同,在一方面区别其内容的文化特质,而同时在又一方面区别其文化模式。例如要比较中国的文化与美国的文化,而抽寻其差异之点,即在分析其文化特质与文化模式。能了解两国文化特质与文化模式的异同,即可以完全了解两国文化的性质。所以研究文化模式的重要,不亚于文化特质。

二、文化模式的起源

一社会中文化模式的形成,常由于其地理环境、历史背景与民族特性等种种势力造成之。今分别述叙如下。

(一)地理环境

一社会受一种特殊地理环境的影响,常可养成一种特殊的文化模式。例如爱斯基木人生长于寒带之地,终年冰雪,其衣、食、住等生活状况,全受着寒带冰雪的影响,处处必须适合于寒带的环境,因而造成一种爱斯基木的特殊文化模式。又如马来人生长于热带之地,气候酷热,其生活状况,即为热带环境所支配,故造成马来人的特殊文化模式。

(二)历史背景

一社会除地境的影响以外,还受历史事实的影响。此种历史事实的影响,常可以养成一种特殊的文化模式。例如非洲黑人,因少与外族接触,闭关自守,其文化程度,至今仍极幼稚,养成一种原始的特殊文化模式。但移往美洲的黑人,因与白人交通,不知不觉感受白人文化的影响,至今文化程度大进,养成一种现代的特殊文化模式。其关键在于历史事实的不同。

(三)民族特性

文化模式虽受着地理与历史的影响,但民族特性对于文化模式的养成,亦有重要的关系。一民族的气质、能力,与行为偏向等特点,可以直接影响于文化模式。所以处于同一地理环境之下,具有几乎相同的历史事实,而两种社会的文化模式,可以极不相同。例如美洲土人与目前居于美洲的白人,就地理环境而言,完全相同,但就文化模式而言,便大不相同。此虽半由于历史背景的影响,半亦由于民族特性不同的结果;假使民族性完全无区别,那末,何以文化程度相差如此之远,此便使人不能不信民族性与文化的形式,亦有重要的关系。

要之,一个社会因为地理环境、历史背景,以及其居民的特性等种种势力的作用,在不知不觉中间,养成一种特殊的文化模式。所以文化模式不是偶然产生的结果。

文化模式既经造成,便具有选择去取的力量;外来的文化特质或新发明的文化特质,都须适应于此种文化模式。适合于模式的,便很自然的吸收之,否则辄遭拒绝。人自出生以后,便须适应于此种社会上现成的文化模式。个人成为一个特殊社会里的一分子,就因为此人的行为,处处适应于此社会中的各种文化模式。

三、个别的文化模式与普通的文化模式

世界上有一种社会,便有一种社会的特征。此种社会的特征,常从文化方面表现出来;即从文化特质,与文化模式方面表现出来,所以凡有一种特殊的社会,便有一种特殊的文化模式。社会的种类无穷,文化模式的种类亦无穷。不过文化模式的差异,却有程度的区别。有的模式,相差不远;有的模式,相差很远。例如中国的文化模式,与美国的文化模式,相差很远。但是中国的文化模式,比之朝鲜的文化模式,其差异之点,不甚相远。

文化模式的差异是相对的而非绝对的。例如东方式的文化模式,比之西方式的文化模式,相差很远。但就东方式的文化而言,中国式的文化模式,与印度式的文化模式比较,亦有差异。再若就中国式的文化模

式而言,广东式的文化模式,与江苏式的文化模式,亦有差异。再若就江苏式的文化模式而言,江南的文化模式与江北的文化模式,亦要发生多少差异。如是推论,以至于最小的社会团体如家庭,在各种家庭之间,亦可发见其文化模式的差异。所以文化模式的差异,是相对的而非绝对的。

凡是此类特殊社会的特殊文化模式,得称之为个别的文化模式(Individual culture patterns)。个别的文化模式,因社会而不同,因时代而不同;他是具有一种独一无二的特性,就是所以使各种社会互相区别的地方。

世界上有无数的社会,我们便可发见无数的文化模式。在此无数的文化模式中间,我们几乎寻不出一种共同一致的地方。此实在由于各各不同的地理环境、生活状况与历史事实,以及民族特性的差异,而产生的自然结果。

但是,在此种种无数的分歧的文化模式中间,虽无绝对相同之点可寻,而就其普通结构而言,又未尝不可以发见其有类似的普通条件。而此类似的普通条件,假使确实存在,无论古今中外,一切社会似乎都应具有的。此种一切社会共同具有的普通结构条件,人类学家常称之为普通的文化模式(Universal culture pattern)。

对于普通文化模式有深切研究的,尝推卫史莱(Wissler)。卫氏在他的《人与文化》一书中,对于文化模式有详细的讨论。他以为文化内容虽各社会各不相同,但在各不相同的文化内容中,可以发见一种共同的根本结构(Common fundamental structure),此种共同的根本结构,能适合于一切文化内容。卫氏以此种共同的结构,比之建筑。我们建筑房屋时,必有一种计划;根据此种计划,然后收集建筑的材料,以造成此屋。此种建筑的计划,是造屋必要的条件,犹之一切文化必有一种结构。一切建筑的计划,都包括墙垣、屋顶、地板,以及其他种种条件,所以一切文化的结构,亦必有共同必要的条件。此种共同的文化结构,卫氏称为普遍的文化模式。据卫氏之意,普遍的文化模式,大致如下。

（一）语言（Speech）

语言、姿势、文学制度等（Languages, gestures, writing systems, etc.）。

（二）物质的特质（Material traits）

1. 食物习惯（Food habits）。

2. 住所（Shelter）。

3. 运输与旅行（Transportation and travel）。

4. 服装（Dress）。

5. 用具（Utensils, tools, etc.）。

6. 武器（Weapons）。

7. 职业与产业（Occupations and industries）。

（三）艺术（Art）

雕刻、绘画、音乐等（Carving, painting, drawing, music, etc.）。

（四）神话与科学知识（Mythology and scientific knowledge）

（五）宗教的活动（Religious practices）

1. 礼仪的形式（Ritualistic forms）。

2. 看待病人（Treatment of the sick）。

3. 处理死亡（Treatment of the dead）。

（六）家庭与社会制度（Family and social systems）

1. 婚姻的形式（The forms of marriage）。

2. 认定亲戚关系的方法（Methods of reckoning relationship）。

3. 遗产（Inheritance）。

4. 社会控制（Social control）。

5. 游戏与运动（Sports and games）。

（七）财产（Property）

1. 不动产与动产（Real and personal）。

2. 价值与交易的标准（Standards of value and exchange）。

3. 贸易（Trade）。

（八）政府（Government）

1. 政治的形式（Political forms）。

2. 司法手续（Judicial and legal procedures）。

（九）战争（War）

卫氏以为上面的大纲，可以适合一切文化而无扞格。[24]无论其文化程度如何幼稚，或如何进步，都建筑在此种同样的结构之上。由历史的文化状况看来，固然如此，即从有史以前旧石器时代的文化状况言，亦大致与此种结构相符合。要之，此种普遍一致的文化结构，只是一种文化的骨架（Skeleton of Culture），至于文化的内容，却是因社会而不同了。平常所谓文化的进化（The Evolution of Culture），不过是此种骨架里面的内容的发展与充实而已。因此，我们区别各种社会文化程度的高下，全在了解其内容的是否复杂与充实。除此以外，似无他法可加鉴别。

四、文化模式与社会行为

文化模式常具有一种力量，加人类行为以一种限制。普遍的文化模式，既是人类社会所同具，即加人类行为以一种普遍的限制。人自出世以后，即须适应于此种模式，但普遍模式，仅是人类共同具有的几种根本文化条件。至于此种根本文化条件的内容，却因各社会的历史与环境等种种的原因而发生差异。此种差异的现象，就可从个别的文化模式显示出来。

个别的文化模式，对于人类行为的影响尤大。个人生长于何种社会，便受何种社会中文化模式的陶冶，不知不觉适应于此种特殊的文化模式。大概一个社会的种种活动，经过长时间的历史与环境作用，便养成种种行为规则。此种行为规则，必定与社会上特殊的文化模式相符合。一个人的行为，自幼小之时，便不知不觉，遵照此类社会上早已制就的行为规则。无论衣、食、住、行、待人、接物、婚嫁、丧葬,以及使用器具等等,都是按照社会上的规则去行使。所以他的行为,自然而然符合于社会上特殊的文化模式。因此之故,文化模式具有一种选择力。凡社会上各人的行为,必须适合于文化模式;不适合于文化模式的行为,往往不能通行于社会。

文化模式的选择作用,不但行使于个人行为方面,就是新文化的发明或传入,亦必须受其影响。大概从外面输入的新文化,必须与固有的文化模式,互相适应;至少须不与固有的文化模式发生显著的冲突,方可保其存在与通行。新发明的文化,亦必须适合于现存的文化模式,其理正同。凡与文化模式抵触的新发明,或传入的新文化,其初颇易受淘汰,但久而久之,则因其他种种关系,自然亦可渐渐通行。此又是别一问题。

新文化必须与固有文化模式相适应,方可采用而流行。此种事例很多,据人类学家言,美洲平原土人(Plains Indians)之采用马类,由于"用马"的文化与其固有的文化模式,不但不生冲突;并且适于实用。因为平原土人,向来通行一种无轮的"狗车",用以运货输物。现在取马换狗,只须把无轮的车子改大,便可适用。所以"用马"的文化,可以适应于平原土人的模式而无抵触。但是"用轮"的文化,却是与他们的模式,不相适应,所以始终不采用。于此可见,一种新文化的采用与不采用,须视其是否适应于固有的文化模式为标准。适应于模式者则采取之,不适应者则拒绝之。[25]不过在变动甚速的社会,与外界接触的机会较多,久而久之,亦易改变其固有文化模式,以适应外界环境。

不但如此,凡新文化的采用,不仅须适应于固有的文化模式,并且所采用的文化,一经采用以后,必使同化于固有的文化模式,而成为模式的一部分。例如美洲平原土人采用"马"的文化后,便加入于其固有文化,而成为其文化的一部。

总之,一社会的文化特质,决不是各各独立的,必定多少发生相互联带关系,而成一特殊的模式。所以任何新特质的增加,必须多少与其固有的文化模式融合适应。

由此看来,可知,何以有时新制度新事物的介绍,往往格格不入而遭抵拒;何以社会改革不易旦夕成功,都因为一社会固有的文化模式,具有迎拒选汰的作用。

第五节　文化区域与社会生活的关系

以上已将文化的内容与形式说明。我们知道,一个社会的文化内容,即是种种文化特质的总和。我们又知道,文化特质不是散漫无秩序的;他是互相结合而成相当的文化模式。我们又知道,此种文化特质与文化模式,具有选择的功用,对于人类行为加以一种极大的限制。以上所讲,都没有涉及文化究与地理发生何种关系。

我们现在要讨论,此种文化特质与文化模式,在地理上分布的关系。

一、文化特质的地理分布

（一）文化区域

我们知道,每一社会,有他的特殊文化特质与文化模式。但此种文化特质与文化模式,并不是各社会绝不相同。有时可以在几种社会中,找出许多相同的文化特质与文化模式。假使在两种或三种的社会中,他们相同的文化,比相异的文化多,换言之,他们大部分的文化相同,即可说,他们是属于同一的文化方式(Culture type)。凡是两种或三种的社会中,其文化相异者多,相同者少;换言之,他们大部分的文化不相同,那末,可说,他们是属于不同的文化方式。例如以中国与朝鲜比,相同的文化多,相异的文化少,所以可说,是同属于一种文化方式。若以中国与英国比,那末,相同的文化少,相异的文化多,即不属于同一的文化方式。

文化方式常有其地理上分布的关系。大概文化特质的分布,不是散漫毫无归宿，常有集中结合的趋势。所以属于同一文化方式的社会，往往属于同一的地理区域。因此，文化方式与地理区域，有密切关系。凡属于同一文化方式的地理区域，通常称为文化区域(The Culture Area)。文化区域有两种观察法：或从一种文化特质而观察其在地理上分布的状况；或从许多文化特质中，找出一种文化方式，以观察其在地理上分布的状况。前者可以谓之特质区域，后者便是通常所谓文化区域。要之，文化特质，在地理上常有集中的趋势。同一特质，往往集中于同一区域。所以从文化特质的地理分布，可以看出各社会文化的历史关系。

（二）美洲土人的文化区域

据美国人类学家研究美洲土人文化的结果，知道他们文化特质的分布，在地理上确有特殊的文化区域。卫史莱在他的《美洲的印第安人》(The American Indian)一书中，详述美洲土人文化区域的分布状况。据卫氏意见，北美土人在哥伦布发现新大陆的时代，有六种食物区域。在每一食物区域以内，必有一种特殊的食物，通行于全区；而此种食物，又常集中于该区域内所产的特殊食料。不但食物如此，就是其他特质，亦可发见其地理上分布的状况。例如美洲土人有六种运输区域，三种纺织区域，六种住屋区域等等。在每种特殊区域以内，其文化特质，即表现一种特殊方式；而此种方式，往往依据各该区域内的特殊环境状况而定。不但物质的文化特质如此，就是非物质的文化特质如制度、风俗、信仰、神话等，亦有相当的分布区域。要之，从美洲土人社会的研究，可以发见文化特质在地理上有一定的分布区域。

但上面所述，仅指特质区域而言。假使我们把各种特质区域，互相比较，察其异同，便可发见在某区域内，有许多相同的特质区域，因而断定其为同一文化区域。卫史莱即用此种方法推知北美土人有九种文化区域，就是，（1）平原区，（2）高原区，（3）加利福尼亚区，（4）北太平洋沿岸区，（5）爱斯基木区，（6）麦根齐区，（7）东部森林区，（8）东南区，（9）西南区。[26] 在每一区域以内，可以代表一种明晰的文化方式；而每一种文化方式,具有一种特殊的内容与构造,以别于他种文化方式。所以一种文化区域,可以代表一种特殊的文化。爱斯基木区的文化与加利福尼亚区的文化,其相异之处,有如美国文化与中国文化的不同。我们不能视北美土人为属于同一种文化,正如我们不能视美国与中国为属于同一种文化。

(三) 世界的文化区域

文化区域的研究,以北美为最有成绩。故北美的文化区域,就大体论,已属一致公认。南美的文化区域,至今尚不能如北美那样的确定。克鲁伯(Kroeber)分南美文化区域为五种,但克氏自言尚不能如北美的确定。非洲方面,海史各费(Herskovits)分为十种文化区域。[27]

向来人类学家,以研究初民文化为目标,故其所得关于文化区域的结论,仅限于初民社会。但此种文化区域的划分,不限于初民社会。卫史莱谓:文化区域是一种普遍的现象。我们既然可以划分初民社会,我们未尝不可划分现代社会。就全世界论,除开四五十种特殊的初民文化外,只有两大文化:就是东方式或亚洲式文化,西方式或欧美式文化(Eastern or Asiatic culture and Western or Euro-American culture)。此两种文化,我们从地理上观察,即可见其自成文化区域。东方式文化区包括中国、日本、朝鲜、波斯、安南、暹罗,以及印度等国。西方式文化区域包括美国、加拿大、英伦三岛与欧洲大陆诸国,以及隶属于欧美诸国的属地如澳大利亚、纽西兰、南非洲诸地。

从此两大区域的文化比较言之,可以发见其有极不相同的文化特质。在东方文化区域以内,其人民的物质生活,如衣、食、住、行之类,精神生活如思想、信仰、风俗、制度、文学、美术之类,较之西方欧美文化区域以内的人民生活,有显著的差异。我们知道,东方人富于哲学思想,西方人富于科学思想;东方人信仰佛教、孔教、回教,西方人信仰基督教;东方人富于保守精神,西方人富于进取精神;东方人因为科学不发达,故机器的使用不盛,西方人因为科学发达,故机器的使用极盛。他如西方人富于国家思想,东方人则否;西方人富于民治精神,东方人则否。此外如服装、屋宇、用具,以及饮食的材料、习惯、丧、葬、婚、嫁、待人、接物等等的俗尚,西方人与东方人都有显著的区别。所以此两大区域,诚为世界上最大的文化区域。在此两大文化区域以内,各有各的特殊文化特质。凡隶属于同一区域的民族,皆具有共同文化特色。

但文化区域又有大小之别。在东西文化区域以内,又可各分为几种文化区域:例如东方文化区域内,又有中国文化区与印度文化区的差别。因中国文化与印度文化有极不相同的地方。在中国文化区域以内,又有中国国内文化区与日本文化区之别。而中国国内文化区,若再分之,又可得若干区域。在每一区域以内,必可发见其特殊显明的文化特质与文化模式,以别于其他区域。

最近傅尔森(Folsom)在其《文化与社会进步》一书中,将世界文化区域分为主要与次要两大类如下。

(甲)主要文化区:

(1)欧美区域(The Euro-American Area)。

(2)回回区域(The Mohammedan Area)。

(3)中国区域(The Chinese Area)。

(4)印度区域(The Hindu Area)。

(乙)次要及原始文化区:

(1)美洲土人十四种区域(14 Culture Areas of Pre-European America)。

(2)非洲土人十种区域(Ten Culture Areas of Africa)。

(3)亚洲西南印度尼西亚区域(South-East Asiatic-Indonesian Area)。

(4)澳洲土人区域(The Australian Area)。

(5)扑来尼西亚区域(The Polynesian Area)。

(6)西藏区域(The Tibetan Area)。

（7）其他西伯利亚及中亚西亚文化区域（Various Siberian and Central Asiatic Cultures）。

（四）中国的文化区域

就中国国内文化而言，似乎亦可根据文化特质的异同，而别为若干文化区域。我们相信，全国文化特质与文化模式，虽大体相同，而因地方环境与历史事实的不同，却必有各地特殊的繁变；由此种文化特质繁变的状况，可以区分为若干方式；再由此种文化方式，去观察其地理上的分布，而明了文化区域划分的状况。

前人对于中国内地文化方式的不同，与地理上分布的关系，似早已有相当的了解。所以言民情风俗者，往往划全国为三大区，就是黄河流域、长江流域及西江流域。因为在此三大流域以内，文化特质，显有差异之故。[28]亦有分全国为高原、平原与濒海的三大区域者；因为地理上高原、平原、濒海等不同状况，亦可使文化发生明晰的区别。

古书中能从文化区域的眼光，以讨论风俗异同者，莫如《史记·货殖列传》。今略举一二于下，以见当时对于文化异同与地理关系的观察。

"夫三河，在天下之中，若鼎足，王者所更居也，建国各数百千岁，土地小狭，民人众，都国诸侯所聚会，故其俗纤俭习事。""种代，石北也，地边胡，数被寇，人民矜懻忮，好气，任侠为奸，不事农商，然迫近北夷，师旅亟往，中国委输，时有奇羡。其民羯羠不均，自全晋之时，固已患其慓悍，而赵武灵王益厉之，其谣俗犹有赵之风也。""中山地薄人众，犹有沙丘纣淫地余民。民俗懁急，仰机利而食，丈夫相聚游戏，悲歌慷慨，起则相随椎剽，休则掘冢作巧奸冶。""郑卫，俗与赵相类，然近梁鲁，微重而矜节；濮上之邑徙野王；野王好气任侠，卫之风也。""夫燕，亦勃碣之间一都会也。人民希，数被寇，大与赵代俗相类；而民雕捍少虑。""临菑，亦海岱之间一都会也。其俗宽缓阔达，而足智好议论，地重难动摇，怯于众斗，勇于持刺，故多劫人者，大国之风也。其中具五民，而邹鲁滨洙泗，犹有周公遗风，俗好儒，备于礼，故其民龊龊。颇有桑麻之业，无林泽之饶,地小人众,俭啬畏罪远邪,及其衰好贾趋利,甚于周人。""夫自鸿沟以东,芒砀以北,属巨野,此梁宋也。其俗犹有先王遗风,厚重多君子。虽无山川之饶,能恶衣食,致其蓄藏。"

以上所言,大概叙述北方文化区域的特点。以下一段,亦可见其叙述南方文化区域的大概。

"越楚则有三俗。夫自淮北、沛、陈、汝南、南郡,此西楚也;其俗剽轻,易发怒,地薄,宽于积聚。""陈,在楚夏之交,通鱼盐之货,其民清刻矜已诺。"

"彭城以东,东海、吴、广陵,此东楚也。其俗类徐、僮;朐、缯以北,俗则齐;浙江南则越。夫吴自阖庐、春申、王濞三人,招致天下之喜游子弟,亦江东一都会也。""衡山、九江、江南、豫章、长沙,是南楚也,其俗大类西楚。""与闽中于越杂俗,故南楚好辞,巧说少信,江南卑湿,丈夫早夭。""九嶷、苍梧以南至儋耳者江南大同俗,而扬越多焉。番禺亦其一都会也。""总之,楚越之地,地广人稀,饭稻羹鱼;或火耕而水耨,果隋蠃蛤,不待贾而足。地势饶食,无饥馑之患;以故呰窳偷生,无积聚而多贫,是故江淮以南,无冻饿之人,亦无千金之家。"[29]

以上所述,均可见当时对于南北文化区域的不同,以及南北区域以内又有许多差异的区域,已有相当的了解。

自来地理学家常从地理环境,以解释民情风俗之异同者,正与《史记·货殖传》意趣相似。

大概全国各地,均可用此种推考方法,去划分文化区域。著者尝就个人观察所及,对于江浙两省的文化分布,加以一种概略的分析。觉得江浙两省的区域以内,可就文化特质的异同而分为文化区域。

江浙两省,就政治区域言,为两独立省区;但就文化特质言,两省各有其文化分布的自然区域。我们知道,江苏全省以长江为界,划为南北。大概江以南,民性文雅华靡而巧慧;江以北,民性粗率强悍,好勇斗狠。言语则江北颇近山东,与江南之上海、苏州一带方言,显生差别。浙江省因为仙霞岭山脉的横亘,而亦有南北的区分。大率岭北之民温雅,岭南之民勇悍。言语则岭北宁波、嘉兴、湖州一带方言,与岭南温州一带,大相径庭。我们假使再从江浙两省比较言之,则江苏省江南的文化特质,大致与浙江省岭北钱塘江一带,颇相类似,而与江北文化,反相差甚远。例如江南苏、松、常、太一带的风俗、习惯、语言、服装、民性、态度,以及物质生活的状况,与浙江省的杭、嘉、湖、宁、绍一带,十分相近。但比较江北徐、海一带,反觉不类。至于徐、海一带,原与山东接壤,其风俗、语言、民性、习惯虽与江南有别,而与山东反相接近。至于浙江的岭南一带,其文化特质,如语言、风俗等,与闽北绝相类似,而与岭北钱塘江下流的杭、嘉、湖等处,反有不同。

要之,就政治区域言,苏之江南江北,浙之岭南岭北,虽各同隶一省;而就文化特质言,则苏之江南,与浙之岭北钱塘江下游一带,宜隶属于同一文化区域;浙之岭南一带,与福建北部宜隶属于又一文化区域。至于苏与江北,自宜与山东隶属于同一文化区域。此种观察,虽极粗浅,或与事实相差不远。

但是,划分文化区域的工作,决不是此种概略的观察所能胜任,必须采用极合于科学分析的方法,把全国文化特质,按地理区分,逐一详细考察,分类纪述,然后汇其异同,察其远近,而划为若干区域。要之,此种区域,必须从事实综合而得的结果,不是由想像或猜度所能断定。所以要研究中国文化区域,必须从分析全国文化特质下手。

(五)研究文化区域的方法

研究文化区域的方法,约可分为下列数步。

第一步,预备。(甲)编定调查纲领。[30]即就全社会各种文化特质,制成分类详细纲领,俾可依此纲领,搜罗特质。(乙)确定调查区域的范围及调查的先后次第。即就所欲调查的社会而确定其范围,然后就范围内规定调查的次第。依此次第,逐渐调查。

第二步,调查。(甲)搜集并纪述文化特质。即就预定的调查范围,详纪其所有一切文化特质。此为最重要之工作,因为如其纪载不详,则结果即难正确。(乙)制就特质分布地图。调查时即就每种主要特质,在地图上纪载其分布状况,以为整理时依据。

第三步,整理。(甲)特质区域的鉴定。即就已经纪载的特质分布地图,而划分其特殊的特质区域。例如食物区域,或住屋区域,或运输区域,各就一种特质分布的状况,而划定为全县或全省或全国各种特殊的特质区域。(乙)文化区域的划分。即就已经制就的各种特质区域地图,综合而成一种文化特质分布总图。从此种文化特质总地图上,可以发见特质分布集中的状况,因而划定各种文化区域。

二、文化区域与社会行为

(一)文化区域与政治区域

文化区域未必与政治区域相符合,一因政治区域是人类划定的界限,而文化区域是人类生活自然产生的结果。二因文化区域常依地理上自然界限为区分,如河流、山岭、海洋之类,而政治区域则未必如此。要之,文化区域非即政治区域。例如东方文化区域,包括几个国家;西方文化区域,亦包括许多国家。又例如江苏、浙江同为中国的一政治区域,但江南与浙西应属于同一文化区域。所以政治区域与文化区域,应加区别。若混为一谈,实有未当。

(二)文化区域与语言区域

同一语言的团体,未必属于同一文化区域。因为语言区域与文化区域并非同物。凡同一文化区域以内,常包括几种语言,例如欧美文化区,包括英语、法语、德语、意大利语、俄罗斯语、西班牙语等等。又例如北美土人在哥伦布发见之时,有五十余种语言,但仅有几种文化区域。中国全国常分为四大语族,包括汉藏语、乌拉阿尔泰语、南亚语、南岛语等,而汉藏语又分为四系,即中国语、藏缅语、汉台语、苗猺语等。[31] 此与全国文化区域,自难一致。

(三) 文化区域的选择力

文化区域虽与政治语言无直接关系,但包含种种相同的主要文化特质。主要的文化特质,在物质方面如衣、食、住、行、用、玩等的材料与形式;在非物质方面,如风俗、制度、信仰、思想等的性质与种类等等。此类主要的文化特质的雷同,即所以造成同一的文化区域。凡同一文化区域以内的文化特质,具有一种极大的选择力。生长于此种文化区域以内的人,他们的行为,似受此类文化特质的支配。凡合于本区域内文化特质的行为,方可通行;不合于文化特质的行为,便不能通行无阻。所以个人行为,似深受文化特质之控制。各人行为的特点,无非代表其所生长的文化区域以内的特殊文化。

(四) 文化区域的效用

文化区域,对于人类行为,既然具有选择的力量,所以个人行为的方式,是一种特殊文化区域的产物。因此,我们可以根据文化区域,来判断个人行为的特色。我们知道,在欧美文化区域内生长的人,大概信基督教,主张民主政治,流行普及教育,使用机器、穿西服、食番菜、住洋房、坐电车汽车等等。我们又知道,在亚洲文化区域内生长的人,大概信孔教、佛教或回教,未必主张平民政治,教育并不普及,不一定使用机器;穿的不是西装,住的不是洋房,食的是中菜,坐的是轿、船、人力车等等。同理,可以推论一切文化区域以内居住人民的行为。假使我们对于区别文化区域的知识愈周密,那末,了解人民行为的力量愈大。我们所以分析文化特质与划分文化区域的目标,就在要了解人民的行为与推测人民的行为。惟其能了解人民的行为,与推测人民的行为,所以能控制人民的行为,以求社会的进步。如此看来,文化区域的概念,在人类知识上,似有极大的贡献。

第六节　文化对于社会生活的影响

综上所述,大约不外三点:第一,是讨论文化如何形成,及其与人类环境的关系。第二,是讨论文化具何性质,其与人类行为有何关系。第三,是讨论文化的内容、形式及其在地理上分布的关系。

现在我们总结起来,讨论文化对于人类社会生活的影响。第一,论文化对于个人的影响;第二,论文化对于社会的影响;第三,论社会改造与文化的关系。

一、文化对于个人的影响

（一）个人的物质生活与文化的关系

个人的物质生活,无一处不受社会上文化的影响。衣、食、住、行,以及日常生活,几乎没有一事,不为社会上物质文化所控制。社会早为个人规定了许多行为标准。个人衣服的形式,依照社会上流行的样式;衣服的材料,采取社会上共同取用的质料;穿衣的方法,更衣的时季,都是依据社会的习惯。《论语》云:"君子不以绀緅饰,红紫不以为亵服。"因社会上有此规定。《诗》云:"维鹈在梁,不濡其翼,彼其之子,不称其服。"谓不合社会之标准。《周礼注》云:"司徒以本俗六安万民,六曰同衣服。"注谓:"民虽有富者,衣服不得独异。"谓社会对于衣服,有相当之规定。食物亦是如此;食物的种类,烹调食物的方法,饮食所用的器具与方法,都是依据社会上通行的惯例。《礼记》云:"毋抟饭,毋放饭,毋流歠,毋咤食,毋啮骨,毋反鱼肉,毋投与狗骨,毋固获。"等等,即为社会上规定的食物方式。住屋亦是如此;住屋的材料、构造与形式,是依据一社会流行的惯例。行旅往来与转运货物的利器,用船、用车、用轿、用飞机,亦都是依照社会上规定的方式。至于日常用具,如家具、陈设,以及随身所用的物件等等,无一不是采取社会上现成造就的实物。要之,一个人的物质生活,没有一处可以与文化脱离关系。

(二)个人的非物质生活与文化的关系

一个人的非物质生活,亦是与文化不能分离。待人接物的方法,婚嫁丧葬的礼节,都是依照社会上通行的惯例。一个人所用的言语、文字,以及对人时使用言语、文字的方式,发表意见时的程序习惯,与他人共同做事时的态度、动作,满足物质需要时的手续与形式,处理出生死亡的程序,婚姻缔结的手续,以及男女居室时的态度行为等等,无一不是接受社会上现成规定的方式。凡《周礼》《仪礼》《礼记》所述种种礼制,即为当时社会上规定的行为方式。可知个人的精神生活,亦处处受社会上文化的影响。

要之,一个人的言语、思想、举止、行动、情感、态度,以及衣、食、住、行、用、玩种种方面的活动,无一不受社会的约制,即无时不受文化的影响。原来,一个人自从呱呱堕地而后,直至老死,无时无处不在文化的环境中生活。文化虽是人的产物,但一经产生以后,人即受文化的束缚,处处表现文化的色彩。所以质言之,所谓个人,无非是文化陶冶而成的个人。文化是人的产物,而人亦即是文化的产物。

二、文化对于社会的影响

社会原是一群人。不过此一群人,不止于各个人机械的集合。就动的方面说,社会是表现共同行为的一群人;就静的方面说,社会是拥有共同文化的一群人。合起来说,凡具有共同文化,因以表现共同行为的一群人,就是社会。社会之所以成为社会,不在其集合有机的生物个体,而在此种生物个体的人,具有共同文化而表现共同行为。所以简单说,除开文化,就没有社会;社会就存于文化。不过仅有文化,亦不成为社会;必定是具有文化的一群人,方是社会。要之,社会固然不能脱离个人,而尤不能脱离文化。所以亦可说,社会是文化的产物。

(一)社会变迁与文化的关系

社会既然是文化的产物,有文化则存,无文化则亡。那末,除开有机的生物个体以外,社会上只有文化,与在文化范围内所表现的人的行为。换言之,社会除开生物单位的人口外,只有文化。所以社会变迁,除开人口的生物变动外,只有文化变迁。

我们试想,我们所知道的社会变迁,除人口外,还有那几方面不属于文化的范围？我们知道,社会的物质方面,如衣服、食物、房屋、陈设、用具、机器、运输的器械、制造的货物等等的内容与形式,常常在那里变迁。我们又知道,社会的非物质方面,如语言、风俗、德道、宗教、政治、职业等等的内容与形式,亦常常在那里变迁。此种物质与非物质的变迁,试问有那一项不属于文化的范围？

我们又知道,此种文化的变迁,或起于新发明的产生,或起于新文化的输入。而此类发明与传播,或由于文化累积成熟的结果,或由于文化交通接触的结果,要皆不脱乎文化的影响。于此,可知文化与社会变迁,关系非常密切。

(二)社会问题与文化的关系

社会问题,就是在社会变迁时所发生的问题。从主观方面说,社会问题,起于社会上人们不满意于社会的现状而认为必须整顿的时候。换言之,社会问题,起于社会态度变迁的时候。从客观方面说,社会问题,起于社会制度不能适应社会变迁的时候。换言之,社会问题起于社会上文化失调的时候。

一个社会的文化,常包括许多部分,而此许多部分,常常是互相调和适应的。但是当社会变迁的时候,文化各部分的变迁,常常不是一致的,有的部分,变迁很快,有的部分,变迁很缓。在此种文化变迁或快或缓的时候,文化的各部分,便不能互相调和适应,此种现象,称为文化失调；彼时所发生的问题,就是社会问题。故社会问题与文化变迁,有密切关系。

三、社会改造与文化

我们知道,个人生活,完全受文化的支配；社会的维持与变迁,完全恃文化为枢纽。如此,文化与人类社会有无上的密切关系,可以推想而知。社会生活,既完全受文化的支配,那末,欲改造社会,即在改造文化,此理甚明。

通常对于社会改造,有各种不同的学说,其主要者为种族改造说,人心改造说,经济改造说等。今略述如下。

(一)种族改造说

主张种族改造说者,以为社会的好坏,源于人类先天的特性。进步的社会,由于先天优秀的人造成之;不进步的社会,由于先天恶劣的人造成之。所以改良社会,就在一方面淘汰先天恶劣之人而使之绝种;一方面鼓励先天优秀之人结合,而使之蕃殖。以为如此,方可使社会进步。一般优生学者自高尔登(Galton)以后,如达文包(Davenport)、何尔模(Holmes)、包本诺(Popenoe)等,即主此说。[32]此说的缺点,在于误认文化特点,为先天的生物要素。欲从生物遗传方面去改造文化,是无异南辕而北辙。

(二)人心改造说

主张人心改造说者,以为社会的好坏,由人心造成之,人心好,则社会自好;人心坏,则社会自坏。所以要改造社会,在于改造人心。社会学家如华特(Ward)、季亭史(Giddings)、华莱史(Wallas),哲学家杜威(Dewey)、罗素(Russell)、韦尔史(Wells),以及我国自孟、荀以来之人性论者,均主此说。[33]此说的缺点,在于认人心为有独立自存的势力;以为人心是社会的主宰,可以支配社会上一切的现象。其实,人心乃是文化的产物。人心虽有时可以影响于文化,而人心之活动,要不能出文化范围之外。人心决不是一种独立自存的势力。所以欲改造人心,亦必须注意于文化。

(三)经济改造说

主张经济改造说者,以为社会的发展与否,全以经济要素为基础。经济要素,尤其是生产技术的发展状况,可以决定社会全部的状况。所以要改造社会,即在改造经济组织。经济组织优良,社会即优良;经济组织不良,社会即窳败。大概社会主义者,尤其是马克思社会主义(Marxian Socialism),均笃信此说。[34] 此说的缺点,在于误认经济要素为社会上唯一的支配力量。而不知经济要素,固然重要;而在经济要素以外,尚有其他力量,其可以左右社会的势力,有时实不亚于经济要素。故欲从经济要素方面下手,改造社会,亦不圆满。

总之,欲根本改造社会者,必须从社会的根本要素文化方面下手。从物质文化方面,改造社会的物质生活。从非物质文化方面,改造社会的精神生活。物质方面的改造,就在改造衣、食、住、行,以及日常生活等等的内容与形式,以及发展此种改造的知识。非物质方面的改造,就在改造风俗、制度,以及发展此种改造的知识。能从物质方面与非物质方面,双方施行改造的工作,而后文化改造,人心亦改造,即其他经济等等的状况,亦同时改造,而社会即达于改造之境域。[35]

本章练习问题

一、试区别文化与文明?

二、如何分析文化特质?

三、文化模式与社会生活的关系若何?

四、文化区域与政治区域有何关系?

五、试论个人行为与文化的关系?

六、文化对于社会变迁的影响若何?

七、试批评各种社会改造说?

八、社会改造的根本方策如何?

本章论文题目

一、人与文化。

二、文化的支配性。

三、文化的普遍模式。

四、文化改造论。

本章参考书

1. Bogardus: *Contemporary Sociology*（1931），Ch.3.

2. Case: *Outlines of Introductory Sociology*, Introduction.

3. Davis and Barnes: *Introduction to Sociology*, Book Ⅱ, Part 4.

4. Folsom: *Culture and Social Progress*（1923），Chs.2, 3, 6, 7, 8.

5. Hiller: *Principles of Sociology*, Ch.1, pp.3–5.

6. Lowie: *Culture and Ethnology*（1916），Ch.1.

7. Lumley: *Principles of Sociology*（1928），Ch.5.

8. Ogburn: *Social Change*（1922），Parts 1, 3, 5.

9. Reinhardt: *Principles and Methods of Sociology*（1933），Ch.14.

10. Wallis: *Introduction to Sociology*（1927），Chs.32–33.

11. Wallis: *Culture and Progress*（1930），Ch.1.

12. Wissler: *Man and Culture*（1923），Chs.1–10.

13. 孙本文著《社会学上之文化论》（朴社本）。

14. 曹华著《动物文化之考察》，《东方杂志》第二十八卷第十五号。

15. 许仕廉著《文化与政治》（朴社本）。

16. 林惠祥著《文化人类学》（商务本）。

17. 陈序经著《中国文化的出路》（商务本）。

18. 良甫译《中国之经济区域》，《东方杂志》第二十八卷第四号。

19. 黄文山著《文化学的方法论》，《社会科学丛刊》第一卷第一期（中央大学版）。

本章注释

1. Ellwood: *Cultural Evolution*, Ch.1.

2. Wissler: *Man and Culture*, p.1.

3. Tylor: *Primitive Culture*, Vol.1, p.1。大抵从文化的内容以定文化的界说者,为数甚多,狄克松(Dixon)谓:文化是包括一切活动、风俗、信仰的总和。(见*The Building of Culture*, p.3.)傅尔森(Folsom)谓:文化是一切人工产物的总和;包括一切由人类发明并由人类传递后代的器物的全部,及生活的习惯是。(见*Culture and Social Progress*, p.15)华礼士(Wallis)谓:文化就是凡不属于个人而为团体特征的一切人造的实物,制度,以及生活与思想的形式。(见*Culture and Progress*, p.9)鲍格达(Bogardus)谓:文化是社会上过去与现在的一切思想与活动的途径的总和。(见*Contemporary Sociology*, p.69)

4. Ogburn: *Social Change*, p.1 及Wallas: *Our Social Heritage*。

5. 梁任公在他的《什么是文化》一文中,谓:文化者人类心能所开积出来之有价值的共业也。(见《梁任公讲演集》第三辑)。亦是就来源方面说明文化的意义。

6. 见Storck: *Man and Civilization*, Ch.2, p.28。

7. 上面所举戴鲁(Tylor)的定义,近经卫莱(Willey)加以批评,以为此种定义,略有缺陷,应加上实物(Material goods)两字于知识之上,方为完全。因修正为"文化是一种复杂体,包括实物、知识、信仰、艺术、道德、法律、风俗,以及其余从社会上学得的能力与习惯。"见Davis and Barnes: *Introduction to Sociology*, p.513。按卫莱的批评得之于乌格朋(Ogburn),见其所著之*Social Change*, p.2。又汉根史亦言及之。见Hankins: *Introduction to the Study of Society*, p.380。

8. 参看乌格朋的意见Ogburn: *Social Change*, pp.12–13。

9. 从人类文化史言,最初的文化时期,称为曙石器时代(Eolithic age),大概在十万年前,以至一百万年前之谱,都属于此一时代。曙石器时代以后,就有旧石器时代(Paleolithic age)。大概在一万年前以至十万年前,都属于此一时代。自一万年以来,以至西历纪元前三千年顷,为新石器时代(Neolithic age),自此以后,为金属器时代(Age of Metals)。参见Kroeber: *Anthropology*, Ch.6。

10. 参看Lowie: *Primitive Society*; Havemeyer: *Ethnography*,及Golderwieser: *Early Civlization*等书,可以知道世界上幼稚民族的文化生活。参看Ellwood: *Cultural Evolution*第二章,可以知道现代世界各民族文化程度。再参看林惠祥的《台湾番族之原始文化》,及刘锡蕃的《岭表纪蛮》,可以知道我国幼稚民族的文化生活。

11. 见袁氏所著*Chimpanzee Intelligence and Its Vocal Expression*。

12. Hart and Pantzer: "Have Subhuman Animals Culture?" *American Journal of Sociology*, Vol.30, No.6 (May, 1925).

13. Case: "Culture as a Distinctive Human Traits," *American Journal of Sociology*, Vol.32, No.6, (May, 1927).

14. 参看Bernard: *The Individual and His Behavior*, pp.397–08, in Davis and Barnes: *Introduction to Sociology*, Book II, Part III。

15. Folsom: *Culture and Social Progress*, pp.22–25.

16. Eubank: *Concepts of Sociology*, pp.354–8.

17. Bernard: "Classification of Culture", *Sociology and Social Research*, Vol.15, No.3, Jan–Feb.1931.

18. 关于爱斯基木的研究,见Boas: *The Central Eskimo*及Goldenweiser: *Early Civilization*, Ch.1。关于印第安人的研究,见Kroeber: *Handbook of the Indians of Californians*; Wissler: *The American Indian*。

19. 见Charles Booth: *Life and Labor of the People of London*, 17 Vols, 1892—1902; Rowntree: *Poverty, a Study of the City of York*, 1901; Kellogg: *Pittsburg Survey*, 1901—14; Harrison: *Springfield Survey*, 1918—20。

20. 见Wissler: "Material Culture of the North American Indians," *The American Anthropologist*, Vol.15, N., 3. (1914)。

21. 见Marin: *Questionnaire d'ethnographic* (*Table d'analyse en Ethnographic*), 1926。

22. 卫史莱虽没有把文化丛再加区分，但在其《人与文化》一书中实际论及文化丛的时候，似有简复之别。汉根史始有简丛(Simple complexes)复丛(Complex complexes)之称。见Hankins: *Introduction to the Study of Society*, p.387。

23. Willey: "The Culture Trait", p.522, in Davis and Barnes: *Introduction to Sociology*.

24. 见Wissler: *Man and Culture*, Ch.5。

25. 关于文化传播之难易及其选择作用，参阅下第五、六节。

26. 关于北美土人文化区域的区分，可参看Kroeber: *Anthropology*, pp.335–341。

27. 见Herskovits: *The Cattle Complex in East Africa*。

28. 近有上海《远东评论》记者苏克斯分中国经济区域为三：即华南、华北与满洲，见《东方杂志》第二十八卷第四号《中国之经济区域》。

29.《史记》卷一百二十九《货殖列传》第六十九。

30. 关于调查纲领，参阅本书第五章第三节，及第十四章第三节。

31. 见翁文灏等所编《中国分省新图》第12页。

32. Galton: *Hereditary Genius*, 1869；Galton: *Inquiries into Human Faculty*, 1883；Galton: *Eugenics*, 1904；Davenport: *Heredity in Relation to Eugenics*, 1911；Holmes: *Studies in Eugenics and Evolution*, 1923；Popenoe and Johnson: *Applied Eugenics*, 1918.

33. Ward: *Applied Sociology*, 1906；Giddings: *Studies in the Theory of Human Society*, 1924；Devey: *Democracy and Education*, 1916；Russell: *Principles of Social Reconstruction*, 1917；Wallas: *Our Social Heritage*, 1921；Wells: *The Salvaging of Civilization*, 1901；江恒源著《先哲人性论》，谢蒙著《伦理学精义》。

34. Marx: *Capital: A Critique of Political Economy*, (England Edition, 1906—9); Kirkup: *History of Socialism*, 1913; Laidler: *A History of Socialistic Thought*, 1928; Cole: *Social Theory*, 1920; Cole: *Guild Socialism*, 1922.

35. 傅尔森(Folsom)力言文化对于社会影响之大。并谓：我人应改造文化，以改进社会。见所著Culture and Social Progress, ch., on *Man's Reconquest of Culture*。

下　卷

第三编
社会过程

社会的现象,只是个人与个人间交互活动的现象。一切社会行为,在个人方面,只不过基于人格与态度而表现的活动;在社会方面,是人与人间的交互作用。个人行为,若仅止于个人而不与他人发生任何直接或间接关系,只是个人的而非社会的行为。个人行为,与他人发生任何直接或间接关系时,始成为社会行为。故社会行为之所以成为社会行为,即在个人与个人间的交互作用。我们在第十一章中,已经将个人人格及态度的性质与功用,加以分析。现在讨论人格与人格间交互活动的过程。此种过程,称为社会过程。

第十三章　接触与互动

第一节　社会接触

社会行为的成立，其基本要件，在人与人间的交互作用。此种交互作用，通常称为互动(Interaction)。互动的发生，始于接触(Contact)，故接触为互动的初步。欲明互动的真相，须先明了接触的性质。人类的接触，有直接的或初级的(Primary)，间接的或次级的(Secondary)之别。直接的或初级的接触，以觉官为机关。凡在面面相觑的直接团体中所发生的接触，都是此类的接触。间接的或次级的接触，借交通工具如文字、印刷物、电报、电话、电影、无线电等为媒介。大概在间接团体中，与距离甚远或不易接近的外界接触，不是觉官所能直接感受，必须有赖于交通工具为媒介的接触，都属于此类。

接触常可以影响我们的行为，直接的接触，可以发生亲昵、友谊、情爱、互助、合作等密切的关系。间接的接触，常发生膜视、隐匿、卸责等等各不相干的态度，使社会上产生种种纠扰复杂的关系。大概直接的接触是个人多方面的接触，各个人在直接团体中，因为接触的机会多，各方面都可以接触，每方面常有反复的接触，故每个人都能知道其他各个人的各种情形，因而发生接近的关系。间接的接触则不然。各个人在间接团体中，有的仅有一方面或二三方面的接触，有的并一二方面的接触而无之。接触的机会既少,各个人不能互知。故在都市中,即使较有名望的人,亦至多使人知道他一二方面,而不能知道其人格的全体。在此种状态之下,自然发生疏远的关系。

日常生活的经验所昭示,我们有时对于某种人易于接近,某种人不易于接近;某种人接触以后,觉得舒适愉快;某种人接触以后,觉得纠扰痛苦。我们知道,我们对于家人、密友等最易接近,对于普通相识,尚易接近;但对于不相识的路人或相识的仇人,便不易接近。

接触有时非个人所能控制。有许多我们钦佩的,敬仰的,爱慕的人,我们不能接触;或仅有间接的接触,而无直接的接触。例如大科学家,大哲学家,大艺术家,大政治家,以及其他较有名望的人物,我们即愿与之接触,而无接触的机会。或仅有间接的接触,而缺直接的接触。有许多我们憎恶的,鄙弃的,仇恨的人,我们不能不与之接触,有时为间接的接触,有时且为直接的接触。例如大奸、巨蠹,非我人之所愿与接触,而在报纸上常见其姓名;敌党或敌国的人,亦非我人之所愿与接触,而有时为公众之事不能不与之接触。故接触常出于个人权力支配之外。

第二节　社会互动

接触仅为人与人间的接近,互动是由接近而发生交互作用。譬如甲遇见乙,乙了解甲,但双方无任何表示,此是接触,而非互动。假如甲遇见乙,而招呼,而谈话,而偕行;或者甲遇见乙,而怒视,而诟詈,而避免,如是,谓之互动。互动有简单与复杂之别。简单的互动,如甲招呼乙,乙即应声谈话是。复杂的互动有种种不同的程度。譬如甲招呼乙,乙还以招呼,不久乙即他往,或用电话交谈,或用信札表示拳拳,此是较深的互动。或者乙因甲的招呼而介绍于丙,丙再介绍于丁,丁再介绍于戊;乙丙丁戊又各以不同的方式互相交通,此是更深的互动。或者乙因甲的招呼而辞丙的谈话,丙因乙的中止谈话而诟詈及甲,甲因招呼乙而介绍与丁,丁因怒丙的诉詈而詈丙,戊因知丙的受辱出而排解等等,此是更复杂的互动。我人的生活,终生在互动中生活;因种种简单与复杂的互动而发生种种关系,因种种关系而又发生种种互动。此种种互动,与种种关系,即成为社会的现象。

一、互动在心理上的区分

人与人间的互动,全由行为上表现。当其表现之时,性质上略有区别可言。兹为便于了解起见,分互动为觉官的互动(Sense interaction),情绪的互动(Emotional interaction),与智力的互动(Intellectual interaction)三种。(甲)觉官的互动,最显明者为视听两官的互动。齐穆尔(Simmel)谓:我人之目,具有特殊的社会学的功用;人与人间的结合与互动,全视双方相互间的视觉。相互间的视觉,是最直接的最纯粹的交互作用。[1]我们知道,一切社会行为,发端于接触。在直接社会中,接触后的交互作用,常发端于双方的视觉,故视觉实为直接社会中人与人间社会行为的重要关键。人与人间的互相交际,有许多动作,须从视觉中,发见其意义,尤其是容貌上形态的表示。快乐与忧愁,讥讽与冷淡,躁急与安静,愤怒与和平等等,全须从视觉中了解其意义。盲目之人,全失去此种社会的意味,即由其缺少视觉之故。在间接社会中,视觉仍占重要的地位,举凡报章、杂志、书籍等等,必以视觉为媒介。至如繁盛的都市,在在可供人以视觉的刺激,而直接间接发生行为的影响。他如听觉的关系,其重要或超视觉而上之。一切语言的交通,全恃听视为利器。在直接社会中,平常的交际,全恃语言固无论已;即在间接社会中,使用电话、无线电、有声电影等等,亦无不恃听觉以为用。(乙)情绪的互动,比觉官的互动,似稍进步。觉官的互动,双方所感者似止于知觉方面。见人的悲哀,我知其悲哀;听人的愤语,我知其愤怒,此是觉官的互动。见人的悲哀,因而我亦悲哀;听人的愤语,因而我亦愤怒,此是情绪的互动。情绪的互动,在人类日常生活中,力量甚大,举凡爱、恨、惧、乐、羞,以及同情等等,都可互相激动。一二人间,固常可发生情绪的互动,而在群众中间,此种情绪的互动,尤易发生。常见群众集合之处,一语挑衅,众人愤激,登时全场骚乱,不可收拾者,比比皆是。此种情绪的互动,亦称为情绪的传染(Emotional contagion),以其接触后,最易激动之故。(丙)智力的互动,与情绪的互动,在性质上又微有不同。虽则二者常互相关联,有时且极难分辨。又智力的互动,与觉官的互动,有时亦互相关联。觉官的互动,止于知觉;智力的互动,在于概念。譬如,我说:二加二等于四,听者即听到我说,二加二等于四,而表示了解,此是觉官的互动。若听者不但知道我说的是二加二等于四,而了解二加二确等于四,而毫无错误,此是智力的互动。我们平常谈话,互相发问,互相答复,每句中包含意义,各人互相了解,此是智力的互动。除谈话外,凡讨论、辩论、讲演、会议、批评等,均可以表明智力的互动。报章、杂志、书籍,以及其他印刷品等凡可以传达意思者,均可为智力的互动的媒介。一切宣传、教育等作用,凡以意思宣达群众,或启迪后进者,均有赖于智力的互动。龙烈(Lumley)说:智力的互动,是人类最大的成绩,[2]诚非虚语。

要之,我们日常生活所表现的互动,是包括觉官的、情绪的、智力的种种互动。不过有时偏于觉官的,有时偏于情绪的,有时偏于智力的。我们知道,我们的社会生活,只是互动的生活。互动是人类的交通,有交通乃有社会。派克(Park)说:"社会,如用机械的语词说明,归结到互动社会的界限与互动的界限同大。一个人成为社会的一份子,以其能反应社会的势力。"[3]杜威(Dewey)谓:"社会不仅是因传递与交通而继续存在,实可说是存于传递,存于交通。[4]盖人类的互动或交通,实为人类结合的基点。一切社会现象,莫不基于互动,互动为社会现象的共通原素,亦即最小单位的原素。就社会现象的内容说,千殊万歧,千变万化;就社会现象的形式说,只有人与人间的互动。此人与人间的互动,为一切社会现象共同之点,亦即社会现象之所以成为社会现象的根源。齐穆尔以为社会有内容与形式之别。形式(Form)就是人与人间所表现的互动,如个人与个人往往因达到各自的目的,而互相对抗,故冲突为一种互动的形式。同理,合作、模仿、分工,都是一种互动的形式。内容(Content)就是一切在互动的形式之下所表现的事物。详言之,凡一切物质的与非物质的文化以及文化的活动,都属社会的内容。[5]

我们在第一章中曾说:社会学是研究人类社会行为的科学;社会行为就是二人以上交互影响的行为。若以互动的意义解释之,社会行为就是人与人间互动时所表现的行为。故社会行为以互动为基础。无互动即无社会行为。

二、互动的方式

人与人间的接触是无量数,故互动亦无量数。社会学家尝欲根据种种互动,归纳而得各种主要的方式。此类互动的方式,通常谓之社会过程(Social Processes)。派克与蒲其斯曾分主要的社会过程为四种,即竞争、冲突、顺应、同化。[6]海逸史(Hayes)谓主要的社会过程,应有十三种,即社会暗示、同情的反射、模仿、诱导、吓阻、顺应、证实、竞争、冲突、比赛、统御、服从、合作、组织。[7]此外如劳史(Ross)曾分为三十八种。[8]彭德(Binder)分为六种。[9]恺史(Case)分为十种。[10]冯维史(Von Wiese)分为四大类,每类又分小类,每小类又分次小类,如是共有六百五十余种之多。[11]要之,此种分类,可无穷尽,因为互动是无穷尽的。我们现在不必研究互动的方式究有若干;我们仅举出几种比较显明的方式,作为引证。但不可误会,以为社会过程,仅有此几种方式而已。

本章温习问题

一、何谓社会过程?

二、接触与社会行为的关系若何?

三、述社会接触与社会距离之关系。

四、述社会互动的意义。

五、述互动在心理上的区分。

六、试略论社会互动的方式。

本章论文题目

一、社会过程的性质。

二、社会接触与社会现象。

本章参考书

1. Bogardus: *Contemporary Sociology*（1931），Ch.6, Section 27.

2. Brown: *Social Groups*（1926），Chs.2, 7, 8.

3. Duncan: *Backgrounds of Sociology*（1931），Ch.30.

4. Eubank: *Concepts of Sociology*（1932），Ch.12, pp.283–292.

5. Hart: *The Science of Human Relations*（1927），Ch.6.

6. Hobhouse: *Social Development*（1924），Ch.8.

7. Lumley: *Principles of Sociology*（1928），Ch.7.

8. Park & Burgess: *Introduction to the Science of Sociology*（1921），Chs.5–6.

9. Weatherly: *Social Progress*（1926），Ch.14.

10. Wiese & Becker: *Systematic Sociology*（1932），Chs.7, 9.

11. Woofter: *The Basis of Racial Adjustment*（1925），Ch.12.

12. Znaniecki: *The Laws of Social Psychology*（1925），Ch.1.

本章注释

1. 见Park and Burgess: *Introduction to the Science of Sociology*, p.358。

2. Lumley: *Principles of Sociology*, p.151.

3. Park and Burgess: *Introduction to the Science of Sociology*, p.341.

4. Dewey: *Democracy and Education*, p.5.

5. 见Able: *Systematic Sociology in Germany*, pp.19–22。

6. 见Park and Burgess: *Introduction to the Science of Sociology*, p.507。

7. Hayes: "Some Social Relations Restated," *American Journal of Sociology*, Vol.31, No.3.

8. Ross: *Principles of Sociology*, pp.77ff.

9. Binder: *Principles of Sociology*, Chapters 11–16.

10. Case: *Outlines of Introductory Sociology*, Chapters 21–30.

11. Von Weise: *Allgemeine Soziologie*, Appendix to the first Volume; or, Sorokin: *Contemporary Sociological Theories*, pp.493–495; or, Abel: *Systematic Sociology in Germany*, Ch.3; or, Wiese and Becker: *Systematic Sociology*.

第十四章 暗示与模仿

互动中最基本的方式为暗示(Suggestion)与模仿(Imitation)。暗示与模仿虽性质不同,但有联络关系。我们讨论模仿的时候,不能不想到所模仿的对象:即暗示行为。我们讨论暗示的时候,不能不想到暗示的效果:即模仿行为。故二者合并讨论之。

第一节 暗示

一、暗示的意义

据爱尔华(Ellwood)说:"凡一个人以一个意思传达别人,别人无批评的,或无合理的根据,即接受了,此种过程,谓之暗示。"[1]此是注重在接受人方面的。鲍格达(Bogardus)说:"暗示是有意的或无意的发出刺激的过程。"[2]此是注重发动人方面的。据亚尔保(Allport)的意思,暗示可从三种立场观察,故有三种意义。第一,暗示是在某种状况之下,造成行为倾向(Predispositions)的过程。此种行为倾向,或是集中于先天冲动如食、色、惧等;或是集中于后天习惯如宗教、政治、审美等信仰与行为。照此种看法,暗示是养成态度与偏见的过程,是注重在个人方面的心理过程。第二,暗示可视为外界的刺激,此种刺激可以引起已经养成的行为倾向。譬如我们一向爱好雕刻,一见雕刻的刺激,就易引起我们的爱好;我们一向憎恶烟酒,一见烟酒的刺激,就易引起我们的憎恶。第三，暗示可视为加强行为倾向的过程。譬如我们爱好雕刻，因他人的行为或言词而更爱好；我们憎恶烟酒，因他人的行为或语言而更憎恶。广告与宣传以及报章的消息，常可以加强我们对于某种事物的爱好与憎恶。[3]据白乃德（Bernard）与龙烈（Lumley）二人的意见，一个完全的暗示的定义，应包括此三种意思。其实亚尔保的见解，偏重于暗示作用时的过程，而暗示的真义，似尚未包括在内。盖暗示的最重要的意义，在于受暗示者对于所暗示的意思，很迅速的无批评的接受之而生反应。譬如雕刻的刺激，具有暗示的意义时，可使见此雕刻的人，发生很迅速的无批评的爱好或憎恶的行为。所以，凡任何人的行为，或行为的结果，可以引起他人无批评而很迅速的行为时，此种过程谓之暗示。譬如甲的饮酒的刺激，引起乙的饮酒的反应；在乙的方面完全是受甲的影响而发生无批评很迅速的行为。大概暗示的刺激，必具有极强的引动性，使受暗示者不得不生迅速而无批评的反应。如甲饮酒的刺激，其强度足以使乙见之不能自主的发生饮酒的反应。故暗示作用，一方在刺激的引动性的强烈，一方在反应的迅速而乏批评。

二、暗示性

暗示作用虽为人类普遍的心理现象，但非一切事物，可以引起人们的暗示；亦非人们的心境，对任何事物可以发生暗示作用。暗示的发生，常有相当条件。此种条件，可分两类：一类为人们对于暗示刺激的内部心理状态，一类为引起暗示作用的外部刺激的性质状况，兹分述如下。

（一）内心的条件

凡暗示作用的发生，在受暗示者方面的心理状态，颇有关系。凡可以发生暗示的反应的心理状态，约有四种。

（甲）在刺激与反应间存有一种联络关系时的心理状态

凡一种刺激可以发生暗示作用而引起反应，此种刺激常与受暗示者的习惯系统有相当关系。例如喜欢购买书籍的人，对于报纸上新书出版的广告,特别注意,而易受广告中说明的引动。反对宗教的人,见有批评宗教的议论,尤感兴趣。爱好足球的人,见有赛球的机会,便跃跃欲试。此由于此种各别的刺激,与各人的习惯系统,有相当联络关系,故能发生暗示作用。工商界人,素乏读书习惯,新书出版的广告,不发生暗示作用。对于宗教无意见的人,闻有反对宗教的议论,往往不加注意。不嗜足球的人,遇到赛球机会,不能引起其参加的兴趣。此可见暗示的刺激,如与受暗示者的习惯系统无相当联络关系,不一定可以引起其适当的反应。

(乙)无冲突的行为习惯存在时的心理状态

此是与上面所述相反的状态。我们对于与习惯系统有联络的刺激,固然易受暗示,但如另有他种习惯,与此种习惯发生冲突时,便不易发生暗示。例如嗜酒之徒,目见酒甑,或鼻闻酒味,或听他人谈及酒情,均可以引起其饮酒的习惯。但如一经决定戒酒,则虽遇此种景况,亦不饮酒。又如素爱小说的人,见广告所载名小说的内容,或听他人口述某小说的神情,往往有立刻一读此书的愿望;若非早经决定,非将预定工作完成,不能再读小说,鲜有不受暗示的影响者。盖我人的心境几常空虚无物,一遇外物刺激,便极易引起其习惯系统的反应,若非有他种可以抵制此种习惯的行为习惯同时存在,极难转移其反应的趋向。

(丙)在习惯未深或尚未养成习惯时的心理状态

孩提之童,入世未深,习惯尚未养成,或养成而尚未坚深,极易受外界刺激的暗示。故对于儿童,暗示的力量极大。孟母之所以三迁,为避免环境的恶化。我们通常崇尚以身作则,原所以示人以善良的刺激,以养成儿童善良的习惯。盖不良的刺激,即可以养成不良的习惯。不但儿童如此,其时富有经验的成年,在某种事项缺乏经验者,亦常易受暗示影响。龙烈(Lumley)教授说,"最审慎的科学家,常有受市侩欺骗,购买赝鼎之事。"[4]可见我人对于外界刺激,如无往时经验,极易感受暗示。此点似与上述习惯系统有关的刺激极易暗示一层,表面看来,颇有冲突,其实不然。盖此点系就消极方面,缺乏经验者易受反面的刺激的暗示言;

上节系就积极方面,易受正面与习惯有关的刺激的暗示而言。但实际究竟如何,须就外界刺激的状况联合而观,方可决定其结果。

(丁)心理上发生剧烈变故时的状态

我人在精神状态极端疲乏,或情绪极端旺盛,或其他精神变态的时候,极易感受暗示。例如人在愤怒之时,最易偏信流言。人在疾病之时,最易信仰鬼怪,就是此理。

总之,凡暗示发生的时候,在人的心理状态方面,必具有相当条件;或是与习惯系统有相当联络,或是没有冲突的行为习惯的存在,或是向无经验的关联,或是精神上发生变态。但此种内心的条件,必与外界的条件,互相凑合,方可发生暗示作用。而暗示作用的性质程度,又须视内外两方面条件的性质程度而定。

(二)外界的条件

凡具有暗示性的刺激,必具备相当的条件,方可发生效力。兹分述于下。

(甲)刺激的单纯与调节

凡单纯与调节(Monotony & rhythm)的刺激,常可以引起暗示性。例如歌曲、韵语、韵文告示,以及佛徒念经等单调的声音;国旗、校徽、十字架,以及其他平常所用的单纯记号,其形状位置不生变动的事物等,均可以引起人们的集中注意,或分散人们的注意,使一种特殊的刺激,发生特殊效力。故此类声音及事物,最可以引起暗示。

(乙)刺激的持久与反覆

凡持久与反覆(Duration & repetition)的刺激,常可以引起暗示性,而为引起暗示性的重要的要素。例如广告、标语、格言、座右铭等,都采用此种反覆与持久的条件,以期取得人们的信念。大概政治、宗教、教育、商业,以及社会改革等等,都须利用反覆与持久的宣传作用,俾可达预定的目标。此为最普通最有效的暗示条件,而为我人日常生活所可随时证明的事例。我们知道,凡用一种任何刺激,再三反覆,延长持久,以表现于人们之前,除极少数有特殊情形者外,大率可为刺激所征服而接受之。盖反覆与持久的刺激,一面可以养成新习惯,一面可以破坏旧习惯而代以新习惯。由此可见,人类习惯,原无绝对固定的趋向;而刺激的反覆与持久,其力量之大,实有足以惊人者。

(丙)刺激的总量

与刺激的反覆与持久有极密切的关系,而可以辅助反覆与持久的效力者为刺激的总量(Volume of stimulus)。凡反覆与持久的刺激,其总量极大时,其引起暗示的力量亦愈大。盖刺激反覆的次数多,方面多,而时间又长,则其引起暗示的可能性自大。同是商业广告,其发布的范围广,区域大,分量多,而又再三反覆持久而不疲者,其收效必较大。

(丁)刺激的潜力

凡刺激具有潜力(Prestige)者,其发生暗示的力量必大。白乃德(Bernard)说:"潜力是暗示性基本条件;因为只须有了潜力,其他如反覆、持久、总量等都可不必,而自能使暗示有效。"[5]潜力的特质为何?据劳史(Ross)的分析,可有九种如下。

(1)数量,凡数量多者。

(2)年龄,凡年长的人,或年代久远的事物。

(3)体力,凡体力强壮,或者身躯伟大者。

(4)神圣,凡代表神圣不可侵犯的势力的人或事物。

(5)灵感,凡先知先觉之人。

(6)地位,凡社会上占有相当地位之人。

(7)财富,凡富有金钱之人。

(8)思想,凡富有思想的优秀人物。

(9)学问,凡富有学问经验的专门人材。[6]

后来海逸史(Hayes)教授又增加一种,即:

(10)门第,凡具有社会地位的家庭中的人物。[7]

其实潜力的特质,何止于此。白乃德乃列举至四十种之多。不过上所述者,其较重要者而已。大概任何事物,为社会所贵重者,即具有潜力,而可以影响于人。俗语所谓先声夺人,即表明潜力之意味。《邓析子》云:"与贵者言依于势"。《鹖冠子》云:"万贱之直,不能挠一贵之曲。"此皆言地位尊贵,为势力所附。故《释名》谓:"贵归也,物所归仰也。"又《论衡》云:"百金之家,境外无绝交;千乘之国,同盟无废赠,财多故也。"唐高适诗云:"一朝金多结豪贵,百事胜人健如虎。"此言富有之势力。又《汉书》云:"项羽为人,暗哑叱咤,千人自废。"《史记》"项羽歌曰:力拔山兮气盖世。"此皆言勇气之夺人。凡此种种,皆言潜力在社会之力量。惟其如此,故凡是具有潜力的人或事物,其发生暗示的力量极大。人们的崇拜领袖,未必出于纯粹理性的判断,实因其具有潜力的缘故。

三、暗示的类别

通常分暗示为四类,即直接暗示,间接暗示,反暗示,及自动暗示。

(一)直接暗示

亦称为提示,大概是出于命令式的表示。"提示"与"命令"不同之点:"命令"是直接嘱令照办或接受,受命令者有必须照办或接受的义务。"提示"是直接说明事之应办,或事之如此,受提示者虽无必须照办或接受其意的义务,却有自动办理或接受的效果。提示的发动者,或系有权力(Authority)者,或系有潜力(Prestige)者。例如父母、教师、官长、经理等等,对于子女、生徒、僚属、伙友,常用提示方法,以得有效的结果。提示,比较的极有力,极有效,只须发表宣言、口号、标语,常可支配人们的行为。格言、语录,对人常有极大的影响,亦由于此。但提示最重要的原素,为受提示者对于提示者的信仰或服从。信仰愈坚,服从愈力,提示的效力愈大。若受提示者对于提示者全无信仰,或毫不服从,或信仰不坚,或服从不力,或膜然不顾,即难发生效果。

直接暗示或提示之最完全者为催眠术(Hypnotism)。在催眠状态中,催眠者对于受催眠者,几乎惟所欲为。一切提示,无不接受而见之于行为。

（二）间接暗示

间接暗示，即任何无意的或有意的表示而可于不知不觉中影响于行为者。间接暗示与直接暗示异者，在前者常出于受暗示者于不知不觉中自动接受，初未尝有外力的压迫；而后者则因直接提示后自动接受。前者近于旁敲侧击，后者近于耳提面命。例如父母告诫子女烟酒之害，是直接暗示；为父母者戒绝烟酒，以示子女以模范，是间接暗示。中国古时，臣对于君，不敢直言极谏，往往有讽刺之法，以格君心之非。此种讽刺，即为间接暗示。例如，《列子》云："晋文公欲伐卫，公子钼仰而笑，公问何故笑，对曰，笑臣之邻人也。臣之邻人有送其妻适私家者，道见桑妇，悦而与之言，顾视其妻，亦有招之者，臣窃叹之也。公乃止。"《经济类编》云，"鲁哀公问孔子曰：子闻忘之甚者，徙宅而忘其妻，有诸乎？孔子对曰：此非忘之甚者也。忘之甚者忘其身。公曰：可得闻欤？对曰：昔夏桀贵为天子，富有天下，不修禹之道，毁坏辟法，裂绝世祀，此忘其身者也。公愀然变色曰：善。"《吕氏春秋》云，"楚庄王立，三年不听朝，成公贾入谏曰：有鸟止于南方之阜，三年不动不飞不鸣，是何祥？王曰：是鸟虽无飞，飞将冲天；虽无鸣，鸣将骇人。贾出矣，不穀知之矣。明日朝所进者五十人，所退者五十人，群臣大悦。"《史记》云，"孙叔敖病将死，属其子曰：贫困往见优孟。后其子穷困，负薪逢优孟，与言。孟曰：无远行。即为叔敖衣冠，抵掌谈笑。庄王大惊，以为叔敖复生也，欲以为相。对曰：请与妇计之。三日后优孟来，王曰：何如？曰：妇言无为楚相。叔敖尽忠以治楚，楚得以霸，今死，其子无立锥之地。必如叔敖，不如自杀。王乃召孙叔敖子，以四百户奉其祀。"凡此诸例，皆为间接暗示。间接暗示之效用甚广。日常生活，有赖于间接暗示以期收效者，随处可见。今再举数例于下。

有图书馆员，发见青年人喜阅下等小说，颇以为忧，乃设一计，此等小说封面及背面，加一标签，略云："此一类书，尚有某书某书等。"彼乃选取价值稍高之小说三四种，用此法介绍于读者，不久，发现青年人阅读小说的嗜好,比前进步。彼乃仍用此法,再介绍价值更高的小说。二年以来,在该馆阅读小说之人,嗜好提高,进步甚速。

在美国加州各中小学校中,对于中国及日本儿童,均有种族偏见,感情甚劣。有一教师欲挽救此种恶习,乃举行一种辩论会,辩题为:"在最近十年中,中国民主政治的进步,远胜于日本。"彼乃指定参加辩论学生六人,每方三人;其余学生,一半帮助正面辩员搜集材料,一半帮助反面辩员搜集。如是,全体学生,均集中注意于研究中国与日本近十年来的状况。及至辩论之日,全校学生对于中国与日本,均极了解,从此不复有互相偏视之现象。

有一市镇商人,感于本市顾客,积欠日多,无法收回,乃设一计,悬奖征文,题为"如何收清积欠"。一时全市居民,咸讨论此事,凡对于该商有积欠者,均先后归还,该商因是得免破产。[8]

凡此,都是用间接暗示,以得适当的效果。间接暗示可用于有益之事,亦可用于无益甚且有害之事。民国十二年山东临城火车被劫,虏去中西旅客三百余人。匪首孙美瑶自言,劫火车时所用方法,系从电影中学得。[9]又土耳其大盗奥法泰希姆骗婚十二妇女,取财后杀害灭口;自言,专事诱骗妇女,佯允婚娶,乘间诱至家中,迫其献出银钱首饰后,即加杀害,常肢解其体以灭迹。并言,渠之杀人行为,由于嗜读法国大盗蓝须客蓝特鲁小史所养成云。[10]此二例表明从电影或书籍中,可得到间接暗示,而影响于其行为。

利用间接暗示的途术,有广告、宣传、教学、教育电影等等。其可以发生间接暗示的影响者,有书籍、报纸、戏剧、电影,以及其他社会上所表现的一切行为。盖间接暗示的影响,最为普遍,故人类社会,应特别注意间接暗示的作用。

(三)反暗示(Contra-Suggestion, or Counter Suggestion)

凡外界刺激的暗示,引起性质相反的反应,谓之反暗示。反暗示有出于常态行为者,亦有出于变态行为者。例如"此地无银"的标记,常可引起"此地有银"的反应。"不准擅动"的记号,每可引起"擅动"的反应。此是常态的反暗示。常态的反暗示,恒起于人类好奇的心理。一语一句之表示,率足以引起其好奇之反应。至于告人勿饮酒,而人偏豪饮,戒人毋吸烟,而人偏狂吸,此是变态的反暗示。变态的反暗示,常起于其本人的先前经验,与暗示的刺激有相当的关系,对于暗示者缺乏敬意或信仰,甚或有私仇夙怨,均可引起反暗示。

又有一种似是而非的暗示,亦得谓之反暗示,俗语常称此为反意或反话。例如:讥此人为恶人,不用正面的语调,而用反面的语调出之。仅说"彼善人欤?"或"此人果非恶人?"又如,要形容某事无成绩,而说:"此事仅有如此之成绩!"或说:"竟有如此之成绩乎?诚非梦想所及!"又如要形容人们的量小,常说:"他原来是如此大量的人!"又有从语句方面表示其相反的意义者,如说:"彼为善人,然乎否耶?"或说:"如此,彼宜为善人矣。"等语。此种暗示,在日常生活中常常见之。

(四)自动暗示(Auto-Suggestion)

凡暗示的刺激,非来自外界而起于内心者谓之自动暗示。自动暗示,非凭空产生,乃起于先前经验遇适当的刺激而复现。例如:往时曾闻可惊可愕之事,偶遇外界他种刺激,或竟无外界刺激,而因内心刺激,自动复现此可惊可愕的情绪。又如从书中或朋友口述,得知疾病的征象,偶遇有类似此种征象的刺激,即觉疾病的来袭。有许多疾病,常起于自动暗示的结果。对于疾病或事物的忧虑,往往出于自动暗示。一般人的悲观或乐观的态度,常为自动暗示的表现。[11]

第二节 模仿

一、模仿的意义

模仿是对于暗示的反应,是暗示的对称方面。有暗示的刺激,才有模仿的反应。二者如形影之相随,不可分离。从刺激方面看,谓之暗示;从反应方面看,谓之模仿,原是一种行为的二方面。海逸史(Hayes)以为模仿仅限于行动方面,思想方面则谓之暗示,感情方面则谓之同情。[12] "故爱尔华称模仿为模仿的动作(Imitative action),以别于暗示与同情。[13]其实,模仿不应仅限于行动,凡思想、情感,都可以模仿。盖模仿须视暗示为转移。行动的暗示,产生行动的模仿;思想的暗示,产生思想的模仿;情感的暗示,产生情感的模仿。模仿的要点,不在于暗示的性质,而在于对此暗示的反应与暗示的刺激相类。洪佛立(Humphrey)谓:模仿的动作,是一种规定的反应,其副刺激(Secondary stimulus)与其反应相类。[14]大概,模仿的反应,在先前已经过规定(Conditioning)作用,一遇相当的刺激,便引起相当的反应;不过此种反应,必与其刺激相类而已。例如呵欠,最易模仿,但呵欠之模仿,起于先前的规定作用。傅尔森(Folsom)谓:人在过去往往因言语过久或空气太热,发生呵欠,而同时亦见人呵欠。此见人呵欠的刺激,即受规定作用。以后,见他人呵欠,便可引起自己的呵欠。此种规定的反应(Conditioned response),因其反应与其副刺激(指他人的呵欠)相类,故谓之模仿。同理,凡我人日常所见的所谓模仿行为,都是规定反应,不过其反应必与其刺激(即规定反应中的副刺激)相类而已。[15]以通俗的语词说明,凡暗示的刺激,可以发生相类似的行为,均得谓之模仿。

二、模仿的类别

模仿大致可别为二类,即自动的模仿(Automatic imitation)与有意的模仿(Purposive imitation)。今分述如下。

(一)自动的模仿

凡对于他人行为自然而然的模仿之者,谓之自动的模仿。例如见人笑而我亦笑,见人走而我亦走,见人注视而我亦注视等等。凡刺激的发生与反应的对付,非常迅速而自然,其间并无他种行为阻隔。惟其如此,有的心理学家每每误认为本能的行为(Instinctive behavior)。[16]其实,此种迅速而自动的模仿,无非是规定的反应而已。我人在先前对于某种刺激,已有相当的规定(Conditioned),以后遇到某种刺激时,便自动的反应起来;此种反应,因其与刺激相类,故谓之模仿。大概我人在孩提之时,规定作用最为旺盛,故自动的模仿行为,亦最为发达。

(二)有意的模仿

凡对于他人行为有意仿效之者,谓之有意的模仿。就中又有二种区别:其一,仅仅有意模仿他人的行为,而不必了解其所以模仿的意义;例如,风俗时尚之模仿,模仿之者仅以其为风俗时尚而模仿之,初未尝了解其模仿的用意。换言之,此种模仿行为,虽出于模仿者有意识的活动,但并非合理的行为。风俗时尚的模仿,并非因风俗时尚有优胜之点而为合理的模仿,实因社会上人人如此,我亦不得不如此而已。故此种模仿,实为迎合社会行为(Conformity to the behavior of one's group)的心理表现。其次,有意模仿他人的行为,常出于详细合理的考虑之结果,故谓之合理的模仿(Rational imitation)。例如,我们采用机器,采用科学方法,采用优良社会制度,都出于合理的模仿。合理的模仿,在模仿者方面,能用合理的判断,分析被模仿者的行为,选择其自己所心愿仿效者而模仿之,其与风俗时尚的模仿之纯为迎合社会者,颇不相同。大概风俗时尚的模仿,其功效在于维持社会秩序,使社会保持其固有与流行之文物制度,而维持其统一性;合理的模仿,其功效在于传播优良之文物制度,使社会渐趋发展而进步。故二者均为社会上重要的过程。[17]

三、模仿论的起源

自英儒白芝浩(Bagehot)于1869年,在他所著之《物理与政治》(*Physics and Politics*)中,揭橥模仿与社会的关系后,社会学家与社会心理学家莫不重视模仿与社会生活的关系。法儒达尔德(Tarde)实为之首领。达氏于1890年出版其《模仿定律》(*Les Lois de L'imitation*)一书,倡导社会模仿论。彼以为社会的过程,不外两方面。即个人创造与社会同化；前者为发明，后者为模仿。模仿是使发明传播于社会的方法。达氏甚至谓：社会就是易于互相模仿的一群人，故社会即模仿。[18]其后美儒鲍尔文(Baldwin)、劳史(Ross)辈扩充其意义，以研究社会心理。鲍氏以为个人常模仿其环境中他人的态度与行为，以发明其个性与德性。社会因模仿其领袖的行为而发生变迁，故新思想新行为起于个人，而由模仿以传播于社会。模仿实为产生社会统一的主要工具。[19]劳史亦以为模仿是社会统一的主要元素。氏谓：社会有各种模仿，即时尚模仿、俗例模仿、风俗模仿与合理模仿等。由此种种模仿，以造成社会的统一。[20]鲍劳二氏的模仿论，实领导现代社会心理学中的群众现象派。至今鲍格达(Bogardus)、白乃德(Bernard)辈，尚注重模仿的探讨。要之，模仿是社会过程中之一种要素，仅能与他种过程相提并论；不然，便不足以解释社会现象的真相。

四、达尔德的模仿定律

达氏的主要模仿定律有二。

（一）在无他种势力妨碍之时，模仿是依几何级数进行

据达氏之意，凡社会上新发明，常经模仿而传播；而模仿的进行，常依据几何级数。例如，有某甲模仿某乙，是已传及2人；再由甲乙各传1人，即各有1人模仿甲乙，是已传及4人；如是，各有1人模仿，而传及8人，而16人，而32人，而64人，而128人等等。如在一接触频繁的社会，其模仿进行极速，于此可见一斑。但达氏所称几何级数，仅表明模仿的速度，读者切不可拘泥于几何级数的数字，以免误会。盖实际上模仿的进行，决不如1、2、4、8、16等等之正确，仅言其趋势如此而已。

（二）模仿因传递而改变

据达氏之意，凡模仿一经传递，例如光线之发生屈折，变其原形。故凡个人模仿他人的语言、服装、举止，以及种种习惯，至多说唯妙唯肖，而不能说绝对相同。盖一经模仿，必不能与原本相同。各人有各人自己

的习惯系统,此种习惯系统融合而成个人的行为模式。凡模仿他人的行为,仍必须经过其自己行为模式出之,故必不能与他人的行为模式相同。个人的模仿如此,社会亦然。一个社会模仿他社会的文物制度,无论如何,亦必不能与其原来的文物制度的真相相同。因为各社会各有其个别的社会模式,即使模仿他社会,亦仍以其本社会模式出之,故不能尽同,其理甚明。凡社会上伪造票据印信,以及冒牌货物之易于发现,亦即在此。

达氏为说明模仿的性质起见,于主要的定律外,又有逻辑的与非逻辑的两种定律,以补充之。

(一)逻辑定律有二

(甲)逻辑冲突律,即凡由模仿而传入之发明(或本社会之新发明),与旧有事物发生自然的冲突,或者有新不必再有旧,或者在新旧中间只须选取其一。大概新事物较旧事物优良的时候,新事物发明后,即可替代旧事物,但亦须视事物的性质,而异其结果。有的事物绝对的以优良者替代陋劣者,故二者不能并存。社会上如尚有一部分人放弃优良者而保守陋劣者,必有其他原因阻碍其替代。例如,中国已采用电灯,但有许多城市乡村并不以电灯替代油灯,此是另有原因,我人不能因此而否认电灯比油灯为优良。又有别的事物,只因其为本社会所无而模仿之,在事物的本身,原不能断定其确比旧事物为优良。在此种状况之下,新旧二者间只选取其一,或采取其新,或保存其旧,须视社会好恶而定,初无关于事物本身的优劣。例如,回教国家尝疾视耶教,君主国家反对民主等等。(乙)逻辑结合律,即凡由模仿而传入之发明(或本社会之新发明),与旧有事物并存不悖,此谓之累积。例如,风俗、语言、装束等,新的尽管模仿,旧的依旧保存,并无何等优劣冲突的现象。

(二)非逻辑定律有三

(甲)模仿由内向外律,即凡模仿必先内而后外;思想的模仿,必先于外表行为;目标(Ends)的模仿,必先于途术(Means)。换言之,即凡模仿必先由主观而及于客观。推达氏之意,思想容易模仿,故往往先于行为。

又任何事物的目标,比较的易于了解,故先模仿。至于达此目标的途术,则较为复杂,故模仿必较目标为后。(乙)模仿由优至劣律,即凡模仿常由性质较劣的阶级模仿性质较优的阶级。优等阶级的人,常作劣等阶级的范本而受其模仿。例如,儿童常模仿父兄,学生常模仿教师,乡村人民常模仿都市等等。相反之事,世所罕见。举凡言语、服装、风习、态度等,莫不如此。(丙)模仿风俗时尚交替律,即有时以过去风俗为神圣而模仿之,有时以当世时尚为新奇而模仿之。风俗模仿与时尚模仿常交替流行。推达氏之意,风俗模仿是指一切旧有文化的保存而言,时尚模仿是指一切新生文化的采取而言。前者所以维持社会秩序,后者所以追求社会进步。惟如此,故社会有秩序,又有进步。[21]

上面所述达氏的模仿定律,仅举以表明模仿的应用;我们切不可拘泥于"定律"二字之意义,而视为天经地义不可变易的规律。

第三节 暗示与模仿与社会生活的关系

暗示与模仿如形影之相随。人与人相处,自三五人朋友的结合,以至国际间的社会,莫不有暗示与模仿的作用。就人之一生言,自呱呱堕地而后,以至老死,无时无处,不发生暗示与模仿的作用。故暗示与模仿,为人类最普遍最基本的一种社会过程。我们现在再从下列各方面说明其重要。

一、与环境影响的关系

我们知道,社会环境对于个人行为,有极密切的决定关系。凡个人习惯系统,人格特质,莫不在社会环境中养成之。但社会环境如何养成个人习惯系统与人格特质,则全恃暗示与模仿之相互为用。俗语说,近朱者赤,近墨者黑,"朱"的暗示刺激,引起"赤"的模仿反应;"墨"的暗示刺激,引起"黑"的模仿反应。向来不"赤"不"黑"者,因"朱""墨"的暗示,而产生"赤""黑"的结果。故由"朱""墨"的暗示,与"赤""黑"的模仿,而有"近朱者赤,近墨者黑"的现象。我国向来传诵孟母三迁之事,即为暗示模仿相互为用之好例。《列女传》云,"孟子之母,其舍近墓,孟子之少也,嬉游为墓间之事,踊跃筑埋。孟母曰:此非吾所以居处子。乃去舍市旁,其嬉戏为贾人炫卖之事。孟母又曰:此非吾所以居处子也。复徙舍学宫之旁,其嬉游乃设俎豆,揖让进退。孟母曰:真可以居吾子矣,遂居之。及孟子长,学六艺,卒成大儒之名。君子谓孟母善以渐化。"

观此,知"墓"为暗示,"嬉游为墓间之事,踊跃筑埋"为模仿;"市"为暗示,"嬉戏为贾人炫卖之事"为模仿;"学宫"为暗示,"嬉游乃设俎豆,揖让进退"为模仿。此诚为环境影响个人行为的好例,而其枢纽则为暗示与模仿之相互为用。"君子谓孟母善以渐化",孟母诚熟知暗示力量之伟大,而能善用其环境者。

二、与教育的关系

暗示与模仿作用,与教育有密切关系。自家庭、学校,以至一般社会,莫不如此。在家庭中,父母之一言一动,处处予儿童以教育的影响。故《礼记》有幼子常视无诳之语。《韩诗外传》载,"孟子幼时,问东家杀猪何为?母曰:欲啖汝。既而悔曰:吾闻胎教,割不正不食,席不正不坐,今适有知而欺之,是教之不信,乃买猪肉以食之。"《列女传》云,"孟子学而归,母问学所至,孟子自若也,孟母以刀断机,曰:子之废学,若我断机。孟子惧,勤学不息,遂成名儒。"可见家庭教育,所关至重,此暗示模仿,潜移默化之功。至学校之中,儿童以教师为模范:教师之一言一动,处处可以给儿童模仿。故小学中教师与儿童的关系,不仅在知识上之授受,而尤在品性上之训迪陶冶。此种品性上之训迪陶冶,常为暗示与模仿之结果。其实例至夥,为我人日常所习见。不但小学如此,推而至于中学大学,莫不如此。不过在大学中,学生年龄较大,其个人之行为模式,已有相当的固定,教师人格暗示的力量,不如在小学中学之深切而宏大耳。但人格感化，应为今日大学教育重大的使命，似为一般教育家之所公认；良以大学教育，不应偏重于知识的接受，而尤应注意于人格的陶冶，以养成知识丰富，道德健全的社会中坚人物。我们相信，大学教授之学问、道德与地位，常可于无形中予学者以深切的暗示影响；故大学教授本身的修养，尤为陶冶青年人格的枢纽。此就学校教育言之，至于社会上一般教育，如报纸、戏剧、电影、文艺、美术等等，亦经暗示与模仿作用，对于社会发生深切的影响。

三、与文化传递的关系

社会上过去文化的保存，与现代文化的传后，胥有赖于暗示与模仿作用。我们知道，现代文化的内容，包含新旧文物制度；此种种新旧文物制度，是经过暗示与模仿作用，而后可以保存而传后。我们模仿前人，前人又模仿前人；我们模仿他人，他人又模仿他人。如是，新旧文物制度，都由暗示与模仿作用，融合而成整个的现代文化。由是承前启后，文化得以传递，社会得以绵延而发展。可知现代文化，都是我们模仿的成绩；又可知现代文化，将为后人模仿而传递。故文化的传递，与社会的继续，都有赖于暗示与模仿的作用。

四、与社会变迁的关系

暗示与模仿的过程，就一方面说，似为保守过去的文物制度，故偏于社会安定与守旧。但其结果，亦常产生种种细微的变迁。我们上面说过，模仿常因传递而改变。大概对于过去文物制度的模仿，虽如何忠实诚信，而于不知觉中，便产生多少变异。此种变异，日积月累，即造成社会上一部分变迁。此乃自然的结果，似非人力之所能控制者。不但如此，新发明一经产生，即由暗示与模仿作用而传播远近。故新发明之所以能产生社会变迁者，即因有此暗示与模仿的作用。

本章温习问题

一、试述暗示的意义及其与模仿的关系。

二、暗示与习惯之关系若何?

三、暗示与情感之关系若何?

四、暗示与潜力之关系若何?

五、试述直接暗示与间接暗示之区别,并各举例以明之。

六、间接暗示之效用若何?

七、述模仿论之起源。

八、述达尔德之模仿律,并加以批评。

九、述模仿与暗示在教育上之价值。

十、述模仿与文化传播之关系。

本章论文题目

一、暗示的心理基础。

二、暗示与人格养成之关系。

三、模仿定律讨论。

本章参考书

1. Bagehot: *Physics & Politics* (1873), Ch.3.

2. Bernard: *Introduction to Social Psychology* (1927), Chs.19–24.

3. Bogardus: *Fundamentals of Social Psychology* (1924), Chs.11, 12.

4. Bushee: *Principles of Sociology* (1923), Ch.26.

5. Cooley: *Human Nature and the Social Order* (1902), Chs.2, 8.

6. Ellwood: *Psychology of Human Society* (1925), Ch.11.

7. Ewer: *Social Psychology* (1929), Part 1., Ch.5.

8. Folsom: *Social Psychology* (1931), pp.319–330.

9. Hayes: *Introduction to the Study of Sociology*（1916）, Ch.17.

10. Hiller: *Principles of Sociology*（1934）, Chs.7–9.

11. Lumley: *Principles of Sociology*（1928）, Ch.11.

12. Park & Burgess: *Introduction to the Science of Sociology*（1921）, Ch.6, Section D & E.

13. Platt: *The Psychology of Social Life*（1922）, Chs.4, 7.

14. Ross: *Social Psychology*（1908）, Chs.2, 6, 8, 12, 14, 15, 16.

15. Sidis: *The Psychology of Suggestion*（1898）, entire.

16. Tarde: *Laws of Imitation*（1890）.

本章注释

1. Ellwood: *Psychology of Human Society*, p.347.

2. Bogardus: *Fundamentals of Social Psychology*, p.124.

3. Bernard: *Introduction to Social Psychology*, pp.284–285；or, Lumley: *Principles of Sociology*, p.221.

4. 见Lumley: *Principles of Sociology*, p.223。

5. 见Bernard: *Introduction to Social Psychology*, p.303。

6. 见Ross: *Social Control*, p.79。

7. 见Hayes: *Introduction to the Study of Sociology*, p.324。

8. 以上所举三例，均见Bogardus: *Fundamentals of Social Psychology*, Ch.11。

9. 曾记民国十二年某月日沪《新闻报》上有此项记载。

10. 见民国二十年六月二十日《申报》国民社君士坦丁电。

11. 法人戈蔼(Coué)常用自动暗示法，为人治病。其法系令病人早晚自念"我一天一天好起来了，我一天一天好起来了。"(Day by day, I am getting better and better；day by day, I am getting better and better.) 凡七遍。且令自信用此法后不久其病即痊愈。通常称为戈蔼主义

(Couéism)。

12. 见Hayes：*Introduction to the Study of Sociology*, p.306。

13. 见Ellwood：*Psychology of Human Society*, p.342。

14. 见Humphrey:"Imitation and the Conditioned Reflex," *Ped. Sem.*, 1921, Vol.28, pp.1-3；或见Young: *Source Book for Social Psychology*, pp.253-256。

15. 见Folsom：*Social Psychology*, p.321。

16. 詹姆士（James）以为模仿是人与动物所同具，而是一种本能。见*Principles of Psychology*, Vol.2, p.408。鲍尔文（Baldwin）有"模仿的本能"之称。见*Mental Development, Methods & Processes*, 3rd Fd., p.281。

17. 关于模仿的分类颇多，麦独孤（McDougall）分为五种。详见McDougall：*Social Psychology*, Ch.4。爱尔华（Ellwood）分为三种，即（一）自然冲动的，（二）迎合社会的，（三）合理的。见Ellwood：*Psychology of Human Society*, pp.342-345。白乃德（Bernard）分为三种，即（一）直接的，（二）间接的，（三）计划的。见Bernard：*Introduction to Social Psychology*, Chs.12-14。欧鹏克（Eubank）分为二种，即（一）仿效的（Mimetic），（二）非仿效的（Non-mimetic），前者为类似其范本的，后者为不类似其范本的。见Eubank：*Concepts of Sociology*, pp.238-239。

18. Tarde：*The Laws of Imitation*,（English Translation Mrs. Parsons）, p.74.

19. Baldwin：*Social and Ethical Interpretations in Mental Development*, Chs.2, 3, 12, 13.

20. Ross：Social Psychology, Chs.6-16.

21. 关于达尔德的模仿定律，见所著《模仿定律》（*Laws of Imitation*）第74-254页。或参考Lichtenberger：*Development of Social Theory*, Ch.14。

第十五章 竞争与冲突

竞争与冲突,同为互相反对的活动。在此种活动中,各人务欲尽力胜过或抑制对方,各人务欲谋得自己利益,蔑视他人利益,所以此种交互活动是对峙的,是处于互相反对的地位,与上面所述模仿与暗示的过程,颇不相同。

第一节 竞争

一、竞争的意义

竞争二字,在我国文籍中,始见于《庄子·齐物论》有竞有争句。据注谓:并逐曰竞,对辩曰争,似竞与争有别。今连用之,即英文"Competition"之意。竞争有广狭二义:狭义言之,凡二人或二团体以上,互争一事物或数事物,谓之竞争。例如赛跑互争锦标,学生互争奖学金额等是。又凡入学试验,留学试验,文官考试等等,都是竞争。凡以某种事物为鹄的,二人以上互争以谋得之者,均谓之竞争。竞争的特点,第一必有事物为鹄的;第二不必直接发生接触;第三个人或数人的成功,足以限制或剥夺他人的成功。留学缺额,或奖学金额均是竞争的鹄的。竞争此项缺额或金额者,仅能自己努力以求之,初不能侵犯他人而求己之必胜。盖其权不操于竞争者之手,而操于竞争以外的第三者之手,即全恃主持此项竞争事业者评判的结果。故参加竞争者虽关系极为密切,而各自努力,不相接触。但其结果,留学缺额或奖学金额有限,一人或数人的成功,即以限制或剥夺他人的成功,此之谓竞争。竞争虽不直接发生接触,但其目的在于胜过或压倒他人,故竞争的结果,常足以妨碍对方或本身利益。商店竞争营业,常牺牲血本,贬价售货,以期压倒他店。资本微薄者,往往不能与资本丰厚者竞争,故常因而歇业。但若势均力敌的竞争,结果往往两败俱伤。因此,竞争的后来,常生冲突。

广义的竞争,是指生存竞争(Struggle for existence)而言。此项竞争,不仅指人与人间的竞争,凡生物间竞争,与生物与人类间竞争均属之。生存竞争发生之原因,由于生物所恃以生存的资源有限,而生物的增加几于无限。以无限的增加,恃有限的资源,即不得不出于竞争。竞争而胜者得以生存,竞争而败者不能生存,于是竞争乃烈。此项竞争,包括人生一切的活动,故其范围较大,时间较久。就性质言,有时似有意识,有时似无意识,不能一概而论。故与狭义的竞争,颇有不同。派克(Park)教授谓:"人之征服动植物,似已完成;故动植物的存在,仅以供人使用,已无竞争之可言。""人类竞争之大敌,就是人类。"但人与人间的竞争,大概已转化为竞胜(Rivalry)与冲突(Conflict)。"故人类的生存竞争,已成为生活与地位的竞争。"[1]似乎人类的生存竞争,与生物的生存竞争,已不尽同,但其为竞争则一。冯维史(Von Wiese)谓:"竞争"与"生存竞争"不相同。"生存竞争"包括"竞争";"竞争"仅为生存竞争的一方面。[2]固然,通常所谓生存竞争,即指生物间的生存竞争而言,与人类的生存竞争,在意义上颇有不同。但人类亦确有生存竞争的现象,可无疑义。人类的生存竞争,其一部分诚如派克教授所谓已成为生活与地位的竞争;而生存资料的竞争,确亦剧烈。不过此项竞争,人类常于不知不觉中从多方面参加之。久而久之,乃始显竞争的结果。

二、竞争的种类

竞争因对象的不同,得分为三大类,即地境的(Ecological)竞争,经济的(Economic)竞争与社会地位的(Social or positional)竞争。

(一)地境的竞争

生物对于自然环境,常发生竞争。在动植物方面,地面与营养资料的竞争,甚为剧烈。因为不得地面与养料,即不能生存。此即所谓生存竞争。人类对于自然环境的竞争,不仅为生存竞争,往往兼有地面位置的竞争。关于生存竞争部分,对于地面与食料的竞争,其剧烈情状,虽不减于动植物;但往往不如动植物的显明。参加此项竞争者,常不自感觉其与他人竞争生存,而实际则几乎人人与他人争存,不过其竞争程度,因各社会的情状而异耳。在所谓人口过剩的社会中,生存竞争,自感剧烈;但在人口过稀的社会,则竞争不甚显著。移民为地境竞争的出路,故殖民与土地侵略,常为自然的结果。此种弱肉强食的现象,除纯粹政治的侵略外,全为生存竞争的表现。此在本书第十章生物要素中,已详言之。至于地面位置的竞争,推其原因,已涉及经济的范围,但似不脱地境的关系。尝见社会机关,或工商业机关的设置,必详审其设置的地址。其唯一标准,即视其与同性质机关的关系如何;换言之,即视其与他机关的竞争程度如何。大概机关地址的选择,有时须与其同性质机关有竞争的机会;有时则又须避免双方竞争。其枢纽则惟在利己。此种景况,在商业或工业机关,最为显著。此层在本书第九章中,已讨论及之。

(二)经济的竞争

凡人类对于财物的竞争,通常谓之经济的竞争。财物的产量有限,而人类的欲念无穷,惟其如此,故竞争以起。财物竞争,不外二途:(甲)为个人对于经济地位的竞争。经济界中的地位,常与财物有直接关系;位置愈高,财产愈富,几为一般通例。且大商店,或大公司中,聘请职员,常须缴保证金若干,以觇有无担当此项责任的经济能力。凡此,皆可见从经济地位方面,以表现其财物的竞争。(乙)为生产者市场的竞争。同业商店或公司的竞争,无非为争销费或购买的民众,换言之,为争市场。即异业的商店或公司,亦常发生竞争,以争销费或购买民众的增加,此即所谓销场竞争。常人有愿多穿衣服,少食食物者;亦有愿少穿衣服,而多食食物者。此虽由于个人嗜好不同,但亦可见商业上异类货品,亦能发生竞争的现象。要之,此种位置竞争与销场竞争,均无非为竞争财物而已。

(三)社会地位的竞争

此类竞争的对象,即为社会地位。常人对于社会地位,有显明的竞争。有以加入学会为荣者,则未加入者,竞求加入。有以结纳名人为荣者,则所谓一登龙门,声价十倍。凡此,似皆与金钱无关。但亦有与金钱有关系者。如是,得科学奖金者,兼得名誉;考取文官考试者,即得一职业。要之,举凡其他关于名誉之事,无不寓竞争的意味。汤麦史谓:人类好誉,为四大基本愿望之一。人有好誉的愿望,因生好誉的竞争,此亦自然的结果。

三、竞争的方法

常人竞争,不出于建设与破坏二途。建设的竞争,即是"自求多福"的方法。欲与人竞争,须先求其所以制胜的根本条件。在此根本条件上,努力建设,自有制胜的可能。例如欲得科学奖金,是在自己努力于科学的研究,而不在毁坏竞争者的名誉,以期减少竞争的人数。一切竞争,都在努力自强,以期取胜。《中庸》云:"有弗学,学之弗能弗措也;有弗问,问之弗知弗措也;有弗思,思之弗得弗措也;有弗辨,辨之弗明弗措也;有弗行,行之弗笃弗措也。人一能之己百之,人十能之己千之,果能此道矣,虽愚必明,虽柔必强。"此言努力自强,为竞争取胜唯一方法。此项竞争,在竞争的双方,均有裨益。破坏的竞争,是不求自己的努力建设,而惟摧残竞争者的机会,以增加自己的机会。此种竞争,迹近妒忌,在竞争者的双方,均无进步可言。其甚者,则忌心所至,杀机随之。隋王灵智以昝君谟射艺过己,谋欲杀之。[3] 唐吴道玄以皇甫轸画法过己,募人杀之。[4] 此则忌刻之尤,不足以言竞争矣。

龙烈教授在个人间竞争之外，尝举新旧制度或团体的竞争，以明互相竞争的方法。

（一）旧制度或旧团体对付新制度或新团体的方法

社会上旧制度流行或旧团体得势之日，而忽发见新制度或新团体的产生，其竞争方法，不出数途：（甲）破坏法。用尽方法，思所以破坏而消灭之。例如清季末叶，尽力抑制民权思想是。（乙）隔离法。使竞争者远离，以消灭竞争。例如，美国禁止华工入境是。（丙）强制适应法。使旧制度在不知不觉间不得不适应于新制度，以保其生命。例如白话文盛行后，文言文往往于不知不觉间，渐趋通俗化，甚而采用其语词。（丁）专业法。因竞争的关系，凡同业者常有难以并存之势，故出于专业化，使各展所长，而趋于分工之途。例如某某两杂志，常登载同性质的文字，久之因竞争之故，一则偏重文艺，一则偏重科学，以减少竞争，而资发展。

（二）新制度或新团体应付旧制度或旧团体的方法

新制度或新团体应付旧制度或旧团体的方法，与上述者颇不相同。举其要者，不外数端：（甲）尽量表扬法。凡旧制度或旧事物或旧团体等，均为社会所熟知，故无所用其表扬。新制度新事物或新团体等则不然，既无历史，或历史甚短，不为社会所注目，故为取得社会地位起见，常出于自己表扬之一途。例如，新设商铺，必自标其货物为价廉物美。新出书籍，常自道其内容如何有价值等是。（乙）激动感情法。新制度新团体等为引起一般社会的注意，常用过分的语词，以激动其感情。例如，提倡平民识字运动，常用过分的语词，形容识字的利益，及不识字的害处。又如提倡卫生运动，常过分形容不卫生的危险，以激动其感情。（丙）适应需要法。一切新制度新运动，无非为欲满足人民的需要。故每有需要发见之时，即有新制度新运动产生以适应之。人民之所最需要者，莫过于自由，故社会运动，常以发展自由相号召。例如，一切政治革命，莫不以解放人民为口号，法国、俄国、以及中国革命皆然。

第二节　冲突

一、冲突的意义

冲突与竞争,原有相似之点,上已言之。惟冲突必系个人间或团体间互相接触,而竞争则否。又冲突常发生最深的情绪,最强的热情,最能集中注意与努力,而竞争则未必尽然。[5]故凡竞争一至激动情绪,互相接触时,便成冲突,而凡相与竞争者,即可成为对敌。如是,竞争剧烈以后,每至发生冲突。故竞争冲突,常有联带关系。冲突不但富有感情,能接触,且必以压倒对方为唯一目的。故冲突的结果,必有一方消灭或屈服。

二、冲突的方式

据龙烈教授的意见,冲突得分为六种。

（一）拳斗（The Fist Fight）

此为最直接的冲突。不用器械,而用拳足,为双方肉搏之斗。初民社会,拳斗固极普遍;即在现代文明社会中,拳斗亦属寻常数见不鲜之事。大概人当感受刺激之时,顿觉情绪紧张,精神兴奋,仓卒之间,便可拳足交加,双方决斗。苏轼谓:"人情有所不能忍者,匹夫见辱,拔剑而起,挺身而斗。"在有剑之时则以剑,无剑之时则以拳而已。但此仅粗鄙之夫,毫无知识者为然;若上等阶级,稍有涵养克治功夫者,当不致出于此途。俗语所谓:"宁斗智,毋斗力"者,盖深知拳斗肉搏,徒足偾事而已。

（二）决斗（The Duel）

决斗为双方约定以解决不平的搏斗。决斗大率必以武器,亦有肉搏者。其与拳斗异者,拳斗起于仓卒,决斗则双方约定,且常有第三者为之见证。冲突的原因,大都系为琐屑细故,一时不得解决,乃出于此策,以便一决雌雄。决斗之风,在昔盛行于欧洲,而以法国为最著,英国德国次之。但德法诸国,至今其风不替。

我国古时,游侠之徒,操丸剚刃,轻死重义,其行径似介乎拳斗与决斗之间。所谓"失意杯酒间,白刃起相仇""杀人不回头,轻生如暂别",似属于拳斗之列。所谓"笑尽一杯酒,杀人都市中""袖中挟匕首,跨下黄金锤,然诺杯酒间,泰山心不移"似为有所约而行仇者,则近于决斗。但侠客行刺,出人不备,似又与决斗不同。

(三)仇斗(The Feud)

此为宿仇的冲突,与上述二者均有不同。仇斗常以团体为单位,其冲突的对象,是团体而非个人。即使所对者为个人,而其对象仍为团体,因个人为团体的代表。我国在美侨民,常有"堂战"(The Tong Wars)发生,往往仅以小故,引起两堂双方的决战,死伤往往甚众。又印度教徒与回教徒常有宿仇,近年来尚时有械斗之事发生。前年孟买发生大械斗,始而互殴,继则毁物纵火,捣毁商铺,结果死伤数十人,损失数十万罗比,[6]皆因双方宿仇已深,故触机即发,势难挽回。

(四)战争

战争为最激烈的冲突。此种冲突,常起于政治团体,如部落与部落,国家与国家之间,双方均用大批人马,以相决斗。据艾第(Eddy)与柏祺(Page)的定义,战争是双方用有组织的武力,破坏生命财产,压制对方,以求解决国际间或部落间的争端。战争虽常有目标,或为土地,或为权力,或为财产,但就社会学的眼光看来,战争一经发生,双方目标,似均集中于如何取胜;换言之,均集中于战争的本身。故对于生命财产,非所顾虑。结果虽有胜有败,但在社会方面言,总是双方受损。古人有见及此,故有兵凶战危之言。

(五)诉讼(Litigation)

自来解决争端的方法,不出二途。或以"力"争,或以"理"断,上述四种,似均以"力"不以"理"。以"力"不以"理",其结果往往不得其平。始以不平而发生争执,而争斗的结果,仍是不平。始或甲方受屈,继则乙方受屈,受屈者必不甘心,而思所以报复;但报复结果,受屈者未必能偿其愿。即使能达其目的,则对方又受屈矣,又思所以报复。如是,仇仇相报,无有已时。故争斗终不足以解决争端,即使解决,往往仅系暂时性质。诉讼则不然。诉讼的解决争端,以情理为断。而情理的标准,在诉讼中即为法律。故诉讼必以法律为准绳,而判断双方的曲直是非。就理论言,既经判决的诉讼,其曲直是非,必能大白,必无畸轻畸重之弊,故争端即可解决。但事实上或仍因情感关系,而不能得理想的结果,比比皆是。要之,因冲突而出于诉讼,是冲突中之较和缓者,否则早已出之于其他的决斗。

(六)理想的冲突

此为冲突中的最高尚者。理想的冲突,其争端在思想的不同;故其解决争端,不以拳,不以械,不以武器,而以思想。虽在诉讼时亦常运用智力,以期必胜;但不如理想的冲突之纯恃理性。譬如学说之不同,主张之不同,政策之不同等等,均可发生冲突。不过此种冲突,常以辩论、批评、驳诘等等形式出之。唇枪舌战,往复辩难,亦可以发生极严重的冲突。就学术史看来,知道唯心论之与唯物论,进化论之与创造论,遗传论之与环境论,性善论之与性恶论,以及朱陆异同之争,今文古文之辨,都是理想的冲突之尤为显著者。

第三节　竞争与冲突与社会生活的关系

竞争与冲突的现象,是社会上极普遍的现象。人类所需要的事物,几无限制;而事物的供给,却有限度。以有限的事物,供无限的需求,于是竞争与冲突乃起。就原因言,人类的共同生活,即为竞争与冲突发生之原;而就结果言,人类的发展、停滞、痛苦、快乐,亦常为竞争与冲突所生之果;故竞争与冲突,为人类社会自然的过程,似为社会生活不可避免的现象。

(一)竞争与社会的关系

就竞争言,人类许多蓬勃进取的事业,其起源常由于竞争。个人的努力,往往得旁人努力的刺激而益进。人人能因互相竞争而奋力猛进,则社会一切事业必日见进步。故建设的竞争,为社会进步原动力之一。惟破坏的竞争,不注意于本身的努力,而以破坏竞争的对手为唯一的目标,斯则足以扰乱社会秩序,阻碍社会进步,故一社会的是否进步,常可从竞争的状况见之。建设的竞争,胜于破坏的竞争,则社会进步;破坏的竞争胜于建设的竞争,则社会进步即受障碍。故社会应奖进建设的竞争,消弭破坏的竞争。在教育方面,提倡科学、文艺、美术、体育等的竞赛;在工商业方面,奖励货物品质的改良,避免过度抑价等无意识的举动,方可达此目的。

(二)战争与社会

就冲突言,固然破坏的方面多,建设的方面少,小则个人身家名誉的损害,大则社会国家生命财产的丧失。其初恒为微小争执,而发生冲突;冲突既生,双方求所以取胜之道,于是祸患乃起。冲突而至于发生战争,诚非社会之幸福。欧洲大战中,全部死伤达3 300余万人,至于间接因战争而死伤者竟五倍之。鲍格德(Bogart)教授并谓:欧洲自1790年至1913年间,因战争而死亡者,有444 930万人。岂特人命的死亡,即财产的损失亦有可惊者。欧战全部财产损失,竟达美金337 946 179 657元之巨。[7]此犹就直接受战争影响的损失而言,若间接的损失,更难以数计。战争之害,不仅在生命财产,而社会秩序的紊乱,社会生活的不安定,其影响尤大。每次战争发生,其前后往往经历多年,其年限愈长则其所受祸害愈烈。今以欧洲各国在20世纪以前所生战争经过年限,[8]略述如下,借见一斑。

国名	1501—1600年	1601—1700年	1701—1800年	1801—1900年
英 国	54.5		155.5	53.5
法 国	60.5	43.5 46.5 64.0	50.5 52.0	35.0 74.0

续表

国名	1501—1600年	1601—1700年	1701—1800年	1801—1900年
奥 国	75.5	73.5	48.5	13.5
奥 匈		77.0	59.0	25.0
俄 国	78.5	57.5	49.5	53.0
土耳其	80.5	89.0	23.0	39.5
西班牙	73.0	82.0	48.5	53.5
波 兰	55.0	68.0	22.5	
丹 麦	32.5	30.5	12.0	15.0
荷 兰		62.5	29.5	14.5
瑞 典	50.5	50.0	29.5	6.5

就我国历史上朝代更迭时所发生的战争言之，自战争开始，以至战争终结，常历年甚久。观下表，可见大概。[9]

时 代	自战争开始至旧朝亡灭	自旧朝亡灭至兵事平息	合 计
秦 末	3年	13年	16年
西汉末	8年	18年	26年
东汉末	12年	85年	97年
隋 末	9年	11年	20年
唐 末	34年	74年	104年
元 末	21年	2年	23年
明 末	17年	40年	57年
洪杨之乱			26年

（三）废战论

要之，"兵凶战危"，战争的结果，往往发生社会破坏的影响。虽则战争的起因，不尽由于微小争执，常有为事势所不能免者。《老子》曰："兵者不祥之器，非君子之器，不得已而用之。"《管子》曰："兵者外以诛暴，内以禁邪，尊王安国之经也。"《左传》曰："兵之设久矣，所以威不轨而昭文德也。"《孙卿子》曰："兵者所以禁暴除害去争夺也。"凡此，皆所以表明自古用兵,原出于万不得已。明知兵凶战危,而不得不出于战者,有时即所以为安定社会秩序。但"大军之后,必有凶年。"即使"圣人用兵,利多害少",而其牺牲的代价,殊为可惊。因有人主张废除战争之论。且以为就历史事实言,战争或有可以废除之一日。俄儒诺维谷(Novicow)谓:"就社会上斗争形式的进化言,互相残杀的血战,将来必能全废。但斗争是终不可免,不过不以血战,而以智斗。"范嘉鲁(Vaccaro)谓:"从历史看来,战争以及其他残杀人类的行为,将来终必废除。"[10]但据沙罗坚(Sorokin)的意见,从社会进化的事实言之,人类自最幼稚的渔猎民族,进而至最高级的农业民族,并无减少战争的事实。自有历史以来,以欧洲各国言,并无战争停止的事实,至多只能说,从战争年限言,或有稍稍缩短的趋势而已(见图)。

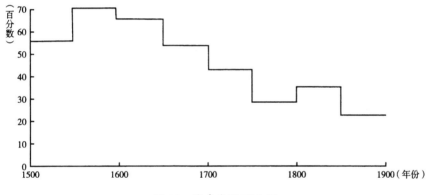

图28 战争年限百分图

(根据欧洲十一国自16至19世纪平均战争年限)

(观此图,可见战争年限,似有减少趋势,但就战争之内容及其激烈性言,或有增无减乎?)——采自Reinhardt: *Principles and Methods of Sociology*.

据范尔伯(Valbert),从西历纪元前1496年起,至纪元1861年止,共3 357年,就中战争3 130年,和平仅227年,是每一和平之年,即有十三年战乱。在最近300年中,欧洲即有286年的战乱。自西历纪元前1500年至纪元1860年之间,在欧洲各国间所订和平条约不下8 000余种,每种条约的目的,均在维持永久和平,而实际则每种条约的效力,平均仅有二年。[11]皮尔(George Peel)曾说：在过去千五百年中，欧洲大陆完全采用基督教义，宣导和平；但一观欧洲千五百年的历史，则全为一血战的历史。[12]要之，就事实看来，战争并无减少或免除的趋势。《左传》曰："天生五材，民并用之，废一不可，谁云去兵。"孔子以足兵与足食并重。亦可见自古以来，皆以去兵为非，而以足兵为重。但人为理性的动物，鉴于战争的痛苦，或有翻然觉悟的一日，而能毅然相见以诚，相约以信，以袪兵战而导和平。就社会学原理言之，战争的废除，非不可能，其枢纽只在人类自己的决心。[13]人人视战争甚于毒蛇猛兽，人人能互相忍耐，互相谅解，人人能视邻邦如自己，则战争的废除，亦不甚难。但必全人类有此坚决的态度，尤其是以兵傲世界的所谓列强，能有此觉悟与坚决的态度，则真正和平的目的可达。至于贫弱之国，处列强虎视眈眈之时，而欲倡导废除战争，提挈和平之论，其毫无效力，不言而喻。在此之时，惟有努力国防，以备万一，所谓以武装求和平是已。

本章温习问题

一、试述竞争与冲突之异同。

二、试述竞争之特点并举例以明之。

三、区别广义与狭义的竞争。

四、试述竞争的种类。

五、试述竞争的方法。

六、试述冲突的种类。

七、竞争与冲突与人类生活之关系若何？

八、试述废战运动之将来。

九、试述历史上战争之状况。

本章论文题目

一、论建设的竞争与社会进步之关系。

二、如何消弭破坏的竞争？

三、废除战争之可能。

四、战争之原因。

五、战争之结果。

本章参考书

1. Bogardus: *Contemporary Sociology* (1931), Ch.6, Section 29.

2. Carver & Hall: *Human Relations* (1923), Ch.17.

3. Cooley: *Social Process* (1920), Chs.4, 22–24.

4. Duncan: *Backgrounds of Sociology* (1931), pp.734–745.

5. Folsom: *Social Psychology* (1931), pp.357–377.

6. Hiller: *Principles of Sociology* (1934), Chs.5, 7, 8, 9.

7. Lumley: *Principles of Sociology* (1928), Ch.8.

8. Park & Burgess: *Introduction to the Science of Sociology* (1921), Chs.8, 9.

9. Ross: *Principles of Sociology* (1920), Chs.16, 19.

10. Snedden: *Educational Sociology* (1923), Ch.17.

11. Wiese & Becker: *Systematic Sociology* (1932), Chs.17, 18, 20.

12. Williams: *Principles of Social Psychology* (1927), Ch.2.

13. Znaniecki: *The Laws of Social Psychology* (1925), Ch.6.

本章注释

1. 见Park and Burgess: *Introduction to the Science of Sociology*, pp.507–513。

2. 见Von Wiese and Becker: *Systematic Sociology*, pp.248–252。

3. 见《朝野金载》。

4. 见《古事比》。

5. 见 Park and Burgess：*Introduction to the Science of Sociology*, p.574。

6. 见民国二十六年六月六日《申报》孟买专电。

7. 见 Duncan：*Backgrounds of Sociology*, pp.127-129，又讨论战争是否减少一问题，可参考 Woods and Baltzly：*Is War Diminishing*？1915。

8. 见 Sorokin：*Contemporary Sociological Theories*, p.324。

9. 见梁启超著《中国历史上革命之研究》，《饮冰室文集》历史栏。

10. Novicow：*Les Luttes entre Sociétés Humaines et Leurs Phases Successives*, 1896；Vaccaro：*La Lutte pour L'éxistence et ses effects dans L'humanite*（Italian, 1886, French translation, 1892），并见 *Contemporary Sociological Theories*, Ch.6, pp.314-320.

11. Valbert's paper in *Revue de deux mondes*. April, 1894.

12. George Peel: *The Future of England*, p.169.

13. 傅尔森谓：战争是人为的，和平亦同是人为的。（The fight is human, to make peace is equally human.）—Folsom：*Social Psychology*, p.379。

第十六章　顺应与同化

顺应(Accommodation)与同化(Assimilation),均为个人或团体对于环境调适的过程。个人或团体常改变其习惯,以调适环境。顺应为部分的习惯改变,同化为整体的习惯改变。顺应常起于与环境的失调,同化则由于暗示与模仿的结果,此其不同之点。因其性质相近,乃合一章讨论之。

第一节　顺应

一、顺应与适应

顺应与适应(Adaptation),意义相近,而性质不同。适应为生物学上名词,是指生物改变其身体特质,遗传后代,以适合环境的需要。顺应为社会学上名词,是指人类养成新行为或改变旧习惯,以顺合环境的需要。寒地白熊,生成厚毛以御寒,代代相继,以绵延其种族,此之谓适应。人类自制皮衣以抗风寒,子孙相传,以适合环境的需要,此之谓适应。据此意义,凡一切文物制度,似均为顺应的结果。

二、顺应与竞争

我们知道,人类为生存竞争,故须调适于环境,此固就广义言之。如以狭义言,则顺应似应限于人与人间之互相调适。顺应乃调适于环境的一种过程,故与生存竞争,有密切关系。人类社会所处的自然环境不同,故对于环境的调适亦不同。在此种不同的调适中,乃创造各种不同的文化特质与模式。农业社会有农业文化,矿业社会有矿业文化,林业社会有林业文化,渔业社会有渔业文化等等。此无非为调适环境的产物,即无非是顺应的结果。但顺应不仅限于自然环境,对于社会环境,亦有同样的作用。大概在个人与个人,个人与团体,团体与团体之间,或人与文化之间,常需要相互间的适应。就生存竞争的意义推广言之,此种适应,亦为生存竞争所必需。就社会方面言之,此种人与人间的适应,即为统制与服从的一种顺应关系。甲服从乙,乙统制甲;甲团体统制乙团体,乙团体服从甲团体,诸如此类,皆社会顺应现象。

三、顺应与冲突

派克教授谓:顺应起于冲突。盖冲突的结果,不外三途:即胜利、失败与和解。胜利者固然目的已达,愿望即已满足;失败者则往往忍痛屈服,非出本心。故胜败的关系,为一时统制与服从的顺应关系,如一旦失其均衡,仍有冲突的可能。至于和解,则往往双方冲突之原,均未消失,仅由时势所需要而出此,故冲突的可能亦大。但无论胜败或和解,如久而久之,双方冲突之原,渐渐消失,亦可相安无事。故顺应实可为消弭冲突的方法。

四、统制与服从的相互关系

人对自然环境,只有迁就环境,环境决不迁就人类。故人虽能改变环境,而终屈服于环境。人对社会环境,尤其是人与人间的相处,常一方屈服,一方统制;而屈服的一方,似必须顺应于统制的一方,以谋生存。屈服者,似乎仅能接受统制者的势力,而统制者,似乎无接受屈服者势力的可能。但此并非事实。屈服者,亦常予统制者以相当势力,不过其接受与否,其权不在屈服者,而在统制者。要之,屈服与统制,常是交互的,而非单方的,故统制者常应留屈服者以自由活动的余地,以受统制者的指挥,而后屈服者方可尽量贡献其能力,以效劳作。德儒齐穆尔(Simmel)尝谓:"一切领袖,同时皆为服从者,故主人常为奴隶的奴隶。"德国某名议员尝对其党人曰:"我是汝等的领袖,所以我须服从汝等。"[1] 此表明统制与服从,是双方交互的过程。

五、顺应的种类

顺应是一种极广泛的过程。今所注重者为人类对于社会环境的顺应。约而言之,可有数种。

(一)归化(Naturalization)

归化是一种顺应作用,是指异国或异地人民加入本社会后,接受本社会各种行为规则,尤其是法令典章等而言。通常亦谓之改籍。例如,俄国人改入中国籍,即谓之改籍或归化。

(二)调停(Compromise)

凡两极端现象相遇,结果往往互相迁就而成一第三的现象,此之谓调停。譬如有广东人与河北人同居,其方言初甚歧异,但久而久之,二人各就其本地方言,互相迁就,略加改变,于是二人所用的方言,既非广东,又非河北,而成为一第三种的方言,此即调停的结果。又两种对抗的学说相持,结果常有第三学说出现,以调停其思想。例如:性善性恶论之对峙,乃有性无善恶论之出现。唯心唯物论之对峙,乃有心物一元论之出现。皆所谓调停。

(三)突转(Conversion)

此为突然转变其习惯行为的一种作用。《论语》所谓:"朝闻道,夕死可矣。"即表明顿然觉悟之意。大概各人习惯于故常,嗜好日深,往往不自觉其行为的偏激或过误,一旦社会环境予以深切刺激,便可翻然改图,以顺应环境。《世说新语》[2]谓:"周处少时,凶强侠气,为乡里所患。后自知过误,有悔改意,乃往见陆云,具以情告;并云,欲自修改,而年已蹉跎,终无所成。云曰,古人贵朝闻夕死,况君前途尚可,且人患志之不立,亦何忧令名不彰耶?处遂改励,终为忠臣孝子。"此即由突转以顺应环境者。

(四)奴役(Slavery)

奴隶制度,为顺应的一种。所谓奴隶者,即其人无丝毫自由,全受主人命令而行动。本身既为主人的财产,又须为主人从事任何工作而不能违背。此在常人极难想象其可以容忍至此,但为奴隶者,则固相安无事。因其人已养成适应于此种景况下之习惯,初不自知其难受,甚至阿容取媚,以冀宠幸,虽常人视为可鄙,而其处境,亦殊可怜。昔北齐魏收以大臣之身分,与诸优为弥猴与狗斗,以取悦文宣帝。[3]隋苏世长尝据地作病驴,以取媚炀帝。[4]宋赵师羼作犬吠,以取悦韩侂胄。[5]皆所谓阿容媚世,忝颜以保禄位者。是诚奴隶性成,不可为后世训。

(五)容忍(Toleration)

处特殊环境,而遇特殊之刺激,往往需要特殊容忍,以顺应环境。换言之,即需要抑制其习惯行为,以避冲突。昔汉韩信少时,淮阴屠中少年有侮信者,曰:若虽长大,好带刀剑,中情怯耳。众辱之,曰:信能死,刺我,不能死,出我裤下,于是信出裤下,人皆笑信以为怯。[6]晋王衍尝属族人事,经时未行,遇饮燕语之,族人大怒,便举杯掷其面,衍无言,盥洗毕,率丞相王导臂,与共载去。[7]是皆能容忍以顺应环境者。

(六)权变

我国向有经常权变之说。所谓经常者即习惯行为,权变者即非常行为,此种非常行为,往往起于事势之要求,不得已而出此,故为顺应之一种。史称老聃至西戎而效夷言,夏禹入裸国而解下裳,墨子见荆王而文锦吹笙,汉傅介子矫诏而斩楼兰,汲黯矫诏而发仓廪,皆所谓不守常轨而能善应事势者。[8]他如非常之变,间不容发,而能一言解纷者,亦往往有之。昔宋给两川军士缗钱,诏至西川,而东川独不及,谋为变,黄震曰,诏书稽留耳,即给钱如西川,众乃定。[9]宋京湖制置使赵方尝赏将士,恩不偿劳,军欲为变,其子赵葵亟呼曰,此朝廷赐也,本司别有赏赉,军心一言而定。[10]此皆所谓善于应变者。

凡上所举,并非尽顺应之例,仅言其较重要者耳。

六、顺应的对象

顺应为社会上极普遍的生活过程,约略区别,得分为两大类:即对于自然环境与社会环境二者。从社会学立场言之,后者尤为重要。今兹所言,即指对社会环境而言,可别为三类。

(一)对于个人

个人或团体常对个人表示顺应行为,如奴仆之对主人,公司职员之对经理,社团之对领袖等等,皆对于个人的顺应。

(二)对于团体

个人对于团体,常表示其顺应行为。学社社员,常效忠于学社之推进。学校师生,常戮力于学校之发展;为国民无不尊重其国家。诸如此类,皆顺应之例。

(三)对于文物制度

个人或团体对于社会上流行的文物制度,常须顺应。物质文化如衣、食、住、行等等,无不须随时顺应;非物质文化如丧葬、嫁娶、待人接物等制度,法律、道德等规则,以及其他思想学说等,亦常须注意,以顺应环境。

第二节　同化

顺应是指随时随地改变一部分的旧习惯而言,同化是指渐渐改变其全部习惯而言。顺应人人有之,同化则限于突然改变其环境,且须继续其境遇之人始有之。

一、同化与杂婚

杂婚是指异种通婚而言,为生物的过程。杂婚的结果,使种族混合,而同时即受同化作用。同化者固未必杂婚，而杂婚者往往同化。此种同化作用，常由潜移默化而来。盖人因通婚之故，日常生活习惯，于不知不觉中，渐渐趋同，所生子女，在此种家庭环境中，已足以养成与父母相同习惯。加之，外面社会环境的势力，便日趋于同化而不自觉。故杂婚与同化，有密切关系。但二者性质则殊不同。

二、同化与文化传播

各社会文化之互相传播，由于同化之力为多。同化原有两方面，或是个人吸收社会文化，或是社会吸收异地文化。个人加入一种与其固有文化绝不相同的社会，久之，耳濡目染，渐成同化。所以有以前旧习惯，因环境关系，逐渐废去不用而至消失，新习惯逐渐养成，以适应环境的需要。此种个人吸收异地文化的作用，通常谓之同化。一社会因交通关系，与异地文化接触，日积月累，耳濡目染，使当地人民，逐渐输入采用，与固有文化相融合，此种社会吸收文化作用，亦谓之同化。文化之所以传播，全恃社会有同化之力。非洲黑人之在美国者，已完全美国化，无丝毫非洲固有的文化遗型。印度之吸收英国文化，朝鲜之吸收日本文化，斐律宾之吸收美国文化，均为同化的例子。

三、同化与个人行为

文化传播，是就整个社会言。若就个人方面言，在同化过程中，个人行为即发生剧激的变迁。个人初入一新社会中，旧时习惯行为，多与新环境格格不合，于是不得不循社会的需要，养成新的习惯行为。其始尚不过部分的习惯，发生变迁，久之全部习惯行为，均经过一番改造。但此种同化过程，决非短时期内所可完成，必经过相当时日，于不知不觉中，逐渐发生。故同化在个人方面，亦得谓之人格改造。

四、同化与德化

有时个人德行,可以感化他人,其作用谓之德化。德化亦同化的一种。昔魏管宁避地辽东,讲诗书,陈俎豆,饬威仪,明礼让,民怀其德,无斗讼之声,[11]后汉桓晔避地会稽,越人化其节,至闾里不争讼。[12]晋朱冲以礼让为训,邑里化之,路不拾遗,村无凶人。[13]后汉许劭为郡功曹,远近服其德,袁绍为濮阳长,弃官还,车从甚盛,将入郡界,乃谢遣宾客,曰舆服岂可使许子将(邵字)见,遂以单车归家。[14]宋司马光诚心自然,天上敬信,陕洛间皆化其德,有不善,曰:君实得毋知之乎?[15]凡此皆以德行化人者。

第三节　顺应与同化与社会生活的关系

顺应与同化的历程,对于社会秩序,有重要关系。大概顺应作用,可以避免冲突,维持社会秩序于无形之中。社会上文物制度之所以能维持永久者,即由于顺应之功。顺应似以个人之事为多,虽间有团体共同之顺应,要皆不得已而为之。例如战争失败,而至讲和,亦为顺应之现象。社会为预防冲突起见,亦尝为有计划的组织,以期维持社会和平。此类组织,得称为顺应的组织。例如国际联盟,国际法庭,以及国际军缩会议,废战同盟会等等。即国内各级法庭,虽为已生冲突后的裁判机关,但同时亦为免除冲突扩大的顺应组织。他如监察院,审计部,公务员惩戒委员会等,亦属此类。

同化为文化发展的途径,使各社会相异的文化,渐趋于类似。同时社会因吸收异地文化,而日趋发展。同化原与交通有关:凡交通发达的社会,与异地文化接触的机会较多,故同化较易。此系自然发生的结果,似非出于人力的计划。但有时为有计划的文化传播,欲使目标的社会,受其同化。例如基督教之传教运动,以及其他文化侵略的计划皆是。15世纪以来所发生之世界殖民运动,在政治方面言,谓之殖民,在文化方面言,谓之文化侵略。欧美文化之遍传世界,虽非尽由于文化侵略的结果,但文化侵略,实为最大的动力。此就国际间文化的同化而言;若一国之内,有计划的文化传播,可从都市化或工业化等趋势见之。其他普及教育、平民教育、科学、艺术等等的社会运动,亦皆为文化传播的运动,其目的在使社会吸收而同化之。故同化与社会发展,有密切关系。

本章温习问题

一、顺应与适应有何区别,试比较言之。

二、生存竞争何以与顺应有关?

三、齐穆尔谓主人常为奴隶的奴隶,此言确否,试说明之。

四、试就下列各词,说明其意,并各举一例以明之(不用书上所举之例)。

（一）突转,（二）阿谀,（三）容忍,（四）权变。

五、顺应与同化有何异点?

六、试言同化与个人行为之关系。

七、何谓顺应的组织? 试说明其意,并举例以明之。

八、文化侵略之用意何在? 试从社会学立场说明之。

本章论文题目

一、顺应与同化之比较。

二、文化侵略之社会学的研究。

三、服从与统制之社会的意义。

四、如何用同化之方法,改造个人人格。

本章参考书

1. Bogardus : *Fundamentals of Social Psychology* (1925), Chs.18, 19.

2.Bogardus: *Contemporary Sociology*（1933），Ch.6, Sections 30–31.

3.Carver & Hall: *Human Relations*（1923），Ch.17.

4.Dawson & Gettys: *Introduction to Sociology*（1929），Chs.11–13.

5.Duncan: *Backgrounds of Sociology*（1931），pp.745–752.

6.Folsom: *Social Psychology*（1931），pp.377–402.

7.Hart: *The Science of Human Relations*（1927），Chs.15, 23.

8.Hayes: *Introduction to the Study of Sociology*（1916），Ch.18.

9.Lumley: *Principles of Sociology*（1928），Ch.10.

10.North: *Social Differentiation*（1926），Ch.11（Part Ⅲ）.

11.Park & Burgess: *Introduction to the Science of Sociology*（1921），Chs.10, 11.

本章注释

1. Park and Burgess: *Introduction to the Science of Sociology*, pp.695–697.

2. 见《世说新语》第十五章。

3. 见《北齐书》卷三十七《魏收列传》。

4. 见《古事比》卷三十五。

5. 见《宋史》卷二百四十七列传六宗室四《师夔传》。

6. 见《史记》卷九十二《淮阴侯列传》。

7. 《晋书》卷四十三《王戎列传》附。

8. 《古事比》卷三十九。

9. 《宋史》卷三百三列传六十二"黄震"目。

10. 《宋史》卷四百十七列传一百七十六《赵葵传》。

11. 《三国志》卷十一《魏志管宁传》。

12. 见《后汉书》卷六十七《桓繁传》附传。

13.《晋书》卷九十四《朱冲传》。
14.见《后汉书》卷九十八《许邵传》。
15.见《宋史》卷三百三十六《司马光传》。

第十七章 合 作

从合作两字的意义,我们即可明白其含有社会的意味。盖合作必须合二人以上始可表现;假使仅有一人,即无所谓合作。广义言之,人类一切共同生活,均有合作精神存乎其间,即使竞争与冲突,亦须彼此互相照顾,方可表现。竞争而无对手与之相竞,即无竞争,冲突而无敌对与之抗衡,即无冲突。此种相竞与抗衡的现象,就相互间的关系言之,亦含有合作的意义。他如主仆之关系,尊卑之关系,其所以能实现之者,因彼此有合作之精神。不然为仆者而不接受主人命令,则主人命令无所施,而主仆关系即行消失。尊卑亦然。故社会上一切共同活动,似多含有合作意味。即谓社会的本身,建立于合作精神之上,亦非过言。

第一节 合作的性质

一、合作的意义

海逸史(Hayes),以为合作(Cooperation)一词的正确意义,是达于同一结果的活动之间的关系。合作仅指活动之间的关系,而不及其活动的性质,故极不相干的活动,亦可发生合作关系。[1]龙烈(Lumley)以为合作是二人以上达于适宜目的,有意无意间发生的配合的活动。[2]据著者之意,合作虽亦可说是活动之间的关系,但其要点,在二人以上趋向于同一结果,故可说凡二人以上,有意无意间为达到共同目标,各自表现种种似相配合的活动,谓之合作。此种二人以上互相配合的活动,犹之人身肌肉、腺液、神经、血管、骨骼等等,互相配合而表现个人的动作。不过人身之各种器官,有物质的联系,而人类之合作,其形体上并无关联。所以维持此种合作关系者,在于相互间的交通与接触,极简单的合作,如匠人同举一木,合做一桌,其相互间活动的配合,似极明了;且参加合作者均互相了解,故能达同一目标。又如比赛足球,各人的活动,为合作的活动。即各人间活动的配合,有相当关系,而且各人均为达同一的目标。

其次合作与分工,有密切关系。凡参加合作之人,各担任一项活动,合各人种种的活动,以达共同的目标。故分工似为合作的必要条件。有分工而后合作方有可能。譬之比赛足球,守卫冲锋,各有职司;各人尽其职务,以达共同目标。守卫冲锋,乃是分工;达共同目标,是为合作。其所以能达共同目标,因各人分尽一部分的职务,合之而成整个的活动。故分工合作,不可分离。

二、合作的基础

从上面讲来,人类的合作,似非纯粹偶然之事。合作是有相当的基础,有此基础,才有合作的可能。合作的基础,有下列各项。

(一)同情的反映

人与人间须有同情的反映,而后始有合作的可能。热诚与和蔼,常为合作的必要条件。凡有恶感之人,其势极难合作。孟子谓:"诡诡之声音颜色,距人于千里之外。"有距人于千里之外的声音颜色,安有合作的可能。盖恶感为冲突之原,同情乃合作之因。至少亦须无恶感之发生,而后始可实行合作。

同情有三种:第一为有机的同情(Organic Sympathy),即纯粹身体上的同情反应。倒如,母闻儿哭而生爱怜之情,见人笑乐而生笑乐之感等是。第二为心理的或情绪的同情(Psychic or Emotional Sympathy),即纯粹情绪方面的同情反应。例如,见人悲痛而我亦悲痛,见人欢乐而我亦欢乐,见人惊惧而我亦惊惧等是。第三为合理的同情(Rational Sympathy),即经过推理了解后所发生的同情反应。例如,友人告我以贫困状况,我因了解其贫困,即生怜惜的同情是。但此种同情的发生,常与其人过去的经验及气质有关。如其人过去曾有同样的经验,则同情最易发生。又如其人的气质,与之相近,亦易发生同情。

(二)思想的接近

要使合作发生,并能维持永久,必有赖于思想的接近。凡思想不接近之人,犹之缺乏同情,其势难以合作。大概思想接近之人,共同讨论与研究之机会较多,故合作较易。科学家之研究学理,均以发现真理为旨归。一面阐扬已发见的学理,一面尽力研究各项问题,各尽所长,分工合作,而后科学日见进步。他如事业家之办理事务,常以发展事业为共同目标,故其思想接近。各以职务之不同,尽不同之责任,共同趋向同一目标,分工合作,而后事业日见发达。故思想接近,为合作的基础。

(三)动作的配合

合作发生的另一条件,为动作的配合得当。合作之人,其动作必须有相当的配合,而后合作方可实现。第一,时间上的配合,例如印刷工厂中印刷书籍,必须各部分工人互相合作,而后方可印成。假使排字者到时,校对者不到,或校对者到时,排字者不到。或排字者校对者均到,而印刷者不到,均不能于规定时间内印成,此之谓不合作。欲实现合作,必须各部分于规定时间内,同时工作。第二,地点的配合,即以前事为例,欲使于规定时间内印成一书,必须在同一工厂中之指定地点,进行工作,若排字者在此屋,校对者在他屋,印刷者装订者更在其他一屋,则必不能于规定时间内印成,此之谓不合作。欲实现合作,亦必须规定地点,同时进行。第三,方向的配合,各人合作,必须趋向同一方向,而后可生效果,否则南辕北辙,必难成功。例如,欲家庭发达,必须全家各分子克勤克俭而后可。若父兄勤俭,而子弟懒惰与浪费,即为不合作。又如欲工厂的发展,必须劳资双方共同努力,若资方所得之成绩,劳方尽力破坏之,劳方所得之成绩,资方尽力破坏之,此之谓不合作。欲实现合作,必须各方趋于同一方向而后可。总之,欲合作之完成,必须各人动作在时间、地点、方向各方面,得适当的配合。

(四)互信

有效的合作,除上列各项外,尚有一重要条件,即参加合作之各人,必须互信。每人必须相信其他各人都与自己一样的努力,以趋向同一的目标。譬如,排字者、校对者、印刷者、装订者各有各的职司,必于各人间有相互的信仰,各自努力,始生有效的合作,而全书即可印成。非然者,各人间无相互的信仰,各人以为他人既不努力,自己亦遂不肯努力,于是合作即不可能。故互信为合作的重要原素。

三、合作的起源

究竟人类为何合作?合作对于人类有何贡献?是应加以研究。兹就推考所得,略述如下。

(一)为应付自然势力

人类为谋生存,须取得生存资料;生存资料,尽存于自然界,欲向自然界取得生存资料,个人力量薄弱,常不如多人合作,取之较易而且较有把握。故生存竞争之结果,表明个独谋生,不如多人合作谋生之机会较多,故人类自趋于不得不合作之势。他如抵御毒蛇猛兽,防备风雨寒暑,亦觉个独不如合作之较为有效。故人类从应付自然势力的经验中,觉有合作的必要。

(二)为应付超自然势力

人类谋生存,不但须取得生存资料,尤须避免生存的障碍。生存最大的障碍,在先民看来,莫过于自然的伟大势力。此伟大势力在我国向称为鬼神。《中庸》曰:"鬼神之为德,其盛矣乎。视之而弗见,听之而弗闻,体物而不可遗,使天下之人,齐明盛服,以承祭祀,洋洋乎如在其上,如在其左右。"鬼神既具有此伟大力量,监临人类,操纵人类之祸福,"作善降之百祥,作不善降之百殃。"故人类须敬畏鬼神,勉力作善;要勉力作善,便不能不与他人合作。此先民时代应付超自然势力,一如其应付自然势力。可知人类最初之生活环境,实使人不能不出于互相合作之途,以谋生活的安全。

（三）为应付人事

在人事方面,人类必须合作之处甚多。兹举其重要事件数端,以见合作之起源:(子)战争。人类战争,为激发合作的最大动力。盖战争之时,必须团结;欲团结坚固,必须合作。凡在战争之时,而不能合作者,其群必败,群败则个人亦无以自存。故人类在此种经验中,获得合作之能力。(丑)维持社会秩序。人类为谋生存,即不能不谋生存的秩序;欲谋生存的秩序,非各自为谋,所能奏效,故必须合作。举凡预防扰乱、清除祸害等工作,均非合作不可。故人类为维持社会秩序,养成合作之能力。(寅)图谋社会进步。人类不仅谋生存,不仅谋秩序;尤须谋生存的进步,秩序的进步。举凡一切社会组织,科学研究,所以谋社会之进步者,无不赖合作为之推进。不能合作则事倍功半,能合作,则事半功倍。故人类为谋社会进步,造就合作之能力。要之,人类全部社会生活,几无不有赖于合作。合作为社会生活的中心势力。人类在过去的经验中,知道谋生存,谋秩序,谋进步,无不赖合作为之推进,故无形中,即养成合作之势力。

四、合作的类别

合作的分类,极为困难,故尚无完全的分类。季亭史(Giddings)尝分合作为四类:即简单而直接的合作,如农夫农忙时邻里互相协助是;简单而间接的合作,如货物之交易是;复杂的合作,即直接与间接相结合者,如工厂中制造的工作是;极繁复的合作,如近代工商业组织,系由各种复杂的合作事业结合而成,更与其他如政治、经济、宗教等机关联合者是。但此种分类界限,极难划清,实际颇不易依据。兹就日常生活所发见之两种不同形式,分述如下。

（一）互助(Mutual Aid)

互助即互相协助之意。大概二人或二人以上合力以作一事,其成就常比一人单独以作一事时为大。故互助之成就,必较无助时为大。例如,二百斤之重物,一人独力常不能举,二人合力则举之甚易。许多笨重物件,一二人之力不能撼动分毫,而合多数人之力则移动甚易。俗所谓众擎易举,此为互助之效。又同一目标,二人分别进行,常无达到之望。若互相协助,则达之甚易。例如,有盲跛二人在此,同欲由此达彼,单独进行,则均难如愿,但若盲者负跛者以行,则即刻可到,此为互助之效。

（二）互赖(Interdependence)

互赖亦谓之分业(Specialization),即各人分别专作一事之一部分,以合成一事之意。大概各人分担一部分工作,其成就常比各人各自担任全部分工作时为大,故分业之成就,必较不分业时为大。例如各人分工合印一书,其每人每年所印之书,必较各人各自独印一书为多。此为互赖合作之效。推而论之,举凡一切职业的区分,即为人类生活互赖合作的表现。社会愈发展,分业愈细密,则互赖合作之关系愈深。农工商学各有各的职务,各尽各的职务;人人尽其职务,人人得满足其生活,于是社会有秩序,有进步。

第二节　合作与社会生活的关系

从达尔文的见解看来,人类生存竞争,优胜劣败,为不可逃避的公例。但从柯柏坚(Kropotkin)的见解看来,人类生活,自始表现互助的精神,社会进化与互助有密切的关系。故人类需要互助,提倡互助。就我们看来,人类在此生活的巨流中,为谋生存起见,有时固然互相竞争,互相冲突,然亦有时互相顺应,互相合作。竞争时竞争,冲突时冲突,顺应时顺应,合作时合作,各视生活情势之所需要,不期然而然发生种种不同的过程,既非人力之所能预料与控制,亦非大自然势力有所偏重与限制。故谓人类进化,只赖竞争冲突为之推动固非,即谓社会发展,全由顺应合作为其中心,亦非尽确。我们所可知者,合作亦为人类生活重要过程之一,其与共同生活,有密切不可分离的关系,如此而已。

合作为家庭生活的重要原素。家庭中一切活动,莫不寓合作的精神。父慈子孝,兄爱弟敬,即为合作的表现。至于男治其外,女主其内,尤为互助治家之道。总之,家庭组织,全恃合作为始基,无合作,则家庭即行解组。

合作又为国家成立的原素。国家的组织,以及一切政治上的设施,莫不寓合作的精神。无论立法、司法、行政、监察、考试等机关,必须合作,无论各机关内部组织部分,必须合作;即中央与地方,地方与地方各机关,亦必须互相合作,政治方可进行无阻。至于政府与人民之间,尤必须有澈底合作的精神,而后人民始得政府的忠实保卫,政府始能负责为人民谋幸福。非然者,全无合作的国家,全国如一盘散沙,其亡可立而待,可惊孰甚焉。

合作又为一般经济组织不可缺少的原素。商店公司,工场工厂,以及其他经济金融机关,无一不恃合作以为推进之枢纽。不仅经理与伙友,厂主与劳工,必须合作,即商店与工场工厂,工场工厂之与金融或交通机关,亦莫不有恃于合作。至于商店公司,或工场工厂,与一般社会,尤必须有互相合作的精神,商业工业方有发展之希望。否则任何方面,偶呈不合作的现象,则其衰颓即可立见。此外如宗教、教育、伦理等方面,莫不恃合作为基础,故合作为人类社会不可或缺的原素。

本章温习问题

一、说明合作两字之意义。

二、合作与分工之关系若何?

三、试述同情与合作之关系。

四、何以动作的配合，为合作的基础？

五、说明互信为合作的原素。

六、从人事方面，说明合作的起源。

七、批评季亭史之合作分类法。

八、试分别互助与互赖。

九、本章所述之合作，与近代所谓合作运动之意义，有何区别？

本章论文题目

一、柯柏坚之互助论。

二、季亭史之合作论。

三、讨论合作与社会发展的关系。

本章参考书

1. Beach: *An Introduction to Sociology and Social Problems*（1925），Ch.18.

2. Binder: *Principles of Sociology*（1928），Ch.15.

3. Case: *Outlines of Introductory Sociology*（1924），Ch.27.

4. Cooley: *Social Process*（1925），Ch.15.

5. Giddings: *Descriptive and Historical Sociology*（1906），pp.352-359.

6. Kelsey: *The Physical Basis of Society*（1928），Ch.4.

7. Kropotkin: *Mutual Aid*（1902），Entire.

8. Lumley: *Principles of Sociology*（1929），Ch.12.

9. Nasmyth: *Social Progress and the Darwinian Theory*（1916），Part Ⅱ，Chs.8-10.

10. Ross: *Principles of Sociology*（1920），Chs.21-25.

11. Wallas: *Our Social Heritage*（1921），Ch.3.

12. Weeks: *The Control of the Social Mind* (1932), Ch.7.
13. Williams: *The Expansion of Rural Life* (1926), Chs.13–28.

本章注释

1. Hayes: "*Social Relations Restated,*" *American Journal of Sociology*, Nov., 1925, 340.

2. Lumley: *Principles of Sociology*, p.343.

第四编
社会组织与社会控制

第十八章　社会组织的形成

我们在第二编中,已将社会生活的要素,加以详细的讨论;在第三编中,已将社会生活的过程,加以概括的说明。现在我们进而讨论社会生活的组织。社会组织,发源于人与人间的行为法式。人与人间的行为法式,社会上加以相当的承认,乃有一致的行为规则。人类社会有无量数的行为规则,其中较复杂而有系统的规则,谓之制度。合种种规则与制度,而自成一种特殊系统者,谓之社会组织。本章即讨论社会组织的形成。

第一节　行为规则与社会标准

一、行为规则的意义及功用

我人在社会上共同生活时,于不知不觉中,发展许多共同一致的行为法式。此类行为法式,于无形中经社会上人们的公认,即成为一般人的行为规则(Rules of Behavior)。任何人的任何行为,都是依照社会上公认的行为规则而表现的。举凡衣、食、住、行、婚、嫁、丧、葬、待人、接物等等,没有不依照社会上规则而行的。衣有衣的规则,食有食的规则,住与行有住与行的规则。我们试推想社会上人们一切活动,莫不有一切行为规则。故行为规则,成为社会上无形中的行为标准。个人生长于何种社会,就依照何种社会的行为规则,表现种种活动。最初一个人对于此类行为规则,是经过一种学习的过程,到了习得以后,就很自然的会依从此类行为规则了。例如:握手是现在中国上流社会中会客时流行的一种行为规则。此种行为规则是现社会所公认的。生长于此种行为规则以下的人,养成握手的习惯,常很自然的遵守此种握手的行为规则。又如媒妁婚姻,是中国社会中的婚姻规则。此种规则,是社会所公认的,生长于中国社会的人,常很自然的遵守此种媒妁婚姻的规则。

社会上人们种种方面的活动,即有种种方面公认的规则。不但衣、食、住、行等物质生活都有规则,即是很微细很简单,像使用一件工具的方法等等,常有社会上公认的规则。我们总是很自然的去遵用此类规则。至于人与人中间所发生的社会行为,社会上亦给予我们种种公认的规则。如何对待父母?如何对待兄弟姊妹?如何对待亲戚朋友?如何对待一般人?如何去满足欲望?如何去抵抗外侮?如何去消弭争端?等等,社会上都有一种公认的规则,供给我们行为的标准。通常所谓风俗、礼节、仪式、道德、信仰、法律、哲学等等,都是人类社会在思想上与行为上所公认的规则。

总之,社会上几乎处处为人们预备种种规则,以供取法。所以一个人的日常行为,几乎没有一事可以越出于社会上公认规则之外,没有一刻,不是遵守社会上公认的规则的。

二、行为规则的起源

社会上公认的行为规则,最初不过一二人偶然发明的行为法式。此种行为法式,因其可以利用,或好奇之故,即有少数人模仿之。由少数人模仿而逐渐推广,以至于多数人。及至社会上多数人奉以为行为的准绳,彼时,便成为一种流行的行为规则。一种行为规则到社会上普遍流行之时,就成为社会上公认的规则了。父以传子,兄以授弟,师以教徒,群以为行为的正当准绳;而此种规则,至此就成为根深蒂固的社会规则了。要之,行为规则,常是由流行而公认,由公认而巩固。风俗、道德、信仰等,都是如此发生的行为规则。

上面所讲的行为规则,似起于一种无意识的过程。就是说,由于一种不知不觉的暗示与模仿的过程。大凡人类在共同生活的时候,就发生一种交互动作与交互影响。在此种交互动作与交互影响中,就产生种种共同一致的社会标准——行为规则。

但有时,社会上感觉到有特殊需要的时候,常有人出而创造各种行为规则,得人民的公意,使流行于社会,以约束人民的行为。此类行为规则,是有意识,有计划的,与上面所述的行为规则,就其来源说,似有不同,但既经流行后,其效力并无何等显著之差异。例如法律,以及各种规章,就是如此产生的行为规则。

第二节 社会制度

一、制度的定义

制度(Institution)两字,在普通用语中,虽甚习见,但其意义,却极含糊。社会学家对于制度之见解,亦各有不同。兹将各家对于制度之定义,略述于下,以资比较。

华特(Ward)谓:"制度是人类用以支配与利用社会储能的手段(Means)。"霍伯浩(Hobhouse)谓:"制度是公认的社会生活的器械(Apparatus)的全体或一部。"许德林顿与墨海德(Heherington & Muirhead)谓:"制度两字,不但表明一种社会的结合(Social Union),并且表明各种社会形成的机关(Organs)。"海逸史(Hayes)谓:"制度是一串活动,社会用以达到公认的目标的公认的方法。"欧伟格(Urwick)谓:"公认的社会制度,就是各种关系系统(System of relationships)或社会活动方法的表现物。"白乃德(Bernard)谓:"制度是比较的永久而正式的行为方法,人类用以共同适应于自然界与人群者。"爱尔华(Ellwood)谓:"制度是社会上公认的共同生活的习惯法(Habitual ways of living together）。"[1]

从此几种定义看来，虽没有一致的见解，但可发见共同之点。各家似都认制度为一种社会上的手段（或谓之器械，或谓之机关，或谓之方法，或谓之表现物，其义相近），人们共同生活时用以满足某种需要，达到某种目标。（或谓之社会生活，或谓之社会的结合或形成，或谓之关系系统及社会活动，或谓之适应自然界与人群等等。）此意与孙末楠（Sumner）的意见，可谓吻合。孙氏谓："一种制度包括一个概念（Concept）与一种结构（Structure）。结构是一种骨架（Frame Work）或器械（Apparatus），用以保持此概念，并为实现事象及满足人类兴趣的工具（Instrumentalities）。"[2]

著者以为，我们若从行为规则的眼光观察，那末，制度就是社会公认的比较复杂而有系统的行为规则。依上述各家的定义言之，行为规则即是社会生活的工具，用以满足共同生活的需要，以达共同生活的目标。此是制度的功用。亦就是制度的特性。

二、制度的分类

孙末楠谓：人类为欲满足种种兴趣（Interests）与适应环境的状况，乃创造种种制度。氏因以基本兴趣为基础，分制度为四大类。每类制度，集中于一种基本兴趣。其四大类制度如下。

（一）社会自存制度（Institutions of Societal Self-Maintenance）。包括工业组织、财产、统治组织等。此类制度，集中于饮食及谋生的兴趣（The Interest of Hunger），即所以满足此种基本兴趣者。

（二）社会自续制度（Institutions of Societal Self-Perpetuation）。包括婚姻与家庭等。此类制度，集中于情爱的兴趣（The Interest of Love），即所以满足此种基本兴趣者。

（三）社会自足制度（Institutions of Self-Gratification）。包括许多不相关联的社会形式，如服饰、装束、礼节等，以及关于娱乐的游戏、赌博、舞蹈、艺术等。此类制度,集中于自炫及寻乐的兴趣(The Interest of Vanity),即所以满足此种基本兴趣者。

(四)宗教制度(Institutions of Religion)。包括灵魂、鬼怪等信仰。此类制度,集中于惊惧的兴趣(The Interest of Fear),即所以满足此种基本兴趣者。[3]

此四类制度,就其所可满足之兴趣的各方面而言,实际上常有交互关系。每类制度,常同时亦可满足他项兴趣,不过如此分类,可表明其主要的功用。

海芝勒(Hertzler)虽不赞成有详细的分类,但却以为比较重要的制度,似亦可略为分述。不过此种分述,不是很严格的分类,因为有许多制度是可以归入两类的。海氏的分类如下:(1)经济的与工业的制度。(2)婚姻的与家庭的制度。(3)政治的制度。(4)宗教的制度。(5)伦理的制度。(6)教育及科学的制度。(7)交通的制度。(8)审美与表显的制度。(9)卫生与娱乐的制度。[4]据海氏之意,此几类社会制度,都与社会生活的需要相应和,亦以为制度,即所以满足生活的需要。此外如崔宾(Chapin)分社会制度为四大类,即家庭、国家、宗教与实业是。崔氏称为人类四大制度。[5]许勒(Hiller)分为六类,即经济、家庭、娱乐、教育、政府及宗教是。[6]

著者以为孙末楠、海芝勒、崔宾、许勒四家的分类,似都没有错误,不过稍有详略而已。除此四种分类以外,我们亦可以从制度的来源,分为三大类。

(一)为适应自然环境而产生的制度——如迷信、宗教、农业、工业等。

(二)为适应社会环境而产生的制度——如语言、政治、法律、伦理,以及婚嫁、丧葬、待人接物的礼节等。

(三)为适应物质文化而产生的制度——如商业、交通等。

第三节　礼与行为规则

我国社会重礼。所谓礼，在社会学上看来，即为社会公认的行为规则，亦即所谓制度。但其性质及功用，与普通所谓行为规则，又略有差异，其义似较为严重。今特概述如下。

一、何谓礼

第一，礼为行为标准，《说文》，"礼，履也，所以事神致福也。从示从豊。"段注云："履，足所依也，引伸之，凡所依皆曰履。"是以礼为事神致福所依之标准。其所以以事神致福为代表礼之标准者，据段注："礼有五经，莫重于礼，故礼字从示从豊，豊者行礼之器。"盖礼初为事神致福之标准。引伸而为一切行为标准之总称。《礼序》云："礼也者，体也，履也，统之于心曰体，践而行之曰履。"所谓统之于心曰体者，即视为行为之正当标准，所谓践而行之曰履者，即实行而流通于社会。故礼为通行于社会之行为标准。第二，礼为行为正规。礼不仅为行为标准，且为标准中之尤正当者。《左传》云："夫礼，天之经也，地之义也，民之行也。"又云："礼，人之干也，无礼无以立。"《礼记》云："礼也者，体也，体不备谓之不成人。"又云："礼其在人也，如竹箭之有筠也，松柏之有心也。"又云："鹦鹉能言，不离飞鸟，猩猩能言，不离禽兽，今人而无礼，虽能言，不亦禽兽之心乎。"《诗》云："相鼠有体，人而无礼，胡不遄死。"《家语》云："人之所以生，礼为大，非礼无以事天地之神，辨君臣长幼之位。"《礼记》云："凡人之所以为人者礼义也。"凡此，皆所以明礼为人类行为之正规。人之所以为人，以其有礼，以其能循行为之正规也。第三，礼所以节制行为，而为社会控制之工具。孙卿子云："人生有欲，欲则求，求则争，争则乱，乱则穷，先王恶其乱也，故制礼义以节之。"《管子》云："礼者因人之情，缘义之理，而为之节文者也。"《礼记》云："夫礼禁乱之所由生，犹防止水之所自来也，故以旧坊为无所用而坏之者，必有水败，以旧礼为无所用而去之者,必有乱患。"董仲舒云:"礼者,因人情而为节文也,以救其乱。夫堤者,水之防也。礼者人之防也。刑防其末,礼防其本。"观此可知,礼为节制人性,维持社会秩序之工具。《礼记》云:"夫礼者,所以定亲疏,决嫌疑,别同异,明是非也。道德仁义,非礼不成。教训正俗,非礼不备。分争辨讼,非礼不决。君臣上下,父子兄弟,非礼不定。宦学事师,非礼不亲。班朝治军,莅官行法,非礼威仪不行。祷祠祭礼,供给鬼神,非礼不诚不庄。"《论语》云:"克己复礼为仁。一日克己复礼,天下归仁焉。"又云:"非礼勿视,非礼勿听,非礼勿言,非礼勿动。"曾巩云:"夫礼者,其本在于养人之性,而其用在于言动视听之间。使人之言动视听一于礼,则安有放其邪心,而穷于外物哉。"观此可知,礼所以节制人类一切行为。其小者在乎视听言动之间,其大者在乎生死存亡之际。故《史记》云:"圣人因事以制礼。"有事即有礼,故一切行为,均有礼以节制之。《礼记》云:"孔子曰,内以治宗庙之礼,足以配天地之神明。出以治朝廷之礼,足以立上下之敬。物耻足以振之,国耻足以兴之。"郑注云:"君臣之行,有可耻者,礼足以救之,足以兴复之。"《管子》云:"礼义廉耻,国之四维,四维不张,国乃灭亡。"可见礼之效用,其大者可以复兴国耻,可以维系国家之存亡。故《礼记》云:"孔子曰,夫礼先王以承天之道,以理人之情,失之者死,得之者生。"礼关系国家社会如此之重,"故圣人以礼示之天下国家可得而正也。"故《周礼》:"太宰掌建邦之六典,三曰礼典,以和邦国,以统百官,以谐万民。"第四,礼因时制宜,故非一成不变。《史记》云:"圣人因事以制礼,故事异而礼易。帝王不相袭,何礼之拘。五帝三王,随时制事,法度制令,各顺其宜,衣服器械,各便其用。圣人之兴,不相袭而治。夏殷之衰也,不易礼而灭。然则反古未可非,而修礼未足多也。"《汉书》云:"王者必因前王之礼,而顺时施宜,有所损益,节人之心,稍稍制作焉。"《庄子》云:"三皇五帝之礼义法度,不矜于同,而矜于治。故譬三皇五帝之礼义法度,其犹楂梨橘柚耶?其味相反,而皆可于口,故礼义法度,应时而变也。"观此,可知礼乃因时制宜，不拘拘于成法，故曰"礼从宜"。所谓因时而变之意。

由此言之，礼，实为人类社会共同遵守之行为标准。而此种行为标准，又非仅通俗流行之社会习惯而已，乃由先知先觉之人，详细考虑而制定之行为正规。有此共同遵守之行为正规，而后可以节制常人行为，维持社会秩序。故凡国家，必有礼，以振作人民之精神，以维系国家之生存。但礼非一成不变，因时代环境之所需，而得为之改定。故时代进化，而礼亦进化。

二、何谓五礼

礼为人类社会共同遵守之行为正规，而此类行为正规，千条万绪，范围甚广，节目甚繁。约而言之，其别有五。《周礼》：大司徒以五礼防民之伪而教之中，五礼者吉、凶、军、宾、嘉也。《通典》云："伏羲以俪皮为礼，作瑟以为乐，可为嘉礼。神农播种，始诸饮食，致敬鬼神，蜡为田祭，可为吉礼。黄帝与蚩尤战于涿鹿，可为军礼。九牧倡教，可为宾礼。《易》称古者葬于中野，可为凶礼。又修贽类帝，则吉礼也。厘降嫔虞，则嘉礼也。群后四朝，则宾礼也。征于有苗，则军礼也。遏密八音，则凶礼也。故自伏羲以来，五礼始彰。尧舜之时，五礼咸备。夏商二代，散亡多阙。洎周武王既没，成王幼弱，周公摄政，六年致太平，述文武之德，制《周官》及《仪礼》，以为后王法。"此述五礼之起源甚详。《周礼》云："大宗伯之职，以吉礼事邦国之鬼神祇，以凶礼哀邦国之忧，以宾礼亲邦国，以军礼同邦国，以嘉礼亲万民。"此言五礼之效用。又《周礼》所载，吉礼之别十有二，一曰禋祀，二曰实柴，三曰槱燎，四曰血祭，五曰貍沉，六曰疈辜，七曰肆献，八曰馈食，九曰祠，十曰禴，十一曰尝，十二曰蒸。凶礼之别有五：一曰丧礼哀死亡，二曰荒礼哀凶札，三曰吊礼哀祸灾，四曰禬礼哀围败，五曰恤礼哀寇乱。宾礼之别有八：一曰朝，二曰宗，三曰觐，四曰遇，五曰会，六曰同，七曰问，八曰视。军礼之别有五，一曰大师之礼以用众，二曰大均之礼以恤众，三曰大田之礼以简众，四曰大役之礼以任众,五曰大封之礼以合众。嘉礼之别有六:一曰饮食,二曰冠婚,三曰宾射,四曰飨燕,五曰脤膰,六曰贺庆。[7]其分别节目,可谓详尽。然此仅言其尤重大者。五礼之外,处处有礼,视听言动之细,揖让升降之节,无不有礼以为之范型。《礼记》云:"礼有大有小,有显有微,大者不可损,小者不可益,显者不可掩,微者不可大。"五礼者,仅言其大者显者,而其小者微者,尚不与焉。故曰,"礼失之烦。"

要之,五礼,即为行为正规之五大类。每类集中于人事之一大端。吉、凶、军、宾、嘉,即人事之大端。换言之,吾国礼制,分为祭祀、丧葬、师旅、朝享、冠婚之五大类。若以孙末楠之四分法例之,祭祀丧葬,则为宗教制度;师旅朝享,则为社会自存制度;冠婚,则为社会自续制度,而饮食则又自存制度,飨燕宾射贺庆,则又似为社会自足制度。惟五礼中,社会自足制度,似为最简。但古者礼乐并重,圣人制礼作乐,乐又另成一系统,似不入于礼之范围。故以制度言,则乐乃社会自足之制度。又我国古时,以天地人为三材,故礼制亦集中于天地人。但五礼中,惟吉礼为事天地之礼,其余四礼,均为人事,此又可见古人制礼偏重之所在。

三、礼与行为规则之异同

由上以谈,吾国所谓礼,即为一种行为规则。不过此种行为规则,其性质较为严重,其与通常社会习惯有别。盖礼实含有伦理的意义,即凡礼所许可之行为,为合于伦理之正当行为,故礼实为人类行为之伦理的标准。此其一。通常行为规则,常起于自然的演进,一人倡之,百人和之,久而久之,乃成为社会上流行之风习。至于礼常为先知先觉者殚精竭思之制作,似非常人之所可创造者。故周公述文武之德,制《周官》及《仪礼》,以为后王法,实为制礼之原意。此其二。要之,礼虽为行为规则,而实较普通行为规则为严重,盖其起源,固与普通行为规则有所不同。

第四节　社会与社会组织

一、社会组织的意义

从上讲来,我们知道,社会上有无数的行为规则及制度,去约束人类的行为。此类行为规则及制度的总体,具有相当交互与一致的关系者,通常谓之社会组织(Social Organization)。

所以社会组织,不仅仅是社会上行为规则与制度的总体;而在此类行为规则与制度的中间,还有一种交互联带及互相一致的关系。大概一个社会的各种规则与制度,都具有一种特殊色彩,使此类规则与制度,互相调和适应,而趋于一致。所以一社会与别社会的区别,其要点就在社会组织。就是说,在种种行为规则与制度的相互关系间,表现一种特殊的色彩。例如:中国社会与法国社会的区别,其要点,并不在人种的不同,而在社会组织的差异。中国社会的种种行为规则及制度,如衣、食、住、行、待人、接物、婚嫁、丧葬的方法等等,与法国社会很不相同。我们所以能辨别中国社会与法国社会,就在根据此种种行为规则与制度的差异。又家庭与国家的区别,亦在组织,换言之,即在种种行为规则与制度的不同。

我们知道,社会是由一群人团结而成的。而社会之所以能维持他们的一致团结,就因有种种共同一致的行为规则与制度。有了此类共同一致的行为规则与制度,人们就可维持一种共同生活。在此种共同生活中,维持社会的统一。故社会统一,附丽于社会组织。

二、社会与社会组织的异点

社会组织,既是社会上一切行为规则及制度的总体,而具有交互与一致的关系。行为规则与制度,既是社会上公认的共同一致的行为标准,那末,行为标准是客观的,离开人讲的;故一切行为规则及制度,都是客观的,离开人讲的。故从人的立场去观察,行为规则及制度,不过是人与人间所发生共同的行为关系而已。社会组织不过是社会上人与人间所发生共同的行为关系的全体而已。故社会组织所指的,是人与人间的共同关系,而非指人的本身。

至于社会,依照我们以前的定义,是指表现社会行为的一群人而言。换句话说,社会是具有一切共同的行为规则及制度的一群人,故社会是指人的本身而言的。

总之,社会是指一群人而言,社会组织是指此一群人中间各人行为的共同关系而言。换句话说,社会组织是指此一群人所具有一切共同一致的行为规则的总体而言。此就是二者之异点。

但此种区别,仅是概念上的区别,仅为研究便利而加以区别。至于实际上,二者并不分离:有社会必有社会组织;有社会组织,必有社会。社会之所以成为社会,惟因其有社会组织;社会组织之所以成立,就为有同一人群的行使此种共同的组织。故社会与社会组织不过一物的两方面而已。例如:我们说中国社会,是指由中华人民所组合而成的社会。又如说中国社会组织,是指中国人民所流行的共同一致的行为规则及制度的总体而言。此不过所指的方面不同,其实中国社会与中国社会组织是不能分开的。中国之所以成为独立而统一的民族社会,就为拥有共同一致的文物制度及社会组织;反过来说,因为拥有共同一致的文物制度及社会组织,故中国能成为独立而统一的民族社会。

三、社会的分类

社会与社会组织既然是一物的二方面,有一种社会就有一种社会组织;社会不同,社会组织亦不同。故社会与社会组织,通常往往视同一物。说社会,同时即包括社会组织而言。现在就各家对于社会的分类,约举于下,即可见社会组织区分的大概。

(一)季亭史(Giddings)的分类[8]

季氏分社会为组成的社会(Constituent Societies)与集成的社会

(Component Societies)两种。集成的社会,是人类的自然集合,全部是自然集合的,如家庭是。一部分的自然集合的,如乡村都市是。所谓自然集合者,即指社会的发展,是由人口的自然增加而来的。组成的社会,是为一种特殊的活动或几种特殊的目标而组成的人类结合,例如政党、学会与教育协会等等是。

(二)柯莱(Cooley)的分类[9]

柯氏分社会为原始团体(Primary Groups)与其他的团体两种。此第二种团体,派克(Park)教授称为后起团体(Secondary Groups)。原始团体,是指人与人间有极亲切的直接关系的团体而言,如家庭、邻里及游戏团体等是。后起团体,是指此等原始团体以外的各种人类结合而言,例如都市、政党等等是。

(三)海逸史(Hayes)的分类[10]

海氏分社会为亲身的团体(Personal Groups)与非亲身的团体(Impersonal Groups)两种。亲身的团体,是指小团体中各个人都互相知道的结合而言,如家庭、邻里之类;非亲身的团体,是指较大的团体,其团体中各个人并不亲身接近而各不相知的,例如都市是。此种分类,与柯莱的分类颇近似,只名称不同而已。

(四)派克(Park)的分类[11]

派氏分社会为区域社会(Community or Territorial Groups)与团体社会(Social Groups or Non-Territorial Groups)两种。区域社会,是指凡与地理区域有关系的结合而言,例如农村、都市、国家等,都有一种地理上区域的关系。团体社会,是指与区域无关系的社会而言,如政党、学会、协进会等,与地理上并无关系。

(五)弥勒(Miller)的分类[12]

弥氏分社会为纵的团体(Vertical Groups)与横的团体(Horizontal Groups)两种。纵的团体,是指包括各种阶级的社会而言,如种族、宗教、国家等。横的团体,是仅指各种阶级而言,如贵族、平民、奴隶等阶级是。

（六）蒲希（Bushee）的分类[13]

蒲氏分社会为暂时的与永久的两大类。暂时的社会，又分有组织与无组织二类。无组织的，如二人的会合，二人以上的继续结合，少数人形式上的结合等是。有组织的，如工团、娱乐团体、社会团体等是。永久的社会，又分为小的社会与大的社会两类。小的如家庭、学校与教堂等，大的如经济组织、国家与教会等是。

综上所引，概括言之，不过四种分类：

（一）原始社会与后起社会——如柯莱-海逸史属之。

（二）区域社会与团体社会——如派克-季亭史属之。

（三）纵的社会与横的社会——弥勒属之。

（四）暂时社会与永久社会——蒲希属之。

此四种分类，观点不同，故分类亦异。除第三种意义较为晦涩，第四种界限不易划清外，其余二种，得并用不悖。现在根据此二种分类，而重定本书所用的分类及其立场如下。

（甲）从地理的立场分类：

（子）区域社会简称社区——如农村、都市、国家等。

（丑）非区域社会或团体社会简称社团——如政党、学会等。

（乙）从社会关系的立场分类：

（子）直接社会——如家庭、邻里、亲密朋友团体等。

（丑）间接社会——如都市、政党、国家等。

兹再将两种分类的关系，表列如右。

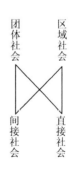

上面的直线，是表明隶属关系。如区域社会，包括直接与间接两种社会；团体社会亦然。又直接社会包括区域与团体两种社会，间接社会亦然。

第五节　社会组织的形式及性质

一、各种社会结合的性质

人类最简单的结合,是二人临时之会合。二人会合时,即发生交互影响,双方情绪,传递最易,同情恶感,转瞬即现。至于二人接近的难易,一视其以往相互间关系为断。亲密朋友,互相了解,最易接近。生疏初交,接近便难。其次为较永久的朋友结合。此种结合,常起于各人间具有同情与互益,以及结合后对于各人发生兴趣与愉快。常人无不爱交朋友,其目的仅在共同生活的兴趣与愉快而止,初未必有任何利害观念之羼入。故即使各人思想志趣,稍有不同,而仍不害其为朋友。其次为多数人的结合。大凡结合的人数渐增,便发生两种影响:第一,各人间同点渐少,故结合的亲密性亦渐减。第二,各人自己发表的机会较少,故共同结合的兴趣较淡,而团结力亦较弱。在二人间友谊的结合,几全恃同情;及至二人以上多数结合时,就表现竞争与互胜等等现象。友谊的结合,固不容有竞争与互胜,而多人的结合,亦不能全恃同情与和协。盖人心之不同,各如其面,人数既多,则同情与和协的力量渐弱,常不足以维系全体的团结。即使团体中各人有极重要的共同利益,为之维系其团结,而仍不能免除其相互间之差池。故二人友谊的结合,与二人以上多数的结合,在性质上,颇不相同。

多数人的结合,可分为二类,一为三人至八人的团体,其特点为全体平等,而行动一致。一为八人以上的团体,则与前者大异,即不能维持其平等与一致的特点,常分裂而为领袖与服从之二部分。此种团体,欲维持其统一,必须有恃于组织;欲期其永久,必须有确定的目标,以为维持的张本。故范围较大的团体,不仅为社会交际机关,盖在交际以外,必尚有其他主要目标存在。

各种社会结合的性质不同,各分子间的社会关系亦不同,故个人在社会中的地位,亦因而不同。个人行为,有适合于大团体的行动,而不适合于少数友谊的结合者;有适宜于三数朋友的团聚,而不适宜于人数众多的集合者。但此仅各人习惯的关系。环境迁移,时势需要,则潜移默化,亦未始不可渐渐改变其趋向。

二、社会结合对于个人的影响

社会结合,对于个人所生的影响有三:(甲)促个人精神的发展。个人与他人共同生活时,即发生交互刺激与反应,在此交互刺激与反应的过程中,个人的知识能力,渐趋发展。(乙)使个人感觉协助与安全。个人常感觉其力量的薄弱,故与他人联合,自觉其力量较大,而生活安全。(丙)激发个人活动与成就。个人生活,常因他人的刺激,而引起其竞胜与向上之心。许多大事业,其初常为此种社会所激动。

三、组织正式团体的理由

社会上因有种种需要,组织各种正式而永久的团体,以达各种特殊的目标。其理由可述者有四:(甲)组织团体,能做个人所不能做之事。个人即使有志为社会做成种种伟大事业,即使富有勇气与毅力,但个人力量有限,不能不恃他人之力,以协助其成。故个人组织而成团体,行动成一单位,即发生力量,无组织则如一盘散沙,即无力量。(乙)组织团体,使做事更有秩序更为可靠。在有组织的团体中,各人工作,分配适当,故一切进行,有秩序有效能,人人得集中全力以达所期望的目标。(丙)组织团体,能保存思想知识,并传之后代。保持并传播思想知识,虽有恃于个人,但个人往往不如有组织的团体能持久,且能为有系统的保存与传播。(丁)组织团体,能促社会上思想与文物的进步。在有组织的团体中,能集多人的心思才力,讨论批评,以辨别纷然杂陈的各种思想与文物,取其最适合与社会需要者,去其最不需要者,以指导社会进步。

第六节　近代社会组织的趋势

一、社会组织渐趋扩大的形势

近代社会,有一种极显明的趋向,就是社会组织,日渐趋于扩大。大概人口增多,领域推广,则社会组织亦必日趋于复杂,而范围因以日大。换言之,近代社会中,间接社会有日形发达之势。此种趋向,不仅在人数日增,组织日复,范围日大;而尤其在其对于个人行为与社会生活,发生深切的影响。

二、社会扩大的经济原因

近代社会组织日渐扩大的原因甚多,而经济方面两大变迁,实为重要的原因。第一为工业革命。工业革命后,工厂发达,工人与资本,均须集中,人口日增,财富日丰,而都市日见发展。第二为交通革命。交通利器发达后,货物运输,与社会交往,日见便利,因之,移民日增,人口数量与密度,增加遂速,故工业革命与交通革命二者,实为近代社会日渐扩大的重要原素。

三、无正式组织的社会

近代大都市中之群众,大率属于无正式组织的间接社会。其特点可略述如下:(甲)社会交际流于表面。因为交通日便,社会接触的机会日多,接触的人数亦日多,惟其如此,故各人间的交谊反日减。往来交际,均系表面周旋,而缺乏深切的友谊。(乙)社会结合偏于形式。在大社会中,规模较大的正式组织日多,参加此项组织者,其言语举止,与在平常直接社会中,自大有不同。在直接社会中,人人熟悉对面人的情况,其言语举止,不必有何形式上的拘束。而在间接社会中,便不如此。故其结合,仅属形式的。(丙)社交方式趋于间接。在直接社会中,人与人间的交际,多用言语。社会的范围渐大,则用言语的机会亦渐少。及至近代都市中，人口既多，领域亦广，交通情意的方式，不能不采间接的工具，如电话、报纸、无线电等类。(丁)思想流于肤浅。在间接社会中，人数众多，程度不齐，号召群众，辄适用肤浅思想，苟稍涉艰深，便难接受。

四、有正式组织的社会

在近代社会中，有正式组织的间接团体，如大政党、大工厂、大公司等，日形发达，故其势力亦日大。其可述的特点如下：(甲)在此种社会中，个人处于无足重轻的地位。因此种大社会中，人与人的关系，既系间接，故各人对于各人，大都互不相知，使个人仅成为全社会之一部分，而不能表现其个性。(乙)在此种社会中，领袖极关重要。个人因无足重轻，故竞争自显之风极盛。能居领导之地位者，不仅足以号召群众，并能操纵社会组织之大权，而社会之是否进步，似不在众人，而在领袖之手。(丙)此种社会，组织既大，往往不能适应环境。此种组织，范围既大，系统又密，其组织条件之改变，须经极烦琐的手续，方克实现，故最不易适应环境的变迁。(丁)此种社会，组织既大，往往强制统一。在此种组织中，个人不但无足重轻，而有时且须受团体之制裁。团体常用法律与舆论，以统一全社会中个人的行为与思想。故近代社会的趋向，在增加团体的力量，减小个人的势力，以使个人受社会之控制。

五、总结

要之，近代社会最显明的趋向，是直接社会的势力日弱，而间接社会日趋发达。在此种趋向中，团体组织的范围日大，条理日密，故团体对于个人制裁的力量亦日大。同时，在个人方面，常人对于团体的影响渐减，而出类拔萃的领袖人才，则反日见重要。个人与一般社会的接触渐多而渐广，而人与人间的关系，则反日见疏浅。循此以往，个人与个人间，团体与团体间，竞争日烈。个人而无团体为后盾，则竞争必败；团体而无精密的组织,坚强的团结,努力的群众,则竞争必败。故近代社会组织的趋向,使社会生存竞争,日趋显明而激烈。

本章温习问题

一、何谓行为规则?

二、行为规则对于个人行为有何功用?

三、试言我人日常行为所受行为规则的影响?

四、何谓社会制度?其与行为规则有何区别?

五、社会制度与社会组织的关系若何?

六、试述"礼"的性质及其与行为规则异同?

七、一个社会,如何维持他的一致团结?

八、社会与社会组织的异点何在?

九、试比较季亭史与派克二氏社会分类的异同。

十、试言柯莱氏原始社会(Primary Group)一概念,对于社会学的贡献。

十一、何以组织正式团体,试言其理。

十二、近代社会组织扩大的原因何在。

本章论文题目

一、论社会的一致性。

二、社会制度的性质。

三、社会组织与个人行为的关系。

四、各家对于社会分类的比较研究。

五、近代社会组织的趋势。

六、"礼"的社会学研究。

本章参考书

1. Bernard: *Introduction to Social Psychology* (1927), pp.438-464.

2. Blackmar & Gillin: *Outlines of Sociology* (1930), Ch.7.

3. Bogardus: *Contemporary Sociology* (1932), Ch.7 (Section 33-34).

4. Brown: *Social Groups* (1926), pp.63-98.

5. Bushee: *Social Organization* (1930), Chs.2-3.

6. Case: *Outlines of Introductory Sociology* (1924), pp.50-72, 516-533.

7. Cooley: *Social Organization* (1921), Chs.1-5.

8. Ellwood: *Psychology of Human Society* (1925), Chs.1, 4-6.

9. Eubank: *Concepts of Sociology* (1932), pp.138-140, 142-146.

10. Hertzler: *Social Institutions* (1929), Chs.1-3.

11. Hobhouse: *Morals in Evolution* (1919), pp.10-14, 132-232.

12. Hiller: *Principles of Sociology* (1933), Chs.2-4.

13. North: *Social Differentiation* (1926), pp.8-53.

14. Reinhardt: *Principles and Methods of Sociology* (1934), Chs.4-6, 13-15.

15. Rivers: *Social Organization* (1924), pp.20-33, 121-156.

16. Sumner: *Folkways* (1906).

17. Thomas & Znaniecki: *Polish Peasant in Europe and America* (1920), Vol.I, Methodological Note. Vol.IV, Part 1, Ch.1.

本章注释

1. 详见Hertzler: *Social Institutions*, p.25, 关于制度的定义, 几乎言人人殊。其重要者, 尚有亚尔保(Allport)、许勒(Hiller)、崔宾

(Chapin)等。亚氏谓:制度是表明一种类似的与交互的行为情境。见"The Nature of Institutions," *Social Forces*, Vol.6, p.168,(1927)。许氏谓:制度是人类习惯活动的形式。因为制度是表明人类在何种状况之下,应该如何动作。见*Principles of Sociology*(1933), p.52。崔宾谓:制度是一种文化丛,具有社会的结构。见"A New Definition of Social Institutions," *Social Forces*, Vol.6, p.375(1928)。

2. 见Sumner: *Folkways*, pp.53–54。

3. 见Sumner & Keller: *The Science of Society*, Vol.I, Ch.3。

4. 见Hertzler: *Social Institutions*, Ch.4。

5. 见Chapin: *Cultural Change*, pp.48–51。

6. 见Hiller: *Principles of Sociology*, p.54。

7. 关于五礼之起源、内容、及发展,参考秦蕙田《五礼通考》。

8. 见Giddings: *Historical & Descriptive Sociology*, Part III, Chs. 1–3。

9. 见Cooley: *Social Organization*, Chs.1–2。

10. 见Hayes: *Introduction to the Study of Sociology*, Ch.6。

11. 见Park & Burgess: *Introduction to the Science of Sociology*, Ch.3。

12. 见Miller: *Races, Nations & Classes*, Ch.1。

13. 见Bushee: *Social Organization*, pp.28–29。

第十九章　社团组织

家　庭

一、家庭的意义

《说文》：家，居也。从宀豭省声。《易·家人》释文，人所居称家。是家仅有居住之意。《孟子》：女子生而愿为之有家。《周礼》注：有夫有妇，然后为家。始有家庭之义。家庭两字，始见于梁王僧孺文，"事显家庭"句。今即以译英文"Family"字义。通常所谓家庭，是指夫妇子女等亲属所结合之团体而言。故家庭成立的条件有三：第一，亲属的结合，第二，包括两代或两代以上之亲属，第三，有比较永久的共同生活。欧西家庭，往往只包括两代亲属，如夫妇子女，西人称为基本家庭（The Basic Family）。中国家庭，大率包括两代以上之亲属，西人称为大家庭（The Greater Family）。但欧西所谓基本家庭，仅指标准家庭而言。而实际，凡仅有夫妇，或仅有父与子女，或仅有母与子女，或仅有祖父母与孙子孙女等等，均称为家庭。中国家庭，就制度言，得包括两代以上之亲属。即除夫妇以外，得包括直系亲属，上则有父母、祖父母、曾祖父母，甚至高祖父母；下则有子、有孙、有曾孙、玄孙。又得包括旁系亲属，即由己身横推，则有兄弟、姊妹、妯娌、堂兄弟姊妹、再从兄弟姊妹等。其上则有伯叔父母、姑母、伯叔祖父母、祖姑等；其下则有侄、侄女、侄妇、堂侄、堂侄女、堂侄妇、侄孙、侄孙女、侄孙妇等等。[1]但实际上，决无如此完备之大家庭可以同居。通常，或仅有父母、夫妇、子女；或仅有祖父母、父母、夫妇、子女；或仅有父或母，夫妇子女；或仅有父母、夫妇、兄弟、妯娌、子女、侄子、侄女等等不同之结合形式。以现状论，中国最普通的家庭，为夫妇子女，或父母夫妇子女，或父母夫妇兄弟子女等三数种形式。

二、家族

集家庭而成家族，是家族为家庭的扩张，但家庭指同居共财者而言，而家族则不必同居共财。此其最大异点。古时家庭，亦有二义。《尚书》云："克明俊德，以亲九族。"郑注谓："九族上自高祖，下至玄孙。"是仅指直系亲属而言。而《白虎通》谓："九族谓父族四，母族三，妻族二。"是包括母族妻族在内。又《小学绀珠》谓："九族者，外祖父、外祖母、从母子、妻父、妻母、姑之子、姊妹之子、女之子、己之同族也。"是兼内外姻戚而言。虽明律及清律所订之服制图，以同宗亲属为范围，但家族意义似应包括母族妻族在内，服制图仅指九世言之而已。

总之，家族所包括之范围至广，应合亲族而言。家族最重要之意义，在于表明血统之关系。因血统之关系，而生亲亲之义。《白虎通》谓："族者凑也，聚也，

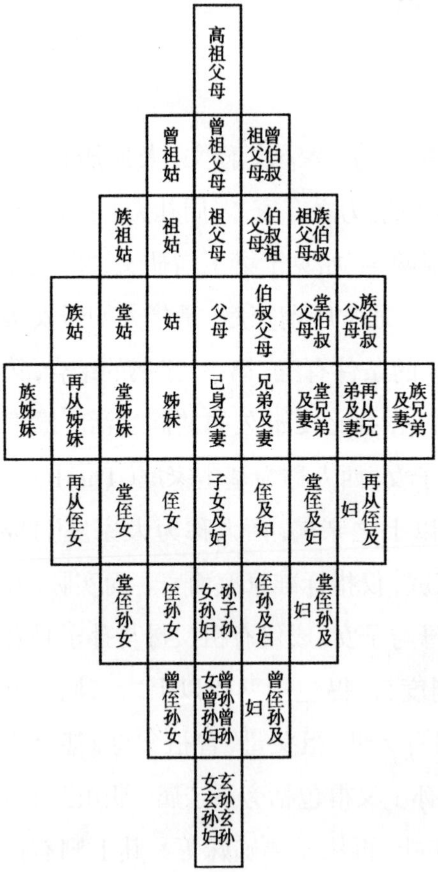

图29 九族系统图

谓恩爱相流凑也。生相亲爱，死相哀痛，有会聚之道，故谓之族。"《孟子》所谓："亲亲而仁民，仁民而爱物。"由己身以推及亲族，由亲族以推及社会。《易序卦》谓："有男女然后有夫妇，有夫妇然后有父子，有父子然后有君臣，有君臣然后有上下，有上下然后礼义有所错。"中国社会，向以家族为中心，一切风俗制度，均由家庭推而广之。故家族为中国社会组织之基础。

三、宗族与宗法

《尔雅》云："父之党为宗族。宗族中嫡庶长幼传递之系统，古有一定之法则，称为宗法。"《礼大传》云："别子为祖，继别为宗，继祢者为小宗。"《白虎通》云："宗为其始祖后者为大宗，此百世之所宗也。宗为其高祖后者，五世而迁者也。高祖迁于上，宗则易于下。宗为其曾祖后者，为曾祖宗。宗为其祖后者，为祖宗。宗为其父后者，为父宗。以上至高祖宗，皆为小宗。以其转迁，别于大宗也。别子者自为其子孙为祖继别也，各自为宗。小宗有四，大宗有一，凡有五宗。人之亲所以备矣。"此说明宗法关系，至为详备。今再以周代诸侯为例，而说明宗法之内容。诸侯世世相传，均以嫡长子嗣位。嫡长子外，尚有众子，众子之中，亦有为大夫者。例如，诸侯有子二人，长子嗣位为诸侯，次子受封为大夫。受封以后，其子孙即在受封之采邑内，为之立庙，尊之为太祖。从此照天子诸侯之例，世世以嫡长子承袭，谓之大宗。凡初受封为大夫者，在《礼大传》谓之别子，所谓"别子为祖，继别为宗。"别子之后，世世相传，永为大宗。其世世之嫡长子，均谓之宗子。宗子各兄弟之后，均谓之小宗。小宗则五世而迁，不如大宗世世相继。今就宗法系统，择其要点，列表如下。

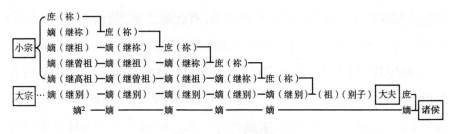

图 30　宗法系统图

（表中嫡字,谓嫡长子,庶字谓众子,即嫡长子之诸弟。按此采《礼大传》郑注孔疏义。）

上表系就诸侯所封大夫衍成之大宗小宗系统而言。若推而广之,诸侯对大夫,则诸侯为大宗,大夫为小宗;天子对诸侯,则天子为大宗,诸侯为小宗。此种宗法系统,规定至为详密,实为周代重要社会制度之一。

宗法制度,[3]与宗族,祭祀,服制,封建制度,均有密切关系。宗族中嫡庶长幼之序,为宗法系统所自出。祭祀之礼,各有规定。《礼·王制》曰:"天子七庙,诸侯五庙,大夫三庙,士一庙。"《郊特牲》曰:"诸侯不敢祖天子,大夫不敢祖诸侯。"此种祭祀之限制,与宗法相辅而行。服制之轻重有无,视其宗法系统中之关系而定。五服正服,几全依宗法顺序。封建制度,以分封同姓为原则。天子之封诸侯,诸侯之封大夫,皆依宗法系统而定。故封建制度,是由家族系统扩充而为政治系统。封建制度之继续,是赖宗法制度维系之力。故封建制度衰,而宗法制度亦因以不振。

四、家庭与婚姻

婚姻与家庭,关系最为密切,但二者不可混为一谈。婚姻是男女正式的结合。《释名》云:"婚,昏时成礼也,姻,女因谋也。"《白虎通》云:"婚者谓昏时行礼故曰婚,姻者妇人因夫故曰姻。"《礼记·郊特牲》云:"夫昏礼万世之始也。""夫妇之义,由此始也。"是知婚姻为男女间经过正式礼节而成之夫妇关系。此种男女正式结合之夫妇关系,为家庭的基础,但非即家庭。家庭不仅指夫妇,兼及子女等亲属而言。要之,婚姻仅指男女间正式的夫妇关系而言,家庭则指夫妇子女及其他亲属间的共同关系而言。二者固有密切关系,但非同物。

婚姻与家庭起源,究竟孰先孰后的问题,在西儒颇有争论。戈德秀(Goodsell)谓:"婚配似乎发源于家庭,而非家庭发源于婚姻。"[4] 推其意,家庭生活似比婚姻为早。因为先有子女,而后有婚配。但人类家庭生活,自始就应以正式的夫妇结合为基础。如其没有正式的夫妇,便不应有正式的家庭。故与其说,婚姻发源于家庭,不如说,家庭发源于婚姻。《易·序卦》云:"有男女然后有夫妇,有夫妇然后有父子。"是我国古代先有婚姻,后有家庭之明证。戈氏之说,不能谓为圆满。实际,就文化起源言,婚姻与家庭,或同时并存,正不必追问其孰先孰后。据人类学家言,现代幼稚民族中,无一民族无婚姻制度,亦无一民族无家庭组织。于此可见,婚姻与家庭,或同时并存。

五、家庭的功用

家庭的重要功用有三:即生物的,社会的,与经济的。

（一）生物的功用

家庭的生物功用,不外二方面:一方面是绵延种族,一方面是保育子女。绵延种族,就是婚姻的功用。保育子女,是在婚姻之外增加的一种功能。家庭之所以异于婚姻者,此亦其一端。绵延种族与保育子女有密切关系;种族之所以绵延,就在子女之保育。子女得适当的保育,而后种族方可绵延。

下等动物的幼稚期很短,故需要保育的时期不长。鱼类几乎没有幼稚期,故不需要保育。更鸟初生,不能自助,二个月后,便可成熟。鸡雏初生,不能行走,数星期后,始能行走自如,但完全成熟,须在周岁以后。至于人类,则初生数月,全乏自动之能;数岁以后,始克稍稍自助;但非至成童之年,不能完全自护。至于心身的发育,非至二十四五岁,尚不完全。大概在幼稚时期,随时随地,须有年长者为之看护保育。故家庭生活,实为人类生存种族绵延所必需的一种功能。

（二）社会的功用

从社会的方面说,家庭具有二种重要功用。

（甲）养成个人群性。个人初生,有如动物。个人之所以成为社会中一份子,全恃家庭中之共同生活。故家庭具有社会化(Socialization)的功能。举凡我人所具社会上共同生活的习惯态度,以及种种社会德性如忍耐、谅解、同情、互助、合作、博爱、服务、牺牲、宽大、正义、公道等等,莫不在家庭中渐渐养成之。就此点言,家庭在社会上实具有极大的功用。

（乙）传递社会遗产。社会遗产固不全恃家庭为传递机关,但大部分社会遗产是在家庭中传授的。举凡语言、风俗、传说、信仰,以及社会上固有的道德观念、思想系统、日常技巧、职业秘诀等等,无不在家庭中传授之。父母传之子女,兄姊传之弟妹,年长的份子,传之年幼的份子,如是,社会遗产得以遗传后代而不至中断。

（三）经济的功用

凡社会上生产、分配与消费等作用,家庭中无不有之。在农业时代,家庭为财富生产的中心。在手工业时代,家庭为制造货物的中心。在机械工业时代,虽其制造中心移于工厂,但家庭的生产功用,仍未消失；因为从家庭的立场言,家中各份子均负责有生产的责任。至于分配及消费的功用,为日常生活的事实,毋待多述了。

六、婚姻制度

家庭是以婚姻为基础,故家庭的形式,常因婚姻的形式而定。黎佛士(Rivers)谓:"家庭的确实形式,须视婚姻的性质而定。"[5]一夫一妻的婚姻,常为单对配偶的家庭(Single Pair Family)。一夫多妻制或一妻多夫制的婚姻,家庭的形式也随之而变了。

人类有四种很不同的婚姻制度:即多夫多妻制(Plurality of Mates),一妻多夫制(Polyandry),一夫多妻制(Polygymy),一夫一妻制

(Monogamy)。

（一）多夫多妻制

早年人类学家之主张进化论者,尝信人类最初的婚姻是混乱的(Promiscuous),谓之乱婚制(Promiscuity)。斯宾塞谓：一切社会关系与社会制度,都是从无定进化而为有定。所以他说,婚姻是发源于乱婚,再进而为一妻多夫,一夫多妻；最后乃为一夫一妻。但据近世人类学家言,现代幼稚民族中,绝无乱婚的风习,而一切记载,亦无乱婚的凭证。卫史德麦克(Westermarck)与路卫(Lowie)均谓：真正乱婚,在人类历史上无论何时是不会有的。间或有似乎乱婚的状况,乃是一种一夫一妻制的变形,所以补助一夫一妻制的,与真正所谓乱婚不同。此种婚姻,或者附于单婚制,或者出于群婚制,但似乎均与乱婚不同。例如澳大利亚(Australia)的狄里(Dieri)族,有正婚与副婚(Tippa-Malku and Pirrauru)的区别。一个男子可以有几个正婚妻,一个女子只有一个正婚夫；但同时男女均可有一个或几个副婚的妻或夫。此种副婚的夫妻,亦是经过由族长证婚的仪式。但只有正婚的夫妇,组织真正的家室。至于副婚的关系,只有在正婚丈夫他出时,女子始可与副婚丈夫同居而受其保护。[6]所以此种副婚制度,骤视之,似与乱婚相同,实际只是附属于单婚的一种变形而已。

又如西伯利亚的丘克溪(Chukchee)族,有一种联婚的制度(Marriage Union)。一群男子结合而为联婚关系。此种男子常是已婚的人,他们联合十对以内的夫妇,互为联婚。在此联合以内,任何男子对于任何女子,当本夫他出之时,均有暂时视为妻子的权利。此种制度,骤视之,亦颇与乱婚相同,但实际亦不过是单婚的一种变形。因为每对夫妇原各有自己的家庭。

（二）一妻多夫制

此种制度,盛行于爱司基木的某部落、西藏的农民、印度南部的土达(Todas)、麻拉巴(Malabar)的内耶(Nayars)等处。此制有二种不同的形式：一种为同胞共妻（Fraternal）制；一种为非同胞共妻（Non-fraternal）制。[7]同胞共妻制，行于西藏；往往一家兄弟数人，长兄娶妻后，其弟辈同享夫权。但此种权利的享受，必须经相当的礼节；而享此权利的弟辈，往往仅占据家庭中附从的地位。非同胞共妻制，行于内耶，为丈夫者并非弟兄，往往分居数处。为妻者常按月分赴各处居住。亦有妇人留居母家，其丈夫分别往岳家会见者。在此制度之下，凡初生之子，定为年长的丈夫之子，此外以次类推。

（三）一夫多妻制

行多妻制的社会，似乎比行多夫制的社会为多。爱司基木及非洲黑人，有几族行此制，此外埃及、土耳其及我国，亦为一夫多妻的国家。美国摩门教徒（Mormons）亦有行此制者。我国古代，在上流社会，盛行此制。但自近世以来，此制已渐趋衰落，不久或将绝迹，亦未可知。古籍所载，我国古代帝王诸侯卿大夫以至于士，均属多妻。据马端临《文献通考》：黄帝立四妃，嫘祖为正妃。是黄帝即已多妻。[8]郑玄注《礼记·檀弓》云："帝喾立四妃，其一为正妃。帝尧因焉。至舜不告而娶，不立正妃，三夫人而已。夏后氏增以三三而九为十二人。殷人又增以三九二十七，合三十九人。周人上法帝喾，而立正妃，又三二十七为八十一人，以增三十九，并后合百二十一人。"《礼记·昏义》云："古者后立六宫，三夫人，九嫔，二十七世妇，八十一御妻，以听天下之内治。"郑注谓："三夫人以下，百二十人，周制也。"[9]观此，知中国多妻之制，始于黄帝尧舜而后，代有增加，至周乃增至一百二十一人。周以后，大概依周制略为损益，但亦有增至甚多者。洪氏《容斋随笔》云："自汉以来，帝王妃妾之多，唯汉灵帝，吴归命侯，晋武帝，宋苍梧王，齐东昏侯，陈后主。晋武至于万人。唐世明皇为盛。白乐天《长恨歌》云，后宫佳丽三千人；杜子美《剑器行》云，先帝侍女八千人；盖言其多也。《新唐书》所叙谓：开元天宝中，宫嫔大率至四万，嘻其甚矣。隋大业离宫遍天下，所在皆置宫女。故裴寂为晋阳宫监，以私侍高祖，及高祖义师经过处，悉罢之，其多可想。"《东汉·皇后纪》叙论云:"秦并天下,多自骄大,宫备七国,爵列八品。汉兴,因循其号而妇制莫厘。高祖帷薄不修,教文衽席无辨。然而纳选尚简,饬玩少华。自武元之后,世增淫费,乃至掖庭三千,增级十四。"观此,可知自秦至汉武元之世,掖庭之数,增至三千,晋武乃至万人,[10] 唐开元天宝间,至于四万。可谓极人世之奇闻。宋以后,大率依周制为增减,至明,太祖鉴前代女祸,首严内教。宫妃之分,大为削减。《明史·后妃传》云:"汉设内官一十四等,凡数百人。唐设六局二十四司,官凡一百九十人,女史五十余人,皆选良家女充之。帝以所设过多,命加裁定。于是立六局一司。官七十五人,女史十八人。视唐减一百四十余人。"[11] 此为历代帝王多妻制之大略。

至于诸侯以下,其娶妇之数,即依次减少。《公羊传》云:"诸侯娶一国,则二国往媵之,以侄娣从。""诸侯一聘九女。诸侯不再娶。"《礼记·曲礼》云:"公侯有夫人有世妇有妻有妾。"据孔疏:诸侯有夫人一人,世妇即夫人,侄娣,其数二人,妻谓二媵及侄娣,凡六人,共九人,又有妾则在九女之外。可见周制诸侯之妇,在十人以上。《白虎通》云:"卿大夫一妻二妾,不备侄娣,士一妻一妾。"观此,可知古代多妻之制,不限于帝王,而诸侯卿大夫以至于士,亦行此制。

不独中国为然,即古代希伯来人亦盛行之。国王如贾果柏(Jacob)、大维(David)、苏鲁门等(Soloman),实倡此制。而苏鲁门相传谓有妻七百人,妾三百人,亦可谓盛矣。[12]

(四)一夫一妻制

一夫一妻制为最普遍的婚姻制度。[13] 行一夫多妻制的社会,同时亦行一夫一妻制,行一妻多夫制的社会,同时亦行一夫一妻制。即使行多夫多妻制的社会,亦仍保持一夫一妻的形式。原来世界任何民族的婚姻制度,常非单一的,往往几种制度同时并行。例如,欧美各国虽号称为一夫一妻制的社会,但实际在大都会中,多妻之风,亦颇流行,不过名义不同而已。[14]

一夫一妻制有六种特点：（一）社会上成年男女之数，常有相等的趋势，一夫一妻制，能使男女的结合得其平衡。（二）一夫一妻制，能使夫妇间情爱专一巩固而不致偏颇。（三）一夫一妻，对于教养子女，最为适当。大概在一夫一妻制下之夫妇，多能同心合力，保育子女，故可减少婴儿死亡率。在教育方面，父母均无偏袒，自能尽力培植。（四）一夫一妻制下之家庭，感情最为融洽。夫妇间情爱专一，亲子间感情亦无偏颇，故全家感情出乎自然。在多妻或多夫制下之夫妇，爱好既有所偏，地位又不平等，所生子女，亦联带而不能得平等的待遇，故全家情感不易融洽。（五）一夫一妻制，能使夫妇生活得安全而圆满的保障。在多妻或多夫制下之夫妇，因为情爱偏倚，地位不同，故夫妇间在精神上感到不少痛苦。在一夫一妻制下之夫妇，能得到圆满的生活，故生命不受摧残而得安全。（六）最后，一夫一妻制，最适合于现代小家庭的组织。

一夫一妻制既有此种种特点，故近世社会学家，都以此制为人类最适当的婚姻制度。

七、各种家庭

家庭组织，因为系统及权力所在的不同，又可分为数种，就系统言，有母系家庭（Metronymic Family）与父系家庭（Patronymic Family）之别。就权力言，有母权家庭（Matriarchal Family），父权家庭（Patriarchal Family）及平权家庭（Biarchal Family）之别。

（一）母系家庭与母权家庭

凡家庭的绵延，由母方传递者，谓之母系家庭。母系家庭，不但子孙递嬗由母方推传，而姓母之姓，即财产的继承，亦由母方系统递授。在此种家庭中，男子大概须随妻居住。谓之母族同居（Matrilocal Residence）。母系家庭中，有时母权极重，母为一家之主，一切权力，均集中于母之一身。为父或夫者，常处于附属的地位。如此者谓之母权家庭。在现存民族中，绝对母权，尚无发见。惟有数族，母权极重，似为事实。最显著者,为北美土人中之伊罗国(Iroquois)。伊罗国妇女,拥有房屋、土地及婚姻之权。部落中各种最重要的典礼,妇女常为其领袖。并且参加政治,而政治团体中,须有妇女之地位。[15]此其概略。但最高政治组织中,并无妇女参加。亦可见母权仍有限制。此外如印度之加锡(Khasi of Assam),北美之毕伯罗(Pueblo),其母权视伊罗国为更弱。总之,现存民族中,母权家庭,可说绝无仅有。

母系家庭中,有时母权极轻。大权集中于母之男亲,尤其是母之弟兄。通常称为舅权(Avunculate)。大概世界上有初期农业的民族,尚属于此种组织者。例如北美土人是。

人类学家中,有以母系家庭,为最初之家庭组织者。大概主此说者,以为人类当草昧之世,婚姻之制,尚未确定。人民但知有母,不知其父。故最初家庭中,仅有母子之关系。因而母即为家庭之主人。证之中国历史及文字,似有可信者。《白虎通》谓:"古之时,未有三纲六纪,人民但知其母,不知其父。"此可证,中国太古之时,或为母系制。又古书所载,古代圣帝明王,常感天而生,而无生父。《五经异义》《春秋公羊传》,并谓:"圣人皆无父,感天而生。"司马贞补《史记·三皇本纪》云:"华胥履大人迹于雷泽而生庖牺。女登感神龙而生炎帝(神农)。"《春秋合诚图》云:"尧母庆都,出观三河,奄然阴风,赤龙与庆都合生尧。"《帝王世纪》云:"禹母修己,出行见流星贯昴,意感悚然,又吞神珠薏苡,胸坼而生禹。"凡此种种神话,虽似可笑,但细绎其意,或系母系社会,人民但知其母,不知其父,后世史官,故为此感天而生之曲解,以文饰其"无父而生"之缺憾。总之,凡此皆可证,我国在三皇五帝之时,或系母系社会。

再以文字证之,中国姓名之姓,亦可证母系之痕迹。《说文》:"姓,人所生也。古之神母,感天而生子,故称天子。因生以为姓,从女生。"段玉裁注谓:"感天而生者母也,故从女生。"是可知因母生而得姓,为母系制之铁证。郑樵《通志》谓:"三代之前,姓氏分而为二;男子称氏,妇人称姓。氏所以别贵贱,故贵者有氏,贱者有名无氏。姓所以别婚姻,故有同姓异姓庶姓之别。至三代之后,姓氏合而为一。"可知三代以前,妇人为家庭之主人,故只有妇人称姓。婚姻亦以妇人为主,故以姓为别。此又为母系制之铁证。古代之姓,既以女生为姓,故字多从女。如姬、姜、嬴、姒、姚、妫、姞、妘、嫡、始、妊、嫪之类皆是。此可证母系社会,率以妇人为主,故姓概从女。此外如婚姻嫁娶诸字,无不从女。《说文》:婚,妇家也。以妇家为婚之主家,亦可证母系之遗迹。总之,从中国姓氏等文字构造言,亦殊可证明,我国太古时代,或为母系社会。

（二）父系家庭与父权家庭

凡家庭的绵延,由父方传递者,谓之父系家庭。在父系家庭中,子女姓父之姓,父为一家之主,举凡财产婚姻等大权,悉操之于父。父死则传之于子,无子则传之于其他亲属之男子。女子结婚以后,随夫同居,谓之父族同居(Patrilocal Residence)。父系家庭为现世最普遍的家庭组织。世界主要民族,未有不为父系家庭者。吾国自三代以后,或即为父系家庭发生之时期。凡古代经籍所载,虽父母并称,而父常在前,即可知古代重父之证。夫妇亦然。《易经》云:"女正位乎内,男正位乎外,男女正,天地之大义也。"《汇苑》云:"夫扶也,以道扶接者也。妇服也,以礼屈服也。"《说文》:"妇服也,从女持帚洒扫也。"《大戴礼·本命》云:"女子者言如男子之教,而长其义理者也。故谓之妇人,妇人伏于人也。是故无专制之义,而有三从之道。"《礼记》云:"妇人从人者也,幼从父兄,嫁从夫,夫死从子。故妇人无爵,从夫之爵。坐于夫之齿。"观此种种,可知吾国自三代以后,即以男子为家庭之主人。至于宗法制度,家庭之传递,全由男系推衍,更为父系制盛行之证。西洋自有史以来,大率即为父系社会。以至于今而未有更改。父系家庭之极端,父握全家之大权,使家庭中其他分子皆处附属地位。得称为父权家庭。在寻常状况之下,父系家庭,同时即为父权家庭,父总是操一家之主权。但此项主权,是相对的而非绝对的。例如,我国现代家庭中,父虽居家长地位,但其权力并非不可减削,得因家庭组织状况而略予变更。至如西洋古代罗马家庭,为父者便处于绝对权力的地位。父是家庭中祖宗的代表,父的命令,即是祖宗的命令。故父权之极端者,操生杀之权。然此种父权家庭,为后世所未见,料想将来亦不致复现。

（三）平权家庭

凡家庭中不单重母权,亦不单重父权,父母权力常处于平等地位者,谓之平权家庭。近代家庭组织,即有趋于平权之势。西洋小家庭组织,虽仍系父系家庭,女子嫁后,必以夫姓为姓;夫虽必须负家用之责任,但处理家事,夫妇有平等之权。中国现代家庭组织,为大家庭与小家庭并存时代。在大家庭中,家长之权力较重,似偏于父权。在小家庭中,则夫妇权力,已近于平等。此亦近代自然之趋势。

八、婚姻与家庭的起源

关于婚姻与家庭的起源问题,成为社会学上聚讼的悬案。此问题实际是无从解决的。现在姑就主要的学说,叙述如次,借见大概。

（一）群婚说(The Theory of Group Marriage or Sexual Communism)

主张此说者,以为最初的婚姻,是一种群婚。在一群之中,男女共同生活,互相配合。此种状态,成为混乱的性生活,故亦称乱婚说(The Theory of Promiscuity)。从前人类学家社会学家如白晓芬(Bachofen)、穆尔根(Morgan)、斯宾塞等都主张此说。但据最近人类学家的意见,现代幼稚民族,无论其文化如何低落,决无乱婚的事实。[16]即使如上述所谓多妻多夫的婚姻制度,仍旧保持一种单对夫妇的家庭生活,故最初人类的婚姻,决不是乱婚。

（二）单男垄断说(The Theory of Single Male-Monopoly)

主张此说者,以为最初人类团体,范围极小。团体最强有力的男子,常可垄断全体女子及其子女以为己有。[17]故最初的婚姻,为强力男子独占的婚姻;最初的家庭,为男子操纵的家庭。但此说殊不足信,如果如此,则社会上互争雄长，必无安宁之日了。

（三）母权说（The Mother-Right Doctrine）

主张此说者，以为最初的人类社会，以女子为领袖。家庭的递嬗，是从母方推断。因之母为一家之主，而拥有特权。故婚姻亦以女子为主。自白晓芬（Bachofen）的《母道论》（*Das Mutterrecht*, 1861）出版后，此说风行一时。但晚近人类学者，除白利福（Briffault）外，[18]似都否认此说。彼等以为人类决没有一种纯粹母权社会。一社会中操特权的，总常是男子。据陶然（Tozzer）及路卫（Lowie）的意见，女子固然在社会上有时占据重要地位，但其权势，常得助于男子。即使领袖地位，由女子方面传递，但决不为女子所占踞。[19]

（四）短期配偶说（The Theory of Pair Marriage of Short Duration）

主张此说者，以为最初的两性的结合，是一男一女的短期配偶。此种短期配偶的时期，以保育子女为准则。大概男女配合生子以后，常共同生活。男子负供给食粮及保护妻子的责任，女子负哺育子女的责任。如此互相合作，而子女得以成长。故最初的婚姻，是接近于一夫一妻；而最初的家庭，是仅仅包括夫妇子女。[20]此或较为可信。因为猿人类之配合，已大率类是。

综观上述四种学说，或者各得片面的真理。我们不能妄断，何种学说是绝对正确的。大概根据我们所有的知识来推断，此四种形式，或者最初是同时并存的，不过因各地方的状况而有不同。有的是单对短期配偶是很普遍的，有的一男多妻是很流行的；有的是母系为主而男子附从的；有的是一女多夫而迹近乱婚的。但不能说，究竟那一种确是人类最初唯一的普遍制度。

九、现代家庭组织的趋势

统观家庭的组织及历史，我们可以略约推知其近今的趋势。

（一）由复杂的组织趋于简单的组织

例如中国大家族制度，近年以来，渐趋衰微，而西洋小家庭制度，盛行中土，即是一证。

（二）由阶级的组织趋于平等的组织

例如家庭中父权制的衰落，使父权不能如往昔罗马时代的专擅。即在中国家庭中，父权虽仍保存，但已不如从前的威严。又如夫妇间的权限，渐渐趋于平等化。中国从前家庭中不平等的待遇，已渐渐改革。

（三）由专制的组织趋于自由的组织

例如家庭中妇女的解放，破除往昔男女不平等的待遇；婚姻的自由，破除往昔家庭专制的束缚，都可代表此种趋势。

（四）由集权的组织趋于分权的组织

例如家长制的衰落，使家中各分子都可参与家事，就是此种趋势。总之，现代家庭组织，已随时代潮流，不断的发生变迁。将来的家庭，究竟达到如何境界，殊难逆料已。

本章温习问题

一、试述中国家族制度与西洋家族制度的异同。

二、述中国宗法制度与家族的关系。

三、家庭与婚姻的区别若何？

四、试述家庭的起源。

五、试述家庭的社会功用。

六、试比较大家庭制与小家庭制的利弊。

七、试述中国古代多妻制的概况。

本章论文题目

一、中国婚姻小史。

二、中国宗法制度研究。

三、中国家庭改组问题

本章参考书

（甲）关于家庭者

1. Blackmar and Gillin：*Outlines of Sociology*（1930），Chs.8–9.

2. Briffault：*The Mothers*（1927），Vol.I，Ch.10.

3. Bushee：*Social Organization*（1930），Ch.10.

4. Ellwood：*Sociology and Modern Social Problems*（1931），Chs.5–8.

5. Goodsell：*The Family as a Social and Educational Institutions*（1915）.

6. Hankins：*Introduction to the Study of Society*（1928），Ch.13.

7. Lowie：*Primitive Society*（1920），Chs.2–5.

8. Lumley：*Principles of Sociology*（1928），Ch.24.

9. Malinowski：*The Father in Primitive Psychology*（1927）.

10. Reuter and Runner：*The Family*（1931）.

11. Westermarck：*History of Human Marriage*，5th Ed.（1921），Vol.1，Chs.1–6.

12. 潘光旦著《中国之家庭问题》（新月本）。

13. 陈东原著《中国妇女生活史》（商务本）。

14. 陈顾远著《中国古代婚姻史》（商务本）。

15. 陶希圣著《中国封建社会史》（南强本）。

16. 莫震旦著《风动一时的美国伴婚制》，《东方杂志》第二十五卷第十二号。

17. 楼桐荪著《中国家制的过去与将来》，《东方杂志》第二十八卷第二号。

18. 潘光旦著《家谱与宗法》，《东方杂志》第二十七卷第二十一号。

19. 钟道铭著《中国古代民族社会之研究》,《东方杂志》第三十一卷第一号。

20. 马端临著《文献通考》卷二百五十帝系考。

21. 杜佑著《通典》卷四十《礼典》。

22. 郑樵著《通志》卷二十五氏族略。

本章注释

1. 按《易·家人》,谓父父子子兄兄弟弟夫夫妇妇而家道正。似家庭仅指父子兄弟夫妇等三代而言。

2. 比较梁任公所定宗法表,见《先秦政治思想史》,第六十五页。

3. 关于宗法之研究,可参考清程瑶田之《宗法小记》,万斯大之《宗法论》,万光泰之《宗法表》,及顾栋高之《春秋大事表》,陈厚耀之《春秋世族谱》,以及近人孙曜之《春秋时代之世族》等书。

4. 见Goodsell: *Family as a Social and Educational Institution*, p.8。

5. 见Rivers: *Social Organization*, p.12。

6. Westermarck: *History of Human Marriage*, Vol.Ⅰ, p.27.

7. Hankins: *Introduction to the Study of Society*, pp.608–609.

8. 按《史记》,"黄帝居轩辕之丘,而娶于西陵之女,是为嫘祖。嫘祖为黄帝正妃。"《索隐》"按黄帝立四妃,象后妃四星。"马氏即引《史记》文。

9. 按《礼记·曲礼》孔疏云:"案《周礼》,王有六寝,一是正寝,余五寝在后,通名燕寝。其一在东北,王春居之;一在西北,王冬居之;一在西南,王秋居之;一在东南,王夏居之;一在中央,六月居之。凡后妃以下,更以次序,而上御王于五寝之中。故郑注《周礼·九嫔》云,凡御见之法,月与后妃其象也。卑者宜先,尊者宜后,女御八十一人当九夕,世妇二十七人当三夕,九嫔九人当一夕,三夫人当一夕,后当一夕,亦十五日而遍云,自望后反之。"可见此一百二十一人,全体与王发生夫妇关系。姚际恒在《续礼记集说》中,曾力驳此说,谓此仅是设官之制度与昏义无干。又魏了翁《古今考》中曾驳郑说,以为决无此事。但历代后妃制度,辄引周制为依据。不能谓为纯属理想官制而与昏义无干。详见《文献通考》。

10. 按《文献通考》云:"晋武帝泰始九年,帝多遣良家子女,以充内职。自择其美者,以绛纱系臂。平吴之后,复纳孙皓宫人数千。自此,掖庭殆将万人。而并宠者甚众,帝莫知所适。常乘羊车,恣其所之。至便晏寝,宫人乃取竹叶插户,以盐汁洒地,而引帝车。"见卷二百五十三帝系考四。

11. 此言唐初之制,开元天宝间,则于定制之外,任意增加,故数至四万之多。

12. 见Duncan: *Backgrounds for Sociology*, p.455。

13. 卫史德麦克谓:"世界大多数民族的婚姻形式为一夫一妻制,其形式稍异者,亦以一夫一妻为指归。"见Westermarck: *History of Human Marriage*。

14. 见Hankins: *Introduction to the Study of Society*, p.610。

15. 详见Lowie: *Primitive Society*(1920), p.189。

16. 详见Lowie: *Primitive Society*(1920); Malinowski: *Sex and Repression in Savage Society*(1927); MacIver: *Society: Its Structure and Changes*, 1931。

17. Freud主张此说。详见Malinowski's *Sex and Repression in Savage Society*, pp.688-689.

18. 白利福以为:人类最初之家庭是母权制(Matriarchal),及农业发展后,男子经济之权力渐大,始有父权制(Patriarchal)。见Briffault: *The Mothers*(1927), esp. Vol.2, Ch.13。

19. Tozzer: *Social Origins and Social Continuities*, p.168; Lowie: *Primitive Soeiety*, pp.189-191.

20. 见Westermarck: *History of Human Marriage*, Vol.I, pp.27-28。

第二十章 社区组织

第一节 农村社会

一、农村社会的意义

就社会的本质言,凡表现社会行为的一群人都是社会,原没有农村与都市的区分。但由社会中人口数量与分布的不同,人们行为的差异,与所占区域广狭的相殊,而得加以一种相当的区别。农村与都市的区别,即在于此。规定农村的界限,通常有几种不同的标准。

(一)以人口多寡为标准

西历1887年万国统计会议决定以2 000人为标准。凡一个区域社会的人口在2 000以下者称为农村社会。美国人口统计局于1920年决定以2 500人为标准。凡区域社会的人口在2 500以下者称为农村社会。但此种人口数量上的区别,仅是统计分类上不得已的办法。原来农村与都市的差别,并不全在人口的多少。例如2 500人的社会与3 000人的社会,实在很难断定一是农村一是都市。故此种标准,除统计上应用外,在他处不甚适用。

(二)以人口疏密为标准

威尔柯克史(Willcox)教授,以为都市与农村的区别,应以人口密度为标准。[1]凡一英方里内的人口不足100者谓之农庄(Country)。凡一英方里内的人口在100与1 000之间者谓之农村(Village),过此者谓之都市。此种标准,已远胜于仅以人口多寡为标准,但犹未尽善。

(三)以职业为标准

人口的疏密,有时虽可以表明社会的性质,但尚不足以严密区别其特点。故许多人用职业为标准。凡以农业为主要职业的社会,谓之农村社会;凡以工商业为主要职业的社会,谓之都市社会。原来人口稀疏虽是农村社会的特质,但人口稀疏的原由,是因农业需要广大土地之故。所以用职业为标准,似较前二标准为妥善。

总括上面所说,我们知道,农村社会,有四个要件:即(甲)特定的区域,(乙)稀疏的人口,(丙)农业为主要职业,(丁)比较安定而永久的共同生活。故简单说,农村社会,就是以农业为主要职业的区域社会。

二、农村社会的特点

农村社会与都市社会的不同,我们从上述的定义,可以知道了。现在再把农村社会的特点,叙述如下,以见农村社会生活的大概。

(一)农村社会的人口较为安定

在农村社会中因职业单纯,且其职业又无多大变化,故人民多安土重迁,不似都市人民的易于流动。

(二)农村社会中风俗的势力甚大

农村人民,常视风俗传说,为具有无上的势力。一切行为,似都以风俗传说为标准,合于风俗传说者为善为是,不合者为恶为非。故风俗传说的势力甚大。

(三)农村人民间表现一种亲密的关系

农村社会中人口既少,且又安土重迁,故宅居村中者常为数代相传的亲友。因此之故,同村人民,关系较为亲密。

(四)农村人民富于合作与同情

农村人民间,关系既甚密切,故共同作事,易于合作。因而同情心亦甚发达。

（五）农村人民富于保守心理

农村社会中，风习的势力既大，人人不愿违背风俗传说，故善于保守，而缺乏进取心。

（六）农村生活以家庭为中心

农村社会的人民，常以自己的家庭，为一切活动的场所。家庭似乎可以满足一切人生的需要。故农村中家庭生活，非常重要。

以上所述，仅举其重要特点而言，其余俟下面讨论都市社会时，当再作比较。

三、农村社会的起源及发展

从历史方面言，农村社会的组织，发生不少的变迁。兹分述其涯略于下。

（一）原始时代的农村社会

此是最初最简单的农村社会，为农业发源后的一种社会组织。全社会的生活，都集中于有一定区域的村落中，故亦称为村落社会。此种村落社会，大都系血统相同的家庭所集合而成。他与未有农业以前的游牧社会，有二种异点：一是社会表示分权的现象；二是公私财产已渐划分。在游牧时代，生活的单位是家庭，大率为一种父权家庭。[2]家长为全家，即全社会的威权者。他不仅是家长，同时又是行政官，执法官，以及其他一切权力者。到农业发源后，村落社会中，家庭均有定所，不如游牧社会之游居无定。而又聚集许多家庭于一处，家庭中父权的力量，不如往昔之威严。全社会一切公共事件，其势不能由一家长决定，而须由多数家庭的家长会商决定，故社会的势力，已分散于多数家长，而成为社会分权之现象。又在游牧时代，并无公私财产之分。及村落社会发生后，除土地房屋仍为公有外，其他一切日常用品，个人皆得据为私有。故已开私产制度之先声。

村落社会，相沿日久，生齿日繁，人民勤惰既异，贫富遂分。[3]富而强者，田连阡陌，俨成地主，不仅操全村经济之权，且为全村政治宗教之领袖。于是遂为后世封建制度之滥觞。

(二)欧洲封建时代的农村社会

欧洲到封建时代，农村社会的组织，即呈变化。凡农村土地，悉为受封之诸侯所有。农村居民，已不如村落时代之自由。其甚者视农民为奴隶。例如英国当封建时代，有所谓采邑(Manor)制度。采邑为受封诸侯(Lord)所得的土地。在采邑以内，大部分居民是农奴(Serf)，极少数是自由农(Free Tenant)。农奴中又有大农奴(Villians)与小农奴(Cotters)之分。此种农奴，不但其所耕种之土地，为所属之诸侯(Lord)所有，即其身体行动，亦为其所支配。农奴仿佛是诸侯的工具，将耕种所得的产品，贡献诸侯，即其职务。[4]故封建时代的农村，几成为一种奴隶社会，全社会人民，除极少数自由农外，其余悉听当地诸侯之指挥与宰割。农奴仅如牛马，竭其力以为诸侯工作而已。故在此种社会，农奴的生活，全仰给于诸侯，而无丝毫自由。

惟在中国则不然，中国在封建时代，诸侯之对农民，并无视若奴隶之事。据古籍所载，中国帝王诸侯，对于农民，尊重爱护备至，仅有教化，而无奴役。史谓神农教民稼穑。《礼记·月令篇》，一则曰以教道民，再则曰劳农劝民，三则曰劳农以休息之。《管子》云："先王为民兴利除害，故天下之民归之。所谓兴利者，利农事也。所谓除害者，禁害农者也。"在农民方面，只须力田务农，生活极感自由。《周礼·考工记》云："饬力以长地财，谓之农夫。"《唐六典》云："肆力耕桑者为农。"又《周礼·地官下》云："凡任民任农以耕事贡九谷。"《书》云："若农服田力穑，乃亦有秋。"总之，中国封建时代，农民生活，极感自由，并无如英国采邑制度下农民生活痛苦之情状。此在下述井田制度时，即可知之。

(三)中国井田时代的农村社会

据《通典》所载，井田制度，实始于黄帝之时。"黄帝始经土设井，以塞争端；立步制亩，以防不足；使八家为井，井开四道，而分八宅，凿井于中。一则不泄地气，二则无费一家，三则同风俗，四则齐巧拙，五则通财货，六则存亡更守，七则出入相同，八则嫁娶相媒，九则无有相贷，十则疾病相救。是以性情可得而亲，生产可得而均，均则欺凌之路塞，亲则斗讼之心弭。既牧之于邑，故井一为邻，邻三为朋，朋三为里，里五为邑，邑十为都，都十为师，师十为州。夫始分之于井则地著，计之于州则数详。迄乎夏殷，不易其制。"[5]此段详言古代井田制度下之农村社会组织。八家围井而居，以井为社会中心。此八家即为一农村单位。在此种农村社会中，同耕公家之土地，同谋公私之利益。经济则财货相通，无有相贷，感情则嫁娶相媒，疾病相救；风习则巧拙相齐，俗尚相同。故财产可均，而情感可亲。无欺凌之事，无斗讼之声。观此，知井田时代之农村社会，乃一种最团结最亲密最自然之直接社会。惟《通典》所载黄帝时井田之制，未详井田授受之法，故当时公家与农民之关系，言之未尽。周以前书缺有间，未能详考。周制则较有可据。《孟子》云："方里而井，井九百亩，其中为公田，八家皆私百亩，同养公田。公事毕，在后敢治私事。"何休《公羊解诂》："故圣人制以口分，一夫一妇，受田百亩，以养父母妻子，五口为一家。公田十亩，即所谓什一而税也。庐舍二亩半，为田一顷十二亩半，八家而九顷，共为一井，故曰井田。多于五口，名曰余夫，余夫以率受田二十五亩。"孙诒让《周礼正义》引陈奂云："古者二十受余夫之田，三十受一夫之田，六十归田于公。"[6]可知周代井田制度，实为后世佃租之滥觞。不过地主为公家而非私人。公家给予田亩，收其什一之租，农民受公家之田，耕公田以偿租。故井田授受之关系，实佃户与地主之关系。其与佃租异者，民年六十须归田于公，不如私人佃户之自由。要之，井田时代之农村社会，是一种规模狭小，关系亲密的直接社会。公家依佃租之法授以田亩，而取其什一之租。民之力田者，得自给自足，以度其安居乐业之共同生活。故虽当封建时代，土地为公家所有，而人民之生活仍极自由。其与欧洲封建时代的农村社会，大相径庭。自秦以后，井田废而阡陌开,中国农村社会,除土地非公家所有及不依井分田外,在组织方面,似仍保持此种勤劳力田,雍容和睦,安居乐业,互助合作之精神。唐白居易《井田阡陌议》云:"先王度土地之广狭,画为夫井,量人户之众寡,分为邑居,使地利足以食人,人力足以辟土,邑居足以处众,众心足以安家。"此可见井田之用意,及其对于社会之效果。

(四)佃租的农村社会

欧洲在封建时代,农村土地为受封之诸侯所占有。诸侯与农奴,是处于主仆关系。封建废后,拥有土地的地主,仅能以土地租给农民;其与农民是一种宾主关系。主仆关系,是有强制性,故农奴只有服从,而无自由。宾主关系,是契约关系而无强制性,除应纳租金外,佃户自身有完全自由。故由封建时代之采邑的农村社会,变革而为佃租的农村社会。在农民方面,是由农奴一变而为自由民,可谓一大进步。中国在井田时代,虽封建盛行,土地概为公有;而农民与公家的关系,亦仅系佃户与地主的关系。故中国佃租制度,实滥觞于井田时代。不过纯粹的佃租制度,似起于井田既废之后。自秦用商鞅之策,废井田开阡陌,民始得自由买卖,乃至富者田连阡陌,贫者无立锥之地。盖当时已采佃租之制。

佃租的农村社会,在农田之分配及授受方面,固与村落社会封邑社会及井田社会,均已不同;即在经济能力方面,亦大相径庭。惟农村社会生活方面,似无何等巨大变化。至于农事之改良,与农产物之经营等事,则固无异于往昔。

(五)现代的农村社会

佃租社会再改进,便成为现代的农村社会。现代农村社会,是最近发生的一种社会组织,是现代农业社会中最新的一种组织。此种组织,是农业革命以后的产物。在未发生农业革命以前的社会,决不能达到此种现代式的农村组织的。

欧洲自封建制度废除后,直至晚近,农村社会发生一种重要变迁;此种变迁,就是农业革命(Agrarian Revolution)。农业革命是继工业革命而发生的。原来，在农业革命以前，农村中多半是自足农。农民的衣食，多半靠他们自己农地的出产。他们自己的日常用品，亦靠他们自己制造的。他们自己可以自足，不求助于外面的世界，所谓自足自给的农村社会。但自工业革命以后，社会上情形大大的变迁了。工商业发达的都市，把农村的人口与资本，渐渐吸收了大半。余剩的农民，亦羡慕都市的物质文明，售去他们自己的农业品，购买都市的货物。自己的手工业，由竞争失败而停止。自己不能制造日用品，便须向都市购买。于是从前的自足农，现在都变成营业农；从前他们可以不与外界交通，现在非到都市去购买日用品不可。同时又不能不把他们的农产品售出，以便购买都市的日用品。在此种营业农制度之下，他们不但与工商业竞争资本与人工，并且他们彼此间亦互竞土地资本与人工的使用，与农产品的销场。竞争加烈，他们不能不设法增高效率，以维持他们自己的地位。增高效率，不外两个途径：一是改良农业工作，一是改良农业经营。改良农业工作，又不外两途：一面是用机械去代替人工，一面是用科学方法去栽培农作物。机械与科学方法，便是现代农村社会的特点。至于农业经营的改良，亦有几种方法：第一是农事专业化，使一二种农作的知识、技能与效率增加。第二是农场组织的改良，使资本、土地与人工的配合得当，可以由最小的费用，得最大的效果。第三是销售农产方法的改良，可使收入大增。

如此，才入于现代的农村社会。现代的农村社会是以科学与机械两种工具，改进农作，经营农业。在农村社会中，经济是自由发展的，教育是普及的，政治是自动的。故现代的农村社会，是富有生产知识与能力的社会。在此种社会中，才使农民，得到圆满的社会生活。[7]

四、农村社会今后的趋势

现在世界各国的农村社会，有的是到了现代的农村时期，有的是到了佃租的农村时期，有的是在封建的农村时期，有的还是在原始的农村时期。统观全世界的农村社会，我们可以发见几种重要发展的趋势。

(一)一般农村渐渐趋向都市化

就19世纪以来都市发达的经过言,许多农村,因为人口与资本渐渐集中,工商业渐渐繁盛,就变成小都市。此种农村都市化的趋势,在世界上正是方兴未艾。

(二)农村人民渐渐向都市移动

有的农村,既因交通与物产的关系,渐渐成为小都市。有的农村,却因为本地人口渐渐向大都市移动,本地资本渐渐向大都市集中,而变成衰落。此种农村衰退的趋势,在世界上,亦甚显明。

(三)一般农村渐渐机械化与科学化

有的农村却因与都市竞争,发见衰落的趋势,就力自振拔,图谋改进。其改进方法,不外利用科学,使用机械,以增加生产,发展农业。此种科学化与机械化的农村现象,亦已成世界上普遍的趋势。一面所以挽救农村的衰落,一面即所以造成现代农村社会的局势。

五、我国农村社会改进的方向

我国农村社会,就现状而论,尚在佃租时期,离现代农村组织尚远。农村文化的幼稚,农民经济的困迫,生活的简单,以及农村教育的不发达,在在足予我人以农村衰落的印象。欲挽救此衰落的趋势,根本要图,不外二途:一面促进农业革命,利用科学方法与农业机械,以改良农业,增进生产能力;一面发展农村教育,以增进人民知识,改善农村风习。二者同时推进,成效立见。所困难者经济不充,人才缺乏,一时殊不易实现耳。

第二节 都市社会

一、都市的意义

就字义言,古者天子所居曰都;又人所聚集之区亦曰都。《说文》:"市买卖所也。"《易·系辞》谓:"日中为市。"《国语》谓:"争利者于市。"是都与市,意义上微有不同,后世合而言之,谓之都市,即指商贾聚集之区而言。《汉书》"操其奇赢,日游都市",颇能表明都市的意味。近人所用都市二字,即系英语"city"一字的译文。欧美学者对于都市的定义,各因观点不同而有异,今略述于下,以见一斑。

(一)从地理方面观察

都市不过是地面的一小部分;由种种地理上的特点,造成一种特殊的区域。大概都市形成的时候,就把天然的地形,渐渐的改变,使造成一种特殊的形态。此种地理上特殊的形态,即所以使都市大别于农村的地方。

(二)从历史方面观察

都市不过是一种政治的单位。他在政治上有独立自治之权。例如古代希腊的都市国家(The City-State)就代表此种单位。此种都市国家,面积狭小,通常只限于都市四周围的数英方里以内。在此数英方里内的人民,就行一种直接民治制度,而自成一单位。中国古代的长安洛阳,虽不似希腊的都市国家,但确是一种政治中心的市集,上面所引天子所居曰都的话,就表明一种政治单位的意思。

(三)从人口方面观察

数量多密度大者方为都市。就上面规定农村的标准说,美国以2 500人为界限,在2 500人以上的地方,称为都市;在2 500人以下的地方,称为农村。欧洲通常以2 000人为界限,在2 000人以上的地方,称为都市;在2 000人以下的地方,称为农村。中国向来没有一种一定的标准。从前湖南省宪法,以人口5 000以上的地方为市;浙江省宪法,以人口10 000以上的地方为市。[8]此外亦有以人口密度为标准的。据威尔柯克史云,凡一英方里的人口在1 000以上的地方,称为都市。要之,无论以数量计或密度计,都是为统计的方便而设,至于都市社会的真正性质,尚不能完全表明。

(四)从经济方面观察

都市是一种经济的单位。经济组织发展到相当程度,才成为都市。镇市经济组织,与都市经济组织,原来很不相同。镇市经济渐渐发展,始成为都市经济。在镇市经济时代,经济组织很简单,贸易区域很小,商店只有零售,很少批发。到了都市经济时代,便不同了。经济组织,渐渐复杂,贸易区域亦渐渐扩大,凡数百里或数千里以外的地方,都与他发生密切关系,批发商便大盛了。故许多学者,特别是美国的葛雷斯(Gras)教授,以为都市是经济进展中的一个阶段。

(五)从社会方面观察

都市是一种特殊的社会组织,具有繁复的风俗、制度、语言、信仰,与各种不同的团体、阶级、种族等等。都市愈大,此种繁复的程度亦愈高。但一个社会究竟繁复到如何程度,始成都市,亦殊难言。凡社会中全体人员都发生直接关系,而仅有单纯的语言文物风俗制度者,决不能称为都市,此可断言。外此便有渐成都市的趋势。一至社会中全体人员,仅发生间接关系,而语言文物风俗制度,不能通行无阻时,便成都市。

从上看来,都市的意义,因学者观察的差异而有不同。[9]实际,都市社会的真义,必须从历史、地理、经济、人口、社会等种种方面观察,而后能了解。执一而论,均不足以窥见都市的全体。

二、都市社会的特点及其与农村的比较

从上面各种方面看来,已可约略知道都市社会的特点。现在再从社会学的观点,把都市社会与农村社会的差异,作一比较如下。

都市	农村
(一)间接的接触	(一)直接的接触
(甲)人与人间的关系疏远	(甲)人与人间的关系亲近
(乙)行为的约束是间接的	(乙)行为的约束是直接的
(丙)生活是流动的变迁的	(丙)生活是安定的停滞的

（二）相对的行为标准	（二）绝对的行为标准
（甲）行为标准是分歧的混淆的	（甲）行为标准是单一的绝对的
（乙）行为标准是游移的活动的	（乙）行为标准是惯常的固定的
（三）机械的社会态度	（三）神秘的(或迷信的)社会态度
（四）个别的生活	（四）共同的生活

三、近代社会都市化的趋向

近代社会因工业发展的结果，有许多农村渐渐发达而为镇市或小都市。再由镇市或小都市，发展而为都市或都会。此种趋势，谓之都市化（Urbanization）。

现在先从世界各国都市发展的状况言之。在1600年顷，欧洲方面万人以上的都市只有14。1800年，10万人以上的都市已有23。1900年，增至146处之多。到了1920年，乃增至202处。[10]再就美国论，在1800年，8 000人以上的都市只有6处。至了1900年，增至545处之多。到1924年，5 000人以上都市有1 320处。30 000人以上都市有254处，10万人以上都市有83处。就全世界言，100年前，百万以上人口的都市不过二三处，现在已增至40处以上。

以人口的分配言之。美国人口在1800年，都市仅占4%；到1880年，都市占29.5%；到了1920年，都市人口竟占51.9%了。英国人口在1881年，都市占48%；到了1921年，竟增至79.3%了。德国人口在1880年，都市占28%；到1920年，已占64%了。法国方面，都市化的趋势，虽不如上述各国之甚，但实际亦增加不少。1881年，都市人口占34%；到了1921年，占46.3%了。

再从各大都市本身发展的状况言之，纽约人口在1800年，仅有60 489人，至了1938年，已增至7 491 790人。上海人口在光绪十一

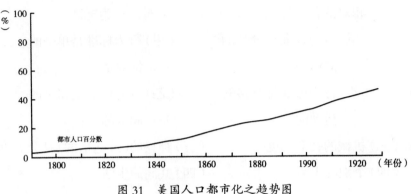

图 31 美国人口都市化之趋势图

(8 000人以上人口都市及全人口之百分数,1790年至1930年)

年(1885年)公共租界为125 665人。到了民国十四年(1925年)增至840 226人。到民国二十六年(1937年)增至1 668 711人。合华租界计之,全市人口已达3 795 314人。若就各都市人口增加率言之,自1850—1890年,柏林人口增加数倍。自1890—1907年,罗马人口增加50%。自1800—1900年,伦敦人口增加4倍,巴黎人口增加5倍。就美国论,在1900—1910年间,纽约、芝加哥、费城三大都市,人口增加32.2%。此外人口自50万至100万之五大都市,增加20.4%。人口自25万至50万之都市增加34.7%。人口自10万至25万之都市,增加41.5%。以我国上海论,自清光绪二十六年(1900年)至宣统二年(1910年)的十年中,人口增加42%。若以光绪二十六年(1900年)至民国十四年(1925年)言,人口增加134%,是非常迅速了。

四、都市发展的特征

大概一个都市发展的时候,可以见到下列几种的现象。

(一)人口愈形增多

一个都市向上发展时,人口必定渐渐增多。都市愈发展,人口愈增多。反之,人口愈增多,都市愈发展。

（二）职业愈形化分

除人口增加以外，职业亦日见增多。大概一个小的都市中，职业常不甚多。都市渐渐发展；职业亦渐渐增多。例如没有电车汽车的都市，就没有关于电车汽车的职业。及都市渐渐发展，电车汽车渐渐增多，就增加许多关于电车汽车的职业。

（三）交通愈形便利

都市发展的时候，交通必渐渐便利。起初仅有人力车，现在有马车、汽车、电车，甚至高架电车、地底电车等等，亦逐渐设置。所以交通便利与都市发展有直接关系。

（四）分工愈形细密

都市愈发展，分工必愈形细密。例如在小都市中，商店种类不多。一商店往往兼营数种商业。都市渐渐发展，商店种类亦渐渐加多；于是分工亦渐加细。

（五）社会组织愈形复杂

都市愈发展，社会组织愈复杂。在小都市中，只有简单的市公所、简单的商会、农会、工会及教育会等。及都市渐渐发展，人口增多，社会景况，渐趋繁复，非改变组织，不足以应时势的需要，于是各种组织，都渐渐扩大范围，增加机关。市公所不足以应付，乃设立市政府，并渐渐增设各种局所，以应需要。

（六）物质设备增多

都市渐渐发展，房屋、桥梁、道路、公园，以及其他种种建筑物，必日渐增多。即以房屋而论，起初不过一二层的楼房，渐渐增加高度，由三四层楼，增加至十余层楼，乃至数十层楼。即此建筑物高度之继长增高，就可以推测都市发展的状况。

（七）地价愈形增高

地价的状况，常可以表明都市发展的情状。都市愈发展，地价愈增高。在小都市中每亩最高地价不过数百元。都市渐渐发展，地价即渐渐增高；从前不过数百元一亩的地皮，现在非数千元，或数万元，甚至数十万元不可。

五、都市发展的步骤

一个都市的发展，通常经过四种步骤，即第一，组织市场，第二，兴办工业，第三，发展交通，第四，流通金融。此四种步骤，常渐渐发展，发展到极圆满的时候，便成一个大都会。

（一）组织市场

都市的市场中最重要的，是批发市场，而非零售市场。批发市场的种类甚多。都市最大的目的，是在收集各地货物。欲使购买多量货物的人，至都市中都可购到。譬如上海的各种交易所，以及各种洋行公司等的交易，就是批发市场。都市中因批发市场发达，所以货栈甚多。此种货栈，专为贮藏各种货物而设。在镇市中，便无专一的货栈。因零售生意甚小，不必有货栈以贮藏之。譬如一个镇市，所需的肉类有限，每日只须杀猪一二头，不必用货栈贮藏。但在大都市中，所需肉量大增，不但本市的人需要肉类，就是市外附近的地方，亦要肉类。所以美国芝加哥有一个著名屠宰场，每日要杀3 600头牛，10 008头猪，13 450头羊，8 450头小牛。在此种状况之下，如无货栈，便无法调剂了。于此可知，货栈与交易所，为组织都市市场的要件，亦就是都市贸易的特征。

（二）兴办工业

大概在都市附近区域的出产品，如棉花、铜铁、木材等，都是工业制造的原料。此类原料大率输送到都市来，使都市成为百货聚会的中心。所以在都市中开设工厂，在原料方面说，最为便利，最为自然的现象。至于工人一层，都市附近区域的乡民，足以供给使用，不生困难。再就制造成的货品言，在都市中的大市场销售，亦甚便利。即使销售不完，亦可以由都市运往他处销售，并无困难。所以工业发展常随着都市发展，就为此故。

(三)发展交通

都市发展与交通有极密切的关系。上面说过,大概都市愈发达,交通愈便利;反之,交通愈便利,都市愈发达。铁道、电车路、汽车路等的敷设,直接联络都市与附近区域的镇市与农村。电报、电话、邮政、航空、无线电等等的利器,更使远近各地,都可与都市交通,使都市方面各种事业,得到不少的便利;尤其是金融机关的报告消息,货物商店的报告行市,使都市可成为贸易市场的中心。

(四)流通金融

都市是经济的中心,欲使经济流通,便须靠金融机关。外国都市中最普通的金融机关,就是银行。中国都市除银行外,尚有钱庄,票号等。此种金融机关的最大任务,第一在于吸收市面上剩余的金银,流通到需要金银的事业中去。第二在流通各地金融的有无。大概一般银行往往在大都市中设总行,在附近各地或其他都市设分行。使各地金银纸币,互相流通,以应需要。都市愈大,银行愈多。各银行在分行愈多,流通金融的力量愈大。法国的法兰西银行有582分行;德国的帝国银行有488分行;英国有一大银行,有1 600分行;我国的中国银行,有98分行,已算是最大了。从银行分行的多寡,可以看出其力量的大小。力量大者财力富厚,各种事业,都可以举办。都市中大银行多,金融容易流通,事业自然容易发达。

综上所述,可知一个都市的发达,是靠各种要素。要有零售商场,供给都市居民的需求。要有批发商场、货栈等,以便把附近的都市乡村等处,剩余货物,收集都市,再分散于各地。要有工业的区域以制造货品,要有铁道、轮船、邮政、电报,以便与各地通消息。要有大银行以及有银行性质的保险及信托公司以流通金融,并且供给一切事业的资本。一个都市发达到如此地步,便可称为一个大都市了。

六、今后都市发展的趋势

从上面看来,全世界都趋向都市化。各都市今后发展的途径,似可以约略推测其趋向。

（一）经济方面

在都市经济方面最显明的趋向,第一是资本愈形集中,第二是组织愈趋细密。以后大工业大商业的范围愈大,规模益宏,所需资本愈巨。凡小本经营的事业,均将逐渐淘汰,势非互相联合,不能保存。故资本愈积愈巨,且愈形集中。以后农村资本将逐渐为都市吸收,而都市将为资本的源泉,资本既雄厚而集中,事业自规模宏大,则组织方面自不得不渐趋细密,此是事势之所必然。

此外都市尚有一种功用,今后更关重要者,就是为原料与货物的中心。一个都市一面为原料收集的中心,凡远近区域所有种种原料品,都靠都市为销售中心。而都市购集原料,制成熟货,再分销于远近各地。故都市又为货物分布中心。以后都市资本愈益雄厚,事业规模愈益宏大,那末,所需原料愈多,收集区域愈广;同时,货物出产愈多,销售区域亦愈广。故今后都市为原料收集及货物分布的中心,将益见显明。

（二）文化方面

就近代文化言,其源泉均在都市中。任何国家的最高文化要素,莫不在都市中见之。新发明新输入的事物,最初必见于都市。故都市实可代表最新颖最高级的文化。今后都市愈发达,科学研究机关势必愈发展,新发明新发现的事物,自必愈多。故都市发达即可促文化的发展。

（三）社会方面

大概都市愈发达,人口增加愈速;人口既多,分子必愈复杂,故社会组织因而分歧繁复。团体阶级党会等名目数量,必愈增多,此其一。社会既愈趋复杂,环境刺激,自必综错分歧,引诱压迫,扰乱心境。故都市愈发达,社会变态的现象愈多,犯罪、疯狂行为异常,此其二。都市中人类不齐,风习互异,社会制度约束的力量,愈形薄弱,故个人化的趋势愈益显明,此其三。

(四)政治方面

都市支配政治的力量,将渐趋明显。大概资本与人口的集中,使都市在政治上发生一种自然的重要关系。此层征诸近世文明各国,每当国内大选举,或政局上发生大变动时,各重要都市,常有举足轻重的情势。故今后都市,在政治上亦将占极重要的地位。

第三节 国家

一、国家的定义

《说文》:"国,邦也;""邦,国也。"《周礼·大宰》注:"大曰邦,小曰国,邦之所居亦曰国。"邦与国古时互相通用,故国家亦称邦家。《释名》:"邦封也,封有功于是也。"故天子诸侯所治理者,均谓之邦国,引伸而为一切国家之称。《史记》谓:"禹会诸侯于涂山,执玉帛者万国。"《孟子》谓:"天下国家"意义相同。

原来,国家不过是社会之一种,他是有特定的土地人口与特殊的组织的一种区域社会。国家与别的社会不同的地方,在于国家的组织具有一种特殊的权力。故向来政治学者谓国家有三种要素,即人民、土地与主权。三者缺一即不能成为国家。有了人民,没有土地,不过是一群漂泊的民族,像犹太人一样,散处各国,而不能自成国家。有了土地人民,而没有主权,那末,对内不能消弭争端,维持社会的秩序;对外不能抵抗强权,保卫国内的安宁。

国家的成立,既以主权为重要的要素,那末,究竟主权的性质如何? 主权不过是统治人民的最高权力,故亦称为统治权。主权有二要素: (甲)能决定属于本社会的一切分子的权利义务,并能决定他自己的权利义务,而不受任何法定较高权力的支配。(乙)能以自己的实力,强制本社会的分子,服从其命令。[11] 如此看来,一个国家的主权,是最高无上的大权,没有别的权力可以凌驾而上之。此种主权,在社会学上看来,是一种社会上最大的控制力。社会用以控制众人的活动,以维持社会秩序,增进社会幸福。

二、国家与民族

国家与民族是不相同的。国家两字在英语为"State",义即一个占踞独立领土,维持独立主权的社会。民族两字在英语为"Nation",义即具有同一宗教,同一种族,同一语言,同一风习等的社会。国家是一种政治单位,民族是一种文化单位,性质颇不相类。孙中山先生在他的《民族主义》第一讲里,分别得很明白。他说:"民族是由于天然力造成的,国家是用武力造成的。用中国的政治历史来证明,用王道造成的团体便是民族,用霸道造成的团体便是国家。"又说:"由于王道,自然力,结合而成的是民族;由于霸道,人为力,结合而成的是国家。"他以为民族的造成,由于五种力,即血统、生活、语言、宗教、风俗习惯。此五种力是天然进化而成的,不是用武力征服得来的。所以用此五种力与武力比较,便可以分别民族与国家。

三、国家的起源

国家究竟如何发生?此一个问题,在政治思想史中,另有详细的讨论。社会学中,所讨论的,不仅是国家的发源,而尤在国家发源与其他社会发源的异同。

关于国家起源的学说很多,其主要者不外五种:即人性说,神权说,契约说,武力说,与进化说。兹分述如下。

(一)人性说

主张此说者以为,人类有一种社会性,是国家成立的要素。亚利士多得(Aristotle)以为人为政治的动物,意即社会的动物。他以为个人若离群而孤立,不能自存。国家是自然产生的。个人与国家的关系,仿佛部分与全体的关系。伯伦智利(Bluntschli)以为,一切国家的起源,有一个共同原因,就是人类天生的社会性与政治意识。人类个性,虽各不相同,但人人有一种合群性。此种合群性逐渐向外表现,便产生国家。所以国家是人类内在的社会性具体的表现。[12] 此种人性说,似乎政治思想家与社会学家都未完全承认。人类自始即生长于团体中,因而养成共同生活的社会性。有此社会性,故使社会组织,有成立之可能。国家的起源,固亦有恃于社会性,但不能说是发生的唯一原因。故人性不能说明国家的起源。

(二)神权说

主张此说者以为,国家的成立,是由于神意。主权者所有政治上的权力,直接或间接为神所赋予。此种学说,荒诞不经,毫无学理根据,其不足以说明国家的起源,已不言而喻。但从历史上观察,此种学说,却曾有极大的势力。因为古代帝王,往往握政治、军事、宗教等大权于一人之手,具有极伟大的势力。一般人民,因此比之神圣,或承认其与神有特别关系,听其指挥。我国古时称天以治人,故谓有统治之权者为天子,就是帝王受命于天的意思。《尚书》曰:"天子作民父母,以为天下王。"又曰:"克享天心,受天明命。"又曰:"我西土惟时怙冒,闻于上帝,帝休,天乃大命文王殪戎殷。"又曰:"亶聪明作元后,元后作民父母。""皇天震怒,命我文考,肃将天威。""天佑下民,作之君,作之师。"都可表明,古者帝王受命于天,以为人民领袖的意思。有时甚至即以帝王为天。《左传》曰:"君,天也;天可逃乎?"凡此种种,即可证明我国古代神权说之重要。

在欧洲方面,因为中古时代,教会与帝国冲突,教于与皇帝争雄,彼此都以神权观念,为护身符,因之便助长了此种神权说的势焰,而延长其运命。法国路易十四谓:"国王全身都是神圣,攻击国王,便是亵渎神圣;国王应当视若圣物;谁不保护国王,便该死罪。"[13]

神权说到现代还未消灭。日本似有不少人富有此种思想。克来孟(Clement)说:"国王神权说的主张,在英国因为过于极端,结果,把查利第一送上断头台；但在日本，天皇的神权，为一般人所承认的程度，断非斯蒂华朝的任何君主所能梦想得到。"[14]

神权说，原不足以说明国家的起源。但在政治思想与政治制度方面看来，却会发生极大的影响。使国家的团结，得因以维持而不堕。

(三)契约说

主张此说者，大致承认，国家的起源，在于人民自由意志所缔结的契约。在原始社会生活状况之下，人人生存于无政府无法律的世界中，久而久之，人民感觉此种无政府无法律的生活状况，足以妨碍社会的安宁秩序，于是人民共同相约，组织政府，而国家于以产生。主张此种学说之最有系统思想者，不外三人，即霍布士(Hobbes)，陆克(Locke)，卢骚(Rousseau)。

(甲)霍布士的学说[15]

霍氏以为人类在原始时代，没有一种共同势力，足以维持社会秩序。人各私利是图，强力是恃；争夺残杀，相习成风。但久而久之，在此种争夺战乱的生活状态中，境遇既艰，生命自不安定。为求安全计，乃互相订立契约，大家将一切自然的权利，让与一强有力的个人或团体，做他们的主权者。嗣后各人无论赞成或反对，都一致承认此个人或此团体的行为与判断，与自己的行为与判断一样。如此便有了国家的雏形。国家的起源，就是如此。但此种建国的契约，虽出于人民自己的意思而成立，而在契约一经成立之后，人民便没有更改契约的权利。并且此种契约原是人民与人民之间互相缔结的，主权者并不是缔约的当事人，因此他不受契约的束缚，而人民却须遵守契约，绝对的服从主权者。所以霍氏是否认人民革命的权利的。他的目的，是仅为当时君主专制制度，立一个学理的基础而已。

我国墨家学说，颇与霍氏相近。《墨子·尚同篇》云："明乎民之无正长(即君长之意)，以一同(即统一之意)天下之义而天下乱也，是故选择天下贤良圣智辩慧之人，立以为天子，使从事乎一同天下之义。"此言国家之起源,由于契约。《尚同篇》又云:"正长已具,天子发政于天下之百姓。上之所是,必皆是之;上之所非,必皆非之。"此言国家既立,人民应绝对服从主权者。与霍氏之意甚合。

(乙)陆克的学说[16]

陆氏虽亦认人类在原始时代,是没有政府的组织的。但他却以为此初民的自然世界,并不是一个互相残杀的世界。他以为自然状态,为一个人人要遵守的自然法所支配。自然法指示有理性的人类。人类既是一律平等而且独立的,就没有一个人应该伤害别人的生命、康健、自由或财产。所以在自然状态下,人类有极大的自由,对于自己的身体财产,都是绝对的支配者,丝毫不受他人束缚。但是终因为没有一种公认的法律,可以强制各人的各不相犯。人民对于生命财产的固有权利,终不能很安稳的享受,并且有常常被人侵犯的危险。所以共订契约,设立一种政治团体,来保障人民所保留的基本权利。所以在陆氏看来,政府所有的权力,是人民所委托的,其目的在保护人民的固有权利。人民当然有服务政府的义务,但若政府破坏当初建设政治团体的目的,或违反人民托付的意思时,人民可以把政府的权力收回。陆氏的学说,对于实际政治上发生很大的影响。他对于当时英国民党革命,立一个学理的基础。实为后来卢骚民权论的先导。

(丙)卢骚的学说[17]

卢氏以为人类在自然状态下,原是自由平等,真正快乐的。但后来人文日进,困难增多;人类生活,日趋堕落,于是不复有此种快乐的生活。至此,人虽是生而自由的,却到处受了束缚。于是大家相约组织一个团体;此团体能以全体的共同力量,保护团体以内每个人的身体与财产。并且在团体以内,各人虽是与全体结合,但仍是自主的,而且与从前同样的自由。此就是卢氏所见国家的起源。卢氏以为在此种状态之下,人民依照契约所订条件,将一切权利,让与国家,而听人民全体公意的支配。各个的意志,即包括在公意之中;各人服从公意,就是服从自己。所以国家权力,虽是绝对的无限制,而人民自由,并不受丝毫损失。至于政府,不过是一个执行公意的机关,人民的公仆而已,并非国家的主权者。故无论何时,人民可以变更或剥夺其权力。卢氏学说,对于近代社会思想及政治运动有很大影响。法国的革命,美国的独立,以及近代各国民主政治的运动,革命思潮的流布等,卢氏思想,实为其导火线。

上述三家的契约说,霍氏是为君主辩护,陆氏卢氏是为民权辩护,其结论虽异,而起点实同。此种学说,在近代社会思想,及政治制度方面,虽有很大影响,但在学理方面,却是毫无根据。世界上没有一个国家的起源,是由于人民互相缔约的,在原始时代,人民知识鄙陋,混混沌沌,毫无政治经验,如何能互相缔约,组织国家。所以此种学说是不正确的。

(四)武力说

主张此说者以为,人类天生有强弱的差异,国家是强者以实力征服弱者的一种自然的结果。近世学者倡此说者甚多,兹略举数人于下,以见一斑。

(甲)霍勒(Ludwig Von Haller)的学说[18]

霍氏很反对民主主义与激起革命运动的民权说。他以为"人类有强弱的差别,是一种自然的事实。弱者依赖强者,受强者的支配,是必然的现象。强者天赋独厚,是天然的统治者,依赖他人的弱者,是天然的被治者。所以自然的优越,是一切权力的基础。需要是依赖或奴役的原因。强者治人,必须治人,而且将永远治人。"霍氏分国家的形式为两种:一种是君主制的国家,一种是共和制的国家。"在一团体中,一个人若才能过人,或环境所给与他的机会独多,他的实力,或财力足以利人卫己,那末,自然有许多天赋或机会不及他的人,求他庇护,受他支配,结果,就产生君主制的国家。或者有一群才能相若实力相仿的人,为了共同的利益,互相团结起来,那末,才力不及他们的人或团体,自然要受他们的保护或支配,结果,便产生共和制的国家。"此是霍氏所见国家的起源。

（乙）乌本海（Oppenheimer）的学说[19]

乌氏以为国家是一个阶级统治别个阶级的组织。"国家在初发生时，完全是战胜的团体强加于战败的团体之上的一种社会构造。其唯一目的，在确立战胜者对于战败者的统治，而防止内部的反抗与外来的侵略。自作用上观之，此种统治，除了战胜者对于战败者经济的剥削而外，没有其他目的。"所以国家所用的方法是武力，其目的在侵夺，其结果，是社会分为数阶级。乌氏说："历史上过去的与现在的国家，都是以阶级对立的国家，都是以身份或财产的差别为基础的优越团体与劣弱团体对立的政体。"

（丙）甘博维（Ludwig Gumplowicz）的学说[20]

据甘氏的意见，"一切社会发达的现象，都是由于团体间斗争的结果。人类在最初时期，就有许多因为利益相同，兴趣相投而结合的社会。社会与社会之间，因为彼此都想达到经济上优越的地位，便互相斗争；结果，失败者便为胜利的所并吞，供胜利者的剥夺与牺牲。所以一个社会征服别个社会之后，社会内部就有征服者与被征服者二大阶级，互相对立。但后来为巩固内部与防止外患起见，征服阶级便利用其优越的地位，创造法律，使被征服阶级服从。所以法律与国家是征服阶级镇压被征服阶级的一种手段，是少数的征服阶级对于多数的被征服阶级的一种有组织的统治。"

我国法家思想，似颇与此说相类。《管子》云："古者未有君臣上下之别，未有夫妇妃匹之合，兽处群居，以力相征。于是智者诈愚，强者凌弱，老幼孤独，不得其所，故智者假众力以禁强虐而暴人止。"所谓智者似指君长而言，所谓众力止暴，自非武力不可。

孙中山先生在他的《民族主义》里，说明国家的发生，似乎亦是主张武力说者。他说："国家是用武力造成的。""武力就是霸道，用霸道造成的团体，便是国家。"

(五)进化说

主张此说者,以为,国家的起源,是人类社会经过长时期进化的结果。国家既不是神造,更不是人类有意特别创造的;他是人类社会自然发展的结果。白克马(Blackmar)说"国家并不是人类社会的起点,而是后来欲用固定的政治制裁方法,去求得社会安宁的一种计划。"[21]人类在过他们自然生活的时候,偶然的产生了国家。国家并不是有意创造的。最初是只有家庭,渐渐扩大而为宗族,再渐渐扩大而为部落。由风俗渐渐地进而为法律,于是有国家。国家是人类共同生活时欲适应环境的自然产物。

梅因(Maine)以为,原始时代的社会单位是简单的家庭,最长的男子是统治全家的家长。家庭继承是以男子为正统的。女子出嫁以后,便脱离父母的家庭而成为夫家之一分子。后来家庭渐渐扩大,变为宗族,家长便成为统治全宗族的族长。由宗族结合而成部落,族长中的优越者,成为酋长。由部落结合而成国家,就由帝王统治全国。帝王的权力,就是家长、族长、酋长的权力的扩大。[22]

梅因以为最初的家庭是父系制。但穆尔根(Morgan)等学者都信,最初的家庭是母系制而非父系制,但无论最初是父系制抑母系制,人类社会似确是由家庭渐渐进化而为国家的。因为各处的环境与历史不同,故国家的发源亦不同。有的国家是从母系制的社会进化而来的。有的国家是从父系制的社会进化而来的。固不必拘拘于一元的论调,以为最初必是母系制或父系制。

我国法家思想,有与进化说相近者。《商君书》云:"天地设而民生之。当此之时,民知其母而不知其父。其道亲亲而爱私。亲亲则别,爱私则险,民众而以别险为务,则有乱。当此之时,民务胜而力征。务胜则争,力争则讼,讼而无正,则莫得其性也。故贤者立中,设无私,而民日仁。当此时也,亲亲废,上贤立矣。凡仁者以爱利为道,而贤者以相出为务。民众而无制,久而相出为道,则有乱。故圣人承之,作为土地货财男女之分。分定而无制,不可,故立禁。禁而莫之司,不可,故立官,官设而莫之一,不可,故立君。既立其君,则上贤废而贵贵立矣。"此言由亲亲爱私,上贤立君贵贵,为国家成立之程序,深合进化之义。

唐柳宗元在《封建论》中论国家之起源,由于渐渐进化而来。其言曰:"生人之初,与万物皆生。草木榛榛,鹿豕狉狉。人不能搏噬,而且无毛羽,莫克自奉自卫。荀卿有言,必将假物以为用者也。夫假物者必争,争而不已,必就其能断曲直者而听命焉。其智而明者,所伏必众,告之以直而不改,必痛之而后畏。由是君长刑政生焉。故近者聚而为群,群之分,其争必大,大而后有兵。有德又有大者,众群之长,又就而听命焉,以安其属。于是有诸侯之列,则其争又有大者焉。德又大者,诸侯之列,又就而听命焉,以安其封。于是有方伯连帅之类,则其争又有大者焉。德又大者,方伯连帅之类,又就而听命焉,以安其人然后天下会于一。是故有里胥而后有县大夫,有县大夫而后有诸侯,有诸侯而后有方伯连帅,有方伯连帅而后有天子。"此是一篇极有思想的国家起源论。其述进化之迹,虽不能断为正确,但亦颇言之成理。至其论进化之原,而归之于争。所谓争而不已,所谓其争必大,所谓其争又有大者,皆为君长产生之由来。则又与甘博维、乌本海等之武力说绝相似。

(六)总结

上面所述后两种学说,即武力说与进化说,似均有相当的理由。古代国家的成立,大都发生于武力。很少的国家,不借重武力。故用武力说解释国家的起源,似很有充足的理由与证据。

但是,国家的起源,是不是全由于武力?人类历史上,亦有不用武力而建设的国家否?此固然先要看对于国家的界说如何。又须看武力两字的界说如何。假使我们承认美洲土人伊罗国(Iroquois)族的联盟(Confederacy)亦是国家,那就未必由于武力了。假使我们承认,凡用一种势力维系一社会的团结的,就是武力,那末,此种联盟,亦由于武力了。要之,我们知道,国家不是突然产生的,是人类共同生活时调适于环境的自然产物。有的时候——最大多数的时候——国家是从战争中产生的，有的时候，虽无战争，亦产生国家。国家完全是社会进化中产生的一种特殊的社会组织。

四、国家的功用

国家的存在，对于人类社会有极大的功用，约而言之，可分为两端：即对内的功用与对外的功用。

（一）对内

国家对内的功用，第一在维持社会秩序，第二在敦促社会进步。大概一个社会人口众多，品类不齐；人人各尽其欲，各行其是，苟无外来势力，出而限制各人的行为，那末，社会秩序必致紊乱，人民生活必不安定。国家于此，便能依法定的权力，保证人民的生命财产，规定人民的权利义务，决定个人间的契约关系，惩罚犯罪，主持公道，以达保卫人民安宁自由的目的。举凡国家立法、行政、司法、考试、监察等种种活动，无非趋向此目的进行。人类社会，惟有国家的组织，具有此种控制力量，而能实现此种目的。

但国家不仅求人民的安宁与自由，尤在求人民的永久进步与幸福。举凡关于教育学术的提倡与普及，物质建设的发展与扩充，均无非为敦促社会进步，增进人民幸福。此实在是国家的一种重大责任。固然，假使社会不能维持秩序，人民生活不安定，便说不到社会的改进与幸福。要之，维持秩序，保卫安宁是第一步，进求精神物质双方的改善是第二步。此就是国家对内的重要任务。

（二）对外

国家对外的功用，其重要实胜于对内。凡一个国家不能保卫其主权领土与人民，以防止外来的侵犯，便说不到维持国内的秩序，与保护人民的安宁与自由。故国家对外必须依法定的权力，从外交、军事种种方面，抵抗强权，防止侵犯，联络各国，以求国际间的自由、平等与安宁，必须在国际间获得相当的地位,而后乃能在国内谋秩序与幸福。故国家对外的功用,实在比对内更为重要。

总之,从社会学上看来,国家对于人类社会的任务,一面在维持内部的秩序,一面在抵抗外来的侵犯。一个国家,必须在外无侵犯之可虞,在内有安宁之可保,然后可进而谋人民的幸福,社会的进步,与国际间的自由平等。

五、国家与政府

国家与政府两个名词,常常相混,实在应该分别。国家固然必有政府,政府必须隶属国家。但国家是包括人民领土与主权而言,而政府仅仅是国家的总机关;他是行使国家主权的工具。所以政府尽管改组,而国家可以毫无变动。原来国家含有永久的性质,而政府却不是不能变动的。属于国家与政府的种种方面,政治学上有详细的讨论,非本书之范围。以下所述,举其与社会组织有关者言之。

(一)国体与政体的区别

国家与政府,既然常常相混,所以国体与政体,亦常不加区别。其实,国体与政体是应加以明白的区分。原来,国体就是国家的体制;政体就是政府的体制。国家的体制,是基于主权之所在而定,政府的体制,是基于主权行使之方式而定。例如日本是一个君主国体立宪政体的国家。因为日本的主权在于君主,而其主权行使的方式,是由宪法上规定之立法、行政、司法的三权分别执行之。所以谓之立宪政体。

(二)国体与政体的种类

国体有三分说与二分说两种。三分说就是把国体分为君主、贵族与民主三种的说法。主权在于君主一人者谓之君主国体,主权在于国内少数特殊阶级者谓之贵族国体,主权在于人民全体者谓之民主国体。二分法是把贵族与民主合称共和国体。因为纯粹的贵族国体现在已不复存在。若以人数作标准,那末,二人以上就是复数,就可以合称共和了。

至于政体,通常分为两种:就是专制政体与立宪政体。专制政体,是由一个最高机关,任意行使国家的权力,而不受任何限制。立宪政体是把主权的作用,分配在数个机关,如立法、行政、司法等。而此数个机关的组织、职权及其相互关系等,大概都有宪法规定之。

立宪政体的特点,即在(子)国家之主权者不直接行使治权,而付托政府行使之,其权力范围,即以宪法规定之;(丑)务使人民直接或间接参与政治。二者缺一,即流而为专制政体了。

上面所述,就是国家组织的大概。社会学上所应注意的,是国家的体制与形式,及其与其他社会组织,显著不同之点。至于其余关于国家的种种问题,应由政治学去研究了。

六、近世国家组织的趋势

依据国家组织过去的状况,可以推见近世国家共同的趋向。约而举之,可有数端。

(一)由君主国体渐渐趋向共和国体。例如近世君主国之改建共和国者比比皆是。

(二)由专制政体渐渐趋向立宪政体。例如近世各国由专制政体改为立宪政体者甚多。

(三)渐渐由君主专制的国家,趋向君主立宪的国家。再由君主立宪的国家,趋向民主立宪的国家。

(四)政权及治权均渐渐由集中趋向分散。例如向由君主决定国家一切政事者,今由人民全体行使四权以决定之。又如向由独一机关行使治权者,今由三个以上的机关行使之。

(五)由有阶级的政治渐渐趋向无阶级的政治。例如向有贵族平民之分者,今已渐渐废除了。又如向以财产为选举的标准者,今已趋向普遍选举了。

(六)由仅为一阶级谋利益的政治,渐渐趋向为全社会谋利益的政治。例如向来君主政治或贵族政治仅仅为君主一人,或仅仅为贵族阶级谋特殊利益者,今已趋向民主政治为人民全体谋利益了。

本章温习问题

一、试述农村社会的起源及发展。

二、试述中国井田时代的农村。

三、应如何改进中国的农村?

四、近代都市化的趋势若何?

五、试略举近代都市中的重要社会问题。

六、近代都市与工业的关系若何?

七、国家与民族的区别何在?

八、何谓契约说? 其主张正确否?

九、试述国家的起源由于进化。

十、评柳宗元的进化论。

十一、国家对于人类社会,有何效用?

本章论文题目

一、中国农村改进计划。

二、中国农村社会生活的分析。

三、中国大都市中的人口分析。

四、中国都市化的趋势。

五、依据中国古代历史推论国家的起源。

六、乌本海的国家论述评。

本章参考书

(甲)关于农村者

1. Galpin : *Rural Life* (1918) .

2. Gillette：*Rural Sociology*（1918），Ch, 1.

3. Hayes：*Principles of Rural Sociology*（1929）.

4. Lundquist and Carver：*Principles of Sociology*（1927）.

5. Maine：*Village Communities*（1876）.

6. Sanderson：*The Farmer and His Community*（1922）.

7. Sanderson：*The Rural Community*（1932），pp.541–560.

8. Sims：*The Rural Community*（1920），Chs.1–2.

9. Sorokin and Zimmerman：*Principles of Rural-Urban Sociology*（1933）.

10. Sorokin and Zimmerman：*Sourcebook for Rural Sociology*（1930），Vol.1, pp.186–259.

11. Williams：*Our Rural Heritage*（1925），pp.192–209.

12. 杨开道著《农村问题》及《农村社会学》（世界本）。

13. 杨开道著《中国农村组织略史》,《社会学刊》,第一卷第四期。

14. 吴觉农编《世界农业状况》（大东本）。

15. 乔启明著《中国农民生活程度之研究》,《社会学刊》,第一卷第三期。

16. 言心哲著《农村社会学概论》（中华本）。

17. 杨开道著《农民运动》（世界本）。

18. 杨开道著《农村组织》（世界本）。

19. 傅葆琛著《乡村生活与乡村教育》（江苏教育学院）。

20. 刘大钧著《中国的佃农经济状况》（太平洋本）。

21. 钱亦石著《中国农村之过去与今后》,《新中华》,第二卷第一期。

22. 谢无量著《中国古代田制考》（商务本）。

23. 万国鼎著《中国田制史》（南京书店本）。

24. 朱偰著《井田制度有无问题之经济史上观察》,《东方杂志》,第三十一卷第一号。

25. 钱俊瑞著《农作机械化的社会意义》,《东方杂志》,第三十卷第五号。

(乙) 关于都市者

1. Anderson and Lindeman: *Urban Sociology*（1928）, pp.202–241.

2. Bedford: *Readings in Urban Sociology*（1927）.

3. Burgess: *The Urban Community*（1925）.

4. Carpenter: *Sociology of City Life*（1931）.

5. Davie: *Problems of City Life*（1932）.

6. Howe: *The Modern City and Its Problems*（1915）.

7. Hubbard: *Our Cities Today and Tomorrow*（1929）.

8. Lynd: *Middletown*（1929）.

9. McKenzie: *The Metropolitan Community*（1934）.

10. Park and Burgess: *The City*（1925）.

11. Taylor: *Satellite Cities*（1915）.

12. Thompson: *Urbanization*（1927）.

13. 吴景超著《都市社会学》(世界本)。

14. 董修甲著《市组织论》(商务本)。

15. 陆丹林编《市政全书》(道路协会)。

16. 黄宪章著《中国都市的过去与今后》,《新中华》,第二卷第一期。

(丙) 关于国家者

1. Beach: *An Introduction to Sociology*（1925）, Ch.26.

2. Blackmar and Gillin: *Outlines of Sociology*（1930）, Chs.10–11.

3. Bushee: *Social Organization*（1930）, Ch.8.

4. Dealey: *The Development of the State*, Chs.2, 3, 6, 15.

5. Lumley: *Principles of Sociology*（1928）, Ch.18.

6. Lowie: *The Origin of the State*（1927）.

7. MacIver: *Theory of the Modern State*（1927）.

8. Oppenheimer: *The State*（1914）。陶希圣译本,《国家论》,（新生命书局本）。

9. 吴景超著《社会组织》（世界本）。

10. 楼桐荪著《国家》（商务本）。

11. 张慰慈著《政治制度浅说》（神州本）。

12. 陈烈著《法家政治哲学》（华通本）。

13. 梁启超著《先秦政治思想史》（商务本）。

14. 张慰慈著《政治学大纲》（商务本）。

本章注释

1. 见Willcox:"A Redefinition of the 'City' in Terms of Density of Population," *American Journal of Sociology*, July, 1926, p.97。

2. 此为欧洲情形,中国游牧时代,是否亦系此种父权家庭,尚难断定。盖本段所选,以欧洲农村社会为准。

3. 详见Sims: *The Rural Community*（1920), Ch.1（The Primitive Village）。

4. 参考Sims: *The Rural Community*, Ch.2（The Medieval Manor）。

5. 见《通典》卷三《食货典三》。

6. 关于周代井田制度,可参考《周礼》,《通典》,《文献通考》,孙诒让《周礼正义》,庄存与《周官记》,刘师培《中国历史教科书》,柳诒征《中国文化史》,谢无量《中国古田制考》,岑纪《中国古代社会》中附录,《中国井田制度论战》（原文见《建设杂志》二卷）等。井田有无,虽成问题,但现有证据,尚不能断其必无。

7. 参考Sims: *The Rural Community*, Parts Ⅱ, Ⅲ。

8. 现行《县市自治团体组织法》,以百户以上之村庄地方为乡,百户以上之街市地方为镇。乡镇均不得超过千户。似乎有千户以上为市之意,以每户五人计,则为五千人。但《市政府组织法》,人口在二十万以上方设市。是我国对于都市农村,在人口方面,尚无严格规定。

9. 详细区别,参考Sorokin & Zimmerman: *Principles of Rural-Urban Sociology*, Ch.2。

10. 见Sorokin & Zimmerman: *Principles of Rural-Urban Sociology*, p.526。

11. 参见王世杰著的《比较宪法》。

12. 见Bluntschli: *Theory of the State*, p.300。

13. 见C. G. & B. M. Haines: *Principles and Problems of Government*, p.36。

14. 见E. W. Clement: "Constitutional Imperialism in Japan"; in *Proceedings of the Academy of Science*, Vol.Ⅵ, no.3, p.5。

15. 见Coker: *Readings in Political Philosophy*, pp.302–327。又Dunning: *Political Theories*, Vol.Ⅱ, Ch.8。

16. 见 Coker, p.385, 又Dunning, p.345。

17. Rousseau: *The Social Contract*; Dunning, Vol.Ⅱ, Ch.1.

18. 见Merriam: *History of the Theory of Sovereignty Since Rousseau*, Ch.4。

19. 见Oppenheimer: *The State*, pp.5–15。

20. 见Gumplowicz: *Outlines of Sociology*, pp.116–117。

21. 见Blackmar & Gillin: *Outlines of Sociology*, pp.184–185。

22. 见Maine: *Ancient Law*, Ch.5。

第二十一章　阶级组织

第一节　阶级的性质

一、何谓阶级

人类社会，如从某一特点来观察，知道人与人间的关系不是平面的，而是有层次等级的。就知识说，有的如科学家思想家具有丰富渊博的知识，有的如乡僻愚氓毫无知识。而在此两极端之间，又有无数的等级，如阶之有层，梯之有级。再就财产说，富者资有千万，贫者身无长物。而在此贫富之间，又有无数的等级。再就社会地位说，高贵者为社会所尊崇，其权力足以统制人群大众，下贱者为社会所轻视，毫无权力可言。而在此二者之间，又有无数的等级。由此看来，我们如从任何一种特点来观察社会，则可看到社会是阶级层式的，人与人之间是有层次等级的。这样的社会组织，通常称为阶级社会；而其每一等级称为一阶级。所以就广义说，凡社会中某部分人具有某种共同的特点因而表现共同的集团者，即可谓之一阶级。例如就知识一点言，凡社会中有知识的人成为一集团，称为知识阶级。就宗教一点言，凡社会中信仰宗教的人成为一集团，称为宗教阶级。就财富言，凡社会中拥有财产的人成为一集团，称为资产阶级。就种族一点言，凡社会中种族相同的人成为一集团，称为种族阶级。而再推至于职业一点，凡社会中任何一职业成为一集团称为职业阶级,如农人阶级、工人阶级、商人阶级等。但此种广义的阶级,除财富与知识二者外,余如宗教种族职业等,并无层次等级可言,严格的说,固不能称为阶级。因此等集团仅有彼此不同的界限而无高下的区别。即如知识阶级与非知识阶级之间,虽有高下的区别,但无不可逾越的界限。因为非知识阶级一受教育便可成为知识阶级。因此可知这广义的所谓阶级,其实只是一种界别,如通俗所谓农界学界工界商界宗教界妇女界等等。这种界别,是指具有某种共同特点而无正式组织的社会集团而言,初未尝含有高下等级的区别。所以即使通俗常称此等集团为阶级,而实际并非阶级。

至就狭义言,则阶级一词应限于人类某种集团。大概社会中某部分人具有某种共同特点,因此表现共同的态度思想感情行为,致与社会上其他部分的人发生不易变动的界限者谓之阶级。所以就狭义的观察,社会中人与人的关系,不仅不是平面的,而是有层次等级的,并且这层次等级不是很容易改变的。严格的说,所谓阶级,应即属于这狭义的类型。

二、阶级的特点

狭义的所谓阶级,其涵义已如上述。兹再分析其特点如下。

(一)地位

阶级间最重要的区别,即在其社会地位的不同。例如封建时代贵族阶级的地位,与平民不同。平民阶级的地位,与奴隶不同。又如近代社会中资产阶级的地位,与劳动阶级不同。古今来阶级观念之所以难以消灭,由于社会地位的难以变动。阶级间所以时生冲突斗争之事,无非为争取社会地位而已。

(二)层次

所谓阶级,自必含有层次高下的意思。这层次高下是指社会地位的距离言,所以纯粹是一种社会心理的表现。人与人间的关系,就客观言,原无层次高下可说。今若以层次高下形容人与人间的关系,这不是客观上的层次高下,而是社会心理上的层次高下。所以阶级观念不过是一种社会距离的表现。

（三）等第

阶级集团不仅有层次高下之别,并且有等第不同之分。层次仅就高下说,等第则在高下之外,又有等级可言。例如贵族与平民有高下可分,平民与奴隶亦有高下可分。而贵族、平民、奴隶三阶级,便有等第可言。

（四）界限

阶级集团具有不易逾越的社会界限,这是阶级观念最重要的特征。在封建时代,一个人生在某一阶级中,便终生不能出此阶级。一切个人的权利义务,全视其所生长的阶级而定。所以个人的社会地位,成为世袭的方式。农之子恒为农,工之子恒为工,商之子恒为商,不仅职业如此,即社会地位亦随之而生不可逾越的界限。这是阶级成立的一个重要因素。

第二节　阶级的种类

依上面所述阶级的意义及其特点看来,我们可以把社会上的阶级分为两大类:即社会阶级与经济阶级。

一、社会阶级

这是指社会上身分与权力不同的阶级,故亦称身分阶级。通常所谓贵贱尊卑等名称,常通用于这类阶级。因在此等阶级之间,确有贵贱尊卑等身分或地位的差别存在。这类阶级与贫富虽有密切关系,但非由贫富而起,这是身份阶级的特点,也是与经济阶级所以不同的原因。

社会阶级得因各阶级社会背景的不同再分为下列三类:即封建制度下的社会阶级,门阀制度下的社会阶级,与宗教制度下的社会阶级。

(一)封建制度下的社会阶级

封建制度的本身,就是一种阶级组织。当封建时代国土为国王所有,国王把土地分封诸侯,诸侯又分封于卿大夫。卿大夫之下有家臣,家臣之下有农民或农奴。如此层层相因,各阶级递相隶属的社会关系,称为封建制度。从前春秋时代楚国无宇曾有一段话说明这种关系,他说:

"天有十日,人有人等,下所以事上,上所以共神也。故王臣公,公臣大夫,大夫臣士,士臣皂,皂臣舆,舆臣隶,隶臣僚,僚臣仆,仆臣台。"[1]

这种上下相制的秩序,就是封建时代的社会阶级,大致王公大夫为贵族,士以下为庶人。皂舆隶僚仆台等是庶人中之贱者。严格的说,贵族与平民,确是成为社会阶级,至于皂舆隶僚仆台等不过职司不同的隶属关系而已。

欧洲当中古时代封建制度下的社会阶级,也与中国古代相近似,上有皇帝国王与大主教,其下有诸侯包括官吏教士及长老,其下有诸侯的臣属,其下有武士,再其下有佃奴。名称虽异,而其上下隶属的关系,则没有不同。大抵当时有封地的人,尽成贵族。其他工商及自由农业中人,只是平民,佃奴乃为奴隶阶级。

封建制度下的贵族阶级,都获享特权。中国古代诸侯卿大夫,除享有统治权及土地所有权外,并且垄断学术、教育,操纵经济大权。欧西中古,贵族阶级不特可免税免役,而且享有私自审判之权。

总之,封建制度下的社会阶级,大致可以分为三等:上有贵族,中有平民,下有奴隶。惟中国古代,奴隶一级并不甚著。所谓皂隶舆台等人,只是服役上级的贱人,初未尝失去身体自由如欧西中古的佃奴。且中国所谓奴隶,大抵指为人服役的仆人,或生活不能独立而须依赖他人的婢妾。所以严格的说,在中国奴隶等人并不能成为一阶级;其与欧洲封邑制度下的佃奴之成一阶级者,大异其趣。

（二）门阀制度下的社会阶级

我国自封建废除后，经秦汉两代，已不复有显著的阶级存在。但到了六朝，便发生专重门阀的风气，于是社会上有了一种世族与寒门的阶级。这种门阀不同的社会阶级，我们可从几方面看出。

第一，从选举方面看出，自魏立九品官人之法，后世选举多重门第，养成所谓"先自望而后实事"的风气。于是门高者，便平流进取，坐致公卿；门寒者，就连僚佐都不敢当。所以门第就成为社会上的一种特别的位置，往往以才地两字并称，使士庶成为两个不同的阶级。

第二，从社会思想方面看出，自东汉以后，社会上已经渐有重视世族的趋向。其后习染成风，社会上几公认世家子弟都是德行纯笃的人物，门高就是品高，门寒就是才劣。举人必先称他门第之高，罪人亦必先数他出身之贱。于是高门寒士不特是贵贱不同，而且贤愚亦异。这是从当时社会思想上可以看出来的。

第三，从赋役不平等方面看出，汉时人民负担无贵贱之别。及西晋以后，凡士流不仅可以荫庇其一切亲属不纳赋税，还可以荫庇其食客及佃户。于是成了以贵役贱的制度。所以寒门贵族至此，贫富也就悬殊了。

第四，从避乱士族方面看出，五胡乱后人民流徙转移者已不少。及元帝南渡，中原士夫过江者尤多，乃有侨姓之称。江左人士与中原士族抗衡，乃有吴姓之称，二者并为南朝华阀。至于中原土著欲自别于异族，乃有郡姓。唐人所谓虏姓，乃为北朝国姓。于是侨姓、吴姓、郡姓、虏姓便为当时望族。因社会的推崇，就得政治的地位。

观上所述，可知六朝门阀成为一特殊阶级，占有社会上各种特殊地位。

第一，在政治上的特殊地位。大抵当时政治上清要的位置，全为有地位的所谓"甲族"所据。其他次要的位置，则为次等的世族所据。至于寒门人士，除军功立勋而外，政治上没有他们的位置。

第二，在社会上的特殊地位。在社会习俗上世族人士占特殊地位,乃为门阀成为社会阶级的显著特点,我们可以从几方面看出门阀的地位。

(一)世族与寒门不通婚姻

这显然是阶级观念太深之故。侯景虽跋扈,请婚于王谢,乃为梁武所拒曰:"王谢门高非偶。"[2]徐勉权重一时,为子求婚于江蒨王泰,均遭拒绝。[3]南朝如此,北朝亦相同。崔巨伦有姊已眇一目,尚不愿屈事卑族。[4]赵邕虽宠幸,而卢氏孤女,终不许婚。[5]这可见当时婚姻重视门第之一斑。

(二)世族与寒门不相礼接

世族人士,每每自相往来,不与寒人相接。而寒士甚至到贵族之前不敢就坐。据《宋书·蔡兴宗传》云:"右将军王道隆任参内政,权重一时,蹑履到前,不敢就席,良久方去,竟不呼坐。""元嘉初,中书舍人狄当诣太子詹事王昙首不敢坐。"[6]又"狄当周赳并管要务。以张敷同省名家,欲诣之。赳曰:彼恐不相容接,不如勿往。当曰:吾等并已员外郎矣,何忧不得与共坐。敷宅设二坐,去壁三四尺,二客就席,敷呼左右曰:移我远客。赳等失色而去。"[7]凡此诸事,均可见六朝门阀观念之深。

总之,门阀制度下的社会阶级,不外世族与寒门二者。这种界限,虽在现在社会亦所难免。但总是没有像六朝那时门阀观念之严。所以六朝门阀确成了一种阶级。

(三)宗教制度下的社会阶级

这种社会阶级,我们在印度可以见到。通常称为"喀斯德"(Caste),是根据宗教信仰而成立的社会阶级。印度人口中以印度教徒为最多,几占75%以上。教中分信徒为四大阶级:第一阶级为婆罗门(Brahman),即教士阶级,最为尊贵。第二阶级名刹帝利(Kshatrya),即武士阶级包括王侯军人在内。第三阶级名毗舍(Viashya),即平民阶级包括农工商人。第四阶级名首陀(Sudra),即奴隶阶级,包括大多数的贱民。就中第一阶级以智识地位著称,第二阶级以武力,第三阶级以财力,第四阶级则既无智识又乏才力武力,为最低劣的贱民。这样层累式的阶级组织,即所谓"喀斯德"制度。表面上看来,"喀斯德"制度与上述封建制度下的社会阶级颇近似,都可分为贵族平民与奴隶三阶级。但性质上最不同者为"喀斯德"的富有宗教性。因"喀斯德"之所以成立,全基于婆罗门教的信仰。婆罗门教徒自信:婆罗门族为最尊贵之族。据《南海宗归传》云:"五天之地,均以婆罗门当贵圣,凡有座席,并不与余三姓同行。"由这种信仰,形成各阶级间的各种特殊的社会地位与仪式,使各阶级间表现极严格的硬性的社会界限。所以就性质上讲,封建制度下的阶级可称为政治的社会阶级,而"喀斯德"可称为宗教的社会阶级。

在"喀斯德"制度下,婚姻必须在本阶级内成立,不能越级,而高等阶级视低等阶级为污浊的人类,不与混合,不许接近。此种阶级间的社会规则,成为大家承认而不可逾越的界限。故各阶级的子弟职业,固定不变成为世袭。因婚姻与职业两因素与阶级有不可分离的关系,各阶级间养成各自的思想态度、风俗习惯,以及各自的礼节仪式。所以"喀斯德"制度成为人类社会最严格的阶级制度,亦可说是有史以来最严格的"阶级制度"。[8]

二、经济阶级

这是指社会上财力与利害不同的阶级,因与贫富有密切关系,故亦可称为贫富阶级。但事实上阶级之所以形成,不仅在贫富的不同,而尤在双方利害的对立。其根本原因,全在经济方面,故称经济阶级较为适当。这经济阶级只近代资本主义的社会中始有之。吴景超氏因称这种经济阶级为"阶级社会",以别于封建时代的身分阶级氏称为"等级社会",这两种阶级的差别,吴氏说得极明了。氏说:

"第一,在等级社会中,各阶级分野的根据,是法律的与政治的,而非经济的或财产的。各阶级所享受的权利,完全不同。譬如平民要纳税而贵族可不纳税;平民要服役而贵族可不服役。平民的权利虽不如贵族,但奴隶的权利又不如平民。各阶级的身份,不但是在生活或习惯中表现出来,在法律上也是规定的,彼此决不平等。民法方面如此,刑法方面亦然。同样的犯罪,但所受的刑罚是不相同的,因身份的尊卑而有差别。在政治上,只有上层的人,统制下层的人,统治者与被统治者的分别是很显然的,这些法律上及政治上的差别,在近代的阶级社会里,已经消灭了。现代的各阶级,虽然还有贫富之分,但在法律前大家是平等的。只要是公民,谁都要纳税,纳税的多寡看财产的或进款的多少而定,不因在社会上地位的高下而有差别。职业是公开的,可以自由选择。财产可以买卖,可以互相接受,不必要甚么贵族的同意。婚姻是自由的,迁徙是自由的,不受甚么主人的干涉。选举及被选举权大家都有,并不限于任何阶级。这是阶级社会与等级社会的第一点主要差别。

第二,等级社会的身分是固定的,阶级社会的身分却是流动的。在等级社会中,身分是生成的,儿子的身分与父亲的身份一样。所以士之子弟常为士,农之子弟常为农,工之子弟常为工,商之子弟常为商。虽然也有少数的人,遇到特殊的机会也可改变他们的身分,但那是例外,多数的人还是不变的。近代的阶级社会,便与此大不相同,上升与下降的事实,天天可以见到,可以与父亲不同,便是一个人在他的一生里,也可以改变他的身分若干次,如由工人升至工头,由工头升至经理之类,反是由富翁变成贫民,由地主变成佃户,也是数见不鲜的事。我们故然不能说现在的社会流动,非常便利,上升下降,毫无阻碍。但如与等级社会相比,这种差异却很明显的。总之,等级社会与阶级社会的主义差别,在于等级社会中,各等级在法律上与政治上不平等;而阶级社会中,各阶级在法律上及政治上却是平等的。等级社会中各人的地位及身分是世袭的,很少有变动的可能;而在阶级社会中,各人或各家庭的地位与身分,却常在变动之中。"[9]

从上面这样的分别,便可以明白社会阶级与经济阶级根本不同之点。现在我们进而一论经济阶级的特点及其内容。

近代经济阶级的形成,其主要因素固不一端,大致可从下列数方面观察。

第一,生产工具的支配权。现在社会上阶级形成的第一主要因素是生产工具的支配权。凡具有此种支配者称为资本阶级,无此权者称为劳动阶级。其中有显明的界限。

第二,财产的有无。凡有财产者称有产阶级,无财产者称无产阶级,介于二者之间者称中产阶级。也有人根据财产的多少来分,称富有、小康、贫穷三级。

第三,进款的来源。就进款的来源说,有的仅恃利润的收入为大宗进款者称资本阶级,恃地租的收入者,称地主阶级,仅恃自己劳动工作以谋生活者,称工人阶级。

第四,对于现时经济制度的态度。此外对于现时经济制度的态度亦大有区别。凡赞成资本制度而主张维持现状者,成为一阶级;不赞成资本制度而欲反抗或改造这种制度者,另成一阶级。

总之,现代经济阶级的形成,大致可从四方面综合观察。凡有财产者恃利润收入者拥有生产工具支配权者以及赞成现时资本制度者为一阶级,凡无财产者恃劳力生活者无生产工具支配权者以及反对或不满意于现时经济制度者另为一阶级。此外,还有一阶级,他们也有少数财产,他们的进款是从多方面收入,他们对于现时经济制度既不坚持改造,亦不反对革新。他们固不趋逢资本阶级,但亦不鄙视劳动阶级。他们中间包括中上级官吏、公司与工厂中的经理及重要职员、小厂主、小店主,大部分在自由职业中谋生的人。这些人从生活的享受方面,从进款的多少方面,从经济的势力方面看来,他们是介乎前一阶级与后一阶级之间。假使前一阶级我们称他资产阶级,后一阶级我们称他劳动阶级,那么这个阶级可称中产阶级。

第三节　阶级的起源

关于阶级的起源学者不一其说。但事实上阶级发生的原因,恐因时代或地域而有不同。大致身份阶级的起源不外三说。

一、武力说

此派以为社会上阶级之形成,由于武力和征伐的结果。一部落或民族征服另一部落或民族,便产生两个阶级:一为征服阶级,一为被征服阶级。前者成为统治阶级,后者成为被统治阶级。凡政治法律的大权全在统治阶级手中,成为彼等的工具,用以维持彼等的利益及权势,以统治被征服者,使无法反抗。土地与财富亦尽为统治者所有,被征服者,除劳力外便一无所有,惟有服从统治阶级以维持其生存。统治阶级便利用其优越地位强制被征服者作劳苦工作;而被征服者工作所得,除极小部分外,尽须贡献于统治阶级。于是社会上形成显然不同的两个阶级:一个是享特权的阶级,可以不劳而获衣食;一个是尽义务的阶级,非劳苦工作,不能获得衣食。一个是享受优越安适的生活,一个是过度艰苦辛劳的生活。一个是有闲阶级,一个是劳动阶级。这样由武力产生的阶级,在封建时代便可见到。我国古代有"国人"与"野人"之分,"国人"就是征服阶级,"野人"就是被征服阶级。吕诚之氏曾说:

"盖其国家之成立,率由部落相并兼。一部落征服他部落,则择中央山险之地,筑城以居,是之谓国。其四面平夷之地,则所征服之民居之,以从事于耕农,是之谓野。"

国人与野人居处既不相同,其待遇亦就有异。国人有过问国政之权,如《周礼》所谓询国危,询国迁,询立君之礼。享此权者都是国人。《孟子》谓:

>"国人皆曰贤,然后察之;见贤焉,然后用之。国人皆曰不可,然后察之;见不可焉,然后去之。"

此段即可表明国人的意见,可供政府用人的南针。昔"周厉王暴虐无道,国人谤王,召公告告曰民不堪命矣。王怒,得卫巫,使监谤者,以告则杀之,国人莫敢言,道路以目。""后三年,乃相与畔,袭王,王出奔于彘。太子靖匿召公之家,国人乃围之。"观此,国人可以袭王,可见其权力之大。又古代兵制,国人须服兵役,而野人则否。是国人即一国之主人,而野人则为一国郊野之人,不足与于主人之列,是另成一阶级了。

二、分业说

或谓阶级之形成,有时固由于武力,有时却由于分业。大抵社会上各项事业,需要不同的知识与能力的人去担任。知识能力高强的人,常占社会上重要地位;反之,知识能力低弱的人,常占社会上不重要地位。并且重要事业落在知能高强的人手中,他们的经济力量,也就比低弱的人强大。加诸古时交通不便,因职业不同之故,常各自划区而居,子孙世代相传,就养成种种生活上不同的风习,不同的态度,不同的思想。管子曾说:

>"士农工商四民者,国之石民也,不可使杂处。杂处则其言咙,其事乱。是故圣人之处士必于间燕,处农必就田野,处工必就官府,处商必就市井。""使之群萃而州处""不见异物而迁""则其父兄之教,不肃而成,其子弟之学,不劳而能。"是故"士之子常为士,农之子常为农,工之子常为工,商之子常为商。"[10]

《淮南子》亦说:

>"人不兼官,官不兼事。士农工商,乡别州异。是故农与农言力,士与士言行,工与工言巧,商与商言数。是以士无遗行,农无废功,工无苦事,商无折货。"[11]

此种世代分业的生活,形成社会上各种职业阶级。职业不同,权力大小因而有异；权力既异，社会地位，亦随之不同。其中最具体最显明的界限为爵位。大概有官爵者与无官爵者划然成为两个不同的社会阶级。古时有官爵者称"君子"，无官爵者称"小人"，《礼记·丧服传》曰："君子子者贵人之子也。"《左传》谓："君子劳心，小人劳力。"[12] "劳心者治人，劳力者治于人。"于是古时"君子""小人"成为两大阶级。[13] 胡适氏曾说：

"君子本义为君之子，乃是阶级社会中贵族一部分的通称。君子指士以上的上等社会；小人指士以下的小百姓。"[14]

要之，古代人民因职业知能之不同，而生权力大小与地位高下之别，因权力地位之不同，而成"君子""小人"两大阶级。此种阶级形成的原因，与上述由武力而发生者颇不相同。

三、财产说

此派以为社会上阶级的形成，既非武力，亦非分业，乃是由于财产分配之不均。财产分配之不均，则是私产制度的自然结果。在私产制度下，大凡社会上有地位而又有权力的人，必拥有大量财产；反之，无地位而又无权力的人，无从取得财产，即拥有财产，其势亦将无力保存而流入有权位者之手。所以即在工业革命以前，机械工业尚未盛行，早已有财产分配不均之事实。及至工业革命以后，机械工业发达，工厂制度盛行，于是非富有资产的人，不能办工厂；而生产工具几尽为富有资产的人所垄断。于是富者愈富，贫者愈贫，形成社会上贫富不均的两大阶级。现代所谓资产阶级与无产阶级，或资本阶级与劳动阶级，就是由这样的过程形成的。严格的说，在工业革命以前财产分配不均的现象并不趋于极端，故尚非阶级形成的主要因素，及工业革命以后，财产分配不均的现象，趋于极端。富有财产的大资本家全恃利润生活，可以不劳而获大量收入。无财产的劳动工人，全恃工资生活，非劳动即不能维持生活。因此资产阶级与劳动阶级几成不易变动的两大阶级。此层在上面讨论经济阶级的特点时,已约略述及。现在仅说明起于财产分配不均之主张耳。

准以上所述三种学术看来,武力说可说明封建制度下的社会阶级,分业说可说明门阀制度下的身分阶级与宗教制度下的世袭阶级,财产说可说明现代社会制度下的经济阶级。由此可知,阶级的起源,决非一元。有的阶级起于武力,有的阶级起于分业,有的阶级起于财产分配的不均,固未可以一概而论也。

第四节　阶级的影响

社会的阶级组织对于社会生产的各方面发生深切的影响,这是研究阶级社会的重要部分。阶级组织的影响可分为三方面观察。

一、阶级对于政治的影响

阶级对于政治的影响,因阶级的性质而有不同。封建制度下的身分阶级,对于政治的影响最大。因封建时代,政治全在贵族阶级手中。自帝王诸侯以至卿大夫,分掌全国政治,高踞人民之上。平民固尚有出掌政治的可能,但机会甚少。至如西洋的农奴,则永无参加政治的机会了。观此,可知在封建时代,社会阶级与政治为不可分离的现象。至如我国六朝门阀时代的阶级,对政治亦有重要影响。当时几乎视私人门第就是政治地位的根基。高门子弟,始有宰辅之望。寒人子弟除立军功外,在政治上几无地位,即有亦属低微小职。至于近代的经济阶级,凡资力雄厚的资本家,自可影响于政治。劳动阶级人微言轻,在政治上可说无地位可言。所以从上看来,一切社会阶级均与政治有关,不过封建时代,关系尤为密切耳。

二、阶级对于经济的影响

阶级组织对于经济的影响自始即甚显著。在封建时代土地为贵族所有,一切土地所出,尽为贵族所支配。平民的经济能力远不如贵族大。至于我国六朝门阀时代,高门贵族原为富户居多,寒人则大都贫贱之流。故高门寒门即无异富与贫两阶级。其最显著者为近代的经济阶级。资产阶级拥有大量资产,获得巨数收入,比之劳动阶级之毫无恒产与些微工资收入,其经济能力诚不可以道里计。所以近代社会财产分配不均的现象,受阶级的影响甚深。因此,我们可说,与其谓阶级起于财产分配不均,无宁谓财产分配不均是受阶级组织的影响。

三、阶级对于职业的影响

我们如从职业方面观察,可知在封建时代阶级与职业几乎不可分离。公务职业尽为士以上的人所占有。农工商等业则为士以下的人所担任。前者为贵族,后者为贫民。此种职业几为世袭,无变动之余地。门阀时代职业亦几为固定的阶级所分占,变动不易。即使近代的经济阶级,职业变动的机会虽较多,但大的变动究竟亦非容易之事。资产阶级坐拥巨资恃利润以生活,自无劳动的必要;劳动阶级捉襟肘见,非操劳无以度生。而且近代巨大实业,需大量资本,决非恃工资以生的劳动阶级所能经营。于是资产阶级势将永为资本家,而劳动阶级势将永为工人,于是阶级与职业,又成为不可分离的现象。

四、阶级对于教育的影响

封建时代教育似为贵族阶级的特权。我国古时所谓八岁入小学十五入大学的规定,似全指王及贵族的子弟而言。《周礼》:"以乡三物教万民而宾兴之。"但无详细规定。现代社会教育机关虽已均等,而受中等以上之教育者,毕竟仅是家境较优者的子弟。普通劳动工人平常的物质生活,已有难以维持之势,再无余力供给子女教育费用。因此,无形中教育成为资产阶级的特权。

此外如婚姻制度亦受阶级的影响,封建时代,固然贵族平民不通婚姻。六朝门阀时代，婚姻尤重阶级观念，门第之见，深入人心。如上引所谓"王谢门高非偶"，即为当时重视高门之证。

要之，阶级组织既已形成，对于社会各方面自发生不可避免的影响。

第五节　近代阶级社会的趋势

阶级社会的组织及其起源与影响，已如上述。现在我们进而一论现代社会中阶级组织的趋势。

严格的说，现代社会除印度的"喀斯德"外，已不复有往昔封建时代或阀阅时代的阶级组织。有之，则为经济能力不同的阶级，即资产阶级、中产阶级与劳动阶级是。至于此等阶级的实际状况，则因各国社会组织的情形而有不同。大致资本主义发达的国家，其经济阶级组织的形态，较为严峻。资本主义不发达的国家则否。至于社会主义或民生主义发达的国家，重要生产工具既尽收为国有，财产分配可渐渐消灭过分不均的状况。社会上重要资产全在政府手中，人民可无大富大贫悬殊的现象。于是经济阶级对峙的形态，可逐渐消灭于无形，或至少不致如已往的严重。所以从严格的狭义的界说言，如将来社会上贫富悬殊的现象逐渐减少，经济阶级尤其是资产阶级与劳动阶级间对立的严重性逐渐减轻，则阶级社会的组织有逐渐消灭的可能。但此仅指狭义的阶级言。至就广义言之，则任何时代无消灭之可能。诚如吴景超氏所谓有权力的与无权力的不能属于同一阶级，高等职业与低等职业，亦不能属于同一阶级。如此，则阶级终不能消灭了。[15]不过我们前面说过，广义的所谓阶级，只是一种"界别"。如有权力的人与无权力的人，仅因地位不同而有此差异。但此地位非有不可逾越的界限。又如职业的高下，在近代社会中假使无大富大贫之别，更可自由变更，毫无拘束。要之，如未来的社会中贫富悬殊的现象能逐渐消灭，则狭义的阶级，似有消灭的可能。至所谓广义的阶级，事实上只是"界别"，乃是社会上分工的必然的现象，是无可避免的。

本章温习问题

一、狭义的阶级与广义的阶级，有何不同？

二、试列举阶级的特点。

三、试区别社会阶级与经济阶级。

四、述封建制度下的社会阶级。

五、述门阀制度下的社会阶级。

六、何谓"喀斯德"？

七、试述经济阶级形成的因素。

八、试述阶级的起源。

九、阶级对于社会的影响如何？

十、近代阶级社会的趋势若何？

本章论文题目

一、论阶级的性质。

二、封建制度与阶级制度。

三、阶级起源的研究。

四、论理想社会与阶级制度。

本章参考书

1. R. M. MacIver：*Society: Its Structure and Changes*（1931），Ch.5.

2. P. Sorokin：*Social Mobility*（1927），Ch.1.

3. C. C. North：*Social Differentiation*（1926）.

4. E. Senart：*Caste in India*（1930）.

5. T. Veblen：*The Theory of Leisure Class*（1924）.

6. M. Ginsberg：*Sociology*（1933），Ch.6.

7. T. Parsons: "An Analytical Approach to the Theory of Social Stratification," *The American Journal of Sociology*, Vol.XLV, No.6,

May, 1940.

8. 吴景超:《第四种国家的出路》,第四章第十六篇(民国二十六年)。

9. 吕诚之:《中国阶级制度史》(民国二十四年)。

10. 杨筠如:《九品中正与六朝门阀》(民国十九年)。

11. 蒙思明:《六朝世族形成的经过》,《文史杂志》,第一卷第九期(民国三十年十月)。

本章注释

1. 见《左传》昭公七年。

2. 《南史·侯景传》(卷八十)。

3. 《南史·江蒨传》(卷三十六)。

4. 《魏书·崔巨伦传》(卷五十六)。

5. 《魏书·赵邕传》(卷九十三)。

6. 《宋书》卷五十七。

7. 《宋书》卷四十六。

8. 参看R. M. MacIver: *Society: Its Structure and Changes*, p.83。

9. 见吴景超:《第四种国家的出路》,第193–195页。

10. 《管子·小匡篇》。

11. 《淮南子·齐俗训》。

12. 《左传》襄公九年知武子语。

13. 君子小人之别,其初仅以地位言,后来始以德行言。

14. 胡适:《中国哲学史大纲》第114页。

15. 见吴景超《第四种国家的出路》,第225–257页。

第二十二章　社会解组与社会改组

第一节　社会组织与社会解组

一、绪言

在第十八章中,已说明人类社会有种种公认的行为规则,以为行为的准绳。个人生长于社会,不知不觉采取社会上种种行为规则而遵行之。人人遵行行为规则而莫敢违背,故行为规则,成为社会上行为的标准,具有约束人类行为的力量。社会上一切行为规则,都具有约束行为的力量,成为社会上共同一致的行为标准,即能维持一种社会秩序。彼时的社会组织,可谓很完密很坚实了。但有时社会上行为规则,不尽足以约束个人的行为,故其可为社会标准的价值减小,甚至渐渐失其全部约束的力量。彼时社会组织,即渐呈瓦解的现象。通常谓之社会解组(Social Disorganization)。社会组织与社会解组,常为社会上继续发生的现象。绝对无解组现象的社会,可谓绝无仅有。闭关自守的社会,与外界不相往来,社会内部呈一种安定静止的状态,则其行为规则,具有无上约束的力量,其全部组织,自必很完密很坚实。在如此状态之下,或者无解组现象发生。但一般社会,多少要与外界交通。一有交通,便有外来的影响,而社会解组的现象,自于不知不觉中表现了。

二、社会解组的概念

社会组织是社会上行为规则与制度的总体。社会解组即指此类行为规则与制度的瓦解而言。换言之,社会解组,就是社会上流行的规则及制度,对于个人约束力的减弱。[1]在平常时候,任何行为规则或制度,具有约束个人行为的势力;在个人方面,亦有自愿遵从社会规则或制度的心理。一至社会解组的时候,此种规则或制度,不足以约束个人,而个人对于此种规则或制度的遵从心理,亦渐淡薄。故社会解组,在规则或制度方面言,是约束力的减弱。在个人方面言,就是服从心的衰微。

三、社会解组的程度

社会解组,发源于任何个人或少数人之破坏任何一种行为规则或制度。一方面由于此种社会规则或制度,不能约束此特殊个人或少数人,而一方面此特殊个人或少数人不愿遵从此种社会规则或制度。最初往往仅有一个特殊个人或少数人破坏之,渐渐而不加制止,便可由少数人而影响于多数人,循至于波及全体。至彼时,此种社会规则或制度,便失却效用。此是就一种特殊的社会规则或制度的解组而言。若就全社会的各种制度而言,最初不过是一种规则或制度的解组,渐渐而不加制止,便可由几种规则或制度的解组,影响及于多数的规则或制度;再由此多数的规则或制度的解组,而影响于全体规则或制度。故社会解组是有程度上的差别。

大概社会解组,往往发源甚微而影响甚大。谚云:"涓涓不息将成江河。"又云:"星星之火可以燎原。"此言少数人之破坏,如不予制止,便可影响全体。故自古国家政令,往往注意于患乱之初萌。即所以防社会解组,所谓防微杜渐是也。《史记》载秦始皇三十四年李斯奏曰:"今天下已定,法令出一。诸生不师今而学古,以非当世,惑乱黔首。如此勿禁,则主势降乎上。党与成乎下,禁之便。""制曰可。"此所言"不师今","非当世","惑黔首",皆指解组之见端而言,故李斯奏请禁止,以防解组之扩大。

四、社会解组的来源

社会解组的来源有二,即一为外部的来源,一为内部的来源,今分别叙述如下。

(一)外部的来源

社会解组的外部来源,就是社会接触。一社会与别社会接触的时候,别社会里面的社会规则或制度,因交通关系,遂源源输入,而此种规则或制度,于不知不觉中,便影响了本社会的规则与制度,而使之发生解组的现象。

(二)内部的来源

社会解组的内部来源,就是社会内部自己发生的解组现象。此种内部的来源有两种:一种是由于人们无能力遵从社会规则或制度,而致破坏。一种是由于人们鉴于社会规则或制度的不适用,乃不愿遵从,而出于破坏。前者是无能力者,是社会上的失败分子;例如犯罪者的破坏法律,不道德者违反道德,皆是。后者是有能力者,是社会上的优秀分子,是人类的先知先觉;例如革命领袖的推翻不适用的旧制度,社会改革家的转移风气皆是。

要之,无论是无能力者之破坏社会规则,或先知先觉者之有意推翻固有制度,都是使社会上固有规则或制度,发生解组的影响。

五、社会解组的两要素

社会解组,就客观言之,不过社会规则或制度的解体。似乎完全离开人而言。但社会规则或制度的维持与破坏,决非其本身能维持之或破坏之,实由于社会上人们维持之或破坏之。人们对于一种规则或制度,始终尊重而奉行之,不敢稍有违反,那么,此种规则或制度,即流行无阻。假使人们对此种规则或制度,稍存轻视之心而奉行不力,或视为无足重轻而任意破坏之;或志存改革,不愿奉行而有意破坏之,那末,此种规则或制度,必至解体,甚或至于不可收拾。

由此看来,社会规则或制度之解组,由于人们对于此种社会规则或制度的态度的解体。人们对于一种或数种社会规则或制度始终抱一遵从的态度,那末,此种社会规则或制度,决不会解组;若一旦发生厌弃或轻视此种社会规则或制度的态度,那末,此种规则或制度,便很自然的会渐渐地解体了。可知社会态度,对于社会解组,有极重大的关系。但社会态度的解组,亦必有其来源。大概社会态度的解组,不外乎二源:或由于外界文化的接触,或由于社会内部的变动。故社会态度的变迁,似亦不是社会解组唯一的原动力。[2] 其关系可表明如左。

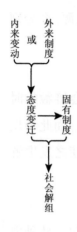

总之,社会解组,是起于社会规则或制度不能约束个人行为,与人们对于此社会规则或制度不愿遵守的态度的发生。此两种要素交互作用,而后始有社会解组的现象。[3]

第二节　社会解组与社会改组

一、社会改组与社会改造[4]

社会改组(Social Reorganization)有两层意思:第一,就是把正欲衰落或已渐衰落的社会规则或制度,而加以维持或修正,使不至完全解体,或使之复兴。凡一切复兴运动及振兴运动,都属此类。例如西洋文艺复兴,是将古代希腊罗马的文艺与哲学思想,加以整理与发扬,名为复古,实则改组。第二,就是全部或部分的放弃原有的旧规则或旧制度,而创造新规则或新制度。此后者的作用,通常称为社会改造(Social Reconstruction)。社会改造,有的根据旧有规则或制度而加以改革的,有的是完全推翻旧有规则或制度,而另造新规则或新制度的。此须视社会环境的需要如何而定。例如我国当春秋时代，行寓兵于农之制。有事则为兵，无事则为农。至汉文武之世，创屯田之制，以兵民屯田，平时从事耕种，暇则练习军事，即依旧有寓兵于农之制，稍加改革而成新制者。又例如商鞅废井田开阡陌，及王安石创行均输、青苗、市易、手实、保甲、保马等新法，皆系推翻旧制特创新制者。

二、社会解组与社会改组

绝对没有社会解组的社会，世界上可说绝无仅有。平常社会，无论秩序如何安定，总常有解组的现象发生，不过实际遇到有社会解组现象发生的时候，即有社会改组的现象发生以适应之。所以平常社会秩序很好的时候，就是社会解组与社会改组两种现象均衡的表现。在此种状态之下，往往社会上一遇到解组现象发生的时候，即有改组的势力，出而维持旧有的社会规则或制度，而使之恢复原状，我国清代戊戌政变，即是此例。当德宗擢用康有为梁启超等，锐意改革，举行新政。慈禧太后力持异议，杀新政官吏杨锐等，尽废新政。此即解组与改组两势力相抵之现象。或者旧有社会规则或制度，不能适应环境的需要，则部分的或全部的修改，以求适应。或者旧有社会规则或制度，全部不能适应环境的需要，则另建新的社会规则或制度，以满足此需要。例如，当清代德宗末年，为适应时势之需要，乃改革政制，实行立宪，属于前者。辛亥革命，推翻帝制，建立共和，乃属于后者。此种解组与改组互持均衡的现象，亦即通常所谓破坏与建设的互持均衡。一面有破坏，一面即有建设以弥补之，不过改组与建设，有时不尽相同耳。

大概一个社会中，解组的势力极大时，则社会变迁必速；解组的势力极小时，则社会变迁必缓。但改组势力极大时，其结果，社会变迁或缓或速。在维持旧有社会制度的力量大的时候，则变迁必缓；在创造新制度的势力大的时候，则变迁必速，此必须视当时社会状况而定。

三、社会进步或退步

一个社会的进步或退步,须视社会改组的方向而定,凡社会改组的方向,适合人类社会的需要而与世界潮流不相抵触者,谓之进步。反之,即谓之退步。故社会进步与社会解组,有相当关系。惟其有社会解组始有社会改组;惟其有社会改组,始有进步与不进步的现象发生。

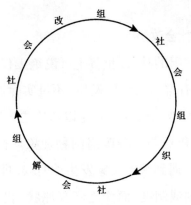

图 32　社会组织循环图

第三节　社会改组推进的要素

如上所述,在社会解组的时候,往往即有社会改组的势力,以挽回而维持其均衡;使社会秩序,重上轨道。此种社会改组的趋向,为适应环境需要起见,或者维持旧规则旧制度,以恢复固有秩序;或者创造新规则新制度,以建立一种新秩序,似乎全无一定轨道可言。但无论是维持旧规则旧制度,或创造新规则新制度,此种社会改组的推进,常具备相当的要素。约而言之,可有五种。

一、领袖

社会上无论何事,须有领袖倡导,是无可疑的。或是维持旧规则旧制度,或是创造新规则新制度,必须有领袖人才出而领导。大概社会上大多数的人，对于任何问题，常表示一种无可无不可的态度。即使有时他们感觉到社会规则或社会制度有改革的必要，但人数众多，势不能大家同去进行，且众人多有职业，实无暇及此。所以社会改组或改造，都有待于领袖人才，出而倡导进行。所谓领袖人才，大概须富有几种特性：第一，须对于社会现象有较锐敏的感觉。常人所未及见者，彼等已能先见及之，就是所谓先知先觉。第二，须富有组织能力。对于一切头绪纷繁的事务，均能有条不紊措置裕如，得圆满的解决。就是所谓干事才。第三，须富有发动能力。凡任何社会事业，知道必须进行的，便能首先发动进行，就是所谓创造才。第四，须富有坚忍心。认定必须进行的事业，能忍受一切挫折与痛苦，百折不回，向前做去，始终不放弃自己的志愿与责任。第五，须富有同情心。无论做何种事业，须明白众人甘苦，深表同情，而不独自享受乐利。第六，须了解民众心理。知道如何去驾驭民众，如何得到他们的合作，如何能使自己的思想行为，不致与民众的思想行为相冲突。第七，须有忠实的态度。做任何社会改进运动，不问感受何种困难，必始终坚持，竭诚尽智以从事，虽赴汤蹈火，亦所不辞。要之，社会上如有此种领袖人才，则任何社会改进运动，当不难进行。

二、组织

既有领袖，其次必须有组织。任何社会改组运动，决非仅仅少数领袖所能成事，故必须有致密的组织。此种组织，是协助领袖推进事业。凡没有组织的事业，全恃少数领袖单独奋斗，一遇挫折或失败，全部事业，便难进行。既有组织，即使领袖遭受挫折或失败，尚有组织为后盾，可以继续努力。组织的要素有三：即计划，分工，与合作是。第一，必须有计划，以预定进行的步骤，步骤既定，方可按部就班，切实推进。第二，必须分工，使计划中所定各种事项，分途进行，次第实现。第三，必须合作，分工并不是各行其是，不相连属的，不过是职务上的分途进行；而实际，则各种职务均属于一个系统。换言之，大家的分工，还是向着共同的目的进行,此就是合作。组织的好处,在有计划;尤在能分工合作去实行此计划。所以组织与领袖是同样的重要。

三、宣传

既有领袖,又有组织,还必须使民众明白社会改组的目标与计划,及其效果,而后进行方始顺利。因为社会改组,是民众全体的事情,而非一二领袖的事情。要民众欢迎改组,而后改组可以实现而无阻碍。所以要改变社会制度,必先改变民众态度。一经转移,社会制度,自可改变而无问题了。转移民众态度最善的方法,莫如宣传。故宣传方法,是社会改组运动中必要的工具。

四、教育

广义言之,宣传亦是教育方法的一种;同是以固有的或预定的思想、知识、主义、政策等,传授民众,并改变他们的思想、习惯与态度。分别言之,宣传是暂时的治标方法,教育是永久的治本方法。宣传是对于普通民众所用的方法,教育是对儿童及少年所用的方法。换言之,宣传是社会的教育方法;教育是学校的训练方法。我们知道,社会改进,常非短期间内所可奏效的。社会规则及社会制度,往往根深蒂固,不易变迁。要转移社会态度,决非短时期内,所可做到。必须从社会的根本——儿童方面——下手,潜移默化循序渐进,方有希望。故教育极为重要。如果我们要想改革一种特殊制度,便可从教育方面,渐渐的养成儿童一种正当态度,使明白此种特殊的制度的缺点,与改革的必要。而后不知不觉间潜移默化,就可转移社会上对于此种制度的态度,而达社会改造的目标。所以教育比宣传尤为重要。

五、立法

大概有计划,有组织,又有领袖出而倡导宣传,似乎已可达社会改进的目标了。但有时却未必尽然。此种劝导宣传的方法,用之于甲方面而有效,用之于乙方面,未必有效。在此种状况之下,必须恃法律的力量,以为制裁。我们知道,社会上常用法律的力量,强制民众奉行制度。因奉行制度之故而使态度渐渐转移。社会上有许多规则与制度,必须借法律的力量去推行。故欲改革此类规则与制度,自须从立法方面下手,订定种种适当的法律,强制民众奉行,逐渐改变民众态度。以达社会改组的目标。

本章温习问题

一、试述社会解组的意义。

二、社会解组,有无程度的差别?

三、社会解组的发源如何?

四、社会解组与社会改组有何关系?

五、社会改组与社会改造,有何差别?

六、社会解组与社会变迁,有何关系?

七、社会改组与社会进步,有何关系?

八、领袖对于社会改组的影响若何?

九、宣传与社会改组的关系若何?

十、教育与宣传的异同若何?

本章论文题目

一、举一社会解组的实例而分析之。

二、说明社会改组的过程并详引例证。

三、领袖的特质。

四、宣传的社会心理。

本章参考书

1. Bogardus: *Contemporary Sociology*（1931），Ch.7（Section 39）.

2. Collins: *The Community in the Making*（1932）.

3. Cooley: *Social Organization*（1921），Chs.30–33.

4. Hiller: *Principles of Sociology*（1933），Chs.27–28.

5. Mowrer: *Family Disorganization*（1927）.

6. Ross: *Principles of Sociology*（1920，1930），pp.458–469.

7. Steiner: *Community Organization*（1930），pp.76–99.

8. Thomas and Znaniecki: *The Polish Peasant in Europe and America*（1920），Vol.Ⅳ,（or New Edition Vol.Ⅱ）.

本章注释

1. 参考Thomas & Znaniecki: *Polish Peasant in Europe and America*, Vol.Ⅳ, pp.1–7。

2. 参考Thomas & Znaniecki: *Polish Peasant in Europe and America*, Vol.Ⅰ, methodological note, Vol.Ⅳ, pp.4–5。

3. 关于社会解组的讨论，除Thomas与Znaniecki之书外，尚有Hiller: *Principles of Sociology*, Ch.27亦可参考。

4. 参看Thomas & Znaniecki: *Polish Peasant in Europe and America*, Vol.Ⅳ, Part Ⅰ, Ch.Ⅰ, & Part Ⅱ, Ch.Ⅰ。

第二十三章 社会控制

第一节 社会控制的性质

一、何谓社会控制

据毕启(Beach)之意,社会控制(Social Control),是社会权势超于个人之谓。劳史(Ross)称为社会超越(Social Ascendancy),即是此意。葛勒克(Clark)谓:"控制,义即约束(Coercion);社会控制,就是社会所加的约束。"[1]观此,可知社会控制,就是社会所加个人行为的任何约束。我们知道,社会上有无数行为规则与制度,供个人行为的准则。在家庭,有家庭的行为规则与制度,供家庭中各人行为的标准。在国家,有国家所定的行为规则与制度,供国中人民行为的标准。在学校,有学校的行为规则与制度,供学校中教员与学生等行为的标准。在工商业界中,有工商业界的行为规则与制度,供工商业界中人行为的标准;推而至于一般社会,即有一般社会的行为规则与制度,供一般人行为的标准。凡此种种可供社会上各人行为标准的规则与制度,对于各人行为,即具有约束的力量。社会控制,就是此种种行为规则与制度对于个人行为约束的作用。

我们在前面各章中,述及行为规则,社会制度,以及一般文化,对于个人行为的影响。又述及个人与个人之间常发生暗示模仿,竞争冲突,顺应同化，同情合作等作用，而使互为影响。似已涉及社会控制的范围，盖凡以社会力量，或个人力量，而使他人受其影响者，即含有社会控制之意。惟以前未述及社会控制如何实现之问题，本章即专论此点。

二、社会控制的需要

白克马（Blackmar）谓："社会秩序，决不能偶然产生。既经产生，如无外力控制，亦不能予以维持；因个人常各寻自己私利，而盲然于社会利益。"又谓："即使各人爱邻若己，而忠实守法；社会上仍需要一种中心控制的势力，以维持秩序；因为个人只求自己欲望的满足，常须与他人发生冲突。譬有二人于此，欲在同时间内占据同一土地。就此二人言，各不相让，殊难解决，但社会上既有法律与法庭，便可以为他们解决。"[2]爱尔华（Ellwood）谓："在社会生活极形复杂之时代，若要避免个人间与阶级间的冲突，而求社会关系的调和，自有增多控制个人性行的工具之必要。"[3]毕启（Beach）谓："有许多共同活动，是社会生活所必需的。若非为共同幸福计，或为重视社会判断与社会需要计，而毅然放弃个人愿望，则此种共同活动，是不可能的了。要实现各种社会生活的统一，便需要社会控制。"[4]凡此诸家之言，已可约略知道社会控制的重要。

总之，要避免社会冲突，维持社会秩序，实现社会统一，而求社会的安宁幸福，自非有社会的力量，约束个人的行为不可。故社会控制，为人类社会生活所必需。中国儒家素重"礼义"。"礼义"即是一种社会标准，是一种基本的社会控制。其目的在避免纷乱，维持秩序。孙卿子云："人生有欲，欲则求，求则争，争则乱，乱则穷。先王恶其乱也，故制礼义以节之。"《礼记》云："夫礼禁乱之所由生，犹防止水之所自来也。"可知中国社会用礼义以防止社会之纷乱，实应社会之需要。

三、社会控制的心理基础

社会控制，就外表言，似乎是一种纯粹客观现象。以外面的力量，加之个人,而使个人不得不就范。社会之对于个人,仿佛是人之对物;取舍移置,一如人意。但细察之,则并不如此。亚尔保(Allport)谓:"控制的机械,即在于个人之内心。"[5]假如在个人方面,缺乏承受控制的心理,则社会控制,势不可能。白克马谓:"社会秩序的基础,存于个人的欲望与行动。同情的力量,可使个人承认别人的地位,因以改变其有害他人的活动。合群的欲望,亦是一个控制的势力:在较小社会中,其控制个人争夺的性质尤为显著。"[6]管子谓:"礼者因人之情,缘义之理,而为之节文者也。"亦是此意。

要之,社会之所以能约制个人,而使个人就范者,即因在个人方面具有接受约束的可能。向使个人方面缺乏此可能性,则社会控制,是不可能了。汤麦史(Thomas)谓:"人类都有好誉的愿望"(Wish for Recognition)。因有此种好誉的愿望,所以社会上种种行为标准,常人都愿遵守。惟有遵守社会标准,方可得社会的称誉。故符合社会标准,以接受社会约束,实出于人类的愿望。凡是爱尔华所谓社会遵从(Social Conformity)性,[7]鲍格达(Bogardus)所谓社会性(Social Nature),[8]亚尔保所谓普通社会态度(General Social Attitude),[9]都是此种接受社会约束的性质。

第二节　社会控制的方法

我人既知,社会控制,是社会上种种行为规则与制度对于个人行为的约束。然则此种种行为规则与制度,究竟如何而始能约束个人的行为?此如何约束个人行为的问题,即社会控制的方法问题。

据海逸史(Hayes)的意见,社会控制的方法,不外二类:即赏罚法,与暗示,同情,模仿法。譬如教师手执夏楚,督课学生,使学生畏其责罚,是用赏罚法。童子军教官,训练学生,使学生模仿其动作,是用暗示,同情,模仿法。前者是取赏善罚恶之意,故控制来自外方;后者取培养普通性质之义，故控制起于内心。[10]龙烈(Lumley)以为，社会控制的方法，不外二类，即实力的控制法(The Physical Force Method)，与记号的控制法(The Human Symbol Method)。例如警察为维持社会秩序起见，而拘捕罪犯，是属于前者；用国旗以引起人民的爱国心，是属于后者。[11]实力的控制法，为日常维持安宁秩序所必需，且为比较简易的控制法。但如社会上仅有实力的控制，而无他种和缓的控制法，则社会秩序，势必难以继续维持，故又有记号的控制，以辅其穷。大概姿态、声音、语言、文字、印刷物，以及其他徽章、印信等类，皆为人类共同生活所必需的记号的控制。

海龙二氏的分类，名称虽异，意义实不相远。海氏之分类，固不完善。譬如命令，亦为社会控制的方法，而在海氏所分的方法中，无从归类。龙氏之分类，亦欠谨严。譬如赏罚二者，龙氏归入记号控制中，其实惩罚，亦有用实力者，如体罚及刑罚是。今折中二家之说，分为自然的控制法，与人为的控制法二类。前者系由暗示与模仿所生的自然控制法，后者为社会有意所加个人的一种人力控制法。

一、自然的控制法

此种社会控制的方法，大率起于人类共同生活时，因暗示与模仿的交互作用，于不知不觉之间，个人即受社会的控制。此种控制，在社会与个人方面，大概均未觉察控制的作用。间亦有利用此种自然控制法，以实施控制者。例如在教育方面，似常适用此种方法，以启发及诱导民众之思想知识，以及其他的行为。自然控制法的内容，不外乎暗示与模仿的作用。此层已在第十四章中详述，故本节不再引说。

二、人为的控制法

人为的控制法，范围较广，大概不外教训、劝导、命令、奖励、惩罚、立信、明断、讥刺等等的方法。今分述如下。

(一) 教训

凡将制度文物,或思想意见,用直接的方法,使对方人明了而接受之者,谓之教训。教训有二义：一为启迪,一为训诲。启迪概在寻常状态时适用之。凡父、兄、教师,以及其他年长之人,欲使年幼或无识之人,学习社会上种种文物制度、思想智识等等,使由不知而至于能知；使由未行而至于能行,此种方法谓之启迪。启迪颇近所谓直接暗示或提示(见上第十四章)。但提示不能使对方必定接受,而启迪则有令对方必须接受之意。凡孔子所谓"有教无类"；庄子所谓"父诏其子",北齐颜之推训子弟读《论语》《孝经》,宋欧阳修母画荻教子之类,皆启迪也。训诲似常在防患未然或补救将来时用之。凡恐怕对方知之不澈底,或行之不努力,而欲使之澈底知之,努力行之,则用训诲。又凡行为之已入歧途者而欲使之悔过自新,则用训诲。《礼记》所谓,幼子常视无诳；《左传》所谓,爱子教以义方,皆所谓训诲。汉马援戒兄子书云："龙伯高我爱之重之,愿汝曹效之；杜季良我爱之重之,不愿汝曹效也。"[12]魏王昶戒子书云："郭伯益吾亲之昵之,不愿儿子为之；徐伟长吾敬之重之,愿儿子师之；刘公干吾爱之重之,不愿儿子慕之；任昭先吾友之善之,愿儿子遵之。"[13]皆为训诲之实例。又邵氏《闻见后录》云："宋司马光五六岁时弄核桃,女兄欲为脱其皮不得。女兄去,一婢以汤脱之。女兄复来,问脱核桃者。光曰自脱也。其父适见之,呵曰,小子何得谩语；光自是不敢谩语。"[14]此则训诲之矫正过失者。要之,教训为有效控制方法之一,而其控制的效果,实际究竟如何,须视教训者对于受教训者之信仰威望如何而定。大概教训者的威望愈大,其对于受教训者之信仰愈坚,则其控制行为的效果亦愈大。教训法适用于一般社会,而尤以家庭为最重要。盖在家庭中教训之收效最宏。

(二) 劝导

教训是有先知觉后知,先觉觉后觉的意思,劝导是寻常一般人相互间的劝说与指导。对于年龄较长地位较尊的人之谏说,亦为劝导。教训有令对方人应该接受之意；劝导则接受与否，须听对方人之自愿。但实际，教训所得之效果，未必胜于劝导。劝导常能得极大之效果。《淮南子》云："得万人之兵，不若闻一言之当。"一言劝导，而对方人能完全接受者，其效诚大。昔后魏太武帝引兵南下，师次淮南，召魏钊入城劝降，已而果降。太武帝谓钊曰：卿之一言，逾于十万师。又战国时鲁仲连书下聊城，抱朴子谓是分毫之力，过百万之众。汉文帝赐书赵佗，而佗即称臣奉贡，是一纸书胜十万师。又郑庄公听颖考叔之劝，而复孝其母。汉高祖听新城三老之劝，而为义帝发丧。是皆所谓劝导之功。从前，凡臣子对于君父，而加规劝，谓之谏。谏为劝导之一种。《礼记》云："为人臣礼不显谏，三谏而不听，则逃之。子之事亲也，三谏而不从，则号泣而随之。"又云："父母有过，下气怡色柔声以谏，谏若不入，起敬起孝，悦则复谏。"《说苑》云："有能尽言于君，用则留，不用则去，谓之谏也。"此皆从前对于尊长劝导之方法。据《汉书》，朱云因请斩佞臣张禹而得罪，辛庆忌叩头流血谏曰，使其言是，不可诛；其言非，固当容之。[15]又据《三国志》，曹操怒许攸欲伐之，杜袭谏曰，计是耶，方助殿下成之；计非耶，虽成宜改之。[16]此皆剖析利害，明辨是非，使自知理屈而从劝导之言。要之，劝导之效，在于使对方明了是非利害，而自动改变其言行。但是否能达此目的，须视劝导者与受劝导者双方的关系而定。受劝导者如能虚心若谷，求善若渴，而后能明辨是非利害，容纳劝导之言。同时，劝导者亦须心平气和，言出肺腑，后而能至诚感人，方不使因劝事而致偾事。总之，如能以和蔼之颜色，至诚之态度，剖陈是非利害，而得对方之了解，则鲜有不为所动者。《孟子》所谓"至诚而不动者未之有也"。

（三）命令

凡将制度文物，或思想意见，用正式的方法，令对方人直接接受之者，谓之命令。其与教训异者，教训对于对方人有应该接受之意，而命令则不特应该接受，而且必须接受。命令有两种：其一为积极的命对方行之；其二为消极的禁对方行之。《史记》云："秦孝公用卫鞅定变法之令。令既具,未布,恐民之不信己,乃立三丈之木于国都市南门,募民有能徙置北门者予十金。民怪之,莫敢徙。复曰,能徙者予五十金,有一人徙之,辄予五十金,以明不欺。"[17]此募民徙木,徙者予金,皆所谓积极的命令。《战国策》云:"昔者秦攻齐,令有敢去柳下季垄五十步而樵采者,死不赦。"此樵采不赦之禁,为消极的命令。凡命令均有强迫性质。惟其有强迫性质,故常用刑罚以绳违犯命令者。命令之控制行为,其收效如何,须视发命令者之威望,与受命令者对于发命令者之信仰,以及命令内容之合理与否而定。《尚书》云:"发号施令,罔有不臧。"则受命令者接受之可能甚大。《论语》云:"其身正,不令而行;其身不正,虽令不从。"此可见发命令者对于命令之效果,关系匪浅。

(四)奖励

奖励者即奖励已成之事功;一则鼓舞有功绩者继续努力,二则激劝他人之努力。《尚书》云:"功懋懋赏。"又云:"功多有厚赏。"《白孔六帖》云:"劳臣不赏,不可劝功;死士不赏,不可劝勇。"《傅子》云:"赏一人而天下劝。"皆所以明奖励之用意。奖励之法,有实物奖励与名誉奖励之别。实物奖励,或以金钱,或以器物。《玉海》云:"叔孙通起朝仪,赐金五百斤。"又云:"夏侯胜撰《尚书论语说》,赐黄金百斤。"瑞典诺贝尔(Nobel)奖金,每年以二十万金圆,奖励科学发明。大学中有学生奖学金,以奖励学生之成绩优异者。凡此皆以金钱为奖励者。《礼记》云:"诸侯赐弓矢然后征;赐铁钺然后杀;赐珪瓒然后鬯。"又云:"君赐车马,乘以拜赐;赐衣服,服以拜赐。"又《册府元龟》云:"唐陆德明在国子学与徐文远、惠乘、刘进喜三人论难,三人皆为之屈,高祖赏帛五十匹。"又云:"唐韦处厚路隋并为翰林侍讲学士,撰《六经法言》二十卷,表献之,穆宗赐锦彩二百匹,银器二事。"《唐书》云:"秦王为皇太子,授尉迟敬德左卫率,赐绢万匹,又举齐府金币什物赐焉。"[18]凡此皆以器物为奖励者。古代有以土地为奖励者,如《周礼》:"司勋掌六乡赏地之法,以等其功。"又有以人为奖励者,如《白孔六帖》云:"李君羡从破宋金刚于介休,加骠骑将军,赐宫人。"至于名誉奖励,或赐勋爵,或勒金石,或图形像,或予奖章。《左传》"晋侯献楚俘于王,王命为侯伯。"是以爵赏。《左传》"季武子以所得齐之兵,作林钟而铭鲁功焉。"又"孔氏四代,有功于卫,至孔悝又有功,庄公美之,勒鼎以旌之。"《汉书》"窦宪击匈奴有功,登燕然山,刻石纪功。"[19]是以金石铭勒功绩。《通鉴》,"汉宣帝画功臣于麒麟阁。""汉明帝图中兴功臣于云台。""唐太宗图功臣于凌烟阁。"皆以图像铭功。至于对有功人物,赐予勋章,为现世文明各国之通例,无待引证。总之,奖励为控制行为之重要方法。许多大事业,因奖励而得成功,许多大祸患,因奖励而得避免。故奖励之效,有时远胜于教训与命令。汤麦史(Thomas)教授,谓人有好誉之愿,与安全之欲。奖励即所以满足人类好誉与安全之愿望。

(五)惩罚

奖励与惩罚,原有连带关系。奖励所以劝善,惩罚所以制恶,皆所以控制他人行为者。《白虎通》云:"悬爵赏者示有所劝也;设刑刑罚者,明有所惧也。"《尚书》云:"用命赏于祖,不用命戮于社。"又云:"功多有厚赏,弗迪有显戮。"皆以赏罚并称,而明其用意。要之,惩罚所以制恶,使受之者感觉痛苦,而畏惧不敢再为恶。故惩罚是对已经作奸犯科者所施之一种手段;一则使作奸犯科者之本人,有所警戒,而不再作恶;二则使一般人见而恐惧,不敢作恶。《左传》云:"刑以正邪。"《尸子》云:"刑以辅教。"《尚书》云:"刑期于无刑。"又《尚书大传》云:"尧舜之王,一人刑而天下治。"《淮南子》云:"圣人罚一人而天下畏之。"皆所以明惩罚的效用。惩罚大致可分为身体惩罚,财产惩罚,名誉惩罚三者。古代对于犯罪者之刑罚,大率以身体惩罚为主。《尚书》云:"天讨有罪,五刑五用哉。"所谓五刑,即墨、劓、剕、宫及大辟是。刻其颡而涅之曰墨,截鼻曰劓,刖足曰剕,男子割势、女子幽闭曰宫,死刑曰大辟。其后又有九刑,即在五刑之外,加流、赎、鞭、朴。及南北朝时,又有杖、鞭、徒、流、死等五刑。民国新刑法分为死刑、无期徒刑、有期徒刑、拘役、罚金等五刑。以上除流赎罚金外，余皆对于犯罪者本人所加的体罚。亦有在本人以外，罚及其亲属者。战国时秦文公初有三族罪。所谓三族，即父族、母族及妻族。凡一人有罪，则并及三族而治罪。其后李斯因受赵高潜，腰斩而夷三族。或谓商纣时已有九族之罪。要之，此皆以身体受罚，不独及其本身，而兼及其亲族者。财产惩罚，古代即有之。《周礼》云："太宰以八柄驭群臣，六曰夺以驭其贫。"注谓其罪大没入其家财也。此为没收财产之始。《尚书》云："金作赎刑。"注谓误入罪者，以金赎罪。《晋律》云："其年老小笃癃病及女徒，皆收赎。"是知赎罪之法，起源甚古。但赎罪亦有限制，非一切犯罪，多可赎刑。古者亦仅许误入罪者赎罪。现行刑法，有罚金之规定。但罚金可以易刑，而徒刑不可以易金。盖其性质有别，不能互易。名誉惩罚，即在名誉上予以惩戒；使知所警惕，而不再为恶。上所述之流刑，似亦可谓为名誉之罚。《礼记》云："有不率教者，屏之远方，终身不齿。"《尚书》云："舜流共工于幽州，放驩兜于崇山，窜三苗于三危。"又云："流宥五刑。"注谓君不忍刑，放宥之于远也。古所谓不齿，亦属名誉之罚。《周礼》云："凡害人者，以明刑耻之。其能改者，反于中国，不齿三年也。"《尚书》云："降霍叔为庶人，三年不齿。"此外凡担任公职者，则加以黜免。《论语》谓："柳下惠为士师，三黜，曰，直道而事人，焉往而不三黜。"即为黜免之例。后世此类甚多。现行法令，对公务人员，有行政处分之规定。免职罚俸记过等皆是，至对于寻常人民，则在现行刑法，有褫夺公权之规定，皆所谓名誉之罚。

总之，惩罚之义，在于惩前毖后。对于已往，予以痛苦，使自知悔改；对于将来，予以警戒，使知自新。盖惩罚原非得已：苟可不致惩罚，则社会固不愿予以惩罚。故惩罚原意即在制止作恶，而能消弭惩罚。《尚书》云："刑期于无刑。"又云："辟以止辟。"又云："功疑惟重。罪疑惟轻。"《汉书·刑法志》云："宁僭无滥。"《论语》云："道之以政，齐之以刑，民免而无耻；道之以德，齐之以礼，有耻且格。"观此，可知古人制定刑法，原出于不得已，苟有可以不用刑罚之处，则固不乐用之。故惩罚应不取报复主义,而取警戒主义。报复仅惩过去,警戒实勉将来。故惩罚而至于"刑措而不用",乃达惩罚之真目标。

（六）立信

凡欲推行社会标准者,必须得社会上人的信仰。此信仰之焦点,即在此标准之必须推行。既有此"标准必须推行"的信仰,而后可使社会遵行而勿失。故立信于社会,控制社会行为的重要方法。《尚书》云:"彰信兆民。"《礼记》云:"忠信以为甲胄。"《论语》云:"人而无信,不知其可也。"又云:"自古皆有死,民无信不立。"《通鉴》司马光云:"国保于民,民保于信。非信无以使民,非民无以守国。"《吕氏春秋》云:"信之为政大矣。信立则虚言可以赏矣。虚言可以赏,则六合之内,皆为己府。"又云:"处官不信,则少不畏长,贵贱相轻。赏罚不信,则民易犯法,不可使令。交友不信,则离散郁怨,不能相亲。百工不信,则器械苦伪,丹漆不真。夫可与为始,可与为终,可以尊通,可以卑穷者,其唯信乎?"《汉书》公孙弘传云:"尧舜之时,不贵爵赏而民劝,不重刑罚而民不犯;躬率以正,而遇民信也。末世贵爵厚赏,而民不劝;深刑重罚,而奸不止;其上不正,遇民不信也。夫厚赏重刑,未足以劝善而禁非,必信而已矣。"[20]观此,可知立信为控制社会之本。《史记》云:"秦孝公以卫鞅为左庶长,卒定变法之令。令既具,未布,恐民之不信己,乃立三丈之木于国都市南门,募民有能徙置北门者,予十金。民怪之,莫敢徙。复曰,能徙者予五十金。有一人徙之,辄予五十金,以明不欺。秦人初言令不便者以千数。于是太子犯法。卫鞅曰,法之不行,自上犯之。将法太子,太子君嗣也,不可施刑,刑其傅公子虔,黥其师公孙贾。明日秦人皆趋令。秦民初言令不便者,有来言令便者。卫鞅曰,此皆乱法之人也,尽迁于边城。其后人莫敢议令。行之十年,秦民大悦,道不拾遗,山无盗贼,家给人足。勇于公战,怯于私斗,乡邑大治。"[21]此极言立信与治民之重要。《史记》又云:"褒姒不好笑,幽王欲其笑,万方故不笑。幽王为烽燧,大鼓,有寇至,则举燧火,诸侯毕至。至而无寇。褒姒乃大笑。幽王悦之,为数举烽火。其后不信,诸侯不至。"[22]此极言失信之足以乱国。要之,凡能立信于社会者,其控制社会行为,最易为力。治国如此,治一切事莫不如此。

(七)明断

凡对于疑难事状,而能予以适当的判断者,谓之明断。有许多事件,因明断而得适当之解决,能化大事为小事,化小事为无事。故明断确能控制社会行为。《隋书》云:"于仲文为固安太守,有任杜两家各失牛。后得一牛,两家俱认,州郡久不能决,请于仲文,仲文曰,此易解耳。于是令二家各驱牛群至,乃放所认者,遂向任氏群中。又阴使人微伤其牛,任氏嗟惋,杜家自若。仲文遂诃责杜氏,杜氏服罪而去。"[23]又《南史》云:"傅琰为山阴令,有野父争鸡。琰问何以食鸡?一人云粟,一人云豆。乃破鸡得粟,而罪言食豆者。"[24]又《问奇类林》云:"宋张咏守杭日,有富民病将死,子方三岁,乃命婿主其赀,而遗书曰,他日欲分财,则以十之三与子,七与婿。子长立,果以财为讼。婿持书诣府。咏曰,汝妇翁智人也。以子幼,故以此属汝,不然子死汝手矣。乃命以其财三与婿,而七与子,皆泣谢而去。"[25]又《册府元龟》云:"晋安重荣为成德军节度使,尝有夫妇共讼其子不孝者。重荣抽剑令自杀之。其父泣不忍。其母诟骂仗剑逐之。重荣问之,乃其继母也。因叱出。"凡此诸例,皆可知,明断可以使人服罪,而不敢为恶。故明断之结果,常胜于惩罚。但明断非偶然之事,必须事理明白,毫无偏私,而后方可得公允的处置,与适当的效果。

(八)讥刺

人对违反社会标准者,不能公然反对或纠正。乃出于间接之示意者,谓之讥刺。讥刺之效力,有时比之直接明告为大,实为间接暗示之一种,在前第十四章中,已略为述及。因其可以控制他人行为,故再为陈说。讥刺最大之效力,在于意在不言中。若明言之,反觉失其用意。而有时因其为间接讥刺,乃发生效果,若明白陈述,反毫无意义。《唐书》云:"太宗在翠微宫,以司农卿李纬为户部尚书。会有自京师来者,帝曰,元龄闻纬为尚书谓何？曰惟称纬好须，无他语。帝遽改纬太子詹事。"[26]《韩诗外传》云："齐景公时，民有得罪者，公怒，缚置殿下，召左右支解之。晏子左手持头，右手磨刀而问曰，古明王圣主支解人，从何支始？公离席曰，纵之，罪在寡人。"《宋史》云："寇准出陕，张咏适自成都罢还。准送之郊，问曰，何以教准？咏徐曰，《霍光传》不可不读。准莫谕其意。归取其传读之，至不学无术，笑曰，此张公谓我矣。"[27]凡此皆以一言讥刺，而使听者自觉惭愧，因以改变其行为者。又有以一词半语，涵义未清，使听者误为讥刺而致成讼狱者。清初之文字狱，大率属于此类。雍正时，查嗣庭典试江西，以"维民所止"等句命题。雍正认维止二字，暗指取雍正字去其首，乃捕庭嗣而毙于狱。又徐骏诗集中，有"清风不识字，何得乱翻书"之句，认为讥讪，乃命正法。[28]乾隆时徐述夔著有一柱楼诗。其诗中咏正德杯云："大明天子重相见，且把壶儿搁半边。"乾隆认壶儿，即暗指胡儿，意存诽谤。又有"明朝期振翮，一举去清都"句，谓其显有兴明灭清之意，戮其尸，并牵连多人。又沈德潜咏黑牡丹诗云："夺朱非正色，异种也称王。"乾隆亦认为意存诽谤，命剖其棺。[29]凡此或者意存讥刺，或者被人误会，而致生恶结果者。故凡以讥刺为控制者，须注意于对方人之性情态度品格，以及其所处地位！同时并须注意于讥刺之对象，及表示讥刺时之态度。必使对方人能了解讥刺之意味，并能从善如流，而不致老羞成怒，或刚愎自用，方可得相当的效果。否则言者快意，而听者难堪，致使衔恨而偾事者，诚所见不鲜。

晚近各中外报章杂志，有所谓讽刺画者，用滑稽口吻，描绘事状，借以讽刺时事。又有小品杂志，专用所谓幽默语调，谈论时事者。凡此皆迹近滑稽，仅足供酒后茶余之谈助，而失社会控制之意义者矣。

第三节 社会控制的工具

上节是讨论人类社会究用何种方法，以实行其控制。本节是讨论人类社会究以何种工具,行使此类方法,以实现社会的控制。有方法必须有工具以执行之;有工具必须有方法以使用之。故方法与工具有密切关系。譬如学校用惩奖法以鼓励学生毕业。惩有记过退学的处分,奖有记功奖金的嘉慰。惩奖是方法,所以执行此惩奖的记过退学,记功奖金,即是工具。社会亦然,社会有种种控制的工具;社会控制的工具,究有几何,社会学家无一致意见。今将主要各家的分类,略述如下。

劳史(Ross)教授,分社会控制为三类:[30](一)对于意志的社会控制,如暗示、风俗、教育,是用直接方法,以影响意志者;舆论、法律、宗教的信仰,是用赏罚法,以影响意志者。(二)对于情感的社会控制,如社会宗教,个人理想、礼节、艺术与人格。(三)对于判断的社会控制,如启发、诱惑、社会评价等。

亚尔保(Allport)分社会控制为有组织的与无组织的两类。[31]无组织的控制(Unorganized controls),如时尚(Fashion)、时髦(Fad)、狂热(Craze)、风俗(Custom)、舆论(Public opinion)、谣言(Rumor)及暴民控制(Mob rule)等。有组织的控制(Organized and regulated controls)如政府与法律、教育、宗教等。

亚坚士(Atkins)分社会控制为正式的(Formal modes)与非正式的(Informal modes)两类。[32]正式的控制如法律,非正式的控制如谣言、舆论等。

白乃德(Bernard)分社会控制为制度的(Institutional)与非制度的(Non-institutional)两类。[33]非制度的社会控制,是比较的缺少标准,无一定形式,且容易变动,例如时髦、时尚、狂热,以及偶然信仰等。制度的社会控制,是比较的富永久性,且不易变动。又分为两种;即主观的与无形的控制,如传说、俗例、风尚等;客观的与有形的控制,如法制、行政组织等是。

派克(Park)由社会控制发展的程序,分为三类,[34]即(一)初步的社会控制(Elementary forms of social control),如群众控制(Crowd

Control)、礼节(Ceremony)、潜力(Prestige)与禁忌(Taboo)。（二）较显明的控制(More explicit forms)，如闲谈(Gossip)、谣言(Rumor)、新闻(News)、舆论(Public opinion)。（三）有较正式组织的控制(More formal organization)如法律、宗教、政治制度等是。

欧鹏克(Eubank)分为有意的与无意的两类，[35]以为一切社会控制，或者出于有意计划者，或者出于无意之间者。彼以为如暗示、偏见、习惯等，或系有意，或系无意。而劝导与约束，则出于有意。

上述各家的意见，除劳史的分类，是就对象的性质分别外，其余均就控制的性质分别。今列表总述如下。

（甲）亚尔保分为有组织的与无组织的控制。

（乙）亚坚士分为正式的与非正式的控制。

（丙）白乃德分为制度的与非制度的控制。

（丁）派克分为初步的显明的与正式的控制。（前二者属于非正式的或非制度的控制。）

（戊）欧鹏克分为有意的与无意的控制。

各家分类，均有相当根据。著者今依欧鹏克的意见，分为有意的社会控制，与无意的社会控制两类。无意的控制，如时尚、风俗、谣言、舆论，以及其他凡社会无意之间，所加个人的约束等属之。有意的控制，如法律、道德、宗教、教育，以及其他凡社会有意给予个人的规范等属之。兹特分别叙述如下。

一、无意的社会控制

（一）时尚

通常，时尚是指流行的新式服装而言。亚尔保以为，时尚往往发源于衣商。衣商图私利而创造新式服装。时髦之徒，首先仿效，以自炫炫人。初时仿效者不过少数人，但此少数，即可渐渐影响于一般民众，便发生一种错误心理，以为大众均已采此新式，则个人即有非采新式不可之势。此所谓社会压迫。我们知道,个人都有遵从社会(Social conformity)的心理。社会上如有大众流行的现象,即发生一种社会压力,使个人自然遵从社会。故摹仿新装,不仅为好奇心所驱使,实为社会遵从心理所催迫。时尚的传布既易,故其影响于社会之力量亦大,而为社会控制之一种重要原素。古人有利用时尚控制的力量,以提倡俭约者。尹文子谓:"昔晋国苦奢;文公以俭矫之,乃衣不重帛,食不兼肉,无几时,国人皆大布之衣,脱粟之饭。"又有以新奇装束养成风气者。《北史》云:"高昂转司徒,好著小帽,人争效之,世称司徒帽。"[36]《唐书》云:"赐供奉官及诸司长官,则有罗巾圆顶巾子,后遂不改。裴冕自制衣巾,工甚,人争效之,世号仆射巾。"[37]皆为时尚影响之例。

又凡有威权者,其对于时尚之影响尤大。《韩非子》云:"邹君服长缨,左右皆服长缨,甚贵。邹君患之,问左右,左右曰,君好服,百姓亦多服,是以贵。君因先自断其缨而出,国中皆不服长缨。"又云:"齐桓公好服紫,一国尽服紫。"此所谓上行下效,其控制人类行为之力量,有不可思议者。又时尚之影响,因模仿者众多,往往有大失其原形者。《后汉书·马廖传》云:"城中好高髻,四方高一尺;城中好广眉,四方且半额;城中好大袖,四方全匹帛。"[38]此言时尚愈传愈失其原形。要之,时尚控制行为之力量甚大。

(二)习尚与风俗

我人仿效他人行为,不但在服装方面,即举止行动,莫不互相模仿社会压迫与社会遵从的心理,实为此种仿效行为的大原。我人常见某种行为,辄以为此种行为,已普遍流行,个人即有不能不遵照践行之感。因此便很自然的仿效行之。于是此种行为,不久便成为社会上流行的行为。例如交际仪式等所谓习尚者是。此种习尚,行之既久,使人人养成习惯,于是于不知不觉中,传之后代,即由习尚变而为风俗。风俗就是相传之社会习惯。此种社会习惯,个人在幼年时代,即已养成。故在社会上发生一种强大的强制力,违背社会习惯,即受社会的轻视(Social disapproval)。个人既有遵从社会的心理,而又自幼即已养成习惯,不易改变;不但自己不愿违反,即见他人之违反,亦感觉不满,而常表示反对。故个人对于风俗,总表示服从与迎合的心理;而对违反风俗者,则又表示反对的态度。

因此,古人有倡导善良行为,以期转移风习者。《礼记》云:"国奢则示之以俭,国俭则示之以礼。"《左传》云:"让,礼之主也。范宣子让,其下皆让。"《三国志·董和传》云:"蜀土奢侈,货殖之家,候服至食,婚姻葬送,倾家竭产。和躬率以俭,恶衣蔬食,防过逾僭,为之规制。所在皆移风变善。"[39]此皆由习俗控制社会行为者。

(三)谣言

道听途说,往往具有一种暗示的力量,使听之者贸然接受。不详考其究竟真确与否。不但自己贸然接受,而且传之他人,一若真有其事者。人人抱此种贸然接受,贸然传递的态度,而谣言以起。谣言就是不正确事实的传布。而此种不正确事实的传布,又因社会影响之力而扩大。传谣言者往往以为他人都如此传说,而自己亦如此传说,初不问事之是否真确。故谣言之传递,常由于传之者之多,而非由于事之真确。传之者之所以多,即由于人人因为他人都如此传说,而自己亦如此传说。此全出于服从多数的心理(Submission to great numbers)的表现。故谣言可以捕风捉影,全属子虚。语云:"一犬吠影,百犬吠声",就是此意。

昔后周唐瑾平江陵归,载书两车,或谣言,唐瑾大有辎重,悉梁朝珍玩。文帝密遣使检阅之,唯见坟籍而已。[40]宋曹彬平蜀回,辎重甚多。或谣言,中悉奇货,太祖令伺之,皆古图书。[41]此可见谣言之不尽正确,一经查考,即可知其真相。但众口铄金,积毁销骨,谣言亦可欺人。据《国策》,"人有与曾参同姓名者杀人,人告曾子母曰,曾参杀人。母曰,吾子不杀人。织自若。有顷,人又曰,曾参杀人,母尚织自若。顷一人又告之曰,曾参杀人。母惧,投杼逾墙而走。以曾子之贤,与母之信,三人疑之,虽慈母亦不能信。"又《汇苑》云:"魏恭与太子质于邯郸,谓魏王曰,今一人言,市中有虎信之乎?曰,否。二人言,信之乎?曰,寡人疑矣。三人言,信之乎?曰信之矣。恭曰:夫市之无虎明矣,三人言而成虎。今酣郸远于市,议臣者过三人,愿王察之。"此可见谣言之为害。谣言之对象,虽万有不齐;但最易引起谣言者,莫如与社会风俗最不相容的事情。好事往往不易上人之口,而坏事则又往往传之唯恐后人。语云:"善事无人见,恶事传千里。"就是表明谣言的易传。

谣言常起于无心的传布,大都因人皆如此说,已亦如此传而已。但亦有故意造作浮言,以毁坏他人之名誉者。此则所谓谗人之言,尤与事实悖谬。昔直不疑未尝有兄,而谗者谓之盗嫂。第五伦三娶孤女,而世人谓笞妇翁。此所谓空中楼阁,故意诬陷。原来周公大圣,而四国散布流言,乐毅王佐之才,而被谤代以骑劫。德高毁来,又当别论已。要之,谣言具有一种力量,可以控制个人而不自觉。

（四）舆论

舆论就是社会上多人共同的意见。舆论之发生,其初不过少数人倡之,其后渐渐传递而及于群众。个人之对于舆论,亦往往出于服务多数的心理。见社会上一般人都如此主张,因而自己亦如此主张,此是一般人对于舆论的态度。

舆论往往近于群众现象,暗示的力量极大,而常缺乏理性的判断。故舆论的可靠程度,常视领导舆论者的意见正确与否为断。领导舆论者具有相当威权。常可以左右舆论;故舆论与领袖有密切关系。

报纸常称为舆论机关。除特别团体所设之报纸,仅为代表一团体之意见外,普通报纸大概可以代表社会上一部分之舆论。但舆论与报纸,常有因果关系。报纸处代表舆论之地位,而往往创造舆论,控制舆论。报纸领导舆论,舆论服从报纸;就使报纸与舆论为不可分离之现象。但此种现象,确甚复杂。报纸之是否可以控制舆论,与代表舆论,全视一般民众的教育程度如何为断。民众的教育程度,足以了解报纸的主张,而后报纸对于民众,方有相当影响。非然者民众的教育程度,不能了解报纸的主张,则报纸对于民众的影响,自必甚微。以我国民众教育程度的低浅,文盲比率,高于各国,自难望其对于报纸主张,有何深切的了解。故我国报纸对于领导舆论一端,似尚在幼稚时期。

舆论又称公意,意即社会上多数人的意见。大概人们对于一问题的意见,其参差状况,有如统计学上所谓钟形弧(Bell Shape Curve)。极端不同的意见,大率甚少,而在相反两极端的中间,却占大多数。此大多数的意见,通常即谓之舆论,舆论力量之大,实可支配社会上一切事业的命运。《汉书》引里谚云:"千人所指,无病而死。"故从事于社会事业者,不可不注意于舆论的趋向,以定进行的方针。如违反众意,即使不受民众的惩罚,亦难望事业的成功。

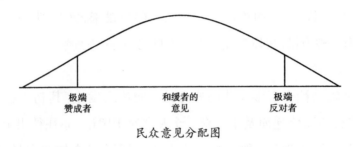

民众意见分配图

中国社会,向重舆论。《左传》谓:"晋侯听舆人之诵。"《孟子》云:"左右皆曰贤,未可也。诸大夫皆曰贤,未可也。国人皆曰贤,然后察之;见贤焉,然后用之。左右皆曰不可,勿听。诸大夫皆曰不可,勿听。国人皆曰不可,然后察之;见不可焉,然后去之。左右皆曰可杀,勿听。诸大夫皆曰可杀,勿听。国人皆曰可杀,然后察之;见可杀焉,然后杀之。故曰国人杀之也。"此可证吾国古时注重舆论与事实如此。

总之,舆论具有控制个人意见的力量,凡感觉众人意见相同的时候,常很自然的表示服从。此种服从多数的心理,实为舆论力量发生之源泉。舆论既成,即发生影响,虽有大力者,亦往往无能为力;故舆论可以控制社会行为。

二、有意的社会控制

（一）政府与法律

法律是人类社会控制个人行为的主要工具之一；政府是执行法律的机关。凡个人生命财产的保护，权利义务的规定，以及违犯法律后的惩罚，都是依赖政府与法律。

政府与法律的功用，就消极方面言，只是一种社会约束。政府是依法律之所规定，应用惩罚法，以限制个人法外的种种行动。但政府所能限制者，只是个人外表的行为；凡法律之所不能及，或政府力量之所不能逮者，便无从限制。于是社会上就需要教育、道德，与宗教等，以补法律之所穷。

但法律不仅在消极方面限制个人的行为；法律与政府的积极的功用，在于提倡个人合作，维持社会秩序，以促进社会幸福。故法律不仅是限制的，而且是诱导的。更进一层说，法律的限制个人行为，即所以促进社会幸福。惟其个人行为有妨社会秩序，而为促进社会幸福之阻梗，故社会借政府之力量，及法律之规定，以限制之。不然，社会秩序已破坏无余，安有幸福之可言。从此点说，可知政府与法律，实为社会上极重要的控制的工具。因为如其没有社会秩序，则任何社会行为，不能顺利地进行了。[42]

由此看来，政府与法律，是人类社会不可缺少的制度；社会愈进化，社会状况愈形复杂，维持社会秩序，愈感困难，故需要政府与法律愈殷。信仰无政府主义者，往往以政府与法律，不但不足以维持社会秩序，保障个人利益，而且妨碍个人自由，与社会安宁，故视政法为人类社会的蠹物。但此种主张，在社会学者看来，殊不正确。盖从人类历史观察，人类社会没有缺少政府与法律的可能。[43]

（二）道德

道德亦是人类社会控制个人行为的主要工具之一。道德与法律，同为人类社会的行为规范。二者的异点，即在法律以刑罚为后盾，而道德则不然。故法律为强迫的，道德是自愿的。法律的标准，往往切近于事实；而道德的标准，则往往接近于理想。故法律的目标，常在维持现实的社会秩序，而道德的目标，则于维持秩序之外，又有促进社会进步的期望。法律仅能控制人类显著的外表行为，而道德则能控制个人一切潜伏与琐屑的行为，故道德可以济法律之穷。

  从人类历史看来，无论那一种社会，没有缺乏道德的标准的。道德标准的内容，虽有简复文野之别；但其足以约束个人行为的效力则一。任何行为规则，一经社会上认为道德的标准，即具有约束个人行为的绝大力量。道德与风俗之异点，从客观方面言，在于道德的内容较为严重复杂，而具有较大的约束力。但从主观方面言，社会上人们对于道德标准的服从心，不但起于服从多数的心理，而尤在其有义务的观念。我人表现道德行为，初未尝如实行风俗，仅仅以多数服从为指归，我人之所以不背道德标准者，实由于自觉有此义务耳。古人之杀身成仁，舍生取义，固未尝因流俗人贪生恶死，而改变节操。于此可见道德行为的要点，在于此义务心的觉悟。法律的约束个人行为，出于强迫；风俗与道德，同出于自愿。但风俗之流行，常由于多数的压迫；而道德的实现，则由于义务心的催促。故义务心欠缺的人，其道德观念毕竟薄弱。仅因多数压迫而表现的道德行为，决非真道德。

  道德虽有约束个人行为的力量；但社会上一般人的行为，常与道德标准，相去甚远。换句话说，即一般人的行为，常不能尽符道德标准。此种理由，颇为复杂。或由道德标准太高，一般人不能几及；或由一般人义务之心薄弱，不注意道德行为的践履。究竟何种道德标准，最适合于社会的需要？又如何使社会上一般人能遵从道德标准乎？此是社会学家与伦理学家均应研究的问题。[44]

  （三）宗教

  法律、道德、宗教三者同为人类社会控制个人行为的重要工具。法律之机关为政府，而所以实行法律之制裁者，在政府有刑罚，在个人为怕惧的心理。道德之机关为社会,而所以实行道德之制裁者,在社会有多数势力的压迫,在个人有义务的心理。宗教之机关为寺院教堂,而所以实行宗教之制裁者,在寺院教堂为超自然势力的存在与作用,在个人为敬畏与希望的心理。但刑罚实施的范围,与社会监视的活动,均有限制。独有超自然势力的存在,似乎无处不可监视:其来也无迹,其去也无踪;视听言动,无处可防,即无处可以懈忽。《中庸》云:"鬼神之为德,其盛矣乎?视之而弗见,听之而弗闻,体物而不可遗。""洋洋乎如在其上,如在其左右。"故不信宗教则已,一信宗教,则其约制行为之力量,比任何力量为大。宗教不流行则已,一流行则全社会受其支配,而不易解脱。故宗教之约束个人行为,具有极大的势力。我国下流社会的民众,大都信仰佛教,其所以不敢为非作恶者,恐受阴间之谴责;其所以为善者,希冀来世之福泽。即此恐惧与希冀的心理,似可范围人心,而维持社会秩序于无形之中。故就宗教的功用言之,在近代社会,似亦尚有相当的地位。固然智识较高的民众,多数似已脱离宗教的束缚;但智识低浅的民众,尚视宗教为重要的行为标准,故宗教似可补道德法律之所穷。至将来的社会,是否尚需要宗教,又是别一问题。以常理测之,人智渐进,社会需要宗教的机会渐少,寻至废去宗教,亦是可能的。

(四)教育

教育是人类社会极重要的一种控制的工具。教育的主要功用,在使个人社会化。利用个人学习的能力,渐渐使个人吸收社会上种种文化制度,风俗习惯,以养成个人为社会的一份子,此就是教育的作用。教育作用,始于襁褓之中,直至老死而止。举凡家庭、学校、一般的社会环境,对于个人,都表现教育的作用。故就广义言之,人类生活的过程,即是教育作用。人生无时无地,不在受教育。即无时无地,不需要教育。人之所以为人,即以其有教育。就此点言之,教育的范围,非常广大,故其控制个人行为的力量极大。举凡上面所述法律、道德、宗教,以及风习、时尚等等,无不假教育以表现其作用。但此广义的教育,是一种无意的社会控制。至教育为有意的社会控制,是仅指学校教育,社会教育,及一切宣传而言。此种种教育,都是欲用一种计划,去传授社会上预定的知识、思想、主义,或政策等等。学校教育,更进而用预定的计划,去陶冶个人的人格。凡此种种,都可以表明:教育是人类社会有意控制个人行为的一种工具。

教育之所以能加个人以种种控制者,全由于个人具有学习的能力。此层与上面所述种种控制之由于多数压迫的心理者,颇不相同。教育者以诱导出之,被教育者以学习受之。如此诱导与学习双方为用,而教育的功用乃显。

第四节 社会控制与社会改进

依照我们以上所讲,社会控制,一部分是人为的,一部分却是在共同生活时自然发生的,自然发生的社会控制,不但对于社会改进,无甚贡献;有时且予以阻碍。例如新奇的时装,有时可以发生伤风败俗的影响。守旧的风习,有时可以梗阻社会的进步。但此类控制的影响,既是在无形之中,自然发生;似出乎人力控制之外。其实不然。无意的社会控制,虽系无形中自然发生,但仍可由人力予以指导。譬如时尚,我们可以利用之以提倡节俭。我们亦可以用政府的力量,禁止新奇装束的流行,以矫正人民的嗜好。又譬如舆论,我们可以利用之以开通智识,并可借舆论之力量,以奖励善良,抑制罪恶。又譬如风习,我们可以利用之以改进人民的习惯,安定人民的生活与秩序。故无意的社会控制,其发生进行,虽非出于社会有意的计划,但社会却可利用其自然的趋势,用人力予以指导。故无意的社会控制,亦可以利用之以改进社会。

至于有意的社会控制,既全出于人类自力的计划与努力,故其与社会改进的关系,尤为密切。

道德控制是人类鉴于不道德的行为,足以紊乱社会秩序,乃立道德标准,外示人以行为的规范,内以引起其义务的心理,使人人自愿遵循道德的标准,于不知不觉中,即受社会的控制。《礼记》云:"德行立,则无暴乱之祸矣。"《左传》云:"德以治民。"盖惟有以道德标准,范围人心,而后可以免除祸乱,增进安宁幸福。

道德标准,既由人定,故可因环境的变迁与社会的需要,而加以变革。故道德标准,可以适应并引导社会的改进。

宗教控制是利用超自然势力的力量,与人民信仰的心理,以控制行为于无形之中。盖必先使人民信此超自然势力的存在,及其作用,而后生畏惧之心,自愿依照教条行事,不敢或违。《诗经》云:"皇矣上帝,临下有赫。监观四方,求民之莫。"《书经》云:"惟天,监下民,典厥义。"又云:"有夏多罪,天命殛之。""予畏上帝,不敢不正。"又云:"惟上帝不常,作善降之百祥,作不善,降之百殃。"凡此,皆所谓以宗教观念,使人知所趋避,以指导其行为。故奖善惩恶,为宗教重要功用之一。同时,宗教尚有一重要功用,即使全社会人的精神团结。盖有此精神上之共同信仰,常可促成种种共同行动。故社会在统一之时,可使人民趋于共同规范;在分崩之时,可使维系将堕之人心。且宗教内容,非一成不变。既为社会上一种重要势力,亦可随社会之变迁,而加以适当之改革。因宗教之改革,即可促进社会上一般之改革,而其关系尤重大者,则宗教力量之宏大,有时远胜于政治与道德。故宗教控制与社会改进,有密切关系。

政治控制是利用法律的根据,与政府的力量,以控制人民的行为。道德控制与宗教控制,虽并出于意愿,但前者由于义务心的催迫,与良心的督促,后者由信仰而生畏惧与希望。政治控制,虽亦利用人类畏惧与希望的心理,而实出于外力的强迫;与宗教道德之出于内心之自觉者个同。政治控制,以法律为范围,以惩奖为手段,而以政府之力量行使之。故政治控制,为最直接的控制,因此与社会改进的关系,甚为密切。盖社会改革的计划,如能以法律规定之,以政府的力量执行之,则其效力必大。

教育控制是依据人类心理的特质,利用习惯养成与改变的方法,以控制人类的行为。教育控制，是最基本的。因其控制人类一切的行为，故无论道德控制，宗教控制，或政治控制，方面虽有不同，而与教育，莫不发生连带密切关系。换言之，凡道德、宗教、政治等控制，莫不假手于教育的方法，以实现其控制。教育控制，为一种基本控制，或民心控制，故社会改进与教育控制，关系最为密切。任何改进计划，如从教育方面着手，则事半功倍；从事于社会改进而与教育不生关系者，其成功殊难有望。

以上略述社会控制与社会改进的关系。总之，无论是自然的控制，纯出于不知不觉的结果，或有意的控制，出于人类自己的计划，莫不可用人力加以指导。故用人力改进社会，即系用人力控制社会。如能依社会改进的计划，用社会控制的方法与工具，以求实现，或庶几焉。

本章温习问题

一、试述社会控制与社会秩序的关系。

二、试就各家对于社会控制的定义而评论之。

三、试述社会控制的心理基础。

四、试述自然的社会控制法。

五、试述人为的社会控制法。

六、"时尚"如何可以约束个人行为？

七、试述"谣言"的社会功用。

八、舆论与领袖的关系若何？

九、试述法律的功用。

十、试述道德的功用。

十一、试述教育对于个人的社会的意义。

十二、试述社会改进与社会控制的关系。

本章论文题目

一、社会制度与社会控制。

二、刑赏为社会控制法。

三、试举一个谣言的实例而分析其影响。

四、以美术代宗教论。

五、文化传授与教育的关系。

六、教育与社会改进。

本章参考书

1. Bernard : *Introduction to Social Psychology*（1927），pp.541-582.

2. Blackmar and Gillin : *Outlines of Sociology*（1930），Ch.22.

3. Bogardus : *Contemporary Sociology*（1931），Ch.7（Section 38）.

4. Cooley : *Social Organization*（1922），pp.121-134.

5. Ellwood : *Psychology of Human Society*（1925），Ch.5.

6. Eubank : *Concepts of Sociology*（1932），Ch.11.

7. Hayes : *Introduction to the Study of Sociology*（1916），Part Ⅵ.

8. Hiller : *Principles of Sociology*（1933），Chs.37-40.

9. Sumley : *Means of Social Control*（1925）.

10. Lumley : *Principles of Sociology*（1928），Ch.23.

11. Markey : *The Symbolic Process*（1928），pp.167-177.

12. Park and Burgess : *Introduction to the Science of Sociology*（1921），Ch.12.

13. Ross : *Social Control*（1901）.

14. Sutherland : *Criminology*（1924），pp.314-390.

15. Westermarck : *Origin and Development of Moral Ideas*（1912），Vol.Ⅰ, pp.21-72.

16. Young : *Social Psychology* (1930), pp.570–673.

17. 吴泽霖著《社会约制》(民国十八年世界本)。

18. 余天休著《社会调治的问题》,《社会学刊》,第一卷第四期。

19. 俞城之著《中国政略学史》编上(生活本)。

本章注释

1. Beach : *Introduction to Sociology*, p.300 ; Ross : *Social Control*, Preface ; Clark : *Social Control of Business*, p.8.

2. 见Blackmar & Gillin : *Outlines of Sociology*, p.381。

3. 见Ellwood : *Psychology of Human Society*, p.393。

4. 见Beach : *Introduction to Sociology*, p.300。

5. 见Allport : *Social Psychology*, p.392。

6. Blackmar & Gillin: *Outlines of Sociology*, p.382.

7. 见Ellwood : *Psychology of Human Society*, pp.158, 291。

8. 见Bogardus : *Fundamentals of Social Psychology*, Ch.2。

9. 见Allport : *Social Psychology*, p.320。

10. Hayes : *Introduction to the Study of Sociology*, p.586.

11. Lumlcy: *Means of Social Control*, pp.14 – 23 ; *Principles of Sociology*, pp.493–495.

12. 《后汉书》卷五十四《马援传》。

13. 《三国志》卷二十七《王昶传》。

14. 邵氏《闻见后录》,宋邵博撰。博为伯温之子,伯温为康节之子,伯温有《闻见前录》一书行世。

15. 《汉书》卷六十七《朱云传》。

16. 《三国志》卷二十三《杜袭传》。

17. 《史记》卷六十八《商君列传》。

18. 《唐书》卷八十九《尉迟敬德传》。

19.《后汉书》卷五十三《窦融传》附见。

20.《前汉书》卷五十八《公孙弘列传》。

21.《史记》卷六十八《商君列传》。

22.《史记》卷四《周本纪》。

23.《隋书》卷六十《于仲文传》。

24.《南史》卷七十《循吏传》。

25. 并见《宋史》卷二百九十三《张咏传》，惟文字稍简略。

26.《唐书》卷九十六，《房元龄传》。

27.《宋史》卷二百八十一，《寇准传》。

28. 见《清稗类抄》第八，第十四册。

29.《清朝野史大观》卷三。

30. 劳史教授于1901年出版其名作,《社会控制》(Social Control)一书,始引起社会学家研究社会控制之兴趣。此次所引之分类,见所著 *Principles of Sociology* (1920, 1931), pp.426–430.

31. Allport : *Social Psychology*, pp.392–407.

32. 见 Atkins & Lasswell : *Labor Attitudes and Problems*, pp.465–476。

33. 详见 Bernard : *Introduction to Social Psychology*, Chs.35–36。

34. 见 Park & Burgess : *Introduction to the Science of Sociology*, pp.787–799。

35. Eubank : *Concepts of Sociology* (1934), pp.217–218.

36.《北史》卷三十一《高允传》附。

37.《唐书》卷一百四十《裴冕传》。

38.《后汉书》卷五十四《马援传》附见。

39.《三国志》卷三十九《蜀书》。

40.《周书》卷三十二《唐瑾传》。

41.《宋史》卷二百五十八《曹彬传》。

42. Ellwood : *Psychology of Human Society*, pp.396–401 ; Blackmar & Gillin : *Outlines of Sociology*, pp.399–400 ; Beach : *Introduction to Sociology*, pp.300–303.

43. 参看Ellwood前书400页。

44. 参看Ellwood前书第406–410页。

第五编
社会变迁与社会进步

第二十四章　社会变迁的性质及史迹

第一节　社会变迁的性质

一、变迁的意义

就字义言，《说文》：变，更也。《广韵》：变，化也，通也。《尔雅释诂》：迁，徙也。合而言之，变迁者，变动不居之义。恺史（Case）谓：变迁，即变成"不同"的过程。[1]欧鹏克（Eubank）谓：变迁是位置或状况之变动。[2]要之，变迁就是事物变其本相之意。事物都有其本相。我们如在事物的本相上，发见有不同的状况时，我们就说，事物发生变迁。例如，事物"甲"的本相就是"甲"。现在发见"甲"已变而为"甲一"，"甲一"已非"甲"之本相，故谓之"甲"的变迁。事物之变其本相，必定从时间上比较而得的现象。麦其维（MacIver）谓：变迁就是一事物经过不同之时间。[3]所以凡是一种事物，在不同时间上，发见其有不同的状态，得谓之变迁。亦得谓之一种事物，在不同时间上的变迁，《论语》云："逝者如斯夫，不舍昼夜。"即是表明事物在时间上继续变动之好例。《朱子》谓："天地之化，往者过，来者续，无一息之停。"[4]《庄子》谓："物之生也，若骤若驰，无动而不变，无时而不移。"[5]即是此意。

二、社会变迁的意义

社会变迁，简单说，就是社会现象的变迁。由上说来，社会变迁，就是社会现象，在不同时间上所发生失其本相的变动。世间现象，得大别为三大类，就是（一）物质的或无机的现象，（二）生物的或有机的现象，（三）文化的或超机的现象。社会现象即人类共同生活的现象，实包括一部分生物现象（如人口现象）及文化现象。从物质现象的变迁言之，则有风、云、雷、雨、暴风、骤雨、川流、河决、山崩、地裂等等。从生物现象的变迁言之，则有人类之新陈代谢，如生、老、病、死等等。从文化现象的变迁言之，则有文物制度之新陈代谢，如发明、传播、改革、废除等等。社会现象的变迁，就包括人口变迁与文化变迁。

三、社会变迁与文化变迁

社会变迁，应包括人口变迁；但人口变迁，如生、老、病、死之类，虽属于生物的范围，而其所受文化的影响极大，故已非纯粹的生物现象。人类既富有征服自然的能力，即可支配人口的活动与变迁。例如生育是可用方法限制。避孕、堕胎的风习，可使人类减少生育。发展科学，改进医药，可以减少疾病，延长寿命，控制死亡。文化事业的发达，可使人类迁徙往来，发生人口变动。要之，人口的变迁，虽不能完全脱离生物原则的支配，但确已受人类自己力量的控制。故人口的变迁，亦不能出乎文化变迁范围之外。所以亦可说，社会变迁，似只是文化变迁而已。

第二节　社会变迁的方式

一切社会变迁，得就其变迁状况，及所生影响之不同，而分为两大方式：即寻常的变迁与非常的变迁。凡是寻常逐渐与和缓的变迁，谓之寻常的社会变迁，凡是突然剧烈而迅速的变迁，谓之非常的社会变迁。

一、寻常的社会变迁

寻常的社会变迁，又可分为自然的与计划的两种。自然的社会变迁，是不由人工计划而自然产生的变迁；计划的社会变迁，是由人工计划而产生的变迁。

自然的社会变迁，常于不知不觉中日积月累而发生。其中有的部分变迁速，有的部分变迁迟，故其变迁，毫无一定。此种变迁，常起于下列几种原因：（一）异种文化互相接触后，社会上不知不觉受新文化的影响，而使旧文化改变。如中国自海通以来，欧西文化，源源而来，致发生近代社会上各种变迁。（二）新发明一经产生，社会上不知不觉采用新发明，使旧文化发生变迁，或失其效用。如电灯发明后，各地均采用电灯，于是灯火制度发生变迁。（三）社会上分子，老幼更迭，新陈代谢时，常发生多少变迁。此种变迁，起于授受之际，稍有差池。致久而久之，结果渐有不同。所谓模仿因传递而改变，即此种变迁所由来。（四）人口增加后，社会上各种文物制度，不知不觉中即变迁以适应之。如都市发达时，市政必须扩大范围以便适于管理。（五）人口组合的改变，如战争之汰强留弱，移民之精壮外徙，均足以使社会发生变迁。

由此种种原因，社会上就发生许多不知不觉的变迁。大概一个社会中，此种变迁，总是很多。但此种变迁，常有几种特点：（一）常产生意外的结果。例如世界变迁至如何程度，必发生欧洲大战，此在1914年以前任何人之所不能预料。（二）其变迁常非人力之所能控制。惟其不能预料，故无法加以控制。此与计划的变迁大异之处在此。（三）人类历史，即在此种自然的变迁中，渐渐造成。

计划的社会变迁，通常谓之社会改革。社会改革，既由人力计划，所以必须经过相当的步骤。第一，为讨论期，先由少数人发现社会上缺点，或拟介绍某种社会新猷，而引起社会上之注意与讨论。第二，为计划期，决定改革计划，向社会提议。第三，为宣传期，用宣传法，造成舆论，以转移社会态度。第四，为试行期，逐渐试行，以期改革计划之实现与成功。在此各种步骤中，有一中心的原素，即在领袖之得人。社会运动之成功，全恃领袖；计划与方法，均在其次。

此是完全的社会改革的步骤。但有许多社会变迁，不是一定经过此种步骤。例如在专制时代，帝王的谕旨，可以实行改革的计划，固不待社会的批评与讨论，及舆论的造成而始克进行。此似须视人民的程度，社会的习惯，以及政治组织的状况而定。大概开明的社会，似适于完全改革的步骤。

二、非常的社会变迁

非常的社会变迁，亦得称为革命。革命原是不常有的事，所以谓之非常的变迁。大概一个社会如能常常顺应潮流，如有许多文物制度，不能适应环境的需要，而加以相当的改革，则社会变迁，似乎常可循一定的途径，而向上发展。但实际不然。社会上常缺少先见之明，而不知改革，结果，产生一种社会偷安的现象。例如当前清末年，政治制度，不能适合时势的需要，而上下偷安，不知振作。于是酿成辛亥之革命。总之，如社会上不知顺应潮流，力谋改革，以应环境时势的需要，则革命终须爆发。此种社会的爆发（Social Explosion），是社会不幸的现象，因其结果足使社会极端紊乱，常须经过长时期的整顿，方可恢复秩序。

亚尔保（Allport）谓：革命起于社会制度不能适应时势的变迁。又谓：革命就是与一种阻碍民众愿望之势力的冲突。爱尔华（Ellwood）谓：民众革命的起因，常在于缺乏适应。又谓：革命的原动力，在于社会制度与政治制度的压迫。威尔逊（Wilson）谓：压迫是革命的种子（Repression is the seed of revolution）。总之，凡是社会制度不能适合时势的要求，而欲强迫维持，使民众愿望压迫而无由发泄。结果，必致发生革命。[6]

在革命发生的时候，社会上引起剧激的变迁。凡一切旧制度旧标准，失去其固有的效用。而社会上中心的新制度新标准，往往不易建立。

即使建立,而民众因积重难返的原故,往往不易接受。在此时为革命未完成时期,亦即社会变迁的过渡时期。必须俟中心的新制度新标准,完全建立,并且为民众接受,方始可说,革命达于完成。所以革命的全程,实包括破坏与建设两个阶段。破坏是革命的起点,建设是革命的终点。在此破坏开始,建设未成的过渡时期,社会上往往表现一种混乱现象;民众往往感受深切的痛苦。此种痛苦,就革命的全程说,是不能免的,要直等到新制度新标准确实建设完成;民众痛苦,方始解除。所以革命的过渡时期愈短,民众痛苦愈少;反之,过渡时期愈延长,民众感受痛苦愈深切。所以在革命时代欲解除民众痛苦,即在缩短破坏的过渡时期;欲缩短破坏的过渡时期,即在加紧建设的工作。

革命时代,社会建设的成功,有恃于两种要素:第一,要有适合于时代需要的理想原则,为一切建设的标准。此种理想原则,能统一一切建设的趋向,而不致纷乱。第二,要有伟大人物,为一切建设人材的领袖。伟大人物,能统一社会上各种势力,使集中于建设事业,以安定国家,完成革命。由此以谈,革命是社会变迁之一种,不过其性质与寻常的社会变迁,稍有不同而已。

第三节　古代社会变迁的迹象

地球上究竟何时始有人类,人类学家中尚无一致意见。据克鲁伯(Kroeber)言,地球之有人类,将及一百万年,[7]但有文字记载的历史可稽者,不过五六千年耳。在此五六千年中,人类社会变迁的痕迹,固可从历史中考查而得之,至于在五六千年以前至一百万年前的社会变迁状况,在记载的历史中,似已无从考查其真相。但晚近考古学家发掘的结果,化石遗骨,多可据以考见原始人类社会生活情状,并可据其年代之远近,以推测社会变迁的痕迹。

自原始时代以来,人类社会变迁的状况,通常分为四大时代;即曙石器时代,旧石器时代,新石器时代,金属器时代。今分述如下。

一、曙石器时代

据人类学家言,现代考古学家所发见地层中人类的遗物,以曙石(Eoliths)为最早。换言之,人类最初所用的工具,就是曙石。曙石原是起始用石的意思(Dawn-Stones)。此类曙石,是一种非常粗陋的石子,似乎是未经人类造作的天然石子。惟因人类曾经用以割物、击物,所以便成为人类工具。据卫尔德(Wilder)说:最初的人类,所用以御兽与敌之工具,不外乎拳、牙、爪,以及地上的石子,树上的干枝,或兽类的牙骨。[8] 此种经过人手用以击物的石子,就是曙石。从前欧洲考古学家,尚不知有所谓曙石。及至近时发掘的结果,尤其是比国考古学家罗托(Rutot)的研究,断定此种曙石是人类最初所用的工具。所以罗托及其门徒辈,即定此用曙石的时代为曙石器时代(Eolithic Age),[9] 至今已为一般人类学家所公认。

此种曙石在欧洲方面已有许多发见;但因其所发见的地层中,不能同时发现人类遗骸,所以还有人疑其不是人类所用的工具。或者仅是某种动物所破碎的石子,或由其他自然方法破裂的结果。但现在人类学家大都已不复怀疑。不过相信此时代的曙石,决不是由人造作的;人类仅仅就地上发见的石子,取用之而已。[10] 至于此种曙石的起源,据卫尔德的意见,是非常久远。大概自有人类以后,就有曙石的使用。以时代计之,约在冰河期之初年(The Beginning of the Pleistocene Period, or Ice Age),即100万年以前之顷。卫尔德并谓:使用曙石的人类,或者就是此种爪哇猿人(Pithecanthropus, or the erected ape-man)[11]。要之,此种曙石器时代,就是人类最早的文化时代。

二、旧石器时代

经过极长时期的曙石器时代,方始有所谓旧石器时代(The

Paleolithic Period, or the Old Stone Age）。至此,而人类文化的起源,始有可靠的证据。此旧石器时代的开始,在冰河时期之末年,约在距今10万年以迄于1万年前之顷。[12]彼时最初所用的石具,是由人力破碎的石片器(Chipped Stone Implements),与曙石显然不同。此是可从石器之外形察知的。

旧石器时代的石片器,初视之,似乎无甚区别。大概都是经人力破碎的粗石片或尖石块;包括种种不同的形式,用以割物、刮物或裂物等等。但细察之,可以发见其形状的差异,与制作方法的不同。而此种方法上的差异,为考古学家划分旧石器时代之最要根据。考古学家与人类学家现在大都承认旧石器时代,可划分为两大时期六小时期如下。

（甲）前期旧石器(Lower Paleolithic)

　　（一）丘伦期(Chellean)约100 000年前

　　（二）阿丘伦期(Acheulean)约75 000年前

　　（三）毛斯梯伦期(Mousterian)约50 000年前

（乙）后期旧石器(Upper Paleolithic)

　　（一）阿立纳兴期(Aurignacian)约30 000年前

　　（二）沙罗曲伦期(Solutrean)约25 000年前

　　（三）马台来宁期(Magdalenian)约10 000年前

从丘伦期以至马台来宁期,约有9万年。石器之制造,渐渐由粗陋而至于稍稍细致,物质文化与石器同时发展者亦渐见增加。即社会制度,亦渐见端倪。若比较言之,在丘伦与阿丘伦时期,所用石器,均不过用手击碎的碎石器(Chipped Implements)而再加之以能知用火。毛斯梯伦期,已稍有进步,石器的种类稍多,间或亦用兽骨,且似已有宗教的发生。自毛斯梯伦期以至阿立纳兴期,社会一大变迁。因为有很大变迁,所以考古学家,把他分做前后两期。在毛斯梯伦期,文化特质不过四五种,到了阿立纳兴期,文化特质比之毛斯梯伦加了三倍,同时并有许多新发明,为以前所未见。骨器之制造甚多,艺术如雕刻之类亦发达,身体装饰已盛行。至沙罗曲伦期与马台来宁期，更有许多新发明。总之，由旧石器初期以至末期，文化特质，增加至十二倍以上。大概在旧石器时代之末期，约距今1万年前，人类社会的文化发展，已略具规模。彼时之人，已知用火煮物；能穿衣；能有固定住所；能有丧葬、礼节及宗教之仪式；艺术如造型、绘画与歌曲等，亦已发达；且知维持社会秩序，而已有法律、公道等的发轫。要之，凡近代文化的基本要素，似均已约略具备。不过就文化的总量言，尚极微小而已。现在将克鲁伯所列的旧石器时代文化发达表，译录如左，以见一斑。[13]

	丘伦期	阿丘伦期	毛斯梯伦期	阿立纳兴期	沙罗曲伦期	马台来宁期
石片器						
碎石子	■	■	■	■	■	■
粗石片			■	■	■	■
碎石片					■	■
直石片						■
木柄器					■	■
火		■	■	■	■	■
灯						■
骨器						
锴子				■	■	■
剑头				■	■	■
颜色管				■	■	■
项饰（服装）				■	■	■
针					■	■
锤					■	■
钩						■
镖枪						■
艺术						
雕刻				■	■	■
蚀刻				■	■	■
绘画					■	■
宗教与风俗						
物葬			■	■	■	■
绘葬					■	■
屈葬					■	■
号令杖						■
头盖杯						■
房屋						■
面具						■

以上均指欧洲文化而言，中国究竟于何时始用石器，殊难确定。以前东西学者如劳佛尔（Laufer）及鸟居龙藏皆谓中国无石器时代，而国人章鸿钊所著《石雅》一书中，亦信此说。稽之古籍，《越绝书》云："轩辕、神农、赫胥之时，以石为兵，黄帝之时，以玉为兵。"《史记》云："肃慎氏贡楛矢石砮，长尺有咫。"此古书所载，固不尽可凭。但神农黄帝之时，或已用石器，亦殊难否认。不然何以古书所言石器，与今考古学家所说，竟近似如此。况近十余年来，国内地质及考古专家，已发掘石器甚多，即可证前说之无据。据安特生（Andersson）民国九年在河

北宣化发见石剑,在万全发见燧石器。前者为沙罗曲伦期物,后者为阿立纳兴期物。[14]又法国学者德日进(Père Teilhard de Chardlin)与桑志华(Père Licent)于民国十二年,在陕甘河套发见旧石器,均为毛斯梯伦及阿立纳兴期物。[15]又民国十四年间,美国中亚探险队韩德鲁(Andrews)及纳尔逊(Nelson)等在外蒙古阿罗淖尔发见少数石器,似为毛斯梯伦期,及阿立纳兴期遗物。[16]

三、新石器时代

人类社会发展至马台来宁时期,凡生活需要的基本文化,已约略具备,既如上述。及至新石器时代而文化一大进步。新石器时代(The Neolithic Age, or the New Stone Age)亦名光石器时代(The Polished Stone Age)。因为制石器的方法,至是而大变。其实磨光之方法,直至新石器时代之中期方始发明,在早期的石器,仍用砰击的方法。所以使新石器时代,特异于旧石器时代者,不在石器之磨光不磨光,而在陶器与弓箭的发明。[17]自从陶器与弓箭的发明,而人类生活始生一大变化。故最近人类学家欲将新石器时代改为陶器时代(Pottery Age)或弓箭时代(Bow Age)。但此种改名,似不必要;因新石器之名,早已普遍使用,否则反足淆乱事实。

新石器时代,通常分为早晚两期(The Early Neolithic and the Later or Full Neolithic)。早期最著名的文化特质,为陶器、弓箭、骨器、角器,以及石斧与豢狗的风俗。此五六种特质,除骨器角器外,都不是旧石器时代所有;所以新石器时代之文化,远胜于旧石器时代者即在此。晚期新石器时代的主要文化特质,或磨光的石器如磲子、斧头、石锤之类,农艺与家畜的发生,居处的造作,石椁的创制,以及其他种种的陶器的图案绘饰等。

要之,人类社会一至新石器时代,就发生种种的变迁。因为有陶器,而煮食的方法发生变化;凡从前不食的植物,现在都可煮沸而食之。因为有弓箭,而猎兽的方法大有进步;从前只能捕邻近的兽类,现在能及于远方。及至农艺与家畜的发明,而人类始可有永久的居住,食物有贮蓄,财富能积聚;而后人口始可群聚而发展。

中国究于何时入新石器时代,殊无确论。《越绝书》所谓轩辕、神农、赫胥之时,以石为兵,或已入于新石器时代。但古籍荒远,究难确知。近年安特生氏在奉天锦西沙锅屯,发现石刀、小石斧、石锥、石削、石矛、石镞、石环、石瑗、石纽、石珠、石圆板等。在河南渑池县仰韶村,发现石斧、长方石刀、石凿、石矛尖、石镞、石杵、石环、石瑗、石针、石耨、石锄、石纺织轮等。在甘肃发现石斧、石镰、石珠、玉片等。均断为新晚石器时代之物。始知中国新石器时代之器物,分布甚广。至其年代,亦与欧洲不甚相远。[18]

总之,从上面讲来,旧石器时代,约历9万余年,新石器时代亦历5 000余年。在此10万年中的社会变迁,使人类社会渐渐进化,凡衣、食、住、行、用具等等之物质文化,已渐复杂,几乎已达到如工业革命以前相仿的境界。

四、金属器时代

在新石器时代之末,人类社会,虽已进步;但非达于金属器时代,[19]社会不能再有发展。自入于金属器时代(The Metal Age),而社会始一大进步。

世界各国入于金属器时代的年期,颇不一致。据卫史莱(Wissler)的研究,欧亚诸国入于金属器时代的年代如下:埃及与亚洲西南部,约在西历纪元前5000年。欧洲东南部,约在西历纪元前3000年。欧洲西北部,约在西历纪元前2500年。中国,约在西历纪元前4000年。[20]印度,约在西历纪元前4000年。美洲土人,约在西历纪元前后。

金属器时代又可分为四期,就是:紫铜器(Copper Age)、青铜器(Bronze Age)、铁器(Iron Age),与钢器(Age of Steel)。最初是用紫铜制成刀、剑、锥、斧之类；但以其性质不坚，后来偶然和以他种金属(如锡)而成青铜。青铜性较坚硬，易镕而制作亦较便。当时刀剑之类多取青铜制之。青铜器发展之时，社会上就同时产生许多新发明。就埃及(Egypt)与巴比伦(Babylonia)言之，有下列种种的文化特质：(1)文字，(2)雕刻与建筑，(3)环洞，(4)砖瓦，(5)石匠业，(6)耒耜，(7)天文录，(8)历书，(9)陶器制造器，(10)纪念碑等。至于中国，当黄帝之世，文字既已发明，而一切文物制度，莫不粲然大备。视埃及、巴比伦，诚有过之无不及。

观此，可知青铜器时代，文化已极发展。若就人类社会的进化言，其关系尤为重要。有文字的发明，而后人类思想与事迹，可以布远而传后。以后一切文化发展，可说全赖文字的效用。有天文以观察气象；有历书以记时日；有耒耜以耕种，而后农业就有长足的进步。有砖瓦、陶器制造器、环洞、石工、雕刻、建筑等发明，而后工程事业，始日益发达。可见，人类社会至青铜器时代，不但物质文化已极发达，而社会制度亦相应进展。故青铜器时代，为人类社会进化的一大关键。

自青铜器时代历2 000余年，而后人类始知用铁(指欧洲诸国言)。就铁为矿产而言，其分量当比铜矿为多，而反比铜之使用，迟至2 000年之久者，或由于铁性较硬，镕制匪易；而人类知识技术，在彼时尚不能支配铁质的原故。及至后来，因为偶然发见，或因铜矿缺少，而渐知用铁；于是从前用石用铜的器具，大都代之以铁器；乃有铁器时代的名称。人类最初用铁，大率为装饰之用，或以为珍宝佩带，或以之镶嵌铜器。随后渐渐发展，方用以制造种种器具。至此而人类社会，亦随之而日趋发达。及至18世纪之末叶，炼铁成钢之发明，而后机器制造大盛，人类社会，便一变其景象。谓近代文明发源于钢铁之使用，亦不为过。

五、总结

要之，人类社会自极简单的曙石器时代，以至极复杂的钢铁器时代，历时凡一百万年之谱。凡有证据可考见者，都可证明，在此一百万年之中，社会上随时发生变迁。其变迁虽因时代不同而有迟速之异，但其变迁的线索原委，都可抽寻。所以从此种文化变迁的史迹，可以了解人类社会进化的意义。现在再把各时代文化、经济及器物状况，列表于下，以见概略。

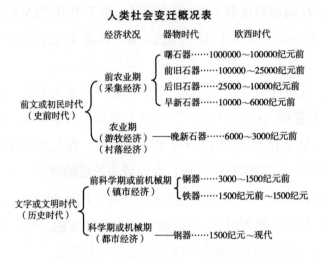

第四节　西洋近代社会变迁的趋势

人类社会自入金属器时代以后，即有文字的发明；有文字的发明，便有历史的记录。自从有历史纪录以来，人类社会，发生极迅速而复杂的变迁，尤其是最近数百年以内。现在把有史以来社会变迁的状况，约略述之。

一、西洋文明的发源

埃及与巴比伦的文明，实为欧洲文明的远祖。埃及因尼罗河的关系，巴比伦因阿付腊底斯与底格里斯两河的关系，交通便利，土地肥沃，结果，就产生古代的文明。埃及的文字、历法、测量术与建筑术，两河流域的文学、美术、数学与天文学，以及希伯来人（The Hebrews）与腓尼基人(The Phoenicians)的宗教与文字,对于后来希腊罗马的文化,有直接或间接的贡献。希腊接受埃及巴比伦等之文明余荫,文学、科学、哲学、美术、工艺就有盛美的发展,因得欧洲唯一文化先进的称誉。罗马远承埃及巴比伦,与爱琴文化的精粹,近接希腊文明的遗产,就成为欧洲继往开来的一个先进国家。罗马人对于科学、哲学、美术,除去袭古代遗业外,虽无特殊的建设,但对于法律、政治,以及社会组织,却有特殊的贡献。后来,日耳曼人崛起,又加以基督教的勃兴,就使希腊罗马的文化更调和融洽,发挥光大。其后又经教皇制度与神圣罗马帝国的冲突,欧洲各种势力相分相合,卒以造成列国对抗之局,此是一种社会新秩序。在此新秩序之下,就开近代欧洲社会的新发展;而此种新发展,不仅限于欧洲,实影响于全世界了。

二、近代社会变迁的潮流

欧洲自黑暗时代以后至十字军东征,社会上发生绝大的变迁。十字军东征最大的效果,在使东西文化交通。在此种文化交通之下,遂使欧洲社会发生种种变迁:第一是大学教育的勃兴,第二是城市势力的扩张,第三是封建制度的衰落。从此种种要素的作用,就产生了文艺复兴的现象。文艺复兴是近代社会变迁发生的锁钥。假使没有文艺复兴,就没有科学的发展;没有科学的发展,就没有工业的革命;没有科学发展与工业革命,就不会发生现代社会的种种变迁。因为文艺复兴,不仅是恢复古学;实在是从古学的研究,产生新的文化。文艺复兴,虽发源于意大利,但其影响所及,直接遍于欧洲全部,间接波及世界各国。文艺复兴直接所生的结果,除科学的发展外,尚有宗教革命,与新地发见。宗教革命,就表面言,仅限于宗教方面;其实影响及于政治、经济与社会的各方面,为后来各国革命的一个引线。至于新地发见的结果,就开列国竞争殖民的局面。因以产生帝国主义之运动。帝国主义之气焰既盛,于是侵略战乱,一方促成列强抗衡之局,一方产生民族运动。使全世界发生种种政治上、经济上与社会上的变迁。

科学的促进与发达,实为文艺复兴的一种最大贡献。凡现代社会的种种变迁与发展,莫不以科学为基础;其尤显著者,莫过于工业革命。工业革命的开始,约在法国大革命前二十年。彼时因为英国科学的发展,发明家辈出;根据从前科学的知识,发明许多机器。凡纺织、开矿、制造、耕种以及交通等种种事业,都可用机器代替人工。于是工厂就为生产的中心机关。

自从机器工业为生产的中心以来,社会上便发生巨大的影响:第一,产生所谓工厂制度。从前手艺工业,不但可在小作场中工作,即家庭,亦常为制造的场所。自改用机器制造以后,工人必须集合工厂作工,而家庭不复为经济中心。第二,资本发达后产生所谓工资制度。在手艺工业时代,经营事业,所需资本不多;故为工人者亦常可取其积蓄所得,自办工场;换言之,彼时工人与资本家的界限不严。现在工厂盛行,办理工厂,非有大资本者不克从事。为工人者惟恃工资收入以维持生活,犹虞不足,安有能力创办工厂。所以社会上就产生一种劳工阶级,专恃工资以生活,使工资成为一种制度,同时资本就日渐发达。第三,分工日细。因为机器既多,制造之方法渐精;于是一件极小的物品,须经过多数的手续。在此种状况之下,使工人生活成为一种机械呆板的生活。第四,产量增加,引起商业交通的发展。机器的力量既比人力为敏捷,于是出产分量大增;产量既增,必须得市场以容纳之,遂使商业因而发展。第五,产生所谓劳资问题。自工厂盛行后,劳方资方利害既不能一致,于是劳方所希望者往往为资方所不许;反之,资方所希望者往往为劳方所不愿。乃有工资、工时、待遇等等问题的发生。不但如此,做工者必须入工厂,而妇女儿童之欲谋生活者,必须离家庭而入工厂,于是家庭组织既生问题;而妇女儿童之做工者又成为工业中一种特殊问题。第六,殖民政策的复活。工厂既盛,一则需要大宗原料;二则需要巨大市场。有此二因,遂使列强重复采取从前的殖民政策,夺取世界市场,以消纳其制造商品。

结果,就产生所谓新帝国主义。

总之,自从工业革命以后,人类社会发生种种政治上、经济上、文化上的迅速变迁。此种变迁最初不过限于英国,不久就及于全欧。现在则几已普及于全世界。中国可说正在工业革命开始而尚未普及的时代;而各种社会变迁,却已相因而至了。

一方面受工业革命的影响,一方面受民权思想的鼓动,于是酝酿而成法国大革命。因法国大革命,引起欧洲各国之革命潮流。在此革命潮流中,民权主义运动,遂日见兴盛。此民权主义运动,不但在欧洲方面,变更政府组织,已发生甚大影响;现在且将渐渐遍及全世界,使人类社会发生极大的变迁。

要而言之,自从科学发展以后,新知识新发明,日渐累积,人类思想,日见启发,社会变迁,无微不至。斯后交通日见发达,教育日见普及,任何社会变迁,可在最短期间,传及全世界。所以将来的社会变迁,是含有世界性了。

第五节 中国近代社会变迁的原委

一、中国文明的孕育

中国文明,发源于黄河流域,至黄帝之世,集上古文物之大成。文字、历象、耕稼、婚娶、礼乐、政法,粲焉大备。历唐、虞、夏、商,至周而文化益进。思想之发达,制度之完美,实树后世文化发展之基础。经春秋、战国之扰攘,思想制度,纷然杂陈。秦始统一,欲以法治整理思想制度。汉兴,尊重儒学,罢黜百家,而学术文化,始有所宗。然浮屠教义,遂于此时,输入中土。继以两晋清谈老庄,乃有五胡十六国之扰乱。汉族胡族,始见杂居,而汉族文化,始容胡俗。及隋唐统一,文物制度,复粲然可观。但五代之变,秩序大乱。洎宋而大儒辈出,理学盛极一时。然辽金侵扰,蒙人入主中国,几倾覆中国固有之社会基础。但元代远征,实启欧亚文化接触之机。及有明崛起,恢复华夏,汉族文化,几底于安定。但此后远西交通渐繁,实为近代社会变迁所肇始。及明社沦于满人,汉族文化,虽未受摧残,而海洋交通日盛,欧风美雨,滚滚东来,遂造成近今社会变迁之局势。

二、中国近代社会变迁的原动力

近代社会变迁之起源,当归根于明末清初欧人之来华通商传教。元代马哥孛罗等虽已东来,天文历算诸学,虽已输入,但接触尚少。及明正德嘉靖年间,葡人来华通商。而万历以后,利玛窦汤若望等东来传教,即输入科学智识,于是东西文化,接触日繁。此其一。及鸦片战争以后,五口通商,遣使出洋。继以甲午之败,拳匪之乱,备受欧美各国武力压迫。乃深感外患日亟,国势日蹙,于是设学堂,废科举,变法图强。此其二。职此二因,于是西洋文化,输入中土,日盛一日,其输入之途,不外二者:一由国人考察或游学得来,一由外人直接传入。其贯输之道,一为译书,二为印刷,三为制造。有译书局以翻译新书,有印刷局以印行新籍,有制造局以制造新器;于是新思想,新制度,新器具,纷纷传入中国,全国思想、文物、交通等等,大为革新。乃有科学的发展,民族与民权思想的运动等。至于今日,而全国文物制度,政治组织,社会风习,几无一不受欧西文化之影响。然我国固有文化,自始光明灿烂,历五千年而未尝中断,固有其不可磨灭者在。当此欧西潮流冲荡之际,自应急起发扬其特长,并吸收欧西之优点,以陶铸中国之新型文化。此尤是社会科学者之责任。

本章温习问题

一、何谓社会变迁?

二、社会变迁与文化变迁,有无区别?

三、社会变迁之方式有几?

四、社会改革的步骤若何？

五、革命与改革的区别何在？

六、革命与社会建设的关系若何？

七、试述旧石器时代末期的文化状况。

八、试述金属器时代的特点。

九、试略述人类社会变迁概况。

十、试述西洋文明的起源。

十一、试述近代社会变迁的三种动力。

十二、略述中国文化的孕育。

十三、试述中国近代社会变迁的起源。

本章论文题目

一、论社会变迁与文化之关系。

二、革命时之群众心理。

三、社会变迁今后之趋向。

四、中国文明之起源。

五、中西交通与中国发展。

本章参考书

1. Bogardus : *Contemporary Sociology* (1931), Ch.8 (Sections 42-44) .

2. Case : *Outlines of Introductory Sociology* (1924), Chs.8-9, 14-15.

3. Chapin : *Cultural Change* (1928), Chs.1, 3-6.

4. Chapin : *Social Evolution* (1920), Chs.1-3.

5. Davis and Barnes : *Introduction to Sociology* (1927), BookⅠ, Chs.1-2, 6-8.

6. Ellwood：*Psychology of Human Society*（1925），Chs.7–8.

7. Ellwood：*Cultural Evolution*（1927），Chs.1–2.

8. Eubank：*Concepts of Sociology*（1932），Chs.12–13.

9. Folsom：*Culture and Social Progress*（1928），Ch.1, pp.4–14.

10. Hankins：*Introduction to the Study of Sociology*（1928），Ch.11.

11. Hiller：*Principles of Sociology*（1934），Chs.1–2, 4.

12. Kroeber：*Anthropology*（1923），Chs.6–9.

13. Lumley：*Principles of Sociology*（1928），Chs.19–21.

14. MacCurdy：*Human Origins*（1824），Vol.Ⅱ, Ch.11.

15. MacIver：*Society：Its Structure and Changes*（1931），Part.Ⅳ.

16. Ogburn：*Social Change*（1923），PartⅠ, Chs.1–2；PartⅡ, Ch.3.

17. Osborn：*Man of the Old Stone Age*（1915），Ch.6.

18. Reinhardt：*Principles and Methods of Sociology*（1933），Chs.14–15.

19. Sorokin：*Sociology of Revolution*（1925），Chs.1, 3, 10, 16, 17.

20. Thomas：*Source Book for Social Origins*（1909），PartⅠ.

21. 孙本文著《社会学上之文化论》（朴社本）。

22. 何炳松著《欧洲近世史》（商务本）。

23. 柳诒征著《中国文化史》（钟山本）。

24. 章鸿钊著《石雅》（家刻本）。

25. 安特生著《甘肃考古记》（地质调查所）英文本。

26. 步达生著《中国猿人类北京种之成人头盖骨》（地质调查所）英文本。

27. 郭沫若著《中国古代社会研究》（现代本）。

28. 杨东莼等译《古代社会》（昆仑本）。

29. 罗素著《什么是西方文明》，《东方杂志》第二十七卷第九号。

30. 谢康译《欧洲文明与美洲文明》，《东方杂志》第二十七卷第十七号。

31. 梁漱溟著《东西文化及其哲学》(商务本)。

32. 蔡元培著《中华民国与中庸之道》,《东方杂志》第二十八卷第一号。

33. 陶希圣著《中国之民族及民族问题》,《东方杂志》第二十六卷第六号。

34. 金兆梓著《中国人种及文化之由来》,《东方杂志》第二十六卷第二十四号。

35. 缪凤林著《中国之史前遗存》,《东方杂志》第二十五卷第十一号。

36. 金兆梓著《近代中国义化发展鸟瞰》,《新中华》创刊号。

37. 孙本文著《中国社会的过去与今后》,《新中华》第二卷第一期。

38. 陈高佣著《中国文化的过去与今后》,《新中华》第二卷第一期。

39. 王造时著《中西接触后社会上的变化》,《东方杂志》第三十一卷第二号。

40. 刘强著《中西文化之接触》,《社会学界》第一卷。

41. 邵元冲著《三十年来中国社会建设之演进》,《东方杂志》第三十一卷第一号。

本章注释

1. Case: *Social Process and Human Progress*, pp.2–4.

2. Eubank: *Concepts of Sociology*, p.231.

3. MacIver: *Society: Its Structure and Changes*, p.400.

4. 见《四书集注》,逝者如斯夫注。

5. 《庄子·秋水篇》。

6. 物质文化的剧变如工业革命者,又当别论。

7. 克鲁伯(Kroeber)以爪哇猿人(Pithecanthropus)为接近于近代人的最早的种族言,约有100万年之谱。见Kroeber: *Anthropology*,

pp.18-21。但奥史朋(Osborn)则谓爪哇猿人是50万年前的种族,见Osborn : *Man of the Old Stone Age*。最近在中国北部,所发见之北京猿人(Sinanthropus Pekinensis)已断定比爪哇猿人为尤古。见裴文中之《中国猿人化石之发见》,载《科学》十四卷八期。

8. 见Wilder : *Man's Prehistoric Past*, Ch.3, p.135.ff。

9. 见Kroeber : *Anthropology*, p.147。

10. 见Kroeber : *Anthropology*, pp.147-8, 及Wilder : *Man's Prehistoric Past*, pp.133-138。

11. 见Wilder : *Man's Prehistoric Past*, p.139, 及其同页附录之《欧洲史前年代图》。

12. 奥史朋之估计:旧石器时代,约在距今125 000年前,见 *Man of the Old Stone Age*, 此据克鲁伯估计。

13. 见Kroeber : *Anthropology*, p.178。

14. 见民国十二年三月出版之《中国北部之新生界》及十四年六月出版之《甘肃考古记》。

15. 见中国地质学会会志第三卷第一号。

16. 见向达译:《俄国科斯洛夫探险队外蒙古发见纪略》,《东方杂志》第二十四卷十五期。

17. 章炳麟谓:百工始作莫如陶。似以陶为最初之工具,不确。见《文录》一,《信史》上。

18. 详见安特生《甘肃考古记》(*Preliminary Report on Archaeological Research in Kansu*, 1925)《中国太古文化》(*An Early Chinese Culture*, 1923)其他论中国新发见之石器者,有李济《西阴村史前遗存》,陆懋德《中国上古石器图说》,见《清华学报》一卷一期。

19. 金属器时代,文字始发明,于是有记载的历史。故学者称金属器时代为历史时代。

20. 按《文献通考》云:"伏羲以金为钱。"《史记》云:"黄帝采首山铜铸鼎。"《世本》云:"蚩尤以金作兵。"《古史考》云:"燧人铸金作刀。"是伏羲黄帝之时早有金属。据近人章鸿钊氏《石雅》云:"五帝之初为始用铜器时代,夏、商、周三代,为铜器全盛时代。"甘肃所得古物,有多数小铜器,但皆简陋无花纹。河南古物中不见铜器。或者黄帝以前,已有铜器。今如以黄帝时为始用金属时代,则至今已有4 630余年,是在西历纪元前2700年顷。按卫氏系据纳尔逊(Nelson)氏所云。

第二十五章 社会变迁及其原因

第一节 社会变迁的由来

社会变迁,除人口外,不出二途,就是新文化的增加,与旧文化的改变。新文化的增加,又不出二途,就是本社会中的发明,与他社会中发明的传入。

一、新文化的增积

（一）发明的意义

发明是人类社会的特产。人之所以高出于动物,而能支配环境者,即在发明。广义言之,发明就是人类对于环境的一种新适应的创造。凡一切人类对于环境的新适应,在创造时,就称为发明。所以发明,必定是从前社会上所无的事物。

白乃德（Bernard）谓：发明是人类改变自己与环境的关系的一种手续（Technical Process）。他注重在改变环境关系方面。推他的意思,有了发明,人与环境的关系就改变了。此种改变环境关系的手续,是从前所未有；所以发明是包含新生的意义的。乌格朋（Ogburn）谓,发明就是推想出新事物（To contrive something new）。此定义是指明一种特点,就是所谓新事物。所以发明的要点,据乌格朋看来,即在此种新事物。爱尔华(Ellwood)谓:发明是在心理上把事物造成一种新的关系(Putting things together mentally into new relationships)。他是完全注重在心理方面;他注重心理上所造成的新关系。以上三人的定义,似乎都承认,发明是一种新事物或系一种新手续,或系一种新实物,或系一种新关系。他们的观察虽异,而了解实同。

要之,人类生活,无非是求与环境调和适应。而人类之调适环境,有目的与手段之别。调适于环境是目的,而所以调适于环境是手段。任何发明,都是用来调适于环境。所以发明不过是一种调适于环境的新手段。更进一步言之,从作用方面说,发明是一种新事物的创造。此种新事物,即所以用来调适于环境;所以也就是调适于环境的新手段。若从实质方面言之,那末,发明不过是一种新事物而已。此所谓新事物的最大意义,就是,此类事物是此社会中从前所没有的;换言之,在没有发明以前,在此社会中,就没有此类新事物。或系在别的社会中,已经早有此类事物,但在此社会中,却没有知道此类事物,完全凭自己的力量,创造此类新事物。所以我们可说:发明是一个社会靠自己的力量,创造一种调适环境的新事物。

发明既是人类调适于环境的新事物的创造,而此类新事物,一经创造,便加入一个社会固有的社会产业,而成为社会遗产的一部分。换言之,就成为文化的一部分。所以一切文化,在最初创造的时候,都是一种发明。

(二)发明的种类

新发明适应的对象不同,故就其对象,得分为三类:(1)物质的发明(Physical Invention),就是直接调适于物质环境的新事物。例如舟、车、桥梁,以及一切机器、什具等皆是。(2)社会的发明(Social Invention),就是调适于社会环境的新产物。例如新语言、新文字、新制度等皆是。(3)方法的发明(Method Invention),就是补助调适于物质或社会环境的新手段。例如,科学公式、科学技术的创造等是。

上面的分类,是就其调适于环境的性质言,若就发明的本身说,亦可分为两类,就是物质的与非物质的。前者指其具体有形的发明,如机器之类;后者指抽象无形的发明,如制度、方法之类。

就发明的来源言,又可分为二种,就是(1)经验的发明(Empirical Invention),是从人类日常生活的经验中得来的偶然发明,并非由人力预先规划而得的新的结果。例如在原人时代,折树枝以为棒,就是棒的发明;拾石子以为弹,就是弹的发明;取野草以为药,就是药的发明。(2)规划的发明(Projected Invention),是由人力规划而得的新发明。人类根据已有的知识材料,或迫于当前的需要;或迫于个人的好奇心,乃出其心计,以创造一种新事物。例如瓦特(Watt)悟蒸汽之作用,乃发明蒸汽机;爱迪生(Edison)悟声浪高下之理,乃发明留声机,都是此类发明。

大概人类在上古之时,人智鄙塞,文化初启,以经验的发明为多。一至人智进步,文化发展之时,规划的发明渐多。经验的发明,是偶然的,自然的;规划的发明是人工的,预期的。人类既有规划的发明,乃能支配环境,支配人生的前途。所以规划的发明愈多,社会的进步愈速。

发明可以包括发见(Discovery)。因为无论是发明或发见,都是表明在人类社会是一种事物的新经验。但细别之,发明是新的事物的创造;就是,在此种新事物未创造以前,宇宙间(或狭义言之,本社会内),并无此种事物的存在。发见就是固有事物的新觅见;在没有发见以前,宇宙间,固已早有此种事物的存在。

人类社会,无论是从经验而发明,或从规划而发明;或是发明以前没有的新事物;或是发见固有的事物;或则其所发明者为物质的,社会的,或方法的,而其所得的为一种新事物,则没有二致。换言之,发明与发见,都是在社会上增加一种新事物。有新发明与新发见,社会上就多许多新事物。因为新事物的加多,而社会就发生变迁。或者可说,社会变迁,就在新事物的加多。所以发明与社会变迁,有极密切的关系。

(三)传播的意义

新文化的来源,不全恃本社会的发明;有时得采用他社会已经发明的新事物。此谓之文化传播(Diffusion of Culture)。文化传播的作用,有二方面:在原发明的社会言,谓之传布;在采用此发明的社会言,谓之借用(Borrowing)。但此仅系一种现象的两方面而已。文化传播是一种极普遍的现象。无论在何种社会中,我们可以见到传播的现象。以中国论,目前所有一切文化特质,固然大部分是自家发明的。不仅如指南针、火药、印刷术等,大家知道是中国自己发明的,即日常生活所有一切衣、食、住、行等等事物,亦大都是自己所固有的。但自海通以来,欧西文化,逐渐传入。时至今日,不但轮船、火车、电话、电灯,以及一切机器,都是从欧美输入;就是经商、求学、结婚、离婚,以及选举、开会等等制度,亦是从欧美传来。我们假使能耐烦把中国文化特质罗列而比较之,就可知道,我国目前,有多少是借用的文化,而非自己固有的发明。大概平常一个社会,处交通便利之时代,就其所有全部文化言,自己发明的未必比外国传来者为多。此是因为借用常比自己发明容易。

(四)传播的起源

文化传播,必起于文化接触。有文化接触,而后有传播的机会。在闭关自守的社会,除本社会发明外,文化特质,很少变迁。在此种社会中,社会变迁,总比别的社会迟缓。但如一旦与其他异种文化的社会,互相接触,双方文化,即因接触而互相输入。于是耳濡目染,即于不知不觉中渐渐传播。最初不过少数人采用;久之,采用渐广,乃至遍及全社会。在此种状况之下,社会变迁,常甚迅速。

此种传入的文化,既经采用以后,便与自己发明的文化无异。久而久之,传及后代,往往不知其来源,便视为自己的发明。据人类学家言,非洲黑人之吸烟习惯,是从美洲土人转展传入。至今彼等即视为祖先的特殊发明,就是一个证例。

(五)文化的传染性

凡闭关自守的社会,与他社会不发生任何接触,则异种文化,无从传入,假使与他社会一生接触,双方文化,即有互传的机会。换言之,文化不接触则已;一接触,便有传播的可能。所以卫史莱(Wissler)说,文化特质,几同麻疹一样的传染(A trait of culture is about contagious as the measles)。[1]推其意,以为一社会既有新发明,如与附近区域互相交通,便可将此发明传入此等区域。

凡社会互相接触后,必发生传播的现象,我们从历史上,及人类学上可以发见许多的证例:(1)欧洲白人向不栽培玉蜀黍;及到美洲后,见土人有此农产,便采为食料。(2)美洲土人向来不知用马,及西班牙人到美后,带来马匹,而后土人亦知用马。此两个例子,是举其尤显著的文化传布言。至如我国,自与欧美交通后,欧美文化,源源输入,于是社会上发生深切的文化变迁。到目前,我国较大都市中所有衣、食、住、行、用、玩等物质文化;待人、接物、婚嫁、丧葬等非物质文化,很少没有受欧美文化潮流的影响。此是互相交通后自然发生的结果。

由上以谈,文化传播,确似传染病流行一般。要是不接触则已,一接触,便要传播。所以文化传播的最要关键,在于交通与接触。既有交通与接触,便无法阻止文化的传布。观此,可知交通对于文化传播与社会变迁的关系。

(六)选择的文化传播

文化接触,为传播的起源。文化传播,虽有时颇似传染病,极易传染,但有时却亦不易传染。我们知道,两社会接触后,必有多少文化特质传播,但不能说必定互相传播。因社会接触,有时未必发生传播的现象。甲乙两社会,互相接触,甲社会采用乙社会文化,就是说,乙社会的文化传入甲社会。但同时乙社会并未采用甲社会的文化,就是说,甲社会的文化,并没有传入乙社会;或者所传入者,亦是极少。此是常有的现象。譬如中国与欧美交通后,欧美文化几全部传入中国。但中国文化并未传入欧美。此是很显明的事。原来文化传播,有一种选择作用;文化必定经过此种选择作用,而后传播。选择的标准,可约举如下。

第一,合于文化模式。任何社会,必有其特殊文化模式。凡社会中一切文化特质,似都与此文化模式相调和。所以在文化接触之时,他社会的文化,凡不与本社会文化模式相抵触,或与本社会文化模式接近,都易输入。凡显然与本社会文化模式相抵触的,必不易立见采用。据人类学家言,北美土人,采用马的文化。因其与原有文化不相抵触,且甚接近。彼等原有用狗运物之俗;今改用马类,不过以马易狗,以简单的运具,易以较复杂的器具而已。至于轮之一物,在北美土人,毫无联络,便拒而不用。[2] 此可见文化的采用,与本社会的文化模式,很有关系。

不过此点,似乎只指静的社会如北美土人言;又似只指文化接触的初期而言。假使交通便利,接触频繁的社会,再四往复的接触,若非有严格的防范,即使与本社会文化模式相抵触,亦难免不因潜移默化的影响,而终究传入。

如是,文化的选择,在时间上,似乎与本社会的文化模式的接近与否成一比例。凡没有外力干涉时,他社会的文化特质与本社会的文化模式愈接近,愈容易选择;反之,愈不接近,愈不容易选择。换言之,凡与本社会文化模式愈接近,其采用愈速;愈不接近,其采用愈迟。

第二,合于社会利用。人类社会的文化模式,虽因社会而不同;但人类却有共同了解的利用价值。例如,人类之用灯,取其能放光。故凡发光最亮者其利用价值最大。人类除经济关系外,莫不喜采用电灯,因为电灯的利用价值甚大。诸如此类,凡一切事物,其利用价值大者,必易为民众所采用;初不必与本社会文化模式发生何种关系。中国与欧美交通,中国采用无数的欧美文化,而欧美则采用极少。大率由于此种原因。

中国之采用欧美文化,以物质文化为最多;非物质文化至最近方始流行。所采用的物质文化,大率其利用价值,较之中国旧有文化为高,无庸讳言。我国人之所以采用电灯者,因其比油灯为光亮;所以采用轮船火车者,因其比帆船为迅速;所以采用电报电话者,因其比邮信为敏捷;所以采用洋式房屋者,因其比瓦屋为舒适。诸如此类,凡采用者莫不取其利用价值之较大。此不独中国社会为然,即世界各国,莫不皆然。此可说是人心之所同然。用灯取光者莫不喜愈亮愈好;行旅往来者,莫不喜愈速愈好;坐卧居处,莫不喜安静舒适;此是无论古今中外,大家都是如此。因此之故,所以欧美物质文化,遍布于全世界;凡有人迹居处,似已很少没有欧美物质文化的流入。

同理,就可以讲明何以欧美与中国交通后,采用中国的文化极少。中国物质文化的大部,其利用价值,远不如欧美之大。例如油灯的价值,不如电灯;如非癫狂,决不愿放弃电灯,而仿用中国的油灯。人力车的价值,不如汽车;自然不会放弃汽车,而采用人力车。诸如此类,就可知道,欧美所以采用中国之物质文化甚少,就为此故。[3]

于此,亦可以说明,何以物质文化,总比非物质文化如风俗制度等容易传播。大凡利用价值容易见到的,即容易采用。物质文化的价值易见,而风俗制度的价值不易见;所以非物质文化的传入,常极缓慢。

要之,文化的传播,与其使用价值,成一比例。凡没有外力干涉时,文化的利用价值愈大,其传播愈易;反之,文化的利用价值愈小,其传播愈不容易。又文化的传播,与其了解性有关。凡利用价值容易了解的文化特质,容易传播,故其采用较速;反之,利用价值不容易了解的文化特质,则不易传播,故其采用较缓。

第三,合于好奇心理。采用他社会文化,有时不全由于利用价值。人类之采用事物,往往只因其新奇,在未与外界接触以前,人人只知道固有的事物。一旦与他社会交通,新奇事物,源源而来。有的固然因其利用价值大,故采用之;但有的,却仅因其新奇而采取之。法国路易十四式的高底鞋,与日本东乡式的八字须,竟盛传中国。此并非因其利用价值特高,不过因其新奇而已。故文化传播,常与其新奇性质,成一比例。凡没有外力干涉时,文化性质愈新奇;愈容易传播,愈不新奇,愈难传播。

第四,合于民族特性。世界各民族,因其历史地理的背景不同,文化发展的途径各异。在此种历史、地理与文化的发展过程中,产生一种特殊的民族性。此种特殊的民族性,常可以影响于文化的传播。凡一种民族具有妄自夸大的态度,觉得凡一切附属于自己民族的文物制度,都是最高尚最优秀的。此种民族即使与异种民族接触,不但不愿采取异种文化,并且更进一层,欲取自家的文化,去支配异族。欧洲民族,尤其是恩格罗萨克逊(Anglo-Saxon)民族,常抱有此种妄自夸大的特性。此可以说明,何以近世欧洲民族,与世界各民族接触的结果,不但不受各民族文化的影响,而反加影响于各民族文化。亦可以说明,何以欧洲民族,横行帝国主义于世界而无所顾忌。至于中国民族,历来讲究谦让为怀,虚心接物;所以极易见到他民族的好处,而极愿意接受他民族的优点。因此之故,中国自与西洋交通后,欧风美雨,日渐东来,如水下流,而难以制止了。

二、旧文化的改变

上述发明与传播,为新文化增加的途径,现在讨论旧文化如何改变。旧文化的改变,不外二途。

(一)外来文化的影响

一社会如在闭关自守之时代,其文化特质,极少变迁。一旦与外界接触,极易接受外界的文化。或全部采用,或仅采其一部分,以弥补本社会之缺点。或仅系一种好奇作用而采取之。于是,旧文化即因外界新文化之采用而发生变迁。我国近年以来,此类变迁最多。例如:饮食中采用番茄、牛乳、加里等;建筑上采取外宫殿而内西式等;衣服上采用骨扣,增多口袋;文字采用标点,书籍采用西式装订,以及结婚时采用证婚等等,无非采欧美文化,以修改我国文化之形式或内容。

(二)文化本身的流弊

文物制度之产生,原所以应社会的需要,但相沿既久,社会环境,变迁甚速。许多文物制度,已不能应社会的需要,于是发见其积久弊生,而群思所以改革之,俾使适应时势之要求。此种运动之结果,常发生相当的改变。我国历代政治上之改制,大率起于此种原因。

第二节 文化累积

据上所述,可知社会变迁或由于新文化的增加,或由于旧文化的改变。但无论是新文化的增加,或旧文化的改变,都是日积月累的。我们知道,发明是一件一件的加多;社会文化的分量,是一天一天的增大。因此种文化堆积作用,而后社会渐渐的发展。我们试看,在人类最初的石器时代,人类文化,只有石器而已。其后渐渐增用兽骨兽角。到了铜器时代,乃在石器、骨器、角器之外,又加了铜器。后来又加上青铜器。到了铁器时代,又加上了铁器,随后又加上了钢器。此就是文化累积发展的明证。试再看交通工具的发展,最初人类只用独木舟,而后有划船,而后有帆船,而后有汽船,而后有火车,而后有飞机。试再看灯火的变迁,最初仅有火炬,而后有蜡烛,而后有油灯,而后有石油灯,而后有煤油灯,及至最近乃有电灯。依此类推,文化的发展,都是如此累积的结果。

要之,各社会的文化,无时无刻不在累积之中。或从发明累积,或从传播累积,或从改变固有文化累积。不过发明多,传播速的社会,其累积大而速。发明少,传播迟的社会,其累积小而缓。总之,文化累积,实为社会变迁的一大特点。

一、文化累积的途径

文化累积,不外二途,即旧文化的保存,与新文化的增加。文化有一种特性,一经创造而存在,即不易消失。因此之故,即使有新发明产生,而旧文化依旧保存。但文化之所以累积,不但在旧文化之保存,而尤赖新文化的增加。至于新文化的增加,不外发明与传播二途。

由发明的增加,而文化得以累积,可从物质文化,与非物质文化之状况见之。上述交通器具与灯火的累积,已可知其大概。兹再据崔宾(Chapin)所著《文化变迁》(Cultural Change)一书中所举美国犁车自1865年以后,逐年发明之附属品之累积,以见物质文化累积之精密状况。

美国犁车(Plow Sulky)附属品发明登记数累积表

年代	发明数	发明累积数
1865~1869	35	35
1870~1874	29	64
1875~1879	131	165
1880~1884	164	359
1885~1889	80	439
1890~1894	44	483
1895~1899	16	499
1900~1904	16	515
1905~1909	15	530
1910~1914	11	541
1915~1919	5	546
1920~1923	3	549

由此表,我们可以了解文化由发明而累积的确况。若将此表用曲线表示之,更可以知道文化发展的情状。

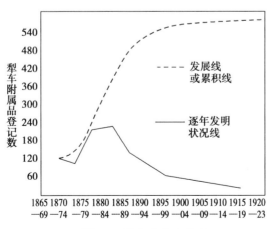

图33 犁车发展曲线图

二、文化累积与文化遗失

文化既然是累积的,似乎是没有遗失的了。其实不然,文化亦有遗失。大概一种文化,有新文化与之竞争时,如其利用价值,不如新文化之大,必定渐渐衰落。久而久之,或竟致消灭。非物质文化如制度风俗等,假使社会上不流行,文字上不纪载,就会消失。如有了文化的纪载,而无人奉行,就成为历史上的陈迹。至于物质文化如工具器械等,假使社会上不流行,久而久之,实物就会消毁;消毁后,如其制造的知识尚保存,则此种文化,还未遗失。如其并制造的知识而亦遗失,那就完全消失了。从考古学家所得古代人类的化石观察,知道有许多石器,到铜器时代,已经失传;有许多铜器,到铁器时代,亦都失传。至于有史以来,凡历史上所载许多古代文物制度,或已失传;或知识虽存,而早已无人奉行,等于失传。例如《周礼·冬官考工记》上所纪轮、舆、弓、卢、筑、冶、凫、桃等等之工事,大都失传。又例如《仪礼》所载士冠礼、士昏礼、士相见礼、乡饮酒礼、乡射礼等等之礼制,早不通行。所以此类事物,仅成历史上的陈迹,亦可称为已死的文化。即以现在而论,有许多文化渐渐衰落,将来或竟致遗失,亦未可料。例如中国大都市中,电灯盛行,油灯之使用,已渐稀少。又汽车盛行后,人力车势必减少。由此种趋势观察,则将来中国大都市,或有一天,不再有油灯与人力车,亦在理想之中。总之,文化特质,确已遗失,已无疑义。

三、选择的文化累积

文化不是统统遗失的,文化亦不是统统累积的。不过有的是遗失,有的是累积,其中有一种选择作用。大概利用价值较大的新文化,常可以代替旧文化,而使之渐致失效;同时,因为新文化增加,总比旧文化遗失为多,所以文化就在选择中累积了。

选择的累积,在物质文化,甚为显明。但风俗、宗教、艺术、法律等,似未必尽然。风俗虽是选择的,例如有许多风俗,前曾盛行,今已遗失;

但其累积,并不如物质文化之显明。宗教,似乎不但不累积,而且衰落。法律似乎亦是选择多而累积少。惟科学是又选择又累积的了。

选择的累积与文化分歧有关。大概由选择而淘汰的文化,有时并非完全消失。失于甲社会者,保留于乙社会。故就全世界而言,谓此类文化,并未遗失,亦无不可。但因此之故,就使世界上文化表现万有不齐之概。譬如,世界上未有汽车以前,只用马车,大家是一样的。但到汽车发明以后,世界上就发见三种不同的文化。就是一种是全用汽车;一种是汽车马车兼用;一种是仅用马车。观此,可知世界上文化之所以分歧,即由此种选择的累积作用产生的结果。

第三节　文化变迁的速度与文化累积的关系

文化变迁,据人类历史看来,最初极缓,渐渐加速;到了最近时期,尤为迅速。我们若以物质文化变迁状况言之,人类在曙石器时代,过了90万年,在旧石器时代过了9万余年,在新石器时代过了5 000余年,在铜器时代,过了2 000余年,到最近3 000年才入于铁器时代。可见时代愈久远,变迁愈迟缓;时代愈晚近,变迁愈迅速。此种前缓后速的变迁状况,原因虽甚复杂,而其最重要者莫过于当时文化基础的状况。

我们知道,文化变迁是由于新文化的增加,与旧文化的改变;而此种增加与改变,就人类全体言,都有赖于发明。发明的来源,大有恃于当时的文化基础。大概文化基础愈小,发明愈少;文化基础愈大,发明愈多。换言之,凡可用为发明的材料与知识愈少,发明愈为不易;反之,凡可用为发明的材料与知识愈多,发明愈易。例如在石器时代,可用为发明的材料与知识,当然不如铜器时代范围之广大而复杂。在近代机械发明极盛时代,凡可用为发明的材料与知识,当然比之石器铜器时代,更广大复杂,所以发明自然比较容易多了。要之,文化基础之大小,与发明之多寡,成正比例。在文化基础小时,发明少;在文化基础大时,发明多。如是,文化变迁的速度,与文化累积,有直接关系。文化累积愈多,基础愈大,变迁亦愈速。

文化的累积变迁,大致类似复利法。就是年代愈久,累积愈多;累积愈多,结果愈大。但严格言之,颇多不类。文化有时要遗失,不似复利之永久累积不变。复利用金钱为单位,是有一定;而文化单位,极为复杂。因为文化单位性质之不同,各种新文化单位之发明,对于社会,发生很不同的影响。有的新发明,对社会有极重大的影响;有的极无关紧要。

我们在第二十二章中说过,社会有二种变迁,就是寻常的变迁,与非常的变迁。大概在寻常的社会变迁之时,所有社会上的新发明,大致性质相近,价值相仿,对于社会的影响,亦无显著的差异。至于非常的社会变迁,常起于特种文化的产生。此类特种文化,对于社会发生巨大的影响,结果,就产生社会全部的变迁。

寻常的社会变迁是缓慢的,逐渐的;非常的社会变迁是迅速的,突然的。因此,二者之间,变迁的速度,颇不相同。就人类社会的变迁史看来,非常的社会变迁,较为稀有。故社会变迁,有似跳跃。有时很快,有时很慢;慢后再快,快后再慢,如是连续,以至无穷。此种快慢之间,虽无一定规则;但从文化累积的现象看来,似乎愈到近代,距离愈短。因此,人类社会愈到近代,变迁愈速。美国路卫(Lowie)博士,尝以文化

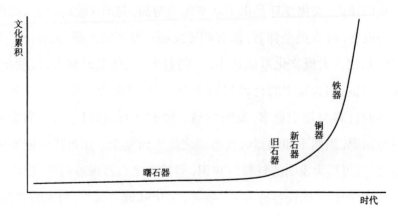

图 34　文化发展速率图

史比之百岁老翁。以其所受教育的性质,比之变迁的简复。如是,此位百岁老翁,在幼稚园中过了85年,在小学中过了10年,在中学大学中,反只过5年。假使以此种愈近愈速的文化变迁,推算将来,诚有足以令人惊讶者。

第四节　文化变迁与生物变迁

上面所述,文化变迁,愈到近代而愈速。但此种变迁,究与人的本身有无关系,此是应该研究的一个问题。据优生学家以及一般种族论者,似乎很偏信:文化的变迁,是由于人类本身的变迁。或换言之,社会的进化,由于人的进化的结果。但据近来人类学家的结论,此种推想是错误的。因为人类在最后冰河时代以前,似有进化;但自彼以后,人类本身似无何等进化。至于文化方面,则已有激剧迅速的变迁。此层可从几方面来说明。

一、从太古人类遗骸的比较观察

爪哇猿人(Pithecanthropus)的头盖(Skull),为850至900立方公分(Cubic Centimeter),尼安地泰人(Neanderthal)的头盖为1 408立方公分,克乐马克南人(Cro-Magnon)的头盖,男为1 590,女为1 550立方公分。至于现代人类,平均男子为1 450~1 500立方公分,女子约小1/10。若以各种族分别言之,欧洲白人约自1 500以至1 600立方公分,亚洲蒙古人种,略小于白人,美洲土人为1 400~1 500;非洲蒲熙门族为1 300~1 400。假使我们承认,头盖大小,可以约略比较人类的进化与否,[4]则上面所见头盖容量的比较,就可看出人类的进化状况。

按爪哇猿人,生存在距今约百万年之前,其头盖为最小,尼安地泰人生存于距今50 000年之前,其头盖较大;克乐马克南人生存于距今25 000年之前,其头盖又大于尼安地泰人。但自此而后,以至今日,人类头盖,虽有不同,而就平均言,并不特殊增加。故从头盖的大小言之,人类在25 000年以前,似有进化,尤其是在50 000~25 000年前之间。至于自25 000年以来,似乎无甚变迁。

二、从人类遗传方面观察

凡生物变迁,不出二途,就是繁变(Variation),与突变(Mutation)。人类虽确有繁变,但人类繁变,是有限制,似乎与种族进化无关。突变确可影响于种族特质;惟人类在近二三万年内,有无突变,尚难证明。据穆尔根(Morgan)教授研究果蝇之报告,突变是不常有的。以此推之于人类,即有突变,亦必少之又少。

总之,从上面看来,人类本身在25 000年前,似有进化,自25 000年以后,大概无甚变迁,即有亦必极微。但从文化方面看来,此25 000年中,则有极大变迁。试思25 000年前的人类,还在旧石器时代,一切衣、食、住、行、用具、举动,何等粗陋;到现在电气机器时代衣食之丰盛,建筑之崇宏,交通之便利与复杂,用具之完美与精致,诚非彼时人类之所能梦想于万一。

既然,人类本身,自25 000年以来,没有变迁;而人类的文化,有如此大变迁;则文化的变迁,不由于人类本身变迁而来,似可无疑。文化的变迁,自有文化本身的原因,与人类本身的生物性,似无关系。于此即可证明,文化变迁与人类的生物变迁,并无相互关系。

第五节　发明原因的分析

由上以谈,社会变迁,不外由于新文化的增加,与旧文化的改变。而新文化的增加,与旧文化的改变,又不外由于发明与传播。但传播亦不过发明之互相传递。故就人类社会的全体言,只有发明而已。发明为社会变迁唯一的来源。

发明既然是社会变迁唯一的来源,则发明究竟如何产生?关于发明产生的原因,学者颇异其说。今以综合的眼光,概括言之,可分为三种学说,就是(一)天才说,(二)社会需要说,(三)文化基础说。

一、发明由于天才说

发明不是一件容易的事;不是人人能发明的。凡是发明家,必定是比较的能力优秀的人。世俗常称发明家为天才,以为彼等是天生发明的人才。因此,发明的产生,视为天才的成绩;有天才方有发明,无天才便无发明。发明的枢纽,全恃天才。世俗常说,蒸汽机是瓦特(Watt)所发明;轮船是傅尔东(Fulton)所发明;留声机、电影是爱迪生(Edison)所发明。诸如此类,似乎是认发明是个人的产物,有天才的个人,才有发明。因此,有许多学者相信,要增加发明,促社会的进步,根本就在发展天才。

但是,此种观察是片面的,不是完全真理。第一,因为天才不是发明唯一的原因;第二,即所谓天才,并不是完全天生的优秀人才。从第一点说,单有天才,不能产生发明。不然,何以必须到最近时代,发明方始大增。我们不能相信,现代的人,比古代的人,天生来得优秀。此是上面已经证明的。从第二点说,我们现在所发见的所谓天才,并不是完全天生的,他是经过训练得来的结果。我们现在都认爱迪生是天才。但是,假使爱迪生生于荒岛,没有机会受训练,习得现代种种的知识,我们可断定,他一定不会有此许多发明。由此看来,可知天才不是发明唯一的原因。但同时我们相信,天才对于发明,亦确有关系。譬如与爱迪生同时的人,不知有多少,惟独爱迪生能有如许之发明,而他人则不能。此似乎不能不承认爱迪生是具有特殊优秀的天才。所以我们上面说,凡是发明家,必定是比较的能力优秀的人,发明亦决不是寻常人的产物。但是,我们所谓优秀,或特殊优秀,是仅指比同时代的人,并不是指比前时代的人而言,若就人才而言,前代人,并不是一定不及后代人。但后代人确是发明较多。此可见不全由于人才的原因。

二、发明由于社会需要说

发明原来是适应环境的新事物。人类遇到新环境的时候,旧的适应方法都不适用;于是就感觉到新事物的需要。在此社会上需要新事物的时候,新事物往往受了此种需要的催迫而产生。人类最初的发明,都是此类。例如,因遇溪水而筑桥梁;因遇猛兽而制武器;因遇湖泊而造舟楫;因避寒暑而创衣服。在相当需要之下,才有相当发明。假使没有此种相当的需要,似乎不必就会产生此类相当的发明。所以欧美有句俗语说:"需要是发明之母"(Necessity is the mother of invention)。有需要,才产生发明。

此种解释,似很有理。但是,详细研究,觉得仅是片面的真理。我们知道,人类有许多根本需要,大致相同。现代的人有此种需要,古代的人亦有此种需要。但何以有许多事物,必待现代人方能发明;此可见仅有需要,不能产生发明。例如,人类都希望交通便利;换言之,人类都有交通便利的需要。但何以古代的人,不能发明汽船、火车、电报、电话?又如人类都贪生恶死,患疾病者都希望早愈;换言之,人类都有保持健康与长寿的需要。但何以医药卫生,必待到了近代,方始发展进步?可见单从需要方面看,便不能解释发明的现象。

三、文化基础说

从上讲来,发明既不由于天才,又不由于需要,则究竟发明的原因何在?

据最近人类学家与社会学家研究的结论,知道发明的重要要素,是当时社会的文化基础。文化状况达到相当时期,便有相当的发明产生。换言之,发明必俟文化状况已达准备成熟之时,方始产生。所以发明是有时代性的。在某时代,某种文化状况之下,方始产生某种发明。反之,文化状况没有达到某种时期,则某种发明,不能产生,因为没有准备的原故。例如有了蒸汽机,又有了船,而后可以发明汽船。在没有船,或有了船没有蒸汽机的时候,社会上决不能发明汽船。同理,必须在轮子已经发明之后,方始可以发明车子。必须在齿轮发明之后,方始可以发明用齿轮的机器。如此,可知发明都有文化基础的;必须文化基础已成熟,方可产生发明。

崔宾(Chapin)在他的《文化变迁》中,曾举汽车的发明为例,以证明发明必须有相当的文化基础。

据他说,牛顿(Newton)在1680年,就有一种蒸汽车(Steam Carriage)的理想计划,不过没有实现。到1790年,吕特(Read)始造成一种蒸汽车,但很简陋。此后,几乎每年都有此种蒸汽车构造出现,但都未完全。直至1895年,塞尔顿(George B. Selden)始完全构成现在流行的所谓汽车(Automobile)。按塞氏在1879年,早已造成汽车,但始终未能完成;直至1895年,各种必需的基础条件,都已齐备,方能构造完全的汽车。兹将汽车的基本条件及其发明年代,列表如下。

(一)液体气机(Liquid Gas-Engine)1888年发明。

(二)齿轮机械(Running Gear and Mechanism)1840及1887年发明。

(三)啮合子(Intermediate Clutch)1887及1891年发明。

(四)驱车机轴(Drive Shaft)1891年发明。

(五)车身及装气橡皮车胎(Carriage Body and Pneumatic Rubber Tires)1845年及1883年发明。

(六)液体气体贮蓄器(Liquid Gas Receptacle)1895年发明。

于此可知,汽车必待至1895年贮蓄器既经出现之后,方可完全造成。在此种基础未完之前,无从发明整个汽车。此可证明新发明必俟文化基础达到相当程度,方可产生。

不但发明,就是发现,亦是如此。例如哥伦布之所以能发现新大陆,由于当时的文化基础,已足够使彼达到此种发现。第一,因为造船的技术,已能制造大船。使人安然航海而渡大洋。第二,地圆之说,已为当时所公认而无疑。有此两种条件,而后哥伦布乃得达发见新地之目标。否则,造船之技术未精,虽欲航海而不能,安能发见新大陆?假使不信地圆之说,哥伦布决不会有此壮举。于此可知,无论发明发见,都须俟文化基础已有相当的准备,而后可以实现。

由此讲来,文化基础有一种限制发明的价值。达到某时期,有某种文化基础,某种发明似乎不能不产生。反之,不到某时期,没有某种文化基础,某种发明似乎是不可能。

据乌格朋(Ogburn)说,在17世纪之后半,数学发展到一种时期,使微积分似乎不能不产生。所以牛顿(Newton)在1671年,辣勃尼慈(Leibnitz)在1676年,先后发明之。又说,到19世纪之中叶,生物学达到一种时期,似乎使自然淘汰的学说,有不得不产生之势;所以达尔文(Darwin)与华莱史(Wallace)同于1858年发明此种学说。

据克鲁伯(Kroeber)说,世界上有许多发明,竟有二人以上同时发明,相差仅有数小时、数日、数月不等。例如培尔(Bell)与葛雷(Gray)同于1876年发明电话,其专利注册之争讼,仅取决于数小时之优先而已。泼利史脱来(Priestley)与许尔(Scheele)同于1774年发见养气。客莱脱(Cailletet)与匹克推(Pictet)同于1877年的1月中,发见气体的液化。乔弗雷(Jeuffray)、伦姆珊(Rumsey)、斯梯芬(Stevens)、新明登(Symmington)同于1802年,孚尔登(Fulton)于1807年先后发明汽船。毛尔史(Morse)、柯克与韦史东(Cooke & Wheatstone)、斯登海尔(Steinheil)同于1837年发明电报。爱迪生(Edison)与克老史(Cros)同于1877年发明留声机。台勾里与尼泊史(Daguerre & Niepce)及泰尔鲍(Talbot)同于1839年发明照相术。[5]诸如此类的例子,举不胜举。总之,我们可以相信,在同样文化状况之下同样的发明,常在不同的地方,各不相谋的同时出现。于此,可知有相当文化基础,发明似乎是不可免的了。

但是,此所谓不可免的,似亦有研究的价值。我们应问:究竟文化到何种程度,才使某种发明是不可免了?此似乎有时很难说。譬如:文化程度,究竟到如何状况,才使轮子的发明是不可免的了? 此确是难说。但是,我们似乎可以设想,假使我们能做一种详细的历史研究,把轮子发明的文化史,详细分析,或者亦可以得到一种确切的结论。不过此种分析,实际上非常复杂而困难罢了。因此,平常总以"偶然"(Chance)两字解释之,而称之谓经验的发明。其实,此类发明,并不是偶然的。

发明既然是恃乎文化基础;有文化基础,发明是似乎不可免的了,则发明究竟可不可以预料? 就是说,文化状况,到某种时期,有相当的准备,我们可不可以预料有相当的发明?

我们若从物质科学的历史看来,知道此种预料是可能的。从天文学上言,在1820年顷,早有人预料,有所谓海王星(Neptune)的位置与势力。经许多人的推测研究,亚当斯(Adams)与勒未累(Le Verrier)果于1846年用计算法,推得海王星的存在。而加尔(Gale)果于同年从观察而发现。从化学上言,孟台而夫(Mendeleff)于1871年预料有一种化学原素的存在;及至1886年文克莱(Winkler)果然发现此种原素,而称之为"Germanium"。从机械学上言,欧战时,美国急欲改良飞机,因召集著名专家三人,从机械学理加以精详的研究;结果,乃能于极短时期以内,果然造成所谓自由发动机(Liberty Motor)。[6] 由此看来,物质的发明,根据科学的知识与材料,的确可以用计划来推测,而得到相当的效果。至于社会制度方面,似尚不能有此种成绩。

总之,以文化基础为发明唯一的原素,理虽充足,但尚不圆满。我们无论如何,不能否认人类能力,对于发明,有相当的关系。即使说,文化基础成熟,使发明几乎至于不可免;但发明者毕竟还是落在极少人数之手。我们总不能说,文化基础成熟后,人人可做发明家。与爱迪生同时而受同样的教育训练者,为数至多,毕竟只有爱迪生能有如许之发明。所以我们不能蔑视人才的要素。同理,社会需要对于发明,亦有相当的地位。发明固然不是完全由于社会需要,但社会需要却是一个重要原因。我们知道,有许多发明在相当文化基础之下,而再加以一种需要的压迫，方始产生。假使没有需要的压迫，虽有文化基础，亦未必即时产生发明。譬如前述美国在欧战时发明自由发动机，即是其例。

要而言之，发明是此三种要素——文化基础，人才，与社会需要——的联合作用的结果。而就中尤以文化基础为最重要。因为没有文化基础，虽有人才与需要，亦不能产生发明。人类能力及其根本需要，古今未尝大异；但发明的种类与性质，则古今大不相同。于此可知，此三种要素之孰轻孰重了。

四、总结

上面是专就发明的原因分析。我们承认，发明是社会变迁的唯一途径。举凡一切人类调适于环境的新事物，无论是物质的或非物质的，都属于发明的范围。而发明的产生，不外由于三种要素联合作用的结果。

发明既然是社会变迁的锁钥；我们了解发明的要素，就可了解社会变迁的原因。

世俗往往以社会变迁，归因于少数优秀人物。以为此种优秀人物是社会变迁发明的原因。所以有英雄造时势的话。学者如葛勒尔（Thomas Carlyle）甚至谓：人类历史，无非是大人物的事业史。他的意思，就是人类社会的一切现象，无非是少数大人物造成的局景而已。此种英雄崇拜论，[7]与上面所述天才发明论，同一论调。其根本缺点，就在过分重视个人能力，而轻蔑一切社会的势力。其实社会变迁，决不是仅仅少数优秀人才所能造成。优秀人才固然亦是一个重要原因，但决不是唯一的原因。我们知道，除开人才要素以外，还有社会需要与文化基础的联合作用，方始产生社会变迁。俗语说，时势造英雄。一个社会，因为受新环境的压迫，往往感觉到必须有一种新适应的需要；于是有人才出来，造成一种新适应，以满足此种新需要，但此种新适应的性质与程度，却为文化状况所限制。所以有的社会变迁，必须到了相当时期，方始发生，我们知道，必须到了工业革命以后，方始发生近代的家庭变迁，都市变迁,以及其他相应而至的种种社会变迁。在瓦特没有发明蒸汽机以前,我们在人类历史上找不到像现代的工厂组织、工资制度,与工人团体。在中国没有与欧美通商以前,我们在社会上找不到像目前的所谓大商业组织,小家庭制度,以及一切物质上所有的种种设备。我们知道,到了某时期,方始产生某种社会变迁;不到某时期,不会产生某种社会变迁。所以社会变迁是有时代性的。

要之,社会变迁,起于人才,文化状况,与社会需要的三种要素的合作。有了相当的文化基础,迫于相应的社会需要,于是便有应运而生的人才,出而造成社会的变迁。所以社会变迁的原因是多元而非一元的。欲以一元解释社会变迁的原因,决不会圆满的。

本章温习问题

一、试略述社会变迁之两大途径。

二、何谓发明?

三、文化传播的起源若何?

四、卫史莱谓:"文化特质,几同麻疹一样的传染。"试解释之。

五、何谓选择的文化传播?

六、中国与欧美交通后,中国所受欧美之影响甚巨,而欧美似未受中国丝毫影响,何故?

七、文化变迁与生物变迁有无关系?

八、试略述发明的原因。

九、试说明文化基础与社会变迁之关系。

本章论文题目

一、文化传播与社会发展的关系。

二、发明的起源。

三、天才与发明。

四、文化发展的时代性。

本章参考书

1. Boas：*The Mind of Primitive Man*（1912），pp.155–169.

2. Bogardus：*Contemporary Sociology*（1931），Ch.8（Section 40）.

3. Carter：*The Invention of Printing in China and Its Spread Westward*（1925）.

4. Case：*Outlines of Introductory*（1924），Chs.7, 22, 23.

5. Davis and Barnes：*Introduction to Sociology*（1927），Book Ⅱ，Part Ⅳ，Chs.6–7（By Willey）.

6. Folsom：*Culture and Social Progress*（1928），Ch.3.

7. Goldenweiser：*Early Civilization*（1926），Introduction, and pp.301–324.

8. Keller：*Societal Evolution*（1915, 1931），pp.90–168.

9. Kroeber：*Anthropology*（1924），Chs.5–6, 8.

10. Lowie：*Culture and Ethnology*（1927），pp.66–97.

11. Lippert：*The Evolution of Culture*（1931）.

12. Lundberg：*Trends in American Sociology*（1929），pp.172–220.

13. Mason：*The Origins of Invention*（1901）.

14. Mendelson：*Saturated Civilization*（1926）.

15. Ogburn：*Social Change*（1923），Part Ⅱ.

16. Ringbom：*The Renewal of Culture*（1930）.

17. Thomas：*Source Book for Social Origins*（1909），Part Ⅲ.

18. Wallis：*Culture and Progress*（1930），Chs.2–5.

19. Wissler：*Man and Culture*（1923），Chs.6–8.

20. Wissler：*Introduction to Social Anthropology*（1929），pp.356–370.

21. 刘文艺译《最近自然科学概观》(商务本)。

22. 尤佳章等译《科学与人生》(商务本)。

23. 文元模等著《自然科学之革命思潮》(商务本)。

24. 竺可桢著《现代文明与发明》,《实业讲演志》(中央政治学校印)。

25. 胡适著《我们对于西洋近代文明的态度》,《东方杂志》,第二十三卷第十七号。

本章注释

1. 见Wissler：*Man and Culture*, p.102。

2. 见Wissler："The Influence of the Horse in the Plains Culture," *American Anthropologist*, Vol.16。

3. 欧美人采取中国文化,统前后观之,亦不在少数,不过不如中国采取欧美文化之普遍。据1928年美国波士顿晚报上所登的一篇《中国亦有很多发明》(译文见十七年一月二十四五两日上海《申报·自由谈》)中所说,欧美人,所用的事物为中国发明者,有下列各物：墨、丝、茶、跳舞用的假面具、叶子戏、骰子、百科全书(或丛书之类)、围棋、字典、活动板、磁器、纸、雕刻术、漆、人造珠宝、金鱼、装订书籍、灯笼、玉器、不漏水的船房、桃子、鞭炮、小马、地动仪、浑天仪、酱油、豆芽、菠薐菜、白菜、绿豆、葱、瓜、花菜、茄子、波菜、柿子、鸽铃、桐油等；至于火药、印刷术,与指南针,更是人人都知道的。此文虽所言不尽可靠,但亦可见大概。关于纸与印刷术的发明与传入欧美,参见Carter：The Invention of Printing in China。

4. 头盖的大小,似不足为评量人类能力高下的绝对标准；因头盖大小,与人类身躯大小高低有密切关系；且脑之组织与大小,并无一定关系。以头盖大小做比较,仅于无可取证之中,求一约略的衡量而已。参看Kroeber：*Anthropology*(1923), p.39。及Herrick：*The Thinking Machine*(1929), Ch.11。

5. 参看Kroeber: "The Super-organic," *American Anthropologist, new series*, Vol.XIX(1917), No.2, p.220；又乌格朋在他的《社会变迁》中列举148种发明与发见，是由二人以上在不同地方独立发明或发见者。见Ogburn: *Social Change*, pp.60–102。

6. 参考Goldenweiser: Early Civilization, pp.162–164。及Chapin: *Cultural Change*, pp.341–356。

7. 见Thomas Carlyle: *Heroes and Hero Worship*, Lecture Ⅰ。

第二十六章 社会惰性与文化失调

第一节 文化惰性

一、何谓文化保守

人类文化,似都具有一种特性,凡既经存在以后,不易即刻消灭,尤其是物质文化。此种特性,称为文化惰性(Cultural Inertia);亦称为文化保守性(Cultural Conservatism)。文化之有惰性,随时随处可见。在物质文化方面,我们知道,不知有多少是从前代遗留下来,供给我们的使用。我们试看,凡衣、食、住、行、用、玩等等物件,有多少是我们自己创造出来的;大部分是从前代传下来的。此还是就平常的文化保守说,即就保存文化固有的价值言。但文化即使失去他的价值,失去他的用处,他还是依旧保存起来,遗留下去。例如古代的弓箭、戈矛、宝剑等等,在当时是一种战争武器,到现代已不再作战争武器;但社会上依旧保存。此可见文化保守力量之大。

至于非物质文化的保守,其例正与物质文化无异。我们知道,现在有许多风俗、制度,以及道德观念等,都是数千年前或数百年前遗传下来。例如我国之旧式婚姻制度,祖先崇拜,大家庭组织,孝悌观念等等,都是古代传递下来的,至如旧式婚礼中所用的礼帖——如纳采、问名、纳吉、纳征、请期、亲迎;丧事中所用的讣闻——所谓罪孽深重,泣血稽颡等等,都是名存实亡的文化遗迹;亦即是文化富有惰性的表征。

要之,文化之富有保守性,可从两方面观察:一方面从现在流行的前代文化见之。一方面从现在虽不流行而尚保存的文化见之。因为有此许多前代遗留保存的文化,遂使人类文化不能脱离前代的窠臼,此可说确是社会变迁中绝大的阻障。

二、文化保守的原因

文化所以富于保守的原因,概括言之,约有数端。

（一）有相当利用价值

旧文化之所以保存,由于有相当的利用。所谓利用,就是可以满足人类相当的欲望之谓。任何文化的存在,即有其相当的利用价值;就是说,可满足相当的需要。此种满足需要的利用,可大别为两类。

（甲）经济上的利用。凡经济价值较廉的文化,易于保存。例如电灯通行后,石油灯、菜油灯,依旧保存,就因其可以节省费用的原故。

（乙）心理上的利用。凡可以满足人类心理上的需要者,易于保存。我国社会上尚通行种种迷信,例如用所谓"仙方"医病,因其有心理上的利用,可以满足相当心理上的需要。

（二）原有价值的改变

有许多文化特质,原有的利用价值,已不复存在;但因其改为他种利用,得以保存。例如弓箭在古代是战争武器,到了现代,战争已无需弓箭,而弓箭依旧存在。由于弓箭的固有价值已改变,即由武器变而为玩具了。还有许多文化特质,包括几种利用价值;如其一种价值减轻,或至消失,而其他价值,依旧存在,则文化亦不至遗失。例如教堂的一种文化,实包括许多利用价值,如宗教、教育、社会、伦理等。假使一旦宗教的价值消灭,而教堂或仍可保存,因其尚有他种利用。

（三）发明与传播之难

发明是很不容易的事。既然没有新发明,即使旧文化如何不适用,亦只能保留使用,所以遂遗传下去了。至于文化传播的困难,亦很显明。或由于地理上的阻隔,或由于原料的缺乏,或由于缺乏相互关系,或由于文化程度不相等,或由于紊乱原有秩序等等,都可使新文化不易传入。新文化既不易从他社会传入,旧文化亦就保存下去。

(四)特殊利益阶级的拥护

凡对于某种阶级有特殊利益的文化,往往因此种阶级的特别拥护而得保存。例如以高利贷谋生的人们,必特别拥护此种高利贷制度,因其对于此阶级有特殊利益。以宗教为职业的人们,必特别拥护宗教制度,因其对于彼等有特殊利益。诸如此类,任何特殊阶级对于其特别有利的文化必特别拥护。举凡一切政治上、教育上、职业上的种种文化,莫不如此。所以许多旧文化得因此而保存。

(五)社会的压迫

有许多旧文化,并非因其利用价值之高而保存;只因为社会压迫,使人们不能不采用而得以保存。所谓社会压迫,就是社会强迫个人服从社会上流行的标准之谓。人类社会,常有一种势力,强迫个人服从社会标准。凡能服从社会标准的,社会加以一种相当的奖励;违反社会标准的,社会加以一种相当的惩罚。此种奖励与惩罚,虽则不必有正式的表示如刑赏之类,但社会上人人了解此意;所以自然而然的会服从社会标准。

此种社会压迫的个人服从,实可使社会上人人保守旧文化而反对新文化。因此,足以阻碍社会变迁。固然,有时社会压迫,亦发现于新文化的流行。例如,时尚(Fashion)的盛行,能使个人于不知不觉中采取之。但实际上,社会压迫,往往趋于守旧;而特别发见于非物质文化如道德、风俗、宗教、法律等。所以此类文化,特别富有保守性。

(六)习俗的势力

社会习俗,常常养成一种好古或反新的风气。使对于新文化表示一种迎拒的态度。有的社会,尤其是交通阻隔,文化幼稚的社会,往往崇尚旧文化反对新文化，所以社会上变迁极少。有的社会，特别是现代的社会，往往表示一种欢迎新文化的态度，所以社会变迁较速。要之，社会习俗的势力，确可影响于社会变迁的迟速。

（七）习惯的影响

此外由于个人习惯的关系，亦可使文化保守。大概依照习惯做事，最为省力。社会文化，既经在个人成了习惯；个人方面，往往不愿变迁；因为改变文化，就须改变习惯。

（八）怕惧的心理

人类心理，常喜固定，故最惧无把握之事；凡旧有文化，由前代遗传而下，屡经试行，已有把握，故人人愿意遵行之。至于新文化，其价值究竟如何，尚无把握；既无把握，就具有冒险性质。通俗不愿意尝试冒险而无把握之事，故惧新文化的采用，而保存旧文化的流行。

要之，从上讲来，我们可以归纳而成两种根本原因，就是第一，社会的需要，譬如利用价值的改变，习俗的势力，社会的压迫等；第二，个人的需要，譬如心理的满足、习惯的影响、怕惧的心理等。有此二种原因，遂使旧文化富有保守的力量，而阻碍社会的变迁。

三、文化惰性与社会改革的关系

我们知道，文化惰性，对于社会变迁，有重大的阻碍影响，所以凡是从事于社会改革者，必须了解文化惰性及其原因，而后可以对症发药，事半功倍。我们从惰性之研究，知道文化是有保守的特性，就是说，文化是不易变迁的。但是此种文化不易变迁的惰性，却有程度的不同。就是说，文化有时惰性很利害，有时很不利害。在不同的社会中，常表现此种程度不同的现象。在同一的社会中，亦常因文化性质种类的不同，而惰性程度，亦因而不同。大概在惰性很利害的社会，个个人富有保守的心理，几于无变迁可言。即使有少数先知先觉的人，鉴于环境时势的需要，欲出而发明或传播新文化，往往受尽社会的压迫，而卒不能撼动社会的惰性。例如在前清末年,孙中山先生鉴于时势的需要,出而倡导革命运动,受尽种种困难。要之,在此种社会高压力的文化惰性之下,一旦环境变迁,旧文化不足以适应时势的新要求,其势必致产生革命。美国威尔逊曾说:"压迫是革命的种子。"一个社会,如果惰性太过,压迫太甚,革命似乎是不可免的了。但是,我们知道,惰性不是一成不变,始终不可动摇的。惰性是可以征服的。上面既说,惰性有程度之不同。一个社会,当惰性很不利害的时候,如能把不适应时势要求的旧文化,渐渐的,做一部分一部分的改革,与一步一步的变迁,则此类旧文化自然渐渐地适合时势的需要;而社会方面对于此类旧文化,亦不会感觉文化惰性的压迫。在此种社会状况之下,似乎不会产生革命。

要之,无论是革命或改革,都不过是满足时势(环境状况)需要的手段,去达到征服文化惰性,适应环境要求,与改进社会的目标。惰性太甚,压迫太高的时候,有革命;惰性不深,压迫不大的时候,有改革。革命与改革就手段言,原只有程度上的差别。

革命虽则是征服高压的惰性,但并不一定就能立刻适应时势的要求。大概一个社会到了革命时代,往往旧文化既因不能适应环境而放弃;新文化或则纷纷莫衷一是,或则既定标准,只因尚未十分固定,仍不足以统一人心。在此时可说是革命尚未成功。

原来革命与建设,实不可分离。革命是破坏旧文化中不适应时势要求的部分;建设是从新文化中截长补短创造一种新文化,以适应时势的需要。建设不是凌空的,更不是赤拳空掌的。建设是凭着固有的社会地盘,拿着新旧文化的菁华材料,依着适合社会环境需要的计划,去建筑新社会所必要的健全新文化。到建设终了的时候,才是革命完成的日子。孙中山先生分革命为军政时期,训政时期,与宪政时期,深合乎此种原则。

要之,从上讲来,无论革命或改革,都是为着征服文化惰性以适应时势的需要。所以从事于革命与改革事业者,必须研究文化惰性的原因及其程度,以谋社会的改进。

第二节　文化失调与社会问题

一、社会变迁速度的差异

一社会的文化,常可分成许多部分。简单言之,得别为两大类:即物质文化与非物质文化。房屋、车辆、船舶、机器、衣服、食物等等是物质文化;道德、政治、信仰、风俗、科学、哲学等等,是非物质文化。此种物质文化与非物质文化之间,常有联带调和的关系。不但物质文化与非物质文化之间如此;就是物质文化与物质文化,非物质文化与非物质文化之间,亦是如此。但文化各部分的变迁速度,则因惰性不同之故,常不一致。有的变迁很快,有的变迁很慢。通常,物质文化的变迁较速,非物质文化的变迁较缓。同是物质文化或非物质文化,又有迟速之不同。例如衣、食、住三者的变迁速度,并不一致;有的较快,有的较迟。又例如时尚的变迁较速,风俗、道德、宗教的变迁较缓。要之,社会上一切文化,虽有互相调和适应的联带关系,但变迁的速度,却因文化惰性之关系,而有迟速的不同。

二、文化失调的意义

社会上文化在变迁速度有参差的时候,就发生不调和的现象。通常,物质文化与非物质文化之间,关系非常密切。有的非物质文化,仅仅是附属于物质文化而存在的文化,譬如使用工具的方法等。此类非物质文化,得称之为适应文化(Adaptive Culture),因为是适应于物质文化的一种非物质文化。凡是物质文化变迁的时候,与之相关的非物质文化,应该随着变迁,以适应之。但在实际上,物质文化变迁的时候,与之相关的非物质文化,未必随着变迁。彼时,物质文化与非物质文化之间,便发生一种失调的现象。[1]举一个浅近的譬喻:马车是物质文化,驾驶马车的方法是非物质文化,今若以驾驶马车的方法,去使用马车,自然适应而调和。但是,假使把马车换汽车,那末,驾驶马车的方法,全不适用;彼时,若非改用驾驶汽车的方法,对于汽车,就成失调的现象。一个社会,对于新文化的失调,亦往往如此。

大概文化失调,必起于社会变迁的时候。一个社会当变迁的时候,常常不断的采取新文化,改革旧文化;所以不断的发生失调的现象。固然,有时采用新文化,不一定发见失调的现象。其理由有二。

第一,因为有许多与物质文化相关的非物质文化,性质虽大不相同,但因非物质文化与物质文化的联带关系,非常密切;凡物质文化变迁的时候,非物质文化,即不得不与之俱变。所以介绍物质文化变迁的时候,同时即不得不介绍相关的非物质文化的变迁。譬如汽车的驾驶法,与汽车必同时传播。我国社会上有一大部分的物质文化已经变迁,而并不发见任何失调的现象,就因此故。

第二,因为有许多与物质文化相关的非物质文化,性质上没有多大不同。譬如用一盏豆油灯与用一盏石油灯,方法上并没有多大差别,所以易于适应。我国社会上,亦有一大部分的物质文化,已经变迁,而并不发见任何失调的现象,大率是此一类的变迁。

但实际,却有许多物质文化,性质非常复杂,范围非常广大,而与之相关的非物质文化,亦很复杂繁多。在此种物质文化变迁的时候,其他相关的非物质文化,往往不易或不能同时变迁,结果,物质文化与非物质文化之间,常发生失调的现象。

不仅物质文化与非物质文化之间有失调的现象;即非物质文化与他种非物质文化之间,亦常发生失调的现象。假使甲乙两种制度,是互相关系的,那末,在甲制度变迁的时候,而乙制度并未变迁;结果,甲乙两制度之间,发生失调的现象。例如国语教育,与养成国语教师,是两种互相关系的制度。有了国语教师,而后去推行国语教育,是适应调和的。现在我国已实行国语教育;全国小学,必须用国语讲授,但大部分担任国语教科的教师,并未学过国语的。结果,所教的,并非合乎国音的国语。此是一种失调的现象,是由于两种制度未能同时适应的缘故。

三、文化失调与社会问题

一个社会,在文化失调的时候,常表现一种杌陧不安的景象,因此引起社会上人们的纠纷。假使失调的程度,不十分利害,此种社会纠纷,尚不引人注意。假使失调的程度很深,社会上杌陧不安的纠纷,足以妨碍一般人的安宁幸福,于是引起社会上人们的注意,而有要求调整此种现象的表示。彼时就成为一种社会问题。所以有许多社会问题,起于社会变迁时文化各部分失却调和的结果。社会变迁愈速,文化失调愈甚,就是社会问题愈多。我国自晚近以来,社会变迁,非常迅速,因而文化失调的现象,随处可见;而社会问题,亦日见加多,现举一例,以明如何文化失调后,发生社会问题。

工业的物质状况,与工作制度,有密切关系。在物质状况变迁之时,而工作制度未能变迁以适应之,势必发生失调的现象。我国目前的劳资问题,似是此种失调的结果,在从前小规模的手艺工业时代,社会上物质状况,不似现在之繁复,于是产生一种相当的工作制度。他的特点是,(一)工作不甚严格。在旧式工场,工人虽自朝至晚做工,但并不严格,随时可以休息。抽烟、喝茶、谈话,都极自由。所以即使做十二三小时以至十五六小时的工作,还是不甚觉得疲倦。至于请假亦甚自由,因病因事,常可照准。(二)工资足维生计。在旧式工场,工资常极微薄。虽则微薄,但工人还能维持生活。一则因为生活程度不高,二则因为此类工人,大都欲望不多,生活亦甚简单。(三)工作非常安稳。旧式工场,既无机器,设备又甚简单,所以危险甚少,工作要比新式工厂安稳得多。因之,不必有保险与赔偿等办法。(四)工人场主关系亲密。旧式工场,几乎无劳资的区别。不但场主亦常是作工的人,而且场主与工人常有很亲切的关系。工人往往是亲戚朋友,即使不是亲戚朋友,亦是一样亲密和睦,并且工场待遇是极平等的。因之，工场仿佛是家庭一般，遇有事情，自然容易解决。工场中向不用女工，因为男工已经够用，童工如学徒之类，为数亦少。总之，彼时规模狭小，工人不多，一切都极容易处理。

但自机械工业输入我国以来，工厂制度渐渐盛行，社会上物质状况，就发生激剧的变迁，于是工作状况，亦就大变。今将其特点，与上面作一比较，以见异同。

（一）工作严格。新式工厂中的工作，不但是机械的，而且是极严格的。工人的工作，常与机器的运动，有密切联带关系。工人是随着机器的运动而作工，是继续不断的作工，不是可以自由休息的。而且此种工作常在空气不洁的工厂中进行。在如此状况之下，是否还可以照从前手艺工业时代，维持十三四小时以上的工作？（二）工资不足维持生计。近来生活程度加高，尤其是工厂所在地的大都市。工人平常生活上物质需要既多，照从前工场时代的微薄工资，如何能维持生计？（三）工作较为危险。新式工厂处处与机器发生关系。在厂工作，稍不留心，常易受伤，或竟至危及生命；至如化学厂工与矿工等，更有毒气等危险。在如此不安稳的景况下工作，是否需要相当的保险金等的保障？（四）劳资双方不相接近。在新式工厂，工人既多，厂主势不能常与工人有亲切的接近。因之，厂主与工人之间，地位既异，常不免发生隔膜。在如此情况之下，如何能缺少相当的组织与调解的方法以实现劳资的合作？至于童工与女工，在工厂中，骤然增加了。他们的工作状况，与待遇情形，当然与普通男工不同。如何能缺少相当的保障？

依上看来，我国目前物质生活状况，已与旧时小规模手艺工业时代大不相同；但旧时适用于小规模手艺工业的种种风俗制度，在一部分的工厂中却还未完全改变。因之，工业社会，常发生一种失调现象，而有各种劳资问题发生。就理论言，此种失调问题的解决，非常简单；就是，将既经失调的文化现象，使之互相调和适应即可。因为文化失调后，才发生社会问题；一至失调的文化，能调和适应，社会问题，自可解决。

第三节　物质文化与社会变迁的关系

就全社会文化各部分说，变迁的速度，颇不一致。物质文化，往往比非物质文化先变。此是从上面失调的现象可以见到的。但实际上，却未必如此。有时非物质文化先变，而后物质文化随之而变。例如宗教变迁后，往往影响于物质文化。回教禁食猪肉，凡信回教者便不食猪肉。又建筑往往适合于宗教之意味。宗教变迁时，建筑亦变迁以适应之。至于科学对于物质文化，有特殊的影响。譬如机械学的原理，可以变更机器的构造等；物理学化学的理论，亦是如此。

由此以谈，似乎物质文化，随非物质文化而变，与上节所论文化失调之例，不甚吻合。但若就近代社会变迁的趋势言，常是物质文化先变，而后非物质文化，变迁以适应之。今以工业革命为例。工业革命之发端，由于蒸汽机的发明。自从蒸汽机发明以后，工厂大兴，而后社会上各种制度，受其影响而次第发生变迁。例如家庭经济与家庭组织的变迁，妇女职业与地位的变迁，都市生活的发展，大规模生产与分配方法的扩张，教育制度，与道德观念的变迁等等。而此种种变迁，追究原始，不外由于一种基本的物质文化的变迁——蒸汽机的发明——而来。我们不信，发明蒸汽机是去适应他种非物质文化的；我们相信，蒸汽机发明后，他种非物质文化变迁以适应蒸汽机的。

试看近代许多物质发明，如电报、电话、火车、汽车等，使社会上发生多少重大的影响。此可知物质文化对于非物质文化的势力之大。

通常大部分的非物质文化，是适应物质文化或自然环境的。一切风俗、道德、制度等等，大率是与物质文化或自然环境，有密切关系。凡物质文化或自然环境变迁的时候，此种相关的非物质文化，辄随着变迁。虽则非物质文化的变迁，不必与物质文化同时；但总在物质文化变迁之后，此似乎是可信的。

上面所说，非物质文化变迁，必在物质文化之后，此是特别指适应的文化言。但有许多非物质文化与物质文化，似乎是没甚关系。例如艺术、文学，及社会制度之关于团体行为者，如社交之类，都是仅仅满足人生的需要，而非适应于任何物质文化的。此类非物质文化，似乎不是随着物质文化的变迁而变迁的。

要之，从上说来，物质文化，在近代社会中，占极重要的地位。换言之，物质文化为近代社会变迁中的重要原素。物质文化变迁后，非物质文化即受其影响而发生种种变迁。其变迁之前后不相应者，往往发生失调现象，产生社会问题，故欲指导社会变迁，图谋社会进步者，似不可不注意物质文化的变迁。但此，仅谓物质文化在近代社会变迁中的重要，非谓我国目前各种社会问题，尽由于物质文化而起。此不可不辨。

本章温习问题

一、何谓文化惰性？试举例以明之。

二、试述利用价值与文化保守的关系。

三、试述文化惰性与社会改革的关系。

四、文化变迁的速度有无差异？

五、试说明文化失调的意义。

六、文化失调与社会问题的关系若何？

七、物质文化与近代社会变迁的关系若何？

本章论文题目

一、文化惰性论。

二、革命与文化惰性的关系。

三、文化失调的理论。

四、物质文化变迁后的影响。

本章参考书

1. Allport: "The Prediction of Cultural Change," in *Methods in Social Sciences*, edited by Rice (1931), pp.307–350.

2. Becker: "Sargasso Iceberg: A Study in Cultural Lag and Institutional Disintegration," *American Journal of Sociology* (1928), vol.XXXIV, pp.492–506.

3. Beer: *Social Struggles in Antiquity* (1922).

4. Bogardus: *Contemporary Sociology* (1931), Ch.3 (Section 13).

5. Chapin: *Cultural Change* (1928), Parts III & IV.

6. Cooley: *Social Process* (1918), pp.3–18, 30–34.

7. Ellwood: *Psychology of Human Society* (1925), pp.250–275.

8. Elmer: *Family Adjustment and Social Change* (1932), Chs.4, 9.

9. Mitchell: *The Past in the Present* (1881).

10. Ogburn: *Social Change* (1923), Part IV.

11. Petrie: *The Revolution of Civilizations* (1911).

12. Prince: *Catastrophe and Social Change* (1920).

13. Wallis: *Culture and Progress* (1930), Ch.6.

14. Wissler: *Man and Culture* (1924), Chs.9–10.

15. 孙本文著《文化失调与中国社会问题》,《社会学界》第二卷(北平燕京大学)。

本章注释

1. 物质文化变迁时,适应的非物质文化,应该同时变迁。但实际,物质文化,往往先变,非物质文化往往因而未变。在彼时,物质文化与非物质文化之间,发生一种阻隔,乌格朋称为"Lag"。此种阻隔,有长有短,无一定年限;但有时却可推算而知之。参看Ogburn: *Social Change* Part IV, Ch.I, p.200。

第二十七章 社会进步

第一节 社会学与社会进步的研究

社会学究竟应不应研究社会进步,此是一个近来争论的问题。

就社会学的历史看来,自始就与社会进步的名词为缘。在孔德初创社会学的时候,就以社会学为研究社会秩序与社会进步的学问。在他看来,社会学的工作,是在创造一种"进步"的科学学理。[1] 其后斯宾塞(Spencer)、华特(Ward)、葛佛(Carver)诸社会学家,莫不以社会进步为社会学中重要的研究。葛佛以为:"社会学是一种社会进步的研究,是指导人类社会的进步的。"[2] 蒲希(Bushee)以为:"动的社会学是研究社会进步的学问。社会学的目的,是在协助人类使社会关系渐趋完善,而指导人类努力趋向进步。"[3]

爱尔华(Ellwood)说:"社会学的主要任务,在对于伦理学、应用社会科学,以及道德家、改革家、政治家、社会工作家等,供给一种'进步'的科学学埋。"[4]

近时更有人主张,社会进步的学理,惟有社会学研究之;假使社会学不研究社会进步,更有那一种科学应该研究。赫德(Hornell Hart)说:我们可以研究,"在过去的文化变迁中,究竟有无进步;假使有进步的,那末,我们究竟能不能敦促此种进步。说科学是不能研究进步的问题,那是错误。假使科学不配搜集材料去详细研究上述的问题,那末,必须发展别种有系统有客观性的方法,才能去研究了。"[5]

海芝勒(Hertzler)以社会学为研究社会进步的科学。他说,"假使社会学不能发展一种社会进步的科学学理,更有哪一种科学能之。""因为进步是一种极错综极复杂的问题,没有别的社会科学能见到其全体。"[6] "其次,社会学不但是一种纯理的研究,并且必须有一种应用的目标。社会学唯一的贡献,就在建设一种进步的学理。"社会学必须供给关于社会的知识,然后再供给人类社会最后目标的实用学理,及如何达到此种目标的方法。假使社会学不能如此,就成为无结果的学问,而不能加入人类重要科学之林了。

但近来却有许多社会学家,以为研究社会进步,就要论及社会的评价。此种评价的研究,便非科学的范围,而涉及于哲学的领域。社会学既然是科学,就不应该研究社会进步。沙罗坚(Sorokin)就是如此主张。他说:"关于进步或退步的学说,因为是价值的判断,故属于主观的;依其性质,必不能成为科学的陈述。庞格雷(H.Poincare)说,'科学总是用直陈语气说话(Speaks in the indicative mood),决不如伦理说明与价值判断,常用命令方式的(never in the imperative mood)。'因此,进步的学说,既不外关于何谓善,何谓恶,何谓进步,何谓退步的评判,自然不过是表明著者主观的意见而已。假使社会学要成为一种科学,必须屏除此种评价的论断。"[7]

又有裴恒(Bain)教授,亦如此主张。他说:"假使我们要使社会学成为科学,必须使成为行为的社会学(Behavioristic Sociology)。向来一切所谓意识状态、主观概念等的习用名词,必须屏弃。如其要保存,必须根据'运动'(Movement)的意义,重定界说。"进步的概念,亦是他所谓主观概念而应在屏弃之列。总之,进步的概念,在他们看来,不应该在社会学中研究。

从上两方面的意见看来,各是言之成理。但社会学毕竟不是专门研究社会进步的科学。而社会学却亦有研究社会进步的必要。派克（Park）教授以为，进步的概念，亦有他科学的价值。他说："进步的问题，毕竟不过'最后之善'（Ultimate Good）的问题。以此'最后之善'为推断标准。如其世界上比前好了，就是进步；反之，就是退步。但是关于何谓'最后之善'的问题，就没有一致的意见。此是哲学上的问题，不是社会学上的问题，故社会学不必讨论他。社会学，亦如其他自然科学，接受社会上流行的价值（Current Values of the Community）。医生，一如社会工作人员，以为健康是一种社会价值。因此，他就努力发见疾病的性质与起源，以及发明治疗的新法。社会学家之研究社会进步，亦正如医生之研究健康。他们都是研究特殊问题，而求特殊的救济。"[8]

要之，社会学固然不是仅仅研究社会进步的科学，但社会进步的问题，在社会学上自亦有相当的地位。应用社会学的唯一目标，即在谋社会的改进；而社会改进的目的，与社会进步的标准，自有不可分离之势。我们必须知道，何谓进步，进步的标准如何，而后可以趋向此进步的标准，谋社会的改造。故社会学应该研究社会进步的学理。

第二节 社会进步的意义

要研究"何谓进步"的问题，便要牵涉到"最后之善"的问题。此"最后之善"的问题，是哲学上的问题，而非社会学上的问题。我们现在仅就一般社会学家所讨论的流行的所谓"进步"的意义，而加以评述。

自来社会学家关于社会进步的意见，约可分为下列数种。

一、人类价值说

霍伯浩（Hobhouse）将社会进步与社会进化，加以区别。他说："进化（Evolution）就是'任何的发展'的意思；社会进步（Social Progress）就是社会生活中关于人类附以价值的特质的发展。社会进步仅是社会进化许多可能中的一种。"⁹在霍氏看来,社会进化是普遍的社会变迁,社会进步仅是附有人类价值的社会变迁。他说:"说一种事物是进化,不就是证明此种事物是'善'的;说社会是进化,不就是证明社会已是'进步'了。"推霍氏之意。所谓人类价值,就在实现一种人类伦理的系统(The Realization of an Ethical Order)。讲到此处,似乎已经涉及哲学的藩篱了。杜德(Todd)亦认进化与进步是有区别的。他说:"进步是以人类价值为标准的进化。"进化不一定产生进步。¹⁰华礼士(Wallis)谓:"一切文化都变迁。有时,变迁仅系进化,有时则为进步。进化的变迁,是累积的,进步的变迁,有较大的价值。"¹¹杜华二氏所谓价值,亦不离最后之善的问题。

二、人类幸福说

华德在他的《动的社会学》中说:"凡可以增加人类幸福(Human Happiness)者,就是进步。"¹²但是究竟何谓人类幸福,却又是一个哲学上的问题。若以上面所述的人类价值观之,实有同样抽象的含义。我们亦可说,霍伯浩杜德等的人类价值,就指人类幸福而言。

蒲希亦有此种思想,他说:"普通所谓进步,意即趋向着唯一的理想(The Ideal)。此种理想,包含一种最后增加幸福的意思(Ultimate Increase in Well-being)。"¹³因为各种社会变迁,未必都是进步的——就是说未必都是增加人类幸福的——有的变迁或者减少人类幸福的。此就是退步(Retrogression or Dissolution)了。但"幸福"两字,毕竟非常抽象的名词。

三、人类需要说

海芝勒又从人类需要方面去说明进步的意义。他说:"在我们看来,凡可以达到我们最需要的事物,就是进步(The attainment of what we want most)。"又说:"进步一词,渐渐将用以表明我们赞成其结果的任何变迁过程。"[14]但是,人类需要,不但复杂错综,并且因人因地因时而变迁的。在如此无定的状态之下,如何可以说明进步的真义?

四、社会改良说

恺史(Case)以为"社会进步,意即社会改良(Social Improvement);更简单而切实的说,就是社会全般的改善(Societal Betterment)。"又说"进步意即比前更好的变迁(Change for the Better)。"[15]爱尔华(Ellwood)说:"进步含有改良人类生活状况的意义。"[16]但此所谓良、善、好,似乎又要涉及哲学上的问题。所以此种抽象的意义,亦不足以说明进步的概念。

上述各种意见,似甚分歧,而实可相通。凡人类良善之事,即是幸福所寓;故增进良善之事,即是增进幸福。又凡可以增进人类幸福之事,即是人类价值所附丽;而凡富有人类价值之事,当为人类所需要。故此几种意见,似乎均无错误。其缺点仅在太抽象笼统而已。但欲用简单的文字,说明进步的意义,其势不能不抽象。就社会学的眼光看来,要说明进步的真义,若用简单的抽象定义,必不能概括无遗。原来,社会的进步是多方面的,必须从多方面说明其必要的条件与标准,而后可以得其梗概。

第三节 社会进步的标准

我们知道,社会变迁,不尽是进步的;有的是进步的,有的是非进步的。那末,我们究竟用何种标准,去判别社会变迁的进步或不进步?此种判别进步的标准,社会学家中意见尚不一致。现在先就各家所定的标准,略为叙述,然后归纳而成一种较有系统的标准,以供研究。

一、各家所定进步的标准

自孔德以来,学者所述关于进步的标准,至为繁杂,兹据杜德教授所引各家[17]及其他诸家意见,举其重要者,分述如下。

(甲)孔德的标准

分为七种:秩序的增进,社会化分与团结的增进,理性胜于兽性的发展,人类征服自然力的扩张,人口增加时欲望满足的增进,抽象思考力及综合能力的增进,对于社会改良所必要的合作与努力的社会性的发展。

(乙)蒲莱士(Bryce)的标准

分为五种:体质的增进,物质的舒适的增进,智力的增进,社会关系的改进(如自由、安全、秩序等),道德的增进。

(丙)柏登(Patten)的标准

分为五种:幸福增进的欲望,恐惧的扫除,社会制度的安定,自由团结的发展,忍耐与调和精神的散布。

(丁)奥格(Ogg)的标准

亦分为五种:特权的废除,平等的确立,思想与发表的自由,用于人类改良的科学知识的发现,保险制度的增进。

(戊)霍伯浩(Hobhouse)的标准

分为七种:社会秩序的推广,团结的增进,社会单位的扩张,公正,合理的道德,自由,互忍与互助。

(己)杜德的标准

分为四类九种:其一,反战争与反奴隶的情操的增进;其二,婴儿与成人生命的保全;其三,疾病的免除(尤其是肺病等);其四,体刑的废除。——以上关于人道方面的标准。其五,制度的实行,由强迫趋于合理的劝导。——以上关于制度的标准。其六,民族实际需要,得更适当的满足,而有余力以为将来的发展。——以上关于工业的标准。其七,社会成绩的普遍化;其八,自制力的增进;其九,强制的社会控制的减少。——以上关于教育的标准。

(庚)韦珂客(Wilcox)的标准

分为六种:人口的增加,寿命的延长,人口的统一,种族的同化,识字者的增加,离婚率的减少。[18]

(辛)倪世福(Niceforo)的标准

分为七种:财富的增加,消费的增加,死亡率的减少,文化的传布,天才的产生,犯罪的减少,个人自由的增加。[18]

(壬)白克马(Blackmar)的标准

分为九种:社会团结的增加,社会结构与功用的化分,社会各部分关系愈形密切,每代生活状况的改善,种族的改进,机会的均等化,财富对于公众利益的增进,社会对于个人利益的增进,征服自然。[19]

(癸)傅尔森(Folsom)的标准

分为七种:长寿,身体健康,精神健康,休闲时间的增多,消费的增加,娱乐种类的增加,个人自由的增加。[20]

上述各家所定的标准,得归纳而为五大类:即人身方面,心理方面,经济方面,社会方面,及道德方面。兹特根据上述的项目,分列于下。

关于人身方面的标准:

(一)体质的增进(蒲),(二)婴儿与成人生命的保全(杜),(三)疾病的免除(杜),(四)身体健康的增进(傅),(五)人口的增加(威),(六)寿命的延长(威)、(傅),(七)死亡率的减少(倪),(八)休闲时间的增多(傅)。

关于心理方面的标准:

(一)理性胜于兽性的发展(孔),(二)人类征服自然力的扩张(孔),(三)抽象思考力及综合能力的增进(孔),(四)智力的增进(蒲),(五)幸福增进的欲望(柏),(六)恐惧的扫除(柏),(七)忍耐与调和精神的散布(柏),(八)用于人类改良的科学知识的发现(欧),(九)自制力的增进(杜),(十)识字者的增加(威),(十一)天才的产生(倪),(十二)征服自然(白),(十三)精神健康的增进(傅)。

关于经济方面的标准:

(一)人口增加时欲望满足的增进(孔),(二)物质的舒适的增进(蒲),(三)保险制度的增进(欧),(四)民众实际需要,得更适当的满足

(杜),(五)财富的增加(倪)、(傅),(六)消费的增加(倪),(七)财富对于公众利益的增进。

关于社会方面的标准:

(一)社会化分与团结的增进(孔),(二)对于社会改良所必要的合作与努力的社会性的发展(孔),(三)秩序的增进(孔),(四)社会关系的改进(蒲),(五)社会制度的安定(柏),(六)自由团结的发展(柏),(七)特权的废除(欧),(八)平等的确立(欧),(九)思想与发表的自由(欧),(十)社会秩序的推广(霍),(十一)团结的增进(霍),(十二)社会单位的扩张(霍),(十三)自由(霍),(十四)制度的实行,由强迫趋于合理的劝导(杜),(十五)社会成绩的普遍化(杜),(十六)强制的社会控制的减少(杜),(十七)人口的统一(威),(十八)种族的同化(威),(十九)离婚率的减小(威),(二十)文化的传布(倪),(二十一)犯罪的减少(倪),(二十二)个人自由的增加(倪)、(傅),(二十三)社会团结的增进(白),(二十四)社会结构与功用的化分(白),(二十五)社会各部分关系愈形密切(白),(二十六)每代生活状况的改善(白),(二十七)机会的均等化(白),(二十八)社会对于个人利益的增进(白),(二十九)娱乐种类的增加(傅)。

关于道德方面的标准:

(一)道德的增进(蒲),(二)公正(霍),(三)合理的道德(霍),(四)互忍与互助(霍),(五)反战争与反奴隶的情操的增进(杜),(六)体刑的废除(杜)。

二、暂定的进步标准

据上面归纳而成的一种计划,尚觉错综重复,散漫而少系统。因依据各家的项目,参以个人的意见,而成下列的分类标准。

(一)身体方面

甲、健康的增进,

乙、寿年的延长。

（二）能力方面

甲、征服自然的能力的增进，

乙、制服人类自己的能力的增进。

（三）经济方面

甲、财富的增加，

乙、每人富力的增加，

丙、物质舒适的增进。

（四）社会方面

甲、享受物质文明者人数的增加，

乙、享受精神文明者人数的增加，

丙、品质优良者人数的增加，

丁、受教育者人数的增加（即文盲率的减小），

戊、一切机会的均等化，

己、社会冲突的减少，

庚、社会组织的化分与细密。

（五）道德方面

甲、博爱观念的扩充，

乙、公正行为的推广。

健康的增进。人类健康的增进，不可谓非进步的条件。患病者的减少，治疗术的改进，死亡率的减低，均为人类健康增进的证据。从前不讲卫生，故患病者多。医术幼稚，故治病无把握，治病无把握，故死亡率高。此为相因而至的结果。以美国论，1900年死亡率为17/1 000，至1927年减至11.4/1 000。以法国论，1871年至1880年间，死亡率为24.3/1 000，至1920年减至17.2/1 000，至1930年更减至15.7/1 000。以德国论，1871年至1880年间，死亡率为27.1/1 000，至1922年减至14.9/1 000。至1930年更减至11.1/1 000。诸如此类的状况，不可谓非

进步的现象。

寿年的延长。与健康的增进,有密切关系者,为寿年的延长。据冯恺伯(Finkelnburg)教授的估计,人生寿年在16世纪时为18岁至20岁,到18世纪之末,增至30岁左右,20世纪之初,增至38岁至40岁[21]。以美国论,在1901年其男女平均希望寿年为49.65岁,1910年为51.92岁,1920年为55.23岁,1930年为61.35岁[22]。凡此事实,不可谓非进步的证据。

征服自然的能力的增进。人类在初民时代,处处受自然的压迫。人智渐进,征服自然的能力,亦随着增进。以交通论,从前有海洋而不能安渡者,现在有航海大轮了。从前陆地只能步行,现在有汽车火车通行了。从前大气中无法交通,现在有飞机航行了。从前隔地不能互通音讯者,现在有电报、电话及无线电了。举凡人类所需要的物质生活,在从前为自然界所限制者,现在都可为人力征服。此当然是人类进步的凭证。

制服人类自己的能力的增进。人类不仅能征服自然,并能征服他自己本身的行为。物质科学的进步,增加人类征服自然的力量;社会科学的进步,增加人类征服自己行为的力量,举凡从前人类不能解决的共同生活问题,现在大都有法解决了。例如人与人间的争端,从前常用决斗或械斗以解决之者,现在用法庭去解决了。

财富的增加。在同样状况之下,全国财富总量的增加,不可谓非国家的进步。例如美国国富,自1900年至1904年增21%;自1904年至1912年增73.9%;自1912年至1922年增72.2%[23]。此不能否认美国国家的进步。

每人富力的增加。与上条有联带关系而亦为进步的条件者,为每人富力的增加。例如美国每人的富力,1880年为870金元,1900年为1 165金元,1912年为1 950金元,1922年为2 918金元[24]。此种每人富力的增加,亦可证明其进步。

物质舒适的增进。此点与上第三条有直接关系。大概征服自然的能力愈大,物质方面享受的范围愈大;物质方面享受的范围愈大,生活愈觉舒适而安乐。此就是所谓物质文明进步的结果。

享受物质文明者人数的增加。社会的进步,不在少数坐拥巨资者的能享受物质文明,而在享受文明者人数的渐渐增加。大概物质文明的社会化,使一般民众有渐渐享受物质文明的机会,此亦是社会进步之证。

享受精神文明者人数的增加。物质文明的享受,由于财富;精神文明的享受,由于教育。举凡人类高深的学术,高尚的艺术等,在从前仅仅是少数人享受之,现在世界文明各国已渐渐地普及到民众了。此种精神文明的社会化,亦是进步的证据。

品质优良者人数的增加。仅仅人口的增加,不能即谓为进步之证。必须人口中优秀分子的增多,方可谓为进步。在同一景况之下,凡人口中低劣分子增加的数量,不如优秀分子增加的数量之多,不可谓非进步的现象。

受教育者人数的增加。在同样状况之下,凡受教育而识字者人数的增加,不可谓非进步的现象。故文盲率的大小,确可以证明国家之是否进步。以美国论,1910年至1920年间,其年龄在10~15岁者的文盲率,由4.1%减至2.3%,此显然是进步之证。

一切机会的均等化。无论是职业的机会,政治的机会,或社会的机会。在从前封建时代,阶级界限甚严,故机会不均等,农奴不能为地主;贵族的特权,非平民所能享受;奴隶与主人,地位不得变易。封建废除以后,到了盛行民治的国家,职业可以自由选择;政治的权利,人人有机会可以参预;人人在社会上、法律上、教育上、职业上处平等地位,此自然是比较进步了。

社会冲突的减少。社会上冲突渐见减少,人与人间的关系,益见调和,此亦是进步的一种条件。不但由战争进而为和平是进步的现象,就是日常共同生活时,各人的言语举动,都可免除冲突,渐见调和,亦是进步。人类果能永久消弭冲突,废除战争,此诚世界的大进步了。

社会组织的化分与细密。因社会组织的化分与细密,而使社会事业,效率增大,此亦是进步条件之一。今以政府为例,大权独揽的君主专制国家,其行政效率,远不及近代三权分立和五权分立的宪政国家为大。此不可谓非社会的进步。

博爱观念的扩充。博爱观念的扩充,可使妨害生命财产的行为的减少,互助合作的行为的增进。妨害他人生命,侵夺他人财产,是社会和平的障碍。倡导互助合作,是人类幸福的基础。所以此类现象,亦是社会进步的证据。

公正行为的推广。人与人相处,往往因各人所处社会地位不同而异其行径。对付同一事情常因对方人地位关系而有轩轾。故社会上公正行为,常不多觏。如果此种公正行为能逐渐推广,由少数人而及于多数人;由少数事情而推至于多数事情,不可谓非社会的进步。

综上所述各种进步的条件,我们约略可以推知社会进步的标准。合此标准者为进步,不合此标准者即非进步,但社会现象,错综复杂,常有交互联带的关系。社会的进步,常是整个的而非部分的,故上述各条件若单独发现时,亦不能断定其是否进步。我们不能执一端以评判社会的程度;必统观社会的全体,辨别其交互联带的关系,而后可以衡断社会的是否进步。

本章温习问题

一、社会学应不应研究社会进步?

二、试述派克教授的主张。

三、试区别社会变迁与社会进步。

四、试述社会进化与社会进步的异点。

五、试略述各家对于社会进步的定义。

六、社会进步有没有标准?

七、试述较为适当的进步的标准条件。

八、社会进步与社会建设,有何关系?

本章论文题目

一、何谓社会进步?

二、社会进步的条件。

三、社会学与社会进步的研究。

本章参考书

1. Blackmar and Gillin：*Outlines of Sociology*（1915, 1930), Ch.29.

2. Bogardus：*Contemporary Sociology*（1931), Ch.45.

3. Bury：*The Idea of Progress*（1921）.

4. Case：*Social Process and Human Progress*（1931), Chs.1–2, 4–5, 10–15.

5. Carpenter：*Civilization: Its Cause and Cure*（1917）.

6. Crozier：*Civilization and Progress*（1892）.

7. Folsom：*Culture and Social Progress*（1928), Chs.9–10, 17.

8. Freeman：*Social Decay and Regeneration*（1921）.

9. George：*Progress and Poverty*（1916), Book Ⅹ, Ch.3.

10. Hertzler：*Social Progress*（1928）.

11. Hobhouse：*Social Evolution and Political Theory*（1911), Chs.1–2, 7.

12. Hobhouse：*Morals in Evolution*（1906）.

13. Inge：*The Idea of Progress*（1920）.

14. Lumley：*Principles of Sociology*（1928), Ch.22.

15. MacIver：*Society: Its Structure and Changes*（1931), Ch.21.

16. Morgan：*Education and Social Progress*（1916), Chs.6, 9–21.

17. Park and Burgess：*Introduction to the Science of Sociology*

(1921), Ch.14.

18. Parmelee: *Poverty and Social Progress* (1916), Chs.6–7.

19. Robertson: *The Economics of Progress* (1918).

20. Todd: *Theories of Social Progress* (1918).

21. Shafer: *Progress and Science* (1922).

22. Wallis: *Introduction to Sociology* (1928), Ch.37.

23. Weatherly: *Social Progress* (1926).

24. Bushee: *Principles of Sociology* (1923), Part Ⅰ, Chs.1–6.

25. Eubank: *Concepts of Sociology* (1932), Ch.11, pp.256–257.

本章注释

1. 见H.Martineau: *The Positive Philosophy of Auguste Comte*, Vol.Ⅱ, Chs.1–3。

2. 见Carver: *Sociology and Social Progress*, part Ⅱ。

3. 见Bushee: *Principles of Sociology*, Ch.1。

4. 参看Ellwood: *Sociology in Its Psychological Aspects*, p.367。

5. 参看Hart: "Is Progress a Scientific Concept?" *Sociology and Social Research*, Vol.8, No.4, 1929, pp.304–314。

6. 参看Hertzler: *Social Progress*, p.8。

7. Sorokin: "A Survey of the Cyclical Conceptions of Social and Historical Process," *Social Forces*, Vol.Ⅵ, No.1, p.39.

8. 见Park and Burgess: *Introduction to the Science of Sociology*, Ch.14, pp.1000–1001。

9. Hobhouse: *Social Evolution and Political Theory*, pp.8–12.

10. Todd: *Theories of Social Progress*, pp.94–95.

11. Wallis: *Culture and Progress*, p.210.

12. 见Ward: *Dynamic Sociology*, Part Ⅱ, pp.174–177。

13. 见Bushee: *Principles of Sociology*, p.9。

14. 见Hertzler: *Social Progress*, p.5。

15. 见Case: "What is Social progress," *Sociology and Social Research*, Vol.X, No.2, 1925, or *Social Process and Human Progress*(1931), Ch.1。

16. 见Ellwood: *Psychology of Human Society*(1925), Ch.14。

17. 详见Todd: Theories of Social Progress, Ch.7。

18. Park and Burgess: *Introduction to the Science of Sociology*, p.1003.

19. 见Blackmar and Gillin: *Outlines of Sociology*, Ch.29。

20. 见Folsom: *Culture and Social Progress*,(1928), Chs.10–11。

21. 见Todd: *Theories of Social Progress*, p.122。

22. *The Encyclopedia of Social Sciences*, Vol.II(1931), p.22.

23. *The World Almanac*, 1933, p.422; 并参看*Encyclopedia of Social Sciences*, Vol.13(1934), p.229.

24. *The World Almanac*, 1933, p.423.

第二十八章 总结：社会学原理的应用

第一节 社会学上几条基本原则及其对于人类的贡献

一、时人对于社会学的误解

时人对于社会学有两种误解：第一，误以社会学与社会主义相混。在社会学发展的初期，研究者少，社会学知识的传布不广，因名词的接近，而有此种误解，似犹可说。乃在社会学已极发达的现代，尚有此种误解发现，殊属学术界不幸之事。我国坊间所出社会学书籍，不但往往外标社会学之名，内传社会主义之实；且有命名为社会主义的社会学者。夫社会学是一种科学，社会主义是一种主张，二者各有领域，不容相混。我人并不反对研究社会主义，我人反对误以社会主义为社会学，使社会学与社会主义混淆。[1]第二，误以社会学为一种唯物史观。近时有人以为社会学所研究的学理，为一种史观，一种主观的见解。我人常常听到有所谓唯物史观的社会学等名称，夫社会学是科学，科学所研究的对象，是客观的现象。科学家的任务是在用科学的方法与工具，分析客观的现象。现象是物方是物，现象是心方是心，现象是文化方是文化；初未尝有任何预存的唯一的主观见解。科学家是用肉眼去分析客观现象的真相，而不是用有色眼镜去观察事物的。故科学家的态度是客观的，随事物的实在为转移，而不是以事物来凑合主观的见解的。晚近社会学家有了解文化与社会生活关系的密切,而注重文化的分析者。但其注重客观的文化分析,是为了解社会现象的真相,初未尝预立主观的见解去解释社会现象。要之,观点是观点,科学是科学,二者不容混为一谈。我人并不反对研究唯物史观,我人反对用唯物史观解释社会学。使社会学误为一种史观,一种主观的见解。

二、社会学的基本原则及其应用

社会学既不是社会主义,又不是唯物史观,他是一种研究人类社会行为的科学,是一种研究人类共同结合时所表现种种交互影响的共同行为的科学。观察并分析社会行为,再归纳而得其原则,是纯理社会学的任务;取纯理社会学发见的原则,应用之于社会生活,以谋社会的改造,是应用社会学的任务。社会学对于人类的贡献,即在发见关于人类社会行为的原则,供实际社会的应用,以达社会改造的目标。社会学是新进的科学,是在继续发展的科学,其所发见的原则,既未臻于完备之境,又未能尽如物质科学的精确。但其中比较基本的正确的原则,在多数社会学家中,似已有一致的结论,本书各章所述种种原理原则,大率以欧美多数社会学家所同意者为主。其论证散见于各章各节中间有参以著者体验所得的论据,要亦以补充主要原则为限。兹就全书所述种种原则中,择其比较重要者,约举数则,并论述其对于人类社会的贡献,以作全书之总结。

(一)人是社会环境的产物

个人人格,是在社会上与他人共同生活时渐渐养成。初生婴儿,只是一种动物,除人的生理构造与功用外,并没有我们人的种种行为。派克谓:"人不是生下就成人的。"因为渐渐与社会环境接触,与社会上他人发生交互刺激与反应,才渐渐养成种种习惯系统,养成我们人的特质。所谓人性,所谓人格,所谓一切种种的心理特质,都是在社会上人与人间的交互刺激与反应的过程中渐渐养成。柯莱教授谓:"社会是人性的养成所",信然。假如没有社会上的共同生活,我们不但没有言语,没有文物制度;就是日常生活所表现的种种习惯行为,亦是无从养成。所以各个人的人格,都是在社会环境中,才能养成。因此可知在何种社会环境中,可以养成何种人格。浅近的说,在中国社会环境中,就养成富有中国特性的中国人的人格,在美国社会环境中,就养成富有美国特性的美国人的人格。再就中国人言,在广东的社会环境中,养成富有广东特性的广东人的人格。再就广东人言,在广东商人的社会环境中,养成富有广东商人特性的人格。再就广东商人言,在汕头的商人社会中,养成富有汕头商人特性的人格。如是以推,在何种特殊社会环境中,即可养成何种特殊的人格。我人每个人参加的社会活动不尽同,每个人与其他个人所发生的交互刺激与反应亦不尽同。故每个人所处的社会环境,决不尽相同;而每个人所养成的人格,亦自各不相同。

社会环境对于个人的影响,其作用极普遍而细密;所有环境刺激的性质程度,分量、强弱、缓速,以及其来源等等的不同,即可发生不同的影响。反之,个人对于社会环境刺激的反应,亦因其生理状况,精神状态,以及先前习惯与刺激的关系等的不同,即可发生不同的反应,因以养成不同的习惯。由是以观,即使在似乎相同的社会环境中,可以发生不同的刺激与反应的作用,与不同的影响,故可养成不同的人格。通俗往往以同胞兄弟在同一家庭环境中,而有不同人格的表现,为由于遗传不同的证据。殊不知同一家庭,不能说,就是同一社会环境;因为社会环境对于个人的作用,其刺激力量有种种的不同,而个人对于刺激的反应,亦有种种的差异。同胞兄弟虽处于同一家庭中,而其所接受的刺激,与其所发生的反应,其不能尽同,至为明显,则其养成不同的人格,其理亦至为浅近。总之,我们各个人的人格,都在社会环境中渐渐养成。故人为社会环境的产物,似无疑义。

此原则对于人类的贡献有二:第一,在个人日常生活方面,使知社会环境影响力量之大;在何种环境中,就可养成何种习惯系统,陶冶而成何种人格,尤其是在幼年时期。故消极言之,个人应选择环境,避免环境的恶化。积极言之,个人应改良环境,建设优良的环境,以助长人格的发展。第二,在教育方面,使知教育是有效的,是可能的。如无他种相反的势力作用,则用何种教育,即可以养成何种人格。故教育家应注意社会环境及教育方法的改善,以期养成完善的人格。

(二)社会环境是人的产物

社会环境的内容,不外人与文化。文化是人类创造的事物。举凡衣、食、住、行、用、玩等物质的事物,与待人、接物、婚嫁、丧葬等风俗制度,以及信仰、道德、政治、法律等非物质的事物,尽属文化。文化的范围,与人力相终始,凡人力所及之处,即有文化的存在。我人所处的环境,除山、川、草、木、虫、鱼、鸟、兽石等天然实物外,只有人与文化。人是在社会环境中渐渐陶冶而成。人的一举一动,是受社会上文化影响后得适当刺激引起的结果。人能说话,因社会上有语言之故;人能穿衣,因社会上有服装之故;人能驾车行舟,因社会上有舟车之故;人能使用一切器具,因社会上有种种器具之故;人知待人接物之道,婚嫁丧葬之礼;人知信仰、道德、法律等等的标准,因社会上有种种风俗制度信仰道德之故。要之,人的种种行为,是在社会上人与文化的环境中,渐渐学习而养成的。人是文化的创造者,同时又是文化的传递者,使用者,保守者。文化固不是人,而文化却因人而表现,因人而存在,因人而传布,因人而绵延继续。文化的价值,附丽于人的活动;文化的生命,寄托于人的使用。人是文化的表演者,人的一切行为,即是表演文化的活动。人自己无行为,只是使用文化或表现文化的行为。故文化因人的使用或表现而存在,否则即亡失;人只有使用文化或表现文化的行为,否则无行为。故人与文化,有不可分离之势。谓人的行为即是文化,亦无不可。白乃德教授视人的行为,为文化的行为,而与文化的事物相提并论,诚非过当。要之,社会环境,不外人与文化;人是受文化陶冶的产物,人的行为,即可谓之文化的行为;因为离开文化,即无行为,故人与文化,不可分离,人的现象,即文化的现象。由此言之,社会环境只是文化的环境。文化是人类创造的事物,故社会环境,是人类自身活动的产物。夫人既创造文化,而又自身屈服于文化,受文化的约束。惟如是,故社会始有秩序,而文化始有发展。人若仅有创造而无保守,社会即无组织无秩序;仅有保守而无创造,社会即无变迁无进步。故一面创造,一面保守;一面保守,而一面又创造,社会始有秩序有进步。要之,人是社会环境的主宰,是社会环境的创造者,可无疑义。

此原则对于人类的贡献,在于使人知道社会环境是人类自己造作的。人类自己,应对环境负责。环境的好坏,人类自造之,自受之。故在个人方面,应努力改良环境,造成适合于进步的生活的环境,以求人格得适当的发展。在社会及政治方面,应注意文物制度的革新,以适应社会的需要,而求社会的进步。

(三)个人与社会是不可分离的是息息相关的

社会是由个人集合而成,个人是社会的分子。离开社会,没有个人;离开个人,亦没有社会。柯莱教授说,个人与社会是一体的两面,我们了解个人,即了解社会;了解社会,即了解个人。个人与社会是双生子;是同时并存,不可分离的。又说,个人与社会,成一种有机的关系。仿佛一个音乐队所表演的音乐,由各种不同而相关的乐音配合而成。各种乐音的匀称合作,方成为一曲音乐的和谐。我们不能把一曲中各种乐音,与全曲的和谐,视为两事。故我们亦不能把个人与社会,视为两事。个人的思想、活动,处处与社会上他人发生关系。我的思想、活动,可以影响他人;他人的思想、活动,亦可影响于我。我与他人有联带交互的关系。社会上每一个人与其他个人发生联带交互关系。于是社会上即表现一种网状的关系型。此种网状的关系型,即为社会生命所寄托。个人不能离社会,犹之社会不能离个人。个人与社会是不能分离的,是息息相关的。譬之赛球,每个球员为全队密切的分子。苟有一人不合作,不努力,或稍事疏忽,则全队蒙其影响,社会生活,亦复如是。一人的活动,影响于社会;社会的活动,影响于个人。语云:牵一发,动全身,就是这个意思。

此原则对于人类的贡献,在于使人知道,个人与社会,关系非常密切。社会非有个人,不能成立,而个人非在社会中,不能生存。个人的行为,可以直接间接影响于社会全体;而社会的活动,亦可影响于个人。故社会的祸福,即是个人的祸福。因此,人人应该爱国爱群,不应该自私自利。

(四)社会现象是相对的而非绝对的

社会上一切文物制度是相对的而非绝对的。特殊的文物制度,是一种特殊社会的产物。在某种特殊社会环境与特殊历史背景中,才有某种特殊文物制度的产生。所以文物制度,是因时因地因社会而有不同的。同一制度在一时代普遍流行,群视为唯一的社会标准者,在又一时代,即弃如敝屣,不复为人们行为的准绳。同一活动,在甲地视为正当的行为,在乙地则视为越轨的行动。同一习惯,在甲阶级视为通行的风尚,在乙阶级则视为鄙弃的行为。例如,中国以敬老为道德,爱斯基木则有以杀老人为道德者。中国凶服尚白,欧美则以白色服装为医生厨司的常服。我国在革命以前,蓄辫缠足之习,风行全国,视为固然;今则以不蓄辫不缠足为正规,习此者为例外。白话未兴之前,人人竞尚古文,白话既兴之后,古文已不复如昔日之流行。诸如此类,可证社会上无绝对的标准。在一社会视为标准的,在他社会即不视为标准。在一时代视为标准的,在又一时代即不视为标准;在一地方视为标准的,在又一地方即不视为标准。此是社会相对的定律,是社会现象的特质。

此原则对于人类的贡献,在使人知道:人类社会无绝对的标准,仅有相对的标准。我见人之不是,亦犹人见我之不是。我所见我自己之为善为是,亦犹人所见彼自己之为善为是。诚如庄子所谓:此亦一是非,彼亦一是非。是非原无一定的标准。故无论个人或社会,均应消除偏见,避免冲突,以求社会的和平。一国以内,人与人间,固应如此;即世界上国与国间,亦应同此态度。

（五）社会的发展是累积的而非突现的

社会的发展，不是突然产生，而是逐渐累积而成。文化愈累积，则分量愈多；分量愈多，则发展愈速。大概旧文化的累积与新文化的产生，有因果关系。旧文化累积愈富，新文化产生愈易。新文化产生愈易，文化累积的分量亦愈多。故文化是有时代性的。文化不累积到某时代，则某种新发明，不会产生。我们知道，有许多新发明，不到19世纪是不会产生的，就是这个缘故。或说，爱迪生如不生于19世纪，而生于数世纪以前，则彼亦不能发明如许事物，因彼时文化累积，尚未臻19世纪的丰足。故不能凭借以资发明。可知从前发明少，近代发明多，就是此理。据华勒史所述，在19世纪以前，最重要的人类发明，只有7种：就是望远镜、印刷机、航海罗盘针、阿拉伯数字、字母、蒸汽机、晴雨表等。19世纪一个世纪中，人类重要的发明，乃有13种之多。如铁道、航海汽船、电报、电话、洋火、汽油灯、照相术、留声机、爱克司光线、分光镜、麻醉药等。此是由于文化累积愈近愈多，愈多愈速的结果。

此原则对于人类的贡献在于使人知道：社会发展是逐渐的，而非突然的。故欲求社会的进步，必须努力于社会建设的工作。建设愈多，发展愈速。建设至何种程度，社会得何种的进步。不努力于建设工作的社会，就无进步的希望。无论政治、教育、经济等各方面，都作如是观。

上述五原则，为社会学上比较重要的原则。故在本书最后一章，特为提出，以资参证。非谓社会学上重要原则，即尽于此。全书各章所述，读者可自得之。惟此五原则，对于人类各方面，个人生活、社会活动、政治、教育、经济，以及国际间的各种问题，尤有重要贡献而已。

第二节　人力控制社会的困难及其可能范围

兹所欲讨论者，为一社会学上重要问题，即人类是否可以控制社会活动，以指导社会的变迁。

关于此问题，社会学家的意见，尚未完全一致，但已有渐趋一致之势。

华特（Ward）似最信人类有控制社会的能力。彼认社会有两种现象：一种为自然发生的现象，一种为人力产生的现象。前者华氏谓之社会演生（Social Genesis），后者谓之社会导进（Social Telesis）。华氏以为最初之人类社会，全恃自然的社会演生，渐进而人类导进的力量，稍有所施。文化愈高，则人类导进的力量愈大。社会演生，是自然的，机械的，并且是盲目的。人类社会之所以进步，因有人类理性之指导。故人类导进的力量愈大，则社会愈进步。华氏甚至谓："人类智力，具有征服一切自然的力量，能利用一切自然势力，以满足人类的需要。"[2]

霍伯浩（Hobhouse）似信人类有极强的意志力，故能以意志改进社会。但霍氏以为，以意志控制社会，是有相当限制。有的事情，我们能做；亦有事情，我们不能做。譬如，我们不能改变数学的定律，我们不能因减少个人财富的生产，而使团体增富。霍氏又谓：知道我们能力的限制，就是节省精力；知道我们的能力，就是得处置事物的工具。人类如不为情感所扰乱，即能对于认为善良的任何目的努力，此为意志之定律。但霍氏以为，个人意志，是无甚力量，必与他人合作时，始生力量。又以为，一切重要的社会变迁，皆人类意志发展的结果。人类意志，在可能范围以内，如用充分努力，即无不可成就之事。[3]要之，霍氏是认人类意志在相当限制以内，可以控制社会变迁。

孙末楠（Sumner）与开莱（Keller）似信，人类社会现象完全是自然现象。人类能力所能控制的范围，是极端有限。二氏以为，假使人类能做到自己愿做之事，即无定律可言，即无发展科学的机会。人类对于影响其生活的势力的控制能力，极端有限。人类仅在某种条件之下略加干涉。大概在事象未发生以前，或选定其某种势力使之活动，或在将发生之时，略改变其形式或方向。但此种轻微干涉，或亦可使其结果大变。据二氏之意，即使此种轻微干涉，亦须有多人同意合作时，方始有效。人类决不能进步，除非以坚忍永久的努力，对付种种最接近，最微细的困难。

人类社会从无全般彻底的革命。所以在二氏看来，社会学最要的任务，在使社会改革家了解人类如何努力以实现其希望的方法，及其限制。[4]

乌格朋（Ogburn）似信，社会变迁系全由社会的原因。人类可以影响于社会变迁之处甚微。乌氏以为：谓人类能依其志愿自由创造文化，及控制文化变迁，此非正确之论。文化的发展，系由纯粹文化的因素。虽则此种发展，必须由人为媒介，而人却非其原因。文化的发展，须视其过去累积状况如何为断。过去有何种文化准备，乃产生何种新发明。如是，乌氏以为，如谓人类能依其意志，控制社会进化，是无异梦想。乌氏又以为，人类虽不能依其意志，自由控制整个文化变迁，但亦可使比较不甚重要的文化部分，受人类控制。[5]

综上四家之意见观之，华氏似以人类为理性的动物，有自由控制其社会变迁的能力。霍氏虽信人类意志有极强的力量可以控制社会的前途，但亦信此种意志力量所及，有相当限制。孙、开二氏则以人类可以控制社会变迁的范围极端有限；人类仅能为轻微之干涉，而不能为全般之控制。乌氏则以为文化的发展，全由文化的原因，人力几无所用于其间。但亦信，人类在文化的某种部分，亦可加以控制。要之就大体言之，华、霍二氏似过信人类心理能力，可以支配社会的前途。孙、乌诸氏，似过信社会文化势力，可以阻碍人力之活动。

平心而论，人类富有坚强意志，富有学习推理判断等种种能力，故能征服自然，利自然势力而为人用。人类既能征服自然，岂不能以此征服自然之能力，控制社会？但详加考察，乃知社会现象，大异于自然现象。自然现象的范围及变化，较为固定，较有秩序，故其征服较易。社会现象，则因果繁复，不可名状；变化无端，不可测度，故其了解既难，控制尤非易事。是以人类虽能征服自然，而尚不能完全控制社会。

社会现象之所以难控制者不一端，而其最重要者有下列数事。

（一）社会变迁，有恃于文化的发明与传播。而文化的发明，须恃当时社会的文化程度以为基础。有如是之文化基础，方能产生如是之新发

明。而一社会的文化基础,系由过去社会长期逐渐累积的结果,决非人力所能偶然造作。(详见本书第二十三章第五节)

(二)文化的传播,有恃于交通。交通虽可由人力控制,但一经交通以后,文化的传播,即非人力之所可支配。许多文化特质,非传入国所愿意接受,而却源源输入,不可制止。盖文化传播,常为个人之事,而非社会之所觉察。此种人类接触后的潜移默化,为纯粹文化作用,出乎人类能力控制之外。(详见本书第二十三章第一节)

(三)凡新发明之文化,或新传入之文化,其对于社会所生之影响,常非人类之所能预料。蒸汽机发明后,对于社会所生影响之普遍与巨大,料必出于瓦特当年初发明时意想之外。一切发明,其影响如何,均非人力所能推测。(详见本书第二十三章第三节)

(四)社会变迁,除文化的发明与传播外,尚有恃于人类的态度。发明与传播,就文化的本身言,不能发生任何影响,必其足以影响于人类态度时,始生效力。人类态度,至为复杂。语云:人心之不同,各如其面。以至复杂之人类态度,处至繁赜之社会环境,其行为之结果如何,殊难得正确之推测。(详见本书第十一章第三节)

要之,社会现象之所以难以控制,一则由于社会现象有其历史的背景,非人力所能偶然创造;二则由于社会现象有其极复杂的文化与心理的因素,故其所生结果,常非人力所能预料。惟其对于过去事实,不能造作;而对于未来事状,难以预测,故其对于社会现象的变迁,殊难得正确之控制。

俗谚云:"天有不测风云,人有旦夕祸福。"自然科学发展后,对于天气预报,已有相当正确性。故所谓不测风云,已可有相当的预测。但社会科学发展以来,对于人类之祸福,尚不能如天气之可以预报。此无他,因天气之变化,较为有定;而人类社会现象之变化,则至为无定。惟其有定,故可推测;惟其无定,故难预料。

苟稍加考虑,则觉任何社会现象的变迁,似均属难以预料。在1914

年7月以前,世界上任何人,均未料有如此大战之发生。即有料及战争之难免者,亦决难料及如此之严重。即当时参战各国,其初当亦不料其影响如此之大,时间如此之久。任何事变之发生,当其未发生之时,任何人难料其必定发生,或发生后之结局如何。大事如此,小事亦复如此。

由此以谈,社会现象之变迁,其预测之难如此。然则遂无控制之道乎?则又未必尽然。

社会科学之发展,虽尚未能予人类以正确推测之智识;但在某种人力能及之范围以内,根据过去事实之经验,推测未来事变之发生,自亦可予以相当的控制。除此以外,控制即有所难施。

大概依据确能适应社会需要与满足人类愿望的计划而进行的任何社会活动,其计划的实现,能否控制,须视其对于计划中必要的各种原素,能否控制为断。如计划中各种原素,均可加以控制,则计划实现的可能甚大。例如社会对于物质的建设,如能控制各种建设的必要条件,则计划的实现,如操左券。一切物质建设,均可依此类推。惟对于社会建设,则不能如此之易。因社会建设的条件,在于社会的文化,与人类的态度。此二者非短时期内社会所能完全控制。故物质建设,常比社会建设,易于成功。但社会建设,虽不能完全控制,却未尝不可予以指导。我们根据社会科学的原理原则,用人力指导社会的变迁,即使不能完全控制其实现,而对于未来结果,则有极大之期望。

第三节 社会建设与社会指导

依社会环境的需要与人民的愿望而从事的各种社会事业,谓之社会建设。社会建设之范围甚广,举凡关于人类共同生活及其安宁幸福等各种事业,皆属之。有时此等事业,属于改革性质,就固有之文物制度而加以革新。有时属于创造性质,系就外界传入,或社会发明之文物制度,而为之创建。无论创建或改革,要之,皆为社会上建设之事业。

任何社会建设计划的成功，有恃于二种基本要素：一为文化背景，二为社会态度。社会建设计划，必须以文化环境为背景；或旧文化发见流弊，而必须予以补救；或旧文化不能应时势之要求，而须有新文化以补充其缺陷；必皆以旧文化为基础。据此文化的基础，而求适当之建设，此为社会建设上之客观要素。任何计划，而不注意于此要素者，必为成功之障。其次，社会建设，必须与社会态度，不相抵触。文物制度之流行，全恃社会态度之赞可。文化不能自为推行，惟人类为之推行；人类之是否为之推行，须视其态度之赞否为断。旧文化之不当用，非仅文化本身之不适用，而尤要者，为人类感觉其不适用。故社会态度，为社会建设上之主观要素。忽略此要素者，即难有成功之望。

因此，从事于社会建设者，必须注意于此二种要素，即文化背景与社会态度。在文化方面，必须详察其若者为完善，若者为不完善；若者必须改造，若者必须完全改造；若者与若者有何种关系，若者关系较切，若者关系较疏。必须对于文化全部，尽能了解，而后方可决定其建设的方针与计划。同时，在心理方面，必须详察民众对于文化各部分的态度。若者为满意，若者为不满意；若者视为必须保存，若者视为不能容忍。必须深知民众态度之趋向，而后决定建设计划，以顺应其态度，或有以转变之。但文化与态度，方面虽不同，而关系实甚密切。二者在事实上有不可分离之势。从事于社会建设者，既知二者之重要，又须知二者关系之密切。若仅从一方面注意，而忽略其他一方面，即难生效果。但若以先后次序言，则文化为先，态度为后。盖必须有客观的存在，而后始有主观的了解。此层在第十二章第六节中已详言之。

既已详知文化背景与社会态度，而后可以决定社会建设之计划。或从改革旧文化着手，或从创建新文化着手，均须视时势之需要，及社会之愿望为转移。

社会建设之计划已定，则第二步之重要问题，为如何实现此计划。我们在本书第二十章第三节中，已列举推进社会改组的五种要素：即领袖、组织、教育、宣传与立法。似社会建设,即不外此五种推进要素的合力作用,便可求其实现。但社会现象之难以控制,我们在本章第二节中,已详言之。凡以前各章中所述及社会改进或改造等计划与方法,大概均未全般考虑其控制难易之问题。及至本章中,方始提出讨论,盖欲作概括的评述,以在此为最适宜。我们虽知社会现象之难以完全受人控制,但仍不妨碍社会建设之进行。我们虽不能完全控制,我们却能在可能范围以内,予以适当的指导,务使社会建设得依计划进行。其最后结果,虽不可尽知,但既有适当之指导,与坚忍的努力,其实现的可能性,自必甚大。昔梁任公有言:不努力者终身失败者也,努力者有成有败者也。我则曰:不努力于社会建设者,必日趋于衰败,努力于社会建设者,必日趋于进步。社会建设计划,虽常因种种理论与事实的困难,而不能全部实现,但其计划,必有多少可以实现无疑。盖社会建设计划之能否实现,关系于社会现象本身之难以控制者小,而关系于社会民众之能否坚忍与努力者实大。社会现象本身之难以控制,亦未始无法避免。我们在本章第二节中虽言,对于社会过去的事实,无法造作;对于社会未来的事状,难以预测。但我们虽不能造作过去事实,我们可以根据过去事实,努力造作新事实。我们对于未来事状,难以预料,但其所以难预料者,由于社会现象中各种文化与心理因素,错综复杂,不易控制。如果我们能就已知的各种文化与心理因素,而加以控制,使依照我们预定之计划进行,则亦未始无实现之可能,而亦不致完全出于预料之外。此可谓之指导作用。盖控制必完全受人支配,而指导则依计划引导之使达于实现。但其是否完全实现,则固不能有所支配。此社会指导所以异于社会控制,而社会建设与社会指导所以有密切的关系。总之,如有详密的建设计划,加以审慎的社会指导,而能以坚忍与努力出之,则其计划之实现,有可预期者。

本章温习问题

一、社会学与社会主义及唯物史观,有何区别?

二、社会学上重要原则为何？其对于人类社会有何贡献？试分别说明之。

三、试述下列诸家对于控制社会变迁之意见：

（一）华特，（二）霍伯浩，（三）孙末楠，（四）乌格朋。

四、人类果可以控制社会变迁乎？试详论之。

五、人类控制社会变迁之困难何在？

六、在何种条件之下，人类似可以控制社会变迁？

七、何谓社会建设？

八、社会建设之要素为何？

九、如何始可实现社会建设？

本章论文题目

一、社会学原理之应用。

二、人力控制社会论。

三、社会指导之原理与方法。

本章参考书

1. Bernays: *Crystallizing Public Opinion* (1923).

2. Bossard: "The Concept of Progress," *Social Forces* (1931—32), Vol. X, pp.5–14.

3. Case: *Non-Violent Coercion* (1923).

4. Collins: *The Art of Handling Man* (1910).

5. Davis & Barnes: *Introduction to Sociology* (1927), Book Ⅳ, Ch.1.

6. Dewey: "Social Science and Social Control," *The New Republic* (1913), Vol.48, pp.276–277.

7. North: *The Community and Social Welfare* (1931).

8. North: *Social Problems and Social Planning* (1932).

9. Giddings: "Social Work and Social Engineering," *Journal of Social Forces*, 1924, Vol.Ⅲ, pp.7–15.

10. Healy: *Reconstructing Behavior in Youth*（1929）, pp.19–64, 109–202.

11. Hillier: *Principles of Sociology*（1934）, Chs.14–15.

12. Howerth: "The Conscious Direction of Social Evolution," *Social Science*（1931）, Vol.Ⅲ, pp.402–409.

13. Lasswell: *Propaganda Technique in the World War*（1927）, pp.185–222.

14. Odum: *Man's Quest for Social Guidance*（1927）, pp.551–564.

15. Overstreet: *Influencing Human Behavior*（1925）.

16. Rice: *Methods in Social Science*（1931）, Analysis 22；"The Prediction of Cultural Change," by Allport & Hartrean.

17. Ogburn: "The Background of the New Deal," *The American Journal of Sociology*, Vol.ⅩⅩⅩⅨ, No.6（1934）, p.729.

18. Fairchild: "The Beginnings of Reconstruction," *The American Journal of Sociology*, Vol.ⅩⅩⅩⅨ, No.6（1934）, p.827.

本章注释

1. 孙中山先生在《民生主义》第一讲中说："现在中国有人,把社会主义同社会学这两个名词,作一样看待,这实在是混乱。"

2. Ward: *Pure Sociology*, pp.462–468；or, Dealey and Word: *Textbook of Sociology*, pp.233–238.

3. Hobhouse: *Social Development*, pp.324–326.

4. Sumner and Keller: *The Science of Society*, Vol.Ⅲ, pp.2215–2222.

5. Ogburn: *Social Change*, pp.340–347.

附录一 社会学重要参考书籍提要

本书于每章之末,附有参考书目,并志章节或叶数,以明参考资料之出处。兹于全书之末,再将社会学重要参考书籍,分类列举,以备查阅。并将各书内容,略予介绍,以资选择。惟每类所举,仅比较重要者,固不能谓为完备也。部甲所选各书,均系英文本。中文著作,另见部乙中文参考书目。内中所列,以旧籍为多,大率以关于史料与思想者为限。盖所以补英文本书目所未备。部丙所列二十二书,为美国社会学家最近认为重要之著作。至于其他德文法文重要参考书籍,概见本书附录二部乙,社会学人名汉译表中各人名下所附主要著作。

部甲 英文参考书目

第一 普通社会学

一、社会学初步

(一) C. A. Ellwood: *Sociology and Modern Social Problems*, Revised and enlarged edition, American Book Co., New York, 1924; *or Social Problems: A Sociology*, 1933 Edition.

此书用极浅显文字,说明社会学的领域、性质,以及近代各种社会问题,颇切实合用。就中家庭问题数章,讨论尤详,初学读之,可知社会学及社会问题之内容大概。商务印书馆有赵作雄稿本。新版略有增损。

（二）E. S. Bogardus：*Introduction to Sociology*, Fifth edition, University of Southern California Press, Los Angeles, 1930.

此书讨论"团体"观念及其各种方式，浅显而易明。其优点在引用日常生活的材料，去解释人类社会生活的意义及其作用。鲍格达氏是芝加哥大学出身，此书代表芝加哥社会学派之初步著作。商务印书馆有瞿世英译本。（系根据原书第二版，与第五版内容颇有不同。）

（三）F. W. Blackmar and John L. Gillin：*Outlines of Sociology*, Revised edition, The MacMillan Co., New York, 1930.

此是美国最通用的大学教科书。凡是普通社会学上各种理论及实际问题，都略加讨论。其优点在不主派别，而其缺点亦即在此。全书以 Part 2, Part 3, 与 Part 5 最为精彩。Part 4 所讨论的，大概是社会哲学上的问题；Part 6 亦可以示学者以近代社会学的进步状况。

（四）H. P. Fairchild：*Elements of Social Science*, MacMillan, New York, 1924.

此书虽是为美国高级中学而作，却可为初学入门必读之书。书中所述社会的意义及起源，与各种实际问题，皆极简明，而尤以讲人口问题与生活程度等章为最精神；因为范智儿教授是人口论专家。

（五）W. G. Beach：*An Introduction to Sociology and Social Problems*, Houghton Mifflin Co., New York, 1925.

此书专为初学者入门之作，用笔浅显，引人入胜。全书似偏于理论的探讨，而对于个人发展与社会的关系，叙述尤详。

（六）E. A. Ross：*Civic Sociology*, World Book Co., New York, 1925.

此是劳史教授为美国高级中学所做的一本社会学教科书，对于社会学问题及市民问题，均有极简要的讨论。

（七）G. S. Dow：*Society and Its Problems*, Thomas.Y.Crowell Co., New York, 1929.

此书亦是一本大学教科书,大概与Blackmar and Gillin的书颇相近,而较简要;就中以Part 2人口论为尤佳。

(八) J. Dealey and L. F. Ward :*Textbook of Sociology*, MacMillan, New York, 1925(1905初版)。

此是完全代表华特教授学说的教科书,由狄莱教授从华特的 *Pure Sociology* 撮要出来。内容完全是华特的社会学系统。从最近社会学的趋势看来,似不合初学之用。

(九) H. G. Duncan :*Backgrounds for Sociology*, Marshall Jones Co., Boston, 1931.

此书共分五编:第一编绪论,第二编人口问题,第三编社会问题与状况,第四编社会组织,第五编社会学原理。全书编制,与一般教本稍有不同。先论事实问题,后及理论。内容包括材料甚多,且多新学理。对于派克与蒲其斯等之社会过程论与乌格朋之文化论,能兼收并蓄。书中对人口问题,特立专章,讨论尤详。盖著者对于人口问题素有研究。

(十) F. H. Hankins :*An Introduction to the Study of Society*, MacMillan Co., New York, 1928.

全书分十四章760页,系一种初级社会学教科书。全书编制颇好,书中注重于进化的观点及生物的要素,是其特色。惟其如此,有许多篇幅,似出于社会学范围之外。初学者可读,惟读此书后,宜再读他书以补其缺陷。

(十一) E. R. Groves :*An Introduction to Sociology*, Longmans, New York, 1923.

此书亦为极浅近的教科书。与毕启之书颇相近。对于家庭组织及问题,尤加注意。

(十二) E. T. Hiller :*Principles of Sociology*, Harper & Brothers, New York, 1934.

此书注重个人对于社会组织与文化的影响,及社会组织与文化对于个人的影响。讨论态度、制度及社会互动等处尤详。统观全书,所受汤麦史及派克等学说之影响甚大。其观点比较甚新,每章之末,所列参考书,多系新著及论文。盖能集最近社会学之精粹者。为近时美国所出各书之较佳者。

(十三) J. M. Reinhardt & G. R. Davies: *Principles and Methods of Sociology*, Prentice-Hall, New York, 1932.

此书就书名观之,即可知其内容,系注重原理与方法。详阅之,知其讨论原理之处甚略。所引统计图表甚多,间有讨论统计方法之应用者。就方法言,可使读者知社会学上材料,如何可用统计方法,编制颇新而适用。惟书中似引用统计材料太多。有许多与原理无关者亦羼入,故读者或将疑为统计学而非社会学矣。

二、社会学原理

普通理论

(一) R. E. Park & E. W. Burgess: *Introduction to the Science of Sociology*, University of Chicago Press, Chicago, 1923.

此是一种较完善较高深的社会学教科及参考书籍。全书十分之八的材料,系从名家著作中采录。所采书籍,范围甚广;而所采材料,却又极精。书中每章之始,有引论及提要,末后又有研究趋向及问题等,均极扼要而精到。每章之末,所附参考书目,尤极完备。全书所分章节及所作引论均出于派克教授的手笔。其所论述,足以代表司马尔教授所领袖之芝加哥学派的学说。此书在芝加哥大学社会学科,既用作初级社会学教科书,亦用为高级学生及毕业生研究社会学必须参考之书;故有芝加哥社会学科"圣经"之目。要之,有志研究社会学者不可不读此书,如能阅读两三遍,则所得尤多。

(二) C. M. Case: *Outlines of Introductory Sociology*, Harcourt, Brace and Co., N., Y., 1924.

此书是仿上述之书编辑而成一部极好的社会学教科书,书中材料,十分之九系采自名家著作,每章之前亦有著者绪论。全书编制,注重文化起源及发展,兼及社会过程、社会问题等。著者对于人类学颇有研究,为文化论者之重心。故书中对于文化概念,讨论尤详。此书宜与Park与Burgess之书并读,可以互相补助不少。

(三) F. H. Giddings : *Principles of Sociology*, MacMillan Co., N.Y. 1896.

(四) F. H. Giddings : *Studies in the Theory of Human Society*, MacMillan Co., New York, 1922.

季亭史为美国社会学前辈,已于1931年去世。前一书《社会学原理》,在1896年出版时,有世界七种文字之译本,颇得盛誉。其学说中心为阐明同类意识(Consciousness of Kind)的概念。全书极有系统。惟以晚近社会学之发展衡之,似已失其原有价值。后一书,为季氏晚年著作,大致与原理一书之中心思想无甚变更,惟书中亦有新概念发展,例如所谓Pluralistic Behavior及Society as a Type等是也。

(五) A. W. Small : *General Sociology*, Univ. of Chicago Press, Chicago, 1905.

司马尔教授亦为美国社会学前辈之一,已于1926年3月去世,氏任美国《社会学杂志》总编辑者三十余年,因此全世界社会学者莫不知其名。氏早年留学德国,出于德国大儒齐穆尔(George Simmel)之门,故其学说得力于齐氏者最多。此书即可以代表司马尔学说之大概,全书讨论社会过程(The Social Process)始终贯澈,凡社会学之定义、范围、问题,以及发展的历史,无不讨论及之。尤以引证斯宾塞以来各家之学说为最详。此书为纯粹社会学理论之作,不及实际社会问题;初学者仅读其Part 1可也。

(六) E. S. Ross : *Principles of Sociology*, The Central Co., New York, 1920, Revised edition, 1931.

劳史教授著作等身,此书是他历年研究心得的著作。全书注重社会过程的讨论;书中列有三十八种社会过程,但此种过程是否可以如此分析研究,还是一个问题。书末所述四种社会学上的原理,亦颇有研究之价值。此书可用作社会学专家学说的参考书籍。此外氏之著作有下列二种,亦可参考:

(i) *Foundations of Sociology*, MacMillan, 1905.

(ii) *Social Control*, MacMillan, 1901.

(七) E. C. Hayes : *Introduction to the Study of Sociology*, D. Appleton and Co., New York, 1920.

(八) E. C. Hayes :*Sociology*, Appletion, New York, 1930.

海逸史教授写前一书时,抱两种目的:一则示初学者以社会学的性质、范围及各种原理之应用,二则发表他自己对于社会学的见解与系统。因为此第二种目的,所以在他书中随处可见到他"哲学的"色彩。他是承认社会学和伦理学有密切关系的,所以讨论社会问题的时候,常常抱一种伦理的见解,(他在1921年就写一部书,题为"社会学与伦理学",专门发表他此种意见。)全书优点,在使用因果律去解释社会现象,中间讲社会原因的地方极透澈,惟Part 3讲社会进化,仍采阶段说,似与最近趋势稍有不同;盖现在人类学家已无人相信此种严密的阶段进化说。Part 4讲社会控制颇佳。至于第二书,是海氏死后,其家属就其修正本付印者,除根据最近新发展方面,加以修正外,余均如前书。

(九) F. A. Bushee : *Principles of Sociology*, Henry and Holt Co., N.Y., 1923.

蒲希氏抱一改良社会,指导社会进化的概念,彼相信我们可以用人力去改进社会,使社会向进步方向进行。彼又信"生物的"原因为社会生活发达的极重要部分,故于书中特别注重人口问题。著者颇想在此书中发挥他的学说系统。似可作一种专家著作读。

(十) R. M. Binder :*Principles of Sociology*, Prentice-Hall, N.Y.,

1928.

此为彭氏最近之著作。氏在此书中,阐明其所信之理论,即人在社会中,均欲求其个性之完全发展,此种完全发展,只有在社会环境中,与他人交互活动,方可实现。全书分为五编,即社会人口,社会动机,社会过程,社会制度,社会目的,盖略仿劳史之《社会学原理》编辑而成者也。书中颇有新颖理论,每章之末,附以各种原则,尤便记忆,可作专家书读。

(十一)Von Wiese and Becker, *Systematic Sociology*, John Willey and Sons, New York, 1932.

此书系美国裴克(Becker)教授根据德国冯维史(Von Wiese)教授所著之《普通社会学》(*Allgemeine Soziologie, Beziehungslehre, Gebildelehre*),择其最重要者,编译而成。冯氏为德国克隆大学名教授,此书即代表其学说之全部系统。全书分为四编;(1)系统社会学大纲,(2)交互活动型的系统,(3)多数型的系统,(4)历史的叙述。书中十分之九,为讨论社会过程之理论。冯氏用极有系统的观点与方法,分析社会过程,为齐穆尔氏以来,最有系统的研究。诚研究理论者,不可不读之巨著。

(十二) R. M. MacIver : *Society : Its Structures and Changes*, R. R. Smith, Inc., New York, 1931.

麦氏此书,为代表其有系统的学理之作。其主张与美国一般社会学者微有不同。氏以为吾人研究社会学应研究人类经验之内在的现象,而非外部的现象。氏又以为要了解社会,必须了解团体生活的过程,即相互关系的有意的态度。此种态度的维持及变迁,即可以维持或改变社会制度。全书分为四编:(1)引论,(2)社会构造,(3)社会及环境,(4)社会变迁。此书为极有思想之作,为社会学者不可不读之书。

(十三) W. G. Sumner and A. G. Keller : *The Science of Society*, Four Volumes, Yale Univ. Press. New Haven, 1927.

此书全部四册,前三册分七编,共2 251页,又索引138页。书为孙末楠教授生前在耶鲁大学之讲稿,由其弟子恺莱教授编辑而成。故其内容纯为孙末楠氏之社会学系统。全书系根据其欲望四分法发挥。孙氏相信人类有四种欲望,即饥、爱、荣、惧是也。有此四种欲望,乃生四种基本制度,即自存制度如经济及宗教是,自续制度如婚姻及家庭是,自足制度如艺术等是。书中多引初民社会证例,与孙氏名著《民俗论》(Folkways)方法相同。此书诚晚近社会学巨著,凡研究社会学者不可不读。

(十四) R. Lumley : *Principles of Sociology*, McGraw-Hill, New York, 1928.

此书据著者自言,系以Sumner & Keller 之 *The Science of Society*及 Park & Burgess之 *Introduction to the Science of Sociology* 二书为蓝本,取二书之原理而融合贯串之,使自成系统,此系著者之目的也。全书先论环境,次论人民与团体,次论民俗民型,次论交互活动与各种过程,次论社会组织,最后论进化与控制等。说理清晰,引证详确,为最近社会学书籍中极优良之教本。

(十五) E. S. Bogardus: *Contemporary Sociology*, University of Southern California Press, 1931.

此书收辑最近社会学家所发表之各种学理,加以有系统的组织。全书九章472页。其次序为(1)社会学之工具,(2)地境概念,(3)文化概念,(4)社会概念,(5)人格概念,(6)社会过程概念,(7)社会组织概念,(8)社会变迁概念,(9)社会研究概念。此书所集作品,均出自现时社会学上威权作家,读此书胜读他书数十种,并可得一综合概念。著者在封面标明,此书应与其所著*History of Social Thought*一书(见后)同读。

(十六) E. E. Eubank : *Concepts of Sociology*, Heath, New York, 1932.

此书为专讨论社会学上概念之作。将全部社会学概念,作一有系统的与历史的叙述。书中将概念分为四大类,即(1)社会组合,(2)社会因果,(3)社会变迁,(4)社会产品。对于各概念,均作详细之研讨,为目前专论概念之唯一著作。书末附参考书目两种,计占144页,甚便查考。此书可作为社会学原理补助参考书。

注重心理要素者

（一）C. H. Cooley : *Social Organization*, Scribner's Sons, New York, 1909.

（二）C. H. Cooley : *Human Nature and the Social Order*, Scribner's Sons, New York, 1902.

（三）C. H. Cooley : *Social Process*, Scribner's Sons, New York, 1918.

柯氏的三种著作,为心理学派社会学的绝大贡献,他讨论个人和社会的关系;社会对于个人发达的影响及人与人间的相互关系,最为精辟。氏的讨论,大概从心理的观点出发,盖有价值之著作也。

（四）C. A. Ellwood : *Psychology of Human Society*, D. Appleton, N.Y., 1926.

（五）C. A. Ellwood : *Sociology in Its Psychological Aspects*, D. Appleton, N.Y., 1912.

爱氏从心理方面去讨论社会生活,有独到之处;第一书为较近的著作,把他以前学说更发辉而光大之,可作心理社会学的标准书读。此书条理清晰,行文流畅,尤为特长。

注重文化要素者

（一）W. F. Ogburn : *Social Change*, Huebesch, New York, 1923.

用文化概念去研究社会学,自当首推乌格朋教授。乌氏出于人类学大家鲍亚士之门,得力于人类学者为多。此书区别心理要素与文化要素及文化对于社会变迁的关系,言之极详。对于文化失调之理论,阐发尤极畅达。为文化派学者特殊贡献之著作。

（二）C. W. Case: *Outline of Introductory Sociology*, 已见前。

按此派学理,与新派人类学家甚接近,且大都从人类学出身。今将新派人类学家著述，略举其重要者数种如下。

1. F. Boas : *The Mind of Primitive man*, MacMillan, 1911.

2. A. A. Goldenweiser : *Early Civilization*, Knopf, 1922.

3. Clark Wissler : *Man and Culture*, Crowell, 1923.

4. C. Wissler : *Social Anthropology*, Henry Holt, 1929.

5. R. Lowie : *Culture and Ethnology*, Boni and Liveright, 1917.

6. R. Lowie : *Primitive Society*, Boni and Liveright, 1920.

（三）W. D. Wallis and M. M. Willey : *Readings in Sociology*, Knopf, New York, 1930.

此书系就1930年以前所有社会学家发表关于文化与社会之论文编辑而成。全书纯从文化之立场，组织材料。所引作家，以Boas, Kroeber, Wissler, Goldenweiser, Ogburn, Wallis, Willey等为多，为补助参考有用之书。

（四）W. D. Wallis : *Introduction to Sociology*, Knopf, New York, 1927.

此书注重文化观点，盖著者为有名人类学家，而非纯粹社会学家。先论世界文明之发源，次论先哲对于社会之理论，次论影响于社会生活之各种要素，而尤重文化，次论近代社会组织与问题，最后论社会发展之趋势。此书亦一重要参考著作。

（五）F. S. Chapin : *Cultural Change*, Century, New York, 1928.

此书系讨论文化变迁，先论古代文化之起源及发展，直论至近代为止。次论文化变迁之理论，其论文化循环及失调甚精彩。最后论文化变迁之估测，其论制度之累积尤精辟。

（六）C. A. Ellwood : *Cultural Evolution*, Century, New York, 1927.

此书系从文化立场专论文化之起源及发展。前三分之一，论一般文化进化，后三分之二，论文化各部分之发展。著者自言，此书代表一种意见，而非完全成熟之论。书中所论进化回复及将来达于完全之境等意见,诚有可议者。但就大体言,其书固佳作也。世界书局有钟兆麟译本。

(七)W. D. Wallis: *Culture and Progress*, McGraw-Hill, New York, 1930.

此书系一讨论文化之重要著作,前半论文化与文化变迁,后半论进步之学理与标准。全书议论精辟,材料丰富。其论进步,上推古代,远及印犹,甚为详备。为研究社会进步者不可不读之作。

(八)W. G. Sumner: *Folkways*, Ginn, New York, 1906, 1913.

此书为社会学上有数名作。蒲其斯氏称为科学的社会学开创之书。全书讨论民俗(Folkways)民型(Mores)之性质、起源,及其对于人类生活之关系,详尽透澈。引用民族学材料,尤富。此书与上述Sumner & Keller: *The Science of Society*同一系统。

(九)W. I. Thomas: *Source Book for Social Origins*, Badger, Boston, 1909.

此书为讨论社会起源之作。材料丰富,参考书目尤为完备。所辑各家材料,多出自民族学家之手。每章之前,均有著者小引,论议甚精。为一极重要之著作。

以上二书为出版较早之书,因其观点,侧重文物制度,故列于此。

(十)J. K. Folsom: *Culture and Social Progress*, Longmans, New York, 1928.

此书用极简明之笔,写文化与社会进步之关系,最便于初学。全书篇幅虽短,各章分配甚当,亦佳作也。

(十一)C. M. Case: *Social Process and Human Progress*, Harcourt, Brace and Co., N.Y., 1932.

此书系著者近年所著论文集,因其大致讨论社会进步,故取此名。此与氏所著*Outlines of Introductory Sociology*可参看。

注重地境要素者

(一)R. Park & E. W. Burgess: *The City*, Univ. of Chicago Press,

1926.

人类地境学(Human Ecology)是一种极新的科学,为社会学中的一支派,专门研究环境对于人类群居的影响,人口集中或制度集中都是受特别环境的影响。此书即代表此一类的研究,以都市为地境研究的中心。其中所集为各家论文,由两氏编辑者。两氏后来又将美国社会学年会论文,编成下列一书,以补此书之未备。

(二) Park and Burgess : *The Urban Community*, Univ. of Chicago Press, 1926.

(三) R. D. McKenzie : *The Neighborhood*, Univ. of Chicago Press, 1921.

麦根齐为地境学专家,此书是他研究Ohio省Columbia城的报告,乃是一种博士论文。书中分析各种都市状况极精审。

(四) R. Mukerjee : *Regional Sociology*, Century Co., New York, 1926.

亦是一种人类地境学,中间所引都是印度和中国的材料,可作地境学的教科书用。

(五) F. Thomas : *The Environment Basis of Society*, The Century Co., New York, 1925.

此是一种编辑而成的书,所收材料自Hippocrates以至Huntington足以代表关于环境的重要学说,可作参考书用。

注重人口要素者

(一) E. M. East : *Mankind at the Crossroads*, Charles Scribner's Sons, New York, 1921.

此书为讨论人口问题名作。其论人口数量,与食料调剂有详细分析。氏信人口增加极速,而世界食料终究有限,故对人口将来,颇抱杞忧。研究人口要素者不可不读。

(二) Carr-Saunders : *The Population Problem*, The Clarendon Press,

London, 1924.

著者系英国社会科学家，尤长人口研究。此书倡导适度人口论（The Theory of Optimum Population），引证初民人口材料极丰富，盖纯从民族学眼光，以研究人口者。其论初民限制人口之风习，使人口不致过剩，为从来人口论者所未曾论及。读此书，可知文化要素，对于人口影响甚巨。

（三）E. A. Ross：*Standing Room Only*, The Century, New York, 1927.

此书为劳史教授专论人口之作。对于世界人口增加之速，及白人"种族自杀"（Race Suicide）两点，尤有精辟之论。

（四）H. Cox：*The Problem of Population*, Putnam's Sons, New York, 1923.

此书亦讨论人口数量之作，其论人口与战争一章，尤有精彩。商务印书馆有武堉干译本。

（五）E. B. Reuter：*Population Problems*, Lippincott, Philadelphia, 1923.

此书对于人口问题之数量、分配、品质三方面，有简要之讨论，甚合于教课之用。惜所引统计材料稍陈旧耳。

（六）W. S. Thompson：*Population Problems*, McGraw-Hill, New York, 1930.

（七）W. S. Thompson：*Danger Spots in World Population*, 1930, 民智书局有陈沂译本。

（八）W. S. Thompson：*Population：A Study in Malthusianism*, Columbia University Press, 1915.

此三书系汤氏讨论人口之作。第一书为关于人口问题之一般讨论，其组织颇与Reuter之书相近。惟其材料较新，见解亦较为透澈。在英文人口书籍中，目前可推为最善之教本。

第二书分论世界各地人口与食料之分布及增加状况，尤注意于人口增加甚速，而食料缺乏；及人口停滞，而土地广大之诸国家，对于将来人口趋势，言之颇详。

第三书为氏早年之作，系专论马尔萨斯学说者，亦佳作也。

（九）H. G. Duncan：*Race and Population Problems*, Harcourt, Brace & Co., New York, 1929.

此书注重人口与种族关系之讨论。

（十）L. I. Dublin：*Population Problems in the United States and Canada*, Pollak Foundation, Boston, 1925.

（十一）R. R. Kuczynski：*The Balance of Births and Deaths*, 2 Vols., New York, 1928—1931.

（十二）R. R. Kuczynski：*Fertility and Reproduction: Methods of Measuring the Balance of Births and Deaths*, 1932.

（十三）W. E. Willcox：*International Migrations*, 2 Vols., 1929—1931.

（十四）H. Jerome：*Migration and Business Cycles*, NewYork, 1926. 以上五书，皆为研究人口问题中之一二方面之著作。可作特别参考书。

（十五）J. A. Field：*Essays on Population*（ed. by Hohman）, Univ. of Chicago Press, 1930.

此为关于人口之论文集，颇多佳作。

（十六）R. Pearl：*The Biology of Population Growth*, rev.ed., 1930.

此为从生物统计以研究人口之增加者，中多毕氏研究贡献。

（十七）H. Wright：*Population*, 1923.

（十八）Carr-Sounders：*Population*, Oxford Manual, 1923.

以上二书，对于人口问题，作极简略的介绍。其第一书为各方面的讨论，第二书引用初民材料，尤为新颖，初学者宜读。

注重种族要素者

（一）W. D. Babington：*Fallacies of Race Theories*, Longmans, Green, London, 1895.

（二）F. Boas : *Anthropology and Modern Life*, Norton, New York, 1828.

（三）F. H. Hankins : *The Racial Basis of Civilization*, Knopf, New York, 1926.

（四）F. Hertz : *Race and Civilization*, The MacMillan, N.Y., 1928.

（五）S. D. Porteus & M. E. Babock : *Temperament and Race*, Badger, Boston, 1926.

（六）W. Z. Ripley : *The Races of Europe*, Paul, Trench, Trubner, London, 1923.

以上六书均讨论种族与文化之关系。余见本书第十章参考书及附注。

第二　社会学史

（一）E. S. Bogardus : *A History of Social Thought*, The Univ. of Southern California Press, 1922, Revised Edition, 1928.

全书共分二十八章，668页，孔德（Comte）以前分十二章，孔德以后分十五章。对于古代社会思想的发展和近代社会学的起源、现状与派别，均有极简明极扼要之叙述。欲粗知社会思想发展的踪迹者，宜读此书。我国林幽君有译本，厦门大学出版。又世界书局有钟兆麟译本。

（二）J. P. Lichterberger : *Development of Social Theory*, The Century Co., N.Y., 1923.

全书共分十五章，471页，上自柏拉图（Plato）起，下至甘博维（Gumplowicz）与赖曾虎夫（Ratzenhofer）为止，凡现尚生存之社会思想家概未列入，此书之优点，在把一个思想家的学说，作有系统的研究。每一个主要思想家，必详述他当时的时代背景，和他所处地位及所受教育，以明思想之来源，然后再述和他同时的思想家的学说，以比较其学说之异同。凡研究社会学说者，不可不读此书。

（三）H. E. Barnes：*History and Prospects of the Social Sciences*, A. A. Knopf, New York, 1925.

全书分十章,每章叙述一种社会科学的历史和展望,他的次序是：(1)历史,(2)人类地理学,(3)生物学,(4)社会心理学,(5)文化人类学,(6)社会学,(7)经济学,(8)政治学,(9)法学,(10)伦理学,各章均由一专门学者所作。关于社会学的一章,是出于汉根史(Hankins)的手笔。全篇分七节,最后一节叙述现代社会学状况,中分社会学为五大类,网罗一切社会思想家。就中因有许多并非社会思想家,更非社会学家,此种分类,固然颇有讨论的余地,但亦有详读的价值。

（四）E. C. Hayes（Ed）：*Recent Developments in the Social Sciences*, Lippincott, Co., Philadelphia, 1927.

此书与前一书编法相同,而目的不同。前书是叙述历史的方面,而此书是注重最近状况。全书分七部分,每部分各述一种社会科学,就是：(1)社会学,(2)政治学,(3)心理学,(4)经济学,(5)人类学,(6)历史,(7)文化地理学。关于社会学的最近发展,是由爱尔华(Ellwood)所作,爱氏叙述自1909年以后,社会学上的四种趋势。此自1909年开始叙述者,即因该年柯莱(Cooley)博士出版其名著《社会组织》(*Social Organization*)一书之故。

（五）H. W. Odum：*American Masters of Social Science*, Henry Holt & Co., New York, 1927.

此书叙述美国九大社会思想家的生平及其学说,每一思想家各由一学者述之。其中关于社会学者三人,即华特(Ward),司马尔(Small),与季亭史(Giddings)是也。研究社会学者,至少宜细读三人的传记。

（六）A. W. Small：*Origins of Sociology*, The Univ. of Chicago Press, 1924.

此是司马尔教授讨论社会学起源的著作,司氏从德国历史学家、政治学家及经济学家的思想线索,而讨论近代社会学的发展,在社会学理论稍有根柢者可读之。

（七）Wilson Gee：*Research in the Social Sciences：Its Fundamental Methods and Objectives*, MacMillan Co., New York, 1929.

此书为美国Virginia大学中社会科学研究会1926年秋季演讲会讲稿。全书分九章，每章讲一种社会科学，305页，由季惠生氏主编而弁以引言。其次序为社会学、经济学、人类学、统计学、心理学、法理学、历史、哲学、政治学。其中社会学为派克氏所讲，历叙最近社会学研究之趋势，极有价值。此书可补Barnes及Hayes两书之所未备。

（八）W. F. Ogburn and Goldenweiser：*The Social Sciences and Their Interrelations*, Haughton Miffin Co., New York, 1927.

全书三十四章506页，系集专家33人所著关于九种主要社会科学之相互关系。例如关于社会学者，有经济学、政治学、人类学、历史、统计学、伦理学、法理学、心理学、宗教等的关系，每一种关系，由一人所著。此书可谓集社会科学关系论之大全。所有社会科学的性质及相互关系，无不论及。诚为不可不读之书。

（九）P. Sorokin：*Contemporary Sociological Theories*, Harper and Brothers, New York, 1928.

全书十四章785页，为讨论现代社会学最善之书，沙氏系俄人。深通欧洲各国文字，故所读书籍极博。书中将社会学分为九大派，每派予以详慎之讨论与引证。各派人物及学说，穷源竟委，脉络分明，洵为有价值之作。任何社会学者不能不读此书。

（十）T. Abel：*Systematic Sociology in Germany*, Columbia University Press, New York, 1929.

此书系介绍德国四大社会学家对于社会学形成及其性质等根本问题的意见。其四大家为Simmel, Vierkandt, Von Wiese, Weber，读此书后，可知德国社会学家最近思想之趋向。华通书局有黄凌霜译本。

（十一）G. A. Lundberg, R. Bain, N. Anderson, and others：*Trends in*

American Sociology, Harper & Brothers, New York, 1929.

此书为介绍美国最近各派研究之趋势,尤注重地境、文化、社会、心理等部分的研究。此书可与上所介绍Bogardus之*Contemporary Sociology*比较研究。

第三 社会研究与社会调查

方法

(一) E. S. Bogardus : *The New Social Research*, The Univ. of Southern California Press, 1926.

此书为研究社会现象必备之书。对于如何收集材料,如何训练工作人才,如何宣传等均有极简要的叙述,而对于研究生活历史,测量社会距离(Social Distance)、分析舆论等,亦有极妥善的方法。

(二) M. C. Elmer : *The Technique of Social Surveys*, New Edition, The Univ. of Southern California Press, 1927.

凡关于社会调查的普通方法及问题,均详加叙述,调查时应预备的问题,均逐项列出,可供实际应用时参考。

(三) F. S. Chapin : *Field Work and Social Research*, The Century Co., New York, 1920.

此亦是讨论社会研究方法之书。全书分三部分讨论,最先论个案研究(Case Study),次论社会调查(Social Survey),末论人口调查(Population Census),颇可参考。

(四) F. Ritchie : *How to Study Your Association Community*, Association Press, N.Y., 1926.

此是一部很简明的调查方法参考书。

(五) M. Richmond : *Social Diagnosis*, Russell Sage Foundation, 1920.

此是一部个案研究法最完善的书。关于个案研究之各种方面,无不论及,调查家庭状况者不可不读。

(六) V. M. Palmer : *Field Studies in Sociology*, Univ. of Chicago Press, Chicago, 1928.

此书是一种研究实际社会的方法指导书。在芝加哥大学中,系用以指导社会学概论班学生研究的手册。其编制系适合于Park与Burgess二氏所著之 *Introduction to the Science of Sociology* 一书。全书分为三编:(1) 社会之科学的调查,(2) 特别研究大纲,(3) 方法。其分社会研究为三种,即个案法、历史法与统计法。特别研究举三种,即区域社会研究,利益社会研究,及移民社会研究。就方法言,注重观察、访问、日记、地图、其他文件等材料。此书优点,在于就社会学的立场,用个案研究的方法,以指示调查的途术。为社会实际研究最善之书。

(七) S. A. Rice : *Methods in Social Science*, Univ. of Chicago Press, Chicago, 1931.

此书是一种材料书,专载各种社会科学中有特殊贡献的科学研究法。全书820页,分九编,共计专文52篇,每文由一专家著述之,以讨论一种特殊研究的方法。末后并附文8篇,系泛论方法分类等事者。全书材料丰富,内容翔实。洵为研究社会科学方法之重要而完备之著作。

(八) D. S. Thomas : *Some New Techniques for Studying Social Behavior*, Teachers College, Columbia Univ., New York, 1927.

全书十章203页,为专门研究社会行为之作,由十专家所著述,编者自称系一种实验社会学。一层因系研究社会互动中个人对于情境之行为,一层系因用控制方法,以实验此种行为,故有此称。各种实验研究,均以儿童为对象,诚为新近发展之趋势也。

(九) S. Webb : *Methods of Social Study*, Longman's, New York, 1932.

此书系英国著名社会科学家韦勃所著。韦氏夫妇著作等身,此是彼等研究社会四十余年之经验方法。彼等认定研究一种制度,或一种组织,尽全力详细研究,知其构造及功用,及与外界之关系活动等,此是最善之方法。故此书为极有价值之方法书。

（十）L. L. Bernard : *Fields and Methods of Sociology*, Long & Smith, New York, 1934.

此书原系1933年美国社会学会年会论文之一部分,由白乃德教授编辑而成。全书分为两部:第一部为关于社会学领域及其问题之作,共有论文十七篇;第二部为关于社会学范围及方法之作,共有论文十七篇。每篇文字均由一专家担任。所有全部材料及方法等,均有极扼要之讨论。此可代表美国社会学家最近对于社会学之见地。

研究报告

（一）W. I. Thomas and F. Znaniecki : *The Polish Peasant in Europe and America*, Badger, Boston, in 5 Volumes, 1920 ; New Edition in 2 Volumes, Knopf, 1927.

此书是一种社会学研究的专门著作。初版在芝加哥于1918至1920年间出书,计分五册,第一二册是研究波兰农民社会组织及其在新环境下之变迁。第一册中"研究法导言"有86页之长,对于社会研究的理论及方法,均有极精辟的讨论,为全书精彩。第三册是一个波兰移民的自叙传及著者的评论。第四册是研究波兰社会解组及改组的原理。第五册讨论在美国波兰移民的社会生活上所发生的变迁。

此书的特点,在用个案方法(Case Method)精密分析一个社会的组织及变迁。大部分的材料,是取之于信札,报纸纪载,自叙传,法庭报告等等,为一种别开生面的研究。诚有价值之著作也。

（二）N. Anderson : *The Hobo*, The Univ. of Chicago press, 1923.

此书是细究一种无家庭的游民社会。把此类游民生活状况及其种种问题,详细叙述。

（三）F. M. Thrasher : *The Gang*, The Univ. of Chicago Press, 1926.

此是著者研究芝加哥少年帮(The Gang)的报告，Thrasher曾经调查1 313个少年帮，均详细分析他们的历史、组织、人物、环境、原因等等，与上述之The Hobo一书，同为名著。

（四）E. R. Mowerer : *Family Disorganization*, University of Chicago Press, 1927.

（五）E. R. Mowerer : *Family Discord*, University of Chicago Press, 1928.

（六）C. R. Shaw : *Delinquency Areas*, University of Chicago Press, 1929.

（七）C. R. Shaw : *The Natural History of a Delinquent Career*, Univ. of Chicago Press, 1931.

（八）C. R. Shaw : *The Jack-Roller : A Delinquent Boy's Own Story*, Univ. of Chicago Press, 1930.

（九）R. S. Cavan : *Suicide*, University of Chicago Press, 1928.

（十）H. Zorbaugh : *The Gold Coast and the Slum*, University of Chicago Press, 1929.

（十一）W. C. Reckless : *Vice in Chicago*, Univ. of Chicago Press, 1934.

（十二）A. Blumenthal : *Small-Town Stuff*, Univ. of Chicago Press, 1934.

以上九种及前二种同为芝加哥大学社会研究丛书，系专就都市生活之一方面，做详细研究。此皆其研究报告也。读此诸书，可知芝加哥大学社会学家之研究方法及成绩。

（十三）R. Lynd & H. Lynd : *Middletown*, Harcourt, Brace, NewYork, 1929.

此书之副题为"一种现代美国文化的研究"。系一种别开生面的社会研究。用人类学家研究初民社会的方法，以分析现代文化。以一小都市"中镇"为对象，而研究其全社会各方面的景况。在方法上为有特殊贡献之著作。

调查实录

（一）C. Booth : *Life and Labor of the People in London*, 9 Vols., 1892—1897, 8 Vols., 1902.

（二）*The New Survey of London Life and Labor*, Vol.1, London, 1930.

（三）J. Stow : *A Survey of London*, Oxford, 1908.

（四）P. U. Kellogg : *The Pittsburg Survey*, 6 Vols., Russell Sage Foundation, 1909—1914.

（五）G. F. Kenngott : *The Record of a City*; *A Social Survey of Lowell*, Massachusetts, 1912.

（六）S. M. Harrison : *The Springfield Survey*, 3 Vols., Russell Stge Foundation, 1918—1920.

（七）Gamble and Burgess : *Peking : A Social Survey*, 1921.

上面数种，是社会调查的报告书中之较重要者。读此数书，不但可以明白各该社会的状况，并可以知道调查的方法。

第四　社会问题及其他

（一）S. G. Smith : *Social Pathology*, New York, 1911.

此是一部极简明的社会病理学。读此书可知社会病理的各方面，及其范围与内容。惟所用材料较旧耳。

（二）S. A. Queen & Mann : *Social Pathology*, Lippincott, 1925.

此书应用个案方法，证说社会病理现象，是一部极新颖的社会病理学书籍。惜多取材于美国社会状况，可作参考用书，而不宜于教课之用。

（三）H. P. Fairchild : *Outlines of Applied Sociology*, MacMillan, New York, 1916.

此书对于应用社会学应研究的问题，及其性质、范围等，有简明切要的叙述。就中尤以讨论生活程度及人口问题数章为最精彩。

（四）H. W. Odum：*Man's Quest for Social Guidance*, Holt, New York, 1927.

此书详论社会生活之种种实际问题,并论及研究方法。

（五）J. Ford: *Social Problems and Social Policy*, Ginn, Boston, 1923.

此是一部采用名家著作编辑而成的参考用书。凡关于社会问题各方面之材料,均已采入。全书分五大部三十四章1 019页。对于贫穷及犯罪问题,尤有详密的讨论。

（六）E. T. Devine：*Social Work*, MacMillan, New York, 1920.

此书是普通社会工作教本。对于社会工作的性质、范围等各方面,均加以适当的叙说。

（七）A. J. Todd：*The Spirit of Social Work*, MacMillan, New York, 1922.

（八）M. Richmond: *What is Social Case Work?* Russell Sage Foundation, New York, 1922.

以上二书,均讨论社会工作之作。前者论社会工作之要点,后者论社会个案工作,均为重要著作。

（九）J. L. Gillin and C. G. Dittmer: *Social Problems*, The Century, New York, 1928；J. L. Gillin: *Social Pathology*, The Century, New York, 1933.

（十）R. C. Dexter：*Social Adjustment*, Knopf, New York, 1927.

以上三书专论一般社会问题,惜均以美国材料为主。

（十一）J. L. Gillin: *Criminology and Penology*, The Century, New York, 1926.

（十二）F. E. Haynes: *Criminology*, Mc.Graw-Hill, New York, 1930.

（十三）E. H. Sutherland: Criminology, Lippincott, Philadelphia, 1924.

（十四）W. Healy: *The Individual Delinquent*, Little, Brown, Boston, 1915.

（十五）B. Milinowski: *Crime and Custom in Savage Society*, Harcourt, Brace, New York, 1926.

（十六）C. R. Shaw and H. D. McKay: *Social Factors in Delinquency*, Government Printing Office, Washington, D.C., 1931.

（十七）W. I. Thomas: *The Unadjusted Girl*, Little, Brown, Boston, 1923.

（十八）F. H. Wines: *Punishment and Reformation*, Crowell, New York, 1919.

以上八书为关于犯罪研究之要籍。

（十九）N. Anderson and E. C. Lindeman: *Urban Sociology*, Knopf, New York, 1928.

（二十）N. Carpenter: *The Sociology of City Life*, Longmans, Green, New York, 1931.

（二十一）H. P. Douglass: *The Suburban Trend*, The Century, New York, 1925.

（二十二）R. Mukerjee: *Regional Sociology*, The Century, New York, 1924.

（二十三）J. G. Thomson: *Urbanization*, Dutton, New York, 1927.

以上五书为关于都市研究之要籍。

（二十四）C. J. Galpin: *Rural Life*, The Century, New York, 1918.

（二十五）H. B. Hawthorn: *The Sociology of Rural Life*, The Century, New York, 1926.

（二十六）D. L. Sanderson: *The Rural Community*, Ginn, New York, 1932.

（二十七）P. A. Sorokin and C. Zimmerman: *A Systematic Sourcebook for Rural Sociology*, University of Minnesota Press, Minneapolis, 1930.

（二十八）P. A. Sorokin and C. Zimmerman: *Principles of Rural-Urban Sociology*, Harper, New York, 1932.

（二十九）J. M. Williams: *The Expansion of Rural Life*, Knopf, New York, 1926.

（三十）N. Sims: *Rural Community*, The MacMillan, New York, 1920.

（三十一）N. Sims: *Elements of Rural Sociology*, Crowell, New York, 1928.

以上八书为关于农村研究之要籍。

（三十二）W. Goodsell: *The Family as a Social and Educational Institution*, MacMillan, 1915.

（三十三）G. E. Howard: *History of Matrimonial Institutions*, Univ. of Chicago Press, 1904.

（三十四）E. Westermarck: *A Short History of Human Marriage*, MacMillan, New York, 1926.

（三十五）E. C. Parsons: *The Family*, Putnam's Sons, New York, 1906.

（三十六）B. Malinowski: *The Family Among the Australian Aborigines*, University of London Press, 1913.

（三十七）A. J. Todd: *The Primitive Family as an Educational Agency*, Knopf, N.Y., 1930.

（三十八）E. R. Groves, E. L. Skinner, and S. J. Swenson: *The Family and Its Relationships*, Lippincott, Philadelphia, 1932.

（三十九）M. C. Elmer: *Family Adjustment and Social Change*, Long and Smith, N.Y., 1932.

（四十）E. R. Groves and W. F. Ogburn: *American Marriage and Family Relationships*, Holt, New York, 1928.

（四十一）R. L. Dickinson and L. Beam: *A Thousand Marriage*, Williams and Wilkins, Baltimore, 1932.

（四十二）L. Brandt: *A Study of Five Hundred and Seventy-Four Deserters and Their Families*, The Charity Organization Society, New York, 1905.

（四十三）E. R. Mowrer: *Family Disorganization*, University of Chicago Press, 1927.

（四十四）E. B. Reuter and J. Runner: *The Family*, McGraw-Hill, New York, 1931.

（四十五）P. B. Popenoe: *The Conservation of the Family*, Williams and Wilkins, Baltimore, 1926.

（四十六）W. Goodsell: *Problems of the Family*, Century, New York, 1928.

（四十七）E. Mowrer: The Family: *Its Organization and Disorganization*, University of Chicago Press, 1931.

（四十八）J. P. Lichtenberger Divorce: *A Social Interpretation*, McGraw-Hill, N.Y., 1931.

以上诸书均系关于家庭研究的要籍。

（四十九）G. A. Lundberg: *Social Research*, N.Y., 1929.

（五十）H. W. Odum & K. Jocher: *An Introduction to Social Research*, 1929.

（五十一）S. A. Rice: *Statistics in Social Studies*, 1930.

（五十二）C. A. Ellwood: *Methods in Sociology*, 1933.

以上四书补上关于社会研究之要籍。

部乙　中文参考书目

关于中国社会史料之部

中国社会学,应有中国历史材料,以供研究。从下列诸书中,可得此项材料。惟所举者,仅其较重要者耳。

（一）《二十四史》（商务印书馆百衲本,或中华书局聚珍宋本,或图书集成本,或开明书店二十五史本,或书报合作社二十六史本或其他通行本）。

附《史姓韵编》,汪辉祖辑（查二十四史人物之索引）,《历代地理韵编》李兆洛辑（查二十四史地名之索引）。

（二）《九通》（图书集成本,或商务印书馆十通本,或其他通行本）。

（三）《十三经》（注疏,以点石斋本检查为便;白文,以商务本或开明本为便）。

附《十三经索引》,叶绍钧编（开明本）。

（四）司马光著《资治通鉴》（商务本,或其他通行本）。

（五）毕沅著《续资治通鉴》（商务本,或其他通行本）。

（六）《百子全书》（扫叶山房本）。

（七）罗泌著《路史》（石印本）。

（八）马骕著《绎史》（石印本）。

（九）《古今图书集成》（图书集成本或中华书局影印本）。

（十）《渊鉴类涵》（点石斋本）。

（十一）《太平御览》（鲍氏刻本）。

（十二）祝穆著《事文类聚》（通行本）。

（十三）陈元龙著《格致镜原》（通行本）。

（十四）崔述著《崔东壁遗书》（古书流通处本）。

（十五）王国维著《古史新证》及《殷周制度论》（广仓学宭丛书）。

（十六）罗振玉著《殷墟书契》前编、后编、菁华、考释（石印本）

（十七）章鸿钊著《石雅》（家刻本）。

（十八）商浚辑《稗海》（通行本,或文明书局《笔记小说大观》）。

（十九）段玉裁著《说文解字注》（通行本）。

（二十）朱芳圃著《甲骨学》,文字编（商务本）。

（二十一）柳诒征著《中国文化史》（钟山书局本）。

（二十二）顾颉刚编《古史辨》第一、二、三、四集（朴社本）。

（二十三）王桐龄著《中国民族史》（文化书社本）。

（二十四）蒙文通著《古史甄微》（商务本）。

关于中国社会思想之部

中国社会思想，为研究中国社会学者必须研究之材料。今举其可供参考之重要书籍如下。

（一）《十三经》，《百子全书》已见上节。凡汉晋以前，中国社会思想之重要著作，均在于此。

（二）黄宗羲、全祖望等著《宋元学案》（石印本或木刻通行本）。

（三）黄宗羲著《明儒学案》（商务本，或通行本）。

（四）《二程全书》（通行木刻本）。

（五）《朱子全书》（商务本）。

（六）《陆象山全集》（通行铅印本）。

（七）《王文成公全书》（浙江图书馆本）。

（八）江藩著《汉学师承记》及《宋学渊源记》（通行本）。

（九）《颜李遗书》（几辅丛书本）。

（十）刘知几著《史通》（可用浦起龙通释本）。

（十一）章学诚著《文史通义》（商务本）。

（十二）康有为著《大同书》，《新学伪经考》，及其文集。

（十三）梁启超著《饮冰室全集》（通行本）。

（十四）梁启超著《先秦政治思想史》及《清代学术概论》二书（商务本）。

（十五）顾炎武著《日知录》（商务本）。

（十六）姚铉编《唐文粹》（江苏书局本）。

（十七）《清文汇》（国学扶轮编印本）。

以上二书中有关于唐清二代社会思想之文。

近人译著之社会学书籍

下列各书,仅举其可供参阅者。

(一)严复译《群学肄言》(商务本)。

(二)许德珩译《社会学方法论》(商务本)。

(三)朱亦松著《社会学原理》(商务本)。

(四)应成一著《社会学原理》(民智本)。

(五)陶孟和著《社会与教育》(商务本)。

(六)许仕廉著《文化与政治》(朴社本)。

(七)陈达著《人口问题》(商务本)。

(八)黄凌霜译《德国系统社会学》(华通本)。

(九)孙本文主编《社会学大纲》上下两册(世界本)。

(十)孙本文著《社会学上之文化论》(朴社本)。

除上列十种外,其余如余天休、吴景超、吴泽霖、吴文藻、胡鉴民、杨堃诸教授所著论文,散见于中国社会学社所编之《社会学刊》第一卷至第四卷,兹不列举。

部丙　二十二种基本参考书

美国社会科学研究会,于1926年组织一社会科学方法委员会,以研究社会科学上所用之各种方法。同时并请各社会科学学会,各组织一种顾问委员会,以备随时顾问。社会学会方面推杨京伯(K. Young)乌格朋(Ogburn)与派克(Park)三人为委员。当时提出社会学方面重要著述二十二种,以关于方法及观点者为限。因此种著述,为社会学方面代表作品,故特附录于此,以备参考。

系统的著述

（一）Boas, F.—*The Mind of Primitive Man.*

此书为鲍亚士之系统著作，足以代表鲍氏及其所领导之美国人类学派之观点。

*（二）Durkheim, E.—*De la division du travail social.*

此书为一种重要著作，表明社会与经济的分工，与社会团结及社会过程之关系。

（三）Giddings, F. H.—*The Scientific Study of Human Society.*

此为注重数量分析之重要著作。

（四）Pareto, V.—*Traité de Sociologie générale* (French ed.)．

此为一种用机械的，逻辑的，与系统的方法，以研究社会现象之著作。

（五）Simmel, G.—*Soziologie.*

此书表明社会学成为科学之哲学的基础，为注重社会过程之形式之重要著作。

（六）Sumner, W. G.—*Folkways.*

此书表明社会分析中文化要素之重要。对于比较方法，有重要贡献。

社会制度史

（七）Sombart, W.—*Der Moderne Kapitalismus.*

此书分析资本主义之历史的背境，并予以社会心理的解释。

*（八）Weber, M.—*Gesammelte Aufsätze Zur Religions-soziologie.*

此书代表韦氏研究文化材料之方法，尤注重社会相对的研究。

（九）Westermarck, E.—*The History of Human Marriage.*

此为用比较方法研究一种重要制度之著作。

个案研究法

*（十）Burgess, E. W.—"The Growth of the City: An Introduction to

a Research Project," *Papers and Proceedings of the American Sociological Society*, Vol.18（1923），pp.85-97.

此文表明从地境与社会经济的发展方面，研究一种区域社会。为都市研究之一种发端著作。

（十一）Calpin, C. J.—*Social Anatomy of a Rural Community*.

此文系从地境的基础，以研究农村社会。为农村研究之一种发端著作。

*（十二）Healy, W., and Bronner, A. F.—*Judge Baker Foundation Case Studies*, Nos, 1-20.

此类著述，系用一种特殊方法，以分析人格，尤其注重犯罪的研究。

（十三）Park, R. E.—*The Immigrant Press and Its Control*.

此书系研究报纸对于美国移民之同化与顺应之关系。为一种研究舆论机关之发端。

*（十四）Shaw, C. R.—*The Jack-Roller: The Delinquent Boy's Own Story*.

此为一种有价值之个案材料，尤在其他项材料之对勘。其方法上之贡献，为表明个人的社会观念，与他项客观材料之关系。

*（十五）Thomas, W. I., and Znaniecki, F.—*The Polish Peasant in Europe and America*.

此书对于方法与观点之理论，以及具体材料之分析，均有重要之贡献。

统计或数量方法

（十六）Boas, F.—*Changes in Bodily Form of Descendants of Immigrants*. Being a Partial Report on the Results of an Anthropological Investigation for the United States Immigration Commission: Senate Document 208（61st Congress, 2d Session, 1910）.（Abstract of the Report on Changes in Bodily Form of Immigrants, —Washington, 1911）.

此书为一种环境变迁对于个人体质影响之有价值之研究。

*（十七）Ezekiel, Mordecal, — "A Method of Handling Curvilinear Correlation for any Number of Variables," *Journal of the American Statistical Association* (N.S.), 19. Nos. 148, pp.131–54.

此文叙述部分相关之用法。

（十八）Goring, C.—*The English Convict.*

此书表明统计方法之应用，尤注重人口选样之研究。

（十九）Pearson, K.— "Mathematical Contributions to the Theory of Evolution—Regression, Heredity and Panmixia," *Philosophical Transactions of the Royal Society of London*, A, CLXXXVII (1896), pp.253–318.

*（二十）Slawson, J.—*The Delinquent Boy.*

此书表明用部分的与繁复的相关，以研究犯罪之环境要素及其他要素，为极有价值之著作。

*（二十一）Thomas, D. S.—*The Social Aspects of the Business Cycles.*
此书表明用相关方法，以研究社会材料，尤注重经济变迁。

*（二十二）Woodbury, Robert Morse: *Causal Factors in Infant Mortality—A Statistical Study Based on Investigations in Eight Cities*, U.S. Department of Labor, Children's Bureau Publication, p.142.

此书表明用相关方法，研究影响于美国婴儿死亡率的各种要素。

（附注）凡数目字上，加一星形记号(*)者，为最重要之书籍10种。

附录二 社会学名词汉译表

部甲 学名之部

凡例

（一）近来国内出版之社会学书籍渐多，或系译自西文，或系根据西文书籍编著而成。书中所用名词，大率依据西文移译而来。但因我国向无标准译名，以致各自翻译，莫衷一是。读者每苦于名词之参差，与涵义之纷杂，不但不能得系统之思想，且时有误解与混淆之流弊。译者身历其境，颇觉有厘订社会学译名之必要，因不揣浅陋，拟定此表，愿与社会学界同人一商榷之。

（二）本表以英文为主。所列名词，以美国欧鹏克教授所著《社会学概念》一文为根据。（原文见 E. E. Eubank: "Concepts of Sociology," *Social Forces*, Vol.V, No.3, March, 1927）欧氏系从美国各家社会学书籍所列各种重要概念，编订而成。就中尤以季亭史（Giddings），司马尔（Small），劳史（Ross），海逸史（Hayes），狄莱（Dealey），白克马（Blackmar），季灵（Gillin），派克（Park），蒲其斯（Burgess），爱尔华（Ellwood）诸家著作为主要根据。欧氏以为此类概念，可以总括社会学上重要名词，一因其含有明晰而确定的意义，二因其能普遍应用；三因其为社会学上特有的基本概念，盖欧氏此文意在综合社会学上重要概念，以为研究的工具。译者为便利选择名词起见,即取以为编订此表之根据。该文原列名词276个,译者去其重复者5个,及不常见者23个,留存248个。近又据氏所著《社会学概念》(*Concepts of Sociology*, 1932)一书中所列之表,加以修正,并又据他书加以补充,计增加重要名词168个,共得名词416个。此区区之数,诚不足以概括社会学上之名词;但普通社会学上所应用之重要概念,已略备于此。

(三)本表所列译名,均取意译。就中多数名词,早经译出。凡意义确当,且已通用之旧译,概存其旧。例如Adaptation之译为适应;Social Activities之译为社会活动;City之译为都市;Culture之译为文化等等是也。凡同字而已有两种译名,则取其尤确当者,余则以括弧明之,例如Social Control译为社会控制(约制,制裁);Convergence译为凑合(辐合)是也。

(四)本表所列,既系社会学上专有名词,与常用意义,自不能尽同。读者幸勿以常用意义,致疑于译名之分歧。为免除此种误解起见,特在每种重要名词之旁,附注特创或采用此名词之社会学家姓氏,以推见其来历。例如(Social Composition)是季亭史所创用之名词;(Synergy)是华特所创用之名词;(Cultural lag)是乌格朋所创用,则均附以其姓氏。又例如Accumulation一词,虽非乌格朋与崔宾所特创,但是二人采用此词最多,故附以二人之名。余可类推。至于通用名词,易于明了其意义及出处者,则不复附以人名,例如City, Civilization, Society, Tribe等等是也。

(五)本表除采用旧名外,余均凭译者个人意见译定。非敢以此统一社会学上译名,希望因此表而引起社会学者之注意与修正,俾使社会学译名有实行厘订统一之可能,则译者之志愿已偿。

(六)本表初稿,成于民国十八年十二月间,曾载《社会学刊》第一卷第三期。当时发表名词计334个。最近始加补充修正而成此稿。

部乙　人名之部

凡例

（一）我国书籍，对于外国人名翻译之纷乱，视普通名词为尤甚。往往同一人名，而翻译者各以其所读之音，取所合之汉字译之，纷歧百出，莫可辨认。读者每苦于无所适从，为补救此种弊病起见，急宜厘定相当译名，使翻译者得依为准绳而渐趋于一致。原来人名汉译，本无定则，一经通用，便可视为标准。如斯宾塞、达尔文、亚丹斯密、马克思诸译名，既经通用，人人了解其所代表之人物。如是，译者与读者，均得有所遵循。其他一切外国人名，固未尝不可依此类推，所患者无可依以为准之译名耳。兹特不揣浅陋，就社会学上所常见之专家姓氏，译为汉字，使读者有所依据，而省思考翻译之劳，借免将来纷杂之弊。

（二）本表所例人名，共计434。系根据下列各书之人名索引，及普通索引择要编辑而成。

（1）Sorokin：*Contemporary Sociological Theories*, 1928.

（2）Park & Burgess：*Introduction to the Science of Sociology*, 1923.

（3）Thomas：*Source Book for Social Origins*, 1909.

（4）Bogardus：*A History of Social Thought*, 1928.

（5）Rice：*Methods in Social Science*, 1931.

（6）Eubank：*Concepts of Sociology*, 1932.

（7）Wiese & Becker：*Systematic Sociology*, 1932.

（8）Case：*Outlines of Introductory Sociology*, 1924.

（9）Barnes：*History & Prospects of the Social Sciences*, 1925.

（10）Duncan：*Backgrounds for Sociology*, 1931.

（三）沙氏之书，所引人名，有1 100余人之多，派蒲二氏之书，所列有1600余人之多；欧恺二氏之书，所引亦有500人之谱。但彼等所引人物，范围甚广，不尽属于社会学范围以内。本表所选定者，系依下列标准。

（1）凡著有社会学方面重要作品者；

（2）凡他科名家其著述直接影响于社会学之理论与实际者；

（3）凡著名物质科学家，生物科学家，及其他社会科学家，如经济学家、政治学家、历史学家，以及哲学家等，既属于他种学问范围，虽其著述对于社会学有多少影响，亦不列入。

（四）本表所列人名，凡已有相当旧译而与下条所定标准相符者，则仍其旧。

（五）本表所译定之人名，依据下列标准。

（1）西文读音，概以各国原音为准。

（2）汉文译音，概以国音为准（依据教育部国语统一筹备会公布之《国音常用字汇》）。

（3）凡译名之第一汉字，以采用我国固有之姓氏为准，其不能取得固有姓氏，或已成惯用译语者，则听之。

（4）凡译名以能定为三字为原则，其不能少于四字者，字数愈少愈善。

（5）凡译名以能类似中国人名为原则。

（6）凡女子姓氏译名，在可能范围以内，以能采取表现女性之词为最善。

（7）凡译名固须求与原音贴切，但尤注意于上述三、四、五、六，四条之规定。换言之，与其贴切而不类人名，不如类人名而与原音稍有出入也。

（六）本表于每人姓氏译名之旁，附以国名，以表明其人之国籍，或寄居已久之国家。

（七）本表为便于检查起见，于每人原名之旁附以出生年代。凡已弃世者则兼附死亡年代。其中有一时无从查考者则付缺如。所录生卒年代，大概根据下列诸书：

(1) *Who's Who in America.*

(2) *Who's Who* (*in Great Britain*).

(3) *American Man of Science.*

(4) *Encyclopedia Britannica.*

(5) *New International Encyclopedia.*

(6) *Encyclopedia of Social Sciences.*

(7) *Dictionary of Social Reform.*

(8) *Portrait Index* (*Library of Congress*).

(9) *Meyers Lexikon.*

(10) *Dictionary of Biography.*

(11) *Webster's Biographical Dictionary*, in *New International Dictionary.*

（八）本表于每人姓名之后，附列其重要著作若干种，以便检查。但因篇幅关系，每人所列仅以认为较重要者为限。挂漏之处，识者谅之。

（九）本表初稿成于民国十八年十二月间，其一部分曾载入《社会学刊》第一卷第二期。当时列入人名310个，近始加以补充，共得434个。

民国二十三年二月二十五日编者志

部甲　学名之部

A

Accommodation (Hayes, Park), 顺应
Accommodation groups (Park), 顺应团体
Acculturation (Keller), 受化
Accumulation (Ogburn, Chapin), 累积
Achievement (Ward, Small), 成绩
Action, (activity) corporate (park), 一致动作
Activities, social (Hayes), 社会活动
Adaptation (Ross), 适应
Adjustment, social (Small), 社会调适
Aggregation (Giddings), 集合
Amalgamation (Dealey, Park), 混合
Amelioration (Case), 改良
Antagonism (Ross), 对抗
Anthropology, cultural, 文化人类学
Anthropology, physical, 体质人类学
Anticipation (Ross), 预料
Applied sociology (Ward), 应用社会学
Approach, cultural (Willey), 文化的探究
Approval, 赞同
Artifact, 手艺品
Ascendency (Ross), 优胜, 超越
Assimilation (Giddings, Park), 同化
Association (Giddings, Small), 结合
Attention, 注意
Attitude, social (Thomas), 社会态度
Attraction, 引诱
Authority (Stein, Small), 威权
Avoidance (Von Wiese), 避免

B

Balances, social (Ross, Ellwood), 社会均衡
Behavior, collective (Park), 共同行为
Behavior pattern (Park), 行为模式
Behavior sequence, 行为程序
Behavior, social (Dealey, Ellwood), 社会行为
Belief, 信仰
Bond, blood, 血族联系
Bond, social, 社会联系
Borrowing (Boas, Wissler), 借用

C

Cannibalism, 食人俗
Case study, 个案研究
Caste, 世袭阶级
Causation, social (Giddings), 社会因果
Centralization, 中心化
Charity, 慈善
Circulation, 流通
City, 都市
Civilization, 文明
Classes, social (Giddings), 社会阶级
Co-adaptation (Ellwood), 互适
Coercion, 约束
Collectivity, human, 人类集合
Colonization (Keller), 拓殖
Combination, 联合
Communication, 交通
Community, 区域社会
Community disorganization, 社会解组

Compensation(Ogburn, Allport), 补偿

Compensation mechanism(Bernard), 补偿机械

Competition(Ross), 竞争

Competition, social, 社会竞争

Complex, cultural(Wissler), 文化丛(或丛体)

Composition, social(Giddings), 社会集成

Compromise(Ross, Bogardus), 调和

Concerted volition(Giddings), 合力意志

Conduct, 行为

Conflict(Gumplowicz), 冲突

Conflict, cultural, 文化冲突

Conflict situation, 冲突情境

Conformity, Social, 社会遵从

Congregation(Giddings), 会合

Consciousness of kind(Giddings), 同类意识

Consciousness, social(Giddings), 社会意识

Consensus(Dewey & Park), 一致

Conservatism(Ross, Ogburn), 保守主义

Consolidation, 联结

Constitution, social(Giddings), 社会组成

Constraint, social(Giddings), 社会束缚

Construction, 建设

Contact, 接触

Contact, historical continuity(Park), 历史继续的接触

Contact, mobility(Park), 流动的接触

Contact, primary(Park), 基本接触(直接接触)

Contact, secondary(Park), 后起接触(间接接触)

Contact, social, 社会接触

Contact, sympathetic(Park), 同情的接触

Contagion social(Le Bon), 社会传染(或蔓延)

Continuity, social(Ellwood), 社会继续

Contract, social(Rousseau), 社会契约

Control, social(Ross), 社会控制(约制, 制裁)

Conventionalisation(Ross), 通俗化

Convergence(Roas), 凑合(辐合)

Cooperation(Giddings), 合作

Coordination(Ellwood), 调整

Correlation, 相关

Crisis(Thomas), 转变

Correspondence, 相应

Crowd(Le Bon, Ross), 群众

Cultural cycles, 文化轮回

Cultural evolution(Ellwood), 文化进化

Culture, 文化

Culture area(Wissler), 文化区(或区域)

Culture base(Ogburn), 文化基础

Culture center(Wissler), 文化中心

Culture horizon(Chapin), 文化线

Culture lag(Ogburn), 文化阻滞(或阻隔)

Culture margin, 文化边界

Culture pattern(Wissler), 文化模式(或型式)

Culture threshold(Chapin), 文化阈

Culture trait(Wissler), 文化特质

Culture type(Wissler), 文化格式

Current, social, 社会流

Custom, 风俗

D

Decadence(Ross), 衰落

Defence mechanism, 防卫机械

Definition of situation(Thomas), 情境释义

Degeneration(Ross), 衰退(或衰微)

Delinquency, juvenile, 少年犯罪

Democracy, 民主主义
Demoralization(Thomas), 失德
Denationalization(Park), 失国
Denomination, 宗派
Dependency, 依赖
Derivation(Pareto), 演力(演绎势力)
Desire, 欲望
Derivative(Pareto), 演素
Detachment, 分离
Deterioration, 衰收
Differentiation, 化分
Diffusion(Graebner, Rivers), 传播(或播化)
Discovery, 发见
Discussion(Bagehot, Ellwood), 讨论
Disintegration, social(Ellwood), 社会解组
Disorganization, social(Thomas), 社会解组
Distance, social(Park, Bogardus), 社会距离
Distribution, 分配(分布)
Domination(Mckenzie, Ross), 战胜
Drive, 驱使力
Dynamic Sociology(Ward), 动的社会学
Dynamis, Social(Comte), 社会动学

E

Ecology, human(Park, Mc-kenzie), 人类地境学(或地位学)
Emigration, 人口外移(徙出)
Endogamy, 内婚制
Ends, social(Giddings), 社会目的
Energy, social(Spencer), 社会储能
Environment, social, 社会环境
Epidemics, social(Le Bon), 社会传染病
Equalization(Ross), 平等化

Equilibrium(Spencer), 平衡
Esprit de corp(Park), 团结精神
Estrangement(Ross), 离散
Evasion, 避免
Evolution, social(Spencer), 社会进化(或演化)
Equilibration(Spencer), 均衡
Exogamy, 外婚制
Expansion(Ross), 扩张
Experience, new, 新经验
Exploitation(Ross), 利用
Expression, 表示

F

Factor(Spencer), 要素(因子)
Fashion, 时尚
Feeling, 情感
Fermentation, social, 社会的酝酿
Focus of attention, 注意的焦点
Folklore, 民谣
Folkways(Sumner), 民俗
Force, social(Ward), 社会势力
Function, social, 社会功用
Fusion(Park), 镕和

G

Gradation(Ross, Dealey), 等级
Genetics, 遗传学
Genesis, social(Ward), 社会演生
Gossip, 闲谈
Gregariousness(Giddings), 合群
Group, 团体
Group, mind(McDougall), 团体心理
Group, natural(Giddings), 自然团体
Group, primary(Cooley), 基本团体(或直接团体)
Group, secondary(Park), 后起团体(或间接团体)

Group situation, 团体情境
Group sub-social, 副团体
Growth, 发育
H
Habit, 习惯
Heritage, social (Wallas, Ogburn), 社会遗业 (或遗产)
Heredity, 遗传
History life (Thomas), 生活史
Horde (Giddings), 原群
Human nature, 人性
I
Ideal, 理想
Idealization, 理想化
Identification, 证同
Immigration, 人口内移 (移入)
Imitation (Bagehot, Tarde), 模仿
Immobility, social (Ellwood), 社会不流动性
Incorporation, 并合
Individual, 个人
Individualization (Ross), 个人化
Individuation (Ross), 个别化
Inertia, cultural (Ogburn), 文化惰性
In-group (Sumner), 内群
Institution, 制度 (或机关)
Institutionalization (Ross), 制度化 (或机关化)
Intimacy, 亲密
Integration, social, 社会整合
Interaction (Gumplowicz, Ratzenhofer), 互动
Intercommunication (Ellwood), 互相交通
Interest, (Ratzenhofer, Small), 兴趣
Interpenetration, 交互感动
Intra-action, 内动

Interstimulation (Giddings, Ellwood), 交互刺激
Invention, 发明
Isolation (Park), 隔离
L
Larithmics (Fairchild), 人口数量学
Law, social (Tarde), 社会定律 (或原则, 法则)
Learning Process, 学习过程
Legislation, social, 社会立法
Liberation (Ross), 自由
Life, collective (Ellwood), 共同生活
Life-organization (Thomas), 生活组织
Life, social, 社会生活
Like-mindedness (Giddings), 同心
Local community, 当地社会
M
Maladjustment (Ogburn, Ellwood), 失调
Manifestation, social, 社会表现
Masses, 民众
Matriarchal family, 母权家庭
Measurement, Social, 社会测计
Mechanism, social, 社会机械
Mentifact (Eubank), 精神产品
Methodology (Small), 方法论
Metronymy, 母系制
Mind, social (Giddings), 社会心
Mob (Ross), 暴众
Mobility (Park, Sorokin), 流动性
Modification, 改变
Monogamy, 一夫一妻制
Moral, 道德
Migration, 移民
Morale (Hall, Park), 纪律
Moralization, 道德化
Mores (Sumner), 民型 (或德型)

Motivation, 发动
Movement, social, 社会运动
Motility, 动性
Movement, mass, 民众运动
Mutation, 突变

N

Neighborhood, 邻里
Non-social, 非社会的
Nurture, 习性

O

Object, social, 社会事物
Opinion, Public, 舆论或公意
Opposition, 反对
Order, social, 社会秩序
Organism, social(Spencer), 社会有机体
Organization, social, 社会组织
Original nature, 本性
Origin, social, 社会起源
Ossification, social(Ross), 社会硬化
Others-group(Sumner), 他群
Out-group(Summer), 外群

P

Parallelism, 并行主义
Parasitism, 寄生主义
Participation, 参预
Participant observer(Cooley), 亲历观察者
Pathology, social, 社会病理学
Pattern, plurality, 多数型（或多数型式）
Pattern, social(Ellwood), 社会模式
Pauperism, 贫困
Patriarchal family, 父权家庭
Patronymy, 父系制
Perpetuation, 延续
Personal disorganisation(Thomas), 人格解组
Personality, 人格

Personality pattern, 人格模式
Personality type, 人格种别
Personalization, 人格化
Perversion(Allport), 离正道
Plane, social, 社会面
Plasticity, 易变性
Pluralism, 多数主义
Position, 位置
Pluralistic behavior(Giddings), 多数行为
Polarization, 两极化
Polyandry, 一妻多夫制
Polygamy, 多夫制或多妻制
Polygyny, 一夫多妻制
Population, 人口
Positivism, 实证主义
Prehistoric times, 先史时代（或史前时代）
Prejudice, 偏见
Pre-literate times(Faris), 前文时代
Primitive society, 初民社会
Pressure, social, 社会压迫
Prestige(Ross, Hayes), 潜力，声望
Problem, social, 社会问题
Process, cultural, 文化过程（或历程，下同）
Process, historic, 历史过程
Process, the social(Small), 社会过程
Product, social(Ross), 社会产物
Professionalization, 专业化
Progress, 进步
Progress, social, 社会进步
Project, 设计
Propaganda, 宣传
Public, the(Park), 公众
Pure sociology(Ward), 纯理社会学

R

Race, 种族

Radiation, sympathetic (Hayes), 同情反射
Rapport (Park), 互感关系
Rationalization, 合理化
Reaction, 反动
Realities, Social (Hayes), 社会实体
Reciprocity (Small), 交互性
Reconstruction, social, 社会改造
Reform, social, 社会改革
Research, social, 社会搜究
Reintegration, 再整合
Regional sociology (Mukerjee), 地境社会学
Regionalism, 地域主义
Relationship, 关系
Reorganization, 改组
Repetition (Trade), 反复
Representation, collective (Durkheim), 共同标帜
Repression (Thomas, Ogburn), 压迫
Residue (Pareto), 基素（基本势力）
Response, 反应
Resemblance, 雷同
Restlessness, 不安静
Ritual, social, 社会仪节
Revolution, 革命
Rivalry, 抗衡（或竞胜）
Rural community, 农村社会
Restraint, 限制

S

Security, 安全
Segregation (Giddings), 隔离（或分离）
Selection, 淘汰或选择
Self (Baldwin, Cooley), 自我
Self-consciousness, 自我意识
Self-gratification (Sumner), 自足
Self-maintenance (Sumner), 自存

Self-perpetuation (Sumner), 自续
Sentiment, 情操
Significance, 重要
Singularism, 单数主义
Simulation (Ross), 诈伪
Situation, 情境
Socialization (Small), 社会化
Societal (Sumner), 社会的
Societal variable (Keller), 社会变异体
Societal selection (Keller), 社会选择
Societal (Sumner, Keller), 社会的
Society, 社会
Society, component (Giddings), 集成社会
Society, constituent (Giddings), 组成社会
Society, sympathetic, 同情的社会
Sociology, 社会学
Socius (Giddings), 社员
Solidarity (Ross), 巩固
Stagnation, 停滞
Standard, social, 社会标准
Statics, social (Comte), 社会静学
Status, social, 社会境遇
Stimulus, 刺激
Stimulation, 刺激
Stranger (Simmel), 生客
Stratification, social (Ross), 社会层次
Structure, social (Ross), 社会结构
Struggle, 竞争
Subjugation (Ross), 征服
Submission, 屈服
Sublimation (Ogburn), 转化（或升化）
Subordination (Simmel, Ross), 服从
Suggestion, social (Hayes), 社会暗示
Suggestibility (Bogardus), 暗示性
Super-organic (Spencer), 超机体（或超机的）

Surplus, 剩余
Suppression, 压抑
Survey, social, 社会调查
Survival (Tylor, Giddings), 遗物（遗留）
Symbol (Ross), 徽帜（象征）
Sympathy, 同情
Sympathy, area of, 同情区
Synergy (Ward), 共能
Synthesis, social, 社会综合

T

Taboo, 禁忌
Technique, social, 社会技术
Telesis (Ward), 导进
Tendency, 趋势
Tension, 紧张
Theory, social, 社会理论或学说
Totem, 图腾
Toleration, 忍耐
Tribe, 部落
Tradition, 传说
Trait, 特质
Transformation (Ross), 改变
Transition, 过渡
Transmission, 传递

U

Unadjustment (Ellwood, Hayes), 不调协
Uniformities, social, 社会同式
Unity, social, 社会统一
Universal pattern (Wissler), 普遍模式
Unrest, social, 社会不安
Urban community, 都市社会
Usage, 惯例
Utility, 利用
Utilization, 利用化

V

Valuation (Small), 评价
Value, social (Thomas), 社会价值
Variation, 繁变（或变异）

W

Wants, 需要
We-group (Sumner), 我群
Welfare, social, 社会幸福
Withdrawal (Park), 引退
Will, social (Ellwood), 社会意志
Wish (Thomas), 愿望
Wish, dominant (park), 优胜的愿望
Work, social, 社会工作

部乙　人名之部

A

Abbott, Edith (1876—), 亚波妲（美）
The Delinquent Child, 1912; *Immigration*, 1923.

Abel, Theodore, 亚培尔（美）
Systematic Sociology in Germany, 1929.

Addams, Jane (1860—), 亚丹妞（美）
Democracy and Social Ethics, 1902; *The Spirit of Youth and the City Streets*, 1909; *Twenty Years at Hull House*, 1910; *Another Twenty Years at Hull House*, 1930.

Allport, F. (1890—), 亚尔保（美）

Social Psychology, 1924.

Ammon, Otto(1842—1916), 亚蒙(德)
Social Ordea and Its Natural Foundations, 1900.

Anderson, N., 安得孙(美)
The Hobo, 1923.

Andrews, John B.(1880—), 安得罗(美)
Labor Problems and Labor Legislation, 1919; *Principles of Labor Legislation*, 1920.(With Commons)

Angell, N.(1874—), 安琪尔(英)
The Public Mind, 1927; *The Great Illusion*, 1910; *The British Revolution and the American Democracy*, 1919; *The Economic Chaos*, 1919; etc.

B

Bachofen, J.J.(1815—1887), 白晓芬(瑞士)
Das Mutterrecht, 1861.

Bagehot, Walter(1826—1877), 白芝浩(英)
Physics and Politics, 1873.

Bain, Read, 裴恒(美)
Trends in American Sociology, 1929.(With Lundberg & Others).

Baldwin, J.Mark(1861—), 鲍尔文(美)
The Individual & Society, 1911; *The Social & Ethical Interpretation*, 1897, etc.

Balz, A.G.A.(1887—), 柏尔芝(美)
The Basis of Social Theory, 1924.

Barcelo, A.P.Y. 柏塞鲁(西)
Essais de Mécanique Sociale, 1912, 1925.

Barnes, Harry L.(1889—), 彭恩史(美)
New History & Social Studies, 1925; *History & Social Intelligence*, 1926; *History & Prospects of Social Sciences*, 1926; *Sociology and Political Theory*, 1924.

Barth, Paul(1858—1922), 柏德(德)
Die Philosophie der Geschichte als Sociologie, 1897.

Bartlett, F.C.(1835—), 柏德烈(英)
Psychology & Primitive Culture 1923.

Bastian, A.(1826—1905), 柏世棠(德)
Der Völkergedanke, 1881.

Bauer, Arthur, 鲍欧(法)
Les Classes Sociales, 1902; *Essai Sur Revolution*, 1908.

Beach, W.G.(1868—), 毕启(美)
Introduction to Sociology And Social Problems, 1925; *Social Aims in a Changing World*, 1923.

Bechterew, W.(1857—1927), 白得鲁(俄)
Kollektivnaija Reflexologia(Collective Reflexiogy), 1921.

Bentley, A.F., 彭德立(美)
Relativity in Man and Society, 1926.

Bernard, Luther L.(1881—), 白乃德(美)
Instinct, 1925; *Introduction to Social Psychology*, 1927; *The Fields and Methods of Sociology*, 1934.(Ed.)

Bertillon, Jacques(1851—1922), 白梯雄(法)
La Depopulation de la France, 1911.

Besant, Annie(1847—), 白姗(英)
Four Great Religions, 1897; *Ancient*

Ideals in Modern Life, 1901.

Beveridge, Si W (1879—), 白佛黎（英）
Weather and Harvest Cycles, 1921; Unemployment, 1909.

Binder, R. M. (1865—), 彭德（美）
Major Social Problems, 1920; Health and Social Progress, 1920; Principles of Sociology, 1928.

Blackmar, F. W. (1854—1931), 白克马（美）
Outlines of Sociology (With Gillin), 1915, 1930; History of Human Society, 1925; Justifiable Individualism, 1922.

Boas, Franz (1858—), 鲍亚士（美）
Eskimo of Baffin Land and Hudson Bay, 1901; The Mind of Primitive Man, 1911; Anthropology and Modern Life, 1928; Changes in Bodily Form of Descendants of Immigrants, 1911; Primitive Art, 1928.

Bogardus, E. S. (1882—), 鲍格达（美）
A History of Social Thought, 1928 (1922); Fundamentals of Social Psychology, 1926; Introduction to Sociology, 1928 (1913); The New Social Research, 1926; Contemporary Sociology, 1931.

Bonger, W. A. (1876—), 庞球（荷）
Criminality and Economic Conditions, 1916, (English Translation); Evolution of Morality, 1922; War as a Sociological Problem, 1930.

Booth, Charles (1840—1916), 蒲士（英）
Life and Labor of the Peoples of London, 1892—1902, 17 Vols.

Bosanquet, Helen, 鲍姗格（英）
The Family, 1906.

Bouglé, C. (1870—), 蒲格烈（法）
Les Sciences Sociales en Aliemagne, 1896; Essai sur le Régime des Castes, 1908; Les idees égalitaires, 1908 (1899); La Sociologie de Proudhon; The Evolution of Values, 1926; Elèments de Sociologie, 1926. (With Raffanlt)

Bourdeau, Louis, 鲍度（法）
Le Probleme de la vie, 1901.

Bowley, A. L. (1869—), 蒲莱（英）
Elements of Statistics, 1901; Measurement of Groups and Series, 1903; Measurement of Social Phenomena, etc.

Bradlaugh, Charles (1833—1891), 白勒度（英）

Branford, V. (1864—1830), 白朗福（英）
Interpretations & Forecasts, 1914; Science and Sanctity, 1923.

Breysig, Kurt (1866—), 白来锡（德）
Kulturgeschichte der Neuzeit, 1900—1901.

Briffault, R. (1876—), 白利福（英）
Making of Mankind, 1919; The Mothers, Vols. Ⅰ.Ⅱ.Ⅲ., 1927.

Brinkmann, Carl (1885—), 平克孟（德）
Recent Theories of Citizenship, 1926; Demokratie U. Erziehung in Amerika, 1927.

Brinton, D. G. (1837—1899), 白林顿（美）
The Basis of Social Relations, 1902; The Religion of Primitive Peoples,

1897, etc.
Bristol, L. M., 毕思笃（美）
Social Adaptation, 1915.
Brown, B. W.(1886—), 白龙（美）
Social Groups, 1926.
Brownlee, D. J., 白龙利（英）
Density and Death Rate, 1901.
Brooks, J. G.(1846—), 蒲克思（美）
The Social Unrest, 1903; *As Others See Us*, 1908; etc.
Brückner, E.(1862—), 蒲克纳（德）
Klima-Schwankungen Seit 1700, 1900.
Brunhes, Jean(1869—), 白龙纳（法）
Human Geography, 1920.
Bücher, K.(1847—), 蒲休（德）
Industrial Evolution, 1901, (English Translation); *Arbeit und Rhythmus*, 1902.
Buckle, H. T.(1820—1862), 白克尔（英）
History of Civilization in England, 1857—1861.
Bureau, Paul, 毕路（法）
Introduction a La Methode Sociologique, 1923.
Burgess, E. W.(1886—), 蒲其斯（美）
Introduction to the Science of Sociology (With Park), 1921; *The City*, 1925; *Personality and the Social Group*, 1929; *The Urban Community*, 1926.(With Park)
Bury, J. B.(1861—1927), 柏烈（英）
The Idea of Progress, 1920; *A History of Freedom of Thought*, 1913.
Bushee, F. A.(1872—), 蒲希（美）
Principles of Sociology, 1923; *Social Organization*, 1930.
Butterfield, K. L.(1868—), 白德菲（美）
Chapters in Rural Progress, 1908; *Mobilizing the Community*, 1918.

C

Cabot, R. C.(1868—), 葛博德（美）
Social Work, 1919; *What Men Live by*, 1914, etc.
Carey, H. C.(1793—1879), 葛黎（美）
Principles of Social Sciences, 1858—1867.
Carli, F., 嘉利（意）
L'Equilibrio delle Nazioni, 1920.
Calverton, V. F., 葛万东（美）
The Making of Man, 1931.
Carr, L. J., 葛尔（美）
Experimental Sociology, (Articles in *Social Forces*, Vol.8, 1932).
Carr-Saunders, A. M.(1887—), 葛逊德（英）
The Population Problem, 1922; *Population*, 1922.
Carver, T. N.(1865—), 葛佛（美）
Sociology and Social Progress, 1902, *Human Relations*, (With Hall) 1923; *Economy of Human Energy*, 1924.
Case, C. M.(1874—), 恺史（美）
Outlines of Introductory Sociology, 1924; *Social Process and Human Progress*, 1932.
Cavan Ruth S., 葛樊（美）
Suicide, 1928.
Chamberlain, H. S.(1855—1926), 张伯伦（英）

Foundations of the 19th Century, 1899.

Chapin, F. S. (1888—), 崔宾(美)
Introduction to Social Evolution, 1920; Cultual Change, 1928.

Clow, F. R., 克劳(美)
Principles of Sociology with Educational Application, 1920.

Cohn, Georg, 郭衡(德)
Ethik und Soziologie, 1923.

Cole, G. D. H. (1889—), 柯尔(英)
Social Theory, 1920; Guild Socialism Restated, 1920; Out of Work, 1923, etc.

Commons, J. R. (1862—), 康孟士(美)
Principles of Labor Legislation, 1920 (With Andrews), etc.

Comte, Auguste (1798—1857), 孔德(法)
Cours de Philosophie Positive, 1830—1842, 6 Volumes; Système de Politique Positive on traite de Sociologie, 4 Volumes, 1854.

Conn, Herbert W. (1859—1917), 孔海伯(美)
Social Heredity and Social Evolution, 1914.

Conway, Sir M. (1856—), 康惠(英)
The Crowd in Peace and War, 1915, etc.

Cooley, C. H. (1864—1929), 柯莱(美)
Human Nature and the Social Order, 1902; Social Organization, 1909; Social Process, 1925; Sociological Theory and Social Research, 1930.

Conklin, E. G. (1863—), 康克林(美)
The Direction of Human Evolution, 1921; Heredity and Environment, 1915, etc.

Cosentini, Francesco, 孔森体义(意)
Codigo Civil Pan-Americano, 1929; Sociologie, 1912; etc.

Coste, A. (1842—1901), 柯世德(法)
Les Principles d'une Sociologie Objective, 1899.

Condorcet, M. J. A. (1743—1794), 康道赛(法)
An Historical View of the Progress of the Human Mind, 1795.

Coulanges, F. de (1830—1889), 葛郎基(法)
The Ancient City, 1900, (La Cité Antique).

Cox, H. (1859—), 柯克斯(英)
The Problem of Population, 1922.

Crowell, J. F. (1857—), 克鲁惠(美)
The Logical Process of Social Development, 1898; etc.

Cnawley, A. E. (1869—1923), 克鲁烈(英)
The Mystic Bose, 1902, 1926; Studies of Savages and Sex, 1929.

Cunow, H. (1862—), 孔诺(德)
Grundzuge dea Marxschen Soziologie, Vols. I, II, 1920, 1921 etc.

D

Davenport, C. B. (1866—), 达文保(美)
Heredity in Relation to Eugenics, 1911; Eugenics, 1910; Army Anthropology, 1921, etc.

Davies, G. R. (1876—), 戴维士(美)
Social Environment, 1917; Social Aspects of Business Cycles, 1922,

（Article）．
Davis, J.（1891—），戴维斯（美）
Introduction to Sociology, 1927;（With Barnes and Others）; *Readings in Sociology*, 1927.
Davy, G.（1884—），戴维（法）
Dealey J. Q.（1861），狄莱（美）
Sociology: Its Development and Applications, 1920,（1909）; *The Family in Its Sociological Aspects*, 1912; *Sociology*, 1909.
Déat, Marcel, 狄亚（法）
Sociologie, 1930.
De Greef G.（1842—1924），戴基甫（比）
Introduction a La Sociologie, Vol. Ⅰ, 1886, Vol. Ⅱ, 1889; *Le transformisme Social*, 1895, 1901; *La Structure generale des societes*, 3 vols, 1908; *La Constituante et le regime representatife*, 1892.
De Grange, M., 戴格郎基（法）
La courbe du mouvement Societal, 1923.
Demolins, E.（1852—1907），戴慕林（法）
Comment la route cree le type Social: The Anglo-Saxon Superiority, 1899,（English Edition）, *Classification Sociale*（dans la Revue la Science Sociale）, 1905.
Deplogie, S., 戴贝劳（比）
Le Conflit de la morale de la Sociologie, 1912.
Devine, E. T.（1867—），狄凡（美）
Misery and Its Causes, 1909; *Social Work*, 1922.
Dewey, John（1859—），杜威（美）
Democracy and Education, 1916; *Human Nature and Conduct*, 1922; *Experience and Nature*, 1925; *The Public and Its Problems*, 1927; etc.
Dexter, E. G.（1868—），戴世泰（美）
Weather Influences, 1904.
Dexter, R. C.（1887—），戴世泰（美）
Social Adjustment, 1927.
Dixon, R. B.（1875—），狄克崧（美）
The Racial History of Man, 1923; *The Building of Cultures*, 1923.
Douglas, Paul（1892—），陶格勒（美）
The St. Louis Church Survey, 1924; *The Little Town*, 1919; *The Suburban Trend*, 1925.
Dow, Grove S.（1888—），陶格鲁（美）
Society and Its Problems, 1929,（1920）.
Draghicesco, D., 达珊格（法）（？）
Du rôle de l'individu dans le determinisme social, 1904; *Le problème de la Conscience*, 1907.
Dublin, L.（1882—），杜伯林（美）
Population Problems, 1926.
Dumont, A.（1849—1902），窦孟（法）
Dépopulation et civilization, 1890; *La morale basée sur la demographie*, 1901.
Duncan, H. G., 邓铿（美）
Race and Population Problems, 1929; *Backgrounds for Sociology*, 1932.
Dunkmann, K.（1868—1932），邓克孟（德）
Dunlap, K.（1875—），邓禄普（美）
Social Psychology, 1925; *Old and New Viewpoints in Psychology*, 1925;

etc.

Duprat, G. L. (1872—), 窦伯莱（法）
La Solidarité Sociale, 1907; *Les Causes Sociales de la folie*, 1900.

Dupréel, E, 窦伯烈（比）
Le rapport Social, 1912; *Deux Essais Sur le Progres*, 1928.

Durkheim, Emile (1853—1917), 涂尔干（法）
De la division du travail Social, 1893; *Les règies de la Mèthode Sociologique*, 1927, (1893); *Sociologie et philosophie*, 1924; *Le Suicide*, 1897; *Elementary Forms of Religious Life*, (translated) 1912, etc.

E

East, E. M. (1879—), 伊世德（美）
Mankind at the Crossroads, 1923; *Heredity and Human Affairs*, 1927.

Edwards, L. P. (1882—), 艾笃志（美）
Natural History of Revolution, 1927.

Eisler, Rudolf, 艾熙来（奥）
Soziologie, 1903.

Eleutheropulos, P. A., 艾鲁德鲁（瑞士）
Soziologie, 1903.

Eldridge, S. (1885—), 艾菊基（美）
Political Action, 1923.

Eliot, T. D. (1889—), 艾理奥（美）
The Juvenile Court and the Community.

Ellis, Havelock (1859—), 艾理士（英）
The Task of Social Hygiene, 1912; *Man and Women*, 2nd Ed., 1926; *The Criminal*, 1910.

Ellwood, C. A. (1873—), 爱尔华（美）
An Introduction to Social Psychology 1917; *Sociology and Modern Social Problems*, 1916; *Psychology of Human Society*, 1925; *Cultural Evolution*, 1927; *Methods in Sociology*, 1934; etc.

Elmer, M. C. (1883—), 爱尔梅（美）
Technique of Social Surveys, 1921; *Social Statistics*, 1929.

Engels, Frederick (1820—1895), 安格尔（德）
Der Ursprung der Familée des Privateigenthums und des Staats, 1884; *Communist Manifesto*, 1847.

Escartin, E. S. Y., 艾世嘉顿（西）
L'individu et la reforme Sociale, (translated from the Spanish) 1898.

Essertier, Daniel, 艾塞迪（法）
La Sociologie, 1930.

Eubank, E. E. (1887—), 欧鹏克（美）
Concepts of Sociology, 1932.

Evans, M., 伊文思（英）
Black and White in the South East Africa, 1911; *Black and White in the Southern States*, 1915.

Ewer, B. C. (1887—), 游伟（美）
Social Psychology, 1929.

Espinas, A. (1844—1922), 艾世彬（法）
Les Sociétés animalas, 1878; *Histoire des doctrines économique*, 1891; *Les Origines de la technologie*, 1897; *Etudes sur l'histoire de la philosophie de l'action*, 2 vols., 1925.

F

Fairbanks, A. (1864—), 范鹏克（美）
Introduction to Sociology, 1896.

Fairchild, H. P. (1880—), 范智儿（美）
  Applied Sociology, 1916; *Elements of Social Sciences*, 1924; *Foundations of Social Life*, 1927; *Immigration*, 1913, 1925; *General Sociology* 1931.
Faris, E. (1874—), 范黎庶（美）
  Are Instincts Data or Hypothesis? (Article) 1921, etc.
Fauconnet, P. (1874—), 傅康纳（法）
  La responsibilite, erude de Sociologie, 1928.
Ferri, Furico (1856—1929), 范黎（意）
  La Sociologia Criminale, 1884.
Finney, R. L. (1875—), 范业（美）
  Causes and Cures for the Social Unrest, 1922; *A Sociological philosophy of Education*, 1928.
Findlay, J. J. (1860—), 范德莱（英）
  Introduction to Sociology for Social Workers, 1922; *The Children of England*, 1923.
Fiske, John (1842—1901), 费世克（美）
  Outlines of Cosmic Philosophy, 1874.
Fite, Warner (1867—), 范德（美）
  Individualism, 1911.
Folsom, J. K., 傅尔森（美）
  Social Psychology, 1930; *Culture and Social Progress*, 1928.
Follett, Mary P. (1868—), 傅娌德（美）
  The New State, 1918; *Creative Experience*, 1924.
Ford, J., 傅德（美）
  Social Policy and Social Problems, 1923.
Fouilliee, A. (1838—1912), 傅雅（法）
  La Science Sociale contemporaine, 1880.
Fourier, F. M. Ch. (1772—1837), 傅立叶（法）
  The Theory of the Four Movements and the General Destinies, 1808.
Frazer, J. G. (1854—), 傅雷式（英）
  The Golden Bough, 1907—1915; *Totemism and Exogamy*, 1902.
Freeman, R. A. (1862—), 傅理蒙（英）
  Social Decay and Degeneration, 1921, etc.
Freud, Sigmond (1856—), 傅雷德（奥）
  General Introduction to Psychoanalysis, 1920; *Group Psychology and the Ego*, 1924; *Totem and Taboo*, 1918.
Frobenius, Leo (1873—), 傅朋尼（德）
  Der Ursprung ler Kultur; I, Afrika, 1893; *Erlebte Erdteile*, 1925—1928.

G

Galpin, C. J. (1864—), 高尔宾（美）
  Rural Life, 1918; *Rural Social Problems*, 1924.
Gault, R. H. (1874—), 高尔德（美）
  Social Psychology, 1923; *Criminology*, 1932.
Geddes, P. (1854—1932), 葛德士（英）
  Evolution of Sex, 1889; *Cities in Evolution*, 1915.
Gee, Wilson (1888—), 季惠生（美）
  Research in Social Sciences, 1929; *The Country Life of the Nation*, 1930.
Gehlke, C. E., 季尔克（美）
  Durkheim's Contribution to Sociological Theory, 1915.
Geiger, Theodor, 葛格儿（德）

Die masse und ihre Aktion, 1926.

George, Henry(1839—1897), 乔治(美)
Progress and Poverty, 1879; *Social Problems*, 1833; etc.

Giddings, F. H.(1855—1931), 季亭史(美)
Principles of Sociology, 1896; *Elements of Sociology*, 1898; *Inductive Sociology*, 1901; *Descriptive and Historical Sociology*, 1906; *Studies in the Theory of Human Society*, 1922; *Scientific Study of Human Society*, 1924; *Civilization and Society*, 1933.

Gillette, J. M.(1866—), 季雷德(美)
The Family, 1913; *Sociology*, 1916; *Rural Sociology*, 1920.

Gillin, J. L.(1871—), 季灵(美)
Outlines of Sociology, (With Blackmar) 1915; *Penology and Criminology*, 1926; *Social Problems*, (With Dittmer)1930; *Social Pathology*, 1933; *Poverty and Dependency*, 1921.

Gide, Charles(1847—1932), 季德(法)
Cours d'economie Politique, 1909; *La Essai d'une philosophie de la Solidarite*,1902; *La cooperation*, 1906; *les institutions de progies Social*, 5 ed, 1921, *les Sociétes cooperatives de Consommation*, 1917; *Premiér notion d'economie Politique*, 1922; *History des doctrines economique*, 1909, 1913, (With Rist), etc.

Gini, Corrado(1884—), 季义(意)
Problem Sociologici della guerra, 1921; *Il neoorganicismo*, 1927; *Population*, 1930.

Ginsberg, M.(1889—), 靳世保(英)
Psychology of Society, 1921.

Gobineau, A. De.(1816—1882), 戈本纽(法)
Essai sur l'inégalité des races humaine, 1853—1855, 4 vol.

Goddard, H. H.(1866—), 戈达德(美)
The Kallikak Family, 1912; *Psychology of the normal and subnormal*, 1919, etc.

Goldenweiser, A. A.(1880—), 戈登卫然(美)
Early Civilization, 1922; *Cultural Anthropology*, 1924 (Article).

Good, A., 戈德(美)
Sociology and Education, 1926.

Goodsell, W., 戈德秀(美)
The Family as a Social and Educational Institution, 1915.

Graebner, F.(1877—), 桂伯纳(德)
Methode der ethnologie, 1905; *Ethnologie*, 1923.

Granet, M.(1884—), 葛朗纳(法)
Dances et legendes de la Chine ancienne, 1926; *La civilisation Chinoise*, 1930.

Granger, F.(1864—), 葛兰基(英)
Historical Sociology, 1911.

Graves, W. B., 葛莱夫(美)
Readings in Public Opinion, 1928.

Groves, E. R.(1877—), 葛鲁夫(美)
Personality and Social Adjustment, 1923; *Introduction to Sociology*, 1928; *Family and Its Relationships*, 1932.

Groppali, A.(1874—), 葛鲁拜(意)

Elementice Sociologia, 1905; *Sociologiaie Psicologia*, 1902.

Gumplowicz, L.(1838—1910), 甘博维（奥）
Der Rassenkampf, 1883; *The Outline of Sociology*, 1885 (translated).

Gunther, Adolf, 贡德（德）
Theorie der Soziolpolitik, 1922.

H

Haddon, A. C.(1855—), 霍腾（英）
Wanderings of People, 1911; *Headhunters, Black, White, and Brown*, 1901; *Cambridge Anthropological Expedition to Torres Straits*, 1901—1908; *The Races of man*, 1925; *History of Anthropology*, 1910.

Halbwachs, M.(1877—), 霍伯契（法）
Les causes du Suicide, 1931, etc.

Hankins, F. H.(1877—), 汉根史（美）
Racial Basis of Civilization, 1927; *Introduction to the Study of Society*, 1928.

Hanson, A. H., 汉森（美）
Cycles of Prosperity & Depression in the U.S., Britain, & Germany, 1921.

Har, K. D., 赫尔（美）
Social Laws, 1931.

Haret, S.(1851—1912), 赫雷（罗）
La Mechanique Sociale, 1910.

Harrison, S. M.(1881—), 赫立森（美）
Social Conditions in an American City, 1920; *Welfare Problems in New York City*, 1926; *The Social Survey*, 1931.

Hart, Hornell(1851—), 赫德（美）
The Science of Social Relations, 1927; etc.

Hart, J. K.(1876—), 赫德（美）
Community Organization, 1920; *Social Life and Institutions*, 1926.

Hasse, Albert, 赫士（德）
Der Begriff der Gesellschaft in Spencers, Soziologie, 1901.

Hawthrone, H. B., 何桑（美）
The Sociology of Rural Life, 1926.

Hayes, E. C.(1868—1928), 海逸史（美）
Introduction to the Study of Sociology, 1916; *Sociology and Ethics*, 1921; *Sociology*, 1930.

Haynes, G. E.(1880—), 韩尼士（美）
The Trend of the Races, 1922, etc.

Healy, W.(1869—), 许黎（美）
The Individual Delinquent, 1915; *Mental Conflicts and Misconduct*, 1917; *Delinquents and Criminals*, 1926.

Hecker, J. F. C., 海格（美）
Russian Sociology, 1915.

Henderson, C. R.(1848—1915), 汉得森（美）
Social Programmes of the West, 1913; *Social Elements*, 1898; *Social Settlements*, 1897.

Hertz, Friedrich, 海芝（奥）
Race and Civilization, 1928 (translated from the German).

Hartzler, J. O.(1895—), 海芝勒（美）
Social Institutions, 1926; *Social Progress*, 1928.

Hexter, M. B., 海胥德（美）
Social Consequences of the Business Cycles, 1925.

Herskovitz, M. J., 海史各费（美）

Social Pattern, 1925 (Article).

Hirn, Yrjö (1870), 海恩(芬)
The Origing of Art, 1900.

Hobhouse, L. T. (1864—1929), 霍伯浩(英)
Morals in Evolution, 1906; *Social Evolution and Social Theory*, 1911; *The Rational Good*, 1921; *Elements of Social Justice*, 1922; *Social Development*, 1924, etc.

Hocking, W. E. (1873—), 霍金(美)
Human Nature and Its Remaking, 1918; *Morale and Its Enemies*, 1918; *Man and the State*, 1926.

House, F. N., 霍士(美)
The Range of Social Theory, 1928.

Howard, G. E. (1849—1928), 霍华德(美)
History of Matrimonial Institutions, 1904;

Hubert, G., 余伯尔(法)
Mélanges d'historie des religions (With Mauss); *Esquisse d'une théorie générale de la magis*, (*Année Sociologique, tome* Ⅶ, 1904).

Huntington, E. (1876—), 杭丁顿(美)
Civilization and Climate, 1922; *Pulse of Progress*, 1926; *The Character of Races*, 1925, etc.

Husserl, E. (1859—), 赫塞尔(德)
Ideen zu einer reinen Phänomenologie und phänomenologischen Philosophie, 1913.

Huxley, T. H. (1825—1895), 赫胥黎(英)
Evolution and Ethics, 1894, etc.

Hyndman, H. M., 韩德孟(美)
The Evolution of Revolution, 1921.

I

Inge, W. R. (1860—), 应基(英)
The Idea of Progress, 1920; *The Platonic Tradition*, 1926, etc.

Izoulet, J., 叶素烈(法)
La Cite Moderne, 1901.

J

Jacobs, P. P., 席科伯(美)
German Sociology, 1909.

Johnson, R. H. (1877—), 约翰生(美)
Applied Eugenics, 1918, (With Popenoe).

Janes, G. M., 季恒士(美)
Man and Society, 1927.

Jerusalem, F. W., 叶鲁塞伦(德)
Soziologie des Rechts, 1925.

Judd, C. R. (1873—), 席德(美)
Psychology of Social Institutions, 1926, etc.

Josey, C. C. (1893—), 瞿赛(美)
The Social Philosophy of Instinct, 1922; etc.

Jung, C. G. (1875—), 瞿恒(瑞士)
The Theory of Psychoanalysis, 1912; *Psychological Types*, 1923, etc.

K

Kantor, J. R. (1888—), 甘笃(美)
Introduction to Social Psychology, 1929; *Principles of Psychology*, 1928.

Karpf, M. J., 嘉尔富(美)
The Scientific Basis of Social Work, 1931.

Keith, Sir A. (1866—), 开熙(英)
Man, A History of the Human Body, 1912; *Nationality and Race*, 1919.

Keller, A. G. (1874—), 开莱(美)

Societal Evolution, 1915; *The Science of Society*, 1926; *Queries in Ethnography*.

Kellogg, P. U.(1879—), 开洛格(美)
The Pittsburg Survey, 1909—1914.

Kelsey, Carl(1870—), 开尔塞(美)
The Physical Basis of Society, 1928. (1916)

Kidd, B.(1858—1916), 葛德(英)
Social Evolution, 1895; *Western Civilization*, 1902.

Kjellèn, Rudolf, 葛其林(瑞典)
Der Staat, als Lebensform, 1917.

Kirkpatrick, E. A.(1862—), 克伯屈(美)
Fundamentals of Sociology, 1916; etc.

Knibbs, G. H,(1858—), 倪布士(澳)
The Mathematical Theory of Population, 1917.

Kondratieff, N., 孔达铁夫(俄)
Great Cycles of Conjuncture, (Russian)1925.

Kovälevsky, M.(1851—1916), 戈法尔夫司基(俄)
Contemporary Sociologists, (Russian)1905.

Kroeber, A. L.(1876—), 克鲁伯(美)
Anthropology, 1923; *Source Book for Anthropology*, 1920.

Kropotkin, P.(1842—1921), 柯伯坚(俄)
Mutual Aid, 1904, etc.

Kulp, Daniel H., 克尔伯(美)
Outlines of the Sociology of Human Behavior, 1925; *Country Life in South China*, 1925.

L

Labriola, A.(1843—1904), 赖飘勒(意)
Essays on the Materialistic Conception of History(Italian)1896—1998.

Laidler, H. W.(1884—), 赖德勒(美)
History of Socialistic Thought, 1928.

Lapouge, V. de(1854—), 赖保熙(法)
Les Selections Sociale, 1896; *Race et milieu Social*, 1909.

Lazarus, Moritz(1824—), 劳萨鲁(德)
Zeitschrift für Volkerpsycologie und Sprachwissenschaft, 1860—1887.

Le Bon, G.(1841—1931), 黎朋(法)
The Crowd, (Translated from the French)1896; *The Psychology of Peoples*, 1895; *The Psychology of Revolution*, 1913; *The World in Revolt*, 1921.

Leontieff, K.(1831—1891), 梁铁夫(俄)
Bysantinism and Slaves(Russian), 1873.

Le Play, F.(1806—1882), 黎伯勒(法)
Les Ouvriers europeens, 1855; *La reforme sociale en France*, 1864, 2 Vol.

Lestrade, Combes de, 雷斯德(法)
Elements de Sociologie, 1889.

Letourneau, C.(1831—1902), 雷托奴(法)
La Sociologie d'aprés l'ethnographie, 1880.

Levasseur, P. E.(1828—1911), 黎佛秀(法)
La Population francaise, 1889—1892.

Lévy-Bruhl, L.(1857—), 雷维蒲(法)
Les functions mentales dans les Sociétés

inférieures, 1910; *La Philosophie d'anguste Comte*, 1900; *La Morale et la Science de mœurs*, 1903; *La Mentalité primitive*, 1922; *L'ame Primitive*, 1927.

Lewinski, J. S. (1885—1930), 雷温司基（波兰）
L'evolution industrielle de la Belgique, 1911; *The Origin of Property*, 1913.

Lichtenberger, J. P. (1870—), 李登培（美）
Development of Social Theory, 1923; *Divorce*, 1931.

Lilienfeld, P. (1829—1903), 李林佛（俄）
Zur Vertheidigung des Organischen Methode in der Soziologie, 1898.

Lindeman, E. (1885—), 林德门（美）
Social Discovery, 1924; *The Community*, 1921; *Urban Sociology* (With Anderson), 1928.

Lippert, J. (1839—1909), 李伯德（德）
The Evolution of Culture, 1931. (translated by Murduck)

Lippmann, W. (1889—), 李伯蒙（美）
Public Opinion, 1920; *The Phanton Public*, 1925.

Litt, T. (1880—), 李德（德）
Individuum und Gemeinschaft, 1919, 1926.

Lombroso, C. (1835—1909), 龙蒲梭（意）
Crime: Its Causes and Remedies, (Italian) 1912, *The Female Offender*, 1895, (With Ferrors)

Loria, A. (1857—), 罗立亚（意）
Le base economiche dalla Constituzione Sociale（英译 *The Economic Foundation of Society*, 1899）; *La Sociologia*, 1901; *Morphologic Sociale*, 1905。

Lowell, A. L. (1856), 罗伟尔（美）
Public Opinion and Popular Government, 1913.

Lowie, R. H. (1883—), 路卫（美）
Culture and Ethnology, 1916; *Primitive Society*, 1920; *Primitive Religion*, 1924; *Origin of the State*, 1927; *Are We Civilized?* 1927.

Lumley, F. E., 龙烈（美）
Means of Social Control, 1926; *Principles of Sociology*, 1929; *The Propaganda Menace*, 1933.

Lundberg, G. A., 龙得堡（美）
Social Research, 1929; *Trends in American Sociology* (With Bain, Anderson) 1929.

Lynd, R. S., 林德（美）
The Middletown, 1929.

M

MacCurdy, George G. (1863—), 麦可德（美）
Human Origins, 1924; *Antiquity of Man in Europe*, 1910.

Machiavelli, N. (1469—1517), 麦基维立（意）
Il Principe, (The Prince) 1513; *Discorsi Sopra la Prima deca di Tito Livio*, (The Discovery on Livy) 1521; *Libro dell'arte della guerra*, (The Art of War) 1521.

MacIver, R. M. (1832—), 麦其维（英）
The Community, 1917; *Theory of the Modern State*, 1927; *Society, Its Structure and Changes*, 1931; *Elements of Social Science*, 1921; *The Contribution of Sociology to*

Social Work, 1931.

Mackenzie, J. S.(1850—), 麦根齐(英)
Introduction to Social Philosophy, 1890; *Outlines of Social Philosophy*, 1920.

Maine, Sir H. J. S.(1822—1888), 梅因(英)
Ancient Laws, 1861, 1930, 1931; *Village Communities*, 1871, 1895; *Lectures on the Early History of Institutions*, 1875, 1890; *Dissertations on Early Law and Custom*, 1883, 1891; *Popular Government*, 1885, 1897.

Malinowski, B.(1884—), 马凌诺司基(英)
Crime and Custom in Savage Society, 1926; *Sex and Life in Savage Society*, 1928; *Myth in Primitive Psychology*, 1926; *The Father in Primitive Psychology*, 1927; *Science, Religion, and Reality*, 1925.

Malthus, T. R.(1766—1834), 马尔萨斯(英)
An Essay on the Principles of Population, 1798.

Margold, C. W., 马歌儿(美)
Sex Freedom and Social Control.

Marin, Louis(1871—), 马龙(法)[1926]
Questionnaire d'-ethnographie, 1926.

Marshall, L. C.(1879—), 马锡尔(美)
The Story of Human Progress, 1925; etc.

Martin, E. D.(1880—), 马尔廷(美)
The Behavior of Crowds, 1924.

Marvin, F. S.(1863—), 马尔文(英)
Progress and History, 1916; *Science and Civilization*, 1923; *Art and Civilization*, 1928.

Marx, K.(1818—1883), 马克思(德)
Lohnarbeit und Kapital, 1847,(英译 *Wage-Labor and Capital*, 1918); *Zur Kritik der Politischen Oekonomie*, 1895(英译 *Critique of Political Economy*, 1903); *Das Kapital*, Vol. I, 1867, Vol. II, 1885, Vol. III, 1894(英译 *The Capital*, 1886, 1906, 1909); *Theorien über den Mehrwert*, 1905—1910; etc.

Matteuzi, A., 马都齐(意)
Les facteurs de l'evolution des Peuples, 1900.

Maunier, Rene, 穆尼叶(法)
Introduction a la Sociologie, 1929.

Mauss, M., 毛史(法)
Melanges d'histoire des religions (With Hubert).

Maxwell, J., 马思伟(法)
Psychologie Sociale contemporaire, 1911.

Mayo-Smith, R.(1854—1901), 梅尧斯密(美)
Sociology and Statistics, 1895.

Mazzarella, J., 马萨雷勒(意)
Les types Sociaux et le droit, 1908.

McCklin, J. M., 马克伦(美)[1920]
An Introduction to Social Ethics.

McClenahan, B. A.(1885—), 马克伦南汉(美)
Organizing the Community, 1922; *The Changing Urban Neighborhood*, 1929.

Mclennan, J. F.(1827—1881), 麦兰南（英）
  Primitive Marriage, 1865; *The Patriarchal Theory*, 1885.

McKenzie, R. D.(1885—), 麦甘齐（美）
  The Neighborhood, 1920.

McDougall, W.(1871—), 麦独孤（英）
  Introduction to Social Psychology, 1908; *The Group Mind*, 1920, etc.

Michels, R.(1876—1936), 米基尔（德）
  Soziologie als Gesellschafts-Wissenschaft, 1926.

Mikhailovsky, N. K.（1842—1904）, 米该鲁夫司基（俄）
  What is Progress? Darwinism and Social Sciences（Russian）.

Miller, H. A.(1875—), 弥勒（美）
  Old World Traits Transplanted, 1921,（With Park）; *Races, Nations, and Classes*, 1925.

Mitchell, W. C.(1874—), 米坚尔（美）
  Business Cycles, 1913.

Moore, H. L.(1869—), 穆尔（美）
  Economic Cycles, 1914.

Morgan, L. H.(1818—1881), 穆尔根（美）
  Ancient Society, 1877; *Systems of Consanguinity and Affinity of the Human Family*, 1870.

Morselli, E. A.(1852—), 穆塞利（意）
  Antropologia generale, 1887—1911; *Il Suicidio*, 1877.

Mowrer, E. R., 穆勒（美）
  Family Disorganization, 1927; *Domestic Discord*, 1928.

Mougeoulle, P., 墨晓（法）
  Les Problemes de l'histoire, 1886; *Stalique des civilisation*, 1883.

Mukerjee, R.(1889—), 墨钩奇（印）
  Regional Sociology, 1925; *Social Psychology*, 1929.

Müller-Lyer, F.(1857—1916), 缪禄楼（德）
  Phasen der Kultur und Richtungslinen des Fortschritte, 1908,（translated as *History of Social Development*, by Lake, 1920）; *Die Familie*, 1912; *Phasen der Liebe*, 1913,（translated by Wigglesworth as *The Evolution of Modern Marriage*, 1930）; *Soziologie der Leidden*, 1914, etc.

Munford, E., 孟福德（美）
  The Origins of Leadership, 1909.

Muntz, E. E., 孟梓（美）
  Race Contact, 1927.

N

Nearing, S.(1883—), 倪雅麟（美）
  Income, 1915; *Education in Soviet Russia*, 1926; *The Law of Social Revolution*, 1926.

Nasmith, G., 奈斯密（美）
  Social Progress and the Darwinian Theory, 1916.

Newsholme, A.(1857—), 牛晓露（英）
  The Declining Birth Rate, 1911; *Elements of Statistics*, 1889; etc.

Nicolai, G. F., 倪哥勒（德）
  Die Biologie des Krieges, 1919.

North, C. C.(1878—), 诺尔士（美）
  Social Differentiation, 1926; *Social Problems & Social Planning*, 1932; *The Community and Social Welfare*, 1931.

Niebuhr, R., 倪培尔（美）
  Moral Man and Immoral Society,

1932; *The Contribution of Religion to Social Work*, 1932.

Novicow, Y. A.(1849—1912), 诺维谷(俄)
Les luttes entre Sociétés humanes, 1896; *Conscience et Volonte Sociale*, 1897; *La Critique du Darwinisme Sociale*, 1910.

O

Odum, H. W.(1884—), 奥腾(美)
Man's Quest for Social Guidance, 1927; *American Master of Social Sciences*, 1927; *An Introduction to Social Research*, （With Jochor）1929.

Oettingen, A.(1827—1905), 奥丁根(德)
Die Moralstatistik, 1866—74.

Ogburn, W. F.(1886—), 乌格朋(美)
Social Change, 1923; *The Social Sciences and Their Interpretation* （With Goldenweiser）1927; *American Marriage and Family Relationships*, （With Groves）1928; *Recent Social Trends*, （with Others）, 1933.

Ogg, F. A.(1878—), 奥格(美)
Research in the Humanities and Social Sciences, 1928.

Oppenheimer, F.(1864—), 乌本梅(德)
Soziologische Streifzuge, 1927; *System der Soziologie*, Vols. I, II, 1922, 1926; *Der Staat*, 1908, （英译 *The State*, 1914）.

Osborn, H. F.(1857—), 奥史朋(美)
Man of the Old Stone Age, 1915; *Man Rises to Parnassus*, 1927.

Ostwald, W.(1853—), 奥士笃(德)
Die Energien, 1908.

Owen, R. D.(1771—1858), 奥文(英)
New Moral World, 1836; *Revolution in Mind and Practice of Human Race*, 1848.

P

Palmer, V. M., 柏尔美(美)
Field Studies in Sociology, 1929.

Pareto V.(1848—1923), 柏雷图(意)
Traite de Sociologie generale, Vols. I, II, 1917, 1919, （Originally in Italian）.

Park, R. E.(1864—), 派克(美)
Introduction to the Science of Sociology, 1921; *The City*, 1925; *Old World Traits Transplanted*, 1925.

Parmelee, M.(1882—), 柏勉立(美)
Poverty and Social Progress, 1916; *Criminology*, 1921.

Parsons, P. A.(1879—), 柏森士(美)
Introduction to Social Problems, 1925.

Patten, S. N., 柏登(美)
Heredity and Social Progress, 1903; *The New Basis of Civilization*, 1907; *The Theory of Social Forces*, 1891.

Pavlov, I.(1849—1936), 柏微露(俄)
Conditioned Reflexes, 1923; *The Work of the Digestive Glands, Lectures*, 1902.

Payne, E. G.(1877—), （潘恒）(美)
Readings in Educational Sociology, 1932; *An Experiment in Alien Labor*, 1912; *An Experiment in Motivation*.

Pearl, R.(1879—), 毕尔(美)
The Biology of Population Growth, 1925; 1930; *Studies in Human Biology*, 1924; *Biology of Death*;

Medical Biometry and Statistics, 1923.

Pearson, K. (1857—), 皮尔逊（英）
Grammar of Science, 1899; *National Life from Standpoint of Science*, 1901, etc.

Peters, C. C. (1881—), 毕德士（美）
Foundations of Educational Sociology, 1924.

Petrajitzsky, L., 毕德奇司基（俄）
Theory of Law and State, 1907—1909, (Russian).

Petrie, W. M. (1853—), 毕德利（英）
Revolutions of Civilization, 1911; *Descriptive Sociology of Ancient Egypt*, 1926.

Pinot, R., 毕诺（法）
La classfication des especes de la famille.

Platt, C., 柏勒德（美）
The Psychology of Social Life, 1922.

Prince, S. H., 柏麟士（美）
Catastrophe and Social Change, 1920.

Popenoe, P. (1888—), 包本诺（美）
Applied Eugenics, (With Johnson) 1918; *Modern Marriage*, 1915; *The Conservation of the Family*, 1926, etc.

Posada, Adolfo, 包世达（西）
Literaturay Problemas de la Sociologia, 1902; *Principios de Sociologia*, 1908; *Les Societes animales* (article).

Q

Quetelet, A. (1796—1874), 葛德烈（比）
Du Systeme Social et des lois qui le regissent, 1848; *Sur l'homme et le developpement de Ses facultes; un essai de physique Sociale*, Vols. I, II, 1835.

Quene, S. A. (1899—), 桂应（美）
Social Pathology, 1928; *Social Work in the Light of History*, 1922.

R

Randall, J. H. Jr. (1899—), 郎达尔（美）
Our Changing Civilization, 1929.

Ratzel, F. (1844—1904), 赖哲尔（德）
History of Mankind, 3 Vols, 1896—1898; *Anthropogeographie*, 1882—1891.

Ratzenhofer, G. (1842—1904), 赖曾虎夫（奥）
Die Soziologische Erkenntnis, 1898; *Wesen und Zweck der Politik*, 1893.

Reuter, E. B., 路透（美）
Population Problems, 1923; *The Family*, 1931 (With Rumer); *The American Race Problems*, 1927.

Rice, S. A. (1889—), 雷士（美）
Methods in Social Sciences, 1931; *Statistics in Social Studies*, 1930; *Quantative Methods in Politics*, 1928.

Richard, G. (1860—), 吕协德（法）
Le Socialisme et la Science Sociale, 1909; *L'diée d'evolution dans la nature et l'histoire*, 1902; *Nations elémentaires de Sociologie*, 1910; *La femme dans l'histoire*, 1909; *Sociologie et métaphysique*, 1911; *La Sociologie générale et les lois Sociologiques*, 1912.

Richmond, Mary (1861—), 吕启蒙（美）

Social Diagnosis, 1910; *What is Social Work?* 1922.

Rignano, E.(1870—1930), 吕乃诺（意）
Man not a Machine, 1926; *Problemi Della Psiche,* 1928; etc.

Ripley, W. Z.(1867—), 吕普莱（美）
The Races of Europe, 1899.

Rivers, W. H. R.(1864—1922), 吕佛士（英）
Instincts and Unconscious, 1921; *Essays on the Depopulation of Melanesia,* 1922; *Social Organization,* 1924.（Edited by Perry）; *The History of Melanesian Society,* 1916, in 2 Vol.; *History, and Ethnology,* 1926.

Roberty, E. de(1843—1915), 劳培德（俄）
Sociology（Russian）1976; *A New Program of Sociology,* 1904.（Russian）; *Sociology of Action,* 1908,（Russian）.

Robinson, J. H.(1863), 鲁滨生（美）
The New History, 1912; *The Mind in the Making,* 1921; etc.

Ross, E. A.(1866), 劳史（美）
Social Control, 1901; *Social Psychology,* 1908; *Foundations of Sociology,* 1912; *Principles of Sociology,* 1920; 1930; *The Social Trend,* 1922; *The Changing Chinese,* 1916; *Standing Room Only,* 1927.

Rostoutzeff, M., 劳史杜咨夫（俄）
The Economic and Social History of the Roman Empire, 1926.

Roussiers, P. de, 卢锡欧（法）
L'elite dans la Society Moderne, 1914.

Rousseau, Jean Jacques（1712—1778）, 卢骚（法）
The Social Contract, translated from French by Harrington, 1762.

Rowntree, B. S.(1871—), 郎曲烈（英）
Poverty, A Study of Town Life, 1901; *Unemployment,* 1911.

S

Saint-Simon, C. H. C. de(1760—1825), 圣西门（法）
Introduction to Scientiffc Works, 1808.

Salomon, G., 沙洛门（德）
Preface to Gumplowicz's Geschichte der Staatstheorien, 1926.

Sanderson, D.(1878—), 宋德生（美）
Survey of Sickness in Rural Areas in Cortland County, 1928; *The Farmer & His Community,* 1922.

Sauer, W.(1879—), 苏尔（德）
Grunlagen der Gesellschaft, 1924.

Savorgnan, F., 萨服南（意）
Les Antagonismes Sociaux（Article）, 1914.

Schäffle, A.(1831—1903), 谢富勒（德）
Bau und Leben des Sozialen Korpers, 1875—1881,（in four Volumes）; *Abriss der Soziologie,* 1906.

Schmoller, G.(1838—1917), 谢穆勒（德）
Grundriss der Volkswirtschafis lehre, 1901.

Scheler, Max（1874—1928）, 谢勒（德）
Schriften Zur Soziologie und Weltanschanungolehre, 1923; *Die Wissensformen und die Gesellschaft,*

1926.

Schmidt, W. (1868—), 谢弥德（德）
Völker und Kulturen, 1924.

Semple, F. C. (1863—), 圣婆儿（美）
Influence of geographical Environment, 1911.

Sergi, G. (1841—), 萨尔基（意）
Le Origine umane, 1813; *The Mediterranean Race*, 1901.

Shaler, N. S. (1841—1906), 谢雷（美）
The Individual, 1900; *Man and the Earth*, 1905; *The Neighbor*, 1904; *The Citizen*, 1904.

Shand, A. F. (1858—), 向德（英）
Foundations of Character, 1914.

Sidis, Boris (1867—1923), 薛第士（美）
Psychology of Suggestions, 1898.

Sighele, Scipio (1868—1913), 薛格勒（意）
Psychologie des Sectes, 1898.

Simkhovitch, Mary K. (1867—), 辛格维基（美）
The City Worker's World in America, 1917.

Simmel, Georg (1858—1918), 齐穆尔（德）
Soziologie, 1908; *Philosophie des Geldes*, 1900; *Uber die Differenzierung der Sozialen*, 1890; etc.

Sims, N. L. (1878—), 齐穆士（美）
The Rural Community, 1920; *Society & Its Surplus*, 1924.

Small, A. W. (1854—1926), 司马尔（美）
General Sociology, 1905; *Origins of Sociology*, 1925; *Adam Smith and Modern Sociology*, 1907; *The Meaning of Social Science*, 1910.

Smith, W. R. (1875—), 施迈士（美）
Principles of Educational Sociology, 1927.

Snedden, D. A. (1868—), 施耐腾（美）
Educational Sociology, 1923.

Solvay, E. (1838—1922), 萨尔万（比）
Questions d'energetique Sociale

Sombart, W. (1863—), 宋伯德（德）
Krieg und Kapitalismus, 1913; *Technik und Kultur*, 1911; *Soziologie*, 1923.

Somlo, F., 宋鲁（比）
Der Guterverkehr in der urgesellschaft, 1909; *Zur Brundung einer beschreibenden sociologie*, 1909.

Sorel, G. (1847—), 恒雷尔（法）
Les illusions du progres, 1911.

Sorokin, P., 沙罗坚（俄）
Sociology of Revolution, 1924; *Contemporary Sociological Theories*, 1928; *Social Mobility*, 1927; *Systems Soziologii*, 1921; *Principles of Rural-urban Sociology*, 1930.

Spann, Othmar (1878—), 施班（奥）
Gesellschaftslehre, 1914; *Kurzgefasstes System der Gesellschaftslehre*, 1914.

Spargo, J. (1876—), 施伯阁（美）
Elements of Socialism, 1911; *Applied Socialism*, 1912, etc.

Spencer, H. (1820—1903), 斯宾塞（英）
Social Statics, 1873; *Study of Sociology*, 1889; *Principles of Ethics*, 1893; *Principles of Sociology*, 1873—1896.

Spengler, O. (1880—), 斯宾格勒（德）
Untergang des Abendlandes, 2 Vols, 1918—1920（English translation:

The Decline of the West), 1925.

Spykman, N. J., 斯璧克孟（美）
Social Theory of Georg Simmel, 1924.

Stammler, R.(1856—), 施丹勒（德）
Wirtschaft und Recht, 1896.

Stein, L., 施丹（奥）
Der Socialismus und Communismus des heutigen Frankreich, 1848.

Steinmatz, S. R.(1862—), 施丹梅（荷）
Die Philosophie des Krieges, 1907.

Steinthal, H.(1821—1899), 施丹泰（德）
Zeitschrift für Volkerpsychologie und Sprchwissenschaft, 1860—1890.(Editor).

Stoltenberg, H. L., 施笃敦堡（德）
Soziopsychologie, 1914.

Stuckenberg, J. H. W.(1835—1903), 施德根培（美）
Introduction to the Study of Sociology, 1898; *Sociology: The Science of Human Society*, 1903(in 2 Volumes).

Sumner, W. G.(1840—1912), 孙末楠（美）
Folkways, 1906; *The Science of Society*,（With Keller）1927, 4 Volumes.

Sutherland, E. H.(1883—), 苏善兰（美）
Criminology, 1927.

Sweeny, J. S.(1896—), 施文纳（美）
The Natural Increase of Mankind, 1926.

T

Tarde, G.(1843—1904), 达尔德（法）
Les lois de L'imitation, 1890; *La logique Sociale*, 1899; *Les Lois Sociales*, 1899; *L'opposition universelle*, 1897; *Psychologie economique*, 1902, 2 Vol.

Taylor, C. C.(1834—), 达鲁（美）
Rural Sociology, 1926.

Teggart, F. J.(1870—), 戴嘉德（美）
Theory of History, 1925; *The Process of History*, 1915.

Tenney, A. A., 汤纳（美）
Population and Democracy, 1912.

Thomas, W. I.(1853—), 汤麦史（美）
Polish Peasant in Europe and America, 1920; *The Unadjusted Girl*, 1923; *Source Book for Social Origins*, 1909; *Sex and Society*, 1907; *The Child in America*, 1930.

Thompson, W. S.(1887—), 汤卜逊（美）
Population, 1915; *Danger Spots in World Population*, 1929; *Population Problems*, 1929; *Population, Trends in the United States*, 1933.

Thrasher, F. M.(1892—), 史劳熙（美）
The Gang, 1927.

Thurnwald, R., 汤华德（德）
Soziale Organization; Economics in Primitive Communities, 1932.

Todd, A. J.(1873—), 杜德（美）
Theories of Social Progress, 1918; *The Scientific Spirit and Social Work*, 1919.

Tonnies, F.(1855—1936), 杜尼士（德）
Gemeinschaft und Gesellschaft, 1887; *Soziologische Studien und Kritiken*, Vols. I, II, 1925, 1926.

Topinard, Paul(1830—1911), 陶彬纳（法）
Elements d'Anthropologie generale, 1907.

Tourville, H. de(1843—1903), 陶尔维

（法）
The Growth of Nations, 1907.

Troltsch, Ernest, 杜尔齐（德）
Die Sozialehren der Christlichen Kirchen und Gruppen, 1912.

Tozzer, A. M.（1877—）, 陶然（美）
Social Origins and Social Continuities, 1925.

Trotter, W., 杜劳德（英）
Instincts of the Herd in Peace and War, 1916.

Tylor, E.（1832—1917）, 戴鲁（英）
Anthropology, 1881; *Primitive Culture*, 1871.

U

Urwick, E. J.（1867—）, 欧维格（英）
A Philosophy of Social Progress, 1912; *The Social Good*, 1927.

V

Vaccaro, A.（1854—）, 范嘉鲁（意）
Les bases sociologiques du droit et de l'etat, 1898.

Vallaux, C., 范鲁（法）
Le Sol et l'état, 1911; *Geographie Sociale-La mer*, 1908.

Veblen, T., 韦伯伦（美）
Theory of Leisure Class, 1899; *Theory of Business Enterprise*, 1904, etc.

Vierkandt, A.（1862—）, 费尔康（德）
Gesellschaftslehre, 1923; *Naturvolker und Kulturvolker*, 1896; *Zur Theorie der Revolution*.

Vincent, G. E.（1864—）, 文信德（美）
Introduction to the Study of Society, （With Small）1894.

Vogt, P. L., 傅格德（美）
Introduction to Rural Sociology, 1917.

Von Mayr, G.（1841—1925）, 冯梅（德）
Statistik und Gesellschaftslehre, 1897.

Von Wiese, L.（1876—）, 冯维史（德）
Allgemeine Soziologie, Vol. I; *Beziehungslehre*, 1924, Vol. II; *Gebildelehre*, 1929; *Systematic Sociology*, （With Becker）1932; *Einfuhrung in die Sozial politik* 1910.

Voronoff, 傅龙诺夫（俄）
Foundations of Sociology,（Russian）1909.

W

Wagner, W., 华格纳（俄）
Biological Foundations of Comparative Psychology（Russian）.

Wallas, G.（1858—）, 华勒史（英）
The Great Society, 1919; *Our Social Heritage*, 1920; *Human Nature in Politics*, 1921.

Wallace, A. R., 华莱史（英）
Social Environment and Moral Progress, 1913.

Wallis, W. D.（1886—）, 华礼士（美）
An Introduction to Anthropology, 1926; *An Introduction to Sociology*, 1927; *Culture and Progress*, 1930.

Ward, L. F.（1841—1913）, 华特（美）
Dynamic Sociology, 1883; *Pure Sociology*, 1903; *Applied Sociology*, 1806; *Outlines of Sociology*, 1897; *The Psychic Factors of Civilization*,

1892.

Waxweiller, E., 华克斯韦勒（比）
Esquisse d'une Sociologie, 1906.

Weatherly, W. G.（1865—），章德烈（美）
Social Progress, 1926.

Webb, S. J.（1859—），韦布（英）
English Poor Law Policy, 1910; *The Necessary Basis of Society*, 1911; *The Prevention of Destitution*, 1911; *Methods of Social Study*, 1932.

Weber, A. F.（1870—），韦伯（美）
The Growth of Cities in the 19th Century, 1899.

Weber, Max（1864—1920），韦伯（德）
Wirtschaft und Gesellschaft, grudriss der Sozialokonomik, 1921.

Weeks, A. D.（1871—），韦克士（美）
The Control of the Social Mind, 1923; *Social Antagonisms*, 1918.

Westermarck, E. A.（1862—），韦思德麦克（芬兰）
History of Human Marriage, 1901; *Origin and Development of Moral Ideas*, 1908; *Ethical Relativity*, 1933.

Wheeler, W. M.（1865—），韦勒（美）
Ants: Their Structure, Development and Behavior, 1913; *Social Life Among the Insects*, 1923.

Whipple, G. C.（1866—），韦柏尔（美）
Vital Statistics, 1923.

Willcox, W. F.（1861—），韦珂客（美）
The Divorce Problem, 1819.

Willey, M. M.（1897—），卫莱（美）
Readings in Sociology, 1929.

Williams, J.（1876—），韦廉士（美）
Principles of Social Psychology, 1921; *Foundations of Social Science*, 1920; *Our Rural Heritage*, 1925.

Winiarsky, L., 文业思基（瑞士）
Essai Sur Le Mecanque Sociale, 1898.

Wirth, L., 范尔士（美）
The Ghetto, 1928.

Wissler, C.（1870—），卫史莱（美）
American Indian, 1917; *Man and Culture*, 1923; *Social Anthropology*, 1929.

Wolfe, A. B.（1876—），华尔夫（美）
Readings in Social Problems, 1916; *Conservatism, Radicalism, & Scientific Method*, 1923.

Woods, F. A.（1873—），吴滋（美）
Mental and Moral Heredity in Royalty, 1906; *Influences of Monarchs*, 1913.

Woolston, H. B.（1876—），吴思敦（美）
The Limits of American Population, 1928.

Worms, René（1869—1926），华墨士（法）
Organisme et Société, 1896; *Philosophic des Sciences Sociale*, 1903.

Wright, C. D.（1740—1909），雷德（美）
Practical Sociology, 1899.

Wundt, W.（1832—1920），冯德（德）
Volkerpsychologie, 1900; *Grundzuge der Physiologischen Psychologle*, 1903; *Ethik*, 1892.

Y

Yarros, V. S., 叶乐士（美）
The Press and Public Opinion, 1899.

Young, Kimbal T.（1893—），杨京伯（美）
Source Book for Social Psychology,

1917; *Social Psychology*, 1930; *Social Attitudes*, 1931.

Z

Zenker, E. V., 曾格尔（德）
 Die Gesellschaft, Vol. I . *Naturliche Entwickelungs Geschichte der Gesellschaft*, 1899; Vol. II , *Die Sociologische Theorie*, 1903.

Zimmerman, C. C., 齐麦门（美）
 Principles of Rural-Urban Sociology (With Sorokin) 1929.

Znaniecki, F., 齐南尼基（波兰）
 Polish Peasant in Europe & America, (With Thomas) 1920; *Social Psychology*, 1925; *The Cultural Reality*, 1919.

Zorbaugh, H., 苏蒲（美）
 The Golden Coast and the Slum, 1929.

Zueblin, C., 徐柏林（美）
 American Municiple Progress, 1902.